宁 阳 县 人 民 政 府　主 办
宁阳县党史史志办公室　承 编

宁阳年鉴

2017

NINGYANG
YEARBOOK

方志出版社
Publishing House of Local Records

图书在版编目（CIP）数据

宁阳年鉴.2017 /宁阳县党史史志办公室编. —北京：方志出版社, 2017.11

ISBN 978-7-5144-2644-1

Ⅰ.①宁… Ⅱ.①宁… Ⅲ.①宁阳县—2017—年鉴
Ⅳ.①Z525.24

中国版本图书馆CIP数据核字（2017）第273207号

宁阳年鉴（2017）

编　　者：宁阳县党史史志办公室
责任编辑：陈　菁

出 版 人：冀祥德
出 版 者：方志出版社
地址　北京市朝阳区潘家园东里 9 号（国家方志馆4层）
邮编　100021
网址　http://www.fzph.org
发　　行：方志出版社图书经销中心
电话（010）67110500
经　　销：各地新华书店
印　　刷：山东新华印务有限责任公司（82079209）

开　　本：889mm × 1194mm　1/16
印　　张：27.25
字　　数：585千字
版　　次：2017年11月第1版
印　　次：2017年11月第1次印刷
印　　数：0001 ~ 1000册

ISBN　978-7-5144-2644-1　　**定　价**：198.00元

《宁阳年鉴（2017）》编审人员

主　　审：柳桂敏

主　　编：许华北

副 主 编：赵先法

编　　辑：侯胜男　胡房亭（特聘）

2016年11月24日，中共山东省委副书记、省长郭树清（右二）到宁阳县调研。郭树清一行实地察看县引汶工程、伏山镇前石梁村农村改厕、八仙桥街道社区卫生服务中心项目现场，对宁阳县PPP项目运作、农村改厕、医养结合等做法给予充分肯定。省政府秘书长王华，中共泰安市委书记、市人大常委会主任王云鹏，市委副书记、市长李希信，市委常委、市委秘书长宋洪银，中共宁阳县委书记刘学保，县委副书记、县长黄正玉陪同。

2016年9月8日，省委常委、常务副省长孙伟（前排右二）到宁阳调研PPP建设项目。实地察看引汶工程、复圣公园等项目，市委副书记、市长李希信，县委书记刘学保，县委副书记、县长黄正玉，县委常委、县委办公室主任王国强陪同活动。

2016年10月20日，副省长王随莲（前排右二）到宁阳县调研。实地察看复圣公园城市水系综合治理、县综合检验检测中心、县妇幼保健院、环保产业园建设等项目。省政府办公厅副主任卢杰、省质监局副局长刘德亮；县委书记刘学保，县委常委、县委办公室主任王国强，副县长柳桂敏陪同。

2016年5月30日，中共泰安市委书记、市人大常委会主任李洪峰（上图左二），市委副书记、市长王云鹏（上图右二）带领参加全市招商引资和项目建设检查考核会议与会人员到宁阳县现场观摩。与会人员先后实地察看了文庙街道中心小学及幼儿园、亿丰时代广场、县妇幼保健新院、汽车综合市场、洸河生态建设工程、县城污水厂扩建、海斯摩尔医卫用生物质新材料及制品产业化、华兴生物智能纺、盛运环保电力等项目。市委副书记李希信，市政协主席辛显明等市领导参加。县委副书记、县长黄正玉等陪同活动。

中国共产党宁阳县第十四次代表大会

2017年1月17日，中国共产党宁阳县第十四届委员会第一次全体会议在县委礼堂召开。会议选举产生中国共产党宁阳县第十四届委员会常务委员会委员和书记、副书记。刘学保、陈波、王国强、孟庆刚、刘明、崔媛、董骞、张涛、王广浩、周鹏飞当选为新一届县委常委，刘学保当选为县委书记，陈波、王国强当选为县委副书记。

宁阳县第十八届人民代表大会第一次会议

2017年1月20日至23日，县十八届人大一次会议在县城召开。会议选举李为群为县人大常委会主任，靳恩松、张树法、周慎凯、马海荣为副主任；选举陈波为县人民政府县长，刘明、柳桂敏、李甡、于师义、许军为副县长；杨福桐为县人民法院院长，尚晓兵为县人民检察院检察长。

中国人民政治协商会议第九届宁阳县委员会第一次会议

2017年1月19日至22日，县政协九届一次会议召开。会议选举侯涛为政协第九届宁阳县委员会主席；尚勇、连桂荣、辛艳珍、韩运来、董先思、戴伟为副主席，王鸣杰为秘书长。

编辑说明

一、《宁阳年鉴（2017）》是宁阳县人民政府主办，县党史史志办承办的综合性年刊。作为权威的地情信息载体，全面、系统、准确地记述全县自然、政治、经济、文化、社会等方面的综合情况，为广大读者了解和研究宁阳提供基本资料。

二、《宁阳年鉴（2017）》的编纂坚持以马列主义、毛泽东思想、邓小平理论、“三个代表”重要思想、科学发展观为指导，深入贯彻习近平总书记系列重要讲话精神和治国理政新理念新思想新战略，紧紧围绕县委、县政府的中心工作，全面客观地反映各部门单位、各行业取得的重大成就。力求做到观点正确、框架科学、资料翔实、编写规范、特色鲜明，突出时效性，讲求实用性。

三、《宁阳年鉴（2017）》主要收录2016年度发生在宁阳行政区域内的大事要闻，突出反映宁阳的优势、特点和各级各部门深化改革、扩大开放的新举措、新进展。为增强信息量、增强实用性，各栏目尽可能多地使用了相关的数据资料；多数栏目插入了具有现实意义和存史价值的随文图片。为了便于读者了解宁阳的基本情况，在卷首设置了“数字宁阳”和“点赞宁阳”等资料。

四、本卷年鉴共设置26个栏目。主体内容分为栏目、分目、条目三个层次，个别栏目分为四个层次。条目一般分为两种类型，一类为事业发展概况，一类为职能性条目。

五、本卷年鉴稿件大部分由县直各部门各单位和各乡镇（街道）提供，部分稿件由党史史志办辑录整理。主要数据以统计公报为准，因个别供稿单位统计口径不同等原因，有的数据在不同条目中不尽一致，使用时请注意出处。

六、为方便读者查阅，本卷年鉴配备双重检索系统，卷首刊有目录，卷尾配有综合性主题索引。

七、本卷年鉴的编纂出版工作得到全县各级各部门的大力支持和通力合作，谨此致谢。

特 载

大事记

县情概况

中共宁阳县委

宁阳县人大及其常务委员会

宁阳县人民政府

政协宁阳县委员会

人民团体

政　法

军　事

经济管理与监督

农业和农村工作

工业和信息产业

商贸　旅游

经济开发　园区建设

城建　环保

交通　邮政　电力

财政　税务

金融　保险

科技　教育

文化　体育　档案

医疗卫生　计划生育

社会管理　人民生活

乡镇(街道)

人　物

附　录

索　引

Contents

Specially Recorded

Events

General Situations of the County

CPC Party Committee of Ningyang County

People´s Congress and its Standing Committee of Ningyang County

People´s Government of Ningyang County

CPPCC Committee of Ningyang County

People´s Organizations

Politics and Law

Military Affairs

Economic Management and Supervision

Agricultural and Rural Work

Science and Technology, Education

Culture and Sports

Medical Treatment and Health Care, Family Planning

Social Lives

Towns (Streets)

Figures

Appendix

Index

在全县经济工作大会上的讲话

(2017 年 2 月 6 日)

刘 学 保

这次全县经济工作大会的主要任务是，全面贯彻党的十八大和十八届三中、四中、五中、六中全会精神，深入学习贯彻中央省市经济工作会议和县第十四次党代会精神，总结工作，表彰先进，分析形势，部署任务，动员全县上下振奋精神，拼搏实干，奋力开创富裕文明和谐幸福新宁阳建设新局面。刚才，我们隆重表彰了 2016 年度经济社会发展和服务经济建设先进单位，为县政府经济发展顾问颁发了聘书；陈波同志对新一年全县工作进行了全面部署安排，各部门单位要以高度负责的精神，认真抓好贯彻落实。

去年以来，面对经济下行压力持续加大的严峻形势，全县各级认真贯彻落实中央和省、市委决策部署，以开展“两学一做”学习教育为新动力，以“服务发展年”活动为抓手，主动适应经济发展新常态，砥砺奋进，锐意创新，统筹做好稳增长、调结构、促改革、惠民生、保稳定各项工作，全县经济社会保持了平稳健康向好的发展势头。项目建设持续发力，一批大项目、好项目相继实施或建成投产，全县综合实力迈上新台阶；千方百计抓转调、保运行，传统产业转型升级，新兴产业不断崛起，现代服务业蓬勃发展，现代农业水平逐步提升，发展质量和效益明显提高；围绕“双核一环、两轴一带”发展布局，坚持不懈统筹城乡建设，努力改善人居环境，县城实现增量扩容、品位提升，中京新城承载能力显著增强，基础设施进一步完善，城乡面貌明显改观；突出抓好大气和水生态治理，持续推进植树造林，完善城乡环卫一体化机制，美丽乡村建设步伐加快，生态优先、绿色发展理念深入人心；深化财税、投融资、国有企业等各项改革，积极探索政府和社会资本合作运作模式，制约发展的资金难题正逐步破解，跨越赶超活力进一步迸发；坚持共享发展，民生为先，扶贫开发超额完成年度计划，城乡办学条件和医疗卫生设施大幅提升，社会保障体系不断完善，文明创建、民生实事等工作扎实开展，社会保持和谐稳定，人民群众幸福感进一步增强。可以说，过去的一年，我们战胜了困难、经受了考验、锤炼了队伍，各方面都取得可喜成绩，全县上下风清气正、心齐劲足，形成了团结和谐创大业的良好局面。

2017 年，是贯彻落实县第十四次党代会部署的开局之年，是深入实施“十三五”规划、推进跨越赶超的重要一年。做好今年经济工作,必须认真贯彻落实中央和省市经济工作会议精神，牢牢把握经济发展进入新常态的重大判断，牢牢把握以新发展理念为指导、以供给侧结构性改革为主线的政策框架，牢牢把握稳中求进工作总基调,全面做好稳增长、调结构、促改革、惠民生、防风险各项工作。目前,世界经济复苏乏力，国内调整阵痛仍在持续，经济企稳向好的基础尚不牢固，发展的不稳定不确定因素仍然较多。但是,我们也面临多项政策叠加、改革全面深化、交通区位优势突显、换届后各级班子干劲高涨等诸多机遇。中央积极的财政政策和稳健的货币政策，为我们实现新常态下的快速发展带来了难得契机,提供了政策保障。面对做大经济总量、提高发展质量、统筹城乡发展、推进生态建设的艰巨任务,全县各级要按照县第十四次党代会的部署，牢牢抓住发展这个第一要务不放松,切实增强加快发展、创新发展、科学发展的历史使命感,贯彻新理念,提升新境界,以更新更高的标准、更严更实的作风干事创业,努力开拓新路子,实现新跨越。

2016年2月6日,全县经济工作大会召开

一、坚定不移扩大投资规模。投入决定产出、体现实力、孕育潜力,是解决经济总量小的根本举措和基础性工作。这几年，我们紧紧抓住项目建设不放松,充分发挥投资这驾“马车”的牵动作用,实现了稳增长,增加了新动能。今后若干年,不断扩大投资规模,仍然是经济发展第一位的工作。扩大投资,首先,要解决好“钱从哪里来”的问题。渠道有三个:一是引,就是招商引资。要把招商引资作为扩大投资的第一抓手,立足我县主导产业、优势产业、潜力产业,充分发挥企业扩能、转型、增效的积极性,创新开展产业招商、链式招商、以商招商等方式,主动与大公司、大集团特别是中央企业、上市公司搞好对接,在产业承接、链条延长、培育新增长点上做足文章,切实提高招商引资水平，确保引进更多更好的项目。二是争,就是对上争取。各级各部门要把对上争取作为常态化工作,认真研究上级有关政策和投资导向,以国家扶持重大工程包、省“一圈一带”切块财政资金、专项建设基金为主攻方向,有针对性地搞好项目策划、储备,积极走上去,主动向国家部委、省厅局对接,讲好宁阳发展故事,争取更多资金、项目和政策,实现对上争取的新突破。今年,县里还将选派优秀年轻干部到有关部委、省厅挂职锻炼，发挥捕捉政策信息快、争取项目准的优势。三是融,就是融通资金。这几年，我县融资工作取得重大突破，驻宁商业银行多了,规模企业授信额度大了,说明我县金融生态健康良好、充满活力,步入了与经济建设协同成长的新阶段。要乘借这个势头,既要加快推进现有企业规范化公司制改革,鼓励企业以挂牌上市、发行债券等方式直接融资；更要盘活国有资本，搭建完善投融资公司,用好各种金融手段,探索多种融资方式,加大“政银企保担”合作力度,特别要进一步完善 PPP 模式,发挥好财政资金“四两拨千斤”的撬动作用,更多吸纳扶持资金、金融资本和社会资本携手参与宁阳建设。其次,要解决好“钱往哪里投”的问题。一方面,要充分发挥开发区、产业园的载体作用，突出产业优势,加快构建产业体系,推动园区扩规增效,放大投资的集聚效应、乘数效应,把两个园区建设为配套设

施完善、产业特色鲜明、骨干企业集聚的发展高地。要完善激励政策,调动更多乡镇、部门的招商项目落户园区。另一方面,要围绕城镇化建设、基础设施建设和重大民生工程,不断优化投资结构。县城建设方面,要重点建设8大类34项工程,不断丰富城市内涵,提升城市品质;乡村建设方面,重点实施新农村新生活、人居环境、平安村庄、文化惠民等“六大提升工程”,加快美丽乡村建设步伐;基础设施方面,要加大农村道路、农田水利设施等方面的投入,继续实施村村通客车、村村通自来水、户户通有线电视等工程,推进城乡电网改造升级,不断改善群众生产生活条件。第三,要解决好“让钱产生效益”的问题。扩大固定资产投资必须是实实在在的投入,是有质量有效益的投入。要以提高投入产出效益为目的,对新上项目严格论证和筛选,更加注重项目的质量和效益,把增加税收和解决就业作为重要衡量标准,算好投入产出账、生态环保账,尤其是对政府投资的项目,要做好科学评估,严把项目质量关,加强监管,提高项目的经济效益和社会效益。要严格落实项目包保责任制,继续实行指挥部推进机制,抓实项目建设的每个环节和程序,拟建项目抓开工,在建项目抓进度,竣工项目抓投产,不断培育新的增长点。要强化项目督导、调度和考核,坚持一月一通报、一季一评议,完善重点项目建设推进考核机制,注重考核结果运用,确保每个项目快速推进、早日产生效益。

二、坚定不移推进转方式调结构。转变发展方式、调整产业结构是经济发展新常态下的必然选择,也是提升发展质量和效益的关键环节。今年中央和省、市经济工作会议对供给侧结构性改革明确了新任务,提出了新要求。一要大力推进传统产业转型升级。传统产业是经济发展的基础和支柱,是我县经济发展的主力军,长期以来对吸纳就业、增加税收发挥了主渠道作用。对传统产业不能简单否定,更不能推倒重来,必须立足现有基础进行技术改造,进一步优化结构,挖掘潜能。要充分利用高新技术、先进适用技术和现代信息技术,通过技术改造、装备升级、战略合作、兼并重组等有效形式,大力改造提升煤炭、化工、建材、机械加工等传统产业,加大产品研发力度,改进工艺技术,拉长产业链条,着力向多元化、高附加值方向发展,推动传统产业焕发新生机。二要大力发展先进制造业。落实好“中国制造2025”发展规划,以塔高机械、力博重工、宝胜电缆、超威电源、新合源、海斯摩尔、同创散热器、振挺活塞、双赢新材料等一批企业为重点,加快发展高端装备制造和新能源、新材料等先进制造行业,带动产业转型升级。要积极推进传统制造业智能化改造,以实施“互联网+制造业”为重点,促进信息技术向市场、设计、生产等产业链各环节渗透,引导制造业朝着分工细化、协作紧密的方向发展,打造我县制造业发展新优势。三要大力推进农业供给侧结构性改革。农业供给侧结构性改革是今年中央经济工作会议安排部署的重点任务,核心是提高农产品质量、大幅增加农民收入。要围绕农业提质、农民增收,以土地流转为抓手,大力培育新型农业经营主体和服务实体,加快发展土地流转型、服务带动型等多种形式的规模经营,不断壮大蔬菜、苗木花卉、林果、畜禽养殖四大主导产业规模。坚持用工业化理念、市场化手段发展农业,大力发展农产品精深加工和农村特色加工业,培育一批带动能力强的农业龙头企业,提高农产品商品化水平。要积极发展乡村旅游、农村电商等新兴服务业,推动农业“接二连三”,实现农村一二三产业融合发展、高效发展,加快农业大县向农业强县转变。四要大力发展现代服务业。服务型经济是拉动经济增长的重要力量,能够集中反映一个区域的经济繁荣程度和发展水平。要针对我县服务业总体水平不高的现实,坚持以市场需求为导向,着眼提高供给质量,大力发展与创新驱动相适应的金融保险、科技信息、家政服务等新兴服务业,与工业转型相融合的电子商务、现代物流、教育培训等生产性服务业,与城镇化建设相配套的房地产业、社区物业、健康养老、卫生保健、文化体育、休闲旅游等生活性服务业,加快构建与我县经济发展相配套的现代服务体系。

三、坚定不移做大做强实体经济。工业是实体经济的主体,我县与先进地区的差距主要在工业方面。

要深入实施“工业强县”战略，抓住企业家培养、产品培优、骨干企业培育、支柱产业培植等关键措施，不断壮大工业实力，努力为经济持续增长奠定坚实基础。一要提高经济运行质量。县经济运行指挥部要加强对经济运行的监测，及时准确掌握重点行业、重点企业的生产经营情况，搞好分类指导，做好风险防控，确保经济运行平稳健康。各经济主管部门要经常深入企业生产一线，帮助企业解决资金、市场、技术、劳动力等方面的困难和问题，保障生产要素有效供应，促进企业生产经营稳定。二要加快培植骨干企业。要大力实施骨干工业企业扶优培强工程，强化政策引导，坚持“一企一策”，抓好分类培植，打造一批主营业务收入过100亿元、50亿元、30亿元、10亿元的大企业集团。坚持抓大不放小，引导基础好、潜力大的中小微企业扩规提质增效，迅速成长为骨干企业，形成大、中、小、微型企业梯次发展的格局。坚持优外惠内、政策平等，无论是本土企业还是外来投资企业，只要符合有关规定，均可享受县里的优惠政策。三要加强培育各类市场主体。激发民间创业活力是提振实体经济的有效途径。各级要把发展民营经济、推进全民创业紧紧抓在手上，落实好各项扶持政策，创优创业环境，搞好创业培训和指导，引导群众想创业、创大业。各乡镇(街道)要把着眼点放在农民工返乡创业上，引导有资金、有技术、有项目的返乡人员积极创业，帮助他们解决创业难题，培育一批“小老板”，为经济持续健康发展增添力量。四要着力提高外经贸工作水平。要适应把握国际贸易新趋势、新特点，用好“两种资源、两个市场”，鼓励企业积极参加境内外经贸展销会、洽谈会、博览会等洽谈活动，多渠道开拓国际市场。要以华阳集团、天源服装、立福食品等企业为重点，培育一批出口骨干企业，壮大外贸龙头企业群体规模。要提高企业走出去能力，引导企业开展海外并购、投资设厂，积极稳妥参与国际经济竞争与合作。

四、坚定不移推进改革创新。坚持用改革的办法破解难题、用创新的思维争创优势，努力为经济社会发展注入新动力。一要推动改革任务落地见效。坚持问题导向，精准对接政策，深入推进重点领域、关键环节的改革，破解制约发展的体制机制性障碍。要持续推进简政放权，建立规范高效的审批运行机制，进一步提高办事效率和服务水平。要加强三级便民服务体系建设，规范乡镇(街道)便民大厅服务标准，健全村级便民服务代办点，最大限度地方便群众、企业办事。稳妥推进县属国有企业混合所有制改革，增强企业发展活力。探索建立以管资本为主的国有资产管理体制，确保国有资产保值增值。要统筹推进财税金融、农村产权制度以及教育卫生、事业单位分类、机关事业养老保险制度等方面的改革，切实把改革红利转化为发展新动能和民生新福祉。二要加大创新力度。紧紧围绕产业转型升级，把科技创新摆在核心位置，加大科技创新投入，推进科技创新与经济发展深度融合，提升我县产业竞争力。充分发挥企业的主体作用，加强企业研发平台和公共服务平台建设，提高企业自主创新能力。要强化院地、校企合作，着力在科研攻关、成果转化等方面实现新突破，不断提升产学研合作的深度和层次。要坚持质量第一，增强品牌意识，对申报成功高新技术企业、创新平台和驰(著)名商标、名牌产品的企业，县委、县政府将予以奖励扶持。三要深入实施“人才兴县”战略。健全完善创新人才引进、培养、使用、激励机制，大力实施企业家素质提升工程，加快集聚高层次产业人才，着力培养紧缺型专业技术人才，盘活用好农村实用人才，努力建设素质优良、结构合理、满足发展需要的人才队伍。企业家是宁阳经济发展最大的功臣和最宝贵的财富。要继续搞好企业家培训，引导企业家专注实业、坚守实业，树立雄心壮志，不断开阔视野，确立更高的发展目标，努力把企业做大做强。

五、坚定不移增加群众获得感。人民群众对美好生活的向往，就是我们的奋斗目标。全县各级党员干部要把造福宁阳人民作为一切工作的出发点和落脚点，让广大群众共享改革发展成果，最大限度提升人民群众获得感。一要加快统筹城乡建设。牢固树立城市意识，按照“双核一环、两轴一带”发展布局，加快城乡一体化发展，不断提高新型城镇化水平。县城要统筹推进东部新区、中部老城区和西部洸河生态区“三大片区”建设,进一步提升城市功能和品位。东部新区要以路网建设为重点,拉框架、强功能、聚人气,加快“三馆一中心”、教育园区、绿景新天地文化金融中心等建设步伐,逐步形成设施一流、功能完善、现代化气息浓郁的新城区。中部老城区要推进文庙历史文化街区建设,抓好城中村、棚户区、老旧小区开发改造,改善人居环境,提升老城形象。西部要围绕洸河生态走廊,坚持生态修复和拆迁改造同步推进,搞好景观提升、商业开发建设,打造洸河产业带和生态景观带。中京新城要以打造未来产业新城为目标,探索自我发展、滚动开发新路子,持续加大投入,配套完善道路、管网等基础设施及学校、医院等公共服务设施,扎实推进社区开发建设,提升综合承载力。坚持把交通建设作为统筹城乡发展的先导和基础,继续抓好中东部山区环山路建设,搞好管理维护,真正建成中东部山区的扶贫大道、旅游大道;要加强配合服务,力争董梁高速公路宁阳段尽快建成通车,进一步放大我县区位交通优势。二要持续改善生态环境。大力实施“生态立县”战略,发挥全县生态文明社会创建规划的引领作用,全力推进生态宁阳和美丽乡村建设。深入实施大气污染防治,严格落实秸秆综合利用、整治“小锅炉”等减排措施,积极推进清洁生产,加快环保治污设施建设,有效改善环境质量。以创建“全国绿化模范县”为目标,抓好道路、城镇、村庄、荒山和水系绿化工程,加快植树造林,不断提升绿化总量,建好生态屏障,建设“绿色银行”。突出抓好引蓄水、湿地保护与修复、城乡河道综合治理、中水回用等重点水利工程,改善县域水系环境,打造良好水生态。深化乡村文明行动,加快美丽乡村建设,推进城乡环卫市场化运作机制,健全县、乡、村三级投资保障体系,加快垃圾焚烧发电项目建设,不断改善城乡环境容貌。三要切实保障改善民生。今年是脱贫攻坚深入推进、全面突破的一年,必须深化精准扶贫,把插花村贫困户、老弱病残贫困户作为重点,因人因户精准施策,加大产业、就业扶贫力度,做好保障兜底,为三年完成脱贫攻坚任务打下坚实基础。要实施更加积极的就业政策,发挥大学生创业协会和创业孵化基地的引领作用,促进各类群体高质量创业就业,多渠道增加城乡居民收入。要全面铺开“全民参保登记计划”,鼓励进城农民工等各类群体参保,逐步完善覆盖城乡、人人享有的社会保障体系。认真抓好城乡低保、五保供养、医疗救助、残疾人保障等工作,持续提升社会救助水平。要做好农民群众“进城落户”工作,使其在就业、就医、社保、子女入学等方面享受与城里人同等待遇。要坚持教育优先发展,继续加大投入力度,加快实验中学、洸河学校、中京小学等重点项目建设,扩大优质教育供给,解决“大班额”问题。大力发展医疗卫生事业,积极改善医疗卫生服务设施,提升医疗卫生服务水平,着力打造健康宁阳。深入推进平安宁阳建设,开展治安大巡防工程,抓好严打整治斗争,震慑违法犯罪,维护社会稳定。严格落实安全生产责任制,加强对重点领域、重点行业、重点部位的监管和检查,狠抓安全隐患排查治理,坚决防止重特大事故发生。

六、坚定不移加强党对经济工作的领导。完成今年经济工作各项目标任务,关键在干部,重点在作风。全县各级各部门和广大党员干部要进一步解放思想、提升境界,不断增强驾驭经济工作的能力和水平,以更加奋发有为的精神状态,真抓实干,攻坚克难,为促进全县经济平稳健康发展做出贡献。一要加强学习,提升境界。各级党员干部要把加强学习当作一种责任、一种境界、一种修养,既重实干,更重学习,使学习成为推动工作的强有力手段。要认真学习习近平总书记系列重要讲话精神,学习业务知识和法律、现代金融、科技等方面的知识,学习上级有关政策,不断提高适应引领把握新常态的能力、依法依规办事的能力、推进改革创新的能力。要持续解放思想,积极走出去,向发达地区学习,与先进理念对接,破除陈旧观念和固有思维定式,提升发展境界,提高工作标准,以思想大解放推动宁阳各项工作再上新台阶。二要勇于担当,真抓实干。事业是干出来的,唯有真抓实干才能成就事业。全县各级领导干部是加快发展的“火车头”,要牢固树立“实干就是水平,落实就是能力”的信念，把心思集中在“想干事”上，把本事体现在“会干事”上，把目标锁定在“干成事”上，坚持干在前、走在前、做在前，以实际行动为全县广大干部群众做出表率。要坚持“严”“实”精神，想问题、定措施、抓落实，都要实事求是，绝不能弄虚作假、虚报浮夸。要强化责任意识，忠诚履职、守岗尽责，保持良好精神状态，困难面前敢闯敢试，矛盾面前敢抓敢管，风险面前敢作敢为，绝不能脚踩西瓜皮、滑到哪里算哪里。县委将进一步建立健全容错纠错机制，坚决为敢担当的干部担当，为敢负责的干部负责，在全县形成既让大家放手干、又让大家放心干、齐心协力谋发展的良好局面。三要强化基层，打牢基础。坚持把抓好党建作为最大政绩，层层落实管党治党责任，积极创新基层党建工作，筑牢基层战斗堡垒。要更加重视村级班子建设，大力实施农村干部“提质转型”工程，健全完善“好人中选能人”的选人用人长效机制，抓住村“两委”换届契机，进一步加强农村“带头人”队伍建设，真正把率先勤劳致富、又愿意带领群众共同致富、能够公道公正为群众办事的优秀人才选进村班子，逐步培养成党组织书记。要认真落实“党员活动日”、村干部坐班、村党组织书记重大事项报告等制度，特别要围绕“人、钱、章”三个重点，进一步规范农村“三资”管理办法。要深入开展侵害群众利益不正之风和腐败问题专项整治，坚持边整治边完善，抓好建章立制，堵塞工作漏洞，不断巩固扩大整治成果。要发展壮大村级集体经济，走好“经营集体资产、培植主导产业、创办合作组织、建设经济项目”等增收路子，提升村级组织服务群众的能力。俗话说，村比村，户看户，群众都盼好干部。在座的村党组织书记是群众的主心骨、农村发展的带头人。大家要顺应农村改革发展的新形势，掌握致富技能，找准增收门路，带领群众奔小康；要坚持公道正派，依法办事，树立威信，赢得群众的拥护；要干净干事，把集体的资产管好，把集体的钱用好，公私分明，两袖清风，真正留下好口碑。四要创优环境，保障发展。优化发展环境事关企业利益、事关百姓福祉、事关发展大局，是一项必须常抓不懈的工程。要坚持从改进机关工作作风抓起，引导各级干部服务基层、服务群众、服务发展，实现“管理员”向“服务员”的角色转变。要严格落实行之有效的制度，继续实行首问负责、全程免费代办、限时办结以及企业宁静日、重点项目挂牌保护等制度，着力打造服务更优质、办事更快捷、执法更阳光的投资高地。要加大惩戒力度，对不作为、乱作为的干部，依法依规从严从速处理；对封门堵路、阻扰施工、强买强卖、强揽工程、蓄意滋事等破坏发展环境的人和事，依法从严从重惩治，切实为经济社会发展营造宽松良好的环境。

同志们，新春新气象，新年新征程，宁阳新一轮发展的风帆已经全面扬启。让我们更加紧密地团结在以习近平同志为核心的党中央周围，贯彻新理念，提升新境界，撸起袖子加油干，迈开双腿跨步跃，为加快建设富裕文明和谐幸福新宁阳做出新的更大贡献！

稳中求进 攻坚突破
奋力推进全县经济社会发展实现新跨越

——在全县经济工作大会上的讲话

（2017 年 2 月 6 日）

陈 波

春节过后，县委、县政府立即召开全县经济工作大会，主要是贯彻落实中央和省、市经济工作会议精神，总结工作、分析形势、安排任务，动员全县各级和广大干部群众创新实干，攻坚突破，奋力推进全县经济社会发展实现新跨越。刚才，隆重表彰了 2016 年度先进单位，在此，我代表县委、县政府，向受到表彰的单位表示热烈的祝贺！县委刘书记还要作重要讲话，希望大家认真学习，深刻领会，全面抓好贯彻落实。下面，就去年工作情况和今年工作安排，先讲几个方面的问题。

一、迎难而上，砥砺奋进，2016 年经济社会发展成效显著

刚刚过去的一年，面对复杂多变的宏观形势和经济下行压力，全县上下紧盯中央和省市一系列重大决策部署，牢牢把握稳中求进总基调，积极适应经济发展新常态，聚焦重点领域，全力实干攻坚，全县经济社会发展缓中趋稳、稳中向好，呈现出“四个鲜明特点”。

（一）综合实力和转型升级实现“双提升”。大力发展新型工业和现代农业，加快发展现代服务业，经济结构进一步优化，农业基础地位进一步巩固，新型工业第一推动力作用进一步显现，服务业贡献率进一步提高，呈现出一产稳步发展、二产持续壮大、三产日趋活跃的良好态势，综合经济实力稳步提升。全年生产总值、社会消费品零售额、一般公共预算收入分别增长 7.3%、8.5%、9.8%；服务业增加值增长 7.7%，占生产总值的比重达到 44.2%。全县规模工业企业达到 319 家，金融机构各项存贷款余额分别达到 230.5 亿元、101.3 亿元，农村居民、城镇居民人均可支配收入增长 8.4%、8%。

（二）改革创新和项目建设实现“双驱动”。坚持以改革增动力，以创新促发展，以项目建设稳增长、促转调、增后劲，发展动能加快聚集、更加有力。行政审批、国资国企、财税、农业农村、教育卫生等重点领域改革扎实推进，泰阳实业 7 亿元全省首支县级非上市公司债券成功发行，工矿棚户区改造、文庙历史文化街区入选财政部 PPP 第三批示范项目。全面推进大众创业、万众创新，预计高新技术产业产值占规模工业总产值的比重达到 22.5%，全县市场主体突破 3.01 万户。项目建设步伐加快，全年完成固定资产投资 396.4 亿元，增长 13.6%；实际到账外资 6725 万美元，增长 11%。在建投资 3000 万元以上项目 96 个，其中过 10 亿元 5 个；争取各类无偿资金 23.1 亿元。投资 16.39 亿元的海斯摩尔医卫用生物质新材料及制品产业化项目纳入全省重点建设项目名单，投资 33 亿元的晋煤明升达洁净煤气化、投资 11.8 亿元的天源品牌服装等 20 个项目纳入全市管理调度；投资 5.6 亿元的高档羊绒面料、投资 10 亿元的温氏畜牧一体化养殖等一批大项目开工建设，在增强经济实力、优化产业结构、带动创业就业方面发挥了重要作用。

（三）统筹发展和绿色发展实现“双推进”。围绕“城市更靓、乡村更美”目标，高点规划、统筹建设、一体管理，城乡一体化步伐加快。东部新区、西部洸河生态区、中部老城区“三大片区”开发建设全面铺开，

投资3.26亿元的30项重点城建工程全部达到预期目标。磁窑镇、华丰镇纳入全省"百镇建设示范行动",成为全国重点镇,一批旅游生态名镇、特色美丽乡村加快涌现。强力推进生态文明建设。节能减排任务圆满完成,力博大功率长距离输送机项目被评为山东省重大节能成果奖,华丰煤矿"煤-电-建"、鲁珠集团资源能源综合利用等循环经济典型模式在全省推广;大气污染防治成效显著,PM2.5浓度较去年同期改善22%;绿色生态建设扎实推进,蟠龙山国家级森林公园通过专家评审,洸河省级湿地公园顺利获批。

(四)基础建设和民生改善实现"双加强"。农村公路安全生命防护、黄沙公路中段改造、月牙湖水库除险加固、引汶干渠修缮等一批事关长远的重点工程全面完工,董梁高速公路宁阳段列入省综合交通规划,城区集中供热面积突破260万平方米,天然气普及率达到50%,基础条件进一步改善。坚持新增财力向民生倾斜,县财政用于民生事业的支出达到24.85亿元,占公共财政支出的70.7%。为民要办的12件实事全部达到目标进度。精准脱贫攻坚深入推进,40个省市级贫困村、7530名贫困人口实现脱贫。企业退休人员养老金发放、城乡低保、"五保供养"、残疾人补贴标准进一步提高,保障性安居工程稳步推进,就业渠道不断增多,教育、卫计、文化等事业全面发展。我县被列为山东省学前教育改革发展试验区,成为国家级妇幼健康优质服务示范县、山东省首届全民阅读活动示范县、山东省全民健身运动会先进单位。

在肯定成绩的同时,也要清醒地看到,今年我县面临的困难和挑战不容忽视。新常态下,我们面临的发展大环境依然存在有效需求增长乏力、实体经济困难较多、区域和行业走势持续分化、经济金融风险隐患增加、经济下行压力较大等诸多困难。县域经济运行中还存在着突出问题:经济总量小与结构不合理的问题并存,供给侧结构性改革任务艰巨;主导产业层次低,科技创新能力弱,重大项目尤其是新项目少、工业项目少;城镇化发展水平不高,基础设施建设滞后,农村人居环境差;金融风险、社会风险等隐患增多,维护社会稳定面临较大压力,等等。这些矛盾和问题,归根结底还是结构性问题,必须正视问题,继续努力加以解决。

二、明确目标,精准发力,全力抓好2017年重点工作

今年是实施"十三五"规划的关键之年,是推进供给侧结构性改革的深化之年,也是新一届县委、县政府的开局之年。开局谋势,气势要足,力度要大,发力要准,关键要把握好"稳、进、实"三点。一是在巩固"稳"的基础上下功夫。稳是主基调,稳是大局,只有在稳的前提下,才能在关键领域有所进取,做到思路稳不折腾、态势稳保运行、社会稳促发展。二是在积蓄"进"的力量上出实招。进是方向、是目的,要知难而进、奋发有为、以进促稳,紧紧围绕深化供给侧结构性改革这条主线,在促增长、增效益上求进,在调结构、转方式上求进,在打基础、增优势上求进,努力开创率先发展科学发展新局面。三是在强化"实"的措施上用真力。要强化"清单"意识。对于每项重点工作、重要工程、重大项目,年初都要拉出清单、制定台账,细化任务、细分责任、细排时间,全年紧盯目标"不松口、不松手、不松劲",全力以赴推动各项工作落到实处、见到成效。要强化"对标"意识。各乡镇街道、部门、开发区(产业园)都要找准自身工作在全省、全市的位次,瞄准更高排名,继续发扬"五加二""白加黑"的工作作风,积极倡导"领导要率先、干部要争先、工作要领先"的"三先"精神,形成不甘落后、力争上游、竞相发展的工作局面。要强化"作战"意识。今年,县委、县政府加强完善、重新公布了城建重点工程、中京新城建设、招商引资和项目建设等六大指挥部,以纲带目,分线作战,集中资源强力推进各项重点工作。各指挥部及成员单位要迅速进入状态、迅速展开工作,进一步明确职责、制定方案、建立制度,拉出配档表、落实责任人,拿出抓铁留痕的劲头,全力抓落实、抓推进、抓突破;要针对一些长期遗留的难点问题打好持久战,抓住不放、持续用力、久久为功,要瞄准关系长远的重点工作打好攻坚战、歼灭

战，做到志在必得、干则必成、战则必胜，确保各项目标任务不折不扣落到实处。今年的主要预期目标确定为：生产总值、固定资产投资、一般公共预算收入、社会消费品零售总额分别增长8%、13%、10%、11%左右；农村居民、城镇居民人均可支配收入分别增长9.5%、8.5%左右；全面完成上级下达的节能减排约束性指标。围绕实现上述任务目标，重点在六个方面集中发力、务求突破。

（一）要在调结构上求突破。产业结构优化升级是一个地区实现转型发展的重要支撑。要在做大总量中优化结构，在加快发展中提高质量，在协调互动中促进转型，实现三次产业协调发展。一是突出工业主导地位。工业是实体经济的主体，也是转型升级的主战场，工业兴则宁阳兴，工业强则宁阳强，必须坚持工业强县不动摇，聚力攻坚抓工业、强工业、兴工业。要挺起工业经济脊梁。“群山无峰”是宁阳工业经济的突出问题，规模工业企业不大不强，支柱产业就没有辐射带动能力，优势产业就没有市场竞争能力，主导产品就没有市场话语权，地方财政就没有骨干税源支撑。从我县工业发展的历程来看，凡是企业健康发展的时期，都是工业经济乃至县域经济发展加速的时期，如果在企业发展上政府服务不到位、战略定位出现偏差，不仅工业经济会遭受重大冲击、优秀人才会大量流失，对整个县域经济发展也会造成不利影响。从财税贡献上来看，一方面，去年地方税收额前45家工业企业实缴税金3.3亿元，占全县工业税收的65%，其中，超威、华宁、金阳等5家企业实缴税金就占全县工业税收的33%，这说明骨干企业已经成为地方税源的中流砥柱；另一方面，全县全口径税收过亿元企业仅有1家、5000万元至1亿元企业也仅有2家，对财税增收具有强劲拉动作用的大企业数量太少。因此，实现县域经济跨越赶超，培育壮大骨干企业、龙头带动企业是摆在我们面前的当务之急，既十分必要，又非常紧迫。要坚持“抓大活小、培优扶强”，启动实施“2358”工程，加快扶持打造一批龙头骨干企业方阵。力争经过3~5年的努力，培育销售收入过100亿元、50亿元、30亿元、10亿元的企业分别达到2家、3家、5家、8家以上。年内，力争培植华兴集团、超威电源、华宁集团等销售收入超30亿元企业5家以上；培植塔高装备、力博重工、圣奥化工、鲁珠集团等销售收入超10亿元企业9家以上。同时，培植“专精特新”中小企业20家以上、科技创新型企业10家以上，形成龙头企业引领、骨干企业支撑、中小企业跃进的梯次发展格局。实施“2358”工程，就是引导全县树立起大抓工业、培强企业的鲜明导向，核心就是筛选一批优质企业，综合施策，重点扶持，促进企业尽快做大做强。县经信、发改、财政、科技、国土、金融办等部门要围绕我县确定的“三强”企业，细化年度目标，制定扶持办法，落实政策措施，一企一策强力推进重点企业膨胀规模、拉长链条、裂变发展。各企业要找准自身优势，学习借鉴华兴集团、双赢新材料“借脑引智”进军高科技、“无中生有”培育新产业，超威电源、天和纸业技改新上并举、持续扩产能调结构，晋煤明升达、弘兴玉米研深吃透产业政策、成功获得国家专项建设资金支持，华宁集团、金阳集团、鲁珠集团做强主业、多元发展，宝胜电缆、新合源、振挺精工紧盯市场需求、抢占市场份额等好经验、好做法，练内功、抓研发、创品牌、拓市场，不断提升企业的核心竞争力。要着力推进产业转型。加快制定实施工业转型升级发展规划和新兴产业倍增计划，构建双轮驱动的产业发展格局。坚持传统产业整合聚集、改造升级，煤炭产业要立足煤、做足煤、不唯煤，加快技术及装备升级，拉长产业链条，大力发展煤转化、煤转电、煤制油、煤建材等关联产业及非煤产业，扩大发展优势；化工产业要以精细化工和生物化工为发展方向，大力发展循环经济，科学扩能扩规，加快转型升级；建材、机械加工等产业要通过技术改造、装备升级、产品换代等措施，焕发新的生机。年内，重点抓好总投资162亿元的塔高智能化绿色开采装备、天和年产2万吨艺卡纸等48个技改扩规项目建设，不断提升产品科技含量和附加值，迈向产业链、价值链高端。坚持新兴产业膨胀规模、加速壮大，加快发展新能源、新材料、新医药、高端装备制造等新兴产业，通过内扶外引、产研合作，实施一批重大旗舰型项目,突破一批核心关键技术,实现产业规模和技术能力的同步发展,积聚经济发展动力,壮大新兴产业集群,尽快成长为我县经济发展的强势增长点。年内,新兴产业占比要提高2个百分点以上。要提供优质服务保障。坚持“利企、惠企、不扰企”的原则,真心实意为企业排忧解难,做到“无事不扰、有求必应”。要强化经济预警监测“大运行”机制,对企业运行指标、资金状况、财税贡献情况定期分析研判,力求苗头性问题早预警、早发现、早处置。要严格落实“三去一降一补”政策措施,打好财税、金融、产业扶持等“组合拳”,做到资金统筹集中使用、政策精准落实到位,推进工业经济稳健增长。要健全企业家培养与保护机制,在全社会营造尊重企业市场主体地位、尊重企业家的浓厚氛围。要设立企业家培训专项资金,制定长期培训计划,细分培训类别和层次,提高针对性和实效性,加快打造一支具有战略眼光、市场意识和创新能力的企业家队伍。对能干事、不违法、有良心的企业家,财政、税务、市场监管、公安等部门及驻地乡镇要拿出实实在在的措施跟进服务,保障企业家放心干事业、安心创财富、真心做贡献。二是提升现代农业发展水平。要以工业化理念、市场化手段抓农业,深入推进农业供给侧结构性改革,加快传统农业向现代农业转变。按照“新型经营主体+社会化服务+适度规模经营”的路径要求,以土地流转为抓手,推进农业规模经营,加快农业结构调整。各乡镇街道、开发区要突出1~2个主导产业,积极培育新型经营主体,推动蔬菜、苗木花卉、林果、畜禽养殖四大主导产业基地建设,不断提高规模化、集约化、品牌化水平。要深入实施农业提质增效转型升级行动,积极引导工商资本、民间资本进入农业领域,抓好农副产品精深加工、农产品流通和农业服务体系建设,加快农业现代化进程。年内,要新增规模农产品加工企业、市级以上农业龙头企业均5家以上,新增“三品一标”认证8个、家庭农场30家、农民合作社50个。三是加快发展现代服务业。要培强做大迪联物流、鲁粮粮食物流园、志同物流等物流企业,加快构筑现代物流服务体系。以亿丰时代广场、汽车综合市场等重点项目建设为抓手,引导凌云、烟农等骨干企业增强聚合辐射和市场竞争能力,带动传统商贸业转型升级。要加快电子商务产业园和集聚区建设,推进实施阿里巴巴“村淘”项目,健全县乡村三级电商服务体系。要大力发展金融服务、文化旅游、健康养生、家政服务等新兴服务业,培育新的消费增长点。年内,服务业增加值要增长9.5%以上。

(二)要在扩投资上求突破。就宁阳现阶段的发展来讲,没有大投入就没有大发展、大产出,千方百计加大投资,在很长一段时期仍是我们加快崛起的主要路径。各级各部门要把投资作为拉动全县经济增长的主引擎,扎实推进项目建设,夯实经济发展、转型跨越的“底盘”。一是坚定不移抓招商。把招商引资作为加快发展的最大实招。要更加突出招大引强,围绕重点产业领域的重点企业实施精准招商,围绕国内500强和央企、上市公司实施登门招商,集中力量引进一批“区域拉动力强、行业竞争力强、财税贡献能力强”的大项目、好项目。要更加突出产业链招商,围绕主导产业制定产业配套路线图,瞄准产业链缺失环节、产业配套项目,承接发达地区产业转移,引进关联企业,实现由单个项目向产业集群招商转变。要更加突出项目入园,年内,一、二、三类乡镇(街道)分别至少引进1个投资过5亿元、过3亿元、过亿元项目落户开发区或产业园,重点经济部门至少引进1个项目入园;开发区、产业园分别至少引进10个、8个过亿元项目。要进一步加大对入园项目的调度考核力度,确保任务落到实处。县里已经对入园企业的税收分成和兑现问题进行了专题研究,制定出了工作意见,下一步坚决兑现落实,切实提高乡镇街道项目入园积极性。要鼓励本土企业通过项目合作、投资入股、联合重组等形式,深化与行业领军企业的合作,吸引和带动更多投资。年内,全县招商引资到位资金增长15%,实际到账外资增长10%,新引进过亿元项目46个。要用足用好泰山登山节这个知名品牌和平台,有关部门要早谋划、早动手,3月初做好任务下达及招商布展部署工作,9月登山节期间集中签约展示招商项目。各级各部门要全面做好招商邀商、项目签约、产业布展、落地推进等工作，在全市层面打擂台、晒亮点、比成果。要进一步完善招商引资考核办法，健全工作体制机制，强化人员经费保证，切实解决招商制度难落实、功多效微、有花无果的问题，提高项目签约率、开工率、成活率。二是持续用力抓争取。在推进供给侧结构性改革的背景下，中央、省陆续出台了一系列含金量高的政策。这些政策导向，对应的就是巨大的资金支持。各级各部门要加大政策研究，特别是对中央和省、市经济工作会议确定的重点工作、重点领域、民生工程的研究，准确把握最新的扶持政策和投资导向，有的放矢策划项目，积极高效对上争取。年内，全县对上争取资金 24.5 亿元以上，增长 6.1%。三是凝心聚力建项目。要坚持“一切工作项目化、项目工作具体化、具体工作责任化”，继续实施指挥部推进、县级领导包保和专门班子盯靠等制度，强化项目“链条式”推进机制，推进项目建设提质提速。具体讲，要突出抓好晋煤明升达洁净煤气化、恒信高科能源、海斯摩尔医卫用生物质新材料等 38 个重点项目建设。晋煤明升达洁净煤气化项目上半年要完成全部施工图纸设计、全厂模型审查及设备订购，年底前完成主要装置土建施工，部分设备开始安装；恒信高科能源项目要抓紧协调解决铁路专线、货场和高压线路迁移问题，做好安全预评价及土地手续办理工作，确保上半年全面开工建设；海斯摩尔医卫用生物质新材料项目要从 5 月份起陆续开始设备安装及试运行，确保 8 月全面竣工投产，实现壳聚糖纤维产业化的重大突破；超威年产 300 万只新能源动力电池项目要抓紧做好环保指标审批及各项手续办理工作，实现当年开工当年达产，确保项目扩规投产后年产量达到 720 万只的生产能力，加快膨胀产能规模、提升纳税能力；名士达环保新材料项目要确保 2 月底开工建设，年底前设备安装调试，打造中国北方最大的木器漆生产企业；温氏畜牧一体化养殖项目上半年要开工建设葛石繁育基地，下半年开工建设堽城、伏山、鹤山、东疏繁育基地，年内东庄、蒋集繁育基地要分别达到 8 万头、20 万头的生产规模，进一步增强产业化养殖的带动作用；宝胜辐照电缆项目要尽快协调解决相关土地及厂房资源整合，确保 4 月开工 11 月竣工，加快建成高科技电缆制造基地；新时代纳米纤维滤膜及新型医疗器械项目要启动 10 万级 GMP 车间建设，确保 4 月底一区竣工投产，6 月启动二区建设，加快填补国内纳米纤维静电纺丝产业化空白；达沃斯环保设备项目要在 6 月前实现一期正式投产，同时启动二期建设；轩德医药中间体项目要确保 3 月开工建设，年底前竣工投产，推动生物化工基地转型升级；新合源新能源汽车配件项目要抓紧做好各类手续完善工作，确保 2 月开工 7 月投产，进一步拓展产品门类，提升企业综合竞争力。年内，确保列入县级重点管理项目、市级重点调度管理项目 30 个、15 个以上。对进入重点调度名单的项目，各位包保领导和责任单位要盯紧靠牢，全程服务，及时排忧解难，全力加快进度。县发改、督查、经合等部门要搞好协调配合，强化调度、督导和督查，保障重点项目顺利推进，构建项目建设推动有力、管理有序的工作格局。

（三）要在抓统筹上求突破。要牢固树立全域城镇化理念，按照“双核一环、两轴一带”的发展布局，以城带乡，城乡互动，加快城乡一体化发展。一是加快建设美丽宜居县城。要突出中部老城区、东部新区、西部洸河生态区、路网建设四大重点，推进实施总投资 101.9 亿元的 8 大类 34 项城建工程，努力实现城市路网贯通、设施配套、功能齐全、品位提升。要加快文庙历史文化街区项目建设，上半年要推进土地征收及房屋拆迁工作，年底前建设完成项目范围内单体建筑主体。要加大府东小区等老旧小区综合整治力度，逐步建立市场化物业管理长效机制，切实改善小区居民的生活环境和居住条件，提升城区形象和文明程度。要推进西部洸河生态区开发建设，3 月底前完成一期景观工程剩余 160 亩土地清障工作，上半年完成一期景观工程建设及二期工程详细规划，启动二期拆迁；年底前争取首批用地指标在 350 亩以上，同时再储备用地 500 亩，并采取市场化手段包装项目融通建设资金，在城市建设资产运营取得实质性成果的同时，实现洸河生态区工程建设的突破性进展。要启动建设“三馆一中心”，尽快编制完成档案馆、图书馆、规划展览馆、文化艺术中心及多功能会议厅的整体设计方案，上半年完成规划区内地上附属物拆迁任务，确保下半年开工建设、年底前完成主体建设，进一步完善东部新区城市功能、提升配套水平。要积极推进城市路网建设，启动实施兴隆街西延、文成路南段、廖桥街、秋实路、金阳大街东延、清风路南北延等新建道路工程，力争国庆节前主路面竣工通车，加快形成纵横互通的城市路网框架。要着力提升城区绿化水平，完成宁磁南路绿地、蟋都花园、含秀园、寻桂园、文化街与杏岗路交叉口节点5处街头绿地建设，以及禹王大道、兴隆街、文成路中段、海力大道南段等道路绿化建设，加快构建绿量充盈、层次分明的城区绿化体系。要统筹推进综合管廊和海绵城市建设，抓紧完成专项规划设计、施工图设计招标、项目立项等开工前有关事项，按时完成上级部署任务。要进一步理顺城市建设管理体制和运行机制，提高城市管理效率和水平。要围绕物业、市场、道路等重点管理环节，规划建设便民农贸市场、烧烤专用市场、临时市场等便民场所10处，开展城区重点道路市容环境及烧烤、建筑渣土市场集中整治，实现“干净、整齐、畅通、提升”的整治效果。大力开展三年城市违法建设治理行动，坚持排查治理同步进行，年内整治完成60%的存量违法建设，同时严控新增，实现违法建设“零增长”。二是因地制宜抓好小城镇建设。针对小城镇建设的现状和短板，要充分发挥磁窑、华丰全省“百镇建设示范行动”带动作用，科学布局伏山、葛石、堽城、东疏4个中心镇，通过政府推动、产业带动和区域联动，加快小城镇人口集中、产业集聚、功能集成、要素集约，打造一批在产业、文化、旅游等方面具有鲜明特色的小城镇。要按照农村社区布局规划，统筹推开新型社区建设，推动城镇公共服务向社区延伸，带动农村人口向城镇集中、居住向社区集中。三是统筹城乡基础设施建设。要全力支持配合董梁高速宁阳段建设，沿线涉及的五镇一区及有关部门要统筹安排、周密部署，提前做好项目征地拆迁、施工环境保障等工作，为承建单位进场施工创造良好条件。要抓紧启动总投资7800万元、全长10.1公里的鹤堽路东段建设，力争年内竣工通车，进一步完善县域路网、提升防汛应急能力、服务沿途群众生产生活。加快建设总投资1.41亿元、全长100公里的中东部环山路工程，今年要在完成中部葛石、堽城、蒋集段建设任务的基础上，推进东部东庄、华丰、磁窑段建设，力争早日实现东西贯通，切实打造成为贯穿中东部山区的防火应急通道、生态旅游大道、致富扶贫大道。要继续推进村村通柏油路、村村通客车、村村通自来水、户户通有线电视等工程，加快电网改造升级步伐，不断改善群众生产生活条件。

（四）要在建园区上求突破。园区是产业聚集膨胀、经济转型发展的重要平台和阵地。要坚持产城融合的理念，全力提升园区产业聚集、企业协作、功能配套的承载力，构建拉动县域经济增长的强力引擎。一是坚持产城融合，加速开发区建设。宁阳经济开发区作为中京新城建设的战略支撑点，要坚定不移推进体制完善、项目建设、设施配套、社区开发等重点工作，进一步提升承载力、影响力和辐射带动力。要在体制完善上提速。中京新城建设指挥部要抓紧开展实质性运作，积极研究和探索工作推进的机制、模式和办法，统筹磁窑镇、开发区的各类有效资源，发挥各自优势，促进区域融合，在项目策划、对上争取、对外合作以及基础设施建设等方面，实现功能互补、统筹发展。要在项目建设上提速。要加大对乡镇街道、部门入园项目的服务、调度力度，同时抓好总投资78亿元的10个新建项目、总投资18亿元的5个续建项目。对新开工项目要协调解决好用地指标、资金筹措、征地拆迁等问题，确保按计划顺利开工；对续建项目要加大人员设备投入，加快投资进度，缩短建设工期，争取早日投产达效。要在设施配套上提速。年内重点抓好堡头大街东延等3条道路和燃气泰新线改线、污水支管网等6项管线配套工程建设，扎实推进中京实验学校和望山居二期、彩山苑二期、亿德阳光城二期等民生工程，同步启动邢庄、彩石两个村整村搬迁，完成枕河、周庄、大旺三个村剩余居民搬迁，进一步提升中京新城整体形象。要在转型升级上提速。以打造生物高技术产业园区为引领，推进精细化工、新材料、生物医药、气体岛等专业园区建设，加快化工产业由原料化工向生物化工、精细化工转变。要进一步理顺化工园区企业管理体制，实现责权利相统一。二是围绕城市经济，推进产业园发展。环城科技产业园要坚持城市建设与产业培植一体推进，充分利用现有资产、土地等资源引进项目，做大轻工业、发展机械加工业、培植高新技术产业。年内，要全力抓好天源品牌服装、高档羊绒面料、酒文化产业园文化展示区等大项目建设，确保环城纺织服装创业园、光伏发电等新建项目顺利开工。同时，要大力发展金融保险、服务外包、总部经济等现代服务业，培育一批新兴产业新型业态，打造"产业特色鲜明、产业布局合理、运营模式先进、发展动力强劲"的新型园区。

（五）要在优生态上求突破。要牢固树立"既要金山银山，更要绿水青山"的理念，正确处理好发展与保护、开发利用与集约节约的关系，真正让宁阳大地山青、水绿、天蓝。一是加大环境保护力度。实行最严格的环境保护制度，持续开展大气、水、土壤污染防治和城乡容貌综合整治，深入推进节能降耗，促进资源节约循环利用，单位生产总值能耗、主要污染物排放等约束性指标控制在限额以内。要突出抓好煤粉锅炉替代工程等6个重点节能项目建设，严格实行"控煤、降尘、限车、除味、增绿"等大气污染防治措施，加快清洁燃煤推广使用，持续提升环境质量，成功创建省级生态县。二是加强绿色生态建设。要继续围绕争创全国绿化模范县，实施青山绿水、绿色家园、绿网建设等"六大工程"，加快构建绿色生态体系。要做好多蓄水、供好水、治污水、防洪水、节约水"五水"文章，着力抓好河、库、沟、渠的开发利用，加快推进中小河道"河长制"管理工作，继续实施大汶河、洸河、海子河生态湿地以及引汶进城、城区水系、水系景观等重点工程建设，打造良好水生态。三是推进美丽乡村建设。要按照"重点突破、典型带动、全面推进"的要求，在蒋集、堽城、伏山等重点区域，选择有基础、条件好、班子强的村，进行重点培育、重点突破，着力打造一批先进典型，以点连线、以线扩面、点线面结合，推动美丽乡村建设多点开花、扩面提质。要坚持改善农民人居环境与发展现代农业、乡村旅游、生态建设相结合，以特色产业发展、基础设施建设、公共服务提升、村容村貌整治为重点，统筹涉农资金集中投放重点区域，大力推进美丽乡村标准化建设。县农工办和有关乡镇要不等不靠，超前谋划，加快进度，集中连片打造一批集生态、文化与旅游为一体的美丽乡村、风情小镇。年内，要建成美丽乡村80个，争创省市美丽乡村示范村10个以上。要统筹推进城乡环卫一体化工作，进一步完善资金投入机制，引进市场化运行模式，形成县乡村三级分担投资保障体系以及企业专业化运行、政府考核监督、村民参与管理的三方共治体系，切实改善农村生产生活条件。

（六）要在增福祉上求突破。发展经济的根本目的在于更好地改善民生。一要实施更加精准的脱贫攻坚。年内要确保完成26个省级、16个市级贫困村摘帽任务和8000人的脱贫任务，实现所有建档立卡贫困村经济和社会发展全部达到全县平均水平，所有贫困人口摆脱贫困，达到"两不愁、三保障"目标。二要提供更有获得感的社会保障。实施更加积极的创业就业政策，年内确保新增城镇就业再就业6800人。要加快保障性住房建设，切实解决低收入群体住房困难问题。要继续完善各项保障制度，全面落实国家和省市各项提标政策，大力实施"全民参保登记计划"，积极推进机关事业单位养老保险制度改革。三要发展更有公平感的社会事业。围绕"学有所教"，年内要完成实验中学、洸河学校、八仙桥中心小学等9个教育重点项目，彻底解决城镇普通中小学大班额问题，确保"全面改薄"工作顺利收官，满足人民群众"上好学"的教育需求。围绕"病有所医"，进一步健全医疗卫生服务体系，扎实做好基本公共卫生、疾病防控、中医药服务、妇幼保健等工作。围绕"娱有所乐"，抓好基层综合性文化中心建设，推动全民健身事业健康持续发展。四要强化更有安全感的社会治理。大力推进"平安宁阳"建设，深入推进"七五"普法，健全信访积案依法终结机制。加强食品药品安全监管，抓好应急保障体系建设，确保人民群众生命财产安全。要更加重视安全生产工作，坚持“党政同责、一岗双责、失职追责”，严格落实行业监管责任、企业主体责任和属地管理责任，杜绝较大以上事故，力争工矿商贸领域零死亡。要推进风险分级管控和隐患排查治理双重预防体系建设，完善“网格化”实名制监管，发挥专业委员会作用，形成部门联动合力。在压力传导上，做到县乡企层层传递，解决上热下冷的问题；在责任落实上，做到县乡企逐级落实，解决好头重脚轻的问题；在工作抓法上，坚持一手抓问题治理，打好隐患排查治理歼灭战，一手抓治本之策，打好“安如泰山”科学预防体系建设攻坚战；要针对当前企业发展现状和安全生产实际，抓好隐患排查治理、执法监察和教育培训，解决好阳奉阴违的问题，以“零容忍”态度坚决抓好隐患整改。在安全生产这个问题上，宁要骂声不要哭声，坚决不要带血的 GDP。

三、改革创新，攻坚突破，强力破解县域经济发展制约难题

近几年，我县经济发展总量和质量都有很大提升，但改革创新力度不大、要素制约瓶颈突出等方面问题，仍是我们的发展短板。必须以改革的思维、创新的手段、市场的办法，破解发展难题，激发发展潜能，拓展发展空间。

（一）推进改革创新，激活发展动能。要深化行政审批制度改革，切实解决县政务服务中心入驻项目“二次审批”和“应进未进”问题，加强三级便民服务体系建设，让企业和群众办事更快捷、更省心。要完善预决算公开长效机制，建立跨年度预算平衡机制，提升依法理财、科学理财水平。要加快推进国资国企改革，鼓励民营资本参与企业改制、重组，大力发展混合所有制经济。分类推进规模企业规范化公司制改制，年内确保完成 26 家改制任务。深化农村产权制度改革，年内完成 150 个村改革任务，进一步壮大村集体经济，增加农民财产性收入。要抓住我县被确定为全省扶持村集体经济发展试点县的机遇，用活用好 800 万元省级奖补资金，增强村级自我发展、自我服务、自我保障能力。要统筹推进教育卫生事业综合改革，全面提高办学水平和公共卫生服务水平。要全面贯彻落实创新驱动发展战略，提高自主创新能力，加速科技与经济融合，促进科研成果资本化、产业化。年内，新认定高新技术企业 2 家，市级以上科技创新平台 3 家，高新技术产业产值占规模工业总产值的比重提高 1.8 个百分点以上。要深入贯彻“人才兴县”战略，进一步完善“人才+项目+产业+科技+金融”一体化推进机制。大力实施产业人才集聚工程，促进人才链、创新链和产业链精准衔接，着力培养引进一批创新创业团队、产业领军人才和实用技能人才。要加大企业从业人员和技术骨干的培训力度，解决“新设备不会用、新技术不敢用”的问题。

（二）拓展融资渠道，含蓄源头活水。经济是肌体，资金是血液，血活则体强。要进一步加大融资力度，切实保障实体经济发展的资金需求。一是推进投融资改革。要健全投融资体系。县财政、国资、统筹公司等部门单位要充分发挥协同效应，进一步整合现有投融资平台，推进资产资本化运作，探索组建资产效益更高、融资能力更强的国有资本投资运营平台。要创新融资方式。抢抓市政府与省财金集团全面战略合作的机遇，加快探索实施“政府+基金+金融”模式，县财政、发改、金融办等部门要加强对接、盯紧跟进，抓好项目策划包装，在创业创新、产业升级和基础设施方面争取更多资金支持。要探索设立产业投资基金和新兴产业创投基金，对区域拉动力强、行业竞争力强、财税贡献能力强的“三强”企业进行重点扶持，强力支持实体经济发展。积极运作政府股权引导基金，利用智基实业公司平台，通过股权投资、股权并购、过桥续贷、购买银行逾期债权等方式为重大项目和骨干企业提供资金扶持，推进重点产业提质增效、转型升级。要大力推行政府和社会资本合作模式，推动更多 PPP 项目尽快落地，采取政府购买服务方式，用好政策性贷款授信额度，加快化解教育大班额、棚户区改造项目和城乡基础设施建设融资步伐，创建一批可借鉴、好推广的 PPP 项目范本。要畅通融资渠道。支持重点领域建设项目开展股权和债权融资，引导企业利用债券发行、融资租赁、股权质押、产业基金等方式融通资金，拓展多元化融资渠道。同时，要严格防范债务风险，坚持疏堵结合、理清责任、规范管理，确保“融得来、管得住、投得准、用得好”。二是夯实财政保障。要强化综合治税，在全县范围内开展税收情况大检查，全力堵塞税收漏洞，确保应收尽收。要把土地出让金、基础设施配套费、河砂地砂收入等作为重点，加强非税收入征管，切实增加可用财力。要更好地统筹民生改善和经济发展，保障民生兜底和重点支出，压减一般性支出，最大限度发挥资金使用效益。三是强化金融支撑。要积极引入融资担保、金融租赁等新型业态，壮大发展小额贷款、民资管理等地方金融组织，进一步健全县域金融体系。要深入推进“政银企保担”五方合作，建立部门联动机制，打造良性互动、合作共赢的“生命共同体”。积极筹建政府参股的地方融资性担保机构，有效缓解我县中小企业融资难、融资贵问题。银监部门要积极引导金融机构建立债权人委员会制度，形成支持困难企业扭亏、转型、发展、脱困的合力。各金融机构要优化信贷结构、扩大信贷规模，把更多储蓄化为有效投资，切实服务地方经济发展。要引导企业以重组、借壳和参股等方式上市融资，年内确保3家企业上市挂牌。

（三）保障土地供应，提升土地利用效率。目前，我县存量土地利用效率不高、增量土地供应不足的问题较为突出。下一步，要按照“用好增量、盘活存量、提高质量”的原则，促进土地节约集约利用，不断提高土地使用效率。要扎实做好用地指标争取文章，找准地方特色与政策支持的最佳结合点，重点项目落户与产业发展方向的有效衔接点，争取上级在用地指标上给予更大的倾斜。年内，要确保对上争取土地指标400亩。要立足内涵挖潜，有效盘活存量土地，杜绝土地“睡大觉”“占地无税”的情况发生。据初步统计，目前全县闲置土地达18宗、1273亩，对这些供而未用、长期闲置或低效利用土地，要加大处置力度，依法征收闲置费和收回使用权。对超过原约定使用时限的闲置土地，采取二次招商、调整使用等办法重新落实建设项目。国土、发改、监察、督查、财政、住建、规划、税务、公检法等单位要敢于碰硬、强力履责，采取有力措施，形成强大合力，依法收回闲置土地，确保地尽其用。年内，要盘活存量用地500亩。要加快实施土地开发复垦整理、高标准基本农田和城乡增减挂钩项目，坚持“以建设促保护”，确保耕地占补平衡。特别是要加大增减挂钩项目实施力度，有效增加用地指标，缓解建设用地压力。今年要确保全面完成泗店镇柳楼村、东庄镇南故城村、蒋集镇郑龙村、伏山镇东代村、葛石镇夏庄村5个村的增减挂钩任务，确保复垦1039亩、结余指标500亩。县国土资源局作为增减挂钩项目的行政主管部门，要抓好项目实施的统筹规划、项目指导、组织协调和监督检查，按时间节点及时拨付挂钩资金，确保项目转得动、干得好、验收快；各有关乡镇作为增减挂钩项目实施主体单位，要全力加快项目实施进度，确保完成工作任务。其他乡镇也要积极推进增减挂钩工作，用足用好政策，盘活土地资源，拓展用地空间。通过对上争取指标、对内盘活挖潜等方式，今年全县要新增用地指标1200亩以上。

同志们，宁阳已经站在了科学发展、跨越赶超的新起点，新形势孕育新机遇，新征程呼唤新作为。让我们在县委的坚强领导下，以更加饱满的激情、更加振奋的精神、更加务实的作风，同心同德，凝心聚力，真抓实干，克难制胜，全力推动县域经济再上新台阶，为奋力建设富裕文明和谐幸福新宁阳做出新的更大的贡献！

政府工作报告

——2017年1月20日在宁阳县第十八届人民代表大会第一次会议上

宁阳县代县长　陈　波

一、过去五年政府工作回顾

过去的五年，是我县妥善应对风险挑战、奋力推进弯道超越的五年。五年来，县政府在上级党委政府和县委的坚强领导下，在县人大、县政协的监督支持下，主动适应经济发展新常态，紧紧依靠全县人民，全面履行政府职能，高扬“科学发展、跨越赶超”主旋律，大力实施“生态立县、工业强县”战略，纵深推进项目建设、统筹城乡建设、生态文明建设，稳增长、调结构、促改革、惠民生、保稳定，圆满完成了县十二五规划和十七届人大历次会议确定的目标任务，开启了宁阳持续发展、科学发展的崭新局面。

（一）始终坚持跨越赶超，综合实力进入持续攀升的新时期。五年来，面对复杂的宏观形势、激烈的区域竞争和繁重的发展任务，我们始终保持定力，砥砺奋进，县域综合实力显著增强。预计2016年实现生产总值408亿元，人均生产总值达到5.3万元，分别为2011年的1.69倍、1.7倍，年均增长9.8%、9.7%。三次产业增加值分别实现53.2亿元、175.1亿元、179.5亿元，分别为2011年的1.3倍、1.6倍、2倍，年均增长4.3%、10.2%、11.6%。一般公共预算收入达到12.7亿元，为2011年的1.8倍，年均增长12.8%，其中税收收入9.3亿元，占一般公共预算收入的比重达到72.8%。实现社会消费品零售总额164.9亿元，为2011年的1.8倍，年均增长12.3%；城乡居民人均可支配收入达到29866元、13739元，分别比2011年增长63%、69%。完成外贸进出口总值6.7亿美元，其中出口6.3亿美元，分别是前五年的2.5倍、2.7倍。截至2016年年底，金融机构各项存贷款余额达到230.5亿元、101.3亿元，分别是2011年的2倍、1.6倍。

（二）始终坚持转型发展，产业调整进入更趋优化的新时期。五年来，我们扎实做好“转、调、创”文章，大力推进供给侧结构性改革，推动经济转型行稳致远。2016年，预计三次产业比例调整为12.9:43.1:44，与2011年相比，一产下降3.1个百分点、三产提升6.6个百分点，三次产业协调推进、健康发展。工业经济转型步伐稳健。煤炭、化工、建材、机械加工等传统产业量质并举，新材料、新能源、生物医药、高端装备制造等新兴产业裂变成长。预计2016年规模工业主营业务收入、利税分别达到1241亿元、114亿元，是2011年的2.3倍、1.6倍；规模工业企业达到319家，销售收入过亿元企业达到252家，利税过千万元企业达到240家，比2011年末分别增加24家、107家、53家。科技创新能力不断增强，预计2016年高新技术产业产值占比达到22.5%。全县市级以上科研平台、国家级高新技术企业、省级以上名牌产品及驰（著）名商标分别达到66个、8家、27个。我县被评为国家知识产权强县工程试点县、山东省科协助力地方创新驱动发展先进示范区。现代农业发展成效显著。粮食生产实现“十四连增”，两度被评为全国粮食生产先进县。蔬菜、苗木花卉、林果、畜禽养殖四大主导产业蓬勃发展，规模分别是2011年的1.3倍、3倍、1.4倍、1.36倍，土地流转面积达到耕地总面积的55.3%；与2011年相比，规模农业龙头企业、农民专业合作社、家庭农场分别增加88家、548个、377家，“三品”认证面积增加38.4万亩。被确定为全国奶牛养殖大县种养结合整县推进试点县，全省首批“粮改饲”试点县、苗木花卉重点基地县；友邦专业合作社被评为国家农民合作社示范社。三产服务业不断发展壮大。现代商贸流通体系日臻完善，电子商务、金融保险、文化旅游等新兴业态快速发展。2016 年，第三产业实现税收 5.4 亿元，是 2011 年的 1.8 倍。文庙历史文化街区项目列入省“十三五”服务业发展规划，泰山电子商务基地被评为全省首批电子商务示范基地。创新创业环境持续优化，民营经济健康发展。2016 年全县市场主体达到 3.01 万户，是 2011 年的 2 倍。

（三）始终坚持项目引领，发展支撑进入更加坚实的新时期。五年来，我们针对经济规模小、综合实力弱的县情，牢牢把招商引资和项目建设作为经济工作的“生命线”，依靠项目建设稳增长、调结构、增后劲，发展的支撑更加坚实。五年来，全县共引进投资 3000 万元以上项目 372 个，其中过 10 亿元项目 13 个，实际利用外资 2.26 亿美元，年均增长 45.2%。把对上争取作为常态化工作来抓，累计对上争取资金 93.9 亿元，年均增长 19.3%。成功融入省会城市群经济圈和省西部经济隆起带两大区域战略规划，董梁高速公路宁阳段、全国高效节水灌溉试点县、农村饮水安全、月牙湖水库增容等一大批项目争取到位。严格实行重点工作指挥部推进机制和重点项目领导包保制度，持续扩大高效优质投入。2016 年完成固定资产投资 394 亿元，为 2011 年的 2 倍，年均增长 14.9%；累计实施县级重点建设项目 276 个，完成投资 499.7 亿元。海斯摩尔新材料智能纺、山能重装工业园、宝胜电缆、明珠新材料科技园、天源服饰、亿丰时代广场等一批重点项目相继建成投产，晋煤明升达洁净煤气化、恒信高科能源等一批重大项目成功落地。园区承载能力全面增强。宁阳经济开发区、环城科技产业园建成区面积达到 19 平方公里，入驻规模工业企业 110 家，产业聚集和承载能力不断提升。宁阳经济开发区被确定为省级生物高技术产业基地、新型工业化示范基地、节能环保产业基地。

（四）始终坚持统筹推进，城乡建设进入一体发展的新时期。五年来，我们牢固树立全域城镇化理念，坚持以城带乡、城乡互动，拉框架、融文化、建精品、抓配套，城市更加宜居宜业，农村更加优美整洁。相继完成区域发展战略规划、城乡统筹规划、县城总体规划等一系列规划的编制修订，“双核一环、两轴一带”发展布局基本形成。县城承载功能全面提升。累计完成投资 220 亿元，开工建设城市重点工程 150 余项。县城东部新区、西部洸河生态区、中部老城区“三大片区”开发建设全面铺开，城中村和棚户区改造加快推进；复圣公园、客运中心、城区饮用水水质提升、第二水源地等一批公益项目投入使用；县城扩容 15 平方公里，建成区面积达到 21.5 平方公里，天然气、供热普及率分别达到 50%、60%，人均绿地面积 15.2 平方米，被评为国家园林县城，并进入全省 15 个小二型城市试点范围。“中京新城”累计实施基础设施配套工程 100 余项，新建、改造道路 120 余公里，新增污水、供水、天然气管网 90 余公里，开发建设新型社区 50 万平方米，实现由工业园区向现代化新城质的转变。镇村建设步伐加快。乡镇建设累计完成投资 86.7 亿元，是前五年的 2.6 倍。磁窑镇、华丰镇纳入全省百镇建设示范行动，成为全国重点镇，磁窑镇进入全省 30 个重点示范镇范围。东庄社区、仙乐社区等 22 个社区建成入住。城乡基础设施显著改善。先后实施蒙馆公路改扩建、农村公路生命安全防护、黄沙公路中段改扩建、中东部山区环山路等一批重大交通工程，全县公路通车里程达到 2506 公里，比 2011 年增加 128.3 公里;行政村通柏油路、通客车率分别达到 100%、97.9%；农村自来水普及率达到 99%，广电宽带、有线数字电视实现村村通；电网建设累计实现投资 10.8 亿元，新增供电线路 917.3 公里，在省内率先建成新农村电气化县。

（五）始终坚持生态立县，美丽宁阳进入魅力凸显的新时期。五年来，我们牢固树立生态优先、绿色发展的理念，以生态文明建设规划为引领，努力改善生态环境，打造绿色生态美丽宁阳。环境综合治理力度加大，认真落实大气污染防治二期行动计划和“水十条”工作任务，磁窑污水处理厂、县城污水处理扩建工程投入运行，农村环境连片整治示范项目全部完成，洸河、大汶河、宁阳河、海子河综合治理成效明显。持之以恒推进节能降耗，累计实施节能技改项目63个，建设太阳能集热系统项目23个，年产30万吨以下小煤矿顺利实施关闭。绿色生态建设有效实施。完成造林面积17.7万亩，建设绿色通道816公里，新建完善农田林网32.4万亩，均比2011年增长1倍以上，全县林木覆盖率达到38%。蟠龙山国家森林公园顺利通过评审。土地利用更加集约高效，共建成高标准基本农田34.94万亩，新增耕地6208亩，盘活闲置低效土地3093亩。美丽乡村建设和乡村文明行动深入推进，累计建成国家级生态乡镇2个、省级生态乡镇10个、全省生态文明乡村建设先进村11个、市级生态村314个。环境容貌整治力度加大，城乡环卫一体化运转体系全面建立，生活垃圾日处理量达到2011年的4.1倍，无害化处理率达到100%，人民群众宜居质量大幅提升。

（六）始终坚持深化改革，发展活力进入竞相迸发的新时期。五年来，我们坚持把改革作为发展的动力之源、活力之本，稳妥推进各项改革举措，制约发展的障碍难题得到有效破解。政府职能加快转变，卫生计生、市场监管、食品药品监管、商务等机构整合组建工作顺利完成，磁窑镇行政管理体制改革、事业单位分类改革、公车制度改革稳步推进；建立并严格执行行政审批清单、权力清单、责任清单"三项清单"制度，保障了政府权力公开透明运行。县乡村三级便民服务体系逐步建立，打通了服务群众"最后一公里"。国资国企改革不断深化，国有企业改革重组、混合所有制经济发展、规模企业公司制改造成效突出，泰阳实业7亿元全省首支县级非上市公司债券成功发行。财税体制改革稳步推进，高标准完成预算制度改革、公务接待费用公开、营改增等试点任务；积极探索政府和社会资本合作模式，11个项目进入全省重点推介范围，3个项目入选财政部示范项目，居全省县级之首。金融体系更加完善，累计引进各类金融机构7家，总数达到42家。企业上市挂牌取得突破性进展，8家企业实现直接或间接上市融资。农村土地承包经营权确权颁证基本完成，"三大合作"、农村产权制度改革、供销社综合改革成效突出。基础教育综合改革深入推进，现代学校制度基本确立。公立医院综合改革全面启动，分级诊疗试点先行，基本药物制度实现乡村全覆盖。人才工作力度加大，新增国家"千人计划"专家、泰山学者等海内外高层次人才180余名。

（七）始终坚持共享发展，民生福祉进入大幅改善的新时期。五年来，我们始终高度重视保障和改善民生工作，坚持民生为先、共建共享，群众得到更多实惠、更有幸福感。2012年以来，累计投入民生资金102.8亿元，占财政总支出的69.9%，年均增长10.9%；累计实施为民要办实事工程66项，全部达到预期目标。脱贫攻坚深入推进，2016年40个省市级贫困村、7530名贫困人口实现脱贫。坚持以创业带动就业，五年实现就业再就业5.27万人，城镇登记失业率控制在3%以内。城乡居民养老、医疗保险实现应保尽保，企业退休人员养老金发放、城乡低保、五保供养、残疾人补贴标准逐年提高，临时救助制度全面落实，医疗救助工作达到全省领先水平。保障性安居工程稳步实施，开工建成各类保障性住房7969套。积极推进教育高位均衡发展，着力解决普通中小学大班额问题，县第三小学、文庙中心小学等48所新建扩建学校相继启用，优质教育资源覆盖面不断扩大，成功创建全国义务教育发展基本均衡县。医疗卫生事业蓬勃发展，县妇幼保健院新院、县人民医院等19个重点项目建成使用，基本公共卫生服务、疾病防控、人口计生等工作走在全省乃至全国前列，荣获全国慢病综合防控示范县、妇幼健康优质服务示范县。双拥共建成绩显著，连续三届被评为全省双拥模范县。公共文化服务更加普及均等，被评为全国新农村建设档案工作示范县、全省首届全民阅读活动示范县。扶残助残工作力度加大，被评为全省残疾人工作先进单位。城乡公共体育设施实现广覆盖，全民健身活动受到国家和省市表彰。

（八）始终坚持廉政务实，政府建设进入全面加强的新时期。五年来，我们坚持科学施政、依法行政、从严治政，不断加强政府自身建设，政府服务水平持续提升。自觉接受人大法律监督和政协民主监督，共办理人大代表建议209件、政协委员提案446件。全面完成“六五”普法、建立政府法律顾问制度、公共法律服务便民工程等任务，积极扩大基层民主，完善政务村务公开，民主法制建设取得新成效，荣获全国“六五”普法中期先进县。深化“美德宁阳”创建，大力培育和践行社会主义核心价值观，公民思想道德素质明显提高。扎实推进“平安宁阳”建设，源头治理、动态管理、应急处置相结合的社会治理机制基本形成。高度重视安全生产，加快创建“安如泰山”安全生产科学预防体系，抓好重点领域、重点行业专项整治，安全生产形势持续平稳，被评为全省安全生产基层基础工作先进县。强化食品药品安全监管，荣获山东省首批药品安全示范县。严格实行信访积案领导包案和接访下访制度，信访数量持续下降。认真落实中央八项规定精神，深入开展党的群众路线、三严三实和“两学一做”等主题教育实践活动，集中开展“庸懒散”、惠农政策落实等专项整治，“四风”和“不严不实”问题得到有效解决。始终把纪律规矩挺在前面，认真履行党风廉政建设主体责任，力促干部清正、政府清廉，赢得了人民群众的支持和信赖。

各位代表，五年历程、五年奋斗。这五年，是宁阳发展压力最大、困难最多、形势最严峻的五年，也是宁阳战略抓得最准、机遇抓得最好、工作抓得最实、城乡面貌变化最大、人民群众受益最多的五年，标志着宁阳进入了厚积薄发、腾飞跨越的重要时期。回顾五年的奋斗历程，全县上下奋勇争先、创新实干，强化“宁阳担当”、汇聚“宁阳力量”、树立“宁阳标杆”，先后荣获国家和省级以上荣誉100余项，创造了政府与社会资本合作、教育均衡发展、公共法律服务等一批“宁阳经验”“宁阳模式”。成绩的取得，得益于县委的坚强领导、科学决策，得益于县人大、县政协的依法监督、全力支持，得益于历届政府班子的持续努力、积厚成势，更得益于全县人民的团结苦干、无私奉献。在此，我代表县人民政府，向各位代表、各位委员，向全县人民和关心支持宁阳发展的同志们、朋友们，表示衷心的感谢和崇高的敬意！

成绩来之不易，经验弥足珍贵。五年的工作实践启示我们：必须把科学发展、跨越赶超作为政府工作的第一要务，一心一意谋发展，凝心聚力抓建设，推动县域经济社会持续健康快速发展；必须把招商引资、项目建设作为政府工作的第一抓手，以项目扩总量、增后劲、促转型，构筑宁阳跨越发展的强劲支撑；必须把改善民生、增进福祉作为政府工作的第一责任，多谋民生之利，多解民生之忧，让改革发展成果更多更好地惠及人民群众；必须把解放思想、改革创新作为政府工作的第一动力，以改革破难题，以创新求突破，为县域经济发展积蓄强大的动力源泉；必须把团结实干、狠抓落实作为政府工作的第一要求，集中精力抓落实，狠下功夫求实效，不断提高政府执行力和公信力。

在肯定成绩的同时，我们也清醒地认识到，发展中仍存在一些困难和问题，主要表现在：经济总量小、综合实力弱、产业结构不合理的现状没有根本改变，转型升级压力较大；城镇化水平较低，城乡基础设施和公共服务仍有许多欠账，城市管理、社会治理、民生保障等方面的工作成效与群众期待还有较大距离；部分机关干部创新意识、法治意识、担当意识还不够强，廉政建设和作风建设需要持续加强等。对此，我们将以高度负责的态度，采取切实有效的措施，认真加以解决。

二、今后五年政府工作构想和主要目标任务

今后五年，是宁阳奋力夺取全面建成小康社会新胜利的关键期，也是加快科学发展、实现跨越赶超的黄金期。我们必须增强机遇意识、责任意识、担当意识，坚持目标导向和问题导向，全力抢抓机遇、攻坚克难，着力放大优势、补齐短板，推动县域综合实力和竞争力再上新台阶。今后五年政府工作的指导思想是：全面贯彻党的十八大、十八届历次全会和习近平总书记系列重要讲话精神以及县委十四次党代会精神，紧紧围绕“五位一体”总体布局和“四个全面”战略布局，以“五大发展理念”为引领，坚持稳中求进总基调，深入推进供给侧结构性改革，适应引领把握经济发展新常态，深入实施“生态立县、工业强

县、人才兴县”战略，纵深推进项目建设、统筹城乡建设、生态文明建设“三大重点”，着力稳增长、调结构、促改革、惠民生、保稳定，加快建设富裕文明和谐幸福新宁阳，奋力夺取全面建成小康社会决战阶段的新胜利。

主要预期目标为：

——综合实力实现新跨越。县内生产总值、一般公共预算收入分别达到580亿元、18亿元左右，年均增长7%、10%以上；全社会固定资产投资、社会消费品零售总额年均增长12%、9%以上；外贸进出口总值年均增长10%以上。

——产业发展构筑新格局。三次产业比例调整为10:45:45，规模工业主营业务收入年均增长5%以上，高新技术产业产值占规模工业总产值的比重达到28%以上。

——统筹城乡开创新局面。城镇化水平大幅提升，常住人口城镇化率达到52%以上，形成布局合理的城乡一体化发展格局。

——生态文明建设实现新提升。完成单位生产总值能耗、水耗、污染物排放量等约束性目标任务；林木覆盖率稳定在38%以上，城区绿化覆盖率达到46%、美丽乡村覆盖率达到70%以上。

——民生改善达到新高度。农村居民、城镇居民人均可支配收入分别达到23168元、41394元，年均分别增长11%、7%左右；城镇登记失业率、人口自然增长率分别控制在3%、12‰以内；基本公共服务均等化程度明显提高，居民生活全面步入小康。

为确保如期实现上述目标，必须坚持把握和遵循以下原则：

一是把落实新理念新思想新战略作为发展的主抓手。认真落实党的十八大以来党中央确定的“五位一体”总体布局和“四个全面”战略布局，准确把握经济发展进入新常态的重大判断，始终把创新、协调、绿色、开放、共享五大发展理念贯穿到宁阳转型发展、后发赶超的全过程，大力实施“生态立县、工业强县、人才兴县”战略，推动经济社会更高质量、更有效率、更加公平、更可持续的发展。

二是把坚持“稳中求进”作为发展的主基调。发展不快、发展不优、实力不强仍是宁阳当前及今后一段时期的最大问题。从发展阶段和发展实际出发，必须保持战略定力，坚定不移高扬“科学发展、跨越赶超”主旋律，做到稳中求进、进中求快、快中求好，既要重视转型发展，更要突出加快发展；既要重视总量和外延扩张，更要注重质量和内涵提升，确保发展思路稳定、经济态势稳定、社会和谐稳定，不断缩小与先进地区的差距，满足人民群众日益增长的物质文化生活需求。

三是把推进改革创新作为发展的主动力。改革创新是推动发展的根本动力，必须以更大的勇气、更高的智慧深化重点领域改革，全面实施创新驱动战略，完善互利共赢、多元平衡、安全高效的开放型经济体系。围绕深化供给侧结构性改革，着力破解结构性、资源性矛盾，深入实施行政审批、国资国企、财税、投融资、农业农村等关键性改革，推进“三去一降一补”，不断激发市场活力和社会创造力。推动大众创业、万众创新，加快培育新动能，催生新产业、新业态，着力打造宁阳产业升级版，走质量更高、效益更好、结构更优、可持续的产业转型升级之路。

四是把实施统筹协调作为发展的主路径。牢牢抓好项目建设、统筹城乡建设、生态文明建设“三大重点”，以项目建设推动转方式、调结构、惠民生，以统筹城乡建设拉动经济增长、拓展发展空间，以生态文明建设推进绿色发展、建设美丽宁阳，构筑天蓝、地绿、水清、气爽的生态宜居家园。着力推进区域协调发展、三次产业协调发展、物质文明和精神文明协调发展，形成全要素、多领域、高效益的深度融合发展格局，统筹带动经济社会协调并进、全面发展。

五是把切实改善民生作为发展的主目标。保障和改善民生，是各级政府的法定职责和本质要求。必须把发展为民的原则贯穿到各项决策和工作实践，在重大决策上突出，在资金投入上倾斜，在合法权益上维护。坚持从解决广大群众最关心、最直接、最现实的问题入手，加大脱贫攻坚力度，有计划地实施一批民生工程，进一步改善群众生产生活条件，更大幅度提高群众的生活质量和幸福指数。

三、2017年重点工作安排

2017年，是推进供给侧结构性改革的深化之年，也是实施“十三五”规划的关键一年，做好各项工作至关重要。今年的主要预期目标为：生产总值、固定资产投资、一般公共预算收入、社会消费品零售总额分别增长8%、13%、10%、11%左右；农村居民、城镇居民人均可支配收入分别增长9.5%、8.5%左右；完成节能减排等约束性目标任务。着力抓好六个方面的工作：

（一）着力抓转型调结构，提升产业聚集能力。坚持做优增量、调整存量、补齐短板，深化供给侧结构性改革，为经济持续增长培育新动力、打造新引擎。一是优先发展新型工业。坚持工业强县不动摇，把工业经济作为县域经济的第一支撑和转型升级的主战场，强力抓好“一突破、双驱动、再提升”，持续推动工业转型提质增效。着力在骨干企业扶优培强上“求突破”。建立政企挂钩帮扶制度，分层次确定重点企业培植目标，集中优势资源，打好财政支持、金融服务、用地保障等壮企强企“组合拳”，扶持主业突出、竞争能力强、规模效益好的企业裂变发展，形成企业争先进位“接力链”。力争到“十三五”末，培植一批销售收入过10亿元、过30亿元、过50亿元，乃至过百亿元的梯次骨干企业群体，推动工业经济膨胀规模、拉长链条、优化结构，撑起县域经济发展“脊梁”。2017年，力争华兴集团、超威电源、华宁集团等5家企业销售收入突破30亿元，塔高装备、力博重工、圣奥化工、鲁珠集团、金阳集团、华阳集团等9家企业销售收入突破10亿元；全县规模工业增加值、主营业务收入、利税分别增长6.5%、5%、3%以上。着力在推进产业转型上“双驱动”。坚持传统产业转型和新兴产业培育并重，分产业制定实施工业转型升级发展规划和新兴产业倍增计划，紧紧围绕“产品高端化、管理智能化”，依托技术改造、装备升级、战略合作、兼并重组等有效形式，助推传统产业迈向产业链、价值链高端，新兴产业持续发展壮大。年内，重点抓好总投资162亿元的塔高智能化绿色开采装备、天和年产2万吨艺卡纸等48个技改扩规项目，新兴产业占比提高2个百分点以上。着力在保障运行优化服务上“再提升”。严格落实“三去一降一补”政策措施，健全完善大运行机制，强化部门联动服务，提高运行分析预警质量，帮扶企业化解难题，确保工业平稳运行、稳健增长。二是持续做优农业。坚守耕地红线和粮食安全底线，实施藏粮于地、藏粮于技战略，提高粮食综合产能。深入推进农业供给侧结构性改革，以土地流转为抓手，突出基地集中连片、龙头企业培植、农业品牌创建、新型经营主体培育和农田基础设施建设五大重点，培植壮大蔬菜、苗木花卉、林果、畜禽养殖四大主导产业，加快转变农业发展方式，着力构建“接二连三”的农业全产业链。2017年，新发展家庭农场30家、农民合作社50个、规模农业产品加工企业5家以上。推进农田水利项目县、农村饮水安全巩固提升、月牙湖水库除险加固、千亿斤粮食和高标准农田等农业设施项目建设，持续改善农业生产条件。三是壮大发展服务业。加快构建与创新驱动相适应、与工业转型相融合、与城镇化建设相配套的现代服务业体系。加强物流基础设施和标准化建设，科学布局农贸专业市场，抓好电子商务产业园、亿丰时代广场、鲁粮现代物流园、汽车综合市场等重点项目，培植壮大凌云商社、鲁粮面粉、泰安烟农等一批龙头企业。大力发展金融保险、商务服务、文化旅游、科技信息、家政服务、健康养生等新兴服务业，培育新的消费增长点。年内，服务业增加值达到197亿元，增长9.5%以上。

（二）着力抓项目扩投入，强化经济发展支撑。牢固树立抓发展就要抓项目、抓项目就是抓发展的理念，坚定不移抓招商、上项目、建园区，以项目建设稳增长、促转调、增后劲。一是强化招商引资。把税收和就业作为重要衡量标准，坚持招商引资、选商选资并重，结合我县产业、企业实际，瞄准全国500强、大型央企民企、上市公司，积极开展产业招商、专业招商和精准招商，着力引进一批“区域拉动力强、行业竞争力强、财税贡献能力强”的重大项目。进一步完善招商工作体制机制，破解招商氛围不浓、针对性不强、服务不到位等具体问题，提高招商项目的签约率、开工率和资金到位率。年内招商引资到位资金增长15%以上，新引进过亿元项目40个以上。二是积极对上争取。抢抓并用好国家和省市实施“十三五”规划、“一带一路”“一圈一带”、脱贫攻坚、城镇化、基础设施、公共服务和产业发展等方面资金、政策支持的机遇，加强项目谋划、搞好对接争取，力争更多项目和资金落地宁阳。三是主攻重点建设项目。继续实施指挥部推进、县级领导包保、专门班子盯靠等制度，完善“链条式”运行机制，强化督促调度，增强项目建设推动力。突出抓好总投资33亿元的晋煤明升达洁净煤气化、总投资30亿元的恒信高科能源、总投资16.39亿元的海斯摩尔医卫用生物质新材料，以及名士达环保新材料、禹通环保纳米光电膜、温氏畜牧一体化养殖等7个投资过10亿元项目，盛运垃圾发电、宝胜辐照电缆、达沃斯环保设备、新合源新能源汽车配件等7个过5亿元项目，确保新时代纳米纤维滤膜、中京高科双创产业园、原子簇阳离子助剂等12个项目竣工投产。力争列入市级、县级重点管理项目分别达到15个、30个以上。强化国家土地政策研究和用地指标争取，全面开展闲置土地清理，科学做活土地文章，保障项目建设用地需求。四是提升园区承载能力。突出项目建设、设施配套、社区开发三大重点，进一步提升宁阳经济开发区的承载力、影响力和辐射带动能力。坚持现有企业技改扩规、重点项目引进新上同步推进，加快形成一批具有成长力、创新力的企业和产业。重点抓好总投资78亿元的10个新建项目、总投资18亿元的5个续建项目。以打造生物高技术产业园区为引领，推进精细化工、新材料、生物医药、气体岛等专业园区建设，加快化工产业转型升级步伐。抓好园区路网、管网、学校等配套设施建设，稳步推进新型社区开发。环城科技产业园通过盘活土地、厂房等有效资源，扩大项目引进、拓展发展空间。加快推进汽车综合市场、天源“优衣库”品牌服装等在建项目，确保宏瑞生物制药、产业园孵化器、光伏发电等新建项目顺利开工。大力发展金融保险、服务外包、总部经济等现代城市经济，加快培育新型业态，通过培植产业、吸纳就业，支撑城市发展。

（三）着力抓统筹塑品质，推动城乡融合发展。坚持量力而行、适度超前，强化规划引领作用，加快以人为核心的新型城镇化进程，形成以城带乡、均衡共享的城乡一体发展新格局。一是县城建设突出品位提升。围绕建设宜居宜业现代化中等城市，突出中部老城区、东部新区、西部洸河生态区、路网建设四大重点，推进实施7大类48项城建工程，不断丰富城市内涵、提升城市品质。中部老城区加快文庙历史文化街区开发建设，推进城中村、棚户区和老旧小区开发改造，配套完善基础设施，改善老旧城区形象；东部新区启动“三馆一中心”、地下综合管廊、绿景新天地文化金融中心建设，加快嘉禾园、中达尚城等高档小区、银座商城等商业设施的建设运营，初步形成集高端商务、科教文卫、休闲居住于一体的城市新区；西部洸河生态区重点实施水面扩容、生态修复、道路建设、搬迁改造和文化商业设施建设，打造滨水休闲功能区、城市生态涵养区、新型产业聚集区。城区路网建设兴隆街西延、清风路南延北延、文成路北段等11条道路，完善七贤路、金阳大街等道路配套设施，形成五纵五横的城市路网框架。坚持点、线、面结合，加快构建绿量充盈、层次分明的城区绿化体系，年内新增城市绿化面积23.3万平方米。完善城市管理体制机制，加快数字化城管建设。围绕物业、市场、道路等重点管理环节，推进便民农贸市场、烧烤专用市场、临时市场等便民场所建设，开展烧烤、建筑渣土等市场集中整治，营造规范有序的市场秩序。按照省市城市违法建设治理3年行动部署，坚持排查治理同步推进，大幅消减违建存量、严格控制违建新增，打赢违法建设治理攻坚战。二是小城镇建设突出因地制宜。把培育壮大主导产业作为小城镇建设的突破口，立足区位特征、资源禀赋、产业基础，宜工则工、宜商则商，吸引农村农副产品和劳动力集聚，承接大中城市的资金、技术和人才转移，做好产业兴镇、产业强镇文章。发挥磁窑镇、华丰镇全省“百镇建设示范行动”带动作用，引导各乡镇完善服务功能、提高配套能力、做大城镇规模，打造精品市镇。按照农村社区规划布局，以城乡建设用地增减挂钩为突破口，稳步推开新型农村社区建设，推动农村人口向城镇集中，居住向社区集中。三是乡村建设突出文明宜居。以人居环境、乡风民风、文化生活“三个美起来”为目标，实施四德建设、新农村新生活、人居环境、移风易俗、平安村庄、文化惠民“六大提升工程”，不断深化乡村文明行动，推进美丽乡村标准化建设，营造新环境、培育新农民、倡导新风尚。年内，争创省市美丽乡村示范村10个以上。四是基础设施建设突出整体推进。加快董梁高速公路宁阳段建设，继续实施村村通客车、村村通自来水、户户通有线电视、中水回用等工程，加快农村公路建设，推进城乡电网改造升级，改善群众生产生活条件。年内，城区天然气入户普及率达到60%以上，新增供暖面积50万平方米，供水调度中心投入使用。

（四）着力抓生态重保护，加快建设美丽宁阳。坚持生态立县、绿色惠民，加大环境保护和资源节约力度，推行绿色发展方式和生活方式，守护青山绿水，留住蓝天白云。一是持续强化环境综合治理。认真落实环保第一审批权，严把项目审批关，全面提高环评和“三同时”执行率，从源头上控制污染物排放量。以“控煤、降尘、限车、除味、增绿”为重点，严格落实秸秆禁烧、整治“小锅炉”等减排措施，坚决打好大气污染防治攻坚战，促进全县环境质量持续改善。二是更高水平抓好绿色生态建设。围绕创建全国绿化模范县，大力实施绿水青山、绿色家园、林业富民、绿网建设、林业生态保护、森林生态文化“六大工程”，推进蟠龙山国家森林公园规划建设，年内改造完善绿色通道60公里、农田林网4万亩、荒山造林8000亩，加快构建绿色生态体系。认真落实“水十条”，做活水文章，抓好河、库、沟、渠的开发利用，加快推进洸河、大汶河、海子河生态湿地以及引汶进城、城区水系、水系景观等重点工程建设，打造良好水生态。三是着力推进节能降耗。狠抓节能管理，严控产能过剩和“两高一资”项目建设。重点实施金超威技改绿色制造系统集成、金明热电烟气超低排放、县城工业聚集区集中供热等节能项目。积极培育节约环保型产业，发展低碳循环经济，实现资源集约高效利用。四是强化城乡环境整治。加大城乡容貌及路域环境整治力度，探索市场化运作机制，巩固“村收集、镇运输、县处理”的城乡生活垃圾一体化处理模式，促进整治工作常态化、制度化、规范化。年内，垃圾焚烧发电项目投入运行，提前完成省下达的农村改厕工作任务。

（五）着力抓改革促创新，充分释放发展活力。坚持以创新的思维、改革的办法、市场的手段，聚焦重点领域，抓住关键环节，突破制约瓶颈，破解发展难题，充分激发内驱动力和发展活力。一是深化重点领域改革。扎实推进投融资改革。发挥投融资对稳增长、调结构、促转型的“压舱石”作用，健全投融资体系，依托现有融资平台，发挥协同效应，整合优势资源，壮大资产规模，增强平台实力，实现投资主体多元化。创新融资方式。探索“政府+基金+金融”模式，发挥财政资金的引导放大效应，设立产业投资基金和新兴产业创投基金，撬动金融等社会资本进入实体经济投资领域，在企业培植、产业升级、创业创新和基础设施建设等方面争取更多资金支持；积极运作政府股权引导基金，通过股权投资、股权并购、提供短期过桥资金、购买银行逾期债权等方式，对符合国家产业政策、成长性强、纳税贡献大的项目和企业进行重点扶持；加快实施政府和社会资本合作，抓好工矿棚户区、洸河生态区、文庙历史文化街区等建设项目，创建一批可借鉴、好推广的PPP项目范本。拓宽融资渠道，支持重点领域建设项目开展股权和债权融资，通过企业债券、项目收益债券等方式募集资金，实现投融资渠道多样化。完善金融服务体系，深化政银企合作，打造良性互动、合作共赢“生命共同体”，进一步优化信贷结构、扩大信贷规模。鼓励企业以重组、借壳和参股等方式进行上市融资，提升直接融资能力。2017年，力争3家企业上市挂牌。扎实推进财税体制、国资国企和企业股权改革，加大企业资产重组、整合改制力度，年内完成26家规模企业公司制改制。持续深化行政审批制度改革、农村综合改革、供销社综合改革，统筹抓好文化教育、医疗卫生等社会领域改革。二是突出抓好科技创新。强化企业创新主体地位，支持企业开展科技攻关、产品开发和研发平台建设。年内新增科技创新平台3家，新认定高新技术企业2家。高新技术产业产值占规模工业总产值的比重提高1.8个百分点以上。发扬“工匠精神”，注重品牌建设，增强产品竞争力，年内新增省级以上名牌产品2个、驰(著)名商标2件。深入贯彻“人才兴县”战略，实施产业领军人才支持、“双创”人才团队培育、重点产业紧缺人才引进、人才平台载体提升四个专项计划，促进人才链、创新链和产业链精准衔接，夯实科学发展人才支撑。积极推进“大众创业、万众创新”，引导支持各类人才创新创业。2017年，新发展市场主体3000家以上，新培育市级以上创业辅导基地2家。三是全面扩大对外开放。加快推进天源“优衣库”品牌服装、智慧养老养生中心等外资项目建设，持续扩大利用外资规模；以十大进出口企业培植为重点，壮大外贸龙头群体规模。大力实施“走出去”战略，引导支持优质企业开展海外并购、投资设厂，提升国际市场竞争力。年内，实际到账外资、进出口总额均增长10%以上；新培植外贸进出口企业25家。

（六）着力抓民生增福祉，促进社会和谐稳定。坚持民生为先、民生为重、民生为本，落实社会政策兜底的硬性要求，不断提升人民群众的获得感、满意度。一是抓好精准脱贫攻坚。采取差异化、精细化、“滴灌式”帮扶措施，积极开展产业扶贫、基础设施扶贫、就业扶贫、科技扶贫、金融扶贫、社会扶贫等精准扶贫专项行动，推动贫困人口稳定增收脱贫。探索推进低保线和贫困线“双线合一”，实现农村无劳动能力的贫困户全部脱贫。年内，完成42个省市级贫困村、8000名贫困人口脱贫任务。二是全面发展各项社会事业。坚持教育优先发展、共享发展，年内完成实验中学、洸河学校、中京小学等9个教育重点项目，彻底解决城镇普通中小学大班额问题；确保通过“国家级农村职业教育和成人教育示范县”验收。进一步健全医疗卫生服务体系，扎实做好基本公共卫生、疾病防控、中医药服务、妇幼保健等工作，落实全面两孩政策，改革完善计划生育服务管理。抓好基层综合性文化中心建设，继续推进文化品牌创新，打造独具宁阳特色的文化品牌。深入贯彻全民健身国家战略，推动全民健身事业健康持续发展。三是着力强化社会保障。落实更加积极的创业就业政策，年内新增城镇就业再就业6800人。大力实施“全民参保登记计划”，帮扶低收入困难群体参保。积极推进机关事业单位养老保险制度改革，逐步实现养老保险制度有效衔接。加强养老服务设施建设，不断提高城乡低保、五保供养、医疗救助、救灾救济、残疾人保障等社会救助管理水平。继续推进保障性安居工程建设，年内新开工保障性住房1683套、建成1460套。四是全力维护社会稳定。牢固树立安全发展理念，强力推进风险分析、隐患排查治理“双体系”建设，深化重点领域专项整治，确保安全生产形势稳定。落实“四个最严”要求，加强食品药品安全监管，抓好应急处置体系建设，保障公众生命财产安全。积极推进“七五”普法，高度重视群众来信来访，综合治理信访源头，最大限度地保障群众合法权益。大力推进“平安宁阳”建设，严厉打击涉恐涉黑、金融诈骗、干扰破坏项目建设和企业发展等违法犯罪行为，构筑人民群众安居乐业的安全保障。

四、切实加强政府自身建设

功崇惟志，业广惟勤。新常态、新形势对政府工作提出了新的更高的要求。我们必须强化“朝受命、夕饮冰，昼无为、夜难寐”的责任意识和使命意识，始终坚持以人民满意为根本要求，着力建设担当政府、法治政府、服务政府、廉洁政府。

（一）坚持科学理政，建设担当政府。坚决服从县委坚强领导，坚持主动作为、主动担当，发扬“钉钉子”精神，认真抓好决策部署的贯彻落实。建立健全“分级管理、分级负责”的政府责任体系和运转机制，推进各项工作项目化、指标化、责任化，做到工作有标准、落实有措施、完成有时限，在重点工作、重大项目、重要事项推进上雷厉风行、干就干好。强化政务督查、行政问责，完善激励引导和容错纠错机制，严惩“庸懒散”，重治“为政不为”，鼓励创新，倡导实干，坚决为敢于担当者担当、为敢于负责者负责，向不担当不作为者问责，让广大干部想干事、敢干事、干成事。

（二）坚持依法行政，建设法治政府。始终做到依法决策、科学决策、民主决策、依规办事、依律履职，严格落实政府工作规则，坚持重大决策专家论证、公众参与、风险评估、合法性审查等制度，确保政府工作经得起法律、历史和群众的检验。自觉接受人大法律监督、政协民主监督和社会舆论监督，及时办理人大代表建议和政协委员提案，广泛听取各界人士的意见建议，不断加强和改进政府工作。大力推进政务公开、办事公开，让权力运行更加规范透明，让人民群众更加放心满意。

（三）坚持为民施政，建设服务政府。牢记政府前面“人民”二字，把工作精力更多地放在扩大群众就业、增加居民收入上，把政府投入更多地用于加强公共服务、帮扶困难群体上，多办便民利民的实事、多做富民惠民的好事，坚决把群众的期待变成政府的行动。进一步转变政府职能，坚持精准简政放权，持续提升政府服务效能，充分发挥和调动市场主体的积极性、创造力。完善城乡便民服务体系，办好便民服务电话，让企业和群众办事更快捷、更省心。

（四）坚持从严治政，建设廉洁政府。始终把纪律挺在前面，全面贯彻从严治党要求，从严从实遵守党的政治纪律和政治规矩。深入践行“三严三实”要求，持续加强政风行风建设，驰而不息纠正“四风”。落实党风廉政建设主体责任，坚持标本兼治，强化责任追究，加强行政监察和审计监督，加大重点领域、关键环节廉政风险防控力度，防范权力“越线”，努力让人民从政府建设的各项工作中感受到清风正气。

各位代表，站在新起点、开启新征程，唯有付出更大努力，才能担当发展重任；唯有倾注全部心血，才能不负人民重托。让我们在上级党委、政府和县委的坚强领导下，不忘初心、继续前进，凝心聚力、决战决胜，为全面建成小康社会、加快建设富裕文明和谐幸福新宁阳而不懈奋斗！

大事记

一月

8日 省安监局监察总队副总队长赵明带领省政府督察组到宁阳县督导安全生产工作。督察组通过实地查看现场、查阅资料，详细了解宁阳县安全生产隐患和“大排查快整治严执法”集中行动开展情况，对宁阳县安全生产工作给予肯定。

9日 全县“九小场所”消防安全综合治理推进会召开。

12日 内蒙古上海庙至山东临沂正负800千伏特高压直流输电线路工程（山东建管段）首基浇筑仪式在宁阳县举行。该工程起于内蒙古鄂尔多斯上海庙换流站，止于临沂市沂南县智圣换流站。途经内蒙古、陕西、山西、河北、河南、山东6省（区），线路全长为1230.5千米，宁阳县境内有63.7千米、铁塔134基。

同日 省石化协会调研员、省化工转型办综合规划组副组长李文峰带领调研组，到宁阳县调研化工园区规划建设和村居搬迁工作。调研组先后到圣奥化工、磁窑镇国家庄村，详细了解企业生产经营、项目建设和村庄搬迁情况，对宁阳县立足自身优势，积极调整产业结构的做法给予充分肯定。

14日 县政协八届十五次主席会议召开。会议协商审议八届县政协常委会和提案工作报告（讨论稿），召开县政协八届五次会议和有关事项；协商审议县政协2016年工作要点和协商工作计划（草案）及政协机关人事事项。县政协主席李为群主持会议。

同日 山东服装职业学院与宁阳县举行《校地、校校合作协议》签约仪式。山东服装职业学院院长闫恂秋，党委副书记贾军，副县长柳桂敏出席仪式。柳桂敏、贾军分别代表县政府和山东服装职业学院签订合作协议书。

15日 县政府第二十五次常务会议召开。会议重点研究审议政府工作报告起草情况、全县“十三五”规划纲要（草案）、实验高中和县第一人民医院更名事宜等议题。

16日 县委书记刘学保主持召开县委常委会议，专题研究全县扶贫开发工作。

18日 市政协主席辛显明参加泰安市十六届人大五次会议宁阳代表团联组审议。县委书记刘学保主持宁阳代表团联组审议，县委副书记、县长黄正玉，县人大常委会主任徐鑫等参加审议。

20日 省农业厅巡视员刘芳原带领调研组到宁阳县调研第七批全省“城乡文明牵手共建”示范行动联系村华丰镇歇息铺村。刘芳原实地察看歇息铺村文体小广场、核桃园等现场。

21日 全省畜禽屠宰管理工作会议在宁阳县召开。与会人员实地观摩山东晴好食品科技有限公司，东疏镇和乡饮乡配送中心，听取了宁阳县经验介绍。省畜牧兽医局局长冯继康，农业部屠宰技术中心处长张杰，省畜牧兽医局副局长戴文超，市畜牧兽医局局长鹿道新，县委副书记、县长黄正玉，副县长刘明出席会议。

22日 全县扶贫开发工作会议召开。县委书记刘学保作重要讲话，并代表县委、县政府与有关乡镇(街道)签订《脱贫攻坚责任书》。县委副书记、县长黄正玉主持会议。

同日 县政协八届十三次常委会议召开。会议协商审议了八届县政协常委会和提案工作报告(讨论稿)、召开县政协八届五次会议和有关事项；协商审议县政协2016年工作要点和协商工作计划(草案)及政协机关人事事项。副县长崔媛应邀代表县政府作了《政府工作报告（讨论稿)》《十三五规划纲要(草案)》起草情况的说明并通报了政府系统办理县政协八届四次会议以来提案情况。

26日 县领导刘学保、陈波、侯涛、王国强、沙玉华分组到泰安军分区、县人武部、消防大队、武警中队、县军休所、县光荣院、灵山油库和磁窑消防中队走访慰问驻泰安、驻宁阳部队和武警官兵及军休所老同志。

同日 县十七届人大常委会第30次会议召开。会议听取县政府关于县十七届人大四次会议期间代表所提议案建议办理情况的报告；决定召开县十七届人大五次会议；审议通过了关于补选代表的代表资格审查、县人大常委会工作报告(讨论稿)、县人大及其常务委员会宪法宣誓仪式实施办法；评议市十六届人大代表；表决通过县法院人事任免事项。县人大常委会主任徐鑫和各位副主任出席会议。

同日 中石化鲁宁线宁阳段改线工程开工仪式举行。副县长董骞出席仪式并讲话，中石化鲁宁输油管道处处长高晓洪出席仪式。

29日 县纪委十三届八次全体会议召开。县委常委、县纪委书记娄本亮代表县纪委常委会做工作报告。会议审议并通过《中共宁阳县纪委十三届八次全体会议工作报告》。县委书记刘学保作重要讲话。县委副书记陈波主持会议并传达市纪委十届七次全体会议精神。徐鑫、李为群、侯涛、王国强、付望舒等县各大班子领导出席会议。

30日至2月1日 县政协八届五次会议召开。会议听取并审议了县政协工作报告、县政协八届五次会议提案审查情况报告和县政协八届五次会议决议。

31日至2月2日 县十七届人大五次会议召开。会议听取审议县政府、县人大常委会和县法院、县检察院工作报告；审议批准县国民经济和社会发展第十三个五年规划纲要、2015年国民经济和社会发展计划执行情况及2016年计划（草案)、2015年财政预算执行情况和2016年财政预算（草案)的报告。

二月

1日 县政府第26次常务会议召开。会议研究审议全县经济工作会议筹备、2016年全县重点项目集中开工、为民要办实事以及政府经济顾问聘任和第一批荣誉市民评选、机关事业单位养老保险体制改革等议题。县委副书记、县长黄正玉作了讲话并就当前安全生产、社会稳定、困难弱势群体救助及招商引资等各项工作提出具体要求。

2日 宁阳县与中铁二十四局集团公司市政路网工程项目合作签约仪式举行。县委副书记、县长黄正玉，县委常委、副县长张培峰，县人大常委会副主任周慎凯，县政协副主席连桂荣，中铁二十四局集团副总经理李金亭出席仪式。

3日 县委书记刘学保，县委副书记、县长黄正玉，县委副书记陈波，县人大常委会主任徐鑫，县政协主席李为群等县各大班子领导分别到乡饮乡、华龙水业、八仙桥街道、县富源商贸有限公司、县棉麻公司、文庙街道、磁窑镇、伏山镇等走访慰问敬老院老人、生活困难党员、困难群众及企业困难职工，给他们送去慰问金和慰问品。

4日 全县化工企业转型升级工作动员会议召开。县委副书记、县长黄正玉作了讲话。县委副书记陈波主持会议。副县长董骞宣读了《关于加快全县化工产业转型升级的实施意见》和《宁阳县化工产业转型升级工作联席会议成员名单》。

同日 月牙河水库开闸蓄水

仪式举行。副县长刘明，县政协副主席韩运来出席仪式。月牙河水库的成功蓄水，将解决新城区及周边4个乡镇(街道)37万居民的饮水安全问题。

5日 县领导刘学保、黄正玉、陈波、徐鑫、李为群、侯涛、王国强、张培峰、柳桂敏、董骞等看望慰问春节期间坚守工作一线的医务人员、公安干警和企业职工，向他们致以节日的祝福。

14日 县委副书记、县长黄正玉检查春节期间企业安全生产工作。黄正玉一行实地察看华阳集团、华鸿化工、圣奥化工、塔高公司。

15日 县十七届人大常委会主任会议召开。县人大常委会主任徐鑫主持会议并对当前工作进行部署。副县长崔媛列席会议并代表县政府作了关于授予“宁阳县荣誉市民”称号的提请报告。会议决定，授予骆力荣等33人“宁阳县荣誉市民”称号，并批准报县十七届人大常委会第31次会议确认。

16日 全县经济工作大会召开。会议总结去年工作，表彰2015年度全县科学发展和服务经济建设先进单位、先进村和纳税先进企业，安排部署今年工作任务。县委书记刘学保作重要讲话。县委副书记、县长黄正玉对全县经济工作进行了全面总结和安排部署，并向县政府经济顾问和荣誉市民代表颁发了聘书、证书。县委副书记陈波主持会议。县委常委、县纪委书记娄本亮宣读了县委、县政府《关于表彰2015年度服务经济建设先进单位的决定》。

18日 宁阳县与广东温氏食品集团股份有限公司生猪一体化养殖项目签约仪式举行。县委副书记、县长黄正玉代表县委、县政府与广东温氏集团签约。县委副书记陈波、副县长刘明出席签约仪式。该项目总投资8亿元，采用“公司+家庭农场”模式，实行产业链全程管理的一条龙生产经营方式。

23日 全县招商引资暨重点项目集中开工仪式分别在环城科技产业园和宁阳经济开发区举行。县领导刘学保、徐鑫、李为群、王国强、娄本亮、刘明、董骞等出席仪式并为项目培土奠基。县委副书记、县长黄正玉致辞。县委副书记陈波，县委常委、副县长张培峰分别主持开工仪式。县政府党组成员、环城科技产业园党工委书记张涛，宁阳经济开发区管委会主任于师义分别介绍了开工项目情况并作表态发言。

同日 全县“服务发展年”活动领导小组会议召开。县委书记、县“服务发展年”活动领导小组组长刘学保主持会议并作重要讲话。县委常委、县纪委书记娄本亮传达了县委、县政府《关于在全县开展“服务发展年”活动的意见》和《关于成立宁阳县“服务发展年”活动领导小组的通知》。

25日至26日 水利部水土保持司巡视员张新玉带领检查组对宁阳县冬春农田水利基本建设情况进行督导检查。检查组先后到东庄镇高效节水灌溉试点县项目、磁窑镇安子沟水库除险加固工程、葛石镇高效节水灌溉试点县项目、月牙河水厂及水质化验室建设工程、月牙河水库增容工程、东引汶干渠节水配套改造工程、彩石生态清洁小流域治理项目现场实地察看。省水利厅副厅长曹金萍，农水处处长宋书强，市水利和渔业局党委副书记郑中其，县委书记刘学保，县委副书记、县长黄正玉，副县长刘明陪同活动。

25日 市委副书记李希信到宁阳县调研。李希信一行实地察看了华丰和樱种鸭孵化选育中心、宝胜(山东)电缆、泰山立福食品、新合源精密复合铝材冲压加工、山能重装塔高公司机器人智能焊接等项目和华丰镇湖村、伏山镇苏楼村扶贫开发工作现场，对宁阳县工作给予充分肯定，并对下一步经济社会发展及扶贫开发工作提出要求。市委副秘书长、市维稳办主任彭海训，市农业局局长韩志强，市委政研室副主任李洪洲，县委书记刘学保，县委副书记陈波陪同活动。

三月

1日 宁阳县举行化工企业推进杜邦安全管理启动仪式。杜邦中国上海分公司经理徐兴为与会人员作了杜邦安全管理模式培训。

2日 全市经济合作工作现

场会在宁阳县召开。与会人员实地观摩了宁阳县生物新材料智能纺、医卫用生物质新材料及制品产业化、复圣公园等项目,听取了情况介绍。

同日 县委书记刘学保视察全县春季植树造林工作进展情况。刘学保一行实地察看了泗店镇、东疏镇农田林网建设,八仙桥街道山水苗木花卉基地、蒙馆路绿色通道补植、堽城镇经济林基地等建设现场,听取了有关情况汇报,就做好下步工作提出要求。县委常委、县委办公室主任王国强,副县长刘明陪同活动。

3日 县委书记刘学保调研全县扶贫开发工作开展情况。刘学保一行实地察看了东庄镇西山阴村林果基地整治项目和獭兔养殖项目,蒋集镇西蔡村木耳养殖项目等现场,并进村入户,详细了解扶贫开发情况,对该项工作给予充分肯定,并对下步工作提出要求。县委常委、县委办公室主任王国强,副县长刘明陪同活动。

4日 为你感动·2015年度"最美宁阳人"颁奖典礼在县人民会堂举行。东庄镇水利站站长颜勇;宁阳六中学生王颖颖;伏山镇派出所副所长刘健;八仙桥街道青川围子村医张怀春;葛石镇杏山小学教师陈建民;磁窑镇茂义村党支部书记郑修凯;宁阳县爱心人公益协会;八仙桥街道司法所所长李映智;华丰煤矿职工家属侯秀荣;海斯摩尔生物科技有限公司副总经理、总工程师周家村获此殊荣。

同日 全县春季造林绿化现场推进会议召开。与会人员实地参观了泗店镇、东疏镇农田林网建设等现场。副县长刘明出席会议并讲话。

5日 全县人才暨科技创新工作大会召开。会议表彰奖励了2013年以来在高层次人才引进培养、创新平台建设和科技研发中取得突出成绩的企业单位、个人。县委书记刘学保作重要讲话。县委副书记、县长黄正玉主持会议。县委副书记陈波宣读了《关于对2013年以来创新平台建设、高层次人才引进培养和科技创新成果奖励资助的通报》。华兴集团、华丰镇、县科技局和拔尖人才代表分别做了交流发言。

7日 县委副书记、县长黄正玉,县委常委、副县长张培峰现场调度洸河生态建设项目清障工作。

8日 省政协副主席许立全到宁阳县调研。许立全一行实地察看了宁阳经济开发区规划展览馆、蒋集镇政协委员联络室、华兴生物新材料智能纺、海斯摩尔科技馆、医卫用生物质新材料及制品产业化项目、县第三小学、复圣公园等现场,听取了相关情况汇报,对宁阳县经济社会发展和政协界别工作给予充分肯定。市政协主席辛显明,市政协副主席谭业刚,县领导刘学保、李为群、王国强陪同活动。

同日 全县城区环境容貌综合整治动员会议召开。县委副书记、县长黄正玉出席会议并讲话。县委常委、政法委书记侯涛宣读了《宁阳县城区环境容貌综合整治实施方案》。县委常委、副县长张培峰主持会议。文庙街道、八仙桥街道、县市场监管局、县食品药品监管局、县公安局、县城管执法局分别作了表态发言。县人大常委会副主任周慎凯,县政协副主席董先思,县政府党组成员、县公安局局长鄂宏超出席会议。

9日 省审计厅副厅长杨统海带领调研组到宁阳县调研。调研组实地察看了山能集团塔高公司、海斯摩尔科技展馆、智能纺项目、县审计局预算执行审计组、县第三小学、复圣公园,听取了情况介绍,对宁阳县经济社会发展情况给予充分肯定。市审计局局长马纯勇,县委副书记陈波,副县长崔媛等陪同调研。

同日 省编办市县机构编制处副处长张会带领考核组到宁阳县对磁窑镇行政管理体制改革试点工作进行考核。考核组通过听取汇报、核查资料、实地察看,对试点工作给予肯定。市编办调研员贾代常,县委常委、组织部部长董磊,副县长刘明,磁窑镇党委书记马新华陪同活动。

11日 省委统战部巡视员亓同秋到宁阳县调研。亓同秋实地察看了华阳集团神农一厂生产经营情况,听取了有关工作汇报,对华阳集团优化产品结构、开拓国际市场和安全生产等工作给予充分肯定。市委统战部常务副部长戴磊，县委书记刘学保，县委副书记、县委统战部部长陈波，县委常委、县委办公室主任王国强陪同活动。

12日 县委书记刘学保，县委副书记、县长黄正玉，县委副书记陈波，县人大常委会主任徐鑫，县政协主席李为群等县各大班子领导到堽城镇茂公山，与干部群众一起参加义务植树活动，为创建“全国绿化模范县”，加快建设绿色生态宁阳增添新绿。

同日 全县扶贫工作调度会议召开。县委副书记陈波出席会议并就抓好当前重点工作和做好下步工作讲了意见。副县长刘明主持会议。

同日 全县食品安全委员会全体(扩大)会议召开。会议传达省、市食品安全委员会全体会议和食品药品监督管理工作会议精神，总结2015年全县食品安全工作情况，安排部署2016年各项工作任务。副县长柳桂敏讲话并代表县政府与乡镇(街道)和县食安委成员单位代表签订《2016年度食品安全责任书》。

15日 县委副书记、县长黄正玉，县委常委、副县长张培峰检查督导全县公路安全生命防护及黄沙路中段大修改造工程进展情况。黄正玉一行实地察看宁曲路、黄吴路、辛周路公路沿线安全生命防护工程以及黄沙路改造工程施工现场，听取了有关情况介绍，对下步工作提出要求。

同日 县委副书记、县长黄正玉，副县长刘明督导春季植树造林工作。黄正玉一行先后到东疏镇、泗店镇农田林网建设现场，文庙街道巩堂苗木花卉基地，葛石镇张家崖苹果育苗基地，华丰镇湖村苹果基地，东庄镇南山阴经济林建设现场实地察看，听取情况汇报，并对下步工作提出要求。

18日 总投资1.09亿元的宁阳腾源新能源有限公司12兆瓦农光互补光伏电站项目开工奠基仪式举行。县委常委、宣传部部长付望舒参加活动并为项目培土奠基。

19日 全县第三次农业普查暨统计工作会议召开。会议通报了2015年度全县统计工作考评结果，总结了2015年统计工作情况，并就第三次全国农业普查工作进行了具体安排。副县长崔媛出席会议并讲话。

22日 县委副书记、县长黄正玉现场调度重点项目建设进展情况。黄正玉一行先后实地察看了文庙教育园区、亿丰时代广场、新时代商厦、县妇幼保健院、宁阳汽车综合市场、年产3000万套“优衣库”品牌服装、县城市污水处理厂扩建工程、华兴集团医卫用生物质新材料及制品产业化、年产3500万件环保纸制品、盛运公司垃圾发电、拜尔新能源科技有限公司20兆瓦农光互补等项目现场，对下步工作提出要求。

23日 县委常委会议召开。会议传达学习中共中央组织部《关于学习贯彻习近平总书记重要批示精神加强党委(党组)领导班子建设的通知》以及毛泽东同志《党委会的工作方法》。县委书记刘学保主持会议并作重要讲话。

同日 省科技厅副厅长郭九成带领调研组到宁阳县调研科技扶贫工作。调研组详细了解了东疏镇潘茂村产业发展状况和科技人才需求情况，听取情况介绍，对宁阳县科技扶贫工作给予肯定，并对下步工作提出要求。市科技局局长张庆云，县委副书记、县长黄正玉，副县长徐明贤以及省、市科技扶贫专家陪同调研。

24日 市委常委、副市长周桂萍到宁阳县调研农业生产工作。周桂萍实地察看了山东友邦肥业科技有限公司、泰安温氏畜牧有限公司、农业部小麦高产创建万亩示范片、泗店镇海子村、燕园彩色苗木基地等项目现场，听取情况汇报，对宁阳县该项工作给予肯定，并对下步工作提出要求。市农业局党委副书记、副局长侯力，县委书记刘学保，县委常委、县委办公室主任王国强陪同活动。

26日 县委理论中心组学习辅导报告会举行。报告会邀请省网信办互联网信息监控中心主任高斌做题为《对网络舆情及应对工作的几点认识》的专题报告。

28日 全县2016年劳模企业、和谐企业现场招聘会举行。县人大常委会副主任、县总工会主席马海荣到现场了解各企业用工需求和招聘情况。

29日 市公安局副局长亓景

会到县调研督导百日集中整治行动开展情况。

同日 省总工会副主席王星海带领督查组到宁阳县督查“查身边隐患、保职工安全、促企业发展”群众性安全生产活动开展情况。督查组先后到华阳农药、圣奥化工、同创汽车散热装置有限公司进行实地察看。

30日 全县扶贫工作调度会议召开。县委副书记陈波出席会议并讲话。副县长刘明代表县政府与各乡镇(街道)、开发区签订了扶贫对象动态管理和信息采集责任书，并就前期扶贫工作进展情况、存在问题和下步工作讲了意见。

四月

6日 全县环境保护工作暨大气污染防治十大行动动员会议召开。县委副书记、县长黄正玉作动员讲话。县委常委、副县长张培峰主持会议,并代表县政府与有关单位签订环境保护目标责任书。

7日 县委副书记、县长黄正玉，县委副书记陈波到宁阳经济开发区调研重点项目建设情况。黄正玉一行实地察看了彩山大道、彩山苑二期、双赢新材料、开发区消防站、堡头大街下穿铁路、明升达退城入园等项目建设现场,听取了有关工作汇报。

同日 团市委书记孔凡洪带领全市“党建带团建”工作研讨暨团青干部培训班学员到宁阳县进行现场教学。孔凡洪一行先后参观了东疏镇、鹤山镇有关现场,听取了“疏写传奇”“鹤舞青春”的经验做法。

9日 县委书记刘学保调研城建项目及城区容貌综合整治工作。刘学保一行实地察看了连桥便民市场、名士豪庭、亿丰广场银座商场、华宁·嘉禾园、心悦世家、文庙教育园区和兴隆街东延、烧烤市场建设、兴隆街西延、洸河生态治理、泗店与西绕城绿地建设、南关路提升改造等项目现场,听取了相关情况汇报。

12日 省综治办调研员吴波带领调研组到宁阳县开展“文化资源优势全面转化”专题调研。调研组实地察看了禹王庙、颜庙颜林、文庙、蟋蟀文化展馆、复圣公园等现场，对宁阳县文化资源优势全面转化工作给予充分肯定，并对下步工作提出要求。

13日至14日 县委书记刘学保现场调度部分重点建设项目。刘学保一行深入到开发区、产业园和有关乡镇(街道)实地察看了盛运公司垃圾发电、城市污水处理厂扩建工程、年产3000万套“优衣库”品牌服装、年产3500万件环保纸制品、汽车综合市场、妇幼保健院建设、新时代商厦、彩山大道、双赢新材料、宏盾消防器材、明升达退城入园、元信羊绒制品等项目,以及磁窑镇国家庄村、西磁窑村搬迁建设现场，听取了相关情况汇报，并对下步招商引资、项目建设、基础设施建设和对上争取等工作提出要求。

15日 省司法厅党委委员、政治部主任李端卫到宁阳县调研。李端卫一行实地察看了磁窑司法所、八仙桥司法所、杨庄社区司法行政工作站、县司法行政网络信息中心等现场，详细了解宁阳县社区矫正、法律援助、法制宣传、人民调解等工作业务流程和开展情况，对宁阳县基层司法行政工作和队伍精神面貌给予充分肯定。市司法局局长高建明,县委书记刘学保,县委常委、政法委书记侯涛陪同活动。

16日 平安宁阳建设大会召开。会议总结2015年工作,表彰先进,安排部署2016年工作任务。县委书记刘学保作重要讲话。县委副书记、县长黄正玉主持会议。县委副书记陈波宣读了《关于表彰2015年度平安宁阳建设先进单位和先进个人的决定》。

19日 县人大常委会主任徐鑫、副主任靳恩松到葛石镇陈店村调研扶贫工作。徐鑫一行实地察看了有关现场,与镇、村干部进行了座谈交流,听取了情况汇报,就开展精准扶贫工作征求意见建议,对下步工作提出要求。

21日 “中国体育彩票杯”2016年泰安市中学生田径联赛在宁阳一中开幕。副市长成丽出席开幕式并宣布比赛开幕。县委副书记、县长黄正玉致辞。市政府办公室副调研员田萌，市教育局局长张勇华，市体育局局长苏有森出席开幕式。本次比赛历时4天，共有来自全市6个县市区和市直学校的42支代表队803名运动员、教练员报名参赛。其间,副市长成丽一行在县委副书记陈波陪同下对县学校项目建设情况进行了调研。

22日 2016年全县第一次规划建设委员会会议召开。会议研究审议了近期宁阳县新建居住小区、教育设施项目规划方案。与会人员根据实际情况对各项目的规划构思、设计方案、建设理念交换了意见。县委副书记、县长黄正玉出席会议并讲话。县委常委、副县长张培峰,县人大常委会副主任周慎凯,县政协副主席连桂荣,县政府党组成员、环城科技产业园党工委书记张涛,宁阳经济开发区管委会主任于师义出席会议。

同日 县委副书记、县长黄正玉,县委常委、副县长张培峰,县政协副主席连桂荣现场察看上半年绿化建设项目。黄正玉一行实地察看兴隆街、民生路、清风路北延、郭台路、华阳大街东延等现场,详细了解了园林绿化建设项目工程进展情况,对下步工作提出要求。

23日 县委书记刘学保主持召开县委常委会议。会议传达学习了习近平总书记关于"两学一做"学习教育的重要指示和全市"两学一做"学习教育工作座谈会、培训会议精神,并对宁阳县开展"两学一做"学习教育作出部署。

25日 全县"两学一做"学习教育工作座谈会召开。县委书记刘学保作重要讲话。县委副书记、县长黄正玉主持会议并传达了习近平总书记关于"两学一做"学习教育重要指示和全市"两学一做"学习教育工作座谈会精神。县委常委、组织部部长董磊对学习教育工作进行了安排部署并提出要求。

同日 县委理论中心组学习辅导报告会召开。省政府参事、省政府应急办主任张德宽作题为《突发事件处置与应对》的专题辅导报告。县委副书记、县长黄正玉主持报告会。

27日 市委常委、政法委书记郭德文到宁阳县调研司法行政系统执法规范化、公共法律服务体系、班子队伍建设"三项重点工作"。郭德文一行实地察看了伏山、鹤山、东疏、泗店、文庙街道、蒋集、东庄司法所"三项重点工作"现场,对宁阳县基层司法行政工作给予充分肯定。副市长、市公安局局长鞠向群,市司法局局长高建明参加活动。县委副书记、县长黄正玉,县委副书记陈波,县委常委、政法委书记侯涛陪同活动。

28日 全县庆祝"五一"国际劳动节暨第五届劳动模范表彰大会召开。会议表彰了县劳动模范和2015年度工会工作先进单位、先进个人。县委副书记、县长黄正玉作了讲话。

同日 2016年"复圣杯"旅游商品创新设计大赛评展活动在复圣公园举行。参赛作品有360多件,评选出金奖2个,银奖4个,铜奖10个,优秀奖16个。

29日 县人大常委会主任徐鑫,副主任靳恩松、苑继常、张树法、马海荣带领视察组视察全县植树造林工作。视察组一行实地察看了东疏镇农田林网建设、八仙桥街道金阳山水苗木花卉基地、堽城镇得时村核桃基地、华丰镇湖村苹果基地等现场。

30日 全县重点项目建设调度会召开。县委书记刘学保作重要讲话。县委副书记、县长黄正玉对下步重点工作进行了安排部署。会前,与会人员现场观摩了10个乡镇(街道)、宁阳经济开发区、环城科技产业园和县教育局、县卫计局提报的14个重点建设项目现场,并进行实名制打分评议。

五月

3日 县委副书记、县长黄正玉调研全县"营改增"试点工作开展情况。黄正玉实地察看县国税局"营改增"绿色通道、服务窗口、人员保障、应急预案等服务措施,并对下步工作提出要求。

4日 县委书记刘学保到部分骨干企业调研。实地察看金阳集团、华宁集团、鲁珠集团、圣奥化工、华阳集团等企业现场,详细了解企业生产经营、资金运作、市场开拓、技术创新等方面的情况,并对下步工作提出要求。

5日 省纪委副书记孙成良到宁阳县调研落实管党治党主体责任、开展侵害群众利益不正之风和腐败问题专项整治工作情况。孙成良一行通过实地察看有关现场、查阅资料、召开座谈会等形式，详细了解宁阳县活动开展情况。市委常委、市纪委书记赵明东，市纪委副书记张步军，县委书记刘学保，县委常委、县委办公室主任、县委履行主体责任办公室主任王国强，县委常委、县纪委书记娄本亮陪同活动。

6日 县委副书记、县长黄正玉现场调度物业网格化管理和老旧小区综合整治工作。黄正玉一行先后到金阳御景花园、文成园、锦绣城、三里沟、御西花园、八仙居等现场实地察看，听取了有关情况汇报，对下步工作提出要求。

9日 县委书记刘学保主持召开常委会议，集中学习《中国共产党地方委员会工作条例》。

10日 全县生物化工高技术产业园区发展规划讨论会召开。县委副书记、县长黄正玉出席会议并讲话。县委副书记陈波主持会议。

同日 县委常委、宣传部部长付望舒，县委常委、副县长张培峰带领考察团赴临沂市费县考察美丽乡村建设工作。

12日 市委组织部副部长、市编办主任袁久亮，市编办副主任王万福到宁阳县调研机构编制工作。

同日 县人大常委会主任徐鑫主持召开会议，集中学习《中国共产党章程》、毛泽东同志《党委会的工作方法》《中国共产党地方委员会工作条例》。

同日 泰安市教育系统“幸福教育党员领航行动”现场会在宁阳县召开。

同日 大汶口遗址大汶河南岸防护工程项目启动仪式举行，该项目总投资1100万元。

12日至13日 省安全生产联合执法组到宁阳县开展执法检查工作。执法组通过召开座谈会、检查资料、查看现场等形式对华鸿化工、华天化工等企业进行检查。

13日 全县防汛工作会议召开。县委副书记、县长黄正玉出席会议并代表县政府与有关单位代表签订了《防汛责任书》。

同日 上海交大资本运营与企业管理中心主任苏黎忠到宁阳县参观考察。苏黎忠一行实地察看了宝胜电缆、华兴生物智能纺、海斯摩尔科技馆、复圣公园等现场。

同日 中国中小企业合作发展促进中心常务副主任贺可嘉带领考察组到宁阳县对创投基金、城投基金的设立情况和部分项目建设、拟上市挂牌企业进行实地考察。

17日 省卫生计生委副主任宋新强带领督导组到宁阳县督查卫生计生改革及重点工作任务落实情况。督导组先后到县中心医院、疾控中心、妇幼保健院、八仙桥社区卫生服务中心等现场进行了实地督导检查。市政府特邀咨询张庆明，市政府办公室副主任葛宝文，市卫生计生委主任刘焕星，县委副书记、县长黄正玉，副县长柳桂敏陪同活动。

18日 全县扶贫开发工作推进会议召开。县委副书记、县长黄正玉出席会议并与有关乡镇签订了“年度脱贫责任书”。县委副书记陈波主持会议。副县长刘明传达了全市扶贫开发领导小组第二次成员(扩大)脱贫攻坚现场会议精神。

19日 省水利厅副厅长马承新到宁阳县检查防洪排涝水利工程安全度汛工作。马承新一行实地察看了大汶河防汛信息中心、桑安口水库建设现场。市水利和渔业局副局长孙庆进，县委副书记陈波陪同活动。

20日 县政府与中国农业银行泰安分行战略合作暨PPP水利建设项目签约仪式举行。县财政局与农业银行宁阳支行签订了1亿元的贷款协议，用于支持月牙河水库和桑安口水库两个PPP项目建设。

同日 中华希贤教育试验基地授牌仪式在县复圣中学举行。希贤教育基金会执行理事长李利向复圣中学授牌。该基金会于2013年3月成立，立志中华传统文化教育，倡导“积微善，成大德”，发起“微善号”中国青少年健康成长项目。

21日 县安委会全体成员会议召开。县委副书记、县长黄正玉出席并讲话。副县长董骞主持会议并传达了县安全生产委员会《关于开展安全风险预判分级管控工作的实施意见》。

23日 县委副书记、县长黄

正玉，县委常委、副县长张培峰现场调度满庄河综合治理工程进展情况。

24 日 市检察院检察长苏金森到宁阳县调研检察工作开展情况。

同日 县委副书记、县长黄正玉现场调度重点项目建设进展情况。黄正玉一行先后实地察看了文庙街道中心小学、幼儿园，亿丰时代广场，县妇幼保健院新院，汽车综合市场，洸河生态建设工程，县城污水厂扩建工程，海斯摩尔医卫新材料，华兴生物智能纺，盛运环保电力等项目现场。

同日 县十七届人大常委会第 32 次会议召开。会议听取审议了《宁阳县 2015 年县级财政决算（草案）的报告》《宁阳县 2015 年县级预算执行及其他财政收支情况的审计工作报告》《全县物业管理工作情况的报告》《县检察院司法规范化建设工作情况的报告》，表决通过了有关人事事项并举行了宪法宣誓仪式。

25 日 全县“安全生产月”活动部署会议召开。副县长董骞出席会议并讲话。

26 日 省经信委副主任高方带领调研组到宁阳县调研工业经济运行情况。调研组实地察看了海斯摩尔智能纺、超威集团、力博重工等项目现场。市经信委主任王光锋，县委副书记、县长黄正玉，副县长董骞陪同活动。

同日 省文物局副局长周晓波到宁阳县督导可移动文物普查工作开展情况。

同日 山东省全面改薄暨均衡发展预查和复查组到宁阳县调研中小学基础办学情况。调研组实地察看了乡饮乡中心小学、宁阳六中、堽城镇中心小学、堽城里完全小学、县第三小学等现场，听取汇报。市教育局副局长、市政府教育督导室主任苏雪峰，县委常委、副县长赵相鑫陪同活动。

同日 省统计局总经济师孙思栋带领检查组到宁阳县复查验收“四上”五星级企业统计工作开展情况。

同日 全国基层中医药工作先进单位评审组到宁阳县进行复审。评审组通过听取汇报，查阅资料，一致同意通过复审。省卫计委中医药业务处副处长郑晓霞，省立医院中医科主任、评审组组长司国民，市卫计委副主任姬生勤，副县长柳桂敏陪同活动。

30 日 市委书记、市人大常委会主任李洪峰，市委副书记、市长王云鹏带领参加全市招商引资和项目建设检查考核会议与会人员到宁阳县现场观摩。与会人员先后实地察看了文庙街道中心小学、幼儿园，亿丰时代广场、县妇幼保健新院、汽车综合市场、洸河生态建设工程、县城污水厂扩建、海斯摩尔医卫用生物质新材料及制品产业化、华兴生物智能纺、盛运环保电力等项目，听取了相关情况汇报。市委副书记李希信，市政协主席辛显明，市人大常委会第一副主任、党组书记、市委秘书长陈刚等市领导参加会议。县委副书记、县长黄正玉，县委副书记陈波，县委常委、县委办公室主任王国强，县委常委、副县长张培峰等陪同活动。

31 日 市委常委、副市长周桂萍到宁阳县检查督导防汛工作。周桂萍一行实地察看了大汶河物资防汛信息中心、桑安口水库和大汶河堤防工程建设，查阅资料，听取汇报，详细了解全县防汛工作，并对下步工作提出要求。市政府办公室副主任葛宝文，市水利和渔业局局长曹步山，县委副书记陈波，副县长刘明陪同活动。

六月

1 日 泰安市首家儿童职业体验馆——Mini 梦想城启用。泰安日报社副总编辑张文圣，副县长崔媛参加启用仪式。梦想城位于复圣公园内，设有警察局、银行、地震小屋、微型科技馆等 18 个虚拟工作场所，可满足儿童对 30 多种职业进行体验。

2 日 水利部水土保持司原巡视员张学俭带领专家组对宁阳县复圣公园申报国家水利风景区进行考察评价。

7 日 市公安局党委副书记、交警支队党委书记高黎明到宁阳县调研。高黎明实地察看了 104 国道收费站检查点、省道 104 肖村执勤点和县交警大队等现场。县委副书记、县长黄正玉等陪同活动。

同日 县委副书记、县长黄正玉，副县长刘明调研“三夏”生产工作。黄正玉一行实地察看县万丰种业有限公司东疏镇马庙村小麦良种繁育基地机收县城和东疏镇花园村蔬菜基地结构调整现场。

同日 县委副书记、县长黄正玉现场督导中部山区森林防火通道建设工作。实地察看堽城镇、蒋集镇、葛石镇和杏山林场森林防火通道建设现场，杏山林场森林防火通道总投资1.2亿元，途经葛石镇北部、蒋集镇和堽城镇南部山区共计23个林区村和18个山头，建设总里程60公里。

8日 县委副书记、县长黄正玉调研全县防汛、重点水利工程、文化工程建设工作。实地察看桑安口水库、禹王庙修缮保护工程、开元寺、大汶口遗址大汶河南岸护坡工程建设等现场。

14日 北京碧水源科技股份有限公司总裁方灏到宁阳县考察。方灏实地察看宁阳经济开发区展馆、金水水业水厂、县城东部水系、复圣公园现场。县委副书记、县长黄正玉，副县长崔媛陪同活动。

同日 县委副书记陈波到乡饮乡调研扶贫开发工作。实地察看崇化村、保安村、八官村，走访慰问部分贫困群众。

同日 省中小企业一企一策专家会诊宁阳行活动启动仪式举行。省中小企业局副巡视员邢亚民出席活动。

15日 县委副书记、县长黄正玉到超威电源有限公司实地调研。

同日 全省司法行政信息化重点项目建设座谈会在宁阳县召开。省司法厅信息中心主任宋光鹏出席会议。与会人员实地参观县司法局公共法律服务大厅和远程会见系统现场。

同日 省教育厅调研组到宁阳县调研城乡社区教育改革发展情况。调研组先后到县社区教育学院青少年校外教育实践基地、鹤山镇社区教育中心学校实地察看。市教育局局长张勇华，副县长柳桂敏陪同活动。

16日 民政部调研组到宁阳县调研特困人员救助供养工作。调研组一行先后到华丰、东疏养老服务中心、县12349老年人服务站等现场进行了实地调研。省民政厅社会救助处调研员姚子照，市民政局副局长鹿锋，副县长刘明陪同活动。

17日 县委理论中心组学习辅导报告会召开。省安监局综合处处长彭爱田做了题为《落实安全生产责任，提升安全管理水平》的专题辅导报告。

同日 省委老干部局副局长吕德义带领调研组到宁阳县调研老干部工作。先后在县一中志愿服务团、奉阁志愿团、县老干部活动中心等现场调研。

18日 县委常委会组织开展集中学习。县委书记刘学保主持会议并作重要讲话。

同日 陈勇进作品《追梦人生》首发暨研讨会在县老干部活动中心举行，并现场向县档案馆、县老干部活动中心、县图书馆捐赠了部分新书。陈勇进，系宁阳县退休教师，从事教育工作40多年，曾获山东省“辛勤园丁”称号。

23日 宁阳县社科联成立揭牌暨社科普及周活动启动仪式在复圣公园举行。

24日 泰安市危险化学品应急救援演练在宁阳县泰安圣奥化工有限公司举行。副市长展宝卫，市政府办公室副调研员陈建军，市安监局党组副书记、副局长刘玉，县委副书记、县长黄正玉，副县长董骞现场观摩演练。

同日 全县“第一书记”工作现场推进会在堽城镇召开。与会人员实地察看堽城镇刘庄村、伏庙村、平庄村、袁庄村等扶贫项目建设现场。

28日 县政府第28次常务会议召开。会议重点研究审议县禁毒工作、消防安全监管突出问题、《农村综合产权交易市场建设管理暂行办法》、关于开展建设项目“服务提速”工作的实施意见、森林防火道路建设、关于进一步深化医药卫生体制改革的实施意见、县属国有企业负责人经营业绩考核及薪酬管理暂行办法、设立股权投资引导基金等议题。县委副书记、县长黄正玉主持会议并讲话。

同日 县人大常委会主任徐鑫带领视察组视察全县安全生产工作。视察组实地察看了港华燃气、鲁珠集团、圣奥化工、华阳集团、金阳集团等现场。

29日 在中国共产党成立

95周年来临之际，县人大常委会机关党员到县烈士陵园开展“重温誓词,缅怀先烈”凭吊活动。

30日 市委常委、组织部长唐福泉，副市长陈湘安分别到宁阳县东庄镇、堽城镇走访慰问建国前老党员和生活困难党员,为他们送去了慰问金和慰问品。县委副书记、县长黄正玉，县委常委、组织部部长董磊,县委常委、副县长张培峰分别陪同活动。

同日 宁阳县召开庆祝建党九十五周年座谈会。县委副书记、县长黄正玉出席会议并讲话。县委副书记陈波主持会议。

同日 市政府督查组到宁阳县对解决普通中小学大班额问题等工作进行专项督查。督查组实地察看了县第二实验中学、第三小学、文庙街道中心小学、中心幼儿园。

七月

6日 县委副书记、县长黄正玉调研全县石材开发建设工作。黄正玉实地察看东疏镇石材开发建设现场,听取情况汇报,并对下步工作提出要求。

同日 中国人民银行泰安市中心支行行长关志勇到宁阳县开展金融扶贫调研。关志勇一行实地察看华丰镇湖村、伏山镇前石梁村扶贫开发项目现场，详细了解村级脱贫帮扶具体措施，并对下步各涉农金融机构如何确保扶贫开发工作取得实效提出建议。县委副书记陈波陪同活动。

同日 省住建厅检查组到宁阳县对房地产管理、商品房预售及资金监管和老旧小区综合整治情况进行综合执法检查。检查组先后察看房屋交易和产权管理、三里沟老旧小区综合整治、房产开发经营管理及房屋拆迁征收等现场。

7日 市消防支队支队长许传升带领督察组对宁阳县“九小场所”消防安全综合治理工作落实情况进行阶段性考评。

同日 宁阳县与省科学院战略合作暨人才引进签约仪式举行。省科学院副院长刘孟德出席仪式并讲话。县委副书记、县长黄正玉致辞，并代表县政府与省科学院、泰安巴夫巴夫农业科技有限公司与省科学院生物所分别签署合作协议。省科学院总工程师、生产力促进中心主任李星洲,副县长徐明贤出席签约仪式。

13日 水利部考核组到宁阳县考核安全生产监督管理工作。考核组实地察看月牙湖水库增容工程,查阅档案资料,听取情况汇报,并对下步工作提出要求。省水利厅建设处处长刘长军、市水利和渔业局党委副书记郑中其、副县长刘明陪同活动。

14日 中科院上海硅酸盐研究所党委书记刘岩带领考察组到宁阳县考察。县委副书记陈波,宁阳经济开发区管委会主任于师义陪同活动。

同日 泰安市副市长陈湘安到联系点堽城镇桥南村为全体党员讲“两学一做”专题党课。

15日 泰安市委常委、组织部部长唐福泉到联系点华丰镇为党员干部讲党课，并到东庄镇南鄙南村调研“抓党建促脱贫攻坚”及“两学一做”学习教育工作。县委副书记、县长黄正玉，县委常委、组织部部长董磊陪同活动。

19日 县委书记刘学保现场调研城建重点项目。实地察看兴隆街东(西)延、洸河生态建设、吴桥路北延、八仙桥中心小学、供水中心、城区路网建设指挥部、宁阳大道、东部水系、清风路南(北)延、金阳大街东延、文化中心建设拆迁、经四路南延和干渠垒砌、文庙街道中心小学和幼儿园、文庙片区改造、南关路改造等项目现场，详细了解项目建设施工过程中遇到的困难和问题，并对下步工作提出具体要求。县委副书记、县长黄正玉,县委常委、县委办公室主任王国强,县委常委、副县长张培峰参加调研。

22日 县委书记刘学保调研扶贫开发工作。先后到堽城镇刘庄村、杨庄村,葛石镇宝泉村、沙埠村,乡饮乡崇化村、常屯村进行实地调研，并到部分贫困户家中走访,了解生活状况、收入情况和面临的困难，并对下步工作提出要求。

同日 泰安市人大代表宁阳县第一小组调研全县现代畜牧业发展情况。代表们实地察看蒋集镇圩子养殖基地、温氏孵化场、宁阳正和生物育种、泰安温氏总部、正大养殖场、恒新奶牛场、西岭家庭农场等现场。县人大常委会副主任周慎凯、马海荣参加活动。

26日 县委常委会开展“两学一做”学习教育集体学习暨县委理论中心组集中学习研讨。县委书记刘学保主持会议并作重要讲话。

同日 省科技厅信息通信技术研究院管理中心副主任李力带领省脱贫攻坚年中考核组到宁阳县进行督查考核。考核组通过深入部分贫困村入户走访、查阅资料和座谈等形式，详细了解扶贫开发工作进展情况，并对下步工作提出要求。泰安市委副秘书长、扶贫办主任韩志强，市科技局副局长陈士昌，县委副书记陈波，副县长刘明陪同活动。

同日 省委宣传部舆情信息处处长王克琦带领调研组到宁阳县调研舆情信息工作。调研组实地察看《泰山晚报》“宁阳读本”社情民意调查中心、政风行风热线等现场。

27日 县委书记刘学保到东庄镇、华丰镇调研扶贫开发、经济林建设、雨季造林和防汛工作。先后到东庄镇官庄村、王家庄、东谷堆，华丰镇翟家庄、胡家庄、满家村、成功村实地调研，与镇、村干部座谈交流，对下步相关工作提出要求。副县长刘明陪同活动。

同日 泰安市人大代表宁阳县第二小组调研全县加强教师队伍建设、完善教师管理体制情况。代表们先后实地察看了县第一小学、实验中学、实验幼儿园、宁阳四中、县职业中专等现场。

28日 县十七届人大常委会第33次会议召开。会议审议通过了县政府关于全县2016年上半年国民经济和社会发展计划执行、财政预算执行、全县卫生和计划生育工作、现代畜牧业发展情况的报告。

28日至29日 县委书记刘学保，县委副书记、县长黄正玉分组到泰安军分区、泰安市武警支队、消防支队、县人武部、县武警中队、县消防大队等驻泰安驻宁阳部队、军事机构走访慰问。

29日 全县大气、水污染防治工作推进会议召开。会议通报了2016年上半年全县大气、水环境质量状况，有关单位汇报工作并作表态发言。县委副书记、县长黄正玉讲话。

同日 省南水北调局副局长罗辉带领省环保专项行动检查组到宁阳县督导检查洸府河中水截蓄导用工程和省控重点河流入河排污口情况。检查组先后到华兴纺织公司排污口、县污水处理厂排污口、南水北调局古城泵站实地察看。

同日 宁阳县农村综合产权交易中心启用仪式举行。

八月

1日 市委常委、市政法委书记郭德文，副市长、市公安局局长鞠向群到宁阳县督导司法行政基层工作开展情况。先后到华丰镇、葛石镇、乡饮乡、堽城镇详细了解乡镇司法所建设和法律援助、人民调解、社区矫正等工作开展情况，并对下步工作提出要求。市委政法委常务副书记苗丰平，市司法局局长高建明，县委书记刘学保，县委常委、政法委书记侯涛，县政府党组成员、县公安局局长鄂宏超陪同活动。

同日 县委副书记、县长黄正玉主持召开县政府党组“两学一做”学习教育集中学习研讨。

2日 县委书记刘学保现场调研全县森林防火通道建设和黄沙路改造工作。实地察看堽城镇、蒋集镇、葛石镇森林防火通道建设及黄沙路改造项目现场，详细了解施工情况。

同日 文庙历史文化街区项目专题会议召开。县委副书记、县长黄正玉出席会议并讲话。县委常委、副县长张培峰主持会议。县人大常委会副主任靳恩松对下步工作作了具体安排部署。

4日 县委书记刘学保到县政务服务中心调研。实地察看县政务服务中心服务窗口、公共资源交易中心、农村产权交易中心工作情况。

同日 市政协副主席张甲军带领部分市政协委员到宁阳县视察现代林业产业发展工作情况。实地察看东疏镇东方园林、八仙桥街道燕园彩色苗木基地等现场。

5日 宁阳县举行全国“全民健

身日”健身活动展演暨全民健身志愿服务活动启动仪式。这是第8个全国“全民健身日”,其主题是“全民健身促健康,同心共筑中国梦”。

6日 县委十三届七次全体会议在县委礼堂召开。县委书记刘学保代表县委常委会作工作报告。县委副书记、县长黄正玉传达市委十届十一次全体会议精神。会议审议通过《中共宁阳县委工作规则》和《中共宁阳县委十三届七次全体会议公报》。

11日 县委书记刘学保深入部分企业和项目建设现场调研。实地察看中联水泥、圣奥化工、宝胜电缆、超威电源等企业和国家庄、西磁窑村搬迁安置、县人民医院等项目建设现场，详细了解企业生产经营、市场开拓、技术创新以及项目建设等情况。县委副书记陈波,县委常委、县委办公室主任王国强,副县长董骞参加活动。

12日 全县政务服务平台互联互通工作推进会议召开。

13日 全县安全生产工作会议召开。县委书记刘学保主持会议并做重要讲话。县委副书记、县长黄正玉就做好当前安全生产工作进行安排部署。副县长董骞传达县安委会《关于在全县开展安全生产大检查工作的实施方案》。

16日 全县人口和计划生育工作会议召开。县委副书记、县长黄正玉出席会议并讲话。县委副书记陈波主持会议。副县长刘明通报全县人口和计划生育工作情况。

18日 宁阳县与中科院上海硅酸盐研究所和深圳市光和精密自动化设备有限公司，在上海签署产研合作意向三方协议，共同推进染料敏化太阳能电池的规模化生产和产业化应用。中科院原副院长施尔畏，中科院院士褚君浩,省经信委副主任李莎,中科院上海分院副院长田申荣，上海硅酸盐研究所所长宋力昕、党委书记刘岩，深圳光和设备有限公司董事长张明；市经信委主任王光锋;县委书记刘学保,县委副书记陈波,副县长崔媛出席签约仪式。该项目依托山东禹通环保科技产业园,建立“中国高科技纳米光电一体化绿色能源生产加工基地”，总投资6亿元。

同日 市文广新局局长王新民带领市政府督导组到宁阳县督导基层综合文化服务中心建设情况。实地察看蒋集镇蒋集村,堽城镇刘庄村以及堽城镇综合文化服务中心，禹王庙文物保护工程建设和文庙等现场。

同日 副县长柳桂敏到文庙街道中心小学、幼儿园新址建设现场察看。该项目总投资1.32亿元,小学、幼儿园分别规划设置教学班48个、24个，可容纳学生3000多名。

19日 山东省助力地方创新驱动发展工程宁阳示范区启动仪式暨高层人才、新技术项目对接会在宁阳县举行。省科协学会部副部长王一波，省化学化工学会秘书长刘宝胜，市科协副主席张秀峰,副县长柳桂敏,宁阳经济开发区管委会主任于师义等出席会议并为“示范区”揭牌,为华阳集团等8家企业“科技协同创新服务站”授牌。省化学化工学会与华鸿化工有限公司，省重点实验室与华阳集团分别签订合作协议。

23日 全县金融扶贫工作座谈会召开。副县长刘明出席会议并讲话。

24日 全县现代公共文化服务体系建设推进会议召开。副县长崔媛出席会议并讲话。

25日 县委书记刘学保到环城科技产业园、八仙桥街道现场调研重点项目建设情况。实地察看天源优衣库品牌服装、山虎仪表科技有限公司新上智能水表/热能表、惠合新材料、纺织服装产业创业园、海斯摩尔医卫用生物质新材料及制品产业化等项目现场。

同日 济宁市嘉祥县政协主席王贤明带领考察组到宁阳县学习考察文化旅游产业开发与建设工作。实地参观文庙、禹王庙和复圣公园文化旅游项目开发与建设现场。县政协主席李为群,县委常委、副县长赵相鑫,县政协副主席尚勇陪同活动。

27日 全县科级党员干部德廉和党风党纪知识测试在县职教中心举行。

九月

2日 全县重点项目建设调度会召开。县委书记刘学保作重要讲话，县委副书记、县长黄正玉主持会议，县各大班子领导参加会议并实地察看13个乡镇（街道）、宁阳经济开发区、环城科技产业园和县住建局、县交通局、县林业局的21个重点项目。

6日 全县举行2016年“慈善月”活动现场捐赠仪式。县委书记刘学保，县委副书记、县长黄正玉，县委副书记陈波，县人大常委会主任徐鑫，县政协主席李为群等县各大班子领导出席捐赠仪式。

同日 省司法厅离退休老干部处处长孟昭峰带领省司法厅离退休老干部到宁阳县参观指导司法行政工作。

7日 县委常委会开展“两学一做”学习教育集中学习研讨。县委书记刘学保主持会议并作主旨发言，与会人员集中学习《加强纪律建设，把守纪律讲规矩摆在更加重要的位置》《提高党的领导水平》等。

8日 省委常委、常务副省长孙伟到宁阳县调研PPP建设项目。实地察看引汶工程、复圣公园等项目。市委副书记、市长李希信，县委书记刘学保，县委副书记、县长黄正玉，县委常委、县委办公室主任王国强陪同活动。

同日 宁阳县在2016中国泰安投资合作洽谈会上现场签约6个项目。市委书记、市人大常委会主任王云鹏，市委副书记、市长李希信等市各大班子领导，县委书记刘学保，县委副书记、县长黄正玉，副县长崔媛，县政府党组成员、环城科技产业园党工委书记张涛，宁阳经济开发区管委会主任于师义出席签约仪式。

同日 山东省“守护舌尖安全”整治行动督查组到宁阳县督查。实地察看宁阳一中幼儿园食堂、凌云商社东河加盟超市、泰安众旺食品公司等现场。泰安市食安办主任、市食药监局局长肖和元，副县长柳桂敏陪同活动。

9日 庆祝第32个教师节暨全县教育工作会议召开。县委书记刘学保出席会议并作重要讲话，县委副书记、县长黄正玉主持会议。

同日 2016“新华杯”中华宁阳蟋蟀文化节在泗店镇开幕。

12日 2016年全县统筹城乡建设规划委员会第三次会议召开。会议研究审议了全县近期教育设施类、公共设施类、商业住宅类、工业项目类等26个项目规划设计方案。

13日 山东省委农村工作领导小组办公室副主任杨炳平到宁阳县调研生态文明乡村建设和农村改厕工作。先后到伏山镇后石梁村、王家庄村，八仙桥街道燕园苗木基地、川寺村，葛石镇黑石村和好运枣园进行实地调研，并对下步工作提出要求。市委副秘书长、农工办主任姜士科，县委副书记陈波陪同活动。

同日 泰安市受立案改革现场会在宁阳县召开。与会人员观摩了伏山派出所案件受理管理室、县公安局案管中心现场。

14日 全县扶贫开发领导小组成员（扩大）会议召开。县委副书记陈波出席会议并讲话。

19日 国家林业局评审组到宁阳县对蟠龙山森林公园进行现场评审。省林业厅国有林场管理站副站长李萍，市林业局副局长范方彦，副县长刘明陪同。

20日 2016年泰安市职业院校技能大赛开幕式在宁阳县举行。泰安市副市长成丽出席活动并宣布大赛开幕。县委副书记、县长黄正玉致辞。市政府办公室副调研员田萌，市教育局局长张勇华，副县长柳桂敏出席。县职教中心作为本次技能大赛的主赛场，共设现代制造技术、计算机应用技术、服装设计与制作、电工电子技术等8个专业26个项目，吸引来自全市各县市区的13所学校的429名选手参赛。

同日 投资1.08亿元的华鼎服装生产项目在环城科技产业园举行签约仪式。该项目由华鼎集团下属华鼎（杭州）纺织科技有限公司、浙江创越时装有限公司共同出资组建。

同日 温氏畜牧有限公司蒋集种猪场项目开工仪式举行。该项目采用“公司+家庭农场（农户）”模式，可直接带动周边350户家庭农场示范场（养殖小区）发展生猪标准化养殖。

21日 县委书记刘学保到桑安口水库、大汶河鹤山段标准化堤防调研。

22日 泰安市人大常委会副

主任尹衍祥带领调研组到宁阳县调研现代畜牧业发展情况。实地察看宁阳正和生物育种、温氏肉鸡孵化场及在建种猪场项目。县委书记刘学保，县人大常委会主任徐鑫，县人大常委会副主任、县总工会主席马海荣，副县长柳桂敏陪同。

同日 省安监局督导组到宁阳县对省市涉氨专项执法检查工作进行督导检查。先后到紫阳食品、晴好食品、富强兔肉加工厂进行实地察看，对下步工作提出要求。

27日 泰安市政府督查室主任李天波带领督导组到宁阳县集中督查脱贫攻坚工作进展和存在问题整改情况。先后到葛石镇、磁窑镇、东疏镇进行实地调研，走访部分贫困户，听取情况汇报。市扶贫办副主任臧玉海，县委副书记陈波，副县长刘明陪同。

28日 全县县乡人大换届选举工作会议召开。县委副书记陈波、县人大常委会主任徐鑫出席会议并分别讲话。县人大常委会副主任周慎凯主持会议。会议传达县委《关于做好全县县乡两级人民代表大会换届选举工作的意见》。

同日 县十七届人大常委会第34次会议召开。会议听取审议了县政府《关于全县工业和信息化工作情况的报告》和《关于"六五"普法"五五"依法治县情况的报告及"七五"普法、"六五"依法治县规划的说明》、县法院《关于行政审判工作情况的报告》，县人大常委会主任徐鑫主持会议。

同日 省地税局副局长李亚带领督查组到宁阳县督查就业创业和农民工工作。实地察看鹤山镇市级农民工返乡创业园、宏邦制衣、孔庙服装厂、海之源发制品厂、八仙桥街道人社服务中心等现场。市人社局副局长蒋建民，市就业办主任刘向阳，县委常委、副县长张培峰陪同。

同日 县选举委员会第一次会议召开。县人大常委会副主任、县选举委员会主任周慎凯出席会议并讲话。会议传达全市县乡人大换届选举工作学习班精神，通过《宁阳县人大代表选举日的决定》《县选举委员会选举工作实施方案》等相关文件。

同日 复圣书屋、县学生成长指导中心、复圣文创工作室揭牌仪式在复圣公园举行。

29日 金延斌先生捐建华丰镇成功村文化大院主体楼奠基仪式举行。该项目是全市"百企联百村"的具体行动，也是华丰镇扶贫建设项目，计划投资68万元。

30日 县委理论学习中心组组织开展"两学一做"学习教育集中学习研讨。县委书记刘学保主持会议并作主旨发言。县委副书记、县长黄正玉，县委副书记陈波，县人大常委会主任徐鑫，县政协主席李为群等县委理论学习中心组成员围绕学习党规党纪，以"规矩有哪些、守得怎么样"为主题进行深入研讨。

同日 在宁阳烈士陵园纪念广场隆重举行烈士纪念日公祭活动。县委副书记陈波主持公祭仪式，县委书记刘学保，县委副书记、县长黄正玉，县人大常委会主任徐鑫，县政协主席李为群等县各大班子领导，与驻宁阳部队部分指战员、公安干警、中小学生和社会各界群众代表参加了公祭仪式。

十月

1日 县委书记刘学保深入华丰、东庄等乡镇调研"三秋"生产工作。

8日 刘学保、黄正玉、陈波、徐鑫、李为群等县各大班子领导走访慰问百岁老人、生活困难老人和敬老院老人。

10日 八仙桥街道中心小学建设开工奠基仪式举行。副县长柳桂敏出席仪式并讲话。该项目计划投资1.2亿元，总建筑面积3.3万平方米，分设小学区和幼儿园区。

11日 华阳集团与中科院大连化学物理研究所首席科学家徐杰就科技合作暨人才引进举行签约仪式。中科院山东综合技术研究转化中心常务副主任王东升，市科学院副院长战中才，县委副书记、县长黄正玉，副县长董骞参加签约仪式。

12日 省人大常委会办公厅巡视员张玉成带领调研组到宁阳县调研新《中华人民共和国预算法》和省人大常委会《关于加强预算决算审查监督的决定》贯彻实

施情况。调研组实地察看了复圣公园和文庙街道中心小学、幼儿园。市人大常委会党组副书记、副主任刘汉玲，县人大常委会主任徐鑫，副主任靳恩松陪同。

同日 县政协主席李为群，副主席董先思调研华龙水业供水调度中心工程建设情况。实地察看工程建设现场，并对下步工作提出意见和建议。

13日 省直机关工委副书记周杰华，省农业厅副厅长王登启到华丰镇歇息铺村调研“城乡文明牵手共建”工作。实地察看泰山立福食品科技有限公司、和樱种鸭孵化有限公司等现场，市农业局副局长、市农科院党委书记侯力，县委副书记陈波陪同。

18日 山东省生物高技术产业基地(泰安)区域风险评估报告专家评审会在宁阳召开。专家组对中国安全生产科学院编制的《山东省生物高技术产业基地(泰安)区域风险评估报告》进行了认真讨论，并提出了修改建议。

同日 2016年全国科普日活动暨山东省流动科技馆走进宁阳启动仪式在县实验中学举行。

19日 省交通运输厅公路局局长李洪修带领省政府督导组到宁阳县督导农村公路安全生命防护工程进展情况。督导组实地察看朝柴路、黄吴路、辛周路、代石路安全生命防护工程建设现场，并对下步工作提出要求。市政府副秘书长郑晓明，市交通运输局局长朱杰，县委书记刘学保，县委常委、副县长张培峰陪同。

20日 副省长王随莲到宁阳县调研。实地察看复圣公园城市水系综合治理、县综合检验检测中心、县妇幼保健院、环保产业园建设等项目，对宁阳县经济社会发展情况给予充分肯定。省政府办公厅副主任卢杰、省质监局副局长刘德亮；县委书记刘学保，县委常委、县委办公室主任王国强，副县长柳桂敏陪同。

同日 省人大常委会委员、城环委主任委员杨焕彩带领视察组到宁阳县视察城市建设和环境保护工作。实地察看山东晋煤明升达化工有限公司和复圣公园等现场。省环保厅副厅长周杰；市政府副秘书长郑晓明，市人大常委会委员、市人大城环资委主任委员吴宏建，市环保局局长乔建博；县委书记刘学保，县人大常委会主任徐鑫，县委常委、副县长张培峰，县人大常委会副主任周慎凯陪同。

同日 全县森林防火和经济林基地建设工作会议召开。副县长刘明出席会议并代表县政府与山区乡镇、经济开发区、杏山林场签订了2016至2017年度森林防火责任书。

21日 文庙历史文化街区项目专题会议召开。县委书记刘学保出席会议并作重要讲话。

同日 县第一人民医院举行医学高端人才引进暨重点学科建设发布会。副县长柳桂敏出席会议并讲话。县第一人民医院与解放军第88医院张志勇教授、张宇飞博士签订了聘任协议书，并向两位专家颁发了“县一院名誉院长”聘书。

25日 县委书记刘学保调研城建重点项目建设进展情况。实地察看含秀园、洸河生态景观带、蟋都公园、供水中心、清风路南延、金阳大街东延、经四路南延、兴隆街东延、宁阳大道建设等项目现场。

同日 县人大常委会主任徐鑫，副主任靳恩松、张树法、周慎凯、马海荣带领部分人大常委会委员视察全县PPP项目和小城镇建设情况。实地察看工矿棚户区改造、磁窑镇中京大街、蒋集镇向阳小区、引汶工程等现场。

26日 市公路局局长季春秋带领全市普通国省道养护管理现场会的与会人员到宁阳县现场观摩。与会人员实地观摩济微公路伏山段、县公路局“三八”女子养护工区、蒙馆公路蒋集段等现场。县委书记刘学保，县委常委、副县长张培峰陪同。

同日 全县2016年扶贫对象动态调整工作会议召开。县委副书记陈波出席会议并讲话。

同日 省政府教育督导室主任朱传纲带领全省职业教育专项督导组对宁阳县职业教育工作进行专项督导。市教育局副局长、市政府教育督导室主任苏雪峰，副县长柳桂敏陪同。

27日 全县司法责任制改革工作领导小组全体成员会议召

开。县委副书记陈波出席会议并讲话。

28日 市关工委副主任赵一民带领调研组到宁阳县调研关心下一代工作。

31日 县委常委会组织开展“两学一做”学习教育集中学习讨论。县委书记刘学保主持会议并作主旨发言。县领导黄正玉、陈波、徐鑫、李为群、董磊、王国强、付望舒、娄本亮、沙玉华参加集中学习研讨。与会人员集中学习了《中国共产党第十八届中央委员会第六次全体会议公报》《习近平总书记系列重要讲话读本(2016年版)》部分章节和《中国共产党问责条例》等内容,并进行了交流发言。

同日 县委书记刘学保主持召开县委常委会。县委副书记、县长黄正玉传达中央关于做好统计工作的重要论述。县委常委、县委办公室主任王国强传达了全省国家档案行政执法检查整改落实暨县级档案馆建设推进会议精神和贯彻落实意见。

十一月

1日 省财政厅巡视员文新三带领督查组到宁阳县督导检查铁路沿线环境综合治理工作情况。县委副书记、县长黄正玉,县委常委、副县长张培峰陪同。

同日 省直机关城乡文明牵手共建现场会在宁阳县召开。与会人员实地参观了泰山立福食品科技有限公司、华丰镇歇息铺村城乡文明牵手共建工作现场。省委省直机关工委书记张圣中出席会议并讲话,县委书记刘学保,省文明办专职副主任王少杰,泰安市委政法委书记郭德文,县委副书记陈波等出席会议。

2日 市环保局局长乔建博带领市政府督查组到宁阳县督查大气、水污染防治工作开展情况。

4日 全县“美丽乡村”信息化建设启动会议在堽城镇召开。

7日 宁阳县鹤山镇山后村王长义、王长信家庭入围“第一届全国文明家庭”候选家庭。这是由中央精神文明建设指导委员会部署开展,全国共有302户候选家庭上榜公示。王长义、王长信曾获得全国道德模范提名奖。

8日 省军区政治部宣传处处长郭振芳带领考评组到宁阳县对烈士陵园申请省级国防教育基地进行实地考评。

9日 县委副书记、县长黄正玉,县委常委、副县长张培峰检查冬季城区集中供暖准备工作。

同日 省科协国际部副部长朴艳等一行4人到宁阳县检查海智工作站建设情况。实地察看宁阳经济开发区山东文捷智能动力有限公司、塔高矿业机械装备制造公司、山东华阳农药化工集团有限公司3家海智工作示范企业现场。“海外智力为国服务行动计划”简称“海智计划”,于2003年由中国科协和35个海外科技团体共同发起,2004年2月启动实施。

10日 省司法厅巡视员吴溪清带领调研组到宁阳县调研法律援助工作。实地察看磁窑司法所、伏山司法所、县司法局法律援助中心现场。县法律援助中心全年共受理法律援助案件468件,办结396件,接听接待来电来访929起,为受援人挽回经济损失860余万元。

同日 全省“国家级农村职业教育与成人教育示范县”创建工作现场推进会议在宁阳县召开。

13日 山东出版集团有限公司董事长张志华带领检查组到宁阳县,对县新华书店中心门店参与“全省最美书店”评选工作进行现场检查。县委书记刘学保等陪同。

14日 国家土地督察济南局巡视员、副专员王春秋带领督察组到宁阳县开展例行督察验收工作。泰安市副市长陈湘安,市国土资源局局长杨春德,县委书记刘学保,县委副书记、县长黄正玉等陪同。

15日 县委书记刘学保到部分乡镇(街道)调研农业结构调整工作。实地察看八仙桥街道燕园新扩苗木基地、东疏镇孙集村蔬菜种植基地、鹤山镇东山前村养殖小区和后鹤山村大蒜种植基地、伏山镇耿平村蔬菜种植基地和泰安枫盛园林彩色苗木基地、堽城镇丰唐蔬菜基地等项目现场。

17日 中国工程院院士专家组到宁阳县专题调研华兴智能纺项目建设情况。县委副书记、县长黄正玉陪同。

18日 住建部住房公积金督察员金一平带领检查组到宁阳检查利用住房公积金贷款支持棚户区改造建设工作。

20日至21日 2016第三届全国翻转课堂大会在县第二实验中学举行。通过专家报告、现场观摩、研讨交流等形式,对翻转课堂与微课教学理念进行解读,进一步优化信息化环境下翻转课堂的教学实践研究,实现个性化教学。中国教育技术协会学术委员会副主任刘雍潜,省教育信息中心主任仲红波,副县长柳桂敏参加活动。

24日 省委副书记、省长郭树清到宁阳县调研。郭树清一行实地察看县引汶工程、伏山镇前石梁村农村改厕、八仙桥街道社区卫生服务中心项目现场,听取了相关情况汇报,对宁阳县PPP项目运作、农村改厕、医养结合等做法给予充分肯定。省政府秘书长王华,泰安市委书记、市人大常委会主任王云鹏,市委副书记、市长李希信,市委常委、市委秘书长宋洪银,县委书记刘学保,县委副书记、县长黄正玉陪同。

同日 全市招商引资和项目建设检查考核会议与会人员到宁阳县现场观摩检查。与会人员先后实地观摩检查了山东碧蓝生物科技有限公司3万吨益生素、晋煤明升达洁净煤气化、泰安宝泰能源有限公司30万吨/年轻烃精制综合利用、泰安元信年产600万米功能性高档羊绒面料、中京高科双创产业园达沃斯节能环保设备、宝胜电缆产业园麦拉菲尔超高压电缆立式交联生产线、新时代纳米纤维滤膜及新型医疗器械、温氏集团(宁阳)畜牧一体化养殖等项目现场。泰安市委副书记张涛,市人大常委会第一副主任、党组书记陈刚,市委常委、副市长周桂萍等市各大班子领导参加检查。县领导刘学保、黄正玉、陈波等陪同。

29日 省档案局办公室主任张志刚带领调研组到宁阳县调研档案工作。市档案局局长杨军昌,县委常委、县委办公室主任王国强,副县长柳桂敏陪同。

十二月

3日 北京大学首钢医院血管医学中心宁阳分中心成立揭牌仪式在县第一人民医院举行。北京大学首钢医院副院长王宏宇,副县长柳桂敏出席仪式并为中心揭牌。

7日 县委十三届八次全体会议在县委礼堂召开。县委书记刘学保代表县委常委会作工作报告。县委副书记、县长黄正玉主持会议。会议审议通过《中共宁阳县委关于深入学习贯彻党的十八届六中全会精神的意见》《关于召开中国共产党宁阳县第十四次代表大会的决议》《中共宁阳县委十三届八次全体会议公报》。

10日 全县领导干部会议召开。泰安市委组织部常务副部长李千弘宣布市委关于宁阳县人民政府领导班子调整的决定:经市委研究并报省委组织部同意,黄正玉同志不再担任宁阳县人民政府县长职务,另有任用,陈波同志提名为宁阳县人民政府县长候选人,县委书记刘学保主持会议。

13日 全市治安巡防工作会议在宁阳县召开。泰安市委常委、政法委书记郭德文出席并讲话。泰安市副市长、市公安局局长鞠向群主持会议,县委副书记陈波致辞。

同日 2016年“中国梦·校园情”山东省中小学生校园艺术节(走进宁阳)展演在县人民会堂举行。

14日 省司法厅法制宣传处处长谢文广带领考核组到宁阳县考核公共法律服务示范基地创建工作。

15日 泰安市商务局局长吕怀玉带领调研组到宁阳县调研经济开发区转型升级工作。

16日 全国唯一一个县级综合性全民阅读公共服务平台启用仪式在宁阳县举行。省新闻出版广电局副局长孙杏林,县委副书记陈波共同启动服务平台。

19日 壳聚糖医疗卫生应用研讨会在宁阳县举行。中国纺织工业联合会副会长、中国产业用纺织品行业协会会长李陵申,中国工程院院士蒋士成、俞建勇出席研讨会。

21日 省供销社理事会副主任于庆峰带领考核组到宁阳县验收供销社综合改革工作。

23日 县十七届人大常委会第35次会议召开。会议表决通过了黄正玉辞去县政府县长职务的请求；任命陈波为县政府副县长、代理县长，李甡为县政府副县长、县公安局局长。会议还确认《主任会议关于〈县政府关于对宁阳东部新区基础设施建设项目采用政府购买服务方式融资的报告〉的决议》，通过了县乡选举委员会部分成员的辞职事项。

同日 泰安市工商局党组书记、局长张京洲到帮扶村磁窑镇西刘村调研。

30日 全县县乡人大换届选举日。刘学保、陈波、李为群、侯涛、王国强、孟庆刚、王广浩、周鹏飞等县领导分别到各自选区参加投票。本次换届选举，全县66.6万选民将选举产生新一届县级人大代表280名，乡镇人大代表904名。

同日 县十七届人大常委会第36次会议召开。会议听取审议了县政府《关于2016年全县新增政府债务限额及县级预算调整方案(草案)》的报告，并作出相应决议。

环境·资源·人口

【位置面积】 宁阳县位于山东省中部，泰安市西南，大汶河南岸。地理坐标为北纬 35°40′—35°57′，东经 116°36′—117°18′。东临新泰市，西连汶上县，南面自东向西与泗水县、曲阜市、兖州市接壤，北隔大汶河与肥城市、泰安市郊区相望。县境东西狭长，最大横距约 63 公里，最大纵距约 31 公里，总面积约 1125 平方公里。县城偏在境内西南部，北距济南 101 公里，东北距泰安 56 公里。

【建制沿革】 西汉高帝于宁山南置县，故曰宁阳。当时，县境西部和东北部属于泰山郡，东部属于鲁国，共有宁阳、刚、桃山、汶阳四县。东汉立任城国，易为东平国，宁阳屡屡割属。王莽改曰宁顺。又曰桃乡。历晋、宋、后魏、北齐、隋，其名随时改易，隋唐五代县名改为龚丘。金正隆（海陵炀王年号）末，群盗猖獗，兵戈抢攘，邑为残毁。金大定二十九年（1189 年）复名宁阳。《元史·地理志》载：“宁阳，至元二年省入嵫阳，大德元年复置”。据元代韩珪的《宁阳历代沿革记》记载：元代实行社制，每五十家为一社。得户四百八十四，乡二，社八”。经明、清 800 余年的历次区划调整不断，但均属山东兖州府。民国初，宁阳改属山东省岱南道，后又属济宁道。1939 年 9 月，宁阳县抗日民主政府成立，隶属冀鲁豫行政主任公署泰西专署。1945 年，隶属冀鲁豫第一行政督察专员公署泰西区，1948 年至 1949 年先后隶属山东省鲁中南第七专员公署、山东省鲁中南泰西专员公署。

中华人民共和国成立后，宁阳县仍属山东省鲁中南泰西专员公署。1950 年，隶属山东省人民政府泰安区专员公署。1955 年，隶属山东省泰安专员公署。1958 年 10 月，泰安专员公署与济南市合并，宁阳县划归济宁专员公署管辖，同年 11 月划归济南市管辖。1961 年，恢复泰安专员公署，宁阳县仍属之。1979 年，属泰安地区专员公署。1985 年 5 月，泰安地区专员公署改为泰安市人民政府，宁阳县隶属至今。

【行政区划】 2016 年年底，全县有 10 镇 1 乡 2 个街道（即文庙街道、八仙桥街道、泗店镇、东疏镇、伏山镇、堽城镇、蒋集镇、磁窑镇、华丰镇、葛石镇、东庄镇、鹤山镇、乡饮乡），1 个经济开发区，1 个环城科技产业园，562 个行政村（828 个自然村）。

宁阳县行政区划情况表

表 1

乡镇名称	面积(平方公里)	行政村个数	乡镇名称	面积(平方公里)	行政村个数
全县	1125	562	蒋集镇	85.0	32
文庙街道	—	16(其中 6 个社区)	磁窑镇	128.1	83
八仙桥街道	—	24(其中 2 个社区)	华丰镇	120.9	55
泗店镇	56.3	36	东庄镇	98.9	45
东疏镇	84.4	49	葛石镇	131.2	27
鹤山镇	99.2	46	乡饮乡	67.5	15
伏山镇	84.9	59	开发区	—	13
堽城镇	118.4	62			

【气候特征】 宁阳县气候适宜，四季分明，属于暖温带大陆性半湿润季风性气候区。2016 年度平均气温 14.6℃,比历年偏高 0.9℃;极端最高气温 36.1℃，分别出现在 6 月 2 日和 7 月 30 日；极端最低气温−16.5℃，出现在 1 月 23 日;年平均最高气温 20.4℃,比历年偏高 0.7℃；年总降水量 637.4 毫米,较历年偏少 9.5 毫米;日照总数 1908.0 小时，较历年(2272.7 小时)偏少 364.7 小时。

2016 年宁阳县各月平均日照时数表

表 2　　单位:小时、%

月份	1	2	3	4	5	6	7	8	9	10	11	12
日照时数	97.9	184.9	194.6	197.9	194.0	206.8	188.8	181.8	192.2	92.7	103.0	73.4
日照百分率	32	59	53	51	45	48	43	44	52	27	33	24

2016 年宁阳县各月平均气温情况表

表 3　　单位:℃

月份	1	2	3	4	5	6	7	8	9	10	11	12
平均	-1.9	2.8	9.9	17.0	19.7	25.3	27.4	26.5	22.3	15.9	7.3	2.4
极端最高	11.9	16.7	23.2	29.1	31.6	36.1	36.1	35.1	34.1	29.0	20.8	13.4
极端最低	-16.5	-12.0	-6.0	4.7	5.4	15.7	17.4	13.5	10.3	4.0	-7.7	-7.1

2016 年宁阳县各月平均降水量统计表

表 4　　单位:毫米

月份	1	2	3	4	5	6	7	8	9	10	11	12
降水总量	5.5	22.6	—	10.1	33.8	132.4	224.3	55.4	68.3	46.0	17.5	21.5

【矿产资源】 宁阳县矿产资源相对比较丰富。已发现 27 种矿产，其中能源矿产 1 种，金属矿产 5 种,非金属矿产 19 种,水气矿产 2 种,发现矿产地 111 处(含矿化点及砖瓦粘土矿点),探明储量矿产 14 种。煤是宁阳的优势矿产,已探明资源储量 4.89 亿吨，在宁阳县国民经济中占有重要地位。其次是水泥用灰岩、建筑石料用灰岩、建筑用花岗岩和饰面用花岗岩。区域分布范围广,资源相对集中,

所辖乡镇均有矿产分布，但空间分布上有明显差异。西部主要分布煤、水泥用灰岩、建筑石料用灰岩、耐火粘土等；中部主要分布建筑石料用花岗岩、钾长石等；东部则以煤、水泥用灰岩、建筑石料用灰岩、建筑石料用花岗岩、铝土矿为主。

【土地资源】 2016年，全县土地面积为1123.66平方公里，其中耕地69498.08公顷，约占土地总面积的61.85%，人均耕地0.09公顷。境内地势东高西低，东部多为低山、丘陵，西部多为平原。主要地貌类型有低山、丘陵、平原和水面。境内最高点为东部凤仙山，海拔608米；最低点为东疏镇胡茂南洼，海拔46米。境内大小山丘146座，面积138平方公里；丘陵多分布于低山周围，海拔70—200米，面积432平方公里；较大河流15条，总长204.6公里，流域面积1021.3平方公里。

2016年全县土地资源利用现状分类情况表

表5 单位：公顷

地类	耕地	园地	林地	草地	城镇村及工矿用地	交通运输用地	水域及水利设施用地	其他土地
面积	69498.08	1477.39	10196.28	1383.15	14938.98	5436.37	5796.62	3639.36

【水资源及利用现状】 2016年，全县地表水资源量1.81亿立方米，地下水资源量1.64亿立方米，水资源总量共计3.45亿立方米。2016年，水资源开发利用现状：全县共有水库93座，其中：中型水库2座，小(一)型水库13座，小(二)型水库78座；总库容8017.29万立方米，兴利库容4532.07万立方米；塘坝643座，水闸132座；泵站105座，其中规模以上2处，装机容量均为2立方米每秒，装机功率为2550千瓦；堤防6处，总长度73.039千米；大中型灌区4处，灌溉渠道总长230千米；小型灌区968处，其中：纯井灌区902处；机电井11162眼，其中，配套机井10623眼。供水量17604万立方米，其中地表水供水量6969万立方米，占总供水量的39.6%；地下水供水量9175万立方米，占总供水量的52.1%；非常规水(中水和雨洪水资源)供水量1460万立方米，占总供水量的8.3%。用水量为1.67亿立方米，其中，生活用水量2304万立方米，占13.8%；生产用水量1.42亿立方米，占84.8%；生态环境用水量239万立方米，占1.4%。

【生物资源】 境内生物资源主要个分为植物资源和动物资源。

植物资源 宁阳县植被属于暖温带落叶阔叶林区域。2016年，查明植物有320种，其中被子植物72科，206属，313种(双子叶植物56科，147属，219种；单子叶植物16科，59属，94种)；苔藓植物门1科1属1种；蕨类植物4科，4属，6种。境内野生植物资源，主要分为木本植物、草本植物和水生植物。木本野生植物共54科，98属，166种。主要有棉槐、白蜡、杞柳、山槐、银杏等；草本野生植物主要有茅草、猩猩草、白蒿、等；境内野生水生植物较少，主要有苇子、蒲草、浮萍、水柳等，另外藻类植物83种。

境内药用植物共87科，289种。主要的药用植物有：生地、芍药、白芷、党参、白术、桔梗、双花等。

动物资源 宁阳的家畜家禽类动物资源主要有马、牛、驴、骡、鹿、猪、羊、狗、猫、兔、水貂、鸡、鸭、鹅、鸵鸟等。

野生动物资源主要有兽类、鸟类、爬行类、两栖类、节肢类、鱼类、昆虫类7种。①兽类主要有刺猬、黄鼬、老鼠、野兔、蝙蝠等。②鸟类共有126种，隶属于15目52科6亚科，主要有山斑鸠、猫头鹰、鹞子、老鹰等。③爬行、两栖、节肢类动物主要有无蹼壁虎、蛇、鳖、青蛙、螃蟹、虾、蝎子、蜈蚣、土鳖(土元)、蜘蛛等。④鱼类境内鱼类共有10科，63种。其中主要鱼类有青鱼等，占鱼类总产的80%以上。浮游动物有73种，主要有原生动物的沙壳虫等。⑤昆虫类有6纲，39种。主要有蚊、蝇、瓢虫、叶蝉、介壳虫、金龟子蚜虫等害虫，观赏类昆虫有蟋蟀。

【人口状况】 2016年，全县常住人口有77.33万人，比上年增长0.56%，其中农业常住人口44.93万人，比上年增长-2.33%，城镇常住人口我32.4万人，比上年增长4.9%。常住人口城镇化率41.9%，比上年增长1.7%。

国民经济和社会发展综述

【概况】 2016年，全县实现生产总值(GDP)404.5亿元，按可比价格计算，同比增长7.3%，高出国家平均水平0.6个百分点。其中三次产业分别实现增加值55.6亿元、170.3亿元和178.6亿元，依次增长4.1%、8%和7.7%，三次产业结构由上年的13.8:43.0:43.2调整为13.7:42.1:44.2，人均生产总值达到5.2万元、按可比价格计算增长7%。

招商引资和项目建设 全年投资3000万元以上在建项目96个，其中过10亿元项目5个；争取各类无偿资金23.1亿元。投资16.39亿元的海斯摩尔医卫用生物质新材料及制品产业化项目纳入全省重点建设项目名单，投资33亿元的晋煤明升达洁净煤气化、投资11.8亿元的天源品牌服装等20个项目纳入泰安市管理调度；投资5.6亿元的高档羊绒面料、投资10亿元的温氏畜牧一体化养殖等一批大项目开工建设，在增强经济实力、优化产业结构、带动创业就业方面发挥了重要作用。

民营经济 全县新增市场主体6078家，各类市场主体总数达到28622家。其中各类私营企业发展到4263家，2016年新增614家；个体户发展到22655户，全年新增5269家；各类农民专业合作社发展到1106户，新增191户。全年民营经济实现税收11.74亿元、按可比价格计算较2015年下降11.9%，其中国税5.58亿元、下降4%，地税6.17亿元、下降18%；民营经济税收的比重调整为82.4%。

【农业】 全县完成农业总产值96.8亿元、同比增长4.3%，实现农业增加值58.1亿元、按可比价格计算增长4.3%，其中种植业增加值35.5亿元，增长3.5%；林业增加值1.1亿元，增长2.8%；畜牧业增加值18.7亿元，增长5.7%；渔业增加值0.1亿元，增长2.6%。农业服务业实现增加值2.5亿元，增长8.1%。

主要农牧产品产量各类农产品产量保持稳定。据抽样统计，全年粮食实现亩产478.77公斤，总产量5.66亿公斤，较2015年同期分别下降2.7%和3.9%。畜牧业生产发展稳定，据全面统计，生猪、牛、羊存栏分别为56.3万头、9.4万头和32.6万只，较同期依次增长-1.1%、-0.3%和-0.6%；从出栏看生猪、牛、羊出栏分别为91.7万头、4.9万头和62.4万只，较同期依次增长-1.0%、-1.5%和-0.1%。年末肉产量10.7万吨，增长1.5%。家禽养殖发展迅速，全县家禽存栏、出栏分别增长10.4%和14.9%，规模化养殖快速扩张。温氏集团新发展养殖74户，全县养殖户发展到243户，养殖大棚发展到344个，全年家禽存栏达到200余万只，出栏达到995万只。

现代农业生态观光农业稳步发展，圣地农庄、克里斯威廉彩苗孵化项目、东方园林等吸引力增强。蔬菜、苗木花卉、林果、畜禽养殖四大主导产业加速壮大，新增土地流转面积8.2万亩、农业龙头企业13家、合作组织114个、家庭农场62家，新建、改造标准化养殖场106个。

【工业和建筑业】 继续坚持"工业立县、工业强县"不动摇，坚定不移走新型工业化道路，2016年工业增加值实现145亿元、增长8.9%，占GDP的比重为35.8%，对GDP增长的贡献率达到44.2%，拉动GDP增长3.2个百分点。全年规模工业企业增加值增长4.6%，规模工业实现主营业务收入1169.02亿元、同比下降7.7%，企业实现利润69.21亿元、利税99.1亿元，同比分别下降10%、13.74%。

工业生产 全县26个有生产活动的行业中，18个行业增加值保持增长，纳入统计的31种产品中有9种产量增长，增长面为29%。其中原煤产量172.4万吨，同比下降0.01%；小麦粉产量47.9万吨，下降12.3%；白酒产量2077.9万升，下降7.5%；棉纱3.6万吨，下降0.7%；机制纸产量20万吨，下降7.1%,水泥325.4万吨、增长30.4%,农药1.4万吨、增长9%。

建筑业 全年实现建筑业增加值25.3亿元，按可比价计算增长3.4%，全县39家资质建筑企业，完成建筑业总产值56.62亿元,实现利税6.68亿元。

【固定资产投资与房地产业】 **固定资产投资** 2016年全县完成固定资产投资396.4亿元、增长13.6%,其中三次产业分别完成投资8.1亿元、292.4亿元和95.8亿元，依次增长7.9%、53.6%和-36.5%。第三产业占全部投资的比重为24.2%;全年改建和技术改造投资完成192.4亿元、增长7.8%,占全部投资的比重为48.5%,其中工业技改完成投资175.17亿元,增长17.2%。路网建设工程、洸河生态建设工程、城市污水处理厂扩建等总投资145.8亿元的52个城建重点项目推进较快。华兴集团生物新材料智能纺、山能重装塔高工业园、宝胜电缆扩建、新合源扩规、彩山酒文化产业园、泰山立福食品、嘉意数控机械等一批新项目相继建成,为膨胀总量、提升质量增添了后劲。

房地产市场 全年房地产开发投资完成9.2亿元、同比增长22.5%,实现增加值5.4亿元,增长3.7%。完成商品房竣工面积16.4万平方米、同比下降11.4%,其中住宅竣工面积14.2万平方米,同比增长16.7%。从交易情况看,全年完成商品房销售面积17.5万平方米,同比下降8.2%,实现商品房销售额7.6亿元、增长11.3%。

【国内外贸易】 **国内贸易** 全年完成社会消费品零售额163.8亿元、增长8.5%。其中城镇实现社会消费品零售总额127.5亿元,同比增长7.6%；乡村实现社会消费品零售总额36.3亿元，同比增长11.7%。分行业大类来看,批发、零售、住宿和餐饮业分别实现零售额34.5亿元、119.4亿元、1.9亿元和8亿元，依次同比增长9.9%、7.5%、11.8%和17.6%。从消费类型看，主要生产生活品供应充裕增长平稳，其中书报杂志类增长52.2%;家用电器和音像器材类增长14.2%;日用品类增长13.7%;粮油、食品类增长13.6%;文化办公用品类增长12.5%;通信器材类增长10%;五金、电料类增长6.5%;汽车类增长3.6%;服装、鞋帽、针纺织品类增长1.5%。

对外贸易 全县完成进出口总值9亿元,同比下降3.4%,其中进口完成2457万元,同比下降56.7%;出口完成8.8亿元,增长0.1%。外贸依存度(进出口占GDP的比重)调整为2.22%。全年完成实际到账外资6725万美元,增长11%。

【交通运输和旅游】 **交通运输** 全县公路通车里程2505.8公里,其中国道100.37公里（含高速公路16.08公里）、省道39.85公里、县道270公里、乡道247.06公里、村道1848.52公里。全县营业性运输汽车拥有量（交通局口径)1697辆,其中客运车辆141辆,货运车辆1556辆。全年完成客运量395.81万人，旅客周转量16637.2万人公里;货运量486.93万吨,货物周转量43336.77万吨公里。

旅游产业 2016年旅游产业较快发展。全年共接待游客256.5万人次，实现旅游总收入5.8亿元,比2015年增长41%。成功举办第十八届山东宁阳梨花节、中华宁阳大枣文化节、中华宁阳蟋蟀文化节,三节期间共接待游客169余万人次,实现旅游综合收入4.2亿元。创建国家AA级风景区2处,省级旅游强乡镇1处,省级旅游特色村2个，省级农业旅游示范点2处,省级工业旅游示范点2处,省级好客人家农家乐4家,省级开心农场2处，新发展旅行社营业部5家。

【财税、金融和保险】 **财税** 实现地方财政收入12.7亿元，增长5%;其中税收收入完成9.2亿元,下降2.1%；完成财政支出35.2亿元，增长5.1%。税收收入总体平稳，全年实现全口径税收14.3亿元,下降10.6%,其中国税收入6.6亿元,增长7.3%;地税收入7.7亿元,下降21.8%。分产业看,第三产业完成税收5.5亿元、下降25.7%,占全部税收的比重调整为38.9%。完成预算支出35.2亿元、增长5.1%,其中教育、科技、社保就业、医疗卫生、节能环保等八项支出合计25.3亿元，同比增长4%,用于民生事业的支出占公共财政支出的70.7%。

金融 全县人民币存款余额为230.5亿元、较年初增长17.2%，其中住户存款178.6亿元、较年初增长13.8%，非金融企业存款余额21.5亿元、较年初增长18.2%。贷款余额为101.3亿元、较年初下降0.58%，其中住户贷款39.3亿元、较年初增长3.3%，企业贷款62亿元、较年初下降2.9%。与上年末相比，存款增幅提高4.4个百分点，贷款增幅下降0.9个百分点。此外，2016年，全县非上市公司融资发展迅速，泰阳实业利用非上市公司债券市场成功融资7个多亿，有力的支持了蒙馆路二升一工程、复圣公园建设以及泰阳置业房地产开发、彩山苑棚户区改造等多项民生工程。

保险业 全年保费收入75426万元、增长29.7%，其中财险收入14546万元，寿险收入60880万元。

【教育和科技】 **教育** 2016年，全县共有各级各类学校192所，其中幼儿园97所、小学71所（不含13处教学点）、初中18所（其中九年一贯制学校6所）、普通高中4所（其中完全中学2所）、职业学校1所、特殊教育学校1所。在校学生总人数10.7万人，其中幼儿园2.2万人、小学3.4万人、初中3.1万人、普通高中1.4万人、职业教育0.5万人、特殊教育144人（含随班就读90人）。小学招生7643人，毕业16539人，全县入学率、在校生年巩固率、15周岁人口初等教育完成率均达到100%；小学招生8058人，毕业8142人；初中招生7636人，毕业7406人；普通高中招生4469人，毕业4698人，义务教育各项指标均达到或超过省定标准。

教育资源配置持续加强。学前教育规范化程度不断提升，全县各级学校共有专任教师9164人，其中幼儿园2056人（含代课教师284人）、小学2989人、初中1729人、普通高中1291人（含完全中学562人）、职业学校323人、特殊教育学校51人。

科技 全年新认定国家高新技术企业3家，市级科技型中小企业22家。全县高新产值占比达到23.72%，比上年增3.07个百分点。新增市以上科技创新平台20家，其中国家级星创天地1家，省级科技企业孵化器1家，海斯摩尔胡广敏入选科技部“创新人才推进计划-科技创新创业人才”，孙宾被评为省泰山产业领军人才。获得市以上科技奖励9项，其中市技术发明奖一等奖1项，市科技进步奖二等奖3项。全县共申请专利436项，其中发明专利120项，授权专利184项，有效发明专利达到49项。科技扶贫工作在全泰安市率先实现科技指导全覆盖。

【文化、卫生和体育】 **文化** 坚持文化创新和文化惠民，群众性文化活动广泛开展，文化服务内容更加丰富，公共文化服务体系更加完善。全县拥有博物馆、图书馆、文化馆、剧院、电影公司各1处，数字化电影城1处；全县13个乡镇街道综合文化站已全部完成建设并通过省市验收，农家书屋、村级文化大院已基本实现全覆盖；2016年开展各级各类演出321场次，送戏下乡400场，各类书画展、征文、演讲、讲座等活动106场，受惠群众突破50多万人次；编撰出版《天下第一虫—宁阳蟋蟀》；举办各类文化骨干培训班6次，培训文化骨干暨文化推销员1500多人次；“民间艺术家协会”人数达到1000余人，“读书人协会”人数达到1100多人，蟋蟀协会会员达到550人；放映爱教影片和农村公益电影累计完成6720场。

文化保护迈上新台阶。建设完成禹王庙修缮保护、大汶口遗址护坡、历史文化展览馆等文物工程项目，开展宁阳精品文物巡展、文物保护法律普及下乡24场次，荣获山东省第一次可移动文物普查工作先进集体、古籍保护工作先进单位等荣誉称号。

医疗卫生计生 全县拥有医疗卫生计生机构23处，其中县级医院3处、疾病预防控制机构2处、计划生育服务站1处、妇幼保健院1处、医疗集团1处、计划生育协会1处、社区卫生服务中心2处、乡镇卫生院11处、华丰矿医院1处。设乡镇防保站13处、乡镇计划生育服务站13处、公共卫生综合监测点 55 个、村级卫生所 495 处、社区卫生服务站 22 处。医疗服务环境极大改善，县人民医院、县妇幼保健院新院建成投入使用。拥有卫生技术人员 4111 人，其中执业医师 1308 人、执业助理医师 424 人、注册护士 1740 人。全县配备万元以上大中型医疗设备 1860 件，开放床位 3113 张。

预防保健工作扎实有效。一类疫苗基础免疫接种率为 96.78%。全县孕产妇和儿童系统化管理率分别达到 85.73%、85.62%。

体育 推动全民健身长效化、健身方式科学化、健身形式多样化。全年组织开展各级各类群众体育赛事活动 198 项次，6.5 万余人次参与。其中第六届全民健身运动会，共有 2.9 万余人次参加，参赛人数创历史之最。社会体育指导员队伍日益壮大，全年举办三级社会体育指导员培训班 4 期，培训学员 526 名。新发展体育健身俱乐部、协会 22 家，2016 年，全县体育社会组织已达到 32 家，实施"健身广场千村扶贫"为 26 个省级贫困村进行广场建设补贴并配备体育器材；开展国民体质监测，累计检测人群 1200 余人。体彩销售总额 9812 万元，同比增长 28.6%。

【城乡建设、环保与安全生产】

城市人居环境 围绕打造生态宜居新县城，突出东部新区、西部洸河生态区和中部老城区"三大片区"，重点进行总投资 109 亿元的六大类 76 个城建项目建设。投资 26 亿元的洸河生态建设、投资 8 亿元的文庙历史文化街区开发等工程进展顺利，城区路网建设全面铺开，县城污水处理厂扩建工程竣工使用，第二水源地和供水加压站投入运行，推动了县城增量扩容、品位提升。中京新城突出项目建设、基础设施建设、社区建设"三大重点"，配套建设开发区中小学、人民医院等公共设施，承载能力进一步提升。

环保 全年 PM_{10} 和 $PM_{2.5}$ 改善率分别达到 9%和 9.2%，大气环境明显改善。扎实推进绿色生态建设，完成造林面积 2.5 万亩，完善提升绿色通道 147 公里，新建农田林网 12.2 万亩，全县道路、荒山、水系绿化率分别达到 98%、90%、95%，省级绿化模范乡镇、模范村分别达到 4 个、26 个，宁阳县被评为山东省绿化模范县。着力打造良好水生态，月牙河水库增容、桑安口水库工程完工，引汶干渠修缮、河道治理工作进展顺利。深化乡村文明行动，加快美丽乡村建设，完善城乡环卫一体化机制，全县生活垃圾日处理量达到 400 多吨；投资 5.6 亿元的垃圾焚烧发电项目正加快建设，建成后将实现垃圾处理的资源化、无害化。

安全生产 全年各类安全生产事故 10 起、同比下降 37.5%，其中道路运输事故 9 起、下降 40%，火灾事故 1 起，全年未发生企业安全生产事故；各类生产事故死亡人数 9 人、同比下降 10%；造成直接经济损失 3.16 万元，同比下降 98.87%。

【人口、居民生活与社会保障】

人口 2016 年年末，常住人口达到 77.33 万人，其中城镇常住人口 32.4 万人，常住人口城镇化率达到 41.9%，较上年提高 1.7 个百分点。

居民生活 2016 年，全县居民人均可支配收入达到 19805 元，增长 8.7%。分类型看，工资性收入实现增长 9.5%，达到 14580 元；转移性收入增长 6%，达到 3072 元；经营性收入增长 4.9%，达到 1866 元；财产性收入增长 6.9%，达到 1186 元。分城乡看，城镇居民人均可支配收入 29756 元，增长 8.0%；农村居民人均可支配收入 13664 元，增长 8.4%。

社会保障 全县新增城镇就业再就业 1.19 万人，农村劳动力转移就业 2 万人，城镇登记失业率控制在 2.3%以内；全县社会保险基金收入 15.56 亿元，各项社会保险支出 13.27 亿元。

农村低保标准每人 3450 元/年，城市低保人均标准达到 470 元/月。年末城市和农村最低生活保障救助户数分别达到 772 户和 10768 户，最低生活保障救助人数分别达到 1289 人和 16522 人，分别累计发放最低生活保障金 462.1 万元和 3794.9 万元。社会福利事业健康发展，2016 年，全县有孤儿 124 人，生活补助标准 720 元/月，全县敬老院 12 处，集中供养 2074 人。

2016 年宁阳县主要经济指标

表 6

指标名称	单位	绝对值	增幅(%)
生产总值	亿元	404.5	7.3
规模工业增加值	亿元	–	4.6
规模工业主营业务收入	亿元	1169.0	-7.7
规模工业实现利税	亿元	99.1	-13.7
规模工业实现利润	亿元	69.2	-10.0
固定资产投资	亿元	396.4	13.6
社会消费品零售额	亿元	163.8	8.5
地方财政收入	亿元	12.7	5.0
民营经济增加值	亿元	–	–
进出口总额	亿元	9.0	-3.4
全体居民人均可支配收入	元	19805	8.7
城镇居民人均可支配收入	元	29756	8.0
农民人均可支配收入	元	13664	8.4

2016 年宁阳县国民经济主要指标(一)

表 7

指标名称	单位	2015 年	2016 年	
			绝对数	比上年增长(%)
年末常住人口	万人	76.9	77.33	0.56
#农业人口	万人	46.0	44.93	-2.33
#平均人口	万人	76.6	76.75	0.15
城镇化率	%	40.2	41.9	1.7
生产总值	亿元	382.7	404.5	7.3
第一产业	亿元	52.8	55.6	4.1
第二产业	亿元	164.7	170.3	8.0
#工业	亿元	140	145	8.9
第三产业	亿元	165.2	178.6	7.7
人均生产总值	元	49874	52000	7.0
500 万元以上投资	亿元	348.8	396.4	13.60
#服务业投资	亿元	166.94	95.82	-36.52

2016 年宁阳县国民经济主要指标(二)

表 8

指标名称	单位	2015 年	2016 年	
			绝对数	比上年增长(%)
规模工业主营业务收入	亿元	1306.3	1169.0	-7.7
规模工业利润总额	亿元	84.5	69.2	-10.0
规模工业利税总额	亿元	146.2	99.1	-13.7
规模工业增加值	亿元	—	—	4.6
粮食总产量	亿斤	11.8	11.33	-3.9
油料总产量	万吨	7.3	7.3	-0.7
肉类总产量	万吨	10.5	10.7	1.5
出口总值	亿元	8.79	8.8	0.1
进口总值	亿元	0.6	0.25	-56.7
外商直接投资	万元	37722	32101	-14.9
民营经济税收	亿元	16.2	11.74	-11.9

2016 年宁阳国民经济主要指标(三)

表 9

指标名称	单位	2015 年	2016 年	
			绝对数	比上年增长(%)
社会消费品零售额	亿元	151.0	163.8	8.5
地方财政收入	亿元	12.1	12.7	5.0
地方财政收入占 GDP 比重	%	3.59	3.14	-0.45
地方财政支出	亿元	33.4	35.2	5.1
全部税收	亿元	16.0	14.3	-10.6
金融机构存款余额	亿元	196.7	230.5	17.2
#住户存款余额	亿元	156.9	178.6	13.8
金融机构贷款余额	亿元	101.9	101.3	-0.58
全体居民人均可支配收入	元	18220	19805	8.7
农民人均可支配收入	元	12605	13664	8.4
城镇居民人均可支配收入	元	27552	29756	8.0

2016 年宁阳县主要经济指标人均水平

表 10

指标名称	单位	2015 年	2016 年
人均生产总值	元	49874	52466
人均财政收入	元	1565.1	1642.31
人均粮食产量	公斤	767.5	732.57
人均肉类产量	公斤	136.6	138.37
人均社会消费品零售额	元	19643.6	21182.0
人均储蓄余额	元	20414.5	29805.6
人均固定资产投资额	元	45381.4	51255.5
每千人拥有医生数	人	2.2	2.24
每千人拥有病床位数	张	4.1	4.03
全体居民人均可支配收入	元	18220	19805
农民人均可支配收入	元	12605	13664
城镇居民人均可支配收入	元	27552	29756

2016 年宁阳县农业生产主要指标(一)

表 11

指标名称	单位	2016 年	增长(%)
种植业			
粮食产量	万吨	56.6	-4
夏粮	万吨	31.6	-3.8
秋粮	万吨	25	-4.1
棉花产量	万吨	0.03	-55
花生产量	万吨	6.9	-4.8
蔬菜产量	万吨	103.3	0.5
畜牧业			
肉类总产量	万吨	10.7	1.5
奶类产量	万吨	11.8	8.9
禽蛋产量	万吨	3.8	5.3
大牲畜存栏	万头	9.4	-0.34
猪年末存栏	万头	56.3	-1.1
羊年末存栏	万只	32.6	-0.6
家禽存养量	万只	65.1	10.4
水果产量	万吨	5.0	1.1

2016 年宁阳县农业生产主要指标(二)

表 12

指标名称	单位	2016 年	增长(%)
农用柴油使用量	万吨	1173.9	2.0
农村用电量	万千瓦	14918.8	0.6
农业化肥使用量	万吨	12676.4	-5.0
农林牧渔业总产值	万元	916258	4.3
农业总产值	万元	510839	3.1
林业总产值	万元	14589	2.4
牧业总产值	万元	388681	5.4
渔业总产值	万元	2149	2.9
农林牧渔业增加值	万元	555683	4.3
农业增加值	万元	355309	3.5
林业增加值	万元	11449	2.8
牧业增加值	万元	187458	5.7
渔业增加值	万元	1467	2.6

2016 年宁阳县规模以上工业主要指标

表 13

指标名称	单位	2016 年	增长(%)
工业增加值	亿元	—	4.6
规模工业企业个数	个	389	3
主营业务收入	亿元	1169.02	-7.69
利税总额	亿元	99.10	-13.74
利润总额	亿元	69.21	-9.95
亏损面	%	1.29	0.0
亏损额	万元	1891.6	45.54
产品销售率	%	99.60	—
高新产业产值	亿元	—	—
占工业产值的比重	%	—	—

2016 年宁阳县工业主要产品产量

表 14

指标名称	单位	2016 年	增长(%)
原煤	万吨	172.4	-0.01
小麦粉	万吨	47.9	-12.30
白酒	万升	2077.9	-7.5
棉纱	万吨	3.6	-0.70
机制纸	万吨	20.0	-7.10
化学肥料(折纯)	万吨	0	-100.00
化学农药	万吨	1.4	9.00
水泥	万吨	325.4	30.40
发电量	万千瓦时	73953	1.46
社会供电量	万度	182986	6.26

精神文明建设综述

【概况】 2016年，县文明办紧紧围绕宣传贯彻中共十八大和十八届历次全会精神这条主线，以社会主义核心价值观建设为中心，大力推进美德宁阳、美丽乡村建设，扎实推进乡村文明行动、四德工程、志愿服务和未成年人思想道德建设等，深入开展群众性精神文明创建活动，公民道德素质和城乡文明程度不断提升，继续保持了省级文明县荣誉称号。强化文明单位管理，新增省级文明单位4个，省级文明村镇6个，省级文明社区各1个；新增市级文明单位8个，市级文明村镇13个，市级文明社区1个。深化传统节日内涵，市文明办推选宁阳县6个典型参加全省"我们的节日"主题活动优秀案例（宣传栏目）评选，推荐参评数量列全市第一。1名典型获评第二届齐鲁和谐使者。东疏镇耿庄村、泗店镇海子村确定为第四批省级"百镇千村"建设示范村(居)；1人入选"中国好人榜"，7人入选"山东好人榜"；1个家庭获评首届全国文明家庭，2个家庭获评省级文明家庭。

【乡村文明行动】 2016年，乡村文明行动中，开展"新农村新生活"培训，培训农民5万人次。乡村文明示范片区创建工程被列为2016年全县为民要办的12件实事之首，打造示范片区27个，覆盖182个村（居）。开展全县乡村文明行动暨城乡环卫一体化考核4轮，考核村(居)468个，乡镇得分排名情况通过媒体公示。开展"三美"评选表彰活动，伏山镇、堽城镇、蒋集镇被评为市级"美丽乡镇"，表彰县级"美丽村庄"21个、"美丽家庭"100户。依托县电视台、《泰山晚报·宁阳读本》，宣传"美丽村庄"48个，曝光环境卫生差村86个。筹办省直机关城乡文明牵手共建现场会，将华丰镇歇息铺村打造为结对示范村。实地勘验6个巷道硬化延迟验收村(居)，共有48个村(居)通过验收，县财政拨付奖补资金192万元。成立24个部门单位组成的全县乡村文明行动移风易俗工作联席会议，对全县移风易俗工作进行统一协调督导。全县562个行政村实现红白理事会全覆盖，红白理事会章程均纳入村规民约，村支部书记全部签订《婚事新办、丧事简办责任书》。为营造移风易俗浓厚氛围，编创《移风易俗三字歌》，印发专题年历6万份，精选标语口号在村居显著位置悬挂，创作刊播公益广告，征集"移风易俗树新风"微电影，其中，山东电视台以《泰安：农村志愿服务成移风易俗"稳压器"》为题，报道宁阳。

【市民素质提升工程】 ①开展"最美宁阳人"评选活动。全年宣传重点典型41人，表彰"最美宁阳人"及提名奖各10名。关心关爱道德模范，制作"最美宁阳人"礼遇卡，出台5大类10余项礼遇政策。《泰安：推广"民间草根道德奖"编绘"最美"英雄谱》在中央文明网头版发表。②强化四德工程建设。推进四德榜进社区、进学校、进机关、进企业，建立电子榜单802个，村居四德榜覆盖率100%，推选4名典型参选全省"榜上有名"先模人物，"四德"建设工作经验分别在《大众日报》《精神文明报》刊发。③培育道德典型。开展"我推荐我评议身边好人"活动，建立工作督导通报机制，制订通报8期，全年推荐身边好人线索2万余条；抓好典型推树，1人入选"中国好人榜"，7人入选"山东好人榜"，14人入选"泰安好人榜"，5人被评为"最美泰安人"，信义兄弟家庭获评首届全国文明家庭，2个家庭获评省级文明家庭。④打造好人广场。在金阳公园安置25个道德典型宣传版面，推动学习宣传道德模范常态化。⑤开展"我们的节日"主题活动。市文明办推选宁阳县6个典型参加全省"我们的节日"主题活动优秀案例(宣传栏目)评选，推荐参评数量列泰安市第一。

【未成年人思想道德建设】 ①加强培育引导。开展"我的中国梦""清明祭英烈""做一个有道德的人""向国旗敬礼""优秀童谣征集传唱""童心向党歌咏比赛"6项主题活动，三首舞曲被评为泰安市十佳歌咏节目。组织"诵读经典，传承美德"活动，开展"泰山国学小名士”经典诵读宁阳赛区电视选拔赛。②建强阵地。各中小学校成立“微善社”，开展“积微善成大德”教育活动；对全县5所中央级乡村学校少年宫进行普查测评，14人在泰安市乡村学校少年宫成果评比中获奖；烈士陵园、宁阳县青少年校外实践活动基地2个单位被评为泰安市首批未成年人思想道德建设基地。③环境建设。开展网吧、网络、荧屏声频、出版物市场和校园周边等专项整治，确保中小学校园周边200米内无互联网上网服务营业场所、电子游戏经营场所，无歌厅、舞厅、卡拉OK厅、游艺厅、台球厅等娱乐场所，无“三无食品”，无恐怖、迷信、低俗、色情玩具、文具、饰品和出版物销售。高标准迎接了未成年人思想道德建设半年测评。

【提升志愿服务水平】 ①做好“互联网+志愿服务”工作。成立宁阳县志愿服务联合会，加入泰安市“志愿云”系统，搭建起县、乡镇（街道）、村（居）三级志愿服务平台，全县在线注册志愿团体600余个，注册志愿者1万余人，志愿服务活动有序高效开展。②推进民间志愿服务活动。指导民间组织开展“情系敬老·健康启明”“益起童心·微爱营”及“爱心夏令营”等敬老爱幼、扶贫济困系列活动。③加强宣传活动。协调媒体加强志愿服务活动报道，实现重点活动上台见报；撰写志愿者故事4篇，为微电影创作提供素材。④强化典型推树。东庄镇郕城社区老年公寓院院长卢运忠被评为第二届齐鲁和谐使者；5人被评为泰安市“最美志愿者”，2个项目被评为泰安市“最佳志愿服务项目”，2个组织被评为泰安市“最佳志愿服务组织”，北关社区被评为市“最美志愿服务社区”；东疏镇疏写传奇志愿者服务队被评为省“最佳志愿服务组织”，鹤山镇皋山社区被评为省“最美志愿服务社区”。

【文明单位、村镇、社区创建活动】 2016年，强化文明单位管理，对文明单位、村镇、社区进行复查、评选。复查省级文明单位23个、市级文明单位84个、县级文明单位229个，省级文明村镇16个、市级文明村镇37个，省级文明社区3个、市级文明社区3个；新增省级文明单位4个、市级文明单位8个、县级文明单位43个，省级文明村镇6个、市级文明村镇13个，省、市级文明社区各1个。对创建水平下降的文明单位、村镇、社区分别给予撤销称号、降级或黄牌警告处分。

组织机构和负责人

县级领导班子

中共宁阳县委员会

书　记　刘学保
副书记　黄正玉(12 月止)
　　　　陈　波
常　委　董　磊(12 月止)
　　　　侯　涛(12 月止)
　　　　王国强
　　　　付望舒(女,12 月止)
　　　　孟庆刚(12 月起)
　　　　张培峰(11 月援疆)
　　　　娄本亮(12 月止)
　　　　沙玉华
　　　　赵相鑫(挂职,3 月起)
　　　　王广浩(12 月起)
　　　　周鹏飞(12 月起)

中共宁阳县纪律检查委员会

书　记　娄本亮(12 月止)
　　　　孟庆刚(12 月起)
常务副书记　纪复旺
副书记　徐　波
常　委　桑根臣
　　　　郑红利
　　　　赵兴坤
　　　　纪洪坤(6 月起)

宁阳县人民代表大会常务委员会

主　任　徐　鑫(12 月止)
副主任　靳恩松
　　　　苑继常
　　　　张树法
　　　　周慎凯
　　　　马海荣(女)

宁阳县人民政府

县　长　黄正玉(12 月止)
副县长　陈　波(12 月起)
　　　　张培峰
　　　　赵相鑫(挂职,3 月起)
　　　　刘　明
　　　　崔　媛(女)
　　　　柳桂敏(女)
　　　　董　骞
　　　　徐明贤(挂职科技副县长,7 月止)
　　　　李　甡(12 月起)

中国人民政治协商会议宁阳县委员会

主　席　李为群
副主席　尚　勇
　　　　程洪良
　　　　连桂荣(不驻会)
　　　　辛艳珍(女,不驻会)
　　　　韩运来
　　　　董先思
秘书长　王鸣杰
副秘书长　宁玉君
　　　　贺　伟

乡镇(街道)领导班子

中共文庙街道工作委员会

书　记　孙　浩
副书记　鲍怀东(12 月止)
　　　　付平坤(挂职,3 月起)
　　　　赵丽娜(女,12 月起)
　　　　胡连彬(12 月起)
委　员　柳　震(12 月止)
　　　　赵丽娜(女,12 月止)
　　　　纪　政(女,12 月止)
　　　　马　宁
　　　　周茂华(12 月起)
　　　　刘文清(12 月起)
　　　　王玉勇(12 月起)

文庙街道办事处

主　任　　鲍怀东(12 月止)

　　　　　赵丽娜(女,12 月起)

副主任　　赵丽娜(女,12 月止)

　　　　　周茂华(12 月止)

　　　　　刘文清(12 月止)

　　　　　马　宁(12 月起)

　　　　　王业友(12 月起)

　　　　　刘桂芝(女,12 月起)

　　　　　谢云峰(12 月起)

宁阳县人大常委会文庙街道工作委员会

主　任　　孙　浩(更名前,12 月止)

　　　　　柳　震(12 月起)

副主任　　冯继光(更名前,12 月止)

中共八仙桥街道工作委员会

书　记　　侯妍妍(女,12 月止)

　　　　　鲍怀东(12 月起)

副书记　　杜焕军(12 月止)

　　　　　尚振坤(正科,12 月止)

　　　　　张　辉(12 月起)

　　　　　刘绪斌(12 月起)

委　员　　赵井龙(12 月止)

　　　　　王　颖(女,12 月止)

　　　　　刘元东(12 月起)

　　　　　曹林林

　　　　　薛启伟

　　　　　张　超(挂职,3 月起,12 月止)

　　　　　柏　建(12 月起)

八仙桥街道办事处

主　任　　杜焕军(12 月止)

　　　　　张　辉(12 月起)

副主任　　赵井龙(12 月止)

　　　　　张　超(挂职,3 月起,12 月止)

　　　　　杨绍雷(12 月止)

　　　　　刘元东(12 月起)

　　　　　王士春(12 月起)

　　　　　杨明生(12 月起)

　　　　　郑君丽(女,12 月起)

宁阳县人大常委会八仙桥街道工作委员会

主　任　　侯妍妍(更名前,12 月止)

　　　　　刘　伟(12 月起)

副主任　　刘　伟(正科,更名前,12 月止)

中共泗店镇委员会

书　记　　刘　峰(12 月止)

　　　　　杜焕军(12 月起)

副书记　　徐　锋

　　　　　刘　站(正科,12 月止)

　　　　　张　超(12 月起)

委　员　　刘　健(12 月止)

　　　　　祝令涛(12 月止)

　　　　　赵　菊(女,12 月止)

　　　　　纪　政(女,12 月起)

　　　　　苑举奎

　　　　　郑　鹏(挂职,3 月起)

　　　　　宁方波(12 月起)

　　　　　薛兴奇(12 月起)

泗店镇人民政府

镇　长　　徐　锋

副镇长　　刘　健

　　　　　郑　鹏(挂职,3 月起)

　　　　　宁方波

　　　　　张海涛

泗店镇人大

主　席　　刘　峰

副主席　　张延兵

中共东疏镇委员会

书　记　　许　军(12 月止)

　　　　　范长征(12 月起)

副书记　　范长征(12 月止)

　　　　　吴　波(12 月止)

　　　　　刘　站(12 月起)

　　　　　吴　星(12 月起)

委　员　　李会林(12 月止)

　　　　　胡连彬(12 月止)

刘元东(12 月止)
王　桥(12 月止)
刘加芬(12 月起)
王秋丽(女)
赵伟东(6 月止)
朱　朋(挂职,3 月起)
刘　伟(12 月起)
赵海燕(女,12 月起)
任庆林(12 月起)
薛远山(12 月起)

东疏镇人民政府

镇　长　范长征

副镇长　李会林
朱　朋(挂职,3 月起)
刘　伟
赵海燕(女)

东疏镇人大

主　席　许　军

副主席　柳恒选

中共鹤山镇委员会

书　记　纪维建(12 月止)
孟令民(12 月起)

副书记　孟令民(12 月止)
张　辉(正科,12 月止)
赵世民(12 月起)
乔国良(12 月起)

委　员　李　虎(12 月止)
李　霞(女,12 月止)
乔国良(12 月止)
刘树见
左茂宁(挂职,3 月起)
郭怀善(12 月起)
李红卫(12 月起)
潘姗姗(女,12 月起)

鹤山镇人民政府

镇　长　孟令民

副镇长　李　虎
左茂宁(挂职,3 月起)
郭怀善
李红卫

鹤山镇人大

主　席　纪维建

副主席　梁开会

中共伏山镇委员会

书　记　张　玮(12 月止)
马祥波(12 月起)

副书记　高卫东
褚　峰(12 月止)
孙维方(12 月起)

委　员　孙维方(12 月止)
邵会军(12 月止)
李德然(12 月止)
李　军
赵存振
柏　建(12 月止)
王亚南(挂职,3 月起)
张　伟(12 月起)
陈廷军(12 月起)
吕洪亮(12 月起)
张淑园(女,12 月起)

伏山镇人民政府

镇　长　高卫东

副镇长　孙维方
王亚南(挂职,3 月起)
朱国玺(回族)
刘翠云(女)

伏山镇人大

主　席　张　玮

副主席　纪衍庆(正科,12 月止)

中共堽城镇委员会

书　记　齐华东

副书记　马祥波(12 月止)
曹广文(12 月止)
颜承根(12 月起)

	马　军(挂职,3月起)
	孔建兵(12月起)
委　员	刘绪斌(12月止)
	陈　勇
	孙　遐(女,12月止)
	聂海洪(12月止)
	张国伟(12月起)
	卢　强
	陈廷军(12月止)
	殷　涛(12月起)
	王　升(12月起)
	穆荣荣(女,12月起)

堽城镇人民政府

镇　长	马祥波
副镇长	陈　勇
	徐晓华
	马占峰(回族)

堽城镇人大

主　席	齐华东
副主席	胡　罡

中共蒋集镇委员会

书　记	乔田海(12月止)
	贾德果(12月起)
副书记	贾德果(12月止)
	赵世民(12月止)
	王艳苹(女,12月起)
	田　明(12月起)
委　员	刘福勇(12月止)
	彭　伟
	安　静(女)
	翟清臣
	周　浩(挂职,3月起)
	赵庆雷(12月起)

蒋集镇人民政府

镇　长	贾德果
副镇长	彭　伟
	周　浩(挂职,3月起)
	赵庆雷

蒋集镇人大

主　席	乔田海
副主席	邓　伟(正科)

中共磁窑镇委员会

书　记	马新华(副县,12月止)
	张　玮(副县,12月起)
副书记	韩树栋(12月止)
	曹东升(12月止)
	侯妍妍(女,12月起)
	董春刚(挂职,3月起)
	宁　辉(12月起)
委　员	宁　辉(12月止)
	李洪涛
	袁金刚
	刘　铁(11月援疆)
	聂海洪(12月起)
	朱中岩(12月止)
	李其美(女)
	王海勇(12月起)
	程　晓(12月起)

磁窑镇人民政府

镇　长	韩树栋
副镇长	宁　辉
	董广军
	王海勇

磁窑镇人大

主　席	陈尚东
副主席	

中共华丰镇委员会

书　记	徐彩虹(女,12月止)
	乔田海(12月起)
副书记	潘洪勇
	刘自杰(挂职,3月起)
	孔祥奎(12月起)
委　员	鹿德华(12月止)
	孔祥奎(12月止)

闫　瑾(女,12 月止)
朱善国(12 月起)
朱中岩(12 月起)
宁　兵(12 月起)
李长伟
张国伟(12 月止)
吴广来(12 月止)
李　菁(女,12 月起)
许　伟(12 月起)

华丰镇人民政府

镇　长	潘洪勇
副镇长	孔祥奎
	曹文代
	赵新猛(回族)

华丰镇人大

主　席	徐彩虹(女)
副主席	樊西成

中共东庄镇委员会

书　记	刘玉华
副书记	郭怀锋(12 月止)
	王士军(12 月止)
	褚　峰(12 月起)
	房振伟(挂职,3 月起)
	李方泰(12 月起)
委　员	孔建兵(12 月止)
	朱善国(12 月止)
	齐现滨
	王广伟(12 月止)
	王玉勇(12 月止)
	王　桥(12 月起)
	吴广来(12 月起)
	王　征(12 月起)
	张鲁峰(12 月起)
	杨丽华(女,12 月起)

东庄镇人民政府

镇　长	郭怀锋
副镇长	朱善国
	胡国强
	王　征

东庄镇人大

主　席	刘玉华
副主席	张红兵(正科)

中共葛石镇委员会

书　记	刘志强
副书记	王艳苹(女,12 月止)
	刘恒桥(12 月止)
	宁　鹏(12 月起)
	蒋　华(12 月起)
委　员	蒋　华(12 月止)
	缪　昌
	刘加芬(12 月止)
	张海涛(12 月起)
	刘德合
	张连忠
	宁　兵(12 月止)
	王　辉(挂职,3 月起)
	郝贵峰(12 月起)
	纪丽娜(女,12 月起)

葛石镇人民政府

镇　长	王艳苹
副镇长	蒋　华
	王　辉(挂职,3 月起)
	王　军
	李　贞(女)

葛石镇人大

主　席	刘志强
副主席	王成会(正科)

中共乡饮乡委员会

书　记	徐　斌(12 月止)
	郭怀锋(12 月起)
副书记	颜承根(12 月止)
	张茂健(12 月止)
	刘恒桥(12 月起)
	李　龙(12 月起)

委　员　李　龙(12 月止)
陈宗南
李月霞(女)
吴　星(挂职,3 月起,12 月止)
沈　林(12 月起)
孙　通(12 月起)

乡饮乡人民政府

乡　长　颜承根
副乡长　吴　星(挂职,3 月起)
沈　林(12 月止)
孙　通(12 月止)

乡饮乡人大

主　席　徐　斌
副主席　朱中营

县直部门(单位)领导班子

县委办公室

主　任　王国强
常务副主任　许振湖(正科)
副主任　张　浩
刘钦虎
朱立新

县委组织部

部　长　董　磊(12 月止)
周鹏飞(12 月起)
常务副部长　李伟嵩(正科,12 月起副县)
副部长　张　伟
王　军

县委宣传部

部　长　付望舒(女,12 月止)
崔　媛(女,12 月起)
常务副部长　孔志刚
副部长　马长路
刘福来

县委统一战线工作部

部　长　陈　波(12 月止)
王广浩(12 月起)
副部长　宁玉君
陈　健
李务成
王　军

县委政法委员会

书　记　侯　涛(12 月止)
董　骞(12 月起)
副书记　桑晨锋
刘　宁
朱开东

县直机关工作委员会

书　记　董广旺
副书记　史继运(正科)
吴　校
委　员　肖　鹏

县信访局

局　长　卢慧书(女)
副局长　续文国(正科)
李方泰(12 月止)
党组书记　卢慧书(女)
党组副书记
党组成员　孙召斌(正科)
侯典辰(正科)
续文国(正科)
李方泰(12 月止)
赵艳美(女)

县委老干部局

局　长　宗爱凤(女)
副局长　朱　涛
闫发聚
张成民

县机构编制委员会办公室

主　任　吴继士
副主任　于　红(女)
桑玉林

县委农村工作领导小组办公室

主　任　桑逢杰

副主任	邵常凤(女)
	孙维国

县扶贫开发领导小组办公室(3 月设立机构)

主　任	许振湖(兼,3 月起)
副主任	张学君(3 月起)
	刘　健(12 月起)

县人民政府办公室

主　任	田永友
副主任	何　义(正科)
	周乾坤
党组书记	田永友
党组副书记	
党组成员	何　义(正科)
	李建民(正科)
	朱　伟(正科)
	刘志华(正科)
	宁　鹏(正科,12 月止)
	周乾坤
	刘　伟

宁阳县民族与宗教事务局

局　长	朱绪勇(回族)
副局长	赵云涛(回族)
	米　晓(回族)

宁阳县财政贸易办公室

主　任	孔兆利
副主任	薛　强
党组书记	孔兆利
党组成员	魏佰春(正科)
	郭广臣(正科)
	程令文(正科)
	薛　强
	刘　伟(正科)
	尚振坤(正科,12 月起)

宁阳县发展和改革局

局　长	路敦平
副局长	杜敏远
党组书记	路敦平
党组副书记	
党组成员	秦　伟
	李红旗
	杜敏远

宁阳县经济和信息化局

局　长	李建国
副局长	满晓君(女)
	田彦强
党委书记	李建国
党委副书记	
党委委员	张　兵(正科)
	李殿新(正科)
	满晓君
	田彦强
	宁秋丽(女)

宁阳县教育局

局　长	刘学平
副局长	任庆梅(正科,女)
	王现文(正科)
	丁开冰
党委书记	刘学平
党委副书记	
党委委员	杨　森(正科)
	任庆梅(正科,女)
	张晓乾(正科)
	王现文(正科)
	丁开冰
	纪复勇
	李凤山

宁阳县科学技术局

局　长	周勤卫
副局长	张　丽(女)
	薛金保
党组书记	周勤卫
党组副书记	张光明(正科,3 月起)
党组成员	张　丽(女)
	薛金保

宁阳县公安局

局　长　鄂宏超(满族,副县,12 月止)
李　甡(12 月起)
副局长　梁和强(正科)
政　委　朱开军(正科)
副政委　吴　涛(正科)
戴绍华(正科)
党委书记　鄂宏超(满族,副县,12 月止)
李　甡(12 月起)
党委副书记　朱开军(正科)
赵建国(正科)
马为民(正科)
孔令启(正科)
党委委员　梁和强(正科)
吴　涛(正科)
戴绍华(正科)
吕　伟(正科)
孙登山(正科)
田　军(正科)
冯　彬(正科)
杨庆红

宁阳县民政局

局　长　桑　华
副局长　褚春雷(正科)
刘　强
党组书记　桑　华
党组副书记　王保富(正科)
党组成员　杜敏洪(正科)
褚春雷(正科)
刘　强

宁阳县司法局

局　长　汪　彬
副局长　王德宝
赵立勇(正科)
李加利
党组书记　汪　彬
党组副书记
党组成员　赵立勇(正科)
李加利
孔庆磊

宁阳县财政局

局　长　武启军
副局长　刘延宁(正科)
连桂荣(副县)
党委书记　武启军
党委副书记　刘延宁(正科)
党委委员　颜　剑(正科)
鞠敏红(正科,女)
孔凡友(正科)
吕荣金(正科)
濮　华(女)
赵　刚(正科)

宁阳县人力资源和社会保障局

局　长　李保华(3 月止)
薛荣成(3 月起)
副局长　张灿吉
李成群
党组书记　薛荣成
党组副书记　李保华(3 月止)
党组成员　王东阳(正科)
李德社(正科)
张灿吉
侯　辉(正科)
李成群
徐庆华
王　鑫

宁阳县国土资源局

局　长　吕洪圣
副局长　刘国昌
付明建
李兆新
党组书记　吕洪圣
党组副书记
党组成员　李承东(正科)

韩长海(正科)
刘国昌
郑艳慧(女)
付明建
李兆新
夏利华

宁阳县住房和城乡建设局

局　长　罗士贞
副局长　邱保金(正科,11 月前援疆)
王建春(正科)
党委书记　罗士贞
党委副书记
党委委员　张现林(正科)
王庆春(正科)
陈　军(正科)
田西民(正科)
邱保金(正科,11 月前援疆)
王建春(正科)
王　荣(正科,女)
崔先顶(正科)
王联合(正科)

宁阳县交通运输局

局　长　李少华
副局长　于　超(正科)
徐义军
党委书记　李少华
党委副书记　朱　敏(正科,女)
党委委员　黄现琢(正科)
杲兴阳(正科)
朱　杰(正科)
于　超(正科)
魏伯华
徐义军

宁阳县水务局

局　长　刘远在
副局长　杜连平
李东生
孙　皓
党委书记　刘远在
党委副书记
党委委员　辛武允(正科)
杜连平
刘庆明(正科)
谢允平(正科)
李东生
孙　皓
牛德民
曹东升(正科,12 月起)

宁阳县农业局

局　长　靳茂永
副局长　杜国海
王　栋
党委书记　靳茂永
党委副书记　仲兴华(正科)
党委委员　李明兰(正科,女)
杜国海
王　栋
刘海涛
王士军(正科,12 月起)

宁阳县商务局

局　长　任杨峰
副局长　孙思华
胡　鹏
尹秀华(女)
党组书记　任杨峰
党组副书记
党组成员　曹启武
孙思华
胡　鹏
尹秀华(女)

宁阳县文化广电新闻出版局

局　长　石玉奎
副局长　吴凤营
胡艳枝(女)

	李　勇
党委书记	石玉奎
党委副书记	
党委委员	吴凤营
	李　勇
	李全华

县卫生和计划生育局(中医药管理局)

局　长	宁中军(12 月止)
副局长	刘福霞(女,正科,3 月止)
	刘　军(3 月止)
	张光明(正科,3 月止)
	王红宇(女,回族)
	孙　翔
	郑广东
党委书记	宁中军(12 月止)
党委副书记	刘福霞(女,正科)
	裴保华(正科)
党委委员	王统领(正科)
	刘　军
	张光明(正科,3 月止)
	王红宇(女,回族)
	崔树民
	孙　翔
	郑广东

宁阳县审计局

局　长	张　凭
副局长	桑胜高
	桑逢森
	谢清伟
党组书记	张　凭
党组副书记	曹广强(正科)
党组成员	桑逢森
	谢清伟

宁阳县环境保护局

局　长	于志大
副局长	赵明亮
	岳艳华(女)
党组书记	于志大
党组副书记	魏　亮(正科)
党组成员	赵明亮
	杨文通

宁阳县统计局

局　长	张　健
副局长	杨德金
	赵红娟(女)
党组书记	张　健
党组副书记	
党组成员	张志辉(正科)
	杨德金
	赵红娟(女)

宁阳县安全生产监督管理局

局　长	褚福军
副局长	吴绍军
	张　健
	陈　亮
党组书记	褚福军
党组副书记	郭　斌(正科)
党组成员	吴绍军
	张　健
	徐新建
	赵长春
	陈　亮
	赵　帅

宁阳县食品药品监督管理局

局　长	朱忠琢
副局长	刘晓步(女)
	周常杰
	曹　明
党组书记	朱忠琢
党组副书记	
党组成员	刘晓步(女)
	周常杰
	曹　明
	王统岗

宁阳县市场监督管理局

局　长　张志浩
副局长　刘　勇
　　续立成
　　许志红
党委书记　张志浩
党委副书记　刘　勇
党委委员　王本成(正科)
　　续立成
　　许志红
　　薛海波
　　赵　猛

宁阳县政务中心管理办公室

主　任　胡传学
副主任　董传忠
　　田　明(12 月止)
　　陈　峰(兼,12 月止)
　　吴　波(12 月起)
党工委书记　胡传学
党工委副书记　宁建国(正科,4 月止)
　　柳齐鲁(正科,6 月起)
　　党工委委员董传忠
　　田　明(12 月止)
　　吴　波(12 月起)

宁阳县物价局

局　长　孙纬华
副局长　秦会涛
　　褚衍龙
党组书记　孙纬华
党组副书记
党组成员　秦会涛
　　褚衍龙

宁阳县粮食局

局　长　刘振中
副局长　冯　彪
　　韩立标
　　张茂健(12 月起)
党委书记　刘振中
党委副书记
党委委员　崔克朴
　　冯　彪
　　韩立标
　　朱艳红(女,12 月止)
　　张茂健(12 月起)

宁阳县总工会

主　席　马海荣(女,副县)
常务副主席　赵继运(正科)
副主席　邵秋云(女)
　　董绍银
　　王亚南
党组书记　马海荣(女,副县)
党组副书记　赵继运(正科)
党组成员　邵秋云(女)
　　董绍银
　　王亚南

共青团宁阳县委员会

书　记　李　琳(女)
副书记　王　萍(女)
　　司吉兴
党组书记　李　琳(女)
党组副书记
党组成员　王　萍(女)
　　司吉兴

宁阳县妇女联合会

主　席　徐瑞卿(女)
副主席　刘　娜(女)
　　刘丽娜(女)
　　刘苗苗(女)
党组书记　徐瑞卿(女)
党组副书记
党组成员　刘丽娜(女)
　　刘苗苗(女)

宁阳县科学技术协会

主　席　朱振林

副主席　董传英
董　荐
张　琳(女)
党组书记　朱振林
党组副书记
党组成员　董传英
董　荐
张　琳(女)
郑　彪

宁阳县工商业联合会(宁阳县总商会)

会　长　辛艳珍(女,副县)
常务副会长　殷凡强(正科)
副会长　高立挺
秘书长　闫志强
党组书记　李务成
党组副书记　殷凡强

宁阳县档案局(馆)

局(馆)长　杨吉贺
副局(馆)长　周玉萍(女)
王传强
李进锋
党组书记　杨吉贺
党组副书记
党组成员　周玉萍(女)
孙焕英(女)
王传强
李进锋

宁阳县残疾人联合会

理事长　徐瑞萍(女)
副理事长　颜　蕊(女)
刘绪文
党组书记　徐瑞萍(女)
党组副书记
党组成员　颜　蕊(女)
刘绪文

宁阳县老龄工作委员会办公室

主　任　王永庆
副主任　郭立存
戴永军
党组书记　王永庆
党组副书记
党组成员　马爱华(女,正科)
郭立存
戴永军

中共宁阳县委党校

校　长　刘学保
常务副校长　韩庆军(副县)
副校长　孟　才(正科)
许　宁(正科)
魏建武(正科)
张红霞(女,正科)

宁阳县督查局

局　长　王万兵
副局长　王　伟
郭　辉

宁阳县老干部活动中心

主　任　朱　涛
副主任　李西秀
周立新(女,回族)
马　涛

宁阳县林业局

局　长　戴　伟
副局长　徐振军
杜照岩
陈宝柱
党委书记　高兆东
党委副书记
党委委员　徐振军
王文栋
杜照岩
陈宝柱
张　民

宁阳县中小企业局

局　长　刘清伟

副局长	朱厚亮
	王　辉
	苏卫东
党委书记	刘清伟
党委副书记	
党委委员	朱厚亮
	王　辉
	苏卫东
	李　华(女)

宁阳县旅游局

局　长	宁　凯(3月止)
副局长	张守国
	徐金瑞
	赵欣冬(女)

宁阳县体育局

局　长	祝令山
副局长	殷凡勇
党组书记	祝令山
党组副书记	
党组成员	陈　香(女,正科)
	殷凡勇
	孟　建

宁阳县机关行政事务管理局

局　长	王振林
副局长	赵贞胜
	郗昌涛
	牛傲霜
党组书记	王振林
党组副书记	
党组成员	赵贞胜
	郗昌涛
	牛傲霜
	李洪山

宁阳县广播电视台

台　长	张会明
副台长	郭尽迟
总编辑	闫海洋
副总编辑	王新仁
	王寒清
党总支书记	张会明
党总支副书记	
党总支委员	闫海洋
	郭尽迟
	王新仁

宁阳县城市管理行政执法局

局　长	闫　锐
副局长	孙　勇
	张广斌(正科)
党组书记	闫　锐
党组副书记	张传印(正科)
党组成员	孙　勇
	张广斌
	闫章峰

宁阳县牧工商服务总公司(宁阳县畜牧兽医局)

局　长	王凤新
副局长	王　伟
	金停祥
党组书记	王凤新
党组副书记	
党组成员	王　伟
	金停祥

宁阳县农机服务总公司(宁阳县农机局)

经　理	孔　慧
副经理	乔　涛
	耿克刚
	杨永岐
党委书记	孔　慧
党委副书记	
党委委员	乔　涛
	耿克刚
	杨永歧
	宁方花(女)

宁阳县煤炭工业管理局

局　长	李传锋

副局长	杨东臣
	韩　卿
	张治中
党委书记	李传锋
党委副书记	
党委委员	杨东臣
	杨玉奎
	韩　卿
	张治中
	陈　宏(女)

宁阳县经济合作局

局　长	武建文
副局长	李　林
	任庆杰
党组书记	武建文
党组副书记	
党组成员	李　林
	任庆杰

宁阳县公路局

局　长	朱　杰
副局长	苑举民
	任　涛
党总支书记	
党总支副书记	
党总支委员	苑举民
	任　涛
	吕晓光
	彭建宏(女,副科)

宁阳县金融工作办公室

主　任	程晓东
副主任	张　超(12 月止)
	杨　奎
党组书记	程晓东
党组副书记	
党组成员	张　超(12 月止)
	杨　奎

宁阳县劳动就业办公室

主　任	侯　辉
副主任	陈长才
	张树泉
	丁祖文
党支部书记	侯　辉
党支部副书记	
党支部委员	

宁阳县党史史志办公室

主　任	许华北
副主任	张延春
	赵先法

宁阳县城乡规划管理局

局　长	王培育
副局长	张志刚
	赵前程
党组书记	王培育
党组副书记	
党组成员	张志刚
	赵前程

宁阳县农业综合开发办公室

主　任	吕荣金
副主任	张存厚
	李前进
	宋明霞

宁阳县农村经营管理办公室

主　任	郅　涛
副主任	王士军(正科,12 月起)
	闫凤云(女)
	周保国
	朱海霞(女)
党支部书记	郅　涛
党支部副书记	王士军(12 月起)
党支部委员	闫凤云(女)
	周保国
	朱海霞(女)

宁阳县富源巷商城管理委员会

主　任　刘　伟
副主任　尚振坤(正科,12 月起)
　　张　轲
　　张　勇

山东(宁阳)种子技术市场管理委员会

主　任　陈　光
副主任　王庆寨
　　施洪军

宁阳县砂资源(河道)管理局

局　长　辛武允
副局长　曹东升(12 月起)
　　王　刚
　　郭洪清
党总支书记　杨国栋
党总支副书记　辛武允
　　曹东升(正科,12 月起)
党总支委员　王　刚
　　王　革
　　郭洪清
　　宁方锋
　　刘新建

宁阳县商业总公司

经　理　郭广臣
副经理　鹿祥奎
党委书记　郭广臣
党委副书记
党委委员　鹿祥奎

宁阳县供销(集团)总公司(宁阳县供销合作社联合社)

经理、主任　魏佰春
副经理、副主任　孙文君
　　王　军
　　李惠东
党委书记　魏佰春
党委副书记
党委委员　苏利峰
　　孙文君
　　王　军
　　李惠东
监事会主席　苏利峰

宁阳县物资集团总公司

经　理　程令文
副经理　邱广润
　　王玉泉
党委书记　程令文
党委委员　邱广润
　　王玉泉

宁阳县优化发展环境办公室（纠正不正之风办公室,行政效能监察办公室、投诉中心)(6 月撤销机构)

主　任　徐　波(6 月止)
副主任　胡　勇(6 月止)
　　魏建群(6 月止)
　　黄启俊(6 月止)

宁阳县国有资产管理局

局　长　赵　刚
副局长　王文杰
　　周卫华(女,6 月止)
党委书记
党委副书记　赵　刚
党委委员　王文杰
　　周卫华(女,6 月止)

宁阳县综合检验检测中心

主　任　郭延安
副主任　朱玉国
　　李锡成
党组书记　郭延安(3 月起)
党组副书记
党组成员　朱玉国(3 月起)
　　李锡成(3 月起)

山东宁阳环城科技产业园

主　任　张　涛(副县)
副主任任　官　荣(正科)
　　杨文斌(正科)
　　刘兆星(正科)

宁尚军
石循岭
朱　军
宁鲁勇
党工委书记　张　涛(副县)
党工委副书记
党工委委员　任官荣(正科)
杨文斌(正科)
刘兆星(正科)
宁尚军
石循岭
朱　军
谢清富
宁鲁勇

山东宁阳经济开发区
主　任　于师义(副县,12 月止)
副主任　刘　峰(12 月起)
杨文健
郭　涛
宁　阳
陈　栋
陈长方
陈　凌
杨　强(回族)
党工委书记　张　涛(副县,12 月止)
李伟嵩(副县,12 月起)
党工委副书记　于师义(12 月止)
刘　峰(12 月起)
杨文健
党工委委员　郭　涛
宁　阳
陈　栋
葛庆信
陈长方
陈　凌
杨　强(回族)

宁阳县民兵训练基地
主　任　石玉栋

县人大、政协、纪委机关负责人

县人大办公室
主　任　张　辉
副主任　侯继连(正局级)

县人大研究室
主　任　曹启忠
副主任　任庆章

县人大人事代表工作室
主　任　刘和平
副主任　王长征

县人大法制工作委员会
主　任　高广成

县人大财政经济工作委员会
主　任　冯继民

县人大教育科学文化卫生工作委员会
主　任　李善良
副主任　李爱萍(女)

县人大农村经济工作委员会
主　任　杜秀芝(女)

县人大城乡建设环境保护工作委员会
主　任　李恒刚

县人大预算工作委员会
主　任　周广义

县人大信访工作室
主　任　尚振伟

县人大老干部服务中心
主　任　侯继连

县政协办公室
主　任　吴　波

县政协研究室
主　任　吕东升

县政协学习提案委
主　任　王同喜

县政协经济科技委员会

主　任　曹明柱

县政协社会文教委员会

主　任　许崇月

县政协文史资料研究委员会

主　任　翟相秋

县政协祖国统一联谊委员会

主　任　胡士学

县纪委办公室

主　任　郑红利(兼,6 月起)

　　　　徐宇杰(6 月止)

副主任　崔　强(6 月起)

　　　　单鲁彬(6 月起)

县纪委组织部

部　长　王留峰(6 月起)

副部长　赵　勇(6 月起)

县纪委宣传部

部　长　张　蕊(6 月起)

副部长　毛　伟(6 月起)

县纪委党风政风监督室(县政府纠正行业不正之风办公室)

主　任　赵　猛(6 月起)

副主任　毛成利(6 月起)

县纪委信访室(县国家行政机关工作人员违法违纪举报中心)

主　任　续艳林(兼,6 月起)

副主任　李　剑(6 月起)

县纪委案件监督管理室

主　任　赵兴坤(兼,6 月起)

第一纪检监察室

主　任　顾　凯(6 月起)

副主任　尚晓燕(6 月起)

第二纪检监察室

主任纪　洪　雷(6 月起)

副主任　田国丞(6 月起)

第三纪检监察室

主　任　黄宝华(6 月起)

副主任　刘启志(6 月起)

案件审理室(案件申诉复查室)

主　任　郭　伟(6 月起)

副主任　曹天斐(6 月起)

纪检监察干部监督室

主　任　孔祥强(6 月起)

副主任　樊培前(6 月起)

县廉政教育中心

主　任　胡　勇(6 月起)

副主任　魏建群(6 月起)

　　　　黄启俊(6 月起)

第一纪工委(监察分局)

书　记(局长)　张含文

副书记(副局长)　张　伟(12 月止)

　　　　鹿德华(12 月起)

第二纪工委(监察分局)

书记(局长)　刘昭房

副书记(副局长)　刘洪涛

　　　　齐　彬

第三纪工委(监察分局)

书记(局长)　宫现利

副书记(副局长)　王凤鸣

　　　　苗　赟

第四纪工委(监察分局)

书记(局长)　张现林

副书记(副局长)　张安东

　　　　续振伟

第五纪工委(监察分局)

书记(局长)　王先全

副书记(副局长)　曹启坤(6 月止)

　　　　张　峰

　　　　李　霞(12 月起)

第六纪工委(监察分局)

书记(局长)　刘瑞岭

副书记(副局长)　魏伯良(6 月止)

　　　　武岐华

　　　　祝令涛(12 月起)

县委巡察办

主　任　　赵兴坤(兼,2017 年 1 月起)

副主任　　曹广文(12 月起)

郭　涛

张朝阳

县法院、检察院领导班子

宁阳县人民法院

院　长　　杨福桐(副县)

常务副院长　　孔令民(正科)

副院长　　郑　涛(正科)

王俊杰(正科)

党组书记　　杨福桐(副县)

党组副书记　　孔令民(正科)

徐　波(正科)

刘元忠(正科)

党组成员　　郑　涛(正科)

王俊杰(正科)

仲　军(正科)

苏庆成(正科)

宁阳县人民检察院

检察长　　尚晓兵(副县)

副检察长　　王永建(正科)

于志广(正科)

闫　军(正科)

党组书记　　尚晓兵(副县)

党组副书记　　王永建(正科)

魏绪诚(正科)

党组成员　　于志广(正科)

闫　军(正科)

黄启战(正科)

张仁刚

张庆奎(正科)

刘永金(正科)

秦传伟

许丽萍(女,10 月止)

党员·党组织

【党员】 全县共有党员46472名。其中：预备党员531名；女党员7716名，占16.60%；少数民族党员357名，占0.77%；台湾籍党员2名。①党员年龄情况：35岁及以下的党员6630名，占14.27%；36岁至60岁的党员25281名，占54.40%；61岁及以上的党员14561名，占31.33%。②党员入党时间情况：1949年9月以前入党的86名，1949年10月至1966年4月入党的2258名，1966年5月至1976年10月入党的6390名，1976年11月至1978年12月入党的1257名，1979年1月至2002年10月入党的22400名，2002年11月至2012年10月入党的10530名，2012年11月以后入党的3551名。③党员学历情况：研究生学历的党员374名，大学本科学历的党员6465名，大专学历的党员7368名，大专以上学历的党员占党员总数的30.75%；高中（中专）学历的党员15966名，占34.36%；初中及以下学历的党员16299名，占35.07%。④党员职业情况：农牧渔民党员20496名，占党员总数的44.10%；公有制单位在岗职工13266名，占28.55%；非公有制单位党员2524名，占5.43%；离退休党员7490名，占16.12%；其他党员2696名，占5.80%。新社会阶层党员147名，占党员总数的0.32%，其中民营科技企业技术人员17名，私营企业主12名，中介组织从业人员21名。⑤发展党员情况：全年发展党员509名，其中女性189名，占37.13%；少数民族3名，占0.59%；35岁及以下301名，占59.14%；研究生、大学本科、专科学历255名，占50.10%；高中（中专）学历145名，占28.49%；初中及以下109名，占21.41%；在岗职工281名，其中党政机关工作人员33名，事业单位管理人员39名，专业技术人员93名，公有制企业人员64名，非公有制经济单位52名；农牧渔民224名；其他4名。生产工作第一线509名，占100%，其中企业生产第一线101名，农村生产第一线224名，教学科研第一线59名，机关第一线33名。⑥预备党员转正情况：预备期满党员596名，其中，已经上级党组织审批596名。在审批的预备党员中，转为正式党员593名。

【党组织】 全县共有党委70个，其中机关工委1个，局党委、事业单位党委24个，企业党委22个，新社会组织党工委1个，新经济组织党工委1个，城市街道党工委2个，乡镇党委11个，城市社区党委3个，乡镇社区党委4个，经济开发区党工委1个。党组39个。党总支135个，其中机关14个，事业单位87个，企业7个，其他党总支27个。党支部1650个，其中机关182个，事业单位364个，企业415个，村（社区）党支部570个，其他党支部119个。

县委派出工委6个；国家机关、政党机关、人民团体和群众团体机关共有党组织60个，其中党委1个，党总支10个，党支部49

个。地方政府工作部门共24个，其中党组13个，党委11个；全县事业法人单位建立党组织共249个，建党委10个，党总支17个，党支部222个；公有经济控制的企业法人单位90个，建党委13个，党总支3个，党支部74个。非公有经济控制的企业法人单位231个，建党委7个，党总支2个，党支部73个，联合党支部25个；城市街道党工委2个，城市社区党委3个，城市社区党支部3个；镇党委10个，乡党委1个；建制村党支部554个。

重要会议提要

【中共宁阳县委十三届七次全体会议】 8月6日举行。县委委员、县委候补委员出席会议。县纪委常委和有关方面负责人以及县第十三次党代会部分党代表列席会议。会议由县委常委会主持。县委书记刘学保作重要讲话。

全委会充分肯定了上半年县委常委会的工作。一致认为，在中央和省、市委的坚强领导下，县委常委会团结带领全县各级党组织和广大党员干部群众，主动适应经济发展新常态，深入实施“生态立县、工业强县”战略，统筹推进经济建设、政治建设、文化建设、社会建设、生态文明建设和党的建设，各项工作取得新成效，为实现“十三五”良好开局奠定了坚实基础。

全委会要求，做好下半年工作，必须准确把握经济发展新常态这个大逻辑，深入贯彻五大发展理念，牢牢把握项目建设、统筹城乡建设、生态文明建设三大重点，进一步强化机遇意识、效率意识、责任意识，对照目标找差距，找准问题定措施，抓重点、攻难点，填缺项、补短板，确保完成全年目标任务。全县各级要坚定信心抓机遇，时刻保持应对复杂局面的定力，始终坚持发展是硬道理的思想，咬定目标不动摇，鼓足干劲不松懈，努力实现新常态下的科学发展、跨越赶超。要千方百计转调创，以技术创新助推新型工业化，以培育新兴业态为动力提升服务业发展水平，以先进实用技术为支撑推动农业提质增效。要毫不动摇扩总量，把做大经济总量作为头等大事，靠新上项目扩总量，靠对上争取扩总量，靠对外开放扩总量，靠创新创业扩总量，尽快把县域经济做大做强。要全力以赴保运行，支持实体经济发展，强化金融服务支撑，抓好财源建设，深化投融资体制改革，千方百计稳企业、保增长。要城乡一体促统筹，加快城市重点工程建设，加快“城中村”开发改造，抓好农村基础设施建设，打造生态美好家园。要尽心竭力惠民生，抓好扶贫脱贫，完善保障体系，发展社会事业，创新社会治理，让广大群众有更多“获得感”。

【中共宁阳县委十三届八次全体会议】 12月7日举行。县委委员、县委候补委员出席会议。县纪委常委和有关方面负责人以及县第十三次党代会部分党代表列席会议。会议由县委常委会主持。县委书记刘学保作重要讲话。

全委会深入学习贯彻中共十八届六中全会和省委十届十五次全体会议、市委十届十二次全体会议精神，认真听取和讨论了县委书记刘学保受县委常委会委托作的工作报告，审议通过了中共宁阳县委关于深入学习贯彻党的十八届六中全会精神的意见》和

《关于召开中国共产党宁阳县第十四次代表大会的决议》。

全委会认为，党的十八届六中全会是在全面建成小康社会进入决胜阶段召开的一次重要会议。全会明确了习近平同志在党中央和全党的核心地位，全面分析了党的建设面临的形势和任务，就新形势下加强党的建设做出新的重大部署，对统筹推进“五位一体”总体布局和协调推进“四个全面”战略布局，实现中华民族伟大复兴的中国梦，意义重大，影响深远。

全委会强调，全县各级党组织和广大党员干部要切实增强政治意识、大局意识、核心意识、看齐意识，高度认同习近平总书记的核心地位，自觉在思想上政治上行动上同党中央保持高度一致，扎实履行全面从严治党主体责任和监督责任，结合实际从严从实抓好贯彻落实。各级干部特别是领导干部要切实担当尽责，增强自律意识、标杆意识，以实际行动为全县广大党员干部群众做出表率，确保中央关于全面从严治党的各项部署在宁阳落地生根。

全委会充分肯定了县委常委会的工作。一致认为，在中央和省、市委的坚强领导下，县委常委会深入贯彻落实中共十八大和十八届三中、四中、五中、六中全会以及习近平总书记系列重要讲话精神，以开展“两学一做”学习教育为动力，以创新、协调、绿色、开放、共享发展理念为引领，以“四个全面”战略布局为方向，坚持稳中求进工作总基调，高扬“科学发展、跨越赶超”主旋律，团结带领全县广大党员干部群众，深入实施“生态立县、工业强县”战略，纵深推进项目建设、统筹城乡建设、生态文明建设，在经济下行压力加大的严峻形势下，全县经济社会呈现出稳中有进、稳中向好的发展态势，各项工作都取得了新进展。

全委会要求，全县各级要以落实十八届六中全会精神为动力，把贯彻全会精神与推动各项工作紧密结合起来，坚持既定思路不动摇，咬定奋斗目标不放松，持续抓好“十三五”规划实施，坚定不移抓项目扩总量，坚定不移抓运行保发展，坚定不移抓统筹促协调，坚定不移抓生态创环境，坚定不移抓改革增活力，坚定不移抓民生促和谐，求真务实、拼搏实干，奋力推动经济社会发展取得新进展、开创新局面。

全委会决定，中国共产党宁阳县第十四次代表大会于2017年1月在宁阳召开，这是全县政治生活中的一件大事。要认真组织、精心安排，扎实做好各项准备工作，确保党代会顺利召开。

【全县扶贫开发工作会议】 1月22日召开。会议深入贯彻落实中央和全省、全市扶贫开发工作会议精神，分析脱贫攻坚面临的形势，安排部署全县精准扶贫、精准脱贫的目标任务，动员全县上下积极行动起来，真抓实干，攻坚克难，坚决打赢脱贫攻坚战。县领导刘学保、黄正玉、陈波、徐鑫、李为群、董磊、王国强、付望舒、娄本亮、刘明出席会议。

【全县计划生育调度会议】 1月22日召开。会议贯彻落实全国计划生育工作电视电话会议精神，总结工作，分析形势，部署任务，动员全县各级进一步统一思想，提高认识，努力推动全县计划生育工作再上新水平。县委书记刘学保主持会议并作重要讲话。县委副书记、县长黄正玉，县委副书记陈波，县人大常委会副主任苑继常，副县长刘明，县政协副主席尚勇出席会议。黄正玉代表县委、县政府对做好2016年计划生育工作进行了全面部署。

【全县经济工作大会】 2月16日召开。大会隆重表彰了2015年度科学发展、服务经济建设先进单位、先进村和纳税先进企业。县委书记刘学保作了重要讲话。县委副书记、县长黄正玉对全县经济工作作了全面总结和具体安排，并向县政府经济顾问和荣誉市民代表颁发了聘书、证书。陈波、徐鑫、李为群、董磊、侯涛、王国强、付望舒、张培峰、娄本亮、沙玉华等县各大班子领导出席会议。

刘学保在讲话中强调，要正确分析形势，切实增强跨越赶超的责任感使命感。时刻面对欠发达的最大现实，时刻牢记跨越赶超的重要使命，时刻保持应对复杂局面的定力，以创新、协调、绿色、开放、共享五大发展理念为引领，坚定不移实施“生态立县、工业强县”战略，努力实现新常态下的科学发展、弯道超越。要突出工作重点，奋力开创跨越赶超新局面。坚持外引内扩，把做大经济总量作为跨越赶超的首要任务；坚持创新突破，把转型升级作为跨越赶超的主攻方向；坚持统筹城乡，把推进新型城镇化作为跨越赶超的强大动能；坚持做优做强，把发展现代农业作为跨越赶超的重要基础；坚持绿色发展，把生态文明建设作为跨越赶超的必然选择；坚持全面协调，把加快社会各项事业发展作为跨越赶超的重要方面；坚持为民惠民，把共享发展作为跨越赶超的根本目的。要提高服务水平，持续打造跨越赶超软实力。牢固树立大局意识、责任意识、担当意识、效率意识和学习意识，进一步强化干事创业的责任心，提振敢于担当的精气神，锤炼真抓实干的硬作风，增强政令畅通的执行力，打造宽松和谐的社会环境，形成风清气正、干事创业、加快发展的新局面。

【全县人才暨科技创新工作大会】 3月5日召开。会议总结工作，奖励先进，部署任务，动员全县上下进一步统一思想认识，坚定不移实施人才强县和创新驱动战略，为“十三五”开好局起好步、奋力开创全县经济社会跨越赶超新局面注入强劲动力。县委书记刘学保作了重要讲话。县委副书记、县长黄正玉主持会议。县委副书记陈波宣读了《关于对2013年以来创新平台建设、高层次人才引进培养和科技创新成果奖励资助的通报》。县领导徐鑫、李为群、董磊、董骞、徐明贤出席会议。华兴集团、华丰镇、科技局和拔尖人才代表许兴华分别作了交流发言。

【平安宁阳建设大会】 4月16日召开。会议深入贯彻省市政法、信访工作会议精神，总结工作，分析形势，部署任务，动员全县各级进一步落实责任，强化措施，攻坚克难，推动平安宁阳建设再上新水平，确保全县大局持续和谐稳定。县委书记刘学保作重要讲话，县委副书记、县长黄正玉主持会议，县委副书记陈波宣读了县委、县政府《关于表彰2015年度平安宁阳建设先进单位和先进个人的决定》，县委常委、政法委书记侯涛作工作报告。县领导靳恩松、崔媛、尚勇出席会议。

【庆祝第32个教师节暨全县教育工作会议】 9月9日召开。县委书记刘学保出席会议并作重要讲话。县委副书记、县长黄正玉主持会议并就推进大班额问题解决、教育扶贫、学校安全、优化教育发展环境等重点工作讲了意见。县委副书记陈波宣读了县委、县政府《关于表彰2015年教育工作先进单位和先进个人的决定》。县领导付望舒、苑继常、柳桂敏、尚勇出席会议。部分校长、教师代表做了典型发言。

（宁方振）

县委办公室工作

【政策研究】 县委研究室充分发挥以文辅政职能，围绕全县改革发展大局主动调研，围绕重点工作和领导安排任务专题调研，围绕县委重要部署落实跟踪调研，围绕发展的热点难点进行问题调研，围绕成绩经验进行总结调研，站位发展全局，整合各方之力，构建大调研格局，形成一批“了解问题有广度、分析问题有深度、对策措施有力度”的调研成果，切实当好县委的参谋助手。2016年，先后组织开展项目建设、投融资改革、传统产业改造等较大规模调研活动20余次，一些调研成果直接进入县委决策，《深化投融资体制改革推进县域经济平稳较快发展》等一批理论文章先后在省市党报党刊上发表，两篇调研报告分别荣获全省党委政研系统优秀调研成果二等奖、三等奖。将文稿写作放在全县发展大局的高度去把握，精心做好文稿起草、把关、审核等工作，力求契合领导意图、符合发展实际。全年共起草把关大型会议讲话、文件、汇报、发言、新闻稿等各类材料2000余件。充分发挥信息的导向作用、桥梁作用、参谋作用，做好典型经验介绍、党委信息编发上报，全年共上报省委办公厅、市委办公室信息56期、320篇，编发《宁阳信息》12期、144篇，被省委办公厅采用2篇，市委办公室采用62篇，采用量居全市各县市区前列，其中，《关于换届选举中优化代表结构存在的困难和问题》《宁阳县脱贫攻坚措施有力精准脱贫成效显著》被市委办公室上报省委办公厅。发挥党刊的权威性、导向性作用，高质量编发《宁阳通讯》6期。

【综合协调】 坚持统筹兼顾、科学布局，主动理顺对上、对内、对外的关系，突出抓好重要会议和重大政务活动的沟通联系、统筹协调，实现有效衔接、信息互通。做到既严格把握政策，又讲究方式方法，协助县委更好地总揽全局、协调各方、凝聚合力。对部门承办的一些重要会议、文件、事项等相关工作，坚持服务至上，搞好对接联系，强化沟通协调，抓好每个细节，切实对大局负责，在协调配合中体现县委办公室的服务水平。严格办会程序，控制会议数量，切实改进会风，提高会议效果。突出抓好重要会议和重大活动的统筹组织，对工作过程进行细化分解，具体到事，量化到人，确保全县经济工作大会、县委全委会、人大政协“两会”、项目观摩会等全县性重要会议顺利召开。圆满完成中央和省、市领导调研视察、外地党政考察学习团队参观考察等重要公务活动。

【接待工作】 以完善接待制度为突破口，自觉把规范和改进公务接待工作与加强机关党风廉政建设、提高机关工作效能结合起来，加强和改进公务接待的薄弱环节，优化规范服务水平，使接待工作形成靠制度管理、按制度办事、用制度管人的良好氛围。深入贯彻落实中央八项规定精神，制定完善县委接待工作规范，对各项公务接待工作实行统一领导、统一管理、统一标准、统一审批，促进接待工作更加规范化、制度化。高标准、零差错完成中央和省、市领导调研视察，全市招商引资和项目建设检查考核会议，外地团队参观考察等重要公务接待活动，突出了宁阳特色，扩大了宁阳对外影响。

【精准扶贫】 把扶贫开发作为重大政治任务，把脱贫攻坚工作作为全县头等大事和第一民生工程，严格按照中央、省、市关于精准扶贫精准脱贫的一系列决策部署，整合各类资源，精准发力攻坚，突出抓好建档立卡、产业带动、转移就业、金融支持、社会保障等各项举措，顺利实现40个贫困村、7530名贫困人口摘帽脱贫，占脱贫攻坚任务总数的44%、43.9%，实现脱贫攻坚战的良好开局。创新实施的产业脱贫经验做法，得到省有关领导的高度认可，并在省扶贫办创办的《脱贫攻坚简报》(135期)上刊发。

【保密工作】 中共宁阳县委保密委员会是县委统一领导全县保密工作的领导机构，县委保密委员会下设办公室，与县机要保密局“一个机构，两块牌子”，既是县委保密委员会的日常办事机构，又是县政府职能部门。主要职责有：贯彻党中央、国务院和省、市委有关保密工作方针、政策、决定、指示，依法履行行政管理职责；制定全县保密工作计划并组织实施；制定保密规章制度；依法组织开展保密宣传教育、保密检查、保密技术防护和泄密案件查处工作，对机关、单位的保密工作进行指导和监督。

2016年，县机要保密局深入贯彻落实保密法，切实提高保密工作为中心工作服务和保障能力，发挥“保安全、保发展”的作用。5月14日，召开全县保密工作会议，9月20日，召开重点骨干网络保密管理专项工作会议；加强重点单位保密防护工作，在保密工作重点单位全面配备保密技术防护专用系统，构建全方位硬件防护体系；全面落实保密责任，组织党政机关、涉密部门所有工作人员签订保密承诺书2268份；5月份和9月份开展两次保密专项检查，全面查找泄密隐患，及时进行整改完善；在全县各级各部门组织实施保密自查自评工作，进一步明确主体责任，提高保密管理水平。

（宁方振）

督查工作

【概况】 2016年，县督查局先后承办督查事项57项，印发督办单、督查专报、督查通报、督查调度表等各类资料1.5万余份，开展现场督查1600余件次。联合县优化办、电视台，组织乡镇（街道）、园区、县直企事业单位等65个单位，就2016年重点工作目标和“服务发展年”承诺事项进行电视发言，营造加快发展、创优环境的浓厚氛围，达到群众、社会、舆论的共同监督的效果。

【重点项目建设督办】 ①对文庙教育园区项目、康平纳四海物流园项目、国家庄和西磁村搬迁项目等34个重点项目，实行“半月调度、月通报、季评议、半年总结、年终总考核”的督导调度制度，督促责任单位细化目标、砸实责任，推动项目早落地、快建设、早竣工、快投产。②市观摩项目督办。上半年确定宁阳亿丰时代广场项目、宁阳县妇幼保健院新院等9个项目，下半年确定的中京高科双创产业园达沃斯节能环保设备项目、晋煤明升达洁净煤气化项目、温氏集团（宁阳）畜牧一体化养殖项目等8个项目，县督查局对项目进展“一周一查看、一周一专报”，促进项目尽快建成运营。确保项目检查考核工作圆满完成，得到了市委、市政府领导的充分肯定。③对各乡镇（街道）、开发区、产业园项目建设，实行一季一观摩、一季一评议，现场考核打分、排出名次，增强乡、镇园区上项目、谋发展的积极性，达到出汗、加压、鼓劲的效果。④对集中开工的银座广场项目、明升达退城入园项目、大源扩规（优衣库）项目、医疗用生物质新材料及制品产业化项目、生活垃圾焚烧发电项目等29个项目手续办理情况实行一周一调度，协调有关部门做好手续的对接、衔接，确保项目尽快立项建设。

【为民要办的12件实事督查】 2016年，对为民要办的12件实事，下发督办单，明确责任单位、承办内容、完成时限，一月一督查，一月一专报。年底，“乡村文明示范片区创建工程”“农村公路安全生命防护工程”“物业网格化管理及老旧小区综合整治项目”“新型职业农民培训工程”“互联网+公共法律服务便民工程”“互联网+通信畅通工程”“城区市政消防栓建设项目”“县民生服务信息平台工程”“强电网惠民生工程”“城区便民市场和烧烤专业市场建设项目”“解决城镇普通中小学大班额问题”“交警便民服务中心建设项目”12件实事全部完成或完成年度计划。

【批办事项督办落实】 ①对县委、县政府主要领导批办交办事项，如恒信焦化和明升达有关问题办理、国务院第三次大督查、全县闲置低效用地处置、土地增减挂钩项目、全县土地例行督察、磁窑行政体制改革试点迎检、黄沙路改造工程需解决问题、鲁宁线（宁阳段）城区改线工程、大汶口堡头文化工程、化工产业转型升级、支持实体经济发展有关政策落实、世纪城建设项目税收返还等等，都高度重视、认真督办，采取下发督办通知单、现场督查、督查通报等多种形式，跟踪督促，及时汇报，做到交必督、督必查、查必果、果必报。②对市委督查室交办的职工住房审计问题整改、八项规定财经纪律落实、创促会清理注销、贫困家庭大学新生救助、伏山镇曹庄村土地流转问题、砖窑污染庄稼问题、丝绸公司家属院强拆问题、东疏镇(原西述乡)解聘干部问题等督查事项，县督查局都联合有关部门单位，深入了解情况，督促做好稳控、化解、防范等工作，并按时向市委督查室上报有关材料，得到了市委督查室的充分肯定。

【城区、村庄改造督查】 城中村开发改造 督促文庙街道、八仙桥街道加大拆迁、建设力度，推动“城中村”开发改造实现新突破。2016年，城中村13个村(居)累计拆迁7852户，拆除房屋面积227.5万平方米，腾空土地约2580亩。其中，泥村、吴村、杜村、廖桥村、花石桥村完成拆迁任务的90%以上；邢庄社区拆迁完成60%以上。

国家庄、西磁村搬迁 按照搬迁工作整体计划，督促新村选址与规划工作组、资金筹措工作组、新村楼房建设工作组等做好规划、资金、建设工作，促进项目建设进度。至2016年底，争取各类资金3.8亿元；开工楼房31幢，其中8幢已封顶，11幢建至阁楼，6幢建至地上五层。

文庙历史文化街区改造 对文庙历史文化街区项目指挥部一周一调度，督促做好项目规划、资金筹措、房屋征收等，力争尽快完成拆迁、开工建设。年内，指挥部已与金螳螂、中交建设集团签订合作框架协议；争取上级扶持资金1760万元，基准利率贷款4.2亿元；工会、行管局涉及部分房屋已拆除。

老旧小区、棚户区改造 对关系群众切身利益、群众普遍关注的物业网格化、棚户区改造、富源巷和世纪城安全隐患整治等工作，县督查局都坚持专人督办，督促牵头单位、责任单位加大工作力量，年底，三里沟小区改造全部完成；文庙街道片区改造完成3个，正在改造2个；八仙桥街道片区改造完成7个，正在改造4个。

美丽乡村建设 需达标的村，实行村村到，现场指出问题并督促改进，确保省验收时合格。

【城区环境容貌综合整治督查】 ①落实县政府关于城区环境容貌综合整治工作的有关要求，督促完善配套设施工作组、整治经营秩序工作组、整治建筑渣土工作组、整治餐饮经营工作组等9个工作组，做好市场建设、道路整治、城区规划、施工秩序等工作，推动了城区环境的明显改善。2016年，完成1处早市、2处夜市的建设；完成城区金阳大街、七贤路、复圣大街、兴隆街、建设路等9条主要街道的综合整治；完成海力大道、金阳大街、七贤路等主要道路护栏安装；拆除存量违法建设2103.56平方米，拆除新增违法建设2027.21平方米。②对洸河开发、宁阳大道、经四路、兴隆街西延、金阳大街东延、清风路延伸、南关路整治等重点工程清障情况一周一调度，明确清障主体、计划和完成时限，年内，宁阳大道、清风路南延、经四路南段清障已经完成；洸河土地征收摸底完成，清障涉及22个问题完成13个。

【安全督查】 综治大巡防 联合政法委、县电视台组成督导组，采取定期或不定期巡查、挂牌督办等形式，对各乡镇(街道)、开发区14个单位“冬季治安大巡防集中行动”进行全面督导、对存在问题，督促整改落实，巡防行动期间，各级巡防队伍共协助公安机关抓获各类违法犯罪嫌疑人20余名，制止打架斗殴30多人次，调解矛盾纠纷200余起，救助伤残、醉酒、迷失和其他急难者40余人次，防止民转刑案件60余起，全县可防性案件发案率同比下降14%，抢劫、抢夺“两抢”类案件实现零发案。

汛期、冬季取暖安全 联合县水务局等有关部门，对各乡镇(街道)汛期夜间值班情况进行现场督查，督促各单位做到人员到位、物资到位、措施到位，确保防汛工作万无一失。县督查局、县住建局抽调人员组成两个督导组，对各乡镇(街道)、开发区、产业园冬季取暖安全工作进行现场督导，切实杜绝取暖安全事故发生。

(田腾飞)

信访工作

【概况】 2016年，宁阳县纳入满意度评价的信访事项中，对信访工作机构和对责任单位的满意率均超过99%。宁阳县工作经验在泰安市信访工作经验交流会上得以推广。信访形势趋稳向好,进京上访特别是集体上访和重复上访,起数同比下降46%以上,人数下降51%以上;在各级“两会”、抗战胜利70周年纪念活动、中共十八届五中全会等特殊敏感节点,全县未发生有影响的信访问题。成功创建全市唯一的“无非访县”。1人被市委、市政府表彰为“全市信访工作先进个人”,2个乡镇(街道)被市委、市政府表彰为“全市信访工作先进单位”。

【案件处理】 年内,接待群众到县上访1114起,到市上访54起,到省上访88起,进京上访46人次。受理办理群众来信114件,网上信访976件。立案督查上级交办及县领导批示重点信访事项26件,按期办结率100%。县、乡党政主要领导亲自办理信访事项312件,按期结案率100%。

【集中化解信访积案】 年内,开展“积案治理提高年”活动,县领导安排部署及时调度,县信访联席办跟踪督查督办,对要解决的事强力推动,一批难案老案得到化解。全年,上级交办信访积案26件,办结率和化解率均为100%;县联席办排查交办的45件,办结率100%,化解率96%。

【强化基层基础】 2016年,对信访隐患和矛盾纠纷排查化解,排查出矛盾纠纷619件,重大隐患176件,实现超前化解、有效稳控。提升初信初访办理质量,提高一次性办结率,减少矛盾积累、信访上行。基础业务规范化建设,实现信访事项办理的精细化、精准化和规范化。推进信访信息系统建设应用,纵向上实现省、市、县、乡四级互联互通,横向上联通到有权处理信访事项的市、县职能部门和单位,将信访业务全部纳入网上流转。将信访事项办理过程和结果在网上公开,群众可查询、可监督、可评价,提高信访公信力和群众满意度。推进市、县两级“网上信访”受理平台建设应用,为群众及时就地通过互联网表达诉求提供便利。年底,县网上信访数量占信访总量的62%,居全市第1位。采取在报纸上刊登文章、在网络上进行视频直播、组织举办电视知识竞赛等形式,加强法规宣传教育。举办不同类型的培训班5个,培训县、乡、村三级信访工作人员1200余人次,在信访干部和信访群众中形成办事依法、遇事找法、解决问题用法的良好氛围。

（曹　真）

组织工作

【基层组织建设】 夯实基层党建主体责任,明确县委、县委书记抓基层党建工作问题清单、任务清单、责任清单,扎实推进16项重点工作。深化“一体四化”履责评价模式,印发《进一步强化乡镇党委和村党组织抓基层党建主体责任的十项制度》,建立乡镇党委书记抓基层党建工作问题清单、任务清单、责任清单,梳理整改项目108个,党委书记申报攻坚课题14个。持续推进“五化五星”服务型党组织创建,公布2015年度创建考核结果,倒排确定出71个软弱涣散党组织,全部实现转化。建立村党组织书记重大事项报告、任免县级备案和档案管理制度,建立村级工作联合监管和村干部任期、离任经济责任审计制度,强化村级工作规范化建设,有关做法在《山东组织工作》《支部生活》等媒体刊发。调整69名县派“第一书记”到省市贫困村、软弱涣散村任职,策划重点产业扶贫项目45个,对上申报财政扶持项目72个,获各类扶持资金、为民服务奖补资金、科技帮扶资金2316.2万元。市县党费列支29万元,帮扶23个村场所改造。下发《关于进一步深化“双百”行动,切实做好联系群众服务工作的通知》,建立党员干部经常驻村指导帮扶制度,强化为民服务。把区域化党建工作纳入街道、社区科学发展和基层党建考核以及党组织书记述职评议内容;督促街道(开发区)成立综合党委和党建工作办公室,完善街道“大工委”、社区“大党委”联席会议制度;指导街道将78个网格进行优化调整,配齐网格员。

【党员队伍建设】 印发《发展党员全程记实办法(试行)》,修订完善《发展党员工作责任追究办法》,提高发展党员质量。规范“线上”教育管理平台,“虚拟党支部”注册添加在外党员2100余人;完善“宁阳先锋—在线学习平台”功能,共注册学员2100多人;规范“宁阳党员之家”平台运行,11000多人注册使用。推行“党员活动日”制度,进一步规范机关事业单位党的组织生活,有关做法在《山东组工信息》《大众日报》等媒体刊发。开展以“微学习、微体会、微承诺、微行动”为主要内容的“我是党员”微系列活动,编制发布微党课、微动漫、微视频等学习内容,提高党员学习效果。探索试行《农村党员分类记实管理办法》,制定《党员教育管理诫勉办法》《县管党费收缴、使用和管理办法(试行)》,做好党员组织关系集中排查。指导乡镇(街道)开展党员集中轮训,培训党员23418名。做好省“两优一先”表彰推荐工作,1人被评为山东省优秀共产党员,1人被评为省优秀党务工作者,1个村级党组织被评为省先进基层党组织。

【人才工作】 深入推进产业人才集聚工程,配套出台《宁阳县“双创”人才团队培育计划实施细则》《宁阳县产业功勋人才评选表彰办法》《宁阳县鼓励和促进科技创新奖励办法》,制定《宁阳县重点产业紧缺人才引进计划实施细则》,形成“1+X”人才政策体系。召开全县人才暨科技创新工作大会,兑现资助资金150万元,树立鼓励创新、支持创业鲜明导向。1人入选国家创新人才推进计划,2人入选省泰山产业领军人才,1人入选市泰山英才领军人才,争取省市扶持资金800万元;2人获评齐鲁首席技师,1人被评为齐鲁和谐使者,1人入选齐鲁名校长、2人入选齐鲁名师培养对象;首次全职引进“编外”医学博士(教授)3名;7个项目获评市级科技奖励。实施宁阳籍人才回流计划,聘请6位宁阳籍在外优秀人才担任“双招双引”顾问。强化人才平台支撑,按照“一企一平台一团队”思路,新建省级科技企业孵化器1家、省博士后创新实践基地1家、省海智工作站1家,市级工程实验室2家、市产业研究院11家,“泰山生态谷星创天地”列入科技部首批现代农业众创空间。办好职业技能大赛和金蓝领培训工程,新增高技能人才1192人,获批省级技师工作站1家。依托新型职业农民培训和扶贫培训项目,完成农业实用技术培训5万人次。

2016年8月15日,文庙街道东关社区“党员活动日”

【“两学一做”教育活动】 4月25日,召开全县“两学一做”学习教育工作座谈会,认真学习中央和省委、市委部署要求,县委书记刘学保对“两学一做”学习教育工作进行部署安排。健全党委(党组)、大口牵头部门、督导组“三线督导”机制,开展随机抽查16次,涉及900余个基层党支部。坚持以上率下,县委理论中心组带头开展学习研讨6次,县直部门、乡镇(街道)班子组织集中学习1900余次。开展“下基层巡回讲党课”活动,成立巡回宣讲团,为7000余名党员上党课42场次,全县各级开展党课宣讲962场次;在《宁阳手机报》、“宁阳党员之家”微信公众号、“宁阳远教”电视频道开设专

2016年4月25日，宁阳县召开“两学一做”学习教育工作座谈会

栏，发布学习内容380余课时，播放学习视频1600余小时，参与学习党员群众44万余人。坚持带着问题学、针对问题改，县级班子带头查摆专项整治任务11项，带动县直和乡镇领导班子查摆整改问题620余项，全县各级党组织共查摆问题2252个，党员查摆问题3.3万个。深入开展侵害群众利益不正之风和腐败问题专项整治，排查并依纪依规处置侵害群众利益问题779件。

【领导班子换届】 根据市委统一安排和部署，宁阳县领导班子换届工作从2016年9月开始至2017年1月23日结束，严肃换届程序和纪律，圆满完成县级领导班子换届工作，选举产生新一届县委、人大、政府、政协、纪委领导班子，市委提名的新一届县级领导班子候选人全部高票当选。

【干部队伍建设】 加强日常考察了解，对乡镇(街道)、县直部门单位领导班子和领导干部进行全面考察。严格落实《党政领导干部选拔任用工作条例》，按照县委要求，分3批对部分县直单位、内设机构和乡镇(街道)工作机构领导班子进行调整充实，涉及干部96人。落实2016年干部教育培训工作计划，分3期举办全县科级干部培训班，培训干部610余人次；分4期对1200名农村党组织书记(村委会主任)、县派“第一书记”、村支部委员和优秀党员代表进行集中培训；举办高新技术企业培训班等26个专题培训班次，培训干部11980余人次。配合做好干部调训，落实省级培训班次18个，市级培训班次14个，调训学员113人次。加强年轻干部培养，选派优秀年轻干部到县信访局挂职。做好信访举报受理，收到受理信访举报事项20件，均已查处结案。实行离任工作交接和经济责任审计，开展干部离任工作交接2人、离任经济责任审计4人、任中经济责任审计2人。做好2015年度科学发展考核，制订《关于2016年度经济社会发展综合考核工作的意见》。顺序完成干部档案专项审核，审核县管干部档案1048卷，审核一般干部档案313卷。

(徐金伟)

宣传思想工作

【概况】 2016年，全县宣传思想工作围绕宁阳县项目建设、党风廉政建设、精准扶贫、“两学一做”等重点，开展“最美宁阳人”评选活动，强化文明单位管理，打造“网络公益”宁阳品牌，开展农村广场建设改造提升工程，成立文化产业发展中心；打造文化产业园，强化新闻舆论宣传。县委宣传部被评为全省理论教育工作先进单位。

2016年，全县有7人入围“山东好人”，14人上榜“泰安好人”，孙牧业荣登“中国好人榜”，信义兄弟家庭被评为首届全国文明家庭，董世英家庭、王桥家庭入围省级文明家庭候选家庭。东疏镇耿庄村、泗店镇海子村确定为第四批省级“百镇千村”建设示范村(居)。《红枣红》《让公益性项目建设不差钱小县城也能办大事了》《故乡三部曲》获第四届“泰山网络文化传播奖”二、三等奖。

【理论教育】 印发《县委中心组2016年理论学习安排意见》，每次

4 月 8 日，召开招商项目评价及案例分析辅导报告会

一主题，组织县委中心组“每月一课”学习共 3 次，先后邀请 3 位知名专家就突发事件处置与应对、互联网舆情应对、安全生产等方面开办高端讲座。结合“两学一做”学习教育，先后以“入党为什么、在党做什么”“规矩有哪些、守得怎么样”等开展县委理论学习中心组集中研讨 2 次。集中组织观看中央宣讲团六中全会精神宣讲报告会、省委宣讲团六中全会精神宣讲报告会，举办市委宣讲团六中全会精神宣讲报告会，全县 1000 余名领导干部聆听各级宣讲报告。组建中共十八届六中全会精神宣讲团，开展巡回宣讲 60 余场次。成立县社科联，建立市社科普及教育基地，“磁窑镇王府村拉魂腔剧团发展”课题列入山东省小微课题。

【新闻舆论宣传】 2016 年，新华社、《大众日报》等中央、省级重点媒体刊出《宁阳：土地流转“魔方”旋转激活新农业》《宁阳：放心肉装进“菜篮子”》《宁阳探索推进食药安全监管体制纵深改革》《宁阳构建“医养结合”服务模式破解健康养老难题》等工作经验宣传稿件。围绕宁阳县项目建设、党风廉政建设、精准扶贫、“两学一做”等重点工作，在泰安日报刊发先后刊发《“五大理念”推动宁阳经济“凤凰涅槃”》《人勤春来早发展气象新——宁阳县开启工业强县生态立县新征程》《服务发展没有休止符》《宁阳：压紧压实管党治党政治责任》《老企业“发新枝”新项目“加速跑”》《宁阳“小财政”办出“大民生”》等重头稿件。全年在各级媒体刊发稿件 3500 余篇，其中中央级 230 余件，省级 320 余件，市级 2400 余件，网络新闻 600 余件。取得新华社 APP 签发稿件的权限端口，在签发的重点稿件中有些稿件阅读量达到几十万次，起到了良好传播效果。同时启用了“宁阳发布”微博帐号，粉丝已达 1000 多人，在新闻舆论引导方面又多了个新媒体平台。对宁阳手机报再次改版扩容，免费赠送人数 2 万余人，扩大了宁阳手机报的覆盖率和知名度。

【社会主义核心价值体系建设】 2016 年，开展“最美宁阳人”评选活动，全年宣传重点典型 41 人，表彰“最美宁阳人”及提名奖各 10 名。关心关爱道德模范，制作“最美宁阳人”礼遇卡，出台 5 大类 10 余项礼遇政策。推进四德榜建设进社区、进学校、进机关、进企业，建立电子榜单 802 个，村居四德榜覆盖率 100%，推选 4 名典型参选全省“榜上有名”先模人物，“四德”建设工作经验分别在大众日报、精神文明报刊发。开展“我推荐我评议身边好人”活动，全年推荐身边好人线索 2 万余条。打造好人广场，在金阳公园安置 25 个道德典型宣传版面。

【网络管理和应用】 2016 年，强化网上舆情监管，加大对网站、论坛、博客和网络群体、网上社区的日常监控，严防网上违法信息传播蔓延，对负面舆情及时发现、处置，掌控舆情动态。全年共监控处置负面舆情 100 余件，编辑《每周网络舆情》50 期，上报《舆情动态》87 期。做好上网发帖和发表评论，全年接收上级下达的网评任务发贴、跟帖 2000 余条。开展网络谣言整治活动，联合处置“淹死两个小孩”等两次网络谣言。加大网络培训，邀请市网络办主任郑成峰，省网信办监控中心主任高斌，省政府原副秘书长、应急办主任张德宽等到宁阳在县委理论中心组及互联网新闻宣传培训班上进行授课。针对舆情多发的文庙和教育局举行两次专题培训。加强正面引导，创新探索在以宁阳吧为主的网络阵地进行正面引导的工作方式。组建一支以30名骨干为主的600人的网络评论员队伍。组织爱心人联盟、尚善公益协会等，引导网民积极参与网上公益活动，打造“网络公益”宁阳品牌。第四届“泰山网络文化传播奖”获优秀组织工作奖。

【乡村文明行动】 2016年，开展“新农村新生活”培训，培训农民5万人次。乡村文明示范片区创建工程被列为全县为民要办的12件实事之首，打造示范片区27个，覆盖182个村(居)。开展全县乡村文明行动暨城乡环卫一体化考核4轮，考核村(居)468个，乡镇得分排名情况通过媒体公示。开展“三美”评选表彰活动，伏山镇、堽城镇、蒋集镇被评为市级“美丽乡镇”，表彰县级“美丽村庄”21个、“美丽家庭”100户。依托县电视台、《泰山晚报·宁阳读本》，宣传“美丽村庄”48个，曝光环境卫生差村86个。筹办省直机关城乡文明牵手共建现场会，将华丰镇歇息铺村打造为结对示范村。实地勘验2015年度6个巷道硬化延迟验收村(居)，共有48个村(居)通过验收，县财政拨付奖补资金192万元。成立24个部门单位组成的全县乡村文明行动移风易俗工作联席会议，对全县移风易俗工作进行统一协调督导。全县562个行政村实现红白理事会全覆盖，红白理事会章程均纳入村规民约，村支书全部签订《婚事新办、丧事简办责任书》。编创《移风易俗三字歌》，印发专题年历6万份，创作刊播公益广告，征集“移风易俗树新风”微电影。山东电视台以《泰安：农村志愿服务成移风易俗“稳压器”》为题报道宁阳。

华丰镇高庄社区文体小广场晨练活动

【志愿者服务】 2016年，成立宁阳县志愿服务联合会，加入泰安市“志愿云”系统，搭建起县、乡镇(街道)、村(居)三级志愿服务平台，全县在线注册志愿团体600余个，注册志愿者1万余人，志愿服务活动有序高效开展。推进民间志愿服务发展，开展敬老爱幼、扶贫济困系列活动。强化典型推树，10个典型获评泰安市最美志愿服务先进典型，2个典型获评山东省最美志愿服务先进典型。

【公共文化服务体系建设】 2016年，开展农村广场建设改造提升工程，投资150万元体彩公益金用于部分文体小广场建设改造提升，全县562个行政村（社区)实现文体小广场覆盖率100%。扎实推进基层综合性文化服务中心建设，确定了一个乡镇文化站(泗店镇文化中心)和村级文化大院(杨庄社区文化大院）作为试点，392个行政村(70%)已基本完成改造升级。制定发放《关于开展“书香宁阳”全民阅读活动的通知》，开展送书下乡活动，全县范围内开展“书香宁阳”全民阅读活动。县文化馆、图书馆、博物馆加大财政投入，加强人员培训，确保三馆免费开放无障碍、零门槛开放抓文艺骨干培训。开展“送戏下乡、文化惠民”工程，组织“一村一年一场戏”“三下乡”“四进社区”“文化进万家”等活动，“农村电影放映工程”累计放映3360余场，全县各类演出达到300余场次，各类书画展、征文、演讲、讲座等活动85场，成功举办各类体育赛事50余项，参与人群达到1万人次。

【未成年人思想道德建设】 2016年，开展“我的中国梦”“清明祭英烈”“做一个有道德的人”“向国旗敬礼”“优秀童谣征集传唱”“童心向党歌咏比赛”6项主题活动，三首舞曲被评为泰安市十佳歌咏节目。组织“诵读经典，传承美德”活动，开展“泰山国学小名士”经典诵读宁阳赛区电视选拔赛。对全县5所中央级乡村学校少年宫进行普查测评，14人在泰安市乡村学校少年宫成果评比中获奖。高标准迎接了未成年人思想道德建设半年测评。2个单位被评为泰安市首批未成年人思想道德建设基地。

【文化体制改革和文化产业发展】 2016年，组织参加第十二届深圳文博会；先后完成省文化产业发展“金种子”计划试点孵化器、第二批泰安市重点文化企业和重点文化产业项目、第二届泰安市“十佳文化企业”暨2016泰安文化产业年度人物、“匠心山东人”等的推荐申报，其中，文庙历史文化街区项目别列为2016年度省级文化产业发展专业资金项目，省财政扶持资金80万元；搜集整理上报参加第六届文博会相关项目情况、稿件和上半年全县重点文化产业进展。组织参加浙江大学泰安市文化产业发展研修班。复圣文化产业公司已经在齐鲁股权交易中心挂牌，股票简称为复圣文化；复圣公园已挂牌成为国家级AAA景区，正打造复圣文化产业园，届时将成为全县文化产业发展中心；建成启用800平方米的凌云书画院，主要进行字画展览、文化产品开发、装裱、培训等。

（高　珍）

统战与对台工作

【概况】 2016年，全县共有民主党派人士15人，其中民革成员5人，民盟成员5人，民进成员1人，民建2人，农工党1人，九三学社社员1人。有台资企业2家。县委统战部紧团结和带领全县各民主党派成员、无党派人士、党外知识分子、少数民族人士、宗教界人士、非公有制经济人士、新的社会阶层人士、出国和归国留学人员、香港同胞、澳门同胞、台湾同胞及其在大陆的亲属、华侨归侨及侨眷等统一战线成员，开展“建言献策精品工程”评选活动。引导党外人士充分发挥人才智力优势，在经济社会事业发展、招商引资中发挥了重要作用。曾荣获山东省“党外代表人士队伍建设先进集体、统战工作联系点、统战工作先进单位”等荣誉。

【党外代表人士队伍建设】 2016年，开展党外代表人士专题调研活动。围绕县人大换届工作，充实党外代表人士信息数据库，5月，成立调研小组，分赴各乡镇（街道）、县直各有关部门，通过召开座谈会等形式，深入了解党外人士各方面现状、存在的问题及原因，掌握了第一手资料，向县委提交了专题分析报告。10月底，联合县委组织部、党校举办全县党外人士政治理论培训班，党外人士由60人参加培训，就新时期党的统一战线理论重要精神进行专题解读。重视党外代表人士的培养使用，广泛征求民政、团委、妇联等单位的意见建议，物色了一批政治素质好、社会影响大、群众威信高的社会组织党外代表人士到单位、部门任职，有2名乡镇党外副科级干部交流到县直部门任职。

围绕县九届政协换届，充实完善党外人士信息库，调查摸底，储备人数达到560名。与组织部、县人大、县政协等有关方面建立了定期沟通研究、协调推进工作机制。经过基层党组织充分酝酿协商、广泛征求意见、集体研究决定、考察公示等程序，推荐出九届县政协委员人选建议名单。对170余名非公有制经济人士初步人选全面进行综合评价和部门联合审查，使每名人选都符合政策要求。

【为经济社会发展服务】 2016年，协同县工商联引导民营企业家提升思想境界和经营管理能

市县领导在企业调研，助力企业发展

力，变困难为机遇，增强大发展、快发展的欲望。举办全县民营企业家培训班，105名企业负责人参加，邀请中国启航教育集团专家就利润倍增课题进行专题辅导，较好地解开了企业家思想上和经营上存在的困惑。针对企业融资难的问题，先后召开2次银企合作恳谈会，大力推广钢球商会“助融贷”银企合作的思路，全年帮助企业融资8000万元。针对企业人才需求，组织6家企业参加泰安大学生人才招聘会，为企业引进专业人才26名。大力实施“民企帮村、助力扶贫”行动。组织执常委以上17家企业与20个贫困村结对子，开展产业扶贫、公益扶贫、就业扶贫，合作项目20个，总投资7000万元。

【对台工作】 2016年，开展“台资企业走访”活动。专门制定走访计划，在春节前对2家台资企业进行走访，发放征求意见表并看望台胞，了解企业投资经营状况，并向在宁投资的台商及企业员工致以节日问候和新春祝福。对现有台资企业坚持“月走访”制度，通过交流增强他们的投资决心、发展欲望，并通过他们能更好地宣传宁阳，同时能及时了解到台企、台商生产和生活中遇到的实际问题。务力做好服务台商台属工作。先后帮助海斯摩尔生物科技有限公司和山东新合源热传输科技有限公司办理赴台相关事宜，及时办结台属亲属关系证明1件。

（柳　莉）

机关党建

【概况】 2016年，县直机关工委下属122个党支部，2614名党员。县直机关工委突出全面从严治党的主题，围绕中心、服务大局，推进基层党建重点任务落实，全面提高机关党的思想、组织、作风、制度和反腐倡廉建设，为服务全县经济社会发展，建设富裕文明和谐幸福新宁阳提供坚强有力的思想和组织保障。年内，机关工委被泰安市委市直机关工委授予“机关党建工作先进单位”荣获“市级文明单位”称号。

【思想建设】 2016年，县直机关工委扎实开展“两学一做”学习教育，按照县委《实施方案》规定参加学习教育。全年共开展集中学习640余次，党员领导干部到基层讲党课170余人次，到基层调研330余次，开展专题研讨330余次。80多个单位120多个党支部先后召开专题组织生活会，共有600余人次参加了“体验式”教育。将党支部的“三会一课”、党员教育管理等工作具体化、细化、量化，党支部日常工作进行全程记录，解决支部建设“不会抓、不常抓、没标准、抓和不抓一个样”等问题。县直机关各级党组织共查摆问题并整改完成177项。

【组织建设】 ①“五化五星”党组织建设。按照“五化五星”基层服务型党组织创建规范要求，县直机关工委严格按照标准化、项目化、网络化、责任化、制度化“五化”标准，年初，排查出的4个软弱涣散党组织均按计划完成了转化升级。向上级组织部门申报2016年度五星级党组织1个、四星级党组织7个、三星级党组织67个。②基层党组织换届。按照

《关于开展基层党组织换届工作的通知》要求，结合县直机关党建工作实际，批准成立党总支1个、党支部19个、撤销党支部1个。同时，按规定进行了统一换届，县直机关82个党组织完成换届。③党建阵地建设。配齐党员宣传教育硬件设施，开辟党建宣传栏、党建文化长廊，悬挂党旗，党员活动室张贴入党誓词、党员责任义务等内容，让党员时刻感受到浓厚的党建氛围。

【党员教育管理】 ①强化台账管理。年初，向县直机关党支部下发了"三会一课"记录本、党费收据，填写"党员信息采集表""党费专项检查情况统计表"等规范台账，结合党员组织关系排查和党费收缴专项检查，党员教育管理落实落细。②举办党务干部和入党积极分子培训班。7月8日，县直机关工委组织80多个单位的130余名党务干部进行了专题培训。7月中旬，县直机关工委集中对县直机关64名入党积极分子进行系统培训，使入党积极分子受到党性教育，端正入党动机，激发了他们积极向党组织靠拢的信心和决心，为加入党组织奠定坚实理论基础。③做好党员发展工作。严格按照"控制总量、优化结构、提高质量、发挥作用"的总要求，严把党员入口关，全年，县直机关共新发展党员33名，预备党员转正32名，为党组织输入了一批德才兼备的新生力量。④规范党费收缴。组织党员认真学习《中国共产党党费收缴、使用和管理的规定》，建立党费收缴台账，严格做好党费收缴管理。⑤党员信息库维护和党内报表统计。选派专人按照《全国党员管理信息系统(基层版)》的要求和规范做好信息采集、录入，结合党员组织关系排查补录"失联党员""口袋"党员信息，充分发挥信息库在党员统计中的作用。

【机关精神文明创建】 2016年，建立符合机关部门特点、干部群众普遍认可的善行义举四德榜，弘扬人间真善美、传递社会正能量。深化群众性精神文明创建，广泛开展志愿服务，推动学雷锋、学道德模范常态化。充分运用县内丰富的文化资源，开展机关系列文化活动，结合纪念"三八"国际劳动妇女节、"五一"国际劳动节、"五四"青年节等节日，开展丰富多彩的群众性文体活动，引导机关干部职工、青年、妇女立足本职岗位创先争优。组织开展县直机关运动会、老干部运动会和职工运动会，丰富机关党员、干部文化生活，促进机关文化建设。年内争创省级文明单位2个、市级文明单位13个、县级文明单位5个。

（赵　波）

老干部工作

【概况】 2016年，全县老干部工作，以"大组织、大教育、大服务"理念为引领，突出政治引导、组织建设、文化养老、作用发挥和服务保障，不断创新思路，强化措施，老干部工作取得明显成效。在全省离退休干部文化养老工作经验交流会上，宁阳县作了典型发言。县老干部局先后被市委、市政府表彰为"全市老干部工作先进集体"，被县委、县政府表彰为"经济社会发展先进单位一等奖"。

【落实政治和生活待遇】 2016

老干部局领导走访慰问离退休干部

年，完善离休干部“两费”保障机制，争取省级财政专项转移支付资金122万元。协调县财政局、人社局，为全县军休离休干部及时调增工资。本年度医疗统筹金调增为每人1.7万元。整合医疗资源，拓宽县级、乡镇和社区医院离休干部就诊“绿色通道”覆盖面。组织离休干部健康查体，并建立健康档案。严格落实老干部参观视察、参加重要会议、走访慰问、在职干部联系老干部等制度。走访慰问城区离休干部及遗属。组织副县级实职以上老干部视察全县农业、工业、城建项目。坚持好局长约谈制度，畅通老干部诉求渠道。全年，共走访老干部125人次，悼念去世离休干部21人，接受老干部约谈12次，接待政策咨询等47人次，解答解决问题23个。

【推进文化养老】 2016年，县老年大学设置课程26门，组建红叶书画、摄影、戏曲等协会组织，设立乡镇、社区老年大学或教学点。年内，新增老年学校6处，老干部党校举办培训班和开放讲堂14次，培训离退休干部1500人次。依托“宁阳远教”频道，办好老年大学“空中课堂”和老干部党校“时空连线”节目。全县网络课程达到17个，探索建立“泰山老人网”，在老干部之家网站注册网上党支部29个，在微信公众平台设立老干部“订阅号”。全省优秀党员活动日线上评选，文庙街道老干部党支部网上投票数位居全省第一。围绕中国梦、纪念建党95周年、纪念红军长征胜利80周年等重大主题，举办老少书画展、师徒书画展、夫妻书画展等活动36场次。组织78名“五老”志愿者开展关爱活动，讲历史、讲传统、讲道德、讲法治，帮助青少年扣好人生“第一粒扣子”。

【加强组织建设】 2016年，定期召开离退休干部党工委工作会议，协调解决资金、阵地等难点问题。在全县发起“四求四好”主题活动，教育引导离退休干部党员始终保持公仆本色，始终牢记党员身份，始终坚定理想信念，始终保持对党忠诚的政治品格。拓展“三纵三横”组织网络，按照面上总体推进、线上循序渐进、点上着力敦进的工作思路，全年新建机关老干部党支部6个，建立班级和兴趣党支部9个，社团党支部18个，志愿组织党支部3个。探索社团发展模式，引导老年社团选能人、定制度，推动社团自我管理。引导老年社团自撰讲义、自编教材、自当讲师、自创文艺作品巡演，激发老同志的思想活力、创造活力，推动社团自我教育。引导老年社团组织举办艺术节、文体比赛、志愿服务等活动，强健身心、慰藉精神，推动社团自我服务。省市举办的老干部艺术团、志愿团等评选中，宁阳奉阁志愿团、夕阳美艺术团榜上有名。

【开展增添正能量活动】 2016年，围绕中心开展活动、融入大局释放能量、服务社会展现价值的工作定位，组织老干部开展我看从严治党、看两学一做、看宁阳十三五、点赞宁阳、点赞“双先”等内容的“我看+”“点赞+”主题活动。推树刘奉阁、马祥金、石学谦等老干部先进典型，激发老干部服务发展、奉献自我的热情。组织科技、文化、体育老专家开展技术指导、科普推广、文化传播等志愿服务活动。组织开展庆国庆老干部文艺汇演、“中国梦·老年情”歌咏比赛、“不忘初心——我的入党故事”征文比赛等主题活动。组织老同志深入社区、学校、商场、敬老院开展展演活动，引导老同志传递快乐、传播幸福，提升社会幸福感。在全省正能量活动推进会上，宁阳县作为全市县域代表进行典型发言。

（张成民）

党　校

【概况】 中共宁阳县委党校是参照公务员法管理的副县级事业单位，内设7个副局级科室（办公室、组织科、教务科、科研科、培训科、业余教育科和总务科）。2016年，有在职教职工33人，其中参照公务员管理人员11人、工人1人、拥有丰富教学经验的专职教师21人，同时聘请省(市)委党校、省内知名大学的专家教授、市县领导或职能部门负责人兼任讲师，师资力量充沛。年内，有1名老师参加市委党校举办的全市党校系统观摩教学竞赛活动，取得全市第三名，并获得“山东省党校系统优秀教学奖”。

【教学教研】 2016 年，选派教师外出进修和培训 5 人次。其中选派 1 名教师参加全省理论骨干培训班，选派 4 名教师参加山东省委党校举办的十八届六中全会精神辅导班，既为理论宣讲打下坚实的思想理论基础，提高了党校教师的理论水平和教学能力。按照民主、公开、竞争、择优的原则，有 4 名青年教师晋升讲师。全年，申报 6 项市级理论课题，成功立项 6 项，其中《工业化和城镇化背景下的农业现代化问题研究—以宁阳县为例》被确定为市级重点课题；发表论文 5 篇，其中省级论文 3 篇，市级论文 1 篇，县级论文 1 篇。省党校系统管理学年会学术论文 2 篇。在市委党校举办的“两学一做”学习教育征文活动中，县委党校提供教育理论文 3 篇，其中 1 篇获得一等奖，2 篇获得二等奖。教学工作论文 7 篇，其中 2 篇获得一等奖，3 篇获得二等奖。

【干部培训】 2016 年，按照《宁阳县二〇一六年干部教育培训计划》的要求，充分发挥县委党校培训轮训全县党员、干部的主渠道和主阵地作用，举办全县农村党员干部讲法纪、守规矩教育培训班 4 期，培训 869 人；全县科级干部培训班 3 期，培训 609 人。培训班邀请县委常委、部门单位领导干部、乡镇（街道）主要负责人到党校讲课，重点讲授理论政策、工作方法和实践经验，着重解答学员关心关注的重点、难点和热点问题。针对学员普遍关心的热点、难点问题，结合每期培训学员的实际情况，精心设置了习近平总书记系列重要讲话精神、基层党建业务知识、农村安全生产、食品药品安全和新常态、供给侧结构性改革与五大发展理念等十多个培训专题，使培训内容更加符合学员需求。教育培训班期间，组织学员走进廉政教育基地，深入经济建设一线，接受现场教育，既有现场参观的亲身感受又有支部书记的现身说法，培训效果明显提高。

【理论宣讲】 2016 年年初，选拔成立县委党校“送课上门”讲师团，深入基层宣讲好中共十八届五中全会精神，先后到近 20 个县直部门、乡镇（街道）等单位进行精神解读，受训党员干部 3000 多人次。全县“两学一做”学习教育，县委党校充分发挥理论优势，自觉服务于大局，助力全县学习教育开展。一是精选骨干教师参加“下基层巡回讲党课”活动。党校教师精选专题，用心备课，力求把专题讲成精品课。2016 年先后到县直部门、乡镇（街道）和农村进行理论宣讲 46 场次，受训党员 5300 多人次，切实促进了“两学一做”学习教育深入基层、深入群众、深入人心。二是认真录制“微党课”视频。为提升党课的吸引力，调动全县广大党员干部，特别是基层党员干部学习党课的参与性和积极性，积极创新讲党课形式，县委党校与县委组织部一起录制了微党课视频 17 讲，在宁阳广电网、宁阳党员之家等学习平台上播放，进一步拓展了全县学习教育的渠道，进一步满足了全县党员个性化学习需求。

【党建工作】 2016年，制订《中共宁阳县委党校"两学一做"学习教育实施方案》，明确目标要求、主要内容、措施方法、组织领导。在学习教育中，紧紧围绕党章党规和系列重要讲话这两个重点学习内容，采取集中学习、专题研讨、个人自学、现场体验等相结合的方式进行。全年共组织10次集中学习、1次专题辅导、3次交流讨论和2次专题党课。通过学习教育，县委党校党员干部的纪律观念进一步强化，政治信仰进一步坚定，"四个意识"进一步增强；对离退休老干部支部进行换届改选；按照组织程序召开党员大会，对2名预备党员如期进行转正。

（马　彬）

机构编制

【概况】 县编办制定印发《2016年推进简政放权放管结合优化服务转变政府职能工作方案》，安排部署本年度的行政审批、投资审批、职业资格等领域改革任务。规范机关机构设置，理顺体制机制，推动事业单位综合改革。保持"市级文明单位"称号，被县委、县政府表彰为"科学发展先进单位三等奖"。

【行政审批制度改革】 2016年，分两批动态调整行政权力清单事项，取消行政审批事项20项、承接上级下放行政审批事项12项，111项审批事项调整为政府内部审批事项或其他行政权力，完成权力清单事项赋码工作。规范行政审批中介服务，清理取消规范18项中介服务收费项目。制定印发《关于推广随机抽查规范事中事后监管的通知》，建立推广随机抽查规范事中事后监管机制。配合做好行政许可事项要素梳理审核，推进政务服务平台互联互通建设。

【机构编制管理】 2016年，严格控制机构编制总量，执行财政供养人员只减不增要求。规范县政协机关机构设置，调整县政协专委会办事机构。规范社区矫正工作机构设置，县司法局加挂社区矫正管理局牌子，明确司法所负责辖区内社区矫正的具体实施。为进一步优化发展环境，县督查局加挂优化办牌子。规范机构名称，将县第一人民医院更名为县中心医院，实验高级中学更名为复圣中学，县公共资源交易中心更名为市公共资源交易中心宁阳分中心，县人工增雨防雹办公室更名为县政府人工影响天气办公室，县文化馆加挂县老年文化大学牌子，县剧院加挂县木偶曲艺剧团牌子。规范部门内设机构设置，为20个部门设立调整规范48个内部科室。推进街道、社区区域化党建工作，设立街道党建工作办公室。选取县财政局、县住建局、县砂管局、县行管局等10个机关事业单位进行了履职评估。严控财政供养人员总量，严格执行用编进人计划管理制度，在上级批复的用编计划数额内，共考录公务员46人，招聘事业人员392人。

优化政府组织构架。设立县扶贫开发领导小组办公室，并明确乡镇扶贫开发工作机构设置。全面推进县级纪委内设机构改革调整，聚焦纪检监察主责主业，加强执纪监督人员力量。强化监督执纪问责，设立县委巡视办，下设四个巡察组承担巡察任务。设立

5月12日，市委组织部副部长、编办主任袁久亮到宁阳县调研机构编制工作

乡镇四领域监管机构，加强乡镇安全生产、建设工程质量安全、环境保护、道路交通安全等方面监管。磁窑镇经济发达镇行政管理体制改革工作深入推进。

【事业单位监督管理】 完善2016年度事业单位绩效考核方案，改进考核方法、指标制定、结果运用等考核手段，落实组织、人社、财政等部门对考核结果"四挂钩"运用，考核事业单位216个。规范事业单位法人注销登记管理以及法人异常信息管理，注销单位2家，变更31项。制订《宁阳县事业单位法人公示信息双随机抽查工作实施方案》，推进事业单位法人公示信息双随机抽查工作实施。对61个党政群机关进行社会统一信用代码赋码。

完成中小学编制核定工作，重新核定中小学编制5908名，其中小学2114名、初中2495名、高中1299名。调整学校机构设置，新设立中京实验学校、洸河学校等8所中小学(幼儿园)，5所小学(幼儿园)更名。校长职级制改革稳步推进，各项配套措施逐步破题。"僵尸"事业单位清理规范有序推进。推进事业单位法人治理结构试点，在教育、卫生、文化三领域各确定一个公益性强、服务范围广、关系民生保障的单位进行试点，各试点单位均确定了理事会成员，制定单位章程，并召开了理事会。

（闫海峰）

党史工作

【概况】 2016年，党史工作以科学发展观为指导，紧紧围绕全县中心工作，按照"一二三四五"的总体工作思路，以创先争优为目标，把握党史编研、服务发展两大重点，推进管理规范化、办事程序化、办公现代化三化建设，强化责任意识、服务意识、主动意识、创新意识，打造学习型、研究型、服务型、创新型、和谐型五型机关。组织编写《改革开放实录（宁阳卷）》，出版发行《宁阳党史资料(第七辑)》，启动编写"社会主义时期(1949—1978)县委书记口述历史"。党史馆建设取得明显进步；党史宣传和党史教育工作有序进行，宁阳县烈士陵园暨革命史陈列馆、"攻济打援指挥部旧址"均被命名为"山东省党史教育基地"，教育纪念活动效果明显。

【党史资料征编】 2016年，以建党和抗战胜利等重要纪念节点为契机，开展寻访革命老人的活动，抢救性挖掘这些宝贵的"活资料"，编写的《宁阳党史资料(第七辑)》，共收录革命回忆文章、党史研究成果、党史人物等30余篇，36万字。12月出版发行。制定下发《〈改革开放实录(宁阳卷)〉征编工作方案》，全面系统地收集改革开放以来全县各方面的重要资料，客观记述各乡镇(街道、开发区)、县直各部门(单位)改革开放的重大事件、重要探索和重大成就，形成系列专题研究成果，存留全县改革开放的辉煌历史，全县90个供稿单位，12月底，已征集到63个单位的资料，占70%;初步征集资料52万余字。

启动编写"社会主义时期(1949—1978)县委书记口述历史"。筛选出符合要求的人员名单。从现有党史资料、档案馆、网络中查找这些老领导已经发表的口述文章或署名文章；或者根据其出生地、工作地、退休地等线索，用电话、通信、电子邮件等方式，询问其亲属、秘书、同事，或者当地党史办、老干局等，多方查询核实、共征集到7人的简历，0.35万字;7篇口述文章，3.67万字。并按时上报市委党史办。完善审核《中共宁阳地方史(第二卷)》征求意见稿。借鉴先进县市区编写经验，主动与周边县市区党史二卷内容对接，查阅档案文献，审慎细致地审核，新增补充意见近40页，3万余字。

【党史宣传教育】 2016年，党史宣传和党史教育工作有序进行。①运作建设党史馆。党史馆馆址得以落实。经过场馆完善、藏书整理等，宁阳党史馆正式开馆，为全县党史宣传教育、经济社会发展服务。党史馆总面积达40平方米，投资近2万元，新购书架12架，藏书1000余种，5000余册。②完成省市党史部门交办的供稿任务。组织撰写"城乡一体均衡发展的宁阳教育”“宁阳县发展农民专业合作组织的探索与实践”“让群众享有更多更好的公共服务——宁阳县“四维合力”推进政府和社会资本合作(PPP)模式”3篇党史专题及1篇综述文章“改革开放促发展,宁山之阳谱新篇”,共计4万余字,16幅照片,已经上报市委党史办,入选《改革开放实录(泰安卷)》。③教育纪念活动效果明显。组织撰写“宁阳县关于革命遗址保护方面的经验与做法”,上报市党史办。宁阳县烈士陵园暨革命史陈列馆、“攻济打援指挥部旧址”均被命名为“山东省党史教育基地”。

(张延春)

纪检　监察

【重要会议】　2016年1月29日,县纪委十三届八次全体会议召开。这次全会的主要任务是认真贯彻落实十届七次全体会议精神;总结2015年反腐倡廉工作,研究部署2016年全县党风廉政建设和反腐败工作。会议审议并通过了《中共宁阳县纪委十三届八次全体会议工作报告》。县委书记刘学保作重要讲话。县委常委、县纪委书记娄本亮代表县纪委常委会作工作报告。县委副书记陈波主持会议并传达了市纪委十届七次全体会议精神。徐鑫、李为群、侯涛、王国强、付望舒等县各大班子领导出席会议。

2016年12月29日,县纪委十三届九次全体会议召开。县委常委、县纪委书记孟庆刚讲话,会议审议并通过了向县十四次党代会提交的县纪委工作报告(审议稿)。

【体制改革】　2016年5月28日,宁阳县纪委机关(监察局)内设机构调整,设11个机构。其中党风政风监督室为正科级规格,其他10个内设机构为副科级规格。设立宁阳县廉政教育中心,隶属县纪委机关(监察局)管理,为正科级事业单位。同时,撤销宁阳县纠正部门和行业不正之风办公室,职能交由相关职能部门承担。12月,设立宁阳县委巡察工作领导小组办公室,为县委巡察工作领导小组日常办事机构,列入县委工作部门序列,设在县纪委,规格为正科级,下设4个县委巡察组,在县委巡察工作领导小组领导下承担巡察任务。改进双重领导机制,出台乡镇(街道)纪(工)委书记、副书记和派驻纪检组组长、副组长两个“提名考察办法”,推进纪检组织人事制度创新。

【宣传教育】　编印《以案说纪——〈准则条例〉基层践悟行》和《〈中国共产党廉洁自律准则和中国共产党纪律处分条例〉学习读本》,督促党员干部学纪律、知敬畏、守底线。4月,开展农村党员干部“讲纪律守规矩”百日教育活动,全县上万名农村党员干部接受深刻的党规党纪教育。8月27日,在县职业中专举行全县科级党员干部德廉和党风党纪知识测试,全县1000余名党员领导干部和纪检监察干部参加测试。深入开展分层分类教育,通过组织开设专题辅导党课、举办专题培训班、组织参观警示教育基地、举行演讲比赛、观看警示教育片、“手抄党章一百天”、开展主体责任约谈等各种形式的勤廉大课堂,增强了廉政教育的实效性。坚持每周五在县电视台集中曝光制度,在《泰山晚报·宁阳读本》,开设“石敢当”专栏,曝光典型案例,解读党纪法规，发挥警示和教育作用。组织20余个部门和企业开展警示教育片《国企党员干部违纪违法案件警示录》学习观看。40余个部门单位和乡镇借阅各类警示教育和党规党纪学习教育光盘120余盘次组织党员干部观看，受众6000人次以上。

【党风政风监督】 开展全县“发展环境建设年”活动。2016年2月16日，在全县开展“服务发展年”活动，分学习教育、查摆问题、整改落实、建章立制四个阶段。成立了创优发展环境领导小组办公室，并从政法机关抽调6名骨干人员，建立5个专项工作组。对县委部署的政务提质提速行动、涉企护航行动等7大行动分类细化成82项具体任务，分解到46个县直单位和15个乡镇（街道）、园区，促进创优环境工作任务的落实，全面提升了优化发展环境工作水平。2月23日，全县“服务发展年”活动领导小组会议召开。县委书记、县“服务发展年”活动领导小组组长刘学保主持会议并作重要讲话。县委常委、县纪委书记娄本亮传达县委、县政府《关于在全县开展“服务发展年”活动的意见》和《关于成立宁阳县“服务发展年”活动领导小组的通知》。县“服务发展年”活动领导小组副组长，县委常委、组织部部长董磊，县委常委、政法委书记侯涛，县委常委、宣传部部长付望舒出席会议。县法院院长杨福桐，县检察院检察长尚晓兵，县政府党组成员、县公安局局长鄂宏超参加会议。2月24日，县“服务发展年”活动领导小组办公室全体会议召开。会议传达《关于明确全县“服务发展年”活动领导小组办公室主要职责、任务分工和工作纪律的通知》等有关文件精神。县委常委、县纪委书记、县“服务发展年”活动领导小组副组长娄本亮出席会议并讲话。

2016年4月11日，全县网络问政视频直播节目正式开播，于7月27日结束。共有116家单位上线，464位嘉宾走进直播间与网友进行交流互动。通过网站网友留言、直播期间热线电话、微博微信及优化办日常工作等渠道共计收集问题3250个，现场解决解答问题2258个，事后办理937个，分别通过县电视台和“宁阳读本”公开反馈办理结果，群众满意度100%。

2016年2月25日，中央纪委和省纪委将宁阳县确定为整治和查处侵害群众利益不正之风和腐败问题重点督办县，以上级纪委督办问题线索为契机，3月启动侵害群众利益不正之风和腐败问题专项整治工作，对十八大以来侵害群众利益问题线索和信访事项“大起底”“大排查”，对排查出的779件问题线索全部依纪依规分类处置到位，取得以专项整治“小切口”撬动全面从严治党大格局的良好效果。6月25日，召开县党政班子成员向县纪委全委会专题述廉述责工作会议，13名县党政班子成员，以及八仙桥街道党工委书记、东疏镇党委书记和县教育局、县农业局主要负责人进行了述廉述责，并接受了现场质询和评议。10月25日，中央纪委党风政风监督室邀请县委常委、县纪委书记娄本亮在中央纪委、监督部网站《在线访谈》板块“反腐三人谈”栏目，就整治和查处侵害群众利益不正之风和腐败问题工作接受专题访谈。

【案件监督管理】 严格落实上级要求,创新工作制度、积极探索纪律审查行为规范和问题线索结束处置审批管理办法,促进执纪审查安全。完善涉案款物管理领导体制,成立涉案款物管理领导小组,形成办公室管理、案查室组和审理室执行、案管室监督的工作模式。规范工作流程,绘制《涉案款物管理流程图》,做到收付、留存、管理等环节手续完备。强化监督执,通过规范监督方式、工作细则和执行标准,实行日常管理、执行办理和监督督促三分开,确保涉案款物监督有力有效,管理合法、准确。严格规范办案程序,出台依纪依法安全文明办案的文件制度,严格程序,做到内容与程序并重。严格落实纪律审查安全工作制,健全完善安全文明办案责任制,把审查安全责任明确到岗,责任到人。加强对执纪审查过程的监督管理,对各单位执纪审查情况进行专项检查,抓好纪律审查的启动、结束审批两个关键点,排查问题及时预警、限期整改,确保执纪审查工作安全稳定。

【执纪审查】 加强对政治纪律和中央、省市县委决策部署执行情况的监督检查,确保政令畅通。在县乡领导班子换届中,严把党员领导干部"党风廉洁意见回复"关,认真梳理党员干部遵守政治纪律和政治规矩、廉洁纪律情况,对有反映问题线索的及时核查。完善"县纪委纪检监察室、派驻机构、乡镇纪委"三位一体纪律审查工作机制,形成力量联合、案件联查、整体联动的快速反应机制。加大反腐败工作协调力度,集中排查清理违法犯罪党员和国家工作人员未受到党政纪处分的问题,接收梳理司法机关、审计机关、国土部门等单位移交问题线索。提高审理报告质量,用好纪言纪语,违纪事实按照"六项纪律"分类表述,体现执纪特色。坚持有腐必反、有贪必肃,重点审查不收敛不收手,问题线索反映集中、群众反映强烈,现在重要岗位且可能还要提拔使用的领导干部,三类情况同时具备的是重中之重。以被确定为中央纪委、省纪委联系督导县为契机,把整治和查处侵害群众利益的不正之风和腐败问题作为重要政治任务,针对基层党风廉政建设存在的突出问题,把乡镇干部、村"两委"成员以及管钱管物管事等重要岗位工作人员作为重点对象,举一反三、以点带面,督促县直主责部门对城乡土地征用、"三资"管理、社会救助救济、精准扶贫脱贫、惠农政策落实等领域开展专项整治,对中央纪委和省市纪委交办问题线索逐一核查,对十八大以来侵害群众利益问题线索大起底、大排查,建立台账、分类处置、限期办结,严肃查办了一批群众关心关注的典型案件,增强了群众的获得感。把运用好第一种形态作为监督执纪的重要抓手,对苗头性问题实行谈话提醒、约谈函询制度,规范程序、严格审批,函询结果由所在党组织主要负责人签字背书。持之以恒落实中央八项规定精神,突出明察暗访、查处问责、通报曝光,有效防止"四风"问题反弹回潮。

【信访举报】 畅通信访举报渠道,完善"信、访、网、电"四位一体群众举报机制,广泛接收群众举报。加强问题线索筛选,完善信访举报件三级呈批流程,充分发挥问题线索"主渠道"作用。加强信访隐患排查,建立全县重点信访隐患信息库。对近3年来发生过越级访和排查出来的信访隐患,纳入全县重点信访隐患信息库,实施动态管理。严格落实群众来访接待双向承诺制,针对发现的问题及时就地解决处理,签订双向承诺34件。对已发生或排查出的苗头性信访问题,下发红橙黄"三级预警"通知单,关口前移,超前预防各类信访矛盾。完善"三级预警"机制,分层次等级下发红橙黄"三级预警"通知单,超前预防各类预防各类信访矛盾,杜绝越级集体访。强化对转办信访件的跟踪检查,推动办理单位依法依规、及时认真的处理转送件,提高信访件办理效率和质量。复杂信访问题实行领导包案,到"包调查、包处理、包结服"。宁阳县被省纪委表彰为2016年度无越级集体访创建工作先进县。

【派驻监督工作】 第一纪工委 2016年,全面落实"两个责任",持之以恒抓八项规定落实，深化“三转”，践行“四种形态”，不断加强自身建设，积极推进工作开展。强化对驻在单位主体责任约谈开展情况、制度制定情况、问题整改情况的督导，与主要负责人进行主体责任约谈 34 次，营造党员干部不违纪、不逾矩的氛围。加强对县委县政府决策部署落实情况的监督检查，对承担专项整治任务的单位靠上督导，促进依法行政。盯紧重要时间节点，开展明察暗访 62 轮次，防止“四风”问题反弹。把发现问题、堵塞漏洞作为出发点，对“三重一大”事项的重要环节进行监督。通过公布监督举报电话、发放“监督卡”等形式，畅通监督渠道。抓好上级交办信访件的办理，做到快查快结。对信访较为集中的问题进行调研，将信访问题解决在萌芽状态。开展信访件整改情况“回头看”，防止前查后犯。正确运用“四种形态”，挺纪在前、抓早抓小，通过每季约谈、诫勉谈话、提醒谈话、廉政约谈等形式，及时纠正苗头性、倾向性问题，实施与高风险岗位人员廉政约谈 32 人次，坚持常打预防针，把纪律和规矩挺起来。

第二纪工委 利用举办辅导报告、开展巡回教育、召开座谈会等多种形式，加强对党员领导干部的廉洁从政教育。认真落实领导干部廉洁自律各项制度，督促指导各驻在部门健全完善现有的各项规章制度，健全长效机制，增强廉政风险防控实效，形成教育、预防、监督、管理、惩处并重的制度体系。加强对县委县政府重大决策部署执行情况和政治纪律执行情况的监督检查。强化对领导机关和领导干部、重点环节和重点部位的监督，抓好领导干部民主生活会、民主评议等制度执行情况的检查。认真做好对党风廉政建设责任制履行情况和反腐败工作的日常督查。开展“三重一大”事项等决策制度的专项检查，提高制度执行力，为加强党风廉政建设提供有力保证。高度重视群众来信来访，按照有案必查、逐件梳理、认真筛选的原则，从群众信访举报中搜取有价值的案件线索。密切联系各执纪执法部门，定期与公安局、检察院、法院等部门召开联席会沟通情况，及时发现案件线索，实现资源信息线索共享。密切关注网络舆情、社会舆情，从中查找案源。持之以恒纠正“四风”问题，认真贯彻落实中央“八项规定”精神和省市县委实施办法，驰而不息地抓好作风建设。每逢节假日和周末安排暗访组对公款接待和公车私用问题进行明察暗访，从源头上杜绝违规违纪问题的发生。

第三纪工委 坚持在实践中探索，在创新中推进，狠抓主体责任、监督责任落实，注重提升驻在部门自我管控能力，有效推进了统管部门党风廉政建设水平的提高。着力加大纪律、作风、道德、文化教育力度，督促各驻在部门结合年初工作启动、廉政教育月等时机，抓好教育活动，提升党员干部廉洁自律水平。建立主体责任、监督责任载体，细化责任清单，“一把手”负总责，班子成员“一岗双责”，管人管事管纪律，健全完善了内部管理制度，督促制度机制落实到位。坚持内部监管和外部监督相结合，围绕“四个着力”积极开展巡查监督，2016 年 3—4 月和 9—12 月 4 次到各驻在部门进行了集中监督检查，通过走访、座谈、约谈、明察暗访等形式，落实责任，强化监督，纠正苗头，查处违纪，震慑腐败。坚持问题导向，创新思路和方式，突出找问题、纠苗头、查违纪，深入开展侵害群众利益不正之风和腐败问题专项整治，通过挖掘问题、查纠问题、整改问题，努力构建“不敢腐、不能腐”的监管机制，释放越往后执纪越严的强力信号。

第四纪工委 紧紧围绕全县中心任务制定党风廉政建设实施意见、工作计划，与驻在部门单位签订党风廉政建设责任书，全面推进党风廉政建设责任制的贯彻落实。每年两次与单位党政主要负责人、分工领导开展廉政谈话。通过谈话，进一步增强对党委(党组)落实党风廉政建设负主体责任和纪委负监督责任的认识，有效推进两个责任落实。进一步畅通信访举报渠道，及时发现处置违纪违规线索，特别对违反中共“八项规定”等违纪行为，从严从快查办。全年共查办县纪委转交信访件 12 件，参与调查问题线索

4 起，谈话诫勉 1 人，提醒谈话 3 人。以落实中央“八项规定”为重点，坚持逢节必查，重要节假日期间到部门单位和商场、饭店、景点开展暗访，达 16 次。8 月，对单位党员干部操办婚丧喜庆事宜情况进行了监督检查，进一步督促各单位健全监督检查机制，深入自查自纠。开展侵害群众切身利益不正之风和腐败问题专项整治工作督导，加强对县住建局等 6 个驻在牵头和责任部门(单位)的督促指导，针对发现的问题及时提出整改意见，以点带面，督促各单位党委(党组)和落实专项任务单位发挥关键作用，切实使专项整治工作扎实推进、取得成效。以“三重一大”事项为重点，强化对日常重大事项和重点工作的监督检查。平时及时收集被监督检查单位的日常报告，并进行认真评析，参加单位重要会议活动和“三重一大”事项监督 13 次，强化对重大事项和重点工作的监督检查，严防不廉洁、不公正、不民主等违法违纪行为发生。

第五纪工委　突出监督主责，落实责任，完善纪工委书记联系包保责任制，落实纪工委内部梳责、各负其责，确立内外明责的工作运行体制机制。以责任落实为主线，以落实“责任书”为载体，健全责任传导机制，突出明责诺责践责追责四个环节，通过签字背书、定期约谈、述职述责、检查考核等措施，坚持抓早抓小，形成责任链条，完善责任落实体系。为督促各单位落实党风廉政建设主体责任，分别到各单位召开由单位部分班子成员、部分中层干部、下属单位有关人员参加的座谈会 10 场次，并延伸到教育和卫生系统的部分下属单位，召开座谈会 12 场次，取得较好的效果。关注热点，切实有效解决两个系统信访问题。对教育、卫生系统近年来的信访案件进行全面梳理，分类研判，重点解剖，逐类分析原因，研究解决问题的办法措施，多措并举，使热点难点问题得以及时化解，达到消积案减存案遏新增的目标。突出专项整治，让群众看到实效。针对专项整治工作中排查出的问题，逐项问题明确责任领导和责任科室，限期进行整改，确保让群众看到实效。活动中，共排查出问题线索 91 个，已处理问题 86 个；制定新的规章制度 18 项。

第六纪工委　对各统管部门、单位在规范监督、探索创新上下功夫，开创工作新思路，开展党员干部约谈，压实主体责任，对各驻在单位党委(党组)主要负责人履行主体责任、贯彻两个法规，强化纪律意识，增强“四个意识”进行约谈；督促各单位主要负责人每半年对班子成员，对管钱管物管项目和具体负责审批、分配、监督的科室(队所)负责人，围绕落实党风廉政建设主体责任、贯彻八项规定精神、解决群众切身利益问题等情况进行约谈提醒。注重发挥教育作用，紧紧围绕提高工作效率、促进廉政、勤政、善政和依法行政，督促驻在单位对党员干部开展示范教育、警示教育、岗位廉政教育和党纪法规制度教育。重督查，积极履行纪检监察职能。开展“三重一大”专项监督，全年备案“三重一大”事项 70 项。立足本职做好专项督查工作，先后开展公务用车专项治理工作、婚丧喜庆事宜专项整治工作、办公用房专项整治工作、整治“会所中的歪风”专项工作，节假日落实中央八项规定情况专项督查活动 60 多次。突出信访处理和案件查办，进一步畅通信访举报渠道，及时发现处置违纪违规线索，特别对违反中共“八项规定”等违纪行为，全年查办协办信访案件 7 件。

（王　伟　樊培前）

宁阳县人大及其常务委员会

县人民代表大会

【宁阳县第十七届人民代表大会第五次会议】 2016年1月30日至2月2日，在县城召开。会议审议通过了县长黄正玉所作的《县政府工作报告》、县人大常委会主任徐鑫所作的《县人大常委会工作报告》、县法院院长杨福桐所作的《县法院工作报告》、县检察院检察长尚晓兵所作的《县检察院工作报告》，书面印发县政府向大会提交的《宁阳县国民经济和社会发展第十三个五年规划纲要草案》、县发展和改革局局长路敦平提交的《关于宁阳县2015年国民经济和社会发展执行情况与2016年计划草案的报告》和县财政局局长武启军提交的《关于宁阳县2015年财政预算执行情况和2016年财政预算草案的报告》，作出了相应的7个决议。会议收到代表提出议案50件，经大会议案审查委员会审查，提交大会主席团通过，将《关于加强和改进农业技术推广工作》《关于推进教育公平，加快农村教育发展》《关于提升教育教学质量》这3件作为议案处理，其余作建议办理。

县人大常务委员会

【概况】 2016年，常委会高扬“科学发展，跨越赶超”主旋律，落实县委“实干就是水平，落实就是能力”的工作要求，围绕全县工作大局，牢固树立政治意识、大局意识、核心意识和看齐意识，扎实开展“两学一做”学习教育、“落实创新年”活动，不断提升制度化、规范化、效能化、科学化建设水平，开拓创新，进取作为，切实履行宪法和法律赋予的各项职权。开创人大工作新局面。年内，共召开人民代表大会1次，常委会会议7次，审议议题16项，开展视察、调研、执法检查15项，依法开展人事任免21人次，圆满完成了县十七届人大五次会议确定的各项工作任务。

【县人大常委会会议】 年内，县十七届人大常委会举行会议7次。

县十七届人大常委会第30次会议 1月26日，县十七届人大常委会第30次会议召开。会议听取县政府关于县十七届人大四次会议期间代表所提议案建议办理情况的报告、县十七届人大五次会议有关事项和县人大常委会工作报告起草工作情况的汇报。审议通过了县人大常委会代表资格审查委员会关于补选代表的代表资格审查报告、关于召开宁阳县第十七届人民代表大会第五次会议的决定、县十七届人大五次会议议程(草案)、主席团秘书长名单(草案)、计划预算审查委员会名单(草案)、议案审查委员会名单(草案)、县十七届人大五次会议列席人员范围(草案)、县人大常委会工作报告(讨论稿)、宁阳县人民代表大会及其常务委员会宪法宣誓仪式实施办法，评议了市十六届人大代表，会议还表决通过县法院人事任免事项，并进行宪法宣誓仪式。

县十七届人大常委会第 31 次会议 3 月 24 日，县十七届人大常委会第 31 次会议召开。会议审议通过了《县人大常委会 2016 年工作要点》《县人大常委会关于开展“落实创新年”活动实施方案》《县人大常委会关于表彰 2015 年度全县人大宣传工作先进单位和先进工作者的决定》《县人大常委会关于表彰 2015 年度创业建功优秀人大代表和优秀议案建议及办理先进单位的决定》，审议确定《县人大常委会 2016 年重点督办建议》，审议通过县人大常委会有关制度。确认县人大常委会主任会议《关于授予骆力荣等 33 人“宁阳县荣誉市民”称号的决定》。会议还表决通过人事事项，举行宪法宣誓仪式。

县十七届人大常委会第 32 次会议 5 月 24 日，县十七届人大常委会第 32 次会议召开。会议听取审议《宁阳县 2015 年县级财政决算(草案)的报告》《宁阳县 2015 年县级预算执行及其他财政收支情况的审计工作报告》《全县物业管理工作情况的报告》《县检察院司法规范化建设工作情况的报告》。并表决通过人事事项，举行宪法宣誓仪式。

县十七届人大常委会第 33 次会议 7 月 28 日，县十七届人大常委会第 33 次会议召开。会议审议《县政府关于全县 2016 年上半年国民经济和社会发展计划执行情况的报告》《全县 2016 年上半年财政预算执行情况的报告》《全县卫生和计划生育工作情况的报告》《全县现代畜牧业发展情况的报告》，并通过了相关审议意见。

县十七届人大常委会第 34 次会议 9 月 28 日，县十七届人大常委会第 34 次会议召开。会议听取审议《县政府关于全县工业和信息化工作情况的报告》《县政府关于“六五”普法“五五”依法治县情况的报告及“七五”普法、“六五”依法治县规划的说明》《县法院关于行政审判工作情况的报告》。审议通过《宁阳县“七五”普法，“六五”依法治县规划》《县政府关于对县城普通中小学大班额问题教育基础设施建设项目采用政府购买服务方式融资的报告》《关于任命宁阳县选举委员会组成人员的决定 (草案)》《关于任命乡镇选举委员会组成人员的决定(草案)》《关于乡镇第十九届人民代表大会换届选举时间及代表名额的决定(草案)》。

县十七届人大常委会第 35 次会议 12 月 23 日，县十七届人大常委会第 35 次会议召开。会议决定接受黄正玉辞去宁阳县人民政府县长职务的请求；表决任命陈波为县政府副县长、代理县长；根据陈波提议，表决通过县政府组成人员的任免事项，表决任命李甡为县政府副县长、县公安局局长。会议为新任命的宁阳县人民政府副县长、代理县长陈波，县政府副县长、县公安局局长李甡颁发任命书；陈波、李甡进行了宪法宣誓。会议还确认《主任会议关于〈县政府关于对宁阳东部新区基础设施建设项目采用政府购买服务方式融资的报告〉的决议》，通过县乡选举委员会部分成员的辞职事项。

县十七届人大常委会第 36 次会议 12 月 30 日，县十七届人大常委会第 36 次会议召开。会议听取审议了县政府关于 2016 年全县新增政府债务限额及县级预算调整方案(草案)的报告，作出《关于批准 2016 年全县新增政府债务限额及县级预算调整方案的决议》。

【代表议案建议办理】 县十七届人大五次会议期间，代表们提出议案 3 件，建议 47 件。会后，县人大常委会人事代表室立即对代表议案建议分门别类归纳整理，列出重点建议 10 件，发函交县政府办理。同时，做好议案建议督办，根据内容区分责任，分解到常委会相关委室督办。加强与相关代表或代表团以及办理单位的及时沟通，了解办理进程，办结上报后，印发代表议案建议满意度测评表，征求相关代表和代表团的意见，作为评价部门办理工作质量、评选办理先进单位的重要依据，促进了代表议案建议办理质量的提升。2016 年年底，所有议案建议已办理完毕，按期办结率、面复率达到 100%，代表满意率、基本满意率达到 100%。

【视察调研】 2016 年，围绕全县经济社会发展大局，开展视察调

5 月 17 日，县人大常委会视察检察工作

研执法检查等活动 15 次。

3 月 2 日，县人大常委会主任徐鑫、县政协副主席辛艳珍到联系点堽城镇调研。

4 月 19 日，县人大常委会主任徐鑫、副主任靳恩松到葛石镇陈店村调研扶贫工作。

4 月 28 日，县人大常委会副主任张树法带领有部分县人大常委会委员和有关委室负责人组成的执法检查组到县老龄办对《中华人民共和国老年人权益保障法》《山东省老年人保障条例》贯彻实施情况进行检查。执法检查组先后到县法律援助中心、葛石镇福星家园老年公寓，实地查看老年事业发展情况，并召开有县老龄办、县法律援助中心、葛石镇、谭厂社区负责人参加的座谈会。

4 月 29 日，县人大常委会主任徐鑫带领县人大常委会视察组视察全县植树造林工作。县人大常委会副主任靳恩松、苑继常、张树法、马海荣，副县长刘明参加活动。视察组实地查看了东疏镇农田林网建设现场、八仙桥街道金阳山水苗木花卉基地、堽城镇得时村核桃基地、华丰镇湖村苹果基地现场。听取了相关工作汇报，对全县植树造林工作给予充分肯定。

5 月 11 日，县人大常委会副主任靳恩松带领有关委室负责人先后到县财政局、县审计局，对 2015 年县级财政决算及 2015 年县级预算执行和其他财政收支情况的审计工作情况进行调研。调研组通过召开座谈会、听取工作汇报等形式，调查了解了相关工作情况，提出了工作建议。

5 月 17 日，县人大常委会副主任张树法带领部分县人大常委和有关委室负责人到县检察院调研司法规范化建设情况。调研组现场察看了检察院办案区、检察建议室、检察文化中心，听取了县检察机关负责人的工作情况汇报，并就司法规范化建设工作出现的问题进行座谈。

5 月 18 日，县人大常委会副主任苑继常带领部分常委会委员对全县《中华人民共和国科学技术进步法》贯彻实施情况进行了执法检查，县政府副县长董骞陪同活动。检查组实地查看了海力汽配、双赢、燕园、海斯摩尔、爱尚家等现场，听取了县科技局主要负责人近年来全县科技工作情况的汇报，并就工作中存在的问题及下一步工作的开展进行座谈讨论。

6 月 28 日，县人大常委会主任徐鑫带领视察组视察全县安全生产工作。县人大常委会副主任靳恩松、苑继常、张树法、马海荣，县人大常委会党组成员、办公室主任张辉参加活动。副县长董骞陪同活动。视察组实地察看了港华燃气、鲁珠集团、圣奥化工、华阳集团、金阳集团，并听取了全县安全生产工作汇报。

7 月 7 日，县人大常委会副主任苑继常带领部分常委会委员对全县《中华人民共和国食品安全法》贯彻实施情况进行了执法检查。检查组实地查看了山东正奇生物制品有限公司、宁阳利群医药有限公司华宁店、宁阳县儒商新时代商贸有限公司、山东弘兴玉米开发有限公司、宁阳顺风家福餐饮有限公司现场，听取了县食品药品监督管理局主要负责人去年以来全县食品药品监督管理工作情况的汇报，并就工作中存在的问题及下一步的工作开展进行座谈讨论。

7 月 12 日，县人大常委会副

主任苑继常带领部分常委会委员对全县卫生计生工作情况进行调研。调研组实地查看了县第一人民医院、县计生服务站、堽城镇中心卫生院、县人民医院建设工地、磁窑镇逯家楼卫生所现场，听取了县卫生计生局相关负责人自去年以来全县卫生计生工作情况的汇报和磁窑镇分工领导关于磁窑镇卫生计生工作情况的汇报，并就工作中存在的问题及下一步的工作开展进行座谈讨论。

7 月 14 日，县人大常委会副主任靳恩松带领调研组对全县上半年预算执行情况进行专题调研。调研组听取县财政局局长武启军关于全县上半年财政预算执行情况汇报告，对全县上半年财政工作给予充分肯定，并对做好下半年财政工作提出工作建议。

7 月 18 日，县人大常委会副主任靳恩松带领调研组对全县上半年国民经济和社会发展计划执行情况进行专题调研。调研组听取县发改局局长路敦平关于全县 2016 年上半年国民经济和社会发展计划执行情况的汇报，对全县上半年国民经济和社会发展计划执行情况给予充分肯定，并就做好下步工作提出工作建议。

9 月 14 日，县人大常委会副主任靳恩松带领有关委室负责人，对全县经济和信息化工作开展情况进行调研。

10 月 25 日，县人大常委会主任徐鑫，副主任靳恩松、张树法、周慎凯、马海荣，县人大常委会党组成员、办公室主任张辉及部分人大常委会委员视察全县 ppp 项目建设和小城镇建设情况。县委常委、副县长赵相鑫，县政协副主席、财政局副局长连桂荣陪同活动。视察组实地查看工矿棚户区改造项目、磁窑镇中京大街、蒋集镇向阳小区、引汶工程等现场，听取相关工作汇报，对全县 ppp 项目建设和小城镇建设工作给予充分肯定。

10 月 27 日，县人大常委会副主任靳恩松带领有关委室负责同志对《中华人民共和国价格法》贯彻实施情况开展执法检查。检查组先后到开元物业公司、新时代商厦、华龙水业公司、县供电公司、县第一人民医院和金明热电公司进行实地检查，并召开座谈会，听取县物价局关于贯彻落实《中华人民共和国价格法》的情况汇报，就下一步继续严格贯彻落实好《中华人民共和国价格法》提出意见和建议。

【人事任免】 2016 年，共依法任免 21 人次，其中任职 12 人，免职 9 人。

1 月 26 日，县十七届人大常委会第 30 次会议， 任命刘振为宁阳县人民法院民事审判第一庭庭长，免去宁阳县人民法院华丰人民法庭庭长职务；孙思鸿为宁阳县人民法院审判监督庭庭长，免去宁阳县人民法院葛石人民法庭庭长职务；毛传玉为宁阳县人民法院伏山人民法庭庭长，免去宁阳县人民法院行政庭副庭长职务；贾如力为宁阳县人民法院葛石人民法庭庭长，免去宁阳县人民法院茅庄人民法庭庭长职务；刘强为宁阳县人民法院华丰人民法庭庭长；张连伟为宁阳县人民法院执行局执行二庭副庭长，免去宁阳县人民法院伏山人民法庭副庭长职务；免去孙中社宁阳县人民法院伏山人民法庭庭长职务。决定接受胡传学辞去县十七届人大常委会委员职务的请求，报宁阳县第十七届人民代表大会第五次会议备案。

3 月 24 日，县十七届人大常委会第 31 次会议，决定任命赵相鑫为宁阳县人民政府副县长；薛荣成为宁阳县人力资源和社会保障局局长；决定免去李保华宁阳县人力资源和社会保障局局长职务。

5 月 24 日，县十七届人大常委会第 32 次会议， 任命刘钊为宁阳县人民检察院检察员。

12 月 23 日，县十七届人大常委会第 35 次会议， 决定接受黄正玉辞去宁阳县人民政府县长职务的请求。决定任命陈波为宁阳县人民政府副县长、代理县长。决定任命李甡为宁阳县人民政府副县长、县公安局局长。决定免去鄂宏超宁阳县公安局局长职务。

【信访工作】 2016 年，共受理来信来访 19 起，办结 19 起。其中接省市人大批转信访案 2 起，办结 2 起，接待各种信访咨询 200 余人次。另外，在常委会副主任张树法的带领下，认真做好县委安排的 2

起信访积案的办理工作，做到了案结事了，让信访人满意，让组织放心，实现了引导群众依法信访，维护群众合法权益，促进社会和谐稳定的目标。

【加强作风建设】 常委会领导班子成员和机关全体党员干部围绕“两学一做”，采取发放学习资料、个人自学、召开党员干部全体会议、开展专题党课、常委会领导班子成员领读学习、组织开展党员活动日等方式，原汁原味地学习了《中国共产党章程》《中国共产党廉洁自律准则》《中国共产党纪律处分条例》《中国共产党党员权利保障条例》等，原原本本地学习《习近平总书记系列重要讲话读本》《习近平谈治国理政》和《习近平总书记重要讲话文章选编》等，认真学习党的历史，学习革命先辈和先进典型，牢记党的优良传统和作风，树立崇高道德追求，养成纪律自觉，守住为人、做事的基准和底线。

【构建惩防体系】 2016 年，以落实党风廉政建设责任制为核心，以构建科学有效的惩防体系为主线，加强领导，层层传导责任压力。①党风廉政建设教育。始终把加强党风廉政建设作为常委会和机关自身建设的重要环节，党风廉政教育作为室委班子成员政治思想教育的一项重要内容，引导班子成员牢记两个务必，坚持防微杜渐，做到廉洁从政，从我做起，从小事做起，增强廉洁勤政、执政为民的自觉性。以党内出现的一些腐败典型案例为反面教材，敦促室委班子成员按照“为民务实清廉”的要求，始终做到立党为公、执政为民、依法督政、依法办事。②党风廉政建设责任制。全面落实党风廉政建设主体责任，按照《关于履行党风廉政建设主体责任清单的实施方案》要求，将党风廉政建设主体责任细化分解，落到实处。明确县人大常委会主要负责人是整个人大及机关的党风廉政建设第一责任人，常委会班子成员根据分工，对所分管委室的党风廉政建设负主要领导责任，各委室主要领导对本委室负直接责任，形成了一级抓一级，一级带一级，层层抓落实的工作局面。③严格遵守党风廉政建设规定。通过学习《中国共产党纪律处分条例》《中国共产党廉洁自律准则》，提高干部党章党规党纪意识。完善民主议事规则，规范民主决策程序，落实党风监督各项制度，大事讲原则，小事讲风格，明确财务审批权限，定期公布财务收支情况，厉行节约，反对浪费，堵塞漏洞，严格执行中央“八项规定”和省市县委有关要求，禁止公车私用。杜绝违纪违规现象发生等。

【推进跨越发展】 按照县委“实干就是水平，落实就是能力”的要求，紧扣全县改革发展稳定大局，抓住关系人民群众切身利益的重大问题，根据常委会部署，在人大系统、人大监督事项办理单位和广大代表中开展“落实”主题系列活动，从“落实执行年”到“落实推进年”“落实提升年”再到“落实创新年”，一步一个脚印，一年一个台阶，强化落实，推进工作。①工作创新。以创新为动力，结合宁阳实际，把握经济发展新常态下人大工作的新规律，加强对新时期人大工作规律和特点的研究，贯彻法律基本原则、总结实践经验，推动议事决策、视察调研、执法检查等创新发展，不断探索人大工作新思路、新途径，提升工作水平，凝心聚力，开拓创新，推动发展。充分发挥“宁阳人大”网站、“宁阳人大”手机 app、“宁阳人大”qq 群和微信群、“宁阳人大” 微信公众号作用，及时公开人大信息、交流情况。②法定职权行使。细化任务，明确责任，严密组织，严格程序，促进人大重大事项决定权、监督权和人事任免权的全面行使。组织常委会听取县政府关于物业管理工作情况、关于全县卫生、计划生育工作情况、关于全县经济和信息化工作情况、关于畜牧业发展情况等工作报告，审查批准了县政府“七五”普法和“六五”依法治县规划，对全县植树造林工作情况、安全生产工作情况、PPP 项目的建设情况和小城镇建设情况等进行视察，对电子商务、基层法庭规范化建设、秸秆禁烧、农民增收等工作情况专题调研，共提出各类工作意见建议 150 余条。③代表作用发挥。按照常委会关于代表工作规范化建设的“四有”标准，督导代表小组活动室规范化建设。加强代表专题培训，提升代表履职能力。开展代表履职“五个一”“推进富民强县，代表创业建功”等主题活动，引导代表立足本职，干事创业，自觉融入全县大局，模范履行职责，积极奉献社会，带头创业建功。邀请人大代表参加视察调研、执法检查、旁听庭审等各项活动，组织省市县人大代表对现代畜牧业发展、完善教师管理体制、PPP 项目建设等开展专题调研活动，深入了解社情民意，保障代表知政参政。④人大自身建设。按照常委会确定“完善内容、巩固成果、提升水平”的要求，以制度化、规范化、效能化、科学化“四化”建设为主要内容，进一步加强人大常委会及机关自身建设，严明纪律，严格执行，全面提升人大机关工作水平。编印《宁阳人大志》，约 140 万字，是宁阳人大工作发展历程的百科全书，得到了县委的肯定和社会各界的一致好评。⑤包保任务落实。根据县委统一安排，落实县级领导和机关干部联系包保工作制度，加大对乡镇、村、企事业单位、重点项目和贫困户的包保帮扶力度，超额完成招商引资任务，重心向一线下移，精力向一线下沉，把各项工作任务落到实处。重视“第一书记”到村任职，选派优秀干部到葛石镇陈家店村任“第一书记”，协助解决困难问题，所联系帮扶的贫困村、贫困户都发生明显变化，完成了脱贫任务。⑥做好县乡人大换届选举。制定换届选举工作安排意见，明确指导思想、原则要求。对换届选举工作统一安排部署，依法决定县乡选举委员会，加强巡回检查和具体指导，确保换届选举工作顺利进行。全县 66 万余选民选举产生县人大代表 280 名。

（任庆章）

综　述

【重要决策　决定】 1月5日，县政府印发《宁阳县经济发展顾问聘任暂行办法》，进一步调动社会知名人士服务宁阳经济发展的积极性，规范聘请县政府经济发展顾问工作程序。

1月21日，县政府印发《关于贯彻泰政字〔2015〕91号文件加快推进简政放权放管结合转变政府职能工作的通知》，要求着力解决跨领域、部门和层级的重大问题，继续取消不符合经济社会发展要求的行政审批事项，彻底取消非行政许可审批事项类别，全面清理并取消一批收费项目和资质资格认定，为企业松绑，公里投资创业创新、激发市场活力。

1月21日，县政府印发《关于加快发展畜牧业促进农民增收的意见》，提出坚持“产出高效、产品安全、资源节约、环境友好”的发展方向，以建设现代畜牧强县为目标，建立以布局区域化、养殖规模化、生产标准化、经营品牌化、服务社会化为基本特征的现代畜牧业生产体系。

2月4日，县政府印发《关于加快全县化工产业转型升级的实施意见》，决定利用三年左右时间，集中开展化工企业产品质量提升、工艺路线智能改造、安全环保节能水平稳步提高为主要内容的转型升级活动。

2月15日，县政府办公室印发《宁阳县饮用水源保护区划分方案》，要求保护和改善宁阳县饮用水源水质，保障群众饮水安全。印发《2016年全县民营经济和中小微企业发展工作意见》，要求牢固树立“五大”发展理念，激励大众创业，服务万众创新，以加快市场主体膨胀、推进创新驱动、强化社会服务为重点，进一步激发全县民营经济、中小微企业提质增效，转型升级，创新发展。

2月20日，县政府印发《关于2016年全县商务工作的意见》，要求深入实施“开放兴县”战略，抢抓国家实施“一带一路”、自贸区建设等政策机遇，以开放促发展，以创新为动力，膨胀总量、提高质量、优化结构，促进商务工作实现新升级。

4月26日，县政府印发《宁阳县银行业等四类金融机构（组织）支持和服务地方经济发展考核办法》，考核内容为新增融资额、信贷增长率、存贷比、实缴税金、网点设立、产品创新、服务大局等七个方面，充分调动各银行业金融机构支持和服务地方经济发展的积极性，促进全县经济社会又好又快发展。

4月29日，县政府办公室印发《宁阳县河道管护河长制实施方案》，按照“建立管护机构、明确管护责任、落实管护经费、统一管护标准、严格管护考核”的要求，在全县分步推行“河长制”。印发《关于进一步加强职业病防治工作的通知》，将职业病防治工作纳入经济社会发展规划和政府工作的重要内容，严格执行《中华人民共和国职业病防治法》等法律法规，有效预防、控制和消除职业病危害，保障劳动者生命健康权益。

5月3日，县政府办公室印发《关于建立完善风险科学预判分级管控和隐患排查治理双重预防机制的通知》，提出力争到2018年，在全县建成点、线、面有机结合，县、乡镇(街道)无缝对接，标准化、信息化的风险预控和隐患排查治理双重预防体系，实现安全生产由隐患排查治理到风险预控和隐患排查治理双重防控的转变，从根本上防范重特大安全事故的发生，构建安全生产长效机制。

5月13日，县政府办公室印发《全县小型水库管理体制改革实施方案》，建立权责明确、职能清晰的小型水库安全管理责任体系，逐步建立健全小型水库管护体系和管护经费稳定投入保障机制。

5月16日，县政府印发《宁阳县新型农合资金试点工作方案》，按照成熟一家、发展一家的原则，初步建立起与宁阳农村经济相适应、运行规范、监管有力、成效明显的新型农村合作金融框架，满足农民金融需求，促进宁阳农业农村经济发展。

5月16日，县政府办公室印发《宁阳县小额贷款保证保险试点工作实施方案》，破解小微企业、“三农”和城乡创业者融资难、融资贵、融资慢的问题，增强全县金融业服务经济社会发展的能力，打造普惠金融。

5月25日，县政府印发《关于加快推进规模企业规范化公司制改制及上市挂牌工作的实施意见》，实施规模企业规范化公司制改制“五年行动计划”，改制企业普遍建立起现代企业制度，具备对接资本市场的基本条件。

5月26日，县政府办公室印发《宁阳县小型水库管理考核办法(试行)》，适用于全县境内所有小型水库，实行县、乡镇(街道)两级考核体系，采取乡镇(街道)自评、县水务局考核方式进行。

6月16日，县政府办公室印发《关于建立年度全县1%人口抽样调查制度的通知》，要求及时掌握全县人口在数量、素质、结构、分布及居住等方面的变化情况，为各级党委政府制订国民经济和社会发展规划提供科学准确的统计信息支持。

6月20日，县政府转发《泰安市人民政府关于公布全市最低工资标准的通知》，对全县最低工资标准作出调整，明确月最低工资标准和小时最低工资标准，维护劳动者的合法权益。

6月24日，县政府转发《泰安市人民政府关于公布2016年企业工资指导线的通知》，明确2016年全县企业工资指导线，引导各类企业按照工资指导线要求，科学安排工作增长，保障企业职工合法权益。

6月24日，县政府办公室印发《宁阳县农村集体经济组织“三资”管理办法》，进一步加强农村集体经济组织资金、资产、资源管理，做好委托代理工作。

7月1日，县政府印发《关于开展建设项目服务提速工作的实施意见》，开展建设项目“服务提速”工作，本着“流程最优、环节最少、时间最短、服务最佳、效果最好”的原则，全面提高建设项目审批效率和服务水平。

7月7日，县政府印发《宁阳县农村综合产权交易市场建设管理暂行办法》，引导农村综合产权交易市场健康发展，保护农民和农村集体财产权益，提高农村要素资源配置和利用效率，推进农业现代化和城乡一体化发展进程。

7月14日，县政府办公室印发《关于调整城乡居民最低生活保障标准和农村五保供养标准的通知》，要求进一步提高全县城乡居民最低生活保障标准和补助水平。印发《2016年推进简政放权放管结合优化服务转变政府职能工作方案》，要求聚焦推进供给侧结构性改革、企业投资经营和公共服务便利化方面的突出问题，坚持民意为先，问题导向，持续推进行政审批、投资审批、职业资格、收费清理、商事制度、科教文卫体等领域改革，强化事中事后监管，为基层和群众提供公平可及的服务。

7月21日，县政府办公室印发《宁阳县2016年粮食高产创建平台建设项目资金整合实施方案》，提出通过整合各部门和各渠道财政支农资金，集中发力，搭建粮食高产创建平台，提高支农资金使用效益，逐步形成财政支农资金项目科学、安排规范、使用高效、运行安全的使用管理机制。

8月12日，县政府办公室印发《关于加快推进社会力量参与公共文化服务体系建设的通知》，要求经过3~5年努力，搭建一批具有引领作用的平台载体，培育一批具有专项优势的运营机构，推广一批具有自身特色的典型经验，社会力量参与公共文化服务体系建设的投入所占比重不断提高。

8月25日，县政府印发《关于清理规范县直部门(单位)行政审批中介服务收费项目的通知》，调整后，共保留13个县直部门(单位)27项行政审批事项的30项中介服务收费项目。

8月25日，县政府印发《关于公布2016年第二批调整行政审批事项和承接市政府下放行政审批事项的通知》，决定下放、取消整合、调整部分行政审批事项，将相关目录予以公布。

9月6日，县政府办公室印发《宁阳县防震减灾第十三个五年规划》《宁阳县地震应急预案》，坚持预防为主、防御与救助相结合，坚持最大限度减轻地震灾害损失，依靠法治、科技和全社会力量推进防震减灾事业科学发展，进一步完善和发展地震监测预报、震害防御、紧急救援三大工作体系，提高防震减灾社会管理和公共服务水平，为县经济社会发展提供地震安全保障。印发《关于贯彻国办发〔2015〕74号鲁政办发〔2016〕15号文件推进基层综合性文化服务中心建设的实施意见》，提出到2020年，全县乡镇(街道)和村(社区)普遍建成集宣传文化、党员教育、科学普及、普法教育、体育健身、文化遗产保护等功能于一体，资源充足、设备齐全、服务规范、保障有力、群众满意度较高的基层综合性公共文化设施和场所。

9月13日，县政府办公室印发《宁阳县科学预判分级管理预防重特大事故试点工作方案》提出，以构建安全风险预控和隐患排查治理双重预防性工作机制为核心，以落实企业主体责任为抓手，以易发重特大事故的行业领域、企业为重点，超前预防、标本兼治、综合治理，把安全风险预控挺在隐患前面，把隐患排查治理挺在事故前面，筑牢事故应急救援最后一道防线。

9月至11月，县政府办公室相继印发《宁阳县突发公共卫生事件应急预案》《宁阳县处置森林火灾应急预案》《宁阳县防汛抗旱应急预案》《宁阳县农业重大自然灾害救援应急预案》《宁阳县气象灾害应急预案》《宁阳县突发重大动物疫情应急预案》《宁阳县自然灾害救助应急预案》《宁阳县事故灾难应急预案》《宁阳县突发公共事件总体应急预案》，完善各项应急响应程序，确保及时有效地实施应急救援，最大限度地减少人员伤亡和财产损失，维护人民群众的生命财产安全和社会稳定。

11月12日，县政府办公室印发《关于转发宁阳县“十三五”消防事业发展规划的通知》，要求着力夯实消防安全基础，破解消防事业发展难题，建立健全纵向到底、横向到边的立体化、全覆盖的社会火灾防控体系，努力创造与全面小康社会相适应的优质消防安全环境。

11月21日，县政府印发《关于加强农村留守儿童关爱保护工作的实施意见》，加强农村留守儿童关爱服务和救助保护工作，促进广大农村留守儿童健康成长。

11月23日，县政府办公室印发《关于进一步做好省市政务服务平台互联互通试运行有关工作的通知》，加快推进市县政务服务平台应用和省市县三级政务服务平台互联互通工作任务落实，确保全县全面完成平台建设各项工作任务。

12月20日，县政府办公室印发《宁阳县“十三五”基础测绘规划》，按照构建新型基础测绘体系要求，全面推动测绘体系转型升级，不断丰富数据资源，为加快建设富裕文明和谐幸福新宁阳提供有力支撑。

12月25日，县政府办公室印发《宁阳县全民科学素质行动计划纲要实施方案（2016—2020年）》，坚持“政府推动、全民参与、提升素质、促进和谐”的工作方针，围绕“节约能源资源、保护生态环境、保障安全健康、促进创新创造”工作主题，扎实推进全民科室素质工作，激发大众创业创新的热情和潜力，为实施创新驱动发展战略提供智力和公众支撑。

12月26日，县政府办公室印发《宁阳县规范性文件管理办法》，加强规范性文件的制定管理工作，提高规范性文件质量。

12月30日，县政府办公室印发《宁阳县医疗卫生服务体系规划（2016—2020年）》，以“调结构，促均衡，提效能”为主线，合理控制公立医院规模，鼓励社会办医并加强规范管理，明确各级各类医疗卫生机构功能定位，提升县级公立医院技术水平，做实基层医疗卫生服务机构服务能力，构建与国民经济和社会发展水平相适应、与居民健康需求相匹配，体系完整、分工明确、功能互补、密切协作的整合型医疗卫生服务体系。

12月31日，县政府印发《宁阳县全民健身实施计划（2016—2020年）》，提出以科学引导、广泛参与、因地制宜为原则，以增强全民体质，提高人民群众健康水平为目标，通过立体构建、整合推进、动态实施，统筹推进全民健身各项工作，提升全县全民健身整体发展水平，提高群众幸福指数和获得感，为建设体育强县注入新动力。

【文秘工作】 以“立意高、观念新、语言精、文风实”为目标，吃透上情、把握下情、了解外情，反复琢磨观点，精心锤炼文字，严把文稿质量关，确保与领导思路合拍，与发展形势吻合，与实践要求一致，真正发挥以文辅政作用。2016年，共起草把关各类文件160余件，接办各级传真电报121份，纸质传真367份，密级文件15份，中央、省、市文件1169份；处理领导各类批示件131件，各级各部门请示报告191件，全部按规定时间、规定内容予以处结。

【综合协调】 年内，县政府把综合协调作为发挥整体功能的基础工作来抓，沟通上下、协调左右、联系各方，确保各项工作高效运转、联系畅通。整体把握全县工作重心，加强与上级单位、与各大班子、与部门乡镇（街道）的沟通联系，准确了解上级意图，及时传达工作部署，主动对接活动安排，客观反馈基层动态，保障各级政令畅通，实现上下左右步调一致、同频共振，形成工作合力。制定实施了《县政府领导政务活动协调安排工作制度》《加强政府会议管理规范相关工作程序的通知》，突出抓好各级重要会议和重大政务活动的统筹协调。2016年，共承办大型会议活动12次，各类中小型会议180余次，领导各类政务活动200余次。

【信息调研】 2016年，围绕领导关注的重点、群众关心的热点、工作推进的难点、改革创新的亮点，扎实开展精准调研。先后开展专项调研20余次，形成调研报告并进入领导决策10篇，其中《基本均衡后教育向何处去？——宁阳教育高位均衡发展调查》在省政府研究室《决策参阅》、市政府办公室《参阅文件》上予以刊发。扎实做好信息服务，加强队伍建设，健全信息报送网络，出台《政务信息工作考核实施意见》，完善重点信息约稿和采用情况月通报制度，不断提升信息工作的层次和水平。宁阳县上报的冷链运输、跨境电商新政实施、“营改增”首日运行、“人地钱”挂钩政策进展、小麦生产和春耕备播情况等多篇信息被国办专报或得到国务院领导批示；股权引导支持实体经济发展、残疾儿童抢救性康复、养老服务业发展情况等多篇信息被省政府办公厅以《省长专报信息》直报省政府领导，为领导科学决策提供了依据。全年，共编发政务信息250期（条），上报政务信息600余条，其中市级及以上采用160余条。

【外事侨务】 按照“控总量、保重点、严管理、求实效”的总体要求，对因公出国（境）团组严格审核，2016年，共上报实施因公出访团组6批7人次。加大《中华人民共和国归侨侨眷权益保护法》的贯彻落实力度，认真解决侨胞的合理诉求，切实维护好归侨侨眷的合法权益。全年，共接待华侨华人、归侨侨眷来电来信来访45件次。做好邀请外国人来华审核工作。年内共办理腾飞机电、中瑞钢球等企业邀请巴基斯坦、土耳其等国家的客户到宁阳考察洽谈业务5件次。

【电子政务】 年内，结合全国政

府网站普查活动，推进政府网站集中管理，共整合乡镇、部门网站24个，将其功能转移到县政府门户网站。对县政府门户网站相关栏目进行充实调整，开设“乡镇之窗”“国务院政务信息转载”及“宁阳发布”政务微博、“中京新城·魅力宁阳”政务微信公众号等新媒体专栏，拓宽了政务公开渠道。2016年，县政府门户网站更新文章2200篇次。做好政府信息与政务公开工作，健全完善政府信息与政务公开各项制度，形成自上而下的政务公开管理体系。着力抓好政务公开工作指导和培训，建立了全县政务公开工作微信群，整理编印了《政府信息与政务公开资料汇编》。加强政务公开平台建设，圆满完成政务公开新平台开发、改进、培训、运行及内容保障等工作。规范依申请公开工作，健全完善申请件从接收、登记到出具告知书全过程制度机制，确保难度较大的申请件按时办结，依申请公开工作标准化水平逐步提升。及时回应民众关注的热点问题，第一时间受理市政府网站及县政府网站的便民咨询，协调调度相关部门单位按时办结，并将办理结果及时反馈给民众。

【应急管理】 2016年，按照“以人为本、依法规范、分级负责、快速反应、整合资源、预防为主”的工作方针，强化组织领导、夯实基层基础、强化协调联动，全面履行职能，着力提升保障公共安全和处置突发事件能力，全县应急管理体制和能力建设再上新水平。健全基层管理体系，调整充实全县突发事件应急领导小组，加强对应急管理工作的组织领导和协调推动。配好应急设施，强化应急队伍，着力抓好危险化学品防灾、矿山救援、地震减灾、河道防汛等应急物资储备建设，有效提升应急物资储备保障水平。县应急救援大队、县危化品应急救援队伍、县森林消防应急救援队建设不断强化。成立总体预案修订工作小组，完成总体应急预案修订，制定并印发《宁阳县突发公共事件总体应急预案》。开展应急演练，创新演练形式，先后开展县级重点演练18次，各乡镇、部门、企业各类演练600余次。实施重点应急项目，部署启动中部山区森林防火通道建设项目，完成中部山区堽城段10.6公里防火道路的路面硬化工程，提升了林火阻隔和快速机动扑火人员、装备物资能力。

【政府法制】 2016年，强化法治意识，促进依法行政，深入推进法治政府建设，成立泰安市仲裁委员会宁阳分会，全县持有效行政执法证件人数达到1950人。全年，审查各类规范性文件、合同共计100余件，提出相关法律建议230余条；受理行政复议案件20件并全部审结，其中，维持行政机关行政决定9件，撤销行政机关行政决定2件，驳回当事人复议申请1件，终止复议程序8件；行政诉讼案件5件并全部审结。

【群众利益服务中心】 2016年，完善督导、检查、考核机制，健全完场督办、联席会议、专题协调会和专项汇报等制度，联络员队伍建设水平不断提高。全年，共受理5621000群众利益服务热线工单1250件，承办泰安市12345民生服务热线转办工单4581件，总体回复率、群众满意率、办结率分别为99.49%、91.66%、98.76%。协调办理省长信箱60件、县长信箱146件，上报重点舆情256份，向承办单位转交办县领导批示舆情79件。做好“12345”民生服务热线宣传，印发《关于加强“12345”民生服务热线宣传工作的通知》，在《中国·宁阳》政府网站开辟专栏进行长期宣传，统一设计制作、发放热线宣传“即时贴”500余份，通过宁阳电视台播放热线宣传视频、飞幕等形式，让“有事找政府，请拨12345”理念家喻户晓。

（雷明聪　赵　静）

行政审批

【概况】 宁阳县政务服务中心是县委、县政府设立的集行政审批、便民服务、公共资源交易为一体的综合性服务平台，进驻窗口单位69个，工作人员225人，进驻行政许可及服务事项568项。2016年，紧紧围绕“四个全面”战略布局，突出项目建设、统筹城乡建

县政务服务中心外景

设、生态文明建设三大重点，按照“以民为本、创新思维、竭诚服务、廉洁办事”的工作宗旨，以“服务发展年”活动为载体，奋力拼搏，开拓创新，真抓实管，初步将三级便民服务体系打造成政治、经济、文化、民生工作的窗口和平台，共受理、办理各类许可服务事项41.18万件，其中即办件38.09万件，承诺件3.09万件，共收各类税费16.16亿元。年内，荣获宁阳县“经济社会发展先进单位、服务经济建设先进单位”等荣誉称号。

【政务服务】 2016年，印制《宁阳县重点项目“服务提速”手册》，做好办事流程、材料、时限、收费的公开与指导。服务流程优化再造，将审批事项少、业务量小的14个单位设为综合窗口，与有关部门进行协调对接，增加24项行政审批事项，总进驻事项达到568项。开放B区一楼大厅，进驻广电网络、邮政快递、港华燃气等便民服务窗口。协调县国税局启用24小时自助办税服务厅，全天候对外开放。设立“建设项目服务总窗口”对建设项目审批实行“扎口管理、集中受理、封闭审批、过程监督”。组织16个项目审批窗口到51个项目进行了现场座谈交流，解决涉及项目手续办理、规费征收与减免、项目招投标、房产手续补办等65个问题。通过监督管理、交易规则、信息发布、交易鉴证、平台建设“五统一”的管理模式，为全县各类农村产权交易提供场所设施、信息发布、交易咨询、组织交易等服务。2016年，公共资源交易中心共完成进场交易项目266个，总成交额26.5亿元，其中政府采购和建设工程成交额21.3亿元，共节支6732.2万元，综合节支率为3.1%，国有土地挂牌出让共有27宗，总出让面积1194.6亩，成交额5.17亿元。自2016年10月19日政务服务平台试运行以来，中心各窗口共受理、办理各类事项7437件，其中行政许可事项1379件、服务事项6058件，提前办结率达96.01%。

【便民服务】 2016年，政务服务中心大厅共分为便民服务、基建项目、农业发展、经济发展、文教卫生五个审批服务功能区，方便公众集中办理各类业务。大厅内设有领导带班窗口和咨询引导窗口，对工作现场出现的问题及时

人社局服务窗口业务办理

进行协调处理，对服务对象办事做好询问解答和办事辅导。将办事程序与自助查询机、排队叫号机、PAD 等多种智能化硬件设备的高度整合，实现了智能引导、自助查询、排队叫号、屏幕展示、服务评价等功能。大厅内设有商务中心、图书角、自助办公区、休息等候区等便民区域，配置书写文具、饮用水、纸杯、雨伞常用药品、擦鞋机、老花镜、轮椅、报纸杂志等多项便民用品和设施，并提前大厅开放时间，方便群众等候休息。开展"证照送上门"服务，将"老年证""残疾证"等证照以快递的形式邮寄到群众手中，全年共邮寄 919 件。组织党员及有关窗口工作人员深入到群众家中办理残疾人证 328 人次。

【互联网服务】 2016 年，按照省市县政务服务平台建设和互联互通工作要求，实现中心电子政务外网全覆盖。召开了全县政务服务互联互通工作推进会议，对各部门单位事项要素的录入工作进行培训，全县 40 个部门单位全部按时完成县级行政许可事项的审核、发布工作，办事指南在山东政务服务网——宁阳站向社会公布。

【窗口队伍建设】 2016 年，印制"政务服务中心礼貌用语十条""服务忌语十条"和"接待服务指南"，以小卡片的形式发放到每个工作人员，方便随身携带及时学习。建立大厅巡查、电子监控、政务系统监督的全方位、立体式检查模式，按照每小时不低于一次的检查频率，加强对窗口工作人员服务意识与办件效率的监督管理。严格执行"六公开"制度，将事项的法定依据、申请条件和材料、办理程序、办理时限、收费依据和收费标准制作办事指南，向申请人公开，并通过政务服务网站向社会公布。坚持每季度评选"示范窗口""服务标兵"，每半年评选"巾帼文明示范岗""党员先锋岗"，年终评选先进集体和先进个人等制度，全年共评选示范窗口 30 个次，服务标兵 90 人次。

（郭　伟）

机关行政事务管理

【概况】 县机关行政事务管理局内设办公室、政工科、计财科、房产管理科、公共机构节能办公室、计生办、基建科、安监科、物业管理科、会务科；局属单位有：机关事务服务中心、县机关二、三食堂（差额）、宁阳宾馆、县直机关第二招待所、县机关印刷所。主要职责是负责县直机关重要会议，重大活动的后勤保障服务，机关公共基础设施建设，办公用房的管理、分配、修缮、房屋产权、产籍管理。2016 年，紧紧围绕县委、县政府工作中心，牢牢把握发展为要、民生为先、稳定为基的工作大局，引进年产 2000 吨钢球精加工项目，按要求完成招商引资目标任务。提高机关事务管理工作水平和质量，为宁阳经济社会发展提供有力后勤保障。

【服务保障】 ①会务服务。实行会场管理规范化、服务标准化的运作机制，从会场的布置、灯光、音响、温度、环境卫生，每个流程环节都达到"严、细、实"，做到环环相扣，步步到位。全年，圆满完成县"两会"、全县经济工作会议等各类会务服务 60 余场次。②物业管理。2016 年，重点深化服务配套，着重抓好物业公司日常的动态管理，完善考核奖惩细则，确保机关办公区及宿舍区的美化、亮化、净化。结合机关办公区种植特点，合理选择适宜生长成活率高的本地树种和珍贵树种合理种植，增加盆景数量，注重植物科学管护，使绿地覆盖率达到 70%。对南院家属区的两处绿化带进行了升级改造，新栽瓜子黄杨、女贞球、红叶石楠 60 余株，新添细沙 20 余立方米；对机关办公区的车位进行了规划；对门厅外檐进行了翻修；11 月，对第四宿舍区的雨漏管和地面做了修复。③基本建设。2016 年 3 月，投资 8 万元，对部分老旧办公用房进行维修。10 月，投资 7 万元，对第四宿舍区路面进行硬化。同时，完成南院、东院天然气管道改造。④维修供暖。机关服务中心实行 24 小时全天候值班及服务承诺制度，公开承诺接到求助电话 10 分钟以内赶到现场，认真处理水、电、暖等方面问题，并限时办结。2016 年 10

月，投资 21 万元，更换新变压器及底座。对机关办公区、第三、四宿舍区供暖管道进行维修保养，南院宿舍供暖管道改造，确保 11 月 15 日正式供暖，供暖室温达到 20℃以上。⑤安全保卫。坚持“安全第一、预防为主”和一岗双责制，各局属单位设立专、兼职安全员，层层签订安全生产目标责任书，完善安全教育、预防、监督体系，加强电力、供水、消防、供气等系统设备运行监督管理，每月组织开展安全生产监督检查，下发安全隐患整改通知书及时清除隐患 10 余处。县直机关安全保卫，对治安警卫监控设施的改造，加强对进出车辆和人员的管理。使办公区、宿舍区治安状况有了根本性的好转。

【公务用车管理】 2016 年，坚持“公正公平、集中统一、规范透明、避免浪费”的原则，根据《宁阳县党政机关公务车辆制度改革实施方案》的有关要求，制定《宁阳县党政机关公务用车制度改革涉及车辆处置办法》，明确了取消车辆处置的基本原则、方法步骤。通过政府采购方式，公开招标 1 家车辆评估鉴定机构和 3 家拍卖公司，分期、分批、分类，成熟一批处置一批，统一组织开展车辆评估和拍卖，对符合报废条件的车辆严格按评估机构出具的鉴定报告进行报废。7 月，取消车辆封存完毕，共取消一般公务用车 161 辆，执法执勤车 90 辆。截至 10 月底，完成 3 批 9 场取消车辆公开拍卖，其中拍卖成交 99 辆一般公务用车，27 辆执法执勤车辆，起拍总价 152.66 万元，成交总价 249.442 万元，溢价率 63.4%。

【房产管理】 2016 年 1 月，对政府办公室、县纪委、文广新局、老龄委、县原技术监督局、原工商局、原卫生局、原计生局等单位的办公场所进行调整，依据新的办公用房标准制定分配方案。配合县执法局、县住建局、县规划局开展的南街乱搭乱建专项整治活动。南街共有各种历史原因遗留的小门头房 4 处 6 间，经过十几次交涉，摆事实，讲道理，5 月底，完成门头房拆除改建。按照城区规划，机关北院宿舍区需整体拆除，宿舍区内三栋宿舍楼 90 户机关住户、13 户周转房、7 户单身宿舍和 2 处租赁房屋需整体拆除。配合项目指挥部逐步推进，年底，出租的机关北院食堂和 7 户单身宿舍已完成收回并成功拆除。全年收缴水电费、租赁费 392 户次，费用 24.7 万元。

（周景黎）

公车改革车辆封存

地方史志工作

【概况】 2016 年，认真落实省、市《关于推进地方史志事业发展规划纲要》，紧紧围绕县委中心工作，做好服务大文章，以编辑出版地方史志书籍为主业。年内，《宁阳县村庄简志》编辑，《明代内阁首辅许彬史料集》出版发行，指导编纂出版《宁阳人大志》《东庄镇志》等。高质量按时完成省、市年鉴供稿任务。连续六年保持“市级文明机关”称号。

【《明代内阁首辅许彬史料集》出版发行】 历经两年，通过深入挖掘档案史料，广泛征集散落民间史料，精心编纂，《明代内阁首辅许彬史料集》一书于 11 月杀青问世，由中国文化出版社出版发行。该书是宁阳县第一部以历史名人为主题的地情资料文献。全书设

走进内阁的许彬、史籍中的许彬传、许彬诗文辑录、咏赞许彬诗文辑录、品评许彬文章、许彬家族恩荣录、许氏族谱谱序辑录和附录八个部分，收录其诗文及其同僚故友咏赞诗文共计100多篇，全书约22万字，收集图片资料50多幅。是对宁阳历史古籍进行辑遗、校勘的第一次尝试。

【《东庄镇志》出版发行】 2016年11月，宁阳县东庄镇政府组织编纂的《东庄镇志》正式出版发行，为宁阳县基层志苑再增新枝。《东庄镇志》全书设30编，共计69万字，前彩页42页码，全书共计328张照片，图文并茂，是宁阳县第五部乡镇志书。

【《宁阳人大志》出版发行】 2016年10月，《宁阳人大志》由山东人民出版社正式出版发行。该书全面记述了宁阳县1949年以来人民代表大会制度的建立、完善和发展，填补了宁阳县政权及民主政治建设史上的空白。《宁阳人大志》共147万字，设三十二年历史回顾、三十六年改革创新、人物和附录4编9章47节。卷首设概述和大事记，卷尾设后记。

【方志馆建设】 2016年，方志馆馆址得以落实，经过一年的建设完善、藏书整理等工作，宁阳县方志馆正式开馆为全县经济社会发展服务。方志馆总面积达80余平方米，投资近2万元，新购书架12架，藏书1000余种，5000余册。

（侯胜男）

政协宁阳县委员会

综　述

【概况】 2016年，县政协召开全委会议2次，立案提案85件。其中，经济建设方面29件，占34.1%；城市建设方面15件，占17.6%；科教文卫方面22件，占25.9%；道路交通方面13件，占15.3%；其他方面6件，占7.1%。有15件提案被评为优秀提案，6个单位被评为提案承办先进单位。县政协被评为"全省政协宣传工作先进集体"等称号。

【县政协八届五次会议】 2016年1月30日至2月1日，政协第八届宁阳县委员会第五次会议在县城召开。共有233名委员出席会议。会议听取并认真讨论中共宁阳县委书记刘学保所作的重要讲话；审议通过县政协主席李为群代表八届县政协常委会作的工作报告、副主席尚勇作的八届五次会议提案审查情况的报告和副主席程洪良作的提案工作报告；与会委员列席了县人大十七届五次会议，听取并讨论了县长黄正玉所作的《政府工作报告》和其他报告；表决通过了县政协八届五次会议决议。副主席尚勇主持开幕大会，李为群主持闭幕大会并讲话。

【提案工作】 将县政协八届五次全会立案的83件提案集中转交有关部门办理，县委主要领导对县政协呈报的9件重点提案作出批示，要求各相关单位认真办理。县政协坚持主席领衔督办、承办单位集体面复、联合县督查局和县政府督查科检查督查等制度，促进提案的办理落实，一些关系群众生产生活的问题得到较好解决。反映民情民意，强化评议监督职能，及时反映群众意见。主动联系服务群众，为基层群众办实事。做好"第一书记"包村工作，帮助所包村发展种植项目，铺设村内道路，改善群众生产生活条件。

县政协常委会

【县政协常委会议】 年内，县政协召开常委会议3次。

八届十三次常委会议　2016年1月22日，县政协召开八届十三次常委会议。会议听取了县政府工作报告（讨论稿）、《宁阳县国民经济和社会发展第十三个五年规划纲要》（讨论稿）起草情况、县政协八届四次会议以来提案办理情况和辞去八届县政协常委、委员和增补委员情况的说明，协商讨论了《政府工作报告》（讨论稿）和《宁阳县国民经济和社会发展第十三个五年规划纲要》（讨论稿），协商审议了辞去常委、委员和增补委员事项，审议通过了八届县政协常委会工作报告（讨论稿）和提案工作报告（讨论稿）并推定了报告人，审议通过了关于召开县政协八届五次会议的决定（草案）、会议实施方案（草案）和召开八届五次会议的有关事项，协商审议了县政协2016年工作要点（讨论稿）和县政协机关人事事项。

八届十四次常委会议　2016年2月1日，县政协召开八届十四次常委会议。会议听取了各委员小组对八届五次会议各项内容的讨论情况，审议通过了《县政协八届五次会议提案审查情况的报告(草案)》和《县政协八届五次会议决议(草案)》。

八届十五次常委会议 2016年12月9日，县政协召开八届十五次常委会议。会议协商审议了《关于调整政协专门委员会名称的决定》和《关于设立政协宁阳县委员会委员联络工作委员会的决定》。

【重要活动】 **中共宁阳县委转发宁阳县政协《2016年协商工作计划》** 1月29日，中共宁阳县委转发宁阳县政协《2016年协商工作计划》，安排专题协商3项、对口协商5项、界别协商3项、重点提案办理协商1项。

中共宁阳县委召开政协统战工作会议 1月29日召开。县委书记刘学保出席会议并讲话，县委副书记、县委统战部部长陈波主持会议并传达了市委政协工作会议和市委统战工作会议精神。徐鑫、李为群、董磊、侯涛、王国强、付望舒、张培峰、沙玉华等县各大班子领导出席会议。

政协各专门委员会

【提案委员会】 县政协八届五次会议，共立案提案85件。遴选确定重点提案9件，县委书记刘学保作出重要批示。县委将提案办理工作纳入年度科学发展考核内容。

【文史资料委员会】 围绕黄恩彤文化资源的挖掘整理，开展了黄恩彤暨黄家大院专题文化研究资料。年底完成了《黄恩彤——宁阳历史名人》的编撰出版工作。

（桑胜鹏）

人民团体

宁阳县总工会

【概况】 宁阳县总工会内设办公室、组宣部、法律部、财务部、女工部、保障部、生产保护部 7 个职能部室，机关内设二级全额事业单位 1 个（县困难职工帮扶中心）、自收自支股级事业单位 1 个（县工人文化宫），现有在职人员 16 名。2016 年年底，全县共有 4 个乡镇（街道）建立总工会，工会工作委员会 30 个，其中 11 个乡镇（街道）工委，19 个县直工委，有 948 家基层工会组织，职工 12.5 万人，会员 11.4 万人。

2016 年，宁阳县总工会以省市重点工作为纵贯全年的总目标、总部署和着力点，常规工作求质量，重点工作求提升，努力在组织建设与支持基层、竞赛创优与“查保促”、民主维权与和谐创建、“互联网+工友创业”助推精准帮扶等方面实现新突破，全力打造效益工会、法治工会、服务工会、民生工会和智慧工会。宁阳县总工会被山东省总工会授予县级职工维权法律服务示范单位、工会财务工作先进集体、工会财务会计管理规范单位等荣誉称号，连续八年保持市级文明单位称号。县总工会主席马海荣被中华全国总工会授予全国优秀工会工作者荣誉称号。

【职代会建设】 2016 年，重点抓好中小型民营企业、新型经济组织、新型社会组织和外资企业、港澳台投资企业的职代会建设。对暂时不具备单独召开职代会条件的，依托社区、园区、专业市场等，建立区域或者行业职代会。12 月，县总工会印发《关于认真落实企事业单位协商民主建设、进一步规范开好职工代表大会的通知》，把 12 月定为“职代会推进月”，对企事业单位职代会实行“联系包保制度”，帮助企事业单位把握审议重点、搞好民主协商、规范工作程序。全县机关事业单位、国有、集体企业职代会建制率达 100%，非公企业建制率达 95%，职工群众满意率达 95%。

【厂务公开　民主管理】 2016 年 2 月，县总工会印发《宁阳县厂务公开民主管理和工资集体协商工作考核办法》，明确乡镇、街道、园区工会民主管理工作的目标任务和责任分工，细化考评标准，动态开展检查，定期进行考评，总结推广经验，及时整改问题。伏山镇总工会《推行区域职代会制度　促进职工与企业双赢》的经验在全省推广。并运用网上公开、会上公开、报上公开等各种形式落实厂务公开；在内容和运作上向企业分厂、车间、班组延伸，探索推行车间、班组内部事务的公开制度，进一步促进厂务公开制度的纵向到底和横向到边。卫生行业工会统一“三制”即公开招标制、医疗服务公开制、群众监督制，使院务公开成为广大职工参与管理的切入点，成为医院稳定发展的助推器。山东新合源热传输科技有限公司每季度将需公开的内容用书面材料报到公司公开办公室，内容为企业向职工承诺的服务公约、生产经营目标、业务招待费、绩效工资考核发放、选聘领导干部等职工普遍关心的热点问题，企业发展的重大问题和领导干部廉洁自律问题，公开办将收集到的有关内容汇总，提交公开领导小组经过民主评议研究后，通过企务公开栏向全体职工公示。

【职工维权】 在职工服务中心开设职工（农民工）服务窗口，全年为城区100余人次职工提供各项服务，其中为20人次职工（农民工）开展心理咨询疏导；帮助他们解决在生活、就业、子女上学、依法维护自身权益等方面遇到的困难。联合泰宁律师事务所成立职工法律援助中心，开通法律援助热线电话，为10余名权益受损的职工给以维权。

【帮扶救助】 年内，对乡镇（街道）和企业工会组织所在的困难职工进行入户调查摸底，深入了解分析困难职工家庭的贫困情况，致困原因，根据其提出的帮扶需求，有针对性地进行帮扶救助。经调查摸底核实，为1005名困难职工建立困难职工（农民工）档案，纳入到工会帮扶系统，成为帮扶救助的对象。实施“职工健康关爱”工程。90%以上特困职工是因病致困，宁阳县总工会对符合救助条件的34人，给予6.8万元救助款。

【实施互联网＋工友创业行动】 年内，利用山东省工会就业信息网和泰安市职工服务网，及时公布农民工的求职需求和用人单位的招聘信息，搭建劳动力供需双方沟通的桥梁。联合晨光职业培训学校等单位，开展家政员、月嫂、保洁员、电子商务、互联网创业等培训班6期，培训职工860人，其中农民工360人。利用工会扶持命名的工友创业园、工友创业安置基地和劳模企业安置部分农民工就业，通过山东友邦肥业农业专业合作社、凤仙山林果合作社、宁阳溢源奶牛养殖专业合作社等安置农民工就业创业100余人，帮助15名工友实现自主创业，培养工友创业带头人2人，培养工友创业示范企业2家，有6个单位被列为工友创业实训基地。

【“四送”活动】 2016年，宁阳县总工会开展“四送”活动，一是春送岗位。3月28日，与县人社局共同举办以“搭建供需平台，促进企业发展”为主题的宁阳县劳模企业、和谐企业专场招聘会。有43家企业参加，提供就业岗位4379个，求职者达1000余人，210人现场达成就业意向。二是夏送清凉。6月，投入近4万元开展了“夏送清凉”活动，分四个组深入化工、建筑等20个企业高温作业现场，为奋战在生产一线的劳动者750余人送物资、送文化、送政策、送健康、送安全、送培训。三是秋送学子。8月份，对46名考取大学本科的困难学子进行了直接资助，其中，联合供电公司、超威电源、华阳迪尔3家劳模企业共同对15名困难学子进行了社会化救助。四是冬送温暖。对因遭遇天灾人祸或患重大疾病致困的124名困难职工根据其困难程度分别给予1000元和600元的一次性救助，对517名生活困难的职工每人给予200元的生活救助，为两个困难企业发放慰问金4万元。同时按照市总工会扶贫任务要求给予10名困难群众每人500元的救助。

【劳动竞赛】 2016年，县总工会制订下发《关于在全县广大职工中广泛开展“建功十三五、创新促发展”劳动竞赛的意见》，重点开展七个方面的劳动竞赛活动：重点工程主题竞赛；科技创新主题竞赛；节能减排主题竞赛；业务技能提升主题竞赛；美丽乡村建设主题竞赛；优质服务主题竞赛；安全生产主题竞赛。着力提升科技含量和创新意识，把竞赛渗透到生产经营、技术革新、安全生产等多个方面，推动劳动竞赛由“速度型”向“效益型”转变，由“体力型”向“智力型”升级。县总工会已联合有关单位举办了20多项（场）竞赛活动，举办全县技能人才职业技能大赛，涉及工种25项，设置10余个竞赛点，参赛企业670余家，职工2.3万人，其中参加职业技能鉴定的职工2300人，参赛

2016 年 5 月，全县“企业保安全，职工勇争先”主题演讲比赛

企业和人数创历史新高；与县安监局等单位联合举办安全技能知识竞赛，全县有 30 多家企业组队参赛，成绩优秀的联合授予“操作能手”“金牌职工”“优胜单位”称号，县总工会命名表彰宁阳县金牌职工 27 名。

【“查保促”活动】 2016 年，全县开展“查保促”活动的企事业单位 636 家，参与职工 6.57 万人；组织开展安全培训 1060 场次，培训职工 8.08 万人次；工会干部包靠企业（车间、班组）486 家，督导“查保促”活动 2860 人次；查纠违章操作和违反劳动纪律行为 343 件次；查出安全隐患 168 个，整改完成 159 个；组织各种演练 230 余场次，参加人员近 1 万人。9 月份，成功举办了全县安全生产重点企业“百企万人”安全长卷签名活动暨“企业保安全，职工勇争先”主题演讲比赛，增强了企业和职工对安全意识的理解。

【劳模管理】 2016 年，新命名 5 家劳模创新工作室，优中选优申报 2 家市级“劳模创新工作室”，对命名县级“劳模创新工作室”，每家给予 5000 元创新扶持资金。年底，全县已有省级“劳模创新工作室”1 家，市级“劳模创新工作室”5 家，县级“劳模创新工作室”10 家。开展“劳模进企业，作风传帮带；劳模进社区，问诊新农村”和“劳模企业家献爱心，携手共建新农村”主题实践活动，充分发挥劳模示范引领、典型带动作用。“五一”期间，组织开展第五届宁阳劳模评选活动，表彰劳动模范 40 名，每人奖励现金 2000 元。新当选劳动模范中，一线职工、科技人员、创新能手达到 50%以上。县总工会在县职工服务中心新设《劳模风采》专栏，精选劳模事迹进行展示。

（杨　强）

共青团宁阳县委员会

【概况】 共青团宁阳县委员会机关设办公室、基层工作部 2 个部室。2016 年，全县有基层团委 61 个，团总支 94 个，共青团员 3.9 万人。单位、企业、行政村团支部 1270 个，团干部 1526 名。社区青少年活动中心创建，被团省委评为“省基层团组织创新项目”。

【在外青年才俊联系平台】 2016 年，全县各级共青团组织密切联系宁阳在外青年才俊 218 人，涵盖中央、省、市机关事业单位、高校、

国有企业等，并逐一与本人电话联系，完善个人信息，建立“宁阳在外青年才俊数据库”。“五四”前夕，开展向在外青年才俊寄家书送祝福活动，引导他们不断关注宁阳、支持宁阳、推介宁阳，为宁阳未来发展注入强大动力。

【社区青少年活动中心创建】 2016年，在人口集中的农村社区创新建立青少年活动中心2处：东疏镇疏新社区“梦想课堂”、八仙桥街道徐马高社区青少年活动中心，并投入2万元，完善相关硬件设施。招募青年志愿者，在周末和假期为社区及周边青少年提供课业辅导、兴趣培养等服务。累计授课150余次，完成手工制品、绘画作品300余件。暑假期间，在蒋集镇和东疏镇举办“青年之声——七彩假期线下活动”，青年志愿者为孩子们送上优美的舞蹈课、有趣的数学课、动听的音乐课等辅导。开展青春扶贫活动，为100余名家庭困难学生送去书包、杯子等学习生活用品，鼓励他们珍惜时光，好好学习。

【青年志愿者爱心基地】 2016年，组织县农村商业银行、县检察院、县第一人民医院、县第二人民医院、县大学生创业协会、八仙桥街道社区卫生服务中心、县沪农商村镇银行7家青年较为集中的单位，分别在泗店镇中心小学、东疏镇大伯集完全小学、宁阳二十四中、磁窑镇泗望完小、县特殊教育中心、八仙桥街道临邑小学、宁阳二十中等7家学校建立青年志愿者爱心基地，通过援建爱心书屋、结成爱心对子、举办联谊活动、圆梦微小心愿等，实现爱心资源有效聚集。共开展援建爱心书屋、快乐午餐、爱心义诊等活动30余次，折合人民18.5万元，为青少年学生创造温馨有爱的学习成长环境。

【新媒体传播载体】 通过“宁阳共青团”微信公众号，以青年喜闻乐见的方式引导“青春梦”融入县委中心工作，聚集助力发展的青春正能量。构建“青年团+青年公益”的资源共享载体，建立“宁阳青年社会组织”QQ群、微信群，为体制内团组织与包括泰安小荷公益、泰安小红帽公益、泰安志愿者协会宁阳县分会等在内的30余家青年社会组织搭建起合作互动的桥梁。共联合开展走访慰问服刑在教未成年子女、贫困青少年等活动47次，受益青年415人次。所有乡镇团委和部分县直部门团组织都建立起了不少于100人的微信群、QQ群，并通过这些新媒体开展各种积极向上的线上活动。

【团队增色工程】 2016年，通过开展增加团员、少先队员身份意识和对团队组织的认同感的各种活动，巩固基层组织建设。①举办“红领巾相约中国梦——听党的话，做好少年”少先队鼓号操大赛，全县中小学共15支代表队参加比赛，各参赛队伍精心编排，用激扬的鼓乐、严整的队容、响亮的口号全方位地展示少先队员朝气蓬勃、昂扬向上、锐意进取的精神风貌。比赛共评选出金号奖2名，银号奖5名。②开展“庆五四·亮身份·作表率”主题团日活动。组织全县近200名新入团优秀团员代表齐唱团歌，重温入团誓词，并向全县团员发起“勤学立志，作心中有梦想的青年表率；修德向善，作心中有榜样的青年表率；明辨是非，作胸中有立场的青年表率；笃实奋进，作足下有行动的青年表率”倡议，同时开展征文、黑板报评选等活动。③组织开展“感悟自然·团队增色”——雪日团队体验教育活动。通过在“青春泰安”微信公众号发布团员、队员雪景照片，展现冬日雪景中的青春风采和童真童趣，共青团员和少先队员的身份意识和团队凝聚力得到极大提升。

【青年凝聚工程】 ①推树青年榜样。5月，联合县委组织部举办首届“宁阳青年论坛”活动。经过单位党组织推荐、大口筛选、论坛预选、征求意见和人员公示等环节，10名优秀年轻中层干部结合本职工作，以“实干有为·青年担当”为主题，就如何为工作推动添动力，为科学发展添活力，为干群融洽添助力等畅谈谈经历、感想、实绩和认识。进入论坛青年被授予第十二届“宁阳十大杰出青年”荣誉称号。②举办“建活力组织·做魅力书记”基层团建风采展示活动。13个乡镇(街道)团(工)委书记逐一上台述职,谈工作、谈经验、谈感受、谈目标,促进基层团组织交流经验,推动基层团干部专业素养和综合素质提升。

【青年创业工程】 2016年,以大中专毕业生、企业青年、农村青年为重点,打造“3+1”服务青年创业模式(“1”指有就业创业愿望的青年。“3”指3个体系:一是扶持体系,包括政策咨询、资金帮扶、信息交流、资源共享和典型推树五个方面;二是培训体系,包括就业培训和创业培训;三是指导体系,依托青年企业家协会和基层团干部,大力实施“导师带徒”计划)。联合县农商行、农行宁阳支行、邮储行宁阳支行开展“鲁青基准贷”活动,为创业青年提供贷款300万元,有效缓解青年创业资金瓶颈。

【爱心救助工程】 2016年,建立贫困学生数据库,开展各类救助活动,有效缓解困难青少年学习成长的燃眉之急。①打造“希望工程·圆梦大学”活动品牌,坚持“低保边缘优先、分等次救助”的原则,救助多名贫困大学新生。仝玉珠和刘业祥等2名同学获得山东省茅台助学金10000元资助。②组织全县80多家青年文明号单位,在13个乡镇(街道)开展“真情助困送温暖”活动,为80个贫困家庭送去学习生活用品和慰问金,总价值近10万元。③开展牵手关爱行动,为160余名留守儿童现场提供服装、学习用品,并带领留守儿童免费参观MiNi梦想城儿童职业体验馆,启动后以乡镇为单位先后开展各类活动10余次。

【青年志愿工程】 2016年,全县共有团属青年志愿者服务队伍100余支,共组织志愿者活动300余场次,内容涵盖义诊、助残、敬老、护苗等范围。县一院青年志愿服务站被评为省级青年志愿服务项目,并获得省财政10万元专项建设资金。同时搭建青年志愿服务的线上载体,推广志愿者打卡器,建立志愿服务组织26个,并逐步实行志愿服务活动的线上发布和志愿者通过线上打卡记录时长。

（田　静）

宁阳县妇女联合会

【概况】 2016年,县妇联本着“坚持标准、广选严聘、优化结构”的原则,拓宽渠道,精心组织,全面推进选聘基层兼职妇女干部工作。全县共选聘镇街妇联兼职副主席18人,选聘村居兼职妇代会成员578人,开展工作的村居比例达100%。村级妇代会覆盖全县562个行政村居,县直机关及企事业单位共有妇委会46个。全县共建妇女儿童家园4个,为“妇女儿童家园”建设,争取资金27万元。

【巾帼脱贫行动】 2016年,县妇联以帮助农村贫困妇女儿童脱贫致富为目标,制定下发《关于开展巾帼脱贫行动的意见》,发动各级妇女组织整合资源,争取支持,将精准扶贫工作与“新农村·新生活”培训、十万妇女技术技能培训、关爱帮扶留守、贫困儿童、贫困母亲等特殊群体、“两癌”筛查等工作相结合,开展好巾帼脱贫行动。按照精准到户、因户施策的原则,全年共登记农村“两癌”贫困妇女70人,录入全国两癌救助系统,并为其中3位妇女争取救助金3万元。

【巾帼创建活动】 2016年,深化“双学双比”和“巾帼文明岗”创建活动,县妇联表彰“巾帼创业致富带头人”10名、“巾帼建功标兵”100名。在伏山镇、东疏镇举办“新农村、新生活”家政技能培训班,接受培训妇女300余名,并走向家政服务市场。在东疏镇举办农村妇女电子商务培训班,200多名农村妇女掌握电子商务系列基本知识以及网上开店流程,为有意创业的女性们打造良好的创业就业平台。全县有24名城乡妇女争取到免费参加省市“创客训练营”“农村妇女创业创新发展培训班”“扶贫培训班”的机会。开展“春季绿化　巾帼先行”活动,发放“我为家乡添片绿　建设美丽家园”植树造林活动倡议书1000多份,组织500多名女干部开展植树活动,共植树1万余棵。

【寻找最美家庭】 2016 年，县妇联以弘扬倡导良好家风家教为重点，开展“寻找最美家庭”主题活动。广泛组织开展“家风”讨论，讲家风家教故事、征集家规家训、传承好家风的好家长推荐等亲子互动活动。全年征集“好家规家训”1324 条，参与评选的“好家长”889 人。营造家庭书香氛围，提升妇女儿童文化素养，与县教育局、新华书店联合开展 2016 年度“母子共阅读，书香溢万家”活动，表彰“书香家庭”12 个。全县共有 5687 个家庭参与读书征文演讲活动，经乡镇初赛、全县复赛和决赛，最终评选出优秀读书征文 101 篇、优秀读书演讲 30 人，并对活动中涌现出来的优秀家庭、参赛选手和优秀组织单位进行表彰奖励。

【美德少年实践活动】 2016 年，抓住“六一”儿童节时间节点，围绕“我的中国梦”主题，开展贴近儿童生活、富有时代气息的争做美德少年主题实践活动，宣传普及社会主义核心价值观，树立崇德向上、见贤思齐的良好风尚。组织全县儿童少年参加山东省儿童少年“美德在我家”书画摄影大赛，推荐作品 30 幅；参加山东省网上家长学校“我的感恩故事”征文，推荐作品 95 篇。春蕾女童作品展和故事征文活动，全县参与女童共有 200 余名。乡村少年秀征文，有 340 余名儿童参与。做好留守儿童关心关爱工作，帮助 800 多名留守儿童家长树立了科学的家庭教育理念。7 月 25—29 日，争取省妇联在伏山镇开展农村留守儿童暑期夏令营活动，为期 1 周的课程惠及 23 名留守儿童，丰富了他们的暑期生活。组织开展“鲁喀爱心牵手行动”，以“鲁喀亲子手拉手　维汉民族心连心”为主题，发动全县小学生为对口支援的喀什地区疏勒、英吉沙、岳普湖、麦盖提四县的儿童写信、制作贺卡、创作儿童画。全县共有 260 余名儿童参与活动，评选出 38 名“民族团结小使者”。

【维护妇女儿童合法权益】 切实保护妇女的合法权益，抓住三八维权月、母亲节等重要节点开展男女平等基本国策及反家庭暴利法知识竞赛活动。2016 年，县妇联共接待来信来访来电 52 件，涉及信访人 59 人次。从反映问题类别来看，涉及婚姻家庭权益类 47 件次，占信访总量的 90%；涉及劳动和社会保障权益类 3 件次，占信访总量的 6%；涉及财产权益类 1 件次，占信访总量的 2%；涉及违法违纪类 1 件次，占信访总量的 2%。目前，52 件信访件全部得到有效解决，办结回复率达 100%。

关爱贫困儿童，2016 年，共计关爱帮扶困难家庭未成年人 94 人，发放救助金 4.18 万元。社会爱心人士捐款 2.18 万元，资助 54 名困难家庭未成年人，出资 2 万元资助 40 名女童顺利完成小学学业，资助每名女童 500 元。联合爱心企业宁阳县一滕医药有限公司为葛石镇 10 户建档立卡贫困户发放 5000 元资助金。联合县国税局资助 10 名贫困儿童，每人发放 500 元爱心助学资金。组织举办“好运家园·放飞梦想”公益助学活动，联合好运家园救助乡饮乡 15 名贫困儿童，每人 500 元助学金及书包、图书、水杯等节日礼物。联合县体育局为东庄镇坡里村的孩子们送去了 93 套爱心书包、跳绳和乒乓球拍等文娱用品。争取山东省儿少基金会爱心捐款 9000 元，资助贫困女童 28 人。

（赵　菊）

宁阳县科学技术协会

【概况】 宁阳县科学技术协会内设办公室、科普部、学会部 3 个部（室），下设宁阳县老科技工作者办公室、中国农村致富技术函授大学宁阳分校 2 个事业单位。2016 年，在职在编工作人员 16 人。宁阳县被山东省科协表彰为助力地方创新驱动发展工程先进示范区。县科协被人社部、中国科协表彰为全国科协系统先进集体。宁阳县科协荣获 2016 年度全国农民科学素质网络知识竞赛县级“优秀组织单位”称号。

【助力地方创新驱动发展工程示范区创建】 2016 年 5 月 6 日，山东省科协批准宁阳县为“山东省科协 2016 年度助力地方创新驱动

8 月 19 日，在山东省科协助力地方创新驱动发展工程示范区启动仪式颁发创新服务站牌匾

发展工程示范区”。5 月 26 日，山东省科协助力地方创新驱动发展工程宁阳示范区首场技术对接交流座谈会在泰安市科技咨询中心召开，3 名化工专家和 8 家化工企业的技术人员参加了座谈会；8 月 19 日，山东省助力地方创新驱动发展工程宁阳示范区启动仪式暨高层人才、新技术项目对接会在宁阳经济开发区召开，8 名化工专家和 30 多家化工企业技术人员参加启动仪式，10 家化工企业被授予“科技协同创新服务站”称号，2 家化工企业分别与山东化学化工学会、山东省省重点实验室签订了技术合作战略协议。全年组织专家深入企业开展技术指导活动 5 次，解决企业技术难题 27 项。高盐农药废水综合治理项目、山东华鸿化工有限公司创新驱动示范基地建设项目荣获 2016 年度山东省科协助力地方创新驱动发展工程示范项目。山东华阳农药化工集团有限公司孙绪兵荣获“2016 年度山东化学化工学会—京博青年化学奖”。10 月 19 日，在宁阳县职业中专举办网络版科技信息数据检索系统专题培训班，全县 20 余家科技创新型企业的技术研发人员参加培训，2 家企业借助科技信息数据申报专利 8 项，获得授权 6 项。

【科技人才队伍建设】 2016 年，县科协与县委组织部、县人社局、县卫计局开展第二届“宁阳县十大名医、宁阳县十佳护士”评选活动。组织开展宁阳县农村专业技术职称评审活动，21 人获得中、高级专业技术职称。

【科普活动】 宁阳县人民政府办公室印发《宁阳县全民科学素质行动计划纲要实施方案(2016—2020 年)》(宁政办发〔2016〕95 号)，明确“十三五”期间全县全民科学素质工作的重点任务及保障措施。2016 年，组织开展全国科普日系列活动 12 项，发放科普资料 1000 余份，受益群众近 1 万人次。举办第 31 届宁阳县青少年科技创新大赛，联合县教育局印发《关于公布宁阳县第 31 届青少年科技创新大赛评比结果的通报》(宁科协字〔2016〕8 号)，推荐省、市参赛项目获山东省一等奖 1 项、二等奖 1 项、三等奖 4 项，泰安市一

5 月 24 日，市林科所专家张文越到葛石镇涧西村讲解核桃种植知识

等奖 3 项、二等奖 11 项、三等奖 19 项；举办泰安市第三届机器人竞赛，宁阳实验中学 2 个代表队获 FLL 工程挑战赛三等奖；第二十二届全国青少年信息学奥林匹克联赛泰安赛区，全县 5 所中学的 341 名学生参加竞赛活动，23 名参赛者获得复赛资格，获全国一等奖 1 名、二等奖 5 名、三等奖 4 名，泰安赛区初赛一等奖 31 名、二等奖 104 名、三等奖 202 名；10 月 18 日，“山东省流动科技馆”巡展活动宁阳站启动仪式在宁阳实验中学举行，免费向全县中小学生开放 3 个月；组织宁阳一中 10 名学生参加在西北农林大学举办的高校科学营活动、1 名学生参加鲁台两岸青少年科学教育交流活动。组织开展 2016 年度全国农民科学素质网络知识竞赛，全县参赛人数达 102 万多人次，位居全国第一。

【科普惠农】 2016 年 5 月 24 日，在堽城镇得时村、葛石镇涧西村举办 2 场核桃种植专题培训班，受益果农 200 多人。6 月 28 日，举办“求是求为求知求乐，做四好老党员”主题活动启动仪式。100 余老党员面对党旗庄严宣誓，重温入党誓词，上党课，开展科技专家惠民行动暨“订单式”科技下乡活动。10 月 27 日，在东疏镇西和村、文庙街道圣地农庄举办 2 场蔬菜种植专题培训班，受益菜农 300 多人。11 月 10 日，在宁阳县第十中学举办《科技创新我能行》专题科普报告，该校 1800 余名师生参加活动。2016 年，乡饮乡南赵村粉皮协会被评为全国“基层科普行动计划”先进单位；东疏镇农业新技术推广协会被评为全市“基层科普行动计划”先进单位。

（王　佳）

10 月 27 日，市农科院专家刘中良在东疏镇西河村举行蔬菜知识讲座

宁阳县工商业联合会

【概况】 宁阳县工商业联合会下设办公室、会员科、维权服务中心。2016 年，有乡镇（街道、开发区、产业园）商会 15 个，行业商会 10 个，会员企业 527 家。年内县工商联被山东省工商联评为“五好”县级工商联。

【服务与合作】 2016 年，县工商联以“服务发展年”活动为统领，搭建经济服务平台，调动一切社会力量，切实解决影响企业发展的各种问题。推广天和纸业、迪尔化工等企业上市经验，破解企业资本运作难题。总结钢球协会（商会）“助融贷”的银企合作方式，探索中小企业与银行合作的有效办法。开展以“人才、科技、银企”三对接活动为重点的经济服务，助推民营企业转型升级。积极参加各级工商联组织的“民营企业人才招聘会”，为会员企业解决人才需求。4 月 28 日，组织 6 家民营企业参加泰安大学生人才招聘会，为企业解决急需专业人才 26 名。4 月 29 日，在县委党校礼堂组织 105 名民营企业家代表参加“全县民营企业家培训班”，邀请中国启航教育集团专家就利润倍增问题进行授课，解决企业家存在的发展困惑。

【参政议政】 充分发挥工商联在非公有制经济人士参与政治和社

会事务中的主渠道作用，着力打造非公有制经济人士参政议政平台。通过在执常委以上企业建立联络员制度，进一步完善会员企业中人大代表、政协委员与广大会员联系制度，充分反映广大非公有制经济人士的意见建议。年内，根据全县经济现状，结合工商联工作实际，就健康产业等积极开展专题调研走访活动，广泛征求意见，把好的建议反映上去，积极配合党委、政府营造有利于非公有制企业发展的良好环境，提交县政协提案3件。

【组织建设】 加强基层商会组织建设，与乡镇(街道)、开发区、产业园党(工)委、政府的联系，强化对商会组织建设的督促检查和业务指导，使商会工作步入规范发展的道路。推动行业商会组织建设，稳步推进成立行业商会组织，建立和完善行业商会的管理体制、机制和规章制度。先后组建流通业商会和电子商务商会。抓好会员队伍建设，以“调查摸底和登记造册”为重点的会员发展工作，清理“僵尸”会员260名。进一步规范会员管理，注重在新兴产业、科技行业以及小微企业中发展会员，确保会员队伍健康发展，新发展会员90名，超额完成全年的任务。

【精准扶贫行动】 实施以“民企帮村、助力扶贫”为主题的精准扶贫行动，把非公经济人士的光彩行动引导到脱贫攻坚上来，响应全国工商联“万企帮万村”精准扶贫行动的号召，组织执常委以上17家企业与20个贫困村结对子，立足实际开展产业扶贫、就业扶贫、公益扶贫等，使贫困村脱贫走出了新路子。

（张明倩）

文联工作

【概况】 2016年，县文联围绕中心、服务大局，面向基层、服务群众，认真履行联络、协调、服务的基本职能，充分发挥组织、引导、服务作用，团结和带领广大文艺工作者，深入生活，弘扬中华优秀传统文化，挖掘中华嘉禾文化的深厚内涵，更好地服务和推动经济文化强县建设。9月6日，泰安复圣文化产业有限公司主办，燕郊武狄天晟艺术品有限公司协办的“百蛩争鸣”尹延坤画展，社会各界100余人出席。此次画展以宁阳蟋蟀为主题，宁阳蟋蟀文化具有深厚的历史文化渊源，以蟋蟀为媒，以复圣文化会友，为广大美术爱好者提供了一个观摩、学习、交流的机会，活动共展出尹延坤老师创作的110余幅作品。9月28日，书画大师曹天文在复圣公园6号楼(复圣艺术馆)举行个人作品展，吸引了社会各界书画爱好者参展。曹天文擅画兰竹、山水，有100余幅作品及论文在国内50家报刊发表，此次展出的作品不仅有书法、绘画，还有紫砂和陶瓷等艺术作品，除此之外还有曹天文亲手抄录的佛经。

【文艺阵地建设】 2016年年初，宁阳文学院在泰安爱脑汇文化发展有限公司举行揭牌仪式。宁阳县作家协会、读书人协会部分成员和泰安爱脑汇文化发展有限公司全体员工参加，是一个集培训指导、创作研究、作品交流、文学采风等功能为一体的业余文学活动平台。宁阳文学院举行作家班培训2届，培训宁阳本地作者40人，出版以学员作品为主的刊物《枣花》2期。4月21日，葛石镇曹家寨村举行宁阳县作家协会曹家寨创作基地揭牌仪式。8月21日，成立宁阳周公嘉禾文化研究院。与县作家协会、山东华宁集团共同举办“华宁·嘉禾园杯”中华嘉禾文化主题征文活动，参赛人员来自全县文学爱好者100多名，收到作品共计500件，最终评出一等奖2篇、二等奖4篇、三等将6篇、优秀奖10篇。

政法

综 述

【平安宁阳建设】 2016 年,县委、县政府印发《关于加强和创新立体化社会治安防控体系建设的意见》,构建地面、地下、空中、水域、网络、源头“六位一体”的防控体系。深化“天网工程”建设,整合社会资源,推动视频监控由社会治安防控向社会治理发展。推进社会化治安大巡防建设,创新实行特巡警驻所勤务机制,开展“冬季大巡防”集中行动,规范镇村两级巡防队伍,推动治安巡防向村居(社区)、机关和企事业单位延伸。推进严打整治工作常态化,启动社会治安综合治理“冬春季攻势”,组织开展治安重点区域、复杂场所、突出问题排查整治行动,增强群众安全感。加强情报信息搜集研判和群体性事件应急处置,深入开展反邪教斗争,确保不发生问题。全县刑事发案 907 起,同比下降 9.8%。

【服务经济发展】 围绕“服务发展年”活动要求,建立政法部门领导班子成员包保重点项目和重点企业制度,深入开展企业和重点工程项目周边集中整治,维护重点项目建设环境。加强对经济案件的审判和执行工作,审结买卖、租赁、股权等商事纠纷案件 256 件。加大查办和预防职务犯罪工作力度,立查职务犯罪案件 20 件 24 人。司法行政机关大力加强司法所规范化建设,进一步夯实矛盾化解、社区矫正、法律服务基层基础。民政部门大力推进基层民主政治建设,基层社会治理水平进一步提升。

【法治宁阳建设】 加强信访工作,强化非访治理,全县信访形势持续好转,实现 2016 年非访“零登记”,是泰安市唯一成功创建“无非访县市区”的单位,“诉访分离六步工作法”作为亮点工作在泰安市推广。制订“七五”普法规划,建立法治人员以案释法制度,深化法律“六进”。组织实施“互联

网+公共法律服务”便民工程,完善公共法律服务实体、热线和网络三大平台建设。持续规范执法司法行为,开展涉案财物大检查、大清理活动，深入推进审务、检务、公安、司法行政公开,完善执法监督工作机制，执法司法公信力进一步提升。稳妥推进司法责任制改革，按照上级要求完成法官、检察官首批员额遴选。公安改革、律师改革、涉法涉诉信访改革等成效初步显现。落实司法救助制度，有效解决当事人及其家庭的特殊困难。

【创新社会治理】 2016年，强化社会稳定风险评估，全年共完成重大项目、重大决策风险评估事项19件。构建多元化解矛盾工作新机制，开展矛盾纠纷大排查大调处专项行动，建立“宁阳矛排通”平台,加大排查化解力度,全年排查各类重点矛盾纠纷1883起，调处成功1855起，成功率为98.5%,防止群体性事件和集体上访68起，防止民转刑案件31起；深入推进诉调对接工作，在县法院机关及各法庭建立诉调对接平台,指导分流案件300余件。对刑满释放、社区矫正、易肇事肇祸精神病人等重点特殊人群，突出信息化管理和分类施教、系统治理，做到“底数全摸清、情况全掌握、管理全覆盖、服务全到位”。推进校园安保固定勤务和“一派六进”工作，校园周边环境得到明显优化。发挥政法综治工作优势,参与城区建筑渣土整治专项行动,开展联合执法，城区建筑渣土管理秩序日趋规范。加大对道路交通、消防安全和危爆物品的管理,公共安全监管能力不断提升。

【政法队伍建设】 坚持重心下移,深化“无命案乡镇街道”“无刑事案件村居”综治主题创建,推进政法综治基层基础建设、政法综治信息化建设，加强人民法庭、检察室、派出所、司法所规范化建设,先后完成磁窑法庭、县检察院办案工作区升级改造、检察室视频接访系统、开发区消防站、县司法局司法行政信息中心等建设,进一步提升政法机关执法司法保障能力。落实全面从严治党责任,将2016年作为全县政法机关“作风建设年”,扎实开展“两学一做”学习教育,切实加强政法干警的廉洁从警教育、职业道德教育和纪律作风教育，政法干警政治素养和履职能力有效提升，政法队伍整体素质明显提高。

（许　明）

公　安

【概况】 2016年，围绕全县工作大局，一手抓维护稳定，一手抓“四项建设”,圆满完成G20峰会、中共十八届六中全会等重大安保任务，全县公安工作和队伍建设取得了新成效。①维护全县政治稳定。发挥身处前沿与群众联系密切的优势，及时排查化解了一批因地企矛盾、企业改制、道路改造、集资理财等领域的不安定因素。对发生的群体性事件,严防事态转化升级,接待群众来访171起230人次,全部按时办结。依法处理非访人员57名,其中行政拘留38人,形成依法治访的工作氛围。②严打高压态势。以“打击侵财犯罪破案竞赛活动”“打击治理电信网络新型犯罪专项行动”等为载体，全年破获各类刑事案件1204

2016 年 7 月 12 日，县公安局应急处突演练

起，抓获各类违法犯罪嫌疑人 527 人，其中提请逮捕 143 人，移送起诉 434 人。先后破获宁某燕重大诈骗案、“4·08”变压器室被盗系列案、王立友故意伤害致人死亡案、“6·23”非法制造买卖枪支弹药案、“8·24”曹留成等人系列砸车玻璃盗窃案等一系列重大案件。③严密防控体系建设。根据不同时段、区域的治安特点，公秘结合，科学布警，全县刑事发案实现稳中有降。推进校园安保“一派六进”，严格固定勤务落实。扎实推进严重交通违法行为集中整治，共检查“七类重点车辆”1.1 万余辆，查处“七种违法行为”9000 余起。排查整改安全隐患 41 处，完善交通标示 75 处，开展交通安全知识宣传教育活动 39 场次。严格执行“七个一律”的刚性措施，及时整治火灾隐患，共检查单位 1125 家次，下发责令整改通知书 800 余份，责令单位消除隐患 1800 余处，临时查封单位 2 家，“三停”单位 11 家。④基层基础建设。因地制宜对办公场所进行规范修缮，全年总投资 2500 余万元，完成磁窑消防站暨东部应急指挥中心建设，提升了东部乡镇的灭火救援和应急处突能力。高标准建设案管大厅，实行“1+1+1”工作模式，推进受立案改革，全市受立案改革现场推进会在宁阳县公安局召开。⑤强化队伍建设。扎实开展“两学一做”学习教育，强化理想信念、职业道德教育，公安队伍思想政治素质进一步增强。紧扣实战需要，组织开展多形式的实战技能培训。加大队伍的日常监督管理，常态化开展明察暗访，形成严查严管、强力问责的队伍管理机制。年内，先后有 7 个集体、37 名民警受到市级以上表彰。

【交巡管理】 基层设施　2016 年，投资 5000 万元，规划建设车驾管便民服务中心。投入 375.39 万元建设智能交通设施 30 处，智能交通设施正式启用，全年新建智能交通卡口 37 处，反向抓拍 20 处，电子警察 6 处，累计 102 处，信号灯由 13 处增加到 55 处。

车驾管理　办理三轮摩托车驾驶证 75 本，增驾三轮摩托车驾驶证 66 本，驾驶证补证、换证 10470 本。驾驶员审验 2853 本。满分学习 287 人。机动车注册 5264 辆，其中：大型货车 58 辆、小型汽车 4893 辆、两三轮摩托车 194 辆、

2016 年 7 月 14 日，县公安局开展交通违法行为集中治理统一夜查行动

低速车90辆、挂车20辆。共办理机动车转移1851辆，其中：小型汽车1744辆、大型货车59辆、挂车20辆、低速车10辆、轮摩托车5辆。共办理机动车转入446辆其中：小型汽车437辆、大型货车9辆。共办理各类机动车年检16983辆，其中：大型货车466辆、小型汽车15162辆、二轮摩托车490辆、低速车431辆、教练汽车114辆。注销各类车辆2786辆。核发临时号牌3088张。

隐患排查整治　以国道、省道、县乡村道路为重点，重点排查事故多发点段，路口、人行横道、封闭道路出入口、危险桥梁等路侧险要路段及标识标牌缺失的道路，按照“横向到边、纵向到底、全面覆盖、不留死角”的要求，连续全面、彻底排查，建立隐患排查工作台账，所有隐患点、段逐一进行拍照，排查隐患交警部分423起，整改423处。利用各种媒体，曝光典型交通事故案例14起，对3起生产经营性道路交通事故进行了通报追责。大货车违法整治，查处交通违法7.1万余起，将有严重违法行为的29辆大货车全部查获，全市排名第一。

【百里长廊“小交警”创新宣传】　宁阳交警官方微信、微博每天发布更新内容，在各类媒体发稿480篇。在县电视台开辟专栏，对死亡1人及以上的道路交通事故，一律在县级电视台曝光，1—11月，共曝光典型死亡事故17起。在全县国、省道打造百里长廊。在百里长廊、在空中（电线杆等）、在地上（桥梁护栏）、在桥下悬挂200余幅喷绘宣传画，提示群众遵守交通安全。104国道和蒙馆公路宁阳段的宣传标牌以达到150多块，把一条国道和一条省道打造成延伸百里的交通安全“宣传长廊”。

【户籍管理】　2016年，严格执行上级户口管理规定，严格出生登记和户口迁移手续。对公民申请变更户口项目的，认真调查，及时办理；对大中专学生回原籍落户，单位人为设置障碍的，采用“先落户，后通报”；对无户口人员申请落户的，严格执行上级规定，及时按政策办理落户。

开展社会宣传　推广流动人口服务管理综合信息系统在社会面上的普及应用。对用工单位、出租房主等社会用户，结合日常走访管理，开展上门培训服务，真正让社会用户能用、会用、用好互联网申报功能。引导和鼓励流动人口自行登录互联网申报居住登记、申领居住证。与人社、住房、计生、工商等部门密切配合，依托社区、村居等基层组织，共同采集登记流动人口信息，实行信息资源共享。强化机关、团体、企事业等用人单位、出租房主流动人口服务管理中的职责和义务，发现用单位和出租房主漏报行为，严格按照《山东省流动人口服务管理办法》有关规定进行查处。2016年，共管理流动人口47380人，其中采集录入9022人；登记出租房屋75962户，其中年内登记11801户，办理居住证159人。

重点人口管控　托清重点人口底数，开展管控和帮教活动，预防重新犯罪。全年共管控重点人口2308人，全部落实管控措施。推进户口登记管理专项清理整顿，制订户口清理整顿工作方案，全县共清理核查1995年以来收养落户214人，核查1995年以来无户

2016年11月16日，宁阳县公安局举行实战化训练

口人员落户3179人，核查2000年以来办理的县外迁入户口51382人，核查2000年以来出生登记118219人，核查2000年以来死亡等注销户口77903人。核查疑似重复人员2251人，其中注销户口689人，收缴身份证372张，变更错误照片65人，排除重复嫌疑919人，对方处理657人。核查省公安厅下发跨省迁移未成年人301人，省外证号变更为本地证号人员19人，市外未成年人迁入名单594人。

人口信息和居民身份证管理　抓好人口信息无相片人员、异地居民身份证超期签发、人口信息数据质量等方面的工作，经过清理核查，全年共解决无相片人员414人，业务监管问题人员93个，重证号问题1人，重记录问题2人，户关系错误3人。违法驾驶人安全管理。省公安厅向宁阳推送列管人员919人，对符合列管标准的741人全部进行列管，对不符合标准的178人逐人调查，分别注明管辖地，写明原因进行上报。

【户籍制度改革】 2016年，贯彻落实《泰安市人民政府关于进一步推进户籍制度改革的意见》，促进有能力在城镇稳定就业和生活的常住人口有序实现市民化，高度重视农业转移人口进入城镇居住、就业、生活，有序推进深化户籍制度改革。①打破城乡分割，实行统一的户口登记管理制度。②实行人口迁移政策，促进人口有序流动。在城镇投资、兴办实业、年纳税额达到5万元，对当地经济社会发展有突出贡献的外来人员、投资人和外来人员及其直系亲属可在城镇落户。③公民购买商品房（包括二手房、房改房、自建房），以及通过其它合法方式获得人均建筑面积达到或超过20平方米的住宅，并取得房产证书后，本人及其直系亲属可在购房地落户。④放宽人才落户条件。县外大专以上毕业生愿意到宁阳工作，尚未落实工作单位的，可先在人事部门设立的“人才集体户”中落户，待落实工作单位后再进行迁移。凡属引进的人才，并取得“山东省外来人才聘用证”，到宁阳工作而不在宁阳落户的，发给“山东省外来人才居住证”，凭证享受当地居民同等待遇。⑤全面放开县内户口迁移政策，公民在县内有合法固定住所，本人及其直系亲属均可在住所所在地落户。2016年年底，全县城镇人口数324225人，城镇化比率达到38.8%。

【消防管理】 2016年，出台《宁阳县“十三五”期间消防事业发展规划》。全县11个乡镇、2个街道全部纳入综治平台并实现规范化管理，90%的村（居）委会、“九小场所”落实常态化消防安全工作。依托“网格化”管理机制，在全县范围内开展拉网式排查，对全县13个大网格，593个中网格，2596个小网格逐一排查，消除火灾隐患。70%社区建成“有人员、有器材、有战斗力”的微型消防站，达到社区消防工作“五个一”要求。推广独立式感烟火灾探测报警器实施方案，独立式感烟火灾探测报警器已安装1920余套。全年召开消防联席会议4次，及时研究解决突出问题22个。全县共发生火灾620起，抢险救援128起，出动车辆1870台次，出动警力9350人，抢救被困人员150余人，抢救和挽回财产损失6000余万元。

【典型案例】 “11·19”系列盗窃轿车案　2015年11月19日和2016年1月26日，宁阳县城区阳光景园小区、杜家村居民社区内停放的两辆“北京现代瑞纳”型轿车接连被盗，涉案总价值15万余元，给受害群众带来巨大损失。案件发生后，宁阳县公安局高度重视，立即启动作战单元进行案件攻坚，并抽调刑警、派出所、网警和情报信息中心等警种合成开展侦查。通过细致勘验现场，搜集痕迹物证，研判现场和嫌疑人开车逃跑路线的监控，判断嫌疑人作案后驾车逃往济宁市泗水县方向。作战单元对嫌疑人技术侦查和信息研判后，刻画出了犯罪嫌疑人作案路线，初步判断犯罪嫌疑人藏匿在泗水县中册镇和新泰市禹村镇。经过多次到两地秘密走访和调查取证，锁定了犯罪嫌疑人。2016年4月21日上午，专案组分别奔赴泗水县和新泰市，将张某山（男，46岁，济宁市泗水县中册镇中册三村）、张某库（男，38岁，泰安市新泰市禹村镇山东东村）

成功抓获，追回被盗“北京现代瑞纳”轿车2辆，带破二人2015年3月流窜平邑县城盗窃“北京现代瑞纳”轿车案件2起，涉案总价值27万余元，为受害群众挽回了巨大经济损失。5月9日又抓获了该案二名涉嫌掩饰隐瞒犯罪所得犯罪嫌疑人王富义、崔士保。犯罪嫌疑人张维山、张德库、王富义、崔士保已被依法起诉。

何某信用卡诈骗案 2016年9月5日，宁阳县公安局经侦大队立案侦查了何某信用诈骗案。经查：犯罪嫌疑人何某的员工杨某称可帮其炒外汇赚钱，何某便出资让杨某替其炒外汇。双方约定，炒汇盈利后由何某支付杨某盈利金额的20%作为奖励。杨某为赚取奖励，在炒外汇赔了钱的情况下，仍虚构盈利事实，继续骗领何某奖励款3960元，事后被何某发现，迫于压力杨某同意赔偿何某炒汇带来的各类损失4万余元。因当时杨某没有现金，于是用其妻李某的一张农行信用卡，在何某公司POS机上刷卡偿还何某欠款。何某因公司资金紧张，在未遂征得杨某同意的情况下，擅自用李某的信用卡一次性刷卡99000元，将此笔款项划入公司账户，此笔款项后被何某提现消费。事后，持卡人李某给农行信用卡客服打电话称自己被人刷了99000元，自己未进行过该笔交易，于是银行报了警。2016年10月29日，犯罪嫌疑人何某被抓获归案。2016年12月30日，依法将该案移送宁阳县人民检察院审查起诉。

“4·22”系列飞车抢夺案 2016年初夏，宁阳县城区及周边乡镇连续发生10余起犯罪嫌疑人飞车抢夺女性行人金项链的案件，并造成三名受害群众在嫌疑人作案时因为拉扯摔倒受轻微伤，严重影响了群众安全感和社会治安的稳定。案发后，宁阳县公安局高度重视，成立由局长任组长的专案组，以“作战单元”为攻坚力量，抽调刑侦、网警、派出所、特巡警、交警等多警种合成作战，确定了巡逻守候和信息侦查两线并行的侦查思路。专案组以犯罪嫌疑人的活动路线为方向，不断向嫌疑人居住地追踪扩线，最终在济宁市兖州区颜店镇屯一村的一处商户安装的监控上发现了其中一名嫌疑人，由此确定了嫌疑人的居住范围，并将其活动点串连，通过技术侦查锁定犯罪嫌疑人。专案组历时2个月的缜密侦查成功破案，6月22日在济宁市和兖州市抓获了犯罪嫌疑人周某（男，29岁，济宁市兖州市颜店镇屯一村）、尹某平（男，35岁，济宁市兖州区颜店镇毛庙村），7月6日在汶上县抓获了涉嫌掩饰隐瞒犯罪所得嫌疑人陈某琴（女，36岁，内蒙古阿尔山市人），破获抢夺案件40余起，其中破获宁阳县抢夺案件14起，带破外地市案件20余起，涉案价值10余万元，有力打击了抢夺犯罪的嚣张气焰。犯罪嫌疑人周某、尹某平、陈某琴3人均已被起诉。

交通肇事典型案例 2016年10月1日18时10分许，张某豪驾驶鲁AUT668小型普通客车沿宁阳县辛周公路由西向东行驶至宁阳县伏山镇吕兴村西路段，与前方顺行陈某芝驾驶的宏利园牌电动三轮车发生相撞，致陈桂芝受伤，电动三轮车乘车人刘某稳摔倒在道路中间，张某豪驾车逃逸，后刘某稳又被沿宁阳县辛周公路由东向西行驶的王某民驾驶的鲁JQW298小型轿车碾压之道路交通事故。刘某稳经两次事故碰撞后，现场经医务人员确认刘某死亡。

通过天网对该时间段及近期内通过事故地点的车辆进行排查，后排查至鹤山镇鹤翔食品厂新增卡口时，确定嫌疑车型号、颜色，根据鹤翔食品厂卡口及外围调查得到线索，在排查至宁阳县鹤山镇东山前村时得知有一相似车辆经常停放在某村民家门口，通过该村民家调取监控确定嫌疑车辆为一辆东风牌商务车辆，号牌为鲁A，经对该村民了解，该车系其同学的，在该村民处民警得知其嫌疑人联系方式，通过联系嫌疑人张振豪投案自首。2016年10月24日将其刑事拘留。

（乔元波）

检 察

【概况】 2016年，宁阳县人民检察院内设22个局科室、6个派驻检察室和1个事业单位，有在职干警89人，其中班子成员11名，检察员62人，助理检察员3人。年内，县检察院被评为“省级文明单位”，被山东省检察院表彰为“全省开展四个领域专项工作先进单位、检察机关计财装备工作先进单位”，获泰安市“社会治安综合治理工作先进单位、检察机关集体三等功”等荣誉称号。干警苏康荣获“第一届全国检察机关案件管理业务标兵”称号。

【惩治预防职务犯罪】 2016年，立查职务犯罪案件20件、24人，其中贪污贿赂类案件16件、18人，渎职侵权类案件4件、6人。承担上级交办重大案件，依法查办山东电力管道公司原总经理臧国松等7人涉嫌私分国有资产、受贿系列窝串案，涉案人员中县级干部5人，科级干部2人。开展专项行动，查办一批发生在危房改造等涉农领域的职务犯罪。开展检察官联系大项目活动，与6个大项目建立经常性联系制度，开展跟踪监督，跟进预防。以预防宣讲团为依托，有针对性地开展巡回宣讲活动11场次，受教育人数3300余人；以派驻检察室为依托开展惠农扶贫领域警示教育巡回展览。深化行贿犯罪档案查询，提供查询服务3612次。

【刑事犯罪检察】 2016年，依法批准逮捕各类刑事犯罪嫌疑人125件155人，提起公诉284件367人。参与打击严重暴力犯罪专项行动，突出打击侵犯公民人身权利和财产权利犯罪，批捕60件77人，起诉112件152人；严惩制售假药劣药、有毒有害食品和破坏环境资源犯罪，起诉10件17人。参与整顿和规范市场经济秩序，依法办理非法集资、信用卡诈骗、合同诈骗等犯罪9件10人，办理强迫交易、非法经营等犯罪5件5人。贯彻宽严相济刑事政策，不捕22件30人，不起诉15件15人，促成刑事和解17件，开展检察宣告11次。全面加强未成年人刑事检察工作，办理审查逮捕案件7件9人，审查起诉案件10件12人。在办理马某某强奸案中，建议县民政局提起撤销监护人资格诉讼，系山东省首例检察机关建议民政部门申请剥夺监护权的案件。与县司法局会签《关于开展律师参与化解和代理涉法涉诉信访案件工作暂行办法(试行)》，设立律师服务室，进一步深化律师参与化解和代理涉法涉诉信访案件机制。妥善办理各类信访案件60件85人次。

宁阳县检察机关开展警示教育

【诉讼监督】 2016年，加强执法和司法活动监督。紧密结合专项活动，不断加大诉讼监督力度，监督立案7人，监督撤案6件，纠正漏捕7人，追诉漏犯24人，提出抗诉4件。纠正刑罚执行、监管活动违法22件，办理羁押必要性审查案件24件。发出行政执法监督检察建议12份，督促县国土局移送刑事案件2件，办理民事执行监督案件15件，民事诉讼程序违法监督案件7件，不支持监督申请案件2件。针对虚假诉讼向法院发出再审检察建议4件，均被法院采纳。

【司法规范化建设】 2016年，为案件质量提升年，以规范司法行为、提升案件质量为目标，探索实行检察业务精细化管理。开展规范司法行为专项整治，重点解决作风简单粗暴、限制律师执业权

利、扣押冻结涉案财物不规范等重点问题26个。强化案件评查工作，修订《评查实施细则》，调优配强评查人员，每季度开展集中评查，在泰安市2016年度案件质量评查中位列第一名。在检务保障方面，引进应用固定资产管理系统，实现全院固定资产管理全覆盖和规范有序。六个检察室全部通过省院“一级规范化检察室”复核验收。

【检察信息化建设】 2016年，以司法办案需求为导向，注重信息化与司法办案、队伍管理、检务保障等方面的深度融合。在服务办案方面，重点研发案件综合管理系统和银行查询分析系统等工具型、外挂型软件；全面推行电子卷宗系统、律师阅卷系统应用。检察机关互联网应用中心、新媒体工作室及录制中心、办案工作区升级改造、检察室视频接访系统、赃证物管理室等司法规范化重点工程已全部完成并投入使用。深化案件信息公开，公开法律文书171份、程序性信息450件、重要案件信息2件。

【执法队伍建设】 2016年，规范应用廉政风险防控系统和廉洁事项报告系统，建成检务督察网络平台；研发完成集学习、测试、岗位练兵于一体的学习教育系统。开展以发挥作用好、规范司法好、队伍管理好、群众口碑好为主要内容的“四个好”检察室专项创建活动，深化“四包四联”工作机制，全面推行检察室办理轻微刑事案件，全年共办理轻微刑事案件110件，占公诉案件数的35.5%。经过严密有序的考试、考核、考察和省法官检察官遴选委员会确定等程序，遴选出29名业务骨干，干警苏康被评为“全国检察机关案件管理业务标兵”，3名干警入选省以上检察机关人才库。

【创新创优】 2016年，开展“四个一”创建活动，即：省以上入选一批优秀案件、获得一项业务竞赛奖项、刊发一项经验做法、形成一项创新成果。全年在省院各部门工作简报转发经验做法9篇，1篇征文荣获全省一等奖，5件案件被评为全省优秀典型案件，激励干警开动脑筋，探索工作方法和机制创新。其中探索建立的“统一制发标准、固定场所送达、重点问题示证、面向社会公开、借力人大监督”五位一体检察建议公开送达机制取得明显成果，有效提升检察建议效力。开展“电子手铐”试点工作，制定实施方案，建立联动机制，设立专门场所，稳妥推进，已为100余名犯罪嫌疑人佩戴“电子手铐”，试点工作取得初步成效。

（沈爱国）

法　院

【概况】 2016年，县法院紧紧围绕“努力让人民群众在每一个司法案件中都感受到公平正义”这一目标，牢固树立“创新、协调、绿色、开放、共享”五大发展理念，突出防控风险、服务发展、破解难题、补齐短板四项工作重点，组织开展“两学一做”“服务发展年”“规范司法行为年”三项主题活动；强化司法改革和信息化建设提升办案质效的动力作用，强化纪律作风整治和基层党建对加强队伍建设的保障作用，司法能力和司法公信不断提高。全年共受理各类案件6820件，审执结6714件，案件服判息诉率、上诉率、发改率、实际执行率等主要办案质效指标在泰安市法院系统继续保持较好位次。年内保持“省级文明单位”，被市综治委、人社局表彰为“全市社会治安综合治理工作先进单位”，被县委、县政府授予“科学发展先进单位、平安宁阳建设先进单位、服务经济发展先进单位、对上争取先进单位”等荣誉称号。

【刑事审判】 2016年，贯彻“宽严相济”的刑事政策，发挥好刑事审判打击犯罪、保障人权的功能作用，全年共审结各类刑事案件270件，判处犯罪分子354人。加强与公安、检察机关的紧密配合，突出对影响群众安全感、严重侵犯公民人身权利犯罪的打击力度，共审结故意伤害等暴力犯罪129件140人，“两抢一盗”等多发性侵财犯罪45件76人。针对涉毒品犯罪案件上升的态势，从量刑、办案时限上从严从紧，9件10人涉毒罪犯均判处实体刑，形成有效震慑。协同抓好企业周边环境专项整治，审结强买强卖、强揽强包等扰乱市场经营秩序的犯罪案件45件80人。参与推进反腐倡廉建设，审结贪污贿赂、滥用职权、玩忽职守等职务犯罪10件15人。参与社会管理综合治理，加强社会矛盾纠纷排查化解，对审判、执行中发现的可能影响社会稳定的苗头性问题，配合有关部门妥善处理。深入做好法制宣传，组织开展法官进社区、进村庄、进学校活动，提高群众遵法守法用法意识。配合有关方面，开展回访帮教380人次，防止缓、管、免刑事犯罪人员及刑释解教人员重新犯罪。

【民商事审判】 2016年，把民事审判作为服务保障民生的重要平台，依法审结民间借贷、农民工讨薪、残疾人维权等事关群众切身利益的案件3219件。审结赡养、扶养、婚姻家庭、人身损害赔偿等案件1802件。以公正审判倡导睦邻友好的社会风尚，审结涉及农村土地改革、农业人口转移、城镇棚户区改造等方面的案件306件，加强对农民权益保护，依法保障城镇化和农业现代化顺利推进。适应涉企劳动争议案件增加、办理难度加大等新情况、新变化，抽调专门力量集中审理，审结此类案件106余件。紧紧围绕“转方式、调结构、惠民生、防风险”工作重点，发挥好商事审判规范市场交易秩序的作用，依法审结合同、保险、股权等商事纠纷案件668件。针对县域企业在生产经营过程中产生的债务纠纷，及时组织力量跟进司法服务，妥善办结涉及山东塔高矿业机械装备制造公司、亨达煤业有限公司等县内重点企业、标的额过1000万元的案件10余件，标的额过300万元的52件。应对经济下行形势下企业拖欠银行贷款案件批量增多等问题，一方面坚持依法办案与疏导调解相结合，慎重采用强制措施，多做协调化解工作，避免出现连锁反应波及更多企业；另一方面主动延伸司法服务，深入钢球、煤矿、机械加工等企业调研司法需求60余次，从防范经营风险、盘活涉案资产等方面提供法律帮助。

民事案件调解

【行政审判】 2016年，履行行政审判职能，按照法律规定和上级法院指定管辖决定，审结县内及全市范围内的工商、公安、环保、城建及劳动保障等领域的行政诉讼案件42件，依法判决、驳回行政相对人诉讼请求7件；依法判决撤销、确认违法、无效或者变更行政行为8件。针对诉讼中发现的问题，及时向相关行政机关提出司法建议10余条。做好行政非诉案件执行工作，妥善执结社会抚养费征收、国土行政处罚等非诉案件53件，既监督支持依法行政，又有效保护行政相对人的合法权益。应邀为全县信访干部、行政执法人员授课，组织参加新行政诉讼法视频培训，帮助行政执法人员提高法制意识。

【便民诉讼服务】 2016年，推行立案庭与各人民法庭双轨制、多窗口受理案件的服务模式，适应立案登记制度改革要求，对符合条件的所有案件均做到有案必立、有诉必理。拓宽便民渠道，依托互联网网站、官方微博、微信公众号等新媒体为群众提供诉讼指导和便捷的服务。年内，实施网上立案300余件次，电子邮件送达各类诉讼文书1200余份，办理网上答疑100余人次。

【执行工作】 2016年，维护胜诉当事人合法权益，深入破解执行难题，推行院领导包保执行案件、人民法庭执行部分自审案件、审判辅助部门参与执行的“全员执行”工作新机制，组织开展涉民生案件集中清理、涉金融案件集中执行等专项活动，促进执结各类案件1763件，标的额5.3亿元，同比分别上升10%和89%，实际执行率比上年同期增长9个百分点。依法加大强制措施适用力度，用好用足执行威慑机制，将651名被执行人纳入全国法院失信被执行人名单库，通过依法限制其在融资信贷、招投标等方面的权利督促执行。做好山东华源创投、山东大地纸业等一些标的额大、法律关系复杂、涉及面广的案件的执行工作，确保以上案件稳妥推进，通过集中强制拍卖山东华源创投所持股票，一次性为企业收回现金2.3亿元。被中院确定为破解执行难示范法院后，研究制定《关于落实“用两到三年时间基本解决执行难问题”的实施方案》，按照“一性两化”工作思路，从加强内部协调配合、加大执行强制力度、完善执行机制建设等七个方面入手，细化明确了破解执行难的路线图、时间表，为两年内基本解决执行难问题提供了总遵循。为切实解决部分没有法官资格的执行人员执法办案问题，研究制订《关于进一步规范执行权力运行的暂行办法》，对执行实施权进行再分解，细化为命令权和行动权，采取合议庭命令与执行员执行的工作模式，制定下发《法院执行案件办理流程指南》，统一了执行案件的办理标准。

【涉诉信访案件化解】 2016年，把化解涉诉信访案件作为检验衡量审执工作成效的重要标尺，在院机关信访接待室实行专人接访、远程视频接访和每月15日院长接访，保障群众信访渠道畅通。全年共接待办理涉诉信访404件457人次，其中，院长直接批办案件154件，化解涉诉信访老户8件，案件信访比控制在3‰以下，在全市法院位列最优。为解决部分当事人的生活困难，弥合社会关系，加大司法救助力度，全年共为当事人缓、减、免诉讼费24万余元；对上协调争取，共办理各类司法救助案件19件，其中已审批13件，救助金额31万元。

【审判监督】 年内，加强审判权力监管，充分发挥院、庭长监督管理办案的职责，制定审委会、院长、庭长和案件承办人的“权力清单”和“负面清单”，明确院长、庭长在审判时限管控、均衡结案、法律适用监督等方面的责任权限，精减审委会研究案件数量，发挥好其在重大疑难复杂案件方面的把关作用。借助信息化手段对所有案件办理情况实现动态监管。对发现存在问题的案件坚持有错必纠，全年共对3起案件依法启动再审程序。落实好发改案件评析、瑕疵案件质询定责等制度，针对工作中发现的问题及时完善制度，堵塞漏洞，制定规范保全、防范虚假诉讼等规定10余项。

2016 年，新建磁窑人民法庭

【基础设施建设】 2016 年，法院新审判办公场所建成启用，占地 52 亩，总建筑面积 1.7 万平方米，内设诉讼服务大厅、信访接待室及大中小配套审判庭 16 个。11 月，磁窑法庭新审判办公场所正式启用，总占地 9.4 亩，审判办公综合楼建筑面积 1920 平方米，主体 4 层，局部 5 层，配备高清科技法庭 2 个，设有安检室、立案室、调解室、司法确认室、法官工作室、党员活动室、荣誉室、文体室、干警休息室等，并安装了中央空调和电梯，达到一类法庭建设标准。同时对其他 3 处乡镇人民法庭完成硬件升级改造和庭容庭貌整治，粉刷了法庭院墙及办公楼内外墙并做了外墙保温，新安装中央空调、双层玻璃门窗、安检门，种植了花草树木美化院落环境，基层群众诉讼环境焕然一新。新建成 6 处高清科技法庭，实现全程高清录音录像，全院现代化办案水平进一步提升。

【司法责任制改革】 2016 年 9 月，全面启动司法责任制改革，法院准确把握司法体制改革的要求和任务，精心组织安排，成立县法院司法责任制改革领导小组，下设审判机制改革及司法责任制改革，法官员额制、法官薪酬制度改革，财物省级统一管理改革，执行机制改革四个专项工作小组，按照上级法院要求，结合本院实际，制定《首批法官入额工作实施方案》，稳妥做好动员部署、组织报名、资格审查、入额考试和测评考核等各项工作，首批入额法官 46 名，为深入推进司法责任制改革打下良好基础。

【诉讼服务】 2016 年，在院机关及各法庭建成并启用诉调对接中心指导分流室、人民调解室（站）、法官工作室、司法确认室等“四室”对接平台，依托该平台主动加强与人民调解组织、行政调解组织、行业调解组织等非诉讼解决纠纷渠道之间的工作衔接配合，推动各类矛盾纠纷繁简分流、梯次化解，全年共指导分流案件 300 余件，分流化解案件 110 余件。为落实上级法院关于加强速裁工作和新型审判团队建设要求，成立首批以法官个人命名的 3 个法官工作室，将大量基本事实清楚、权利义务明确、当事人争议不大的简易案件交由法官工作室办理，实行简案速裁快审，有效提升办案效率。

县人民法院为民服务平台

【司法教育】 2016年，结合开展“两学一做”学习教育和“廉洁司法教育”活动，先后组织党组书记、各支部书记讲专题党课、“服务发展，青年有为”法官论坛、“创优发展环境法院该怎么办”研讨等系列活动，学习贯彻《关于新形势下党内政治生活的若干准则》和《中国共产党党内监督条例》，教育引导广大干警在思想上行动上自觉落实中央八项规定。年内，纪检监察部门开展审务督察10余次，组织举办规范司法行为讲座5期，举办廉政辅导报告2次，及时传达上级违纪违法典型案例通报，引导干警切实增强遵规守纪意识。

【典型案例】 范某诉民政局撤销离婚登记案　范某（女）与苏某（男）于2006年4月17日在民政局婚姻登记处登记结婚，2011年3月8日双方协议离婚。2011年12月9日范某与苏某再次到该婚姻登记处登记结婚，范某先后生育二子。2012年12月6日苏某持范某的身份证、常住人口登记卡，并找人冒用范某之名到民政局以结婚证遗失为由补办了结婚证，补发的结婚证上粘贴了苏某与冒用范某名义之人（以下简称案外她人）的合影照片。次日，苏某又与案外她人到民政局申请离婚登记，并提交了范某与苏某的身份证、常住人口登记卡及补发的结婚证、离婚协议书等证件材料。同日，民政局为范某和苏某办理了《离婚登记审查处理表》，该表上粘贴有苏某与案外她人各自的单身免冠照片，当事人领证签名或按指纹一栏有苏某与范某的签名。随后，民政局为苏某和范某办理了离婚登记并核发了离婚证，同时在苏某与案外她人补领的结婚证上加盖了“双方离婚　证件失效”的专用章。不久，范某发现自己在毫不知情的情况下与苏某离了婚，遂将民政部门诉至法院。庭审中，范某与苏某均承认办理离婚登记时范某未到场，所填写的包括《离婚协议书》在内的相关材料中“范某”的签名均系案外她人冒名代签。范某与苏某两人的两份结婚证原件均在范某处保管。自苏某与范某“离婚”后，苏某现在的婚姻状况在庭审中未能查明。

法院经审理认为，《中华人民共和国婚姻法》《婚姻登记条例》，中华人民共和国民政部关于《婚姻登记工作暂行规范》均规定，离婚登记必须符合以下条件：1.双方自愿。2.双方持本人的户口簿、身份证及各自结婚证共同到婚姻登记机关。3. 双方就子女抚养和财产、债务分割问题已达成协议。在办理离婚手续过程中，夫妻双方必须亲自在《离婚协议书》上签名、在监督人面前完成《申请离婚登记声明书》中“声明人”栏的签名、亲自在《离婚登记审查处理表》上签名或按指纹，不得由他(她)人代签。本案中，原告未到被告处办理离婚登记，也未在上述离婚法律文书中签名，范某的签名均为案外她人冒名代签。被告对到场的案外她人与其提交的身份证疏于对比审查，以致未能及时发现到场办理离婚登记的“范某”与身份证上的范某并非同一人，并由案外她人冒用范某之名在离婚文书中签字。被告作出的离婚登记行为欠缺法定要件而明显违法，其离婚登记行为应视为主要证据不足，违反法定程序，依法应予撤销。

王某某与王甲抚养费案　原告王某某的母亲郭某与被告王甲于2011年9月登记结婚，原告王某某出生于2012年7月。2014年11月，郭某与被告王甲在泰安市宁阳县民政局协议离婚，并签订离婚协议书一份。协议约定婚生之子王某某由其母亲郭某抚养，被告不支付抚养费。由于原告母亲婚后一直照顾原告和家庭，没有稳定的工作收入，离婚后仅靠打零工勉强维持母子两人的生活，现原告需上幼儿园要缴纳学费、生活费等费用，而被告长期工作稳定，还曾到国外务工，一直有较高经济收入，且于2013年在宁阳县城购买楼房一处。原告父母离婚后，被告没有给付原告抚养费。为维护合法权益，原告于2015年3月诉至法院，要求被告从2015年1月1日起每年给付原告生活费7200元，至原告独立生活为止。

泰安市宁阳县人民法院经审理认为，原告王某某系其母郭某与被告王甲的婚生孩子，双方都有抚养孩子的义务。现原告已达到入幼儿园年龄，原告的母亲无固定工作收入。被告王甲曾在新加坡务工，且于2013年在宁阳县城购买房产。被告主张原、被告均是农村户口，应按农村居民人均纯收入从起诉之日起支付抚养费，但原告现居住宁阳县城，被告也有较好的经济能力，因此，对于被告要求按农村人均纯收入的该项主张，法院不予采信。对于被告要求从起诉之日支付抚养费的主张，符合法律规定，法院予以采信。遂判决被告自2015年4月1日起开始支付原告抚养费。判决后，双方当事人均未上诉。

（张鸿洁）

司法行政

【概况】 2016年，全县司法行政工作以着力提升专业化、规范化、信息化水平为目标，积极搭建多方服务平台，创新服务形式，强化保障措施，全面推进执法规范化建设、公共法律服务体系建设、队伍和基层基础建设，努力提高人民群众对司法行政工作的满意度。年内，县司法局被泰安市司法局记集体三等功，县法律援助中心被山东省老龄委等六部门联合命名为山东省老年人公益维权服务示范站。

【法制宣传教育】 科学编制并提请县人大审议通过“七五”普法规划和2016—2020年依法治县规划。健全普法宣传教育机制，落实“谁执法谁普法”普法责任制，扩大普法依法治理覆盖面，提高普法依法治理质量和水平。完善法治人员以案释法制度，充分发挥全县普法宣讲团作用，开展“法律六进”法治教育。创新法治教育载体，完善县法治教育中心建设，突出“县法治教育警示基地”引领作用，努力拓展农村、社区法制宣传阵地。深入推进法治创建活动，全方位推进依法治理。2016年，共组织参观法治教育基地18场次，参观人员达6000余人；开展领导干部法治培训4次，公务员、企业管理人员、村干部法治培训13次，开展“法律六进”活动46场次，组织法治宣传活动100场次，发放宣传单16余万份，解答法律咨询869人次。

8月26日，法制日报社记者到宁阳采访，图为县司法局公共法律服务平台

【法律服务】 2016年，扎实做好基层法律服务。强化执业监管，严格执行办案“三统一”制度，继续推广“两所共建”做法。全县基层法律服务所共担任法律顾问712家，诉讼、非诉讼代理2303件，协办公证、见证、审修合同、代书、解答咨询等法律业务11222件，避免挽回经济损失17781万元，业务收费人均3万元。

【调解帮教】 ①健全完善“大调解”工作体系，开发宁阳县“矛排通”信息软件，探索远程调解新模式，提升矛盾纠纷化解信息化水平。全县各调解中心、调委会共受理各类重点矛盾纠纷2354起，调处成功2319起，调处成功率为98.5%。②加强执法管理，加挂社区矫正管理局牌子，制订出台《宁阳县社区服刑人员专项排查活动方案》，严格开展联合督导、专项检查活动。依据管理规定，给予治安处罚2人，警告处分25人。③巩固和深化教育改造安置帮教一体化模式，坚持“无缝对接”，积极协调落实相关政策。充分运用远程视频帮教会见系统，为狱内服刑

磁窑镇召开矛盾纠纷排查调处联席会议

人员提供法治宣传、就业帮扶、法律援助等。

【基层基础设施建设】 2016年，完善基层基础设施建设，规范乡镇(街道)调解中心、社区矫正管理中心、安置帮教、档案管理和基层法律服务所等业务用房设置，全县13个基层司法所平均达到200多平方米，业务用房7间以上。本着“整体推进、引领示范”的原则，打造了八仙桥、磁窑、伏山3个“明星”司法所，塑造了镇街司法所形象。

【法律援助】 2016年，畅通法律援助绿色通道，建立高标准的法律援助便民大厅，在乡镇(街道)、村(社区)增设援助站点，大力推行“点援制”，在交警大队、看守所等设立法律援助工作站，形成“半小时法律援助圈”，全年共受理法律援助案件502件，解答法律咨询929件。

【司法鉴定】 加大对泰安康宁法医司法鉴定所监管力度，严格规范司法鉴定程序。6月，组织泰安康宁法医司法鉴定所参加法医临床能力验证，验证结果被司法部科学技术研究所评判为：伤情为满意、视力损伤为满意、伤残为通过。10月下旬组织泰安康宁法医司法鉴定所全体司法鉴定人员参加省司法厅《人身损害伤残等级评定》培训，并通过培训结业考试。年底，共受理各类鉴定案件300余项，并对家庭困难的当事人减免部分鉴定费用，提供法律援助案件5例，减免鉴定费用1万余元。

【律师业务】 全年律师共办理各类案件823件，其中民经代理470件，刑事辩护及代理143件，行政案件代理38件，劳动仲裁案件4件，非诉讼案件代理14件，代写法律文书及咨询77件，法律援助案件77件，担任常年法律顾问62家，业务收费337.98万元。

【公证业务】 2016年，开展公证质量检查和优秀公证卷宗评选活动，加大便民利民平台建设，开通宁阳公证微信服务号、“5621679”公证服务热线、进驻法律援助便民中心视频值班等形式免费解答公证法律咨询。宁阳县公证处全年共办理各类公证事项2033件，其中，民事公证1274件，经济公证373件，涉外和涉港澳台公证386件。人均办证突破400件，预算外非税收入突破100万元。同时，按照省市协会的有关要求，安排专人组织开展了公证遗嘱登记工作，共备案登记遗嘱及相关公证306件。

(杨　帅)

军事

宁阳县武装部

【概况】 2016年，县人民武装部围绕“抓住主线、突出中心、把握重点、扭住关键、守住底线”的工作思路和目标，以“两学一做”学习教育活动为抓手，加强机关思想建设、组织建设、作风建设。始终保持高昂的斗志和良好的精神状态，人武部的凝聚力、战斗力明显增强，被山东省军区表彰为“征兵工作先进单位”。

【政治工作】 ①思想政治建设。开展“坚定改革强军意志、投身改革强军实践”“服从改革大局、走留听党安排”等专题教育活动，把大家的思想统一到党中央决策部署上来，确保绝对忠诚、绝对纯洁、绝对可靠。②干部队伍建设。认真学习《政治工作条例》《党员领导干部廉洁从政若干准则》。强化团队意识，主动做到顾大局、讲团结，相互体谅、相互支持，相互补台，确保各项任务圆满完成。以作风建设为突破口，着力解决干部在思想、生活、工作作风等方面存在的突出问题，努力营造以部为家、爱岗奉献的良好氛围。③提高专武干部素质。通过以会代训、参加上级业务培训，打牢专武干部队伍立身之本，进步之基，有力地促进了干部队伍素质的提高。

【军事工作】 ①实战化训练。以能打仗、打胜仗为目标，狠抓各项工作落实，军事斗争准备不断拓展深化。认真落实战备工作，严格落实各项战备制度和规定，修订完善勤务保障、应急抢险等预案。春节前夕，组织民兵应急连共计125人进行处突维稳拉动演练训练。修订了防汛预案，对全县部分水库、塘坝进行现地查看，促进了防汛工作的落实。②依法治军。坚持以条令条例和各项规章制度为依据，从严治军，正规化建设水平明显上升。全方位、全时段狠抓“百日安全竞赛活动”的落实，认真组织开展“学法规、用法规、守法规”等专题教育活动。坚持党委议管和形势分析制度，始终把安全工作摆在重要位置，坚持定期议、经常讲、认真抓。③人武和专武干部训练。大力加强人武部机关军事训练，组织干部职工学习专业知识，进行一体化指挥平台训练，购买训练器材和训练电脑，有效保证了训练设施的齐全。突出抓好机关干部、民兵应急分队和专业技术分队训练，按规定完成上级赋予的训练任务，不断提高民兵分队遂行多样化任务的能力。共组织民兵军事训练4期，参训341人。参加军分区组织的军事考核，组织人武干部和专武干部到云山靶场进行实弹射击，取得了较好成绩。

【国防后备力量建设】 ①国防动员。召开国动委会议，推进国防动员指挥规范化建设，调整全县国防动员指挥机构成员，修订国防动员潜力调查和各项预案。②后备力量改革。根据上级指示精神，认真开展民兵组织整顿。针对农村适龄青年外出务工多、企业改制、个体私营企业增加的实际，重新调整布局，民兵组织整顿向企事业单位和县直部门及城区街道转移。规范民兵分队建设，按要求建立应急队伍、支援队伍和储备队伍，人员更加精干，能力大有提高。

【征兵宣传月】 2016年5月，县人武部组织人员到各高中段学校开展征兵政策巡回宣讲，并于5月11日、12日组织14台宣传车在县城主要路段进行流动宣传，向适龄青年及家长宣传征兵基本政策，号召全县适龄青年踊跃报名参军。6月，在高考场外(县第一中学)设立征兵宣传站。各乡镇采取进村入户的方式进行宣传。通过“征兵宣传月”活动的开展，使全县适龄青年及家长进一步了解征兵相关政策，较好地调动了广大适龄青年应征入伍的积极性。

【征兵工作】 ①役前教育训练。8月21日至8月30日，宁阳县人武部组织双合格应征青年410人，在县民兵训练基地开展役前教育训练。教育训练模拟部队建制，严格要求、严格训练，有效提升应征青年依法服兵役的信念。②确保兵员质量。严把体检、政治考核、文化、定兵等关口，严格落实征兵工作责任制，层层签订责任书，采取谁主管、谁审查、谁签字、谁负责，出了问题板子打到具体人身上，把责任落实到具体单位和个人。体检站实行“全封闭、一条龙”体检，落实三级政考和区域联考制度，严格执行征兵条件标准，确保新兵政治合格。适龄青年参军入伍303人，其中大学文化130人，兵员素质有了明显提高。③维护军人军属合法权益，严格落实军属政治待遇，军属光荣牌、优待金按时发放到位，县乡武装、民政部门联合为军人军属送喜报和奖金到家，增强了军属的光荣感。

【后勤装备保障】 2016年，落实省军区“打仗型”后勤建设要求，抓好民兵后勤专业分队建设，修订完善战备计划方案。做好训练装备保障，保障实弹射击训练。严格落实主官“双签”和联审会签制度，从严控制经费使用，提高物资使用效益，把经费最大限度投入到武装建设上。

【民兵组织整顿】 2016年2月，组织各基层武装部开展民兵组织整顿，重点对民兵连“部室家”建设、整组资料、应急队伍等进行规范。3月26日，县人武部利用基干民兵集训时机，召集所有基层专武干部在县民兵训练基地围绕乡镇初检初考、民兵整组点验等组织召开示范观摩会，为年度征兵工作和民兵组织整顿工作规范化开展打下良好基础。4月中下旬，县人武部工作组到各基层武装部逐个进行检查考核。5月，县人武部检查验收民兵组织整顿，并现场对民兵应急连进行拉动点验。

(侯中兴)

人民防空

【概况】 2016年，县人防办坚持“长期准备、重点建设、平战结合”的工作方针，不断完善机制，强化措施，狠抓落实，推进人防各项事业持续健康发展。1月1日起，按照省市人防办要求，执行泰价费发〔2007〕5号文件，调整人防收费标准。重新规范梳理了人防行政审批流程，严格执行建设工程审批“一表制”，人防收费标准、办事程序一律公开、公示。年内，共办理人防审批事项15件，收缴人防易地建设费3710多万元。

【人防宣传教育】 2016年，开展“人防宣传教育示范单位”创建工作，新建2所人防宣传示范学校(实验中学和金桥中学)、1户人防宣传示范社区(八仙居社区)和1家人防宣传示范企业(华兴纺织集团)。加强人防工程建设与质量监督，规范防空地下室审批、人防工程使用和管理，做好人防工程安全生产检查。严格执行联审联批，优化审批流程，压缩审批时间，严格规范执法行为，对已审批的人防工程项目进行抽查、核实，确保审批建设同步推进。

(雷明聪 赵 静)

武警宁阳县中队

【概况】 武警宁阳县中队（以下简称县中队）为武警泰安支队序列编制。2016年，加强军政教育训练，严格部队管理，圆满完成以执勤处突为中心的各项任务。县中队被总队评为“标兵中队”，连续11年被总队评为“先进中队”，荣立“集体三等功”4次，县中队党支部被评为宁阳县“先进党支部”。有一人荣立“个人二等功”，30人荣立“三等功”。

【思想政治工作】 2016年，县中队注重堡垒立队，文化强队，坚持用党的创新理论武装官兵，筑牢高举旗帜、听党指挥、履行使命的思想政治基础，引领官兵发扬优良传统、争取荣誉，与时俱进，开拓创新。紧紧把握时代特点和战士成长规律，推行“三四四三”教育模式，不断夯实思想根基。以“健康、快乐、成长”为主题，开展丰富多彩的文化活动，营造热爱生活，积极健康，团结向上，奋发有为的良好文化氛围。牢记全心全意为人民服务的宗旨，把驻地当故乡，视人民为亲人，积极投身地方建设，扎实开展警民共建联创活动，并积极探索军民融合式发展的新路子。

【加强作风建设】 2016年，县中队形成了人人都是建设主人，中队大事小事、重点难点，官兵都自觉参与，献计献策。官兵齐心、民主建队。中队官兵始终结合条令条例和《基层正规化管理规定》要求，细化管理方法，牢固树立精细化管理理念，从细、小、微、末着手，狠抓官兵日常养成，促进了中队全面建设。树立“四个理念”：有责任心是最大的能力，以身示范是最大的权威，解决问题是最大的创新，精细落实是最大的成绩。实现“四个样子：干部有干部的样子，党员有党员的样子，士官有士官的样子，战士有战士的样子。形成“三种作风”：扎扎实实的工作作风、雷厉风行的工作作风、令行禁止的军人作风。

【提升保障能力】 2016年，抓“四项设施”建设，实现“设施配套标准化、营区环境温馨化、工作生活便利化、建管并重规范化”。围绕中心抓保障，注重发挥“一长五员”职能，从精细着手抓好管理，“精打细算过日子，自己动手建家园”，改善官兵物质生活条件，形成以队为家、艰苦创业的光荣传统。严格落实管理责任制，充分发挥后勤各类人员作用，突出现代化后勤建设，后勤保障水平显著提升。

（乔元波）

宁阳公安消防大队

【概况】 宁阳县公安消防大队隶属于泰安市公安消防支队，负责宁阳县城区及13个乡镇（街道）的消防安全监督检查及灭火救援工作，辖区面积1124平方公里，人口82.2万。大队现有官兵59人，其中现役干部14人，战士22人，政府专职消防员23人。各类消防车辆14辆。管辖消防重点单位121家，其中高层16幢，易燃易爆15家，地下建筑19家。年内，出台《宁阳县“十三五”期间消防事业发展规划》，召开消防联席会议4次，及时研究解决突出问题22个。全县共发生火灾620起，抢险救援128起，出动车辆1870台次，出动警力9350人，抢救被困人员150余人，抢救和挽回财产损失6000余万元。

【网格化管理】 2016年，全县11个乡镇、2个街道全部纳入综治平台并实现规范化管理，90%的村（居）委会、“九小场所”落实常态化消防安全工作。依托“网格化”管理机制，在全县范围内开展拉网式排查，对全县13个大网格，593个中网格，2596个小网格逐一排查，消除了一大批火灾隐患。70%社区建成“有人员、有器材、有战斗力”的微型消防站，达到社区消防工作“五个一”要求。推广独立式感烟火灾探测报警器实施方案，独立式感烟火灾探测报警器已安装1920余套。

中队配备4G视频终端和大疆精灵4无人机；革新水带快速铺设车、多功能绳包，有效提升部队灭火救援效能。灭火救援预案按厂区、罐区、危险物质特性分别制定，全部实现数字化，配备单兵3G图传、POC移动终端、公安网集群对讲机、通信马甲等装备，着力构建作战通讯格局全覆盖，实现语音随呼随应、图像实时传输、数据互联共享的信息化指挥体系，实现了灭火救援作战智能化。

2016年11月，县公安消防大队组织消防演练

【区域联防协作机制】 2016年，开展“安全生产月”“百万书信进校园”“119消防安全宣传月”等大型宣传活动，通过消防综合性演练、消防宣传“七进”、开放消防站等形式提升公民消防安全意识。帮助辖区2个重点镇和9个符合建队条件的乡镇按照标准建成专职消防队，以凌云商厦、新时代商厦等微型消防站为支点，划定范围组成23组消防联防区域，重点单位集中区域全部建成消防安全联防协助组织，开展互查互检、培训演练，逐步实现联防区域内“一点着火，多点出动，邻里互助，协同作战”，100%的消防重点单位建成了“有人员、有器材、有战斗力”的微型消防站，提高区域联防协作能力，强化区域消防安全保障。

【监督执法】 年内，公安消防支队协调政府各部门形成合力，狠抓隐患排查整改。对消防安全重点单位监督抽查、商（市）场消防安全专项治理、消防控制室管理标准化建设及实战化训练、夏季消防检查，“九小场所”综合治理、冬春火灾防控等专项行动，累计检查社会单位1604家，督促整改火灾隐患1517处，办理行政处罚案42件，责令“三停”23家，临时查封4家，完成较大以上火灾隐患整治6家，对整改难度较大的3处商场市场重大火灾隐患，实施2次挂牌督办和媒体曝光，建立健全了火灾隐患排查整治台账。

2016年，“119消防安全宣传月”启动仪式

【部队建设】 2016年，确保部队安全稳定，巩固和提高部队战斗力，落实正规化管理要求，结合两个中队的情况制定并完善部队管理的量化考评细则，将日常工作、任务完成情况和绩效、晋升及评功授奖挂钩，创新制作了中队日常工作安排计划公示栏，规范指导中队的工作和管理秩序，落实“定人、定位、定责”的管理模式；狠抓条令、规章、制度学习，在支队条令条例知识竞赛和队列会操评比中获全市第三。从实战出发，

狠抓全员实战化训练和中队整建制训练，通过比武竞赛营造浓厚的训练热潮，在支队组织整建制中队比武和攻坚组比武中获三等奖。开展作战资料库收集、石油化工、高层建筑及城市综合体调查熟悉等专项活动，修改完善灭火救援预案106份，“六熟悉”高层、地下、石油化工等重点单位2840次，开展实兵、实装、实际出水拉动演练16次。全年大队共接警出动748起，出动车辆1870台次，出动警力9350人，抢救被困人员150余人，抢救和挽回财产损失6000余万元，圆满完成了“两节”“两会”“G20”峰会等重大消防安保工作任务。

【后勤保障】 2016年，大队夯实基层基础建设，全面提升后勤保障能力。投资580万元为中队新购置了大功率重型泡沫消防车、干粉消防车、42米登高平台消防车等，年内，共新增各类消防车4辆，两个执勤中队均完成执勤车辆的“六个一”配备任务；投入50余万元新增破拆、救生、新型个人防护装备等各类器材400余件套，部队消防装备更新换代实现质的飞跃。

建成宁阳经济开发区消防站，占地22.47亩，建筑面积6800平方米，该站的建成极大地改善了磁窑中队官兵的工作生活环境，提高了宁阳东部四乡镇及宁阳经济开发区的灭火救援保障能力，也更好的满足了化工园区易燃易爆物品多、灾害事故类型复杂的应急救援需要。

（陈懿品）

新购置的大功率重型泡沫消防车

经济管理与监督

发展与改革

【概况】 2016年，全县经济社会呈现稳中有进、稳中向好的发展态势。全县实现生产总值408亿元，同比增长7.4%，其中一、二、三产业增加值分别完成53.2亿元、175.1亿元和179.5亿元，同比分别增长4.4%、7%和9%。全县实现公共财政预算收入12.7亿元，比上年增长5%。完成固定资产投资394亿元，同比增长13%。实现社会消费品零售额164.9亿元，同比增长9.5%。全体居民人均可支配收入、城镇居民和农村居民人均可支配收入分别达到19769元、29866元和13739元，同比分别增长8.5%、8.4%和9%。金融机构存款余额达到230.5亿元，同比增长17.18%；贷款余额101.3亿元。县发展和改革局被县委、县政府表彰为经济社会发展先进单位、招商引资工作先进单位、对上争取工作先进单位。

【固定资产投资】 2016年，全县固定资产投资完成396.4亿元，同比增长13.6%，呈现缓中趋稳，稳中略升的增长态势。围绕提质增效升级，因势利导推进结构调整，投资结构呈现积极变化，一、二、三次产业分别完成投资8.1亿元、292.4亿元和95.8亿元，三次产业投资比例为2:73:25，结构调整效果明显。发挥财政资金杠杆；抓住政策机遇，加大对上争取力度，争取上级各类无偿资金23.1亿元、国家专项建设基金2.33亿元；资金筹措取得进一步拓宽。项目自筹资金到位368亿元，建设资金到位率全年保持在93%以上，较好地满足了建设项目资金需求。

【重点项目建设】 成功申报华兴集团海斯摩尔生物新材料智能纺项目列入2016年省重点建设项目名单，另有20个项目纳入全市重点建设项目名单，项目总投资157.96亿元，本年度计划投资61亿元，实际完成投资62.02亿元；2016年全县重点建设项目共34个，总投资174.6亿元，年计划投资74.5亿元，全年完成投资75亿元。全县在建投资3000万元以上项目96个，其中过10亿元项目5个，34个重点项目进展顺利、成效明显。

投资16.39亿元的海斯摩尔医卫用生物质新材料及制品产业化项目纳入全省120个重点建设项目名单；总投资33亿元的晋煤明升达洁净煤气化、总投资11.8亿元的天源优衣库品牌服装生产等20个项目纳入全市管理调度；投资5.6亿元的高档羊绒面料；投资10亿元的温氏集团畜牧一体化养殖等一批大项目开工建设。文庙教育园区项目、天和年产2万吨艺卡纸技改项目、东疏石材加工创业园区、拜尔光伏发电项目、双赢医疗器械项目、天源优衣库品牌服装项目、功能性高档羊绒面料生产项目、山虎仪表生产项目、汽车综合市场项目、复圣中学综合楼及公寓楼建设项目、县人民医院建设项目等11个已经运营或具备生产条件的项目。亿丰银座广场、华兴生物新材料及制品产业化、垃圾焚烧发电项目、中齐建材公司年产 2 万吨新型土工合成工程材料等 4 个项目主要工程已基本完成。

【服务业发展】 2016 年，编制完成《宁阳县服务业发展规划》,科学谋划全县现代服务业布局,服务业不断发展壮大，现代商贸流通体系日臻完善,电子商务、金融保险、文化旅游等新兴业态快速发展,专业市场、物流园区、城市综合体等项目进展顺利。年内,全县物流企业达到 200 多家、各类电子商务企业 340 余家、个体网店 3000 余家,从业人员 2 万人以上。科技创新能力不断增强，全年高新技术产业产值占比达到 22.5%;全县市级以上科研平台、国家级高新技术企业、省级以上名牌产品及驰著名商标分别达到 66 个、8 家、27 个。创新创业环境持续优化,民营经济蓬勃发展,全县市场主体发展到 3.01 万户。全年实现服务业增加值 178.6 亿元，同比增长 7.7%,占 GDP 的比重 44.2%,同比提高 1 个百分点，对 GDP 增长的贡献率为 45.1%。消费市场活跃,实现社会消费品零售额 163.8 亿元,同比增长 8.5%。

【产业结构优化】 2016 年，扎实做好“转、调、创”文章,全县三次产业比例调整为 12.9:43.1:44,经济结构进一步优化。现代农业发展成效显著。粮食生产实现“十四连增”,再创历史新高;坚持用工业化理念、市场化手段发展农业，推进土地流转，加快农业结构调整，实现由农业大县向农业强县转变。全县土地流转面积占耕地面积的一半以上，达到 55.3%;蔬菜、林果、苗木花卉和畜禽养殖四大主导产业蓬勃发展,蔬菜、畜禽养殖产值分别占农业总产值的 40.4%、39.5%，苗木花卉发展到 13.2 万亩；新发展农业龙头企业 13 家、合作社 87 个、家庭农场 26 家；成为国家奶牛养殖大县种养结合试点。工业经济转型步伐稳健。把工业作为转方式、调结构的主战场,煤炭、化工、建材、机械加工等传统产业量质并举,新材料、新能源、生物医药、高端装备制造等新兴产业裂变成长。全年规模工业企业主营业务收入、利税分别达到 1241 亿元、114 亿元,规模工业企业达到 319 家,销售收入过亿元、利税过千万元企业分别达到 252 家、240 家。三产服务业不断发展壮大。现代商贸流通体系日臻完善,电子商务、金融保险、文化旅游等新兴业态快速发展，专业市场、物流园区、城市综合体等项目进展顺利。全县物流企业达到 200 多家、各类电子商务企业 340 余家、个体网店 3000 余家,从业人员 2 万人以上。科技创新能力不断增强，高新技术产业产值占比达到 22.5%;全县市级以上科研平台、国家级高新技术企业、省级以上名牌产品及驰著名商标分别达到 66 个、8 家、27 个。

【招商引资】 2016 年，招商引资和项目建设作为经济工作总抓手，创新招商方式，提高招商实效，强化项目调度，突出对上争取，通过外引内扩上项目、扩总量、增实力,一批大项目、好项目相继落地。全县在建投资 3000 万元以上项目 96 个,其中过 10 亿元项目 5 个,34 个重点项目进展顺利、成效明显。对上争取各类无偿资金 23.1 亿元，争取国家专项建设基金 2.63 亿元，为经济社会发展提供了有力资金支持。对外贸易稳中有增,?全县到账外资 6000 多万美元,实现稳定增长;完成外贸进出口总值 1.6 亿美元,实现较快增长；新增外贸实绩企业 29 家,累计达 61 家。

【城镇化水平提升】 2016 年,按照“双核一环、两轴一带”发展布局,统筹城乡建设迈出坚实步伐,人居环境明显改善。围绕打造生态宜居新县城,突出东部新区、西部洸河生态区和中部老城区“三大片区”，总投资 109 亿元，六大类 76 个城建项目。城区路网建设全面铺开,“城中村”、棚户区和老旧小区开发改造进展加快，县城污水处理厂扩建工程竣工使用，第二水源地和供水加压站投入运行，推动县城增量扩容、品位提升。中京新城突出项目建设、基础设施建设、社区建设“三大重点”,配套建设开发区中小学、人民医院等公共设施，承载能力进一步提升。大力改善城乡基础设施,道路安全防护工程、黄沙公路中段大修改造等工程相继实施，投资1.2亿元建设中东部山区环山路，途经5个乡镇，串联46个山区村，其中13个省市级贫困村，将有力促进山区开发、旅游观光和扶贫攻坚工作的开展；通过积极争取，河南范县至磁窑高速公路即将开工建设，交通区位优势将更加突显。

【生态文明建设】 2016年，牢固树立生态优先、绿色发展理念，以生态文明建设规划为引领，美丽宁阳建设迈出坚实步伐。实施“蓝天工程”，严格落实秸秆禁烧、整治“小锅炉”、关停城区“自备井”等措施，抓好工业废气、城市扬尘、机动车排气等大气污染综合防治，PM_{10}和$PM_{2.5}$改善率分别达到13.2%和15%，大气环境明显改善。扎实推进绿色生态建设，植树造林和绿色通道建设成效明显，全县道路、荒山、水系绿化率分别达到92%、85%、86%，宁阳被评为山东省绿化模范县。着力打造良好水生态，月牙湖水库增容、桑安口水库工程完工，引汶干渠修缮、河道治理工作进展顺利。深化乡村文明行动，加快美丽乡村建设，完善城乡环卫一体化机制，全县生活垃圾日处理量达到400多吨；投资5.6亿元的垃圾焚烧发电项目正加快建设，建成后将实现垃圾处理的资源化、无害化。

【民生事业发展】 2016年，坚持共享发展，民生为先，年初确定的12件实事年度任务全部完成。把扶贫开发作为重大政治任务，突出抓好建档立卡、产业带动、转移就业、金融支持、社会保障等各项举措，全县40个省市级贫困村、7530名贫困人口实现脱贫。发挥大学生创业协会和创业孵化基地的引领作用，统筹做好创业就业，全县新增城镇就业再就业8558人。健全完善社会保障制度，报销城乡居民医疗费用3.8亿元，受益群众222.9万人次；农村低保、城镇低保标准分别提高到3450元/年、5640元/年，农村五保集中供养、分散供养标准分别提高到5700元/年、4700元/年。坚持教育优先发展，总投资13亿元，先后规划实施18项教育重点工程，教育教学条件不断改善，城镇中小学“大班额”问题将得到较好解决。加快发展医疗卫生事业，推进公立医院改革，总投资6亿多元的县妇幼保健院新院、县人民医院等12项卫生事业重点项目相继建成投入使用，群众就医条件明显改善，医疗服务能力显著提升。深入推进平安宁阳建设，不断完善治安防控体系，持续开展严打整治，全年没有发生影响较大的治安、刑事案件和群体性事件。严格落实安全生产责任，深入开展隐患排查治理，全县安全生产形势保持稳定。

【改革创新】 2016年，把深化改革作为发展活力之源，深谋细作，稳妥推进。持续转变政府职能，促进县政务服务中心规范运作，整体审批流程时限压缩20%以上。深化财税体制机制改革，全面落实“营改增”工作，企业税负下降幅度达到13.2%。深入推进企业改革，混合所有制经济发展、规模企业公司制改造等工作取得明显成效。深化供销社综合改革，宁阳在全省供销社综合改革工作会议上作了典型发言。投融资体制改革成效显著，泰阳实业公司7亿元债券募集资金全部到位，成为全省首支县级非上市公司债券，为产业转型升级提供了资金保障。探索政府和社会资本合作运作模式，全县有11个项目进入全省PPP项目重点推介范围，引汶工程和工矿棚户区改造、文庙历史文化街区3个项目分别入选财政部第二批、第三批PPP示范项目。

（高　亮）

国有资产监督管理

【概况】 2016年，县国有资产监督管理局突出抓好国资监管、资本运营、石材开发、项目建设四大工作重点。3月，成功发行非上市公司债券7亿元，是宁阳县历史上发行的首支公司债券，更是全省首支非上市公司公开发行的公司债券，标志着宁阳县已经开启通向资本市场直接融资的大门，在推行资源资本化、资本证券化、融资多元化方面实现了重大突破。年内，被省人力资源社会保障厅、省国资委、省公务员局授予“全省国有资产监管系统先进集体”荣誉称号。

【深化国资改革】 2016年，按照政企分开、政资分开、所有权与经营权分离要求，科学界定出资人边界，国资局根据县政府授权依法履行出资人职责，专司国有资产监管，不行使社会公共管理职能，不干预企业依法行使自主经营权。完善出资人监管权利和责任清单，重点规范资本运作、提高资本回报、维护资本安全。落实企业法人财产权和经营自主权，激发企业活力、创造力和市场竞争力，服务县属企业相互支持协同发展。强化激励约束，提高监管效能，加快实现以管企业为主向以管资本为主的转变。推进县属企业负责人薪酬制度改革。制定县属企业负责人经营业绩考核与薪酬管理暂行办法。开展国有企业负责人经营业绩考核与薪酬水平改革，合理确定并严格规范国有企业管理人员薪酬水平，强化国有企业负责人的责任意识，打造“业绩升、薪酬升，业绩降、薪酬降”的新机制。

【重点项目建设】 *宁阳开发区彩山苑社区二期棚户区改造项目* 规划建筑面积13万平方米，用地110亩，项目施工及后期园林管网建设计划投资1.7亿元。该项目住宅楼已全部开工建设，共29幢楼房。其中18幢多层住宅(5+2)，4幢小高层(11层)，及幼儿园、社区管理服务中心和部分沿街商业用房，其中795套被纳入宁阳县棚户区改造计划。该项目投资建成后整体移交开发区，可将枕河、彩石、邢家庄3个村庄搬迁完毕，腾空土地约1000亩。同时，开发区以600亩开发用地作为投资回报，充实国资局下属泰阳公司资产，达到以项目建设带动投融资规模增长，以项目建设实现资产增值，以项目建设增加社会效益三重效果。

石材开发项目 2016年，新增合作矿段4个，合作经营面积120亩。完成石材经营费收入300万元。多次协调东疏镇及矿区土地所属村委会，加大清理力度，在做好兴隆矿区开发的同时，加快二期疏里矿区勘探进程。4月，编制完成矿区勘探工作实施方案并通过专家评审；6月，顺利完成探矿权登记工作，取得探矿许可证；8月，顺利完成矿区336亩土地供地工作；9月，完成野外勘探工作并提交市国土资源局验收；10月，编制完成了《地质储量详查报告》并提交评审，年底通过市专家评审。

【县属企业改革】 2016年，推进海力集团国有股转让，严格按照国家规定对企业进行审计、评估，以评估结果作为国有产权转让的价格依据，并通过山东省产权交易中心公开转让。通过省产权交易中心成功实现了公开挂牌转让宁阳县金财投资有限公司持有的海力集团国有股权。实现国有资本从一般性竞争领域有序退出，促进社会资源和经济布局、产业结构的调整和优化。

按照“市场运作、依法规范、增量优先、一企一策”原则，拟通过引入战略投资者和员工持股的方式实施华阳集团混合所有制改革，实现产权多元化。保留国有股权的现有存量和第一大股东地位，吸收外部增量和员工入股的方式进行，股权结构拟调整为国有股权不低于40%、战略投资者30%、公司员工30%。

【国资国企基础管理】 2016年，县国资局履行出资人职责的县属国有企业，实施重点监管。负责产权管理、资产处置、业绩考核、薪酬管理等重大事项监督管理，落实企业国有资产保值增值责任。县国资局党委负责重点企业党组织领导班子建设和党的建设。由县国资局实施基础管理的县属企业，按照统一制度规范、统一工作体系的原则，建立完善企业国有资产台账，全面掌握企业国有资产状况。严格规范企业国有资产流转，动态监控企业国有资产变动。开展财务监督综合评价，切实维护企业国有资产安全。

（刘永胜）

市场监督管理

【概况】 2016年，县市场监督管理局内设办公室、人事政工科、财务装备科、政策法规科、市场合同管理科、商标广告管理科、消费者权益保护科(挂12315投诉举报指挥中心牌子)、网络监管科、质量监督管理科、标准计量管理科、特种设备安全监察科和信息中心12个职能科室。直属和派出机构有企业注册局,公平交易局(挂宁阳县市场监督管理局经济检查大队、打击传销办公室牌子),为县市场监督管理局直属副科级行政机构;市场监督管理所,为县市场监督管理局派出行政机构。按行政区划划分为文庙、八仙桥、磁窑、华丰、东疏、伏山、堽城、东庄、葛石、乡饮、泗店、鹤山、蒋集13个所;所属事业单位有企业注册科(挂行政审批科牌子)、综合监管科和企业信用管理科,质量技术稽查大队、县计量测试所、县消费者投诉中心、县个体私营经济服务中心。有在编人员200人。年底,全县市场主体户数达到30100户,其中企业4861户,个体工商户24133户,农民专业合作社1106户,万人市场主体366户;共有驰名商标3件,著名商标10件,地理标志商标4件,集体商标1件,山东名牌(含服务商标)13件,市长质量奖2件,市长质量奖提名奖4件,国家级“守合同重信用”企业4家,省级39家,市级38家。县市场监督管理局被县委县政府授予2016年度服务经济建设“先进单位”。在服务发展暨政风行风民主评议中,连续六年蝉联行政执法类第一名。

【市场监督体制改革】 2016年,县工商行政管理局和县质量技术监督局职责进行整合,组建县市场监督管理局,“两局合一”机构整合过渡平稳,机构调整期间的业务衔接,保证原有各业务正常开展。突出优化发展环境,提升服务效能,做好“放管服”文章,以“加减乘除”法助力全县市场主体增量提质增效。其职责相应转变,将生产加工、流通环节食品(含食品添加剂)、化妆品安全监督管理等有关职责划入县食品药品监督管理局。划入完善全县统一的市场主体信用信息公示体系,完善市场主体信用约束机制职责;增加依法监督管理网络交易,规范网络商品交易及有关服务职责。①深化工商登记制度改革,优化登记注册流程,推进工商登记注册便利化,构建便捷高效、宽松平等、规范统一的准入环境。②改进服务方式,规范执法行为,提高执法效率,强化完善市场行政执法机制和市场监管长效机制,规范市场经济秩序,构建统一开放、公平竞争的市场环境。③加强商标专用权保护,健全完善商标保护长效机制,规范商标代理市场秩序。④加强服务经济社会发展与保护经营者、消费者合法权益工作,强化消费监测、预警和信息引导,构建安全放心的消费环境。⑤加强涉及人民群众生命财产安全的产品质量监管和有关风险监控工作,落实产品质量安全责任制。⑥加强食品包装材料、容器、洗涤剂、消毒剂、食品生产经营工具设备等食品相关产品的生产加工监督管理。

【行政执法】 县市场监督管理局组建后,整合职能,规范执法,统一程序,划清事权,明确职责,维护市场监管行政执法秩序。根据《中华人民共和国行政处罚法》《工商行政管理机关行政处罚程序规定》《质量技术监督行政处罚程序规定》《山东省程序规定》等,编印了《宁阳县市场监督管理局行政执法制度规范工作手册》,重新审编和印制了行政执法格式文书,探索执法办案机制方式,提高行政执法质量及效率。2016年,全县市场监管系统共查处一般程序行政处罚案件13件,严格按照行政程序规定和实体规定办理,对重大疑难及突发性案件,法制机构提前介入,对行政执法活动从案源发现开始进行全过程监督。坚持严格规范公正文明执法,依法行政,切实将“先照后证”改革后加强事中事后监管、“双随机一公开”等政策和要求落到实处。全年完成157名执法人员的省政府执法证申领和22名执法人员执法证的年审,申报听证主持人5名,行政复议应诉人员16名,法制员队伍增至24人。多措并举,开展不正当竞争突出问题专项整治和投资担保类企业监管专项行动,共排查企业72家,对2家涉嫌不正当竞争行为的单位进行了立案处理;加强禁止传销和规范直销工作，对 5 家直销企业进行了规范，处置涉嫌传销举报 1 起。

【市场监督管理】 以创建静态网络违法经营行为、强化流通领域商品质量监管为重点，创新工作方式，拓宽监管领域，大力营造公平公正、规范有序、和谐诚信的市场环境，建立市场监管长效机制。结合全县城区容貌综合整治方案工作要求，严格落实市场长效监管机制，对城区 2 个市场开展大范围集中整治，全力营造整洁靓丽，规范有序的农贸市场环境，协助市场开办者对市场内摊位外溢，占道经营，乱摆乱放等现象进行治理累计治理摊外摊 60 余户。强化流通领域商品质量监管，整顿和规范市场经济秩序，按照山东省局工作要求，制订《宁阳县市场监管局 2016 年度流通领域农资、成品油质量工作方案》，全年，共抽检 4 家燃气企业样品 4 个、51 家加油站 104 样品，对 2 个加油站 4 个不合格油样根据相关法律法规予以处罚。采取“红盾护农”“经济活农” 等措施加强服务农村建设力度，在紧贴、融入和助推上切实提高强农、惠农富农的工作水平，开展以肥料、农资为重点开展红盾护农保春耕专项检查全年共检查农资经营户 90 家，建立网络经营主体档案，落实常态化监管，以经济户口为基础，摸清辖区网络经营主体底数，建立健全网络经营主体档案，落实常态化的网上巡查监管制度，对所有入库的网络经营主体及网站实施常态化的网上巡查监管，加大对涉网违法经营行为的打击力度，重点查处网络交易中的不正当竞争，销售不合格商品，利用网络商品交易服务合同进行的违法违规等行为。倡议开展“净市场、惠民生”两节专项整治行动，成效明显。“净市场、惠民生”两节专项整治行动成效明显。专项整治行动开展以来，各单位迅速行动，突出依法治理、打建结合、统筹协作、社会共治，抓办案，查窝点，取得显著成效。共检. 查实体经营业户 1685 户，受理消费者投诉 18 件，挽回经济损失 1.4 万元，发现违法违章问题 387 个，责令改正 115 起，查处 272 件，涉案案值 5 万元。

【合同监督管理】 2016 年，搭建银企融资平台，拓宽“三押一推”助企融资途径。全年举办“三押一推”助企发展银企推介会 4 次，达成意向 10 项。全年共办理动产抵押登记 44 件，抵押物价值 10.9 亿元，被担保债权数额 9.2 亿元；办理股权质押登记 14 件，出质股权数额 3.5 亿元，被担保债权数额 6.3 亿元；向县商业银行、金融机构作出企业信用度推荐 48 家。“守合同重信用”企业累计国家级 4 家，省级 39 家，市级 38 家。

【商标注册管理】 2016 年，以商标注册、驰著名商标、地理标志、证明商标为重点，推进全县企业和产品提档升级，全县商标注册数量和质量均有较大提升。全年新增省著名商标 2 件，山东省名牌产品 1 件。分别是省级著名商标 “绿环”(山东弘兴玉米开发有限公司)和“友邦及图”(山东友邦肥业科技有限公司)。全县注册商标总量达到 1567 件，其中：驰名商标 3 件、著名商标 10 件，地理标志证明商标 4 件。

【广告监督管理】 2016 年，开展虚假违法广告专项整治活动，对全县范围内的虚假违法药品、保健食品、医疗、化妆品、美容服务等虚假违法广告进行专项整治。排查清理涉嫌违法金融类广告。此项活动共组织基层所出动 261/人次，排查、检查涉互联网金融类企业 149 户，排查互联网金融广告 13/条次，建立监管档案 146 户。处结市局转办、县局交办互联网投诉 6 件。约谈重点广告经营单位 2 家，对部分媒体虚假违法广告屡禁不止、屡罚屡犯的现象，实施行政约见、责令整改、立案查处等措施进行综合治理，有效净化广告环境。

【消费权益保护】 2016 年，围绕流通领域商品质量监管、12315 消费者投诉举报处理、各类专项行动和消费教育引导，提高消费者维权意识、完善社会维权机制、解决消费权益纠纷、加强市场监管、打击消费侵权违法行为。举行“3·15”消费者权益保护宣传活动和 “食品安全周”宣传活动，现场向消费者耐心讲解10余种假冒伪劣商品的鉴别方法，提高消费者鉴别真假商品的能力，接受群众现场投诉咨询，为消费者答疑释惑。现场受理咨询400余人次，发放《中华人民共和国消费者权益保护法》《侵犯消费者权益行为处罚办法》等宣传材料1万余份。3月，制定印发《电动车市场专项整治工作实施方案》，指导全县查处销售电动车违法行为。春节、元宵节期间，对商场超市、市场、烟花爆竹市场等进行重点检查。

12315投诉举报共接听消费者来电咨询247件，县群众利益服务中心(12345热线)和泰安民生网转办问题166件，涉及保险、宽带、有线电视服务、汽车、手机、家电、商品房、收费、维修等多个消费领域，做到处结率100%，回复率100%、群众满意率100%。“网络问政视频直播”节目，线上解答问题15个，线下解答问题12个。群众热线投诉转办“心悦世家”房地产企业涉嫌虚假宣传一事，做了深入细致的调查、走访，经请示市局，并及时回复调查结果。对政协第17号提案“关于加强农村市场安全监管”的建议及时给予书面答复。对各类投诉、举报做到及时调解、回复、查办，本年度查办案件10余起，上缴各类罚款10.1万元。

【信息中心】 年内，先后部署完成综合业务系统、执法办案系统、网络商品交易监管、全国12315互联网平台、广告信息监测系统、网络商品交易监管系统、商标服务监管系统、农资监管系统共八大系统的推广应用和局机关内外网隔离改造及工商所外线铺设。同时，建设性地开展信息化探索创新工作。与政工科密切协作，开发完成电子一体化的“学习共享系统”，共结合监管执法业务实际，整理业务知识文本课件48件，视频课件30余件，电子书籍2000余册，初步建成具有宁阳市场监管特色的网络培训平台、互动交流平台、获取监管执法警示信息的平台。同时，以丰富系统文化建设，提高队伍素质为目的，创建部门特有的“电子影像文化月刊”。

市场监管局网络直播答疑，服务群众

【企业注册登记与信用管理】 2016年，推进商事登记制度改革，加强全员业务技能培训，保证企业“五证合一、一照一码”、个体户“两证整合”登记改革的顺利实施。加强窗口建设，提升服务效能，严格落实“首问负责制、一次告知制、限时办结制”等工作制度。全力推进企业信用年报信息公示制度。先后召开培训会、年报动员会、推进会、专题分析会进行部署和落实。年底，全县市场主体户数达到30100户，其中企业4861户，个体工商户24133户，农民专业合作社1106户，万人市场主体366户。共换发加载统一社会信用代码的营业执照3039家(其中新设1131家)。落实“双随机、一公开”信用监管，在市场主体抽查中，被抽查的企业103户，其中公示信息正常的85户，无法联系的17户；抽查个体户385户，抽查结果正常的323户，无法联系的57户，抽查过程中注销的有5户。年内，企业注册登记和信用管理工作被县政府表彰的“2016年度政务服务工作先进单位”。

【《消法》宣传】 根据新《消法》和中消协提出的“新消费，我做主”2016年消费年主题，采取多种形式大力宣传新《消法》，将消费宣

“3·15”《消法》宣传

传、消费维权、消费指导纳入到工作的各个环节，将消费维权工作落到实处。①举办“3·15”纪念活动。3月14日至15日两天，在全县开展“3·15”纪念日宣传咨询服务活动，在县城和各乡镇设立宣传咨询服务台，现场进行法律法规宣传、受理消费者投诉、假冒伪劣商品展览等，为消费者讲解维权知识、处理投诉。同时，全县12个基层分会联合工商、公安、烟草、物价、质检等部门，在各分会驻地分别开展各种形式的消费宣传、消费维权和消费指导活动。现场受理投诉16起，当天处结16起。特别是“3·15”活动期间，接待群众咨询110多人/次，发放宣传材料1万多份。②促销帮扶，开展系列名优产品展示、商品展销、企业宣传等活动。展销企业40多家，商品设计16大类215个品种。为县域企业做大做强，铺路搭桥。③“贴心服务”到家门，开展消费维权进农村、进社区、进学校活动。全年出动宣传人员2千余人次，发放各类宣传资料4万多份，走村入户，宣传消费知识，为消费者答疑解惑。④贯彻落实《消法》，积极受理处理消费者投诉。年内，全县共受理处结消费者投诉90余件，接听电话咨询900多人/次，均做到快速即时处结。

【个体私营经济服务】 2016年，依托市场监管核心职能，坚持以创新、协调、开放、绿色、共享五大发展理念，以服务全县个体私营经济提质增效、健康发展为中心，全面提升服务能力。①抓好非公经济组织的党组织建设。5月，对宁阳县个体私营企业协会党支部委员会进行换届选举。②多措并举，抓好县“个体私营企业协会”和“个体私营经济协会”管理服务。先后举办培训班4期，培训企业厂长（经理）和业务骨干226人，巡回宣传走访活动12次，发放学习资料5000余份，排除企业和业户生产经营活动“难题”24个，挽回经济损失12万余元。李凤泉被授予“全国个私协系统先进工作者”荣誉称号。

【企业大走访】 2016年，县市场监管局始终以“走基层、访企业”活动为切入点，拉近政府与企业的距离，为企业献计献策，共同谋划，为公司负责人带去扶持企业发展的政策信息，引导企业利用

市场监管局开展“走其层、访企业”活动

市场监管职能提升企业竞争力和产品美誉度。企业确立意向后，由专人负责指导办理登记手续，直至完成审批。走访倾听企业对市场监管部门的诉求建议，研究梳理，注重采纳和修正。引导企业树立转型升级、品牌建设意识，了解“三押一推”“双打双维护”业务内容等。编制印发“惠企政策”，提升主动服务能力、畅通消费维权渠道、规范执法监管行为十七条规定，并向社会公布业务工作热线联系号码和服务人员。通过“走基层、访企业”活动，汇总、梳理企业需求，制订服务清单，指导申报“山东名牌产品”“企业标准领跑者”“市长质量奖”等。年内，全县30%的企业平均走访次数3次，累计为企业制订帮扶计划700余项，现场接受企业咨询800余次，解决企业解决发展问题1000件。

（刘卫明）

质量监督

【概况】 2016年，强化重点产品生产企业的质量监管，实施山东省工业产品生产许可证获证企业年度自查报告公示制度，开展安全防护用计量器具监督检查，探索标准化改革新举措。做好市长质量奖、山东名牌申报工作，举办绩效评价准则公益性培训班，全县共有32家企业的33人参加。提高宁阳企业品牌竞争力，全县有4家单位申报山东名牌，5家单位申报泰安市市长质量奖。山东塔高矿业机械装备制造有限公司的矿用单体液压支柱被认定为山东名牌产品。

【监督执法检查】 2016年，组织开展机动车检验机构专项监督执法检查行动，共检查检验机构3家，检测线4条。强化重点产品生产企业的质量监管，组织开展工业产品生产许可证年度报告工作。对全县化工产业产品和食品相关产品质量监督集中专项检查活动，共检查危化品生产企业13家、食品相关产品生产企业7家。针对检查中发现的问题，已下发整改通知书，要求存在问题企业限期整改。落实获证企业主体责任，强化企业守法经营和自律意识，自觉接受社会监督，营造诚实守信的市场环境，建立实施山东省工业产品生产许可证获证企业年度自查报告公示制度。向社会公示，自觉接受社会监督。年内，有5家食品相关产品企业，35家工业产品获证企业提交自查报告。

【标准化计量监管】 2016年。探索标准化改革新举措，深化民生计量监管，对安全防护计量器具使用单位，依据计量法律法规的规定，对在用的安全防护计量器具登记造册，建立台账，制定相应的规章制度，保证安全防护计量器具按照周期进行检定。对使用的安全防护计量器具应当报市场监管部门备案，主要内容包括：备案器具的使用单位、器具名称、规格型号、出厂编号、具体使用（安装）位置等信息。使用单位对备案内容的真实性、完整性负责。全县有24家单位的700余台（件）计量器具完成备案，受检率和检定合格率分别为49%和95%。有42家企业上报249项标准，涵盖462种产品进行了自我声明。加强事中事后监管，强化对强制性标准执行情况的监督检查。

【特种设备安全监管】 2016年，全面启动特种设备安全监管改

特种设备安全检查

革，实施特种设备安全攻坚计划，开展各类特种设备安全风险隐患排查整治活动，有效提高特种设备安全保障水平。全县共注册登记的各类特种设备299台件，其中锅炉5台，压力容器89台，电梯163台，起重机械30台，场(厂)内专用机动车辆12台，另登记新增压力管道5.12千米。确立“底数清、情况明、措施有、能掌控”的管理要求，排查各类特种设备安全隐患123处，下达安全监察指令书25份，有效保障了全年特种设备安全形势持续稳定。

【计量检验检测】 2016年，县计量测试为全县510家市场主体提供优质计量服务。累计检定衡器、燃油加油机、压力表、天平、血压计等计量器具4000余台（件），计量器具受检率98%，合格率100%。对定量包装生产企业和各大商场进行检查，涉及面粉、饮用水、化工、建材等多个行业，共检验20多家企业，涉及20多个商品，合格率达95%以上。检查各类医疗机构17家（其中综合性医院4家，乡镇卫生院13家），检查在用计量器具757台件，检查中未发现使用非法定计量单位计量器具的情况。借助“5·20世界计量日”开展“计量惠民生，诚信促和谐”活动，组织技术人员走乡村、进社区，为广大老百姓免费提供血压计、健康人体秤的检定、测试，发放各类宣传单500多份。

国土矿产资源管理

【概况】 宁阳县国土资源局内设8个职能科室，共有干部职工157人，其中行政机关20人，事业单位115人，国土资源所22人。下设2个正科级事业单位，3个副科级事业单位，3个事业站，15个基层国土资源所。2016年，宁阳县荣获全国“地质灾害防治高标准‘十有县’”；宁阳县国土资源局被泰安市国土资源局表彰为“矿政管理先进单位”；局机关连续12年保持泰安市级文明单位荣誉称号。

【土地管理】 全县土地面积112366.23公顷，其中耕地69498.08公顷，园地1477.39公顷，林地10196.28公顷，草地1383.15公顷，城镇村及工矿用地14938.98公顷，交通运输用地5436.37公顷，水域及水利设施用地5796.62公顷，其他土地3639.36公顷。未利用地4232.43公顷。人均耕地0.0911公顷。①保障发展用地。围绕全县确定的重点项目、基础设施和民生工程，提前介入，主动服务，全程跟踪协调，加快报批进度，全年共批回建设用地2424.72亩，其中对上争取用地1930.85亩，教育用地、养老用地、保障性住房用地做到了应保尽保，没有因土地问题影响项目落地及开工建设。②永久基本农田划定。全县城市周边永久基本农田划定工作顺利完成，并通过山东省国土资源厅认定批复。全域永久基本农田划定方案已编制完成。③土地综合整治。高标准基本农田建设方面，“十二五”期间高标准基本农田建设已全面完成。2016年立项的蒋集、鹤山等5个高标准基本农田建设项目顺利推进，已完成总工程量的50%以上。占补平衡项目方面，完成了两批32个占补平衡项目的验收工作，新增耕地1365.57亩；新立项占补平衡项目9个，实施后可新增耕地367.65亩。增减挂钩项目方面，八仙桥沙岭村、华丰镇北高村等4个项目通过上级验收，结余指标133亩。④做好不动产统一登记。明确了不动产统一登记科室设置及职责，制定《不动产登记中心服务守则》等制度规定，对28项登记业务流程进行梳理再造，完成不动产登记信息系统建设，全县共办理各类不动产登记3000余宗。⑤农村集体土地确权登记发证。全县涉及宅基地确权自然村525个，外业测量、权属调查、数据库建设等工作均已完成。

【矿产资源管理】 2016年，提升矿产资源管理规范化水平，修订完善《采矿权登记管理制度》《矿产资源督察制度》等管理制度。严格按照全县《矿业权设置方案》要求，合理设置矿权，促进矿山企业提升规模化集约化水平。全县共有采矿权40个，严格限制在整合后矿山数量47个标准以内。征收矿产资源补偿费173万元。严守非煤矿山企业安全生产底线。开展非煤矿山企业安全生产主体责任落实年活动，制定了领导干部检查非煤矿山安全生产工作制度，夯实安全生产监管责任。多次对非煤矿山企业进行拉网式排查，对企业安全生产隐患问题及时书面提出，限时进行整改，保证了企业安全生产。推进重点项目建设。2016年4月，11个项目全面动工建设，县城区及周边压覆煤炭资源调查评价等4个项目已通过市局验收，其他7个项目均已基本完工。

【土地资产经营】 2016年，共划拨供应国有建设用地使用权27宗，面积774.94亩。根据土地市场需求，共出让供应国有建设用地使用权33宗，面积1662.43亩，实现土地出让收益5.7095亿元，其中供应工矿用地1167.1亩，土地出让收益1.6784亿元；供应经营性用地495.33亩，土地出让收益4.0311亿元。依据申请情况，全年共办理国有土地转让审查手续15宗，面积共计583.81亩。按照年初制订的土地储备计划，实际收储土地9宗、728亩，拨付土地储备资金6926万元，为做好经营性用地市场调控打好了基础。

【执法监察】 土地督察整改工作，强化党政同责，督导调度，取得了良好成效。全县共有问题图斑455个，面积5953.22亩。截至2016年11月，已整改414个、面积5878.53亩，个数和面积整改到位率分别为90.99%、98.75%，通过国家土地例行督察局济南局核查验收。2016年，摸底、核实2015年卫片执法检查下发的595个遥感监测图斑，其中违法图版87宗，面积7.6公顷，没收建筑物3万平方米，移送纪检部门处理2人，非立案处理1宗，移送人民法院强制执行86宗，全县违法占用耕地比例为3.29%。宁阳县国土资源执法监察大队开展动态巡查3800多人次，制止违法行为37起。

【闲置土地清理】 2016年，土地利用实行动态监管，责任分工，落实专岗专人，通过信息公示、预警提醒、开竣工申报、现场核查、审查把关、跟踪管理、竣工验收、闲置土地查处等手段，实现建设用地批后开发利用的全程监管。共纳入监管项目43宗，面积2100亩，下发监管通知43份，现场设置信息公示38块。根据监管系统提示，下达开工提醒通知20份、竣工提醒通知23份、开竣工履约通40份。确保土地市场规范有序。结合土地例行督察，加大闲置低效土地清理盘活力度，清理处置盘活低效土地14宗、687亩。

【全国地质灾害防治高标准“十有县”创建】 编制《宁阳县地质灾害防治规划(2016—2025年)》，制定印发了《宁阳县地质灾害防治方案》和《宁阳县突发性地质灾害应急预案》，完善群防群测体系，全县共有地质灾害隐患点26处，其中崩塌9处，泥石流4处，地面塌陷13处；中型3处，小型23处。涉及8个乡镇（华丰镇、磁窑镇、蒋集镇、堽城镇、葛石镇、鹤山镇、伏山镇、东疏镇），30个村庄，威胁人口近500人。通过建章立制、抓好防范、强化值守、布灾害预警信

2016年5月30日，省国土资源厅检查组到宁阳检查汛期地质灾害防治工作及地质环境治理项目实施情况

息、工程治理等行之有效的防治措施，全县没有发生因地质灾害造成的责任事故。投资6386万元的矿山地质环境治理类项目，其中神童山省级地质公园地质遗迹保护等7个项目已竣工，5个项目通过省厅检查验收，生态文明建设收到良好成效。2016年，宁阳县荣获全国“地质灾害防治高标准‘十有县’”。

（刘　军）

食品药品监督管理

【概况】 宁阳县食品药品监督管理局内设办公室、政策法规科、综合协调科、食品生产监管科、食品流通监管科、餐饮服务食品监管科、保健食品化妆品监管科、药品监管科、医疗器械监管科和规划财务科等10个科室，下设宁阳县食品药品稽查大队。在13个乡镇(街道)分别设立食品药品监督管理所。主要职责负责全县食品、药品、医疗器械和化妆品等“四品一械”的安全监管。2016年，宁阳县食品药品监督管理局荣获泰安市“食品药品监督管理系统先进集体、食品药品监督管理创城迎审工作先进集体、医疗器械不良事件监测工作先进集体、化妆品不良反应监测工作先进集体”。

2016年，全县共有食品生产企业37家，食品流通单位5324家，餐饮服务单位975家，各类食品生产加工小作坊400多家；药品生产企业1家，药品医疗器械经营单位188家，各级各类药品使用单位(县乡村三级医疗机构)536家。

【执法检查】 2016年，建立健全行政执法责任追究制、首问责任制、限时办结制、一次告知制、举报登记制及考核奖惩等一系列规章制度，制订下发行政执法监督检查工作计划，进一步规范行政执法行为，提高行政执法案卷办理质量和水平，实行了案件分级核审机制。办理各类食品药品一般程序案件实行层层把关，重大疑难案件由食品药监案审会审理决定。充分发挥典型案件办理的示范作用，进一步提高了工作人员的执法办案能力和水平。全年共出动执法人员6941人次，无因依法行政不当引起的行政复议和行政诉讼情形发生的良好记录。

【食品安全监管】 食品生产监管。2016年，制定下发《宁阳县食品生产企业“五化五星”监管模式试点工作意见》，选择6家食品生产企业，开展食品生产企业“五化五星”监管模式试点。针对与人民群众关系密切的肉制品、植物油、白酒、米面制品等产品进行专项监督检查，全县检查食品生产企业120余家次，对5家存在问题的食品生产加工企业下达了责令整改通知书，并期限整改。

食品流通安全监管。2016年，对全县食品摊贩、进口食品市场、农村市场食品、展销会及网络交易等业态、食用阿胶及其制品、加工(经营)病死猪肉等违法行为、豆芽经营环节等食品安全开展专项检查，全年检查经营业户2511户次，核查投诉举报43起，对296户不符合法律经营规范要求的业户下达责令改正通知书，并对24家业户的违法行为给予行政处罚。

餐饮食品安全监管。严格落实季度检查制度，采取“随机”检查机制，对辖区内学校食堂实施

食品药监工作人员入超市对蔬菜、食品抽样检测

中秋节月饼专项检查

了飞行检查、督导检查。对全县37家小饭桌实行登记备案，与县民政局联合下发《关于做好全县敬老院等养老机构食堂食品安全监管工作的通知》文件，将全县13家敬老院食堂纳入季度监管。开展全县羊肉及其制品专项整治、旅游景区及周边餐饮整治、网络食品经营专项整治活动。对1160家餐饮单位进行餐饮安全监督量化分级评定，其中A级优秀150家，B级良好467家，C级一般457家。高标准完成高中考、县“两会”、县经济工作会议和“梨花节”“蟋蟀节”期间食品安全保障工作。全年，餐饮环节抽检面制品、肉制品、食用油、火锅底料等食品样品共计178批次，合格率为96%。

【保健食品化妆品安全监管】 2016年，印发《保健食品化妆品监管实务手册》《保健食品经营企业购进(销售)台账》《化妆品经营企业购进(销售)台账》2000余套，正确选购保健食品/化妆品宣传挂图500余份，发放化妆品安全监管明白纸2000余份。全县统一监管尺度和执法标准，完善保健食品化妆品监督检查标准体系。对生产企业产品质量追溯体系，整治保健食品、化妆品索证索票和台账管理工作，规范保健食品化妆品经营行为。加强化妆品不良反应风险监测，宁阳县第一人民医院、泰安市凌云商社集团被市局确定为全市化妆品不良反应监测哨点。全年出动执法人员1200人次，检查保健食品化妆品经营企业400余家次，对存在轻微违规情节的企业提出整改意见或建议26条，有10例化妆品不良反应监测事例已报告。

【药品安全监管】 2016年，组织开展“药品经营质量管理示范药店”评选活动，强化企业药品质量安全主体责任意识和提供优良药学服务的社会责任意识。全县有3家药店被泰安市食品药品监管局评为“药品经营质量管理示范药店”。对全县家庭过期失效药品定点回收药店进行重新确认，择优确认辖区内已取得新修订药品GSP认证证书、药学服务能力强、热心公益事业的42家药品零售企业作为定点回收药店并向社会进行了公布。加强风险防控及信用分级管理，强化涉药单位药品质量安全主体责任意识，督促相关单位定期开展内审，完善风险防控体系，防止出现质量事故。开展药品流通领域专项整治、药品零售企业专项整治、药品使用环节专项整治和安宫牛黄丸、处方药和含特殊药品复方制剂、胎儿性别鉴定和人工终止妊娠相关药品等专项检查。组织实施新修订的《药品经营质量管理规范》(简称GSP)认证工作，全县共35家药品零售门店、20家单体药店通过了GSP认证。药品医疗器械不良反应(事件)监测工作，收集上报药品不良反应1338例，医疗器械不良事件384例。

【医疗器械监管】 2016年，采取以练代训的形式，举办医疗器械专题培训3期，邀请市食品药品监管局业务专家现场授课，通过实战演练、点评答疑等方式切实提升执法人员的实战能力与水平。编印《医疗器械监管法规文件汇编》《医疗器械使用质量监管法规文件汇编》综合本和单行本2400余本，向全县所有医疗器械经营企业、使用单位免费发放。围绕专项整治行动确定的注射用透明质酸钠、壳聚糖类产品、装饰性彩色平光隐形眼镜、定制式义齿和体外诊断试剂五大类重点产品，按照模块化，规范化、痕迹化的要求，突出经营这五类产品的经营企业和使用单位，开展了全覆盖的重点检查，出动执法人员 1927 人次，检查医疗器械使用单位 508 家次、医疗器械经营单位 326 家次，下达责令整改 39 家次。

【山东省“守护舌尖安全”整治行动督查组到宁阳督查】 2016 年 9 月 8 日，山东省食品药品监管局餐饮监管处副调研员王玲、省林业厅经济林管理站副站长赵之峰带领全省“守护舌尖安全”整治行动督查组到宁阳督查。督查组一行在市、县领导的陪同下实地查看了宁阳一中幼儿园食堂、凌云商社东河加盟超市、泰安众旺食品有限公司、先先糕点加工作坊、宁阳县中李村水产养殖场、泰安温氏养殖有限公司、宁阳县洁美餐具消毒服务中心、泰安烟农供销农资有限公司、宁阳县圣地农庄农业专业合作社。督查组通过查看，对宁阳县开展“守护舌尖安全”整治行动给予充分肯定，认为宁阳县食品安全监督管理工作思路清晰，监管到位，措施得力，老百姓饮食安全有了可靠保证。

（张　珍）

统　计

【概况】 县统计局内设办公室、法规科、综合科、农业科、工业科(加挂能源科牌子)、社会科、财贸科、服务业科、计算站 9 个职能科室，下设宁阳县经济运行分析办公室(正科级)、宁阳县社会经济调查队(副科级)、宁阳县社情民意调查中心 (副科级)3 个事业单位。单位编制 30 人，其中行政编制 14 人、事业编制 16 人，有在编人员 27 人。2016 年，建立健全全县国民经济核算体系和统计指标体系；根据国家重大国情国力普查计划、方案，拟订全县的实施方案，会同有关部门组织实施人口、经济、农业等重大国情国力普查；统一核定、管理、公布全县性的基本统计资料；建立并管理全县统计信息化系统和统计数据库系统；指导全县统计基础建设和统计队伍建设等。扎实完成了各项统计工作任务，开展了一系列统计课题调研和服务创新探索，年内，保持“省统计系统文明单位、全省统计系统宣传工作先进单位”，泰安市“文明机关”，宁阳县“经济社会发展先进单位二等奖、基层党委(党组)理论学习中心组先进单位、文明单位、文化带动工程先进单位、政务网站建设先进单位、政务信息工作先进单位、三八红旗集体、履行人口和计划生育职责先进单位”等荣誉称号。

9 月 28 日，全省“守护舌尖安全”整治行动督查组到宁阳县督查

【统计服务】 经济运行监测。2016 年，树立和贯彻“统计服务发展”理念，加强对宏观经济形势的分析判断，落实好月度监测、季度分析制度，扩大统计服务范围，从单一经济统计转向经济社会民生全覆盖，定期对全县经济运行、行业发展、就业形势等情况进行综合分析，并提供合理化建议，当好县委县政府科学决策的参谋部；通过严格把握数据质量，发行《经济运行》13 期。

统计分析。把统计分析作为亮点工程精心打造，落实统计分析责任制，坚持统计分析例会制度，完善统计分析考核办法，数量和质量进一步提升。围绕县委县政府工作要求和全县经济社会发展目标，针对社会发展热点、领导关心重点，抓好基层调研和专项调查，撰写统计分析。每季度，集中组织各专业人员到乡镇和部分单位、企业开展一次季度行业调查和专题调研，形成分析专题 23 篇，向市局内网上传县情分析 127 篇、发表 115 篇，其中《供给侧结构性改革引领新常态》《从小麦成本收益变化浅析种植业增收困难》等文章得到了县领导和有关部门的高度重视。完成县政府调研室约稿 18 篇，为各级各部门决策提供了参考依据。

【统计信息化】 统计产品质量。从数据收集、产品排版等各个关口分别把关，确保数据无差错。陆续编印各月的《统计快报》《统计月报》《分县市区位次表》和 2015 年的《统计公报》，科学反映全县经济社会发展态势，准确、高效地向社会各界传递了统计信息。对《统计月报》封面进行了改版，提升了服务形象。编印、发放了 2015 年《统计摘要》《统计年鉴》。

统计宣传。2016 年，拓展宣传渠道，加大信息报送力度，全年共向市局内网上传基层要事 245 条，发表 228 条。“宁阳统计”微信平台发布信息 68 条，《泰山晚报·宁阳读本》等发表 7 篇分析、14 篇信息。6 月 13 日，县统计局按照统一安排走进县民生政务网“2016 年网络问政视频直播节目”栏目组，现场解答了广大群众通过网络平台、手机短信、热线电话等平台提出的问题。

【统计改革】 国民经济核算制度改革。根据市局统一部署，不断完善 GDP 核算制度和数据质量评估指标体系，强化和规范基础数据的支撑，推进文化及相关产业增加值、非公有和民营经济增加值统一核算。通过事前研判、事中沟通、事后审核，严把数据质量，圆满完成 2015 年 GDP 核算年报工作。

固定资产投资统计制度改革。严格按照财务支出法和形象进度法两套制度并行要求，按时完成了投资和利时程序 5000 万元以下月报和投资 5000 万元以上联网直报工作，确保各项数据准确无误，真实反映项目建设的成果。

劳动就业统计改革。县、乡两级高度重视劳动工资统计，充实人员力量，搞好业务培训，强化指标数据的协调性和匹配性，不断提高了调查数据质量。

【统计调查】 服务业统计调查。2016 年前三季度小微企业和个体户跟踪调查取得了预期成果。做好四季度“103030 工程”监测，为全县服务业发展考核提供依据。高质量完成全县物流业运行情况调研，全面掌握全县物流业发展现状。

化产业单位核查认定。召开乡镇(街道、园区)统计人员会议，对文化产业单位核查认定方法及流程进行了系统培训，顺利完成文化产业单位的核查认定。

电子商务平台统计。建立健全动态管理电子商务平台储备库，对接县商务、发改等部门，摸实全县电子商务平台数量规模，开展全市电子商务平台补录核查，全面完成电子商务平台交易情况调查。

【统计法制化】 依法治统。加强普法宣传力度，借助基层调研之机，向县、乡、村、企进行统计法制宣传教育，4 月，开展“统计法宣传月”活动，深化各级领导干部和企业学法、懂法、依法、守法的理念，推进依法统计的贯彻执行。5 月，对全局执法人员进行了一次法律知识集中培训，3 名干部通过考试新取得证件，并组织人员参加了行政复议行政应诉资格证培训考试。8—9 月，县、乡完成自查自纠工作，县统计局抽调业务骨干组成检查组对 60 家企业进行了执法检查。10 月，代表省、市迎接了国家局执法检查。

质量兴统。抓好数据源头是统计数据质量的保证。利用年报会、专项业务培训会、走访调研、教材资源共享等形式分专业、分行业对全县统计从业人员进行了集中、分散式全覆盖业务培训，全年累计培训达到25次，切实提高了业务人员适应统计新改革和新需求的能力。全县共有183名统计从业人员报名参加了统计继续教育。强化联网直报质量审核。完善了数据评估制度。以省、市统计星级企业复核验收工作为契机，全面核实“四上”企业真实情况及上报IP地址，坚决杜绝“空壳”企业和代填代报企业。5月，省统计局检查组宁阳县19家五星级企业进行了复核验收，给予较高评价。全年，新增单位月度审批共上报12家单位，通过审批11家，其中工业企业2家，房地产开发经营企业4家，5000万元以上投资项目单位5家。

2016年9月，市统计局到宁阳开展1%人口抽样调查业务培训

【三农普查】 2016年，县统计局围绕普查机构、经费、人员、办公场所四个方面超前谋划，推进县、乡、村三级联动。8月，各村级普查小组完成组建。10月，县、乡两级农普办人员全面落实。11月，业务培训乡镇“两员”2700余人。12月，全县范围的普查集中宣传。全县农业普查工作清查摸底和草表登记工作结束，入户登记、PDA数据采集阶段，在此期间县普查办将组织人员对各乡镇（街道）、开发区进行督导，保障全县农业普查质量和效率，确保完成普查任务。

【1%人口抽样调查】 1%人口抽样调查为年度常规化工作，涉及13个乡镇(街道)、1个开发区，全县进行统筹部署、及时调度，周密计划，合理安排，主动地开展入户登记、调查表填报核实修改、PAD调查表录入上报等阶段性工作。12月底，经过县局网上数据审核、核实、修正后，全县1%人口抽样调查主体工作全部完成。

（李　磊　颜大龙）

2016年3月，全县第三次农业普查动员会议召开

审　计

【概况】 县审计局设办公室、综合审计科、法规审理科、行政事业审计科、经贸审计科、农资外资科6个职能科室以及政府投资审计专业局、经济责任审计办公室2个副科级事业单位。县审计局机关行政编制14名。2016年，全面履行审计监督职责，加大审计力度，创新工作方法，推进公共资金、国有资产、国有资源和领导干

部履行经济责任情况审计全覆盖，推动实现创新、协调、绿色、开放、共享发展，充分发挥审计在党和国家监督体系中的重要作用。共完成审计项目42个，查出违规金额1671万元，管理不规范金额7.9亿元，提出合理化建议50条。年内，县审计局荣获宁阳县"科学发展观二等奖"，山东省"文明单位"等荣誉。

【民生项目审计】 2016年，县审计局按照审计署实施方案，对稳增长、促改革、调结构、惠民生、防风险政策措施的落实进行跟踪审计，相继实施精准扶贫、扶持小型微型企业健康发展、加强社会救助及保障困难群众等12类具体政策措施落实情况。重点关注重大建设项目推进、支持创业创新、经济结构优化调整、精准扶贫和民生保障政策落实等情况，重点揭示和查处不作为、慢作为、乱作为等问题。①扶贫资金使用效率较低。审计抽查2个乡镇所辖12个村的产业扶贫项目，涉及财政扶贫资金84万元，截至2016年4月实际使用33.25万元，结余50.75万元。②政府投资老年公寓使用效益低。县老年公寓设计床位460张。实际供养老人70余人；养老建设资金83万元未使用。③救助资金结余过大。截至2016年6月末，财政部门结余各项社会救助资金2548.14万元，其中：城乡低保1250.47万元，医疗救助476.33万元，临时救助366.25万元，集中供养五保人员210.44万元，分散供养五保人员129.82万元，重特大疾病医疗救助114.83万元，未及时拨付使用。

根据省审计厅下发的疑点数据，县审计局选择了20家企业进行重点核查。有6家疑点企业欠缴税款1421.73万元，其中企业所得税0.39万元，土地增值税1172.21万元，城镇土地使用税249.13万元。审计期间积极督促整改，截至2016年年底已补缴税款1338.96万元。有3家重点税源企业欠缴税款368.50万元，其中增值税78.91万元，营业税0.68万元，企业所得税112.72万元，土地增值税140.03万元，印花税、城建税等36.16万元。

【预算执行审计】 根据《中华人民共和国审计法》规定，每年年初各级审计机关都要对同级财政上年度的预算执行情况进行审计，并向同级政府报告审计结果，向同级人大报告工作情况。2016年1—4月，县审计局审计了财政部门具体组织执行县级预算和其他财政收支情况，以及县交通局、人社局、发改局、行政服务中心、金融办5个单位的预算执行及其他财政收支情况，审计了地税系统税收征收管理情况，同时延伸审计了6家企业的税款计提、申报、缴纳等情况。对审计发现的问题，本着实事求是、客观公正、促进管理的原则，依法进行了处理处罚。提交审计工作报告和审计结果报告。①延缓征收各项税款。2016年征收所属期间为2014年度的税款75.24万元。②欠缴税款。延伸企业发现，有2家企业存在欠缴税款191.88万元。审计期间已整改缴纳了税款。③执行政府采购规定不严格。有2个单位自行采购应实行政府集中采购的商品或服务项目金额1.53万元。④预算执行不严格。有2个单位超预算列支公车配置及运行费等11.92万元。另外，个别单位还存在账务处理不及时、财务支出手续不齐全等问题。

【经济责任审计】 2016年，贯彻《党政主要领导干部和国有企业领导人员经济责任审计规定》，在审计对象上，加大对重点部门、重点单位、重点行业和关键岗位领导干部的审计力度，提高审计监督的针对性和有效性。重点关注领导干部在执行国家政策、推动事业发展、科学决策、经济管理、依法行政、廉洁自律等方面履行经济责任的情况。紧紧围绕"权力运行"和"责任落实"，客观评价领导干部职责履行情况，促进领导干部自我约束、自我完善、廉洁从政。受县委组织部委托，年内，组织实施了县交通局、县人社局、金融办、城市执法局、规划局、纠风办、鹤山镇、环城科技产业园管委等单位17名领导干部的经济责任审计，通过经济责任审计，正确界定领导干部在任期内的工作政绩和廉政责任，全面、客观、公正地进行审计评价，领导干部任职

工作人员认真审计，一丝不苟

期间违规问题金额1617万元，损失浪费金额4688万元，按照规定分别界定了被审计领导干部应负的直接责任、主管责任或领导责任，并向干部管理部门提交了审计结果报告。

【政府投资审计】 以提高政府性投资的资金效益为目标，重点关注政府重视、群众关心、社会影响大的政府投资项目，监督好投资决策、资金使用、项目管理和投资效益以及项目招投标、工程造价等关键环节，促进政府投资绩效提升，督促责任落实。负责对政府固定资产投资项目（技术改造项目）的概（预）算、决算、工程结算及项目的批复立项、建设程序、项目招标投标、财务决算和建设过程中的勘察、设计、施工、监理、政府采购、供货等方面实行独立的审计监督；组织与固定资产投资项目有关的专项审计或审计调查；开展固定资产投资审计工作，监督社会组织对国家建设项目的审计质量。

城镇保障性安居工程跟踪审计发现：一是未完成农村危房改造任务。2016年宁阳县应完成国家下达的农村危房改造任务188户，截至2017年2月28日，2016年已开工的64户农村危房改造任务验收并付款3户。二是有2个棚改项目的保障性住房未按规定办理竣工验收就交付使用，其中杜家村棚改项目涉及300套住房、泥村棚改项目涉及400套住房。

【审计监督】 根据中共宁阳县委、宁阳县人民政府《关于宁阳县人民政府职能转变和机构改革的实施意见》（宁发〔2014〕27号），增加对国家重大政策措施和宏观部署落实情况的跟踪审计职责。对领导干部实行自然资源资产离任审计职责。组织指导对村党组织和村民委员会、社区党组织和社区居民委员会的主要负责人进行经济责任审计。根据国务院有关厉行节约和规范管理要求，加强“三公”经费、会议费使用和楼堂馆所建设等方面审计，推动俭朴政府建设。加强宏观政策研究和审计项目管理，强化税收征管、资源环境、行政执法、人员编制、信息系统等方面审计监督。

【包村帮扶】 2016年，紧围绕“抓党建促脱贫”这一核心，成立包村工作领导小组，选派素质高、责任心强的人员到东疏镇侯楼村任“第一书记”。通过调研走访，摸清所包村发展定位、经济基础、产业特点和群众需求等，逐项细化措施，明确完成时限。履行对责任村的工作指导、帮扶、协调、服务等。通过对上争取和压减局机关支出等方式筹措资金，为东疏镇侯楼村争取资金69万元，用于维修改造办公用房8间，硬化大院870平方米，建设仓库和档案室3间，增加办公设备一批；铺设沥青路1条，水泥路2条；建设蔬菜基地一处，流转土地30亩，发展蔬菜大棚18个。积极为东疏镇侯楼村争取上级项目，争取高标准良田建设项目1个，新打井3眼，维修配套改造升级13眼井，埋设地下暗管13564米，维修生产路1800米；争取电商扶贫项目1个，建设电商网络服务平台1处；与山东财经大学对接，争取教育扶贫项目1个，先后有8名在校大学生，分两批先后到侯楼村开展支教活动；更新换代体育器材12套；成立了以24户贫困户为社员的“宁阳县疏兴种植专业合作社”，引导他们发展经济。

（桑文剑）

物价管理

【概况】 2016年，宁阳县物价局内设办公室、综合科、价格收费管理科3个行政科室，下设物价检查所1个（二级行政单位），价格认证中心1个（事业单位），在编干部职工20人。以“两学一做”活动为总抓手，围绕“全面深化改革、实现转型发展”，倾力打造“阳光物价、民生至上”服务品牌，泰安市物价工作综合考核获得第一。县人大常委会《价格法》执法检查对县物价局的工作给予充分肯定。

【价格调控】 ①价格监测预警。完成《价格日报表》200余份、《农副产品、农业生产资料周报表》90余份、《居民生活消费（食）品零售价格监测旬报表》《主要煤炭和焦炭价格监测旬报表》20余份，《种子价格监测月报表》12份。撰写价格监测分析报告80余篇。在中国发展网刊登32篇。②价格调节基金。1月份征收房地产价格调节基金11.17万元，按照国家要求，2月1日起停止征收价格调节基金。③农产品成本调查。深入到5个调查点10个农调户对玉米、小麦成本情况进行了调查，针对传统大枣产业，开展了特色农业专项调查，根据调查情况写出了10篇分析报告上报市县政府，为领导决策提供参考。④价格宣传。通过“3·15消费者权益日”向消费者发放价格法律法规宣传资料1200余份；发布价格政策宣传信息62条。深入开展价格理论研究，3篇研究材料在《中国经济导报网》《泰山晚报》等媒体刊登。

【价格改革】 ①医药价格改革。推进县级公立医院价格改革，理顺医疗服务价格，取消药品加成，调整医疗服务收费项目2448项，新增1135项；放开知名专家诊查费等108项医疗服务价格。②精简审批事项。将127项政府定价项目放开，其价格形成由经营者根据供求自主确定；对丙级价格评估机构资质认定审批事项予以取消。

2016年3月15日，宁阳县物价局开展“3·15”价格维权宣传活动

【价格服务】 ①举报投诉受理。通过12358价格举报热线和12345市长热线共受理价格投诉、举报、咨询63起，通过调解处理价格投诉2件，退还消费者519元。②成本监审。对宁阳县港华燃气有限公司的居民天然气进行了成本监审，监审金额1864万元。③价格认定。办结各类价格认定案件75件，认定标的金额333万余元。没有发生复核案件及错误案件。④服务平台建设。完善“泰安·价格通”公共信息服务平台，入驻行政事业单位及公益性单位23家、超市1家、药店1家，发布15万种商品和2万种药品价格信息，为群众在线实时查询服务。

【价费监管】 ①公共服务性产品价格管理。落实省市关于用电峰谷分时电价、水泥企业用电阶梯电价等一系列电价政策，进一步发挥价格杠杆在促进节能减排和资源优化配置等方面的积极作用，充分调动电力用户避峰就谷、合理用电的积极性，保障电网和

2016 年 5 月 4 日，泰安市价格监督检查局局长崔应强（中）带领有关人员到宁阳县检查指导价格和明码标价工作

发电机组稳定运行。调整农村客运票价，核定了 51 条农村道路及中间站点客运票价收费标准。制定了公共租赁住房租金标准。验收了 94 家公办幼儿园收费标准公示情况，做到了保育教育费、住宿费、服务性代收费在醒目位置公示，方便群众监督。②行政事业性和经营性收费清理。落实“放管服”要求，暂停征收价格调节基金，取消 10 项服务收费项目，放开 22 项收费及服务价格，将现行对小微企业免征的 18 项行政事业性收费的免征范围扩大到所有企业和个人；审核县直部门行政事业性收费项目，公布了《2016 年宁阳县县直部门行政事业性收费项目目录》《2016 年宁阳县县直部门涉企行政事业性收费项目目录》《宁阳县政府定价经营服务性收费目录清单》三个清单。③节假日市场价格检查。重大节假日期间派出检查人员 108 人次，检查经营单位 18 家，发放宣传资料 200 份，规范不正当价格行为 5 起。④明码标价整治活动。联合县房管局开展商品房明码标价整治活动，按“双随机”原则，抽查了 9 家在售楼盘和 6 家房产中介机构，对明码标价不醒目、标示信息不全、选聘了物业企业未公示物业服务标准等存在问题，通过提醒告诫，下达整改通知书等形式，责令限期进行了整改。⑤价费专项检查。开展了殡葬服务业收费、汽车客运票价、医疗卫生行业的价格收费行为的专项检查。共查处价格违法案件 11 件，实施经济制裁 31.17 万元。

（宁尚军）

安全生产监督管理

【概况】 2016 年，全县有安全生产监督管理机构（以下简称安全监管）机构 14 个，其中县级 1 个，正科级规格，执法监察一大队、二大队为副科级内设机构，有在职人员 24 人；13 个乡镇、街道均成立安全管理办公室，配备 12 名副科级专职副主任，在职人员 39 人。全县各级安全监管以开展“安全生产责任落实年”活动为载体，积极预防，落实责任，强化监管，全县安全生产形势保持持续稳定。年内，县安监局被省政府安委会表彰为“全省安全生产先进单位、‘安全生产月’活动优秀组织奖”，荣获全县绩效考核一等奖。

【安全生产目标管理】 2016 年，推动安全生产监督管理工作科学化、规范化、制度化，建立客观、公正、有效的激励约束机制，严格落实安全生产目标责任制，制定《动态考核办法》，采取月考核、月通报、月排名的方式，将 6 项制度、17 项日常工作、9 项隐患排查、9 项执法监察、3 项宣传教育以及重大活动设定不同的权重，采取基本分 100 分，对乡镇、街道、园区及相关部门进行动态考核。

【隐患排查治理】 2016 年，突出企业自查这个“点”，理顺部门专项检查这条“线”，覆盖政府综合督查这个“面”，坚持“点线面”并举，借助专家查隐患，严格执行县级领导督导、周报告、月调度、部门包保、明察暗访、重大隐患专报等制度措施，坚持铁腕打非治违，扎实开展安全生产大检查活动，

2016 年度对华鸿化工进行安全检查

针对重点领域进行专项整治。①危化品：定期邀请专家对全县化工企业“会诊把脉”，加强与中国安科院化工所、泰安博奥安全评价公司、阳煤齐鲁一化等机构的合作，每季度邀请专家到宁阳对化工企业进行全面会诊检查。1 月中旬、9 月下旬，两次组织专家组对 8 家重点危化品生产企业进行检查，共查处隐患问题 177 项，全部整改完毕。②非煤矿山：县政府拨付专项资金，聘请泰安博奥安全评价有限公司，对 12 家非煤矿山企业进行会诊检查，共查处各类隐患问题 105 项。③烟花爆竹：提高准入门槛，督促乡镇(街道)、宁阳经济开发区严格对零售点进行安全条件审查，全县核发许可证 456 家，深入开展烟花爆竹百日安全专项整治和打非治违活动，检查零售点 506 家次，发现问题隐患 713 项，整改率 100%。

【宣传教育及培训】 2016 年 6 月 16 日举办“安全生产月”宣传咨询日活动。19 日，县安委会组织举办“企业安全生产主体责任全面落实年活动”知识竞赛。来自全县各行各业的 8 支生产经营单位代表队，24 名选手参加竞赛。7 月 13 日，组织举办《山东省生产经营单位安全生产主体责任规定》(山东省人民政府第 303 号令)集中宣讲学习活动，邀请市安监局领导进行宣讲。全年监督指导培训机构举办非煤矿山、危险化学品、工商贸安全管理培训班、职业卫生培训班和特种作业人员培训班 14 期，培训 2460 人次。新创建市级示范企业 2 家，2 家省级安全文化示范企业顺利通过复审验收。创建市级安全生产优秀班组 7 个，安全生产十佳班组 1 个，十佳班组长 1 人。

【危险化学品企业安全监管】 2016 年，全县有“两重点一重大”企业 10 家，其中重大危险源涉及 8 家企业，有一级 2 处，三级 6 处，四级 1 处。完善 DCS 系统，实行全程监控和管理，对一级重大危险源又新设立独立安全仪表系统，推进杜邦安全管理，提升企业管理水平。确定华阳迪尔、华鸿化工、财富化工 3 家与杜邦公司签订安全管理服务协议，杜邦公司专家每月到宁阳化工企业指导安全生产，强化培训，示范带动，风险防控到位。2016 年 8 月 23 日，承办“泰安市合成氨及

6 月 16 日，举办“安全生产月”宣传活动

涉氨企业双体系建设现场培训会”，并相继在华阳集团、圣奥化工、华鸿化工等企业举办“双体系”建设培训会；同时，成立三个“双体系”建设推进组，分批到企业加强业务指导，培训“双体系”建设业务骨干力量。强化演练，应急救援到位。为提高化工企业应急救援能力，定期组织联合救援演练。安全生产月期间，圣奥化工承办泰安市危险化学品应急救援演练，各化工企业救援队伍 300 余人参加演练。多管齐下，园区管理到位。积极开展园区安全评价。委托中国安科院对生物化工园区进行区域风险评估。10 月 18 日，生物化工园区风险评估报告顺利通过县政府组织的专家评审。扎实开展“三评级一评价”，从市、县安全生产专家库选取 7 人，组成 2 个评审组，对各个化工企业自评情况逐个评级，确定档次，并建立起信息全面、数据准确的“三评级一评价”档案。

“双随机”安全执法检查

【执法监察】 2016 年，加强执法队伍建设，执法监察二大队通过考选和调动，补充专业执法人员 5 名，投入 15 余万元购置各项执法装备器材。组织全县执法人员开展集中培训、岗位练兵、执法竞赛、文书点评等多形式的教育培训活动，参与人员 200 余人次，取得良好效果。推进安全生产与职业卫生一体化综合监管执法，实行交流执法、联合执法、政府购买服务协助执法等。全年按照执法计划检查企业 100 家，查处隐患 780 条。开展“双随机”“四不两直”、暗查暗访活动，检查企业 37 家，查处隐患 210 条。联合省市（异地）执法检查组开展异地执法检查、涉液氨企业专项检查，检查企业 22 家，查处隐患 456 条。对存在违法行为的 10 家企业，依法给予行政处罚，共计罚款 18 万元。

【事故应急管理】 2016 年 3 月 29 日，泰安市“安如泰山”科学预防体系—应急救援子体系创建工作现场会在宁阳召开。华阳集团危化品应急救援大队先后参加京福、京沪高速和 104 国道上出现的危险品泄漏事故救援工作 12 次，充分检验了救援队伍的战斗力和协调作战能力。完善全县安全生产应急救援指挥平台，整合应急办协调部门部分职能，建立应急救援数据库，完善运行程序、专家信息、应急储备物资、应急避难场所、大型应急装备和设备、企业基本信息、风险信息源等基础数据信息，建立县、乡、村企三级联动体制机制。及时更新网格化、实名制监管信息平台，将监管企业的生产经营情况、检查记录、整改情况及时上传维护，建立企业资源数据库。将危化品企业、煤矿、烟花爆竹仓库、四通公司炸药库等高危行业领域重大危险源接入指挥平台，实现实时管控。及时修订全县应急救援总体预案和重点行业领域专项预案，做好不同层面应急预案的衔接、联动。指导重点企业制订各类专项预案，现场处置方案符合每个行业领域的标准，做到企业预案与行业领域的预案无缝隙衔接，在自身预案上做到岗位职责具体化、参加人员固定化。县供电公司编制完成管理类 25 大项 50 小项、现场类 19 大项 224 小项应急处置卡，得到省公司的充分肯定。

（朱倩倩）

农业和农村工作

综　述

【概况】 2016年，宁阳县农业部门围绕农业增效、农民增收和农村繁荣总目标，以项目向园区集中、居住向社区集中、土地向规模经营集中“三集中”为路径，深入开展农村土地股份合作、社区股份合作、农民专业合作“三大合作”改革，进一步转变农业发展方式，优化产业结构，巩固和发展全县农业和农村经济“两稳、三进、四新”的大好局面。农业结构调整、生态农业建设、农业开发扶贫三项工作扎实推进，农业科技创新打开新局面，品牌农业建设实现新突破，龙头企业发展再创新成绩。

【农业产业化】 2016年，全县各级按照“扩基地、强龙头、带农户”的总体思路，大力培育农业龙头项目。其中，华兴智能纺项目被列入中国工程院“重点咨询研究项目”、山东省重点建设项目。温氏集团生猪养殖一体化、美国独资泰山立福食品、泰安鲁粮面粉有限公司粮食物流园、拜耳农业光伏发电等项目建设加速，部分已经达产见效。“弘兴”“友邦”被认定为山东省著名商标。全县新增规模以上农业龙头企业13家，总数达到140余家。其中市级以上龙头企业89家(包括4家省级龙头企业)，经营范围涵盖食品加工、纺织、林业、畜牧业加工、新能源等多个行业，当年实现销售收入96亿元，同比增幅在10%以上。带动开发农副产品基地54万亩，带动农户15万户。县内规模化粮食企业达到15家，全面建成地方储备粮、小包装成品粮、食用植物油应急储备体系。鹤山镇泰安丰沃农业发展有限公司集种植、粮食烘干、收储、耕种收、土地托管、生产服务于一体，总投资300万元，配置9组技术先进的大型烘干设备及大型玉米脱粒机，日烘干量达300吨，解决了种粮大户及农户无场地晒粮、堆积和阴雨天玉米霉烂等问题。

【农业结构调整】 2016年，发展现代农业，加快农业结构调整。①蔬菜产业，按照“三园、七镇、两大片”发展格局，突出抓好以设施蔬菜、露地蔬菜、有机蔬菜为主的基地建设，全县高值田、设施蔬菜、有机蔬菜面积分别达到45.1万亩、11.5万亩、6万亩。②林业产业，按照“三片、三带”发展格局，重点抓好苗木花卉、经济林等产业基地建设，全县经济林基地总面积达到19.37万亩，苗木花卉面积达到9万亩。先后引进东方园林、东华园林、克里斯威廉燕园、胜鑫园林等10多家专业化公司，带动200亩以上育苗农户82家、农民专业合作社26家。③畜禽养殖业，重点抓好以生猪、奶牛、肉牛羊、肉禽和特种养殖为重点的五大特色产业基地建设，全县出栏生猪99.98万头，牛3.71万头，羊37.83万只，家禽1741.15万羽。引进泰安温氏畜牧养殖有限公司、山东宁阳和樱种鸭有限公司等肉禽养殖龙头企业。泰安温氏畜牧有限公司生猪养殖一体化项目总投资8亿元，

2016 年 9 月，温氏集团生猪一体化养殖项目蒋集基地奠基仪式

总养殖规模 50 万头。和樱种鸭有限公司在华丰、蒋集两个乡镇建成孵化场 2 处、种鸭场 2 处，全年上市鸭苗 1.5 亿只。

【新型农业经营主体】 2016 年，培育专业大户、家庭农场、农民合作社和龙头企业等新型农业经营主体，吸引工商资本来宁阳投资创办农产品加工企业，加快土地流转，提高农业产业化、现代化水平。①农民专业合作社。年内，新发展农民合作社 87 个，总数达到 1032 个，入社社员 8.7 万人，带动非成员农户 9.8 万户，其中县级示范社 92 个，市级 34 个，省级 7 个，国家级 6 个。②家庭农场。新发展家庭农场 26 家，达到 343 家，家庭农场经营耕地总面积 1.57 万亩，对全县农业发展和农民增收等方面的示范带动作用逐渐凸显。③农业龙头项目。泰安烟农供销农资有限公司，是由烟台市农业生产资料总公司和宁阳县鑫源土产公司共同出资设立的农资龙头企业，公司注册资本 600 万元，现有员工 35 人，建设仓储、展示厅、办公场所 4000 余平方米，主要经营化肥、农药、种子、测土配方、土地托管、农地膜、农机具等。在泰安区域内设立农资配送中心 4 处，宁阳区域内发展直营店 27 家、加盟店 56 家，衔接“万村千乡市场工程”农资农家店 102 个。④一村一品示范带动。全县一村一品示范乡镇达到 5 个，涉及农民 44844 户、147004 人。其中从事主导产业农户 30049 户、从业人口 96200 人，分别占农户总数和全村总人口的 67% 和 65%。一村一品示范村达到 109 个，其中国家级示范村 1 个，省级示范村 2 个。按主导产业类别划分，种植业 46 个村，占 42%；养殖业 23 个村，占 21%；林果业 38 个村，占 35%；其他农业 3 个（含水产业等），占 2%。2016 年，109 个示范村实现生产经营总收入 21.350 亿元，同比增长 9.5%，农民人均纯收入 14500 元，比上年增加 1280 元，同比增长 9.6%。

【农村综合改革】 ①农村产权确权颁证。按照中央和省、市委要求，采取试点先行、逐步推进的方式，开展农村土地承包经营权确权登记颁证工作。2016 年，完成土地确权颁证 549 个村，确权户数 174703 户，确权面积 80.22 万亩。②组建农村产权综合交易市场。7 月 29 日，正式成立农村综合产权交易中心，举行农村综合产权交易中心启动仪式并揭牌。实现全县农村产权市场的突破，为各类农村产权依法流转交易搭建了平台，规范了产权交易过程，标志着农村改革发展又一个新的起点。年内，共有 5 个乡镇进行产权交易，交易信息平台共登记出让信息 24 宗，完成交易 14 宗，实现交易额 641 万元，有效地盘活农村资源，提高交易透明度和处置效益。③推进农村三大合作。推进土地股份合作、社区股份合作、农民专业合作改革，探索集体所有制的有效实现形式，不断壮大集体经济实力，增加农民财产性收入。全县开展农村产权制度改革的村 150 个，完成清产核资的村 86 个，股权量化的村 62 个，完成成员界定的村 62 个。

【美丽乡村建设】 2016 年，深入开展美丽乡村建设，以产业生态高效、环境优美宜居、生活文明健康为目标，突出“基础设施、村容村貌、公共服务、产业发展、乡村管理”建设标准。①环境综合整治。实施“三清四改五化”工程,建立农村生活垃圾“村收集、镇运输、县处理”运行模式,实现城乡垃圾一体化处理,全县生活垃圾日处理量400多吨,实现“日产日清”,建成镇级污水集中处理站8座,村级污水处理站24座,建成垃圾压缩站17处,农村生活垃圾集中处理的村庄达到100%。②改善基础设施建设。推动以交通、道路、水利等为重点的基础设施建设,全县公路通车里程达到1758公里,其中农村公路1616公里,村村通水泥(沥青)路达到100%;纳入供水管网的农村自来水普及率达98%。③移风易俗,促进乡村文明。在推进美丽乡村建设过程中,通过张贴宣传画、制订各种制度等方式,培养文明意识,倡导文明新风尚。全县562个村(居)均设立了红白理事会,95%的村(居)将红白理事会章程纳入了村规民约,全县小广场覆盖率达到100%、小讲堂覆盖率达到100%,群众文明意识逐步增强,文明健康的生活方式逐渐形成。④休闲观光农业。全县共有农家乐、各类休闲农业园达到50多个。休闲农业与乡村旅游共接待游客40多万人次,收入达1.3亿元。

【农产品质量安全】 2016年,实施基层农技推广体系建设项目、质检站建设项目和农产品质量安全示范县创建项目,全县14个乡镇(街道、开发区),均依托乡镇农技站成立了农产品质量安全监管服务站,农技站和主要蔬菜生产基地配备了农残速测仪等检测设备,村级配备了农产品质量安全监管员,县乡村监管网络进一步健全。全年开展蔬菜、水果、食用菌、小麦、大枣等样品抽检累计10余次,样品200~300个。年内,省级农产品质量安全示范县建设创建,顺利通过省绩效评价。

县委常委、宣传部部长崔媛现场观摩堽城镇桥南村省级美丽乡村示范村建设

【农业标准化生产】 2016年,县农业局将标准化生产技术操作规程印发到各生产企业、生产基地和规模种植区,指导企业和农民进行标准化生产,引导申请无公害农产品、绿色食品、有机食品和农产品地理标志的认证。进一步提高农业标准化水平。全年4个单位的生产基地通过认定,其中宁阳县润华家庭农场蔬菜种植专业合作社生产基地通过省级农业标准化生产基地认定。通过开展农产品质量安全追溯,免费给农资批发和零售店发放“两账两票、一书一卡”(进销货台账、进销货发票、农资质量承诺书、信誉卡)等措施,为开展农产品质量安全追溯提供保障。县农业局印制《农产品生产档案记录》,免费发放给各生产基地、专业合作社和规模种植区,如实进行记录,并依法妥善保存,逐步实现农产品生产记录可存储、产品流向可追踪、储运信息可查询,建立完善从田间地头到餐桌的全程监管系统。该《农产品生产档案记录》被泰安市确定为全市农产品生产基地记录样本。

【农村扶贫开发】 2016年,全县各级把脱贫攻坚作为头等大事和第一民生工程,全县共有91个省市级贫困村、413个插花村,贫困户9398户,贫困人口17171人。通

2016 年 6 月，省市督导组检查伏山镇路家楼高效特色农业扶贫项目

过加强体制机制建设，整合各类资源，精准发力扶贫攻坚。争取各级专项资金 1449 万元，发展扶贫项目 71 个，完成 40 个贫困村、4247 户、7530 名贫困人口摘帽脱贫的目标。①基本建设。县乡两级筹资 1.2 亿元，启动长 102 公里、以葛石为中心连接 18 座山头的中部山区森林防火通道建设；完成泗店镇 10 个村的 1.8 万亩耕地的引中水灌溉工程；开展东疏镇、蒋集镇项目区 15 个行政村的千亿斤粮食项目工程建设；完成 16 个省级贫困村、15.2 公里的道路建设任务，优化调整公交线路 15 条，实现 88 个贫困村通公交全覆盖；新上变压器 141 台，铺设线路 182 公里，解决了 40 个贫困村的基本生产生活用电问题；新打并配套水源井 22 眼，改造主支管网 200 多千米，解决了 10 个乡镇、32 个贫困村、3 万多人的安全饮水问题；改造输水管道 96.5 千米，新打维修机井 42 眼，解决了 11 个乡镇、65 个贫困村的水利基础设施条件差的问题；解决了磁窑镇兴隆庄、南王家庄 2 个插花村和华丰镇湖村 1 个市级贫困村的农田灌溉问题；完成 15 个贫困村土地治理项目建设任务，35 个贫困村正在建设之中；完成 60 个贫困村的文化小广场和文化活动室公共服务设施建设。②社会保障政策落实。资助贫困幼儿和学生 13811 人，发放资助金和助学贷款 1607 万元，协助 45 名本科生、88 名中高职学生申请“泛海助学金”“雨露计划”项目资金 48.9 万元；减免、救助贫困群众 860 人次 50 万余元，为 200 多名白内障患者实施免费手术；将农村低保标准提高到 3450 元/人·年，全年发放低保金 3794.9 万元、临时救助金 167.5 万元、残疾人护理补贴 242.1 万元、残疾人生活补贴 241.5 万元，补助减免低保户、五保户电费 20 余万元，办理提前领取重度残疾人养老金手续 242 人，免费安装假肢 22 件、发放辅助器具 823 件、建设改造无障碍设施 10 户，为 100 名贫困妇女免费赠送保额 5 万元的意外伤害保险，为 4146 名重度残疾人代缴养老保险参保费 41.5 万元，为 623 名贫困人口代缴居民医保参保费 8.7 万元。动员社会力量开展援建爱心书屋、爱心义诊、牵手关爱行动等活动，向留守儿童赠送钱物折合 31.4 万元；实施“春蕾计划”，向 93 名贫困儿童资助钱物折合 4 万多元；开展红十字送温暖、计生特困家庭救助等活动，向 450 余户贫困家庭送去钱物折合 32.5 万元；利用移民结余资金 40 万元，购买种羊 412 只，分发到 145 名移民手中，实现 109 人增收脱贫。开展的保障贫困群众“过暖冬”“过好年”活动中，筹集钱物折合 240 多万元，惠及贫困群众 9521 人。③扶贫贷款。县财政与县农商行、邮储行、泰安银行签订合作协议，开立三方监管账户，将省级金融扶贫资金 414 万元和县财政金融扶贫资金 100 万元，及时划拨到位，作为风险补偿金、贴息资金进行专户存放，可引入信贷资金 3000 万元。全年，向 22 家经营主体、62 户贫困户发放扶贫小额信贷共计 2688.5 万元，带动 1500 余名贫困群众增收脱贫。

【农业行政执法】 2016 年，以种子、农药、肥料等农业投入品为重点，组织对农资市场集中整治和执法检查。全年共出动执法人员

508 人次，执法车辆 160 台(次)、检查各类农资经营户 400 余家，向农资经营业户下发宣传材料 2000 余份，对轻微违规经营业户下发责令整改通知书 80 余份，立案查处违法案件 19 起，罚没款项合计 7.15 万元，就地封存标签不合格或假冒登记证农药近 40 箱，假劣玉米种 500 公斤，货值共计 8 万元，为农民挽回经济损失 20 万元。

【农业信息化建设】 2016 年，宁阳农业信息网、中国蔬菜种子和太空蔬菜网经多次进行改版，农业信息服务功能更加完善，成为全县农业信息中枢，以“农技 110”热线咨询电话，“12316” 三农服务热线，“12316” 短信服务平台，“宁阳手机报”，科技直通车等平台，及时为农民提供农情信息、技术指导、农业气象、灾害预警等服务。县农业部门与县电视台联合制作了《农科教之窗》《农科教园地》等农科教专栏和专题节目，定期为农民提高实用信息服务。通过实施测土配方施肥项目，建立“测土配方施肥专家咨询系统”，全县各乡镇配备了触摸屏查询机，农民通过智能终端和触摸屏查询机，进行施肥方案查询。

(刘庆斌、刘　燕)

种植业

【概况】 2016 年，全县农业部门突出“稳产能、调结构、转方式”的主攻方向，推进各项农业措施落实，粮食生产连续十四年丰收，全年粮食总产达到 7.05 亿公斤。新增蔬菜面积 3.9 万亩，全县高值田、设施蔬菜、有机蔬菜面积分别达到 45.1 万亩、11.5 万亩、6 万亩。种子产业实现较快发展。全县小麦繁种面积达到 9 万亩，产量 4.8 万吨；蔬菜制种基地达到 4 万亩，总产量 260 万公斤。“宁阳种子”品牌评估价值达到 8.11 亿元，位列全国农产品第 185 名。

【粮食生产】 2016 年，粮食生产重点推广小麦宽幅精播规范化播种、氮肥后移、一喷三防、免耕节水、化控防倒、玉米“一增四改”、晚收增产等 9 项技术。实施粮食高产创建示范项目，全县粮食高产示范创建面积 44.1 万亩，夏粮单产达到 484.5 公斤、总产达到 3.65 亿公斤。秋粮单产 554.4 公斤，总产 3.45 亿公斤。粮食总产达到 7.05 亿公斤。

【油料生产】 2016 年，推广花生生产四大关键八项改进技术，全县花生种植 21.96 万亩，平均单产 320.7 公斤，总产达到 7.3 万吨。推广应用的花生品种主要有花育 22、山花 9 号、山花 7 号、花育 25、丰花 1 号、鲁花 8 号等。主栽品种面积 19.8 万亩，占到全县花生种植面积的 90.16%。

【瓜菜生产】 2016 年，全县各类蔬菜种植面积 38.1 万亩，常年种植 12 个大类 100 多个品种，总产 180 万吨。其中设施蔬菜面积 9.9 万亩，冬暖大棚 3.8 万亩。全县通过有机蔬菜产品认证基地 4 个，绿色蔬菜产品认证基地 4 个，无公害蔬菜产品认证基地 15 个。绿色、有机等优质品牌蔬菜基地面积达到 8 万亩，无公害蔬菜面积认证面积 23 万亩。全县形成以“三园、七镇、两大片”蔬菜发展格局。即：东部华丰镇西红柿标准园，中部蒋集镇蔬菜标准园，西部伏山镇太空蔬菜园；东部生姜和西部大白菜两大片区。

【农产品认证】 2016 年，加强对产地环境、投入品使用、产品质量抽检、产品认证申请和认证标志使用等各环节的监控服务，建立健全以监测、分析、预警、防范、控制为主线的农业“三品一标”风险管理机制，全县累计“三品一标”农产品认证品种总量个数达到 86 个，认证面积 76.77 万亩。其中，无公害农产品 25 个，面积 27.27 万亩；绿色食品 24 个，面积 36.53 万亩；有机食品 36 个品种，面积 3.05 万亩。全县农业“三品”抽检合格率稳定在 98%以上。

【植物保护】 2016 年，县农业局根据农作物病虫害发生规律及气象条件，开展农作物病虫害调查，及时准确地把握各种农作物病虫害发生动态，指导农民适时防治。全年共上报各类病虫害发生数据 80 余次，农作物病虫及田地模式电报 22 期，发布病虫情报 13 期，

田间统防统治作业

向农民推荐放心农药产品 20 多个。预报准确率达 90%以上。通过组织实施玉米“一防双减”和小麦“一喷三防”项目，完成飞防面积 20 万亩，收到显著的防治效果。6 月，完成对瓜类果斑病、黄瓜绿斑驳花叶病毒病的调查。对 13 个重点乡镇进行普查，对乡饮乡沙河村甜瓜、西瓜集中种植区域进行详细调查，并针对调查结果，制定疫情防治计划。

【新品种引进及管理】 2016 年，建有省级区试站 1 处，县级种子试验田及品种展示田 3 处、乡镇级 5 处。从山东农业大学、泰安市农科院等单位引进小麦新品种泰山 28、山农 29，玉米新品种滑玉 168、农星 207、隆平 208，引进花生新品种山花 17、花育 33、35、50 等，通过试验田进行种植，产量、性能良好。依据《植物检疫条例》等植物检疫法律法规，加强种子繁育基地的检疫资格认定，种子产地、调运和引种的检疫管理，严厉查处在生产、经营活动中擅自调运植物产品的违法行为。

【测土配方施肥】 2016 年，全县健全土壤养分长期定位监测网络体系，在 14 个乡镇（街道、经济开发区）定位监测，进行土样、水样采集，全年累计采集土样 11133 个，水样 60 个，化验分析土样、水样 73264 项次。根据土壤类型、作物、产量水平、耕作制度等因素合理划分施肥类型区，采取区域大配方与局部小调整相结合的办法，提出肥料配方初步方案，经专家研讨，共确定小麦、玉米、花生、马铃薯等农作物用肥配方 43 个，为农民发放施肥建议卡，开展指导服务。

【农村新能源推广利用】 2016 年，新建小型沼气工程 8 处，大型沼气工程 1 处，沼气服务区域站 1 处，沼气服务网点 12 个。组织泰安市兴岳绿源养殖有限公司，争取规模化大型沼气工程中央预算内资金申报，为规模化发展农村沼气打下了良好的基础。

【农业科研】 2016 年，县农业局与山东农业大学合作，开展了旱作区小麦合理耕层构建与高产高效技术模式试验示范，小麦微喷灌技术推广试验示范。与泰安市农科院合作，开展小麦产业技术

测土配方施肥田间取土化验

体系试验示范县相关技术模式研究,10亩泰山28小麦新品种高产攻关田平均亩产764公斤,比上年增加48公斤,创近年县内小麦高产攻关实打最高纪录。按照山东省农技总站统一安排,开展"花生优化群体质量栽培技术试验示范"和"花生专用控释肥及套餐肥试验示范"两项试验,承担了山东省花生产业技术体系的"花生降解地膜试验"。结合小麦"一喷三防"、玉米"一防双减"项目实施,与相关企业合作,开展小麦、玉米全程病虫防控试验和麦田重大恶性杂草节节麦防效试验。上述试验研究成果,充实了宁阳农业新型技术储备,逐步推广全县。

(刘 刚)

农业机械

【概况】 2016年,全县农机总动力达到107万千瓦;拖拉机保有量达到1.73万台,其中大中型拖拉机6106台;小麦收割机保有量达到2681台,玉米收割机达到1753台,深松机保有量达到569台,粮食烘干机械13台,其他配套机具达到3.94万台;小麦基本实现全程机械化生产,玉米机械化生产水平达到90%以上。全县农作物耕种收综合机械化生产水平达到86%。

【农机推广】 2016年,全县继续推广农机新技术、新机具,推广大型机具659台,其中大中型拖拉机232台,谷物联合收获机208台,玉米联合收获机180台,粮食烘干机械9台,小麦免耕播种机5台,受益农户628户。推广保护性耕作技术,全县推广玉米贴茬直播技术,新增玉米贴茬直播机214台,保有量达2538台。结合山东省农机深松整地作业项目,在东疏镇小屯村举办农机深松整地作业现场会,全县完成深松整地作业补助面积8万亩。推广花生机械化播种技术,全县新增花生覆膜播种机106台,机播面积14.5万亩,机播率达到70%;新增花生收获机113台,机收面积16.6万亩,机械化收获率达到72%。全县经济作物综合机械化水平达到70%。加大粮食干燥机械设备的推广力度,鼓励农机大户和农机合作社购买粮食烘干设备,全年新增粮食烘干机械9台套,保有量达到13台,日烘干粮食达到400余吨,确保全县粮食安全。在部分奶牛养殖乡镇推广玉米机械化青贮技术,并对购买玉米青贮机和铡草机的农机户优先给予扶持,新增玉米青贮机2台,保有量达到108台,秸秆青贮面积1.9万亩。推广秸秆捡拾打捆技术,引导农机户收购小麦秸秆和玉米秸秆,拓宽了农民发家致富的途径。

【农机购置补贴】 2016年,县政府下发《宁阳县农机购置补贴实施方案》。严把"五关",(报名关、企业监管关、核实关、后续关、公示关),严格按照公开、公平、公正的原则,确认受益对象,做到"见人、见机、见票",并在县政府网站"农机补贴信息公开栏"和县农机局农机公开栏中公布。全县落实国家农机购置补贴资金1850万元,受益农户达628户,带动农民资金投入5600余万元。

【农机跨区作业】 2016年,围绕"三夏""三秋"等重要时节,加大机具组织和调度力度,引导农机合作社开展订单作业服务和一条

工作人员入村落实农机购置补贴

龙服务，充分发挥农机合作社在“三夏”“三秋”的主力军作用，全县累计投入机械 2.7 万台，其中大中型农机具 1.8 万台，检修各类农机具 2.14 万台。三夏期间，小麦机收 68.4 万亩，机收率可达到 99%，玉米机播 56 万亩，机播率 95%。三秋期间，玉米机收面积 57.2 万亩，机收率达到 93%，小麦机播面积 74.5 万亩，机播率达到 99%。发放跨区作业证 53 个，设立跨区服务站 13 个，探讨建设农机信息服务平台，及时为农机合作社提供作业信息，引导农机合作组织理性开展跨区作业、机具有序流动，小麦实现跨区作业面积 5.3 万亩，玉米跨区作业面积 3.1 万亩，全年实现跨区作业收入 734 万元。

【农机维修】 2016 年，开展农机修理工、农机从业人员的职业技能培训鉴定，全年共完成农机技能培训鉴定 632 人。严格落实农机修理工就业准入制度，全面实行农机维修人员持证上岗。加强与农机购置补贴、监理等工作的结合。将职业技能鉴定工作同其他农机管理工作实行“无缝连接”。凡是新农机购置补贴人员，全部办理农机使用技能证书。依法做好“农业机械维修技术合格证”的审定、核发，全面加强农机维修网点管理。严格农机维修审批程序，对全县 44 个维修网点进行全面检查，严厉打击销售假冒伪劣农机产品及配件等坑农害农行为。

【农机社会化服务】 2016 年，加强农机专业合作社建设，做到政策上重点倾斜，资金上专项安排，在农机购置补贴政策上继续优先扶持农机合作社。农业机械水平提升项目、农机深松整地作业项目和玉米种肥同播项目 3 个项目优先扶持农机合作社，推动农机合作社达到“五有”建设标准，实现农机合作社良性循环。全年新增农机合作社 7 家，保有量达到 68 家，入社社员 1214 个，服务农户数量 27893 个，从业人员 527 人，合作社固定资产 7346 万元，拥有各类农机具 1602 台。成功申报堽城镇桥南兴忠农机合作社和伏山镇科委迅盛农机合作社为市级示范社。年底，全县共有国家级示范社 1 家，省级示范社 2 家，市级示范社 8 家。

农机田间作业

【农机生产安全监管】 2016 年，全面落实农机安全生产责任制，狠抓农机安全源头管理，扎实做好年检年审工作，农机“三率”水平稳步提高。全县共年检拖拉机 623 台，新办驾驶证 76 个，挂牌 566 副。年内，开展“安全生产责任落实年”活动，在大排查、快整治、严执法集中行动中，严厉打击销售、生产假冒伪劣农机产品及配件等坑农害农行为，对农机合作社、农机大户等重点领域集中整治，安全执法 150 余次，排查治理隐患 1230 余处，实现农机安全生产零事故。县农机局与县公安交警组成联合执法组，重点打击拖拉机和联合收割机无牌行驶、无证驾驶、超速超载、违法载人、酒后驾驶、疲劳驾驶、违章作业等违规违法行为，强化农机安全生产宣传教育，发放各类农机安全生产资料 2260 余份。在伏山镇后洸村开展农机安全生产事故应急救援演练，提高农机监理人员应急救援能力。

（刘海洋）

畜牧业

【概况】 宁阳县是全国生猪调出大县、国家奶牛养殖大县,省畜产品质量安全示范县,省首批“粮改饲”试点县和基础母牛扩群项目县。2016年,全县奶牛存栏5.40万头;猪、牛、羊、家禽存栏量达到56.32万头、9.37万头、32.59万只和650.97万只,出栏量分别为91.69万头、4.91万头、62.36万只和1926.14万只,家禽存栏、出栏同比分别增长10.4%和14.9%;肉、蛋、奶产量分别达到10.67万吨、3.80万吨、11.81万吨,同比增长1.5%、5.3%、8.9%,畜牧业总产值38.86亿元,占农业总产值的40.1%。10月份,宁阳县被评为“山东省现代畜牧业示范区”,泰安市畜牧业绩效考核中居第二名。畜产品质量入选第二批国家农产品质量安全县(市)创建试点单位。

【服务发展年活动】 2016年,举办养殖培训班36场次,培育示范户260个,辐射带动场户1500多个。对新选聘55名协管(检)员实行动态化、痕迹化、常态化管理,形成督查考核管理机制。新增官方兽医13名,总数达到84人,检疫动物20373.39万头(万只)、动物产品2840.26万公斤,开具合格证明76172份。年内,被省政府列为无害化处理厂建设项目县。春秋两季强制免疫,累计免疫畜禽1918万头(万只),重大动物疫病免疫率均达到100%。实行行业精准扶贫,举办银企合作洽谈会,同时依托温氏等龙头企业,走出一条银企合作、政企结合行业扶贫新路子,实施畜牧扶贫项目20个,覆盖省级贫困村15个、市级5个,惠及贫困户565户、贫困人口1092人。

【惠农政策落实】 2016年,成功争取奶牛大县种养结合整县推进试点项目,该项目连续扶持3年,每年可获中央资金2000万元。对17家奶牛养殖场进行改扩建,重点是建设粪污无害化处理设施、饲草料基地配套设施及养殖设施化水平改造。基础母牛扩群项目年度发放补贴290万元。利用财政促进、金融支持畜牧业发展,完成70户养殖户的审核上报,贷款5763万元、产生利息173.56万元、贴息68.51万元,商业保险8.16万元、补贴4.08万元,担保费2.65万元、申请补贴1.32万元,共补贴73.91万元。

【畜牧产业化】 2016年,开展畜禽标准化示范场,实施“部、省、市、县”四级联创,改扩建、新建规模养殖场107个,创建国家级示范场1家、省级3家、市级5家、县级31家,建成1级种畜禽场1个,2级种畜禽场11个,被省政府批准纳入全省30个奶牛生产大县、蛋鸡生产大县、肉鸡生产大县。2月18日,温氏生猪一体化养殖项目签订战略合作协议,总投资10亿元,蒋集、东庄两个种猪场已开工建设;11月中旬,东庄扩繁场成功引入首批祖代种猪1030头,系“山东温氏第一猪”,葛石种猪场协调办理环评、土地等手续,促成宁阳温氏对圣力牧业的兼并。

2016年宁阳县猪牛羊家禽存出栏情况表

表15　　单位:万头、万只

畜种	存栏量	出栏量
猪	56.32	91.69
牛	9.37	4.91
羊	32.59	62.36
家禽	650.97	1926.14

【畜产品质量安全】 2016年,开展“瘦肉精”、生鲜乳违禁物质、兽用抗菌药、饲料质量安全、畜禽屠宰等五大专项整治行动,配合食安等部门开展“守护舌尖安全”整治行动、毛皮动物胴体监管、打击食品安全违法犯罪“清源”行动、畜禽水产品抗生素、禁用化合物及兽药残留超标专项整治行动,全县共出动执法人员1000余人次,检查相关生产经营单位700个(次),查处违法违规9起,罚款8.9万元,取缔无证生产经营业户7家,责令改正20个(次)。全年抽检肉、蛋、奶等270批次,合格率100%;认证无公害畜产品产地79个,产品26个。山东晴好食品科技有限公司入选“食安山东”畜牧业示范品牌引领企业。全县20个生鲜乳收购站、1辆生鲜乳运输车实行二维码扫描和在线出证,实现生鲜乳收购、运输的实时监管。

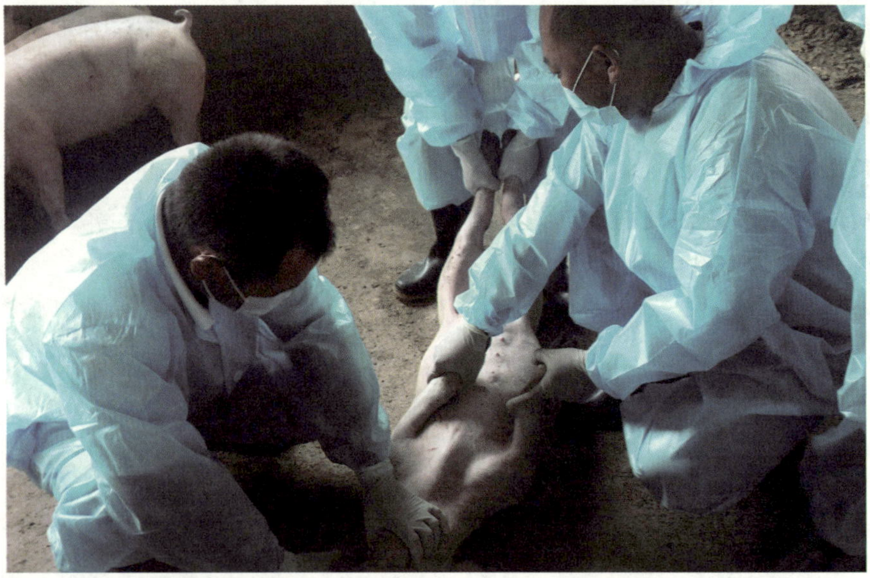
2016 年 9 月，动物防疫员和兽医化验员在养殖场进行防疫

【动物疫病防控】 2016 年，做好疫情监测、流行病学调查，坚持开展疫病集中监测和每月定点监测，共监测猪、牛、羊、禽规模养殖场(户)198 个，采集血清样品 5133 份，抗体水平全部达标。开展奶牛布鲁氏杆菌病检测，结果均为阴性。举办重大动物疫病防控专题培训班 3 期，培训 660 余人次，发放常识明白纸 1 万余份，发放病死畜禽无害化处理手册 5000 余册。春秋两季重大动物疫病强制免疫，全县应免畜禽免疫密度均达到 100%，免疫牲畜挂标率 100%，抗体检测水平全部达到国家标准。

【泰安温氏畜牧有限公司】 是由广东温氏集团在山东投资建设的第一家总部公司，建于 2012 年。该项目总投资 2.6 亿元，注册资金 1000 万元，占地面积 347 亩，其中公司总部占地 50 亩，种鸡场、孵化场占地 297 亩。公司采用“公司+基地(农户)”合作模式，两者紧密结合在一起，形成发展合力，发挥巨大优势，有效地破解了制约畜牧业发展的资金、土地两大难题，实现共赢。公司合作养殖采用“四统一保”的生产方式(即：统一饲料原料采购加工、种苗生产、技术服务配套、肉鸡回收销售，实行保价回收)。2016 年，温氏发展养殖大棚 400 个，建筑面积 39.7 万平方米，年可出栏 1500 万羽。带动周边 300 余农户增收致富，每个合作农户年收益 6~10 万元；温氏生猪一体化养殖项目，投资 8 亿元，总养殖规模 50 万头，主要建设公司总部和 4 个大型种猪场。总部占地 60 亩，建设检测中心、年产 25 万吨饲料厂、办公研发设施等，目前即将开工建设。4 个种猪繁育场和 4 个技术服务中心建设，占地 1500 亩，东庄祖代繁育基地种猪存栏突破 2000 头。蒋集种猪场正在建设。

(张　洁)

林果业

【概况】 2016 年，全县完成成片造林 2.5 万亩，绿色通道补植完善 147 公里。完成经济林基地建设 1.1 万亩，苗木花卉新增 1 万亩。4 月，启动中部山区森林防火通道建设项目，投资 1.2 亿元，建设任务约 60 千米。完成土路基建设堽城段防火道路路面硬化 12 公里。

2016 年 2 月，温氏集团生猪一体化养殖项目签约仪式

全年实现林业产业总产值 51.72 亿元。9 月，在第十三届中国（菏泽）林产品交易会上，“葛石红”圆铃枣获得金奖，“神童山”圆铃枣与“鹤飞来”核桃获得银奖。年内，宁阳环美苗木花卉、宁阳聚福园核桃种植专业合作社被泰安市农业局评定为“2016 年度农民合作社市级示范社”，宁阳县汶鑫林果苗木种植等 8 家专业合作社荣获泰安市“第一批市级示范社”，燕园（泰安）农林科技有限公司等 161 家企业被山东省林业厅授予“2016 年度山东省林业龙头企业”称号，宁阳县东庄镇被泰安市绿化委员会命名为“2016 年度森林乡镇”，八仙桥街道杨庄等 5 个村被授予“泰安市森林村庄”称号。

高桥林场的国家级林木良种基地内的毛白杨林

【林业生态建设】 2016 年，县林业局以绿色生态宁阳建设为目标，以创建全国绿化模范县为总抓手，全面深化林业改革，严格森林资源保护，坚持依法治林，加快林业产业富民，提高林业生态效益、经济效益和社会效益，推进生态林业、民生林业发展。按照《宁阳县创建全国绿化模范县实施方案》要求，推进青山绿水、绿色家园、绿网建设、林业富民、林业生态保护和森林生态文化六大工程建设。全县共完成造林 2.5 万亩，完成道路绿化 147 千米，建设高标准农田林网 12.2 万亩，义务植树 326 万株，获得市级森林乡镇 1 个、森林村庄 5 个，蟠龙山国家森林公园经国家林业局批准设立，成功创建宁阳县洸河省级湿地公园。

高标准林网建设

【林业产业发展】 2016 年，全县经济林基地新增经济林面积 1.14 万亩。年内，全县新成立林果合作组织 8 家。全县经济林总产量达到 7.5 万吨，经济林总产值达到 7 亿元。全县共注册林果类商标 11 个，新增宁阳县华顺农副产品购销中心（华丰镇）的核桃为无公害农产品。全县无公害果品认证面积达到 11.55 万亩，认证产量 2.92 万吨。有省级经济林标准化示范园 4 处。申请通过“葛石黄梨”“宁阳大枣”国家地理标志证明商标。省级经济林示范合作社 4 个。宁阳县凤凰水乡核桃种植专业合作社为省级林业龙头企业。新发展核桃面积 4470 亩，品种以香玲、元丰等薄皮核桃为主，全县林果规模已达到 6.15 万亩，苹果矮砧密植栽培面积已达 1300 亩。引荐栖霞市秀斌果品专业合作社与华丰镇湖村、葛石镇张家崖村联合规模化发展苹果 1400 亩。

【森林防火】 2016 年，落实森林防火责任制和双向责任追究制度，强化预警响应和应急处置，深化森林消防队伍、扑火装备、物资储备“三项建设”，全县各类防火物资储备达 5000 件。全力推进路网、水网、电网、阻隔网、监控网等为重点的防火基础设施建设，其中东部山区防火通道建设县财政共投入 6200 万元。举办全市森林防火演练现场观摩会 1 次，森林防火责任被压严压实，护林员队伍实现全覆盖。

【林业病虫害防治】 2016 年，实施以飞防为主的综合防控技术措施，完成飞防面积 49.5 万亩（飞防春尺蠖 3.5 万亩、飞防美国白蛾 46 万亩），人工防治 600 亩，生物化学防治 1.41 万亩，无公害防治率达 100%。开展全县林业有害生物普查工作，调查林业有害生物种类 124 种，采集病虫害标本及危害症状标本 385 份，拍摄生物学、形态学及危害症状照片 145 张。

【林业执法】 2016 年，严格执行采伐限额管理制度，划定森林资源保护和林地、湿地“红线”，加强森林公安队伍建设，提高执法办案能力。全县共办理林木采伐许可证 7581 份，采伐蓄积 9.6 万立方米，审核审批林地项目 37 件，其中直接为林业生产服务的 33 件，占用林地面积 32.8 公顷。全县森林公安机关共查处涉林案件 54 起，其中涉林刑事案件 2 起。

【林权制度改革】 2016 年，完善集体林权制度，搞好林权管理服务，规范林权流转政策咨询、流转交易、信息发布、登记查询，健全林权流转登记管理档案。全县新增林权抵押贷款 300 万元，累计发放林权抵押贷款 2093.8 万元，抵押面积 4123 亩；完成森林保险参保面积 5.65 万亩，保险金额 4644.12 万元，保费 23.84 万元，其中农户缴费 2.75 万元，中央、省、市、县四级财政补贴 21.09 万元；新增林业合作社 39 家，全县有林业专业合作社 113 家，成员 6166 人，经营面积 39389 亩，主要种植苗木花卉、苹果、核桃等。其中国家级示范合作社 1 家，省级 6 家，市级 14 家，县级 10 家。

【东方园林苗木基地】 东方园林苗木基地是由北京东方园林股份有限公司投资建设的大型绿化苗木繁育基地。至 2016 年，累计投资 6.5 亿元，占地面积 2 万多亩，涉及 11 个行政村。基地通过村集体整合土地资源，以每亩 1050 元的价格进行土地流转，成立合作社和用工协会为基地提供有偿服务，年均增加集体收入 260 多万元。栽植国槐、白蜡、银杏、茶条槭、朴树、油松、山茱萸、五角枫等大规格高档苗木 40 多个品种、170 余万株，基地以打造“规模大、品种多、苗木资源丰富的生产性森林公园”为目标，引进专业管理模式，建立从苗木栽植、养护到销售的全套技术标准，对苗木资源实行标准化、品质化、规模化管理。2016 年评估苗木市值达 18 亿元。

基地建设带动了东疏镇苗木

2016 年 6 月 13 日，县林业局负责人网络问政直播

花卉产业的迅速发展。全镇现有苗圃180多家，绿化工程公司27家，苗木总面积达到4万多亩，营造了天然生态氧吧，构建了水土保持屏障，改善了生态环境。同时，苗木产业的壮大也带动了乡村旅游业的发展，2016年有近8万人前来休闲观光、婚纱摄影、乡村采风等。

（柳　斌）

水利　水务

【概况】　宁阳县水务局为县政府工作部门，内设6个职能科室（办公室、财务科、工程管理科、防汛抗旱科、农田水利科和行政审批科）；下属一级单位3个（南水北调工程建设管理局、农村公共供水管理中心办公室、引汶灌溉工程管理局）；下属二级单位5个（水土保持办公室、水资源管理办公室、贤村水库、直界水库、水利移民局）。共有在职在编人员124人，其中，行政编制14人，事业人员110人。年内，县水务局荣获宁阳县服务经济建设先进单位、对上争取工作先进单位、政务服务先进窗口等荣誉称号。

【农田水利基本建设】　2016年，农田水利项目规划建设面积2.46万亩，分布在东庄镇、磁窑镇、堽城镇3个乡镇，分别为0.62万亩、0.84万亩、1万亩，项目总投资2960.93万元，其中中央财政2000万元，省级财政800万元，县级财政80万元，农民投劳折资80.93万元。农田水利项目发展管道输水灌溉面积2.23万亩，微灌2300亩。

年初，完成东引汶续建配套与节水改造工程，投资1563万元。工程主要建设为：渠墙改建6386米、修复1494米，改建节制闸1座、新建节制闸2座，改建生产桥10座，干渠清淤1.76万立方米，新建渠堤管理道路4.69公里。涉及堽城镇、蒋集镇、磁窑开发区三处。9月，通过省水利厅、省财政厅验收。11月，投资725万元，实施翟庄、沈庄、清河峪、高家村、安子沟、南葛南、宁庄、王家河8座新出险水库除险加固工程，完成土方9万多立方米，浆砌石6873立方米，混凝土5256立方米。

【小型水库管理体制改革】　2016年，宁阳县被确定为小型水库管理体制改革试点县。3月，出台实施方案、考核办法等，招聘并培训水库管理员107名，发放上岗证，签订责任书和服务协议。投资107万元，对全县87座小型水库进行维修养护。

【水资源管理】　年内，全县共延续非农业取水许可证16家，审批水量278万立方米，核减水量123万立方米，注销非农业取水许可证1家，注销水量55万立方米。完成大中小型灌区共计68.5万亩取用水情况调查。对堽城坝灌区水资源进行论证并发放取水许可证。对公共供水管网内的218家用水单位下达用水计划，下达率80%。

【饮用水安全】　年内，每月监测一次城市饮用水水源地（胡中屯水源地）水质，通过检测全部合格。委托市水文局定期对农村集中式饮用水水源和部分自备水源进行水质监测，取样监测28处。编制完成《宁阳县饮用水源保护区划分方案》，上报县政府发布实施。投资2002.76万元（省级资金1000万元，市级资金200万元，县级配套资金600万元，群众投劳折资202.76万元），新建集中供水工程1处、管网延伸工程2处、水厂设施改造1处、省市级贫困村饮水工程提升改造30处、安装水质化验设备11套，铺设管网263.8公里。提升了全县41个村、4.16万人饮水安全。

【防汛抗旱】　2016年，坚持“安全第一，常备不懈，以防为主，全力抢险”的工作方针，修订完善防汛抢险应急预案及安全度汛方案，严格落实防汛责任制，明确责任，完善工程措施和非工程措施。实时监测雨情、水情、汛情，并及时做好记录，做到上传下达。7月，县政府主要领导到东庄、磁窑、葛石、华丰、蒋集等乡镇现场指导、检查、督促防汛落实情况。水库安全度汛措施。发现问题及时处理，确保安全度汛。

大汶河宁阳段工程项目投资

防汛抗旱设施建设

549 万元，架设高压线路 1 千米，安装变压器、输变电设备各 1 套、水泵和配套设施 3 台套，建设消力池、节制闸、拦污栅各 1 处、引水箱涵 46 米、取水口工程 1 处，新建管理房 217.9 平方米，渠道改建 100 米。11 月 21 日，项目通过泰安市防汛抗旱指挥部办公室组织的竣工验收。

山洪灾害防治项目投资 304.7 万元，建自动雨量站 3 个，自动雨量、水位及图像监测站 2 个，遥测水位站 28 个，视频监测站 6 个，简易水位站 50 个，简易雨量站 12 个，预警信息广播主站 3 个，预警信息广播从站 10 个，预警站配备 22 人。

【水土保持】 2016 年 3 月，投资 41.3 万元的沈家庄、彩石两个市级土保持生态建设项目开工建设，完成治理面积 33 公顷，11 月底竣工。年内，全县总投资 376.9 万元，完成治理面积 913 公顷，其中营造水平梯田 314 公顷，经济林 221 公顷，水保林 107 公顷，封育治理 271 公顷，新建蓄水池 4 座，塘坝 3 座，谷坊 9 座。审批水土保持方案报告书（表）11 个，建设项目现场监督检查 15 次。征收水土保持补偿费 85.77 万元。

【南水北调管理】 2016 年 2 月，投资 199.6 万元，南水北调宁阳县段洸府河中水回用工程泗店至东疏供水管道开工建设，完成土方开挖 1.72 万立方米，土方回填 1.72 万立方米，混凝土 132 立方米，浆砌石 39 立方米，铺设玻璃钢管 2252 米，5 月 20 日竣工验收。同时，对洸府河中水截蓄导用工程及省控重点河流入河排污口进行维护和治理，确保南水北调工程正常运行。年内，累计调水量 1200 万立方米，灌溉面积 6 万亩。

【水法宣传】 2016 年，县水务局重点围绕依法治水管水、推进节水型社会、加强河道生态保护、推进生态文明建设等方面进行宣传。提高全社会的水危机、水忧患意识，倡导科学用水、节约用水、依法用水，营造节水治水管水兴水的良好法治环境。3 月，在县城主要街道、社区开展以“落实最严格水资源管理制度，全面创建水生态文明城市”为主题的“水法”宣传活动。县城主要街道悬挂宣传横幅，在重点社区发放宣传单 3000 多份，利用联通、移动平台发

彩石村水土保持项目

送宣传短信 2 万多条。发放“创建天蓝、地绿、水净的水生态文明县”倡议书 1000 多份，呼吁社会各界积极行动，厉行节约用水，改善水环境。

【移民扶持】 2016 年，全县现有大中型水库贫困移民 93 户 145 人，涉及磁窑镇西贤村、南贤村、东贤村、李家庄村、岳家庄村及东庄镇东直界村、北葛村、官庄村、南山阴村、西直界村和华丰镇湖村、东疏镇柳园村 12 个村庄。8 月，制定宁阳县大中型水库贫困移民扶贫方案，选定宁阳县最大的三羊畜牧养殖专业合作社为县水利移民贫困户扶贫项目的实施单位。9 月 18 日，与县三羊牧业专业合作社签订种羊购销合同，向库区 8 个村及 3 个移民村发放种羊 329 只。协同扶贫部门共完成 109 名贫困移民脱贫任务。全年，库区移民直补资金发放人口 4813 人，直补资金 257.87 万元。

年内，完成宁阳县大中型水库移民后期扶持人口自然结余资金项目 4 个，总投资 110 万元，其中利用上级移民资金 110 万元，涉及东庄镇 1 个村、华丰镇 1 个村。分别为：①东庄镇东直界村果园种植及配套项目，主要建设内容为铺设输水管道 2350 米，整理农田 100 亩，种植果树 4230 棵。②东庄镇东直界村交通道路项目，主要建设内容为改造村内巷道 600 米。③东庄镇东直界村拦河坝项目，主要建设内容为在东直界村村东部山沟处新建浆砌石拦河坝 1 座；对村南塘坝进行维修加固。④华丰镇湖村农田水利灌溉项目，建设地点位于湖村村东玉林山下，主要建设内容为配套机房 2 座，架设输电线路 800 米，铺设输水管道 5880 米。

【水产养殖】 年内，全县水产品产量 3950 吨，其中鱼类 1950 吨，莲藕 2000 吨。引进鱼苗 1000 万尾，新发展格式藕池 1000 亩，改造维修鱼池 600 亩，休闲渔业 800 亩，引进新品种 2 个，推广“淡水池塘水质综合调控技术”和“淡水池塘鱼菜生态高产高效种养技术”项目 2 个，面积 800 亩，举办新型渔民培训班，受训 200 多人次。名特优品种占 65%，增产 260 吨，实现总产值 1950 万元，增效 280 万元。

【引汶灌溉管理】 宁阳县引汶灌溉管理局辖东引汶、西引汶两大灌区。2016 年，抓住国家对水利建设工作的倾斜政策和国家省市“十三五”规划对农田水利基本建设投入机遇，对上争取东引汶续建配套与节水改造工程 1563 万元，中型灌区维修养护经费 200 万元，大型灌区维修养护经费 60 万元，中央抗旱资金 25 万元，中央水利防汛基金 20 万元，实施工程项目 7 项。东、西引汶工程引水灌溉时间超过 200 天，成功为洸河湿地、河滨公园、复圣公园、县城东部水库供水，引水量达到 8000 多万立方米。东、西引汶灌溉工程接待国家、省、市、县领导检查调研 23 次。山东省省长郭树清考察东引汶 3P 示范项目，给予高度评价。

月牙河水库增容 2015 年 9 月开工建设工程采用疏挖方案，疏挖方量共计 220 万立方米，工程总投资 6359 万元。该工程 2016 年 9 月竣工验收，全面投入使用，一次性蓄水高层达到 85.6 米，总库容为 1226 万立方米，水库新增兴利库容 220 万立方米，增加灌溉面积

干渠维修

5.6 万亩，灌溉效益 480 万元，供水保障率提高到 98%，年均新增供水效益 352 万元，防洪效益 300 万元，为乡饮增加供水量 500 万方。

工程项目建设 ①东引汶续建配套与节水改造工程，完成投资 1563 万元，治理干渠 8.6 公里，干渠建设水泥路面 4000 多米。②茶棚、一号、二号、李家户 4 个电站改造工程，国家、省两级共投资 72.8 万元、配套资金 80 多万元，通过了国家、省、市的竣工验收，水利部 2016 年 11 月 15 日水电站改造项目进行抽查，对宁阳县的工作给予了充分肯定。③茶棚水源工程。投资 300 多万元，加固两个溢流坝 260 多米，更换橡胶坝 175 米，闸门 9 个。④东干渠和月牙河水库南干渠损坏维修工程，投资 270 多万元，新建闸房 4 个，更换启备设备、闸板 21 套，渠底防渗 1329.8 平方米，渠墙抹面 5515.2 平方米，开挖排水沟 3600 米，有效解决了干渠长期供水、漏水、跑水、渗水问题。⑤渠道防护工程，投资 160 多万元，安装水泥护栏 3000 多米，栽植绿化挡墙 5000 多米。⑥堽城坝拦河坝、李家户引水枢纽维修工程，投资 35 万元，维修冲沙闸 4 个、更换启备滑轮 16 个、钢丝绳 400 多米、配电箱 3 个、引水闸启备设备 1 套、维修启备设备 6 套、更换木闸板 200 多平方米、封闭水闸井口 5 个、安装安全护栏 400 多米、垒砌院墙 20 多米，确保两处引水枢纽安全运行。

项目申报 2016 年，编制月牙河水库除险加固、堽城坝大型灌区续建配套与节水改造工程初步设计方案。完善土地预审、环境影响评价、规划许可等相关材料，12 月 14 日批准立项，批准概算投资月牙河水库除险加固 7848.19 万元，堽城坝大型灌区建设配套与节水改造项目 4697.15 万元，项目资料已分别上报省、市、县发改委和主管部门。

（纪志刚）

大汶河综合开发

【概况】 宁阳县河道管理局内设 10 个职能科室、2 个大队、2 个公司，承担全县河道防汛、工程建设及砂资源管理。2016 年，以保障河道行洪安全、规范河沙管理秩序和建设安全生态汶河为目标，全力推进河道防汛工程建设和砂资源管理。年内，先后荣获省级文明单位、全省水利系统先进集体、山东省水利系统文明单位、省级河道执法规范化管理单位、“泰山先锋”基层党组织等荣誉称号。

【大汶河防汛】 境内大汶河及其主要支流柴汶河道中心线长 65 公里，流经东庄、华丰、磁窑、蒋集、堽城、伏山、鹤山、宁阳经济开发区八个乡镇（区）。流域地势东高西低、北高南低，形成左岸冲刷，右岸淤积。大汶河 16 处历史险工段中仅宁阳县就有 5 处，分别是大汶河的两筒碑、老闸湾、后石梁、桑安口和柴汶河的石门险工段。

加强汛前检查，落实防汛责任。及早组织汛前检查，针对查出的问题和安全隐患，制定安全度汛措施，下达防汛队伍、料物和防守河段任务书，将各项防汛责任落到实处，消除防汛隐患。组建水库管理所，加强对水库的日常管理及调度运行管理。备足备齐防汛物料，落实防汛队伍。坚持未雨绸缪，及时查缺补漏，采取国家、集体和群众相结合，备料与号料相结合的方式，备足备齐各类防汛物料。落实防汛常备队、抢险队和后备队，按部队编制进行登记造册，明确责任人和联络方式，加强防汛抢险队伍技术培训和防汛抢险演练。针对防洪工程存在的各种问题和不同流量洪水可能造成的危害，修订完善大汶河《防洪预案》《迁安救护预案》《中小洪水防洪预案》《在建工程防洪安全预案》等。完善集洪水监控、工程监控、防汛监控、信息调度和砂资源管理于一体的防汛信息中心建设，在重点险工、重点工程部位设置了30余套监控设备。

【防汛工程建设】 2016年，探索河道工程建设多元化投入机制，多方筹集资金，加快防洪工程建设。先后投资1.6亿元，根治了大汶河5处历史险工，堤顶硬化33公里，修建防汛路17公里，险工护砌12.8公里，加固挑流坝10座，清淤疏浚3.5公里，堤岸护砌11.8公里，加固桥涵9座，堤防绿化45公里。实施了大周险工二期、桑安口标准化堤防、桑安口水库护坡、北落星堤防整治、大汶河堤防维修养护等防洪治理工程。实施大汶河鹤山段新建桑安口水库工程，工程总投资6426万元。工程主要建设内容为：南支橡胶坝8孔，每孔50米，总长412.5米，坝高4.5米；北支橡胶坝1孔，总长80米，坝高3米；护岸工程及管理单位建设等，工程建成后，可形成长5.6公里、面积4420亩的水面，蓄水量1225万立方米，年均供水效益427万元。与设计单位对接，对水库灌区进行规划论证。通过建设配套引水渠道，联通北泉河、南泉河、赵王河、洸河、堽城坝灌区干渠及现有沟渠、坑塘，形成水网，与堽城坝灌区互相补充，有效解决鹤山、伏山、泗店、东疏四个乡镇7万亩耕地的灌溉问题，形成"沟河相连、蓄排结合、丰枯相济、余缺互补"的水资源优化配置格局。

【大汶河生态文明建设】 沿汶旅游产业带　县河道管理局充分利用宁阳"泰山之阳，圣人故邻"的地理优势，以沿汶旅游线路为"一带"的文化旅游布局，建设安全生态景观汶河。通过对堤防实施硬化、整修加固，使沿汶65公里标准化堤防得以全面贯通。在工程建设过程中，挖掘整理元代堽城坝遗址、明代防洪钟、清朝防洪功德碑、高桥义渡等历史文物，并采取措施妥善保护。沿汶河的大汶口(堡头)遗址、白鹭保护区、陨石保护区、堽城坝遗址、禹王庙、颜林颜庙等景点得以串联，为沿汶旅游产业带的发展奠定了基础。

打造生态汶河　通过优化工程设计，后石梁险工修建了观水亲水平台、垂钓平台和占地30亩的禹王公园，硬化了通往禹王庙的旅游道路；通过对堤防、滩地采取联营承包、管护承包等方式，分河段栽植多种具有观赏价值和经济价值的景观树木，形成一道靓丽的风景线。在建设防汛信息化中心的同时，修建了1千米的导流截渗工程，加固挑流坝4座，修建观光亭3座，安装了太阳能防汛照明灯，修建了冲锋舟停泊码头，并实施了景观建设及绿化美化。海子河是大汶河的重要支流之一，实施海子河人工湿地水质净化工程，工程总投资2650万元。南起蒙馆路跨海子河大桥以南380米处，北至海子河入大汶河河口，治理长度约4.5千米，平均宽度150米，治理面积1100余亩。日污水处理能力可达3.5万吨。工程共清除树木6万余株，清淤15万方，清理垃圾1万余立方米，治理前河道平均宽度40米，治理后平均宽度90米，既满足了河道行洪需要，也达到了水质净化的需要；堤防道路修筑7000余米，岸坡整治3万余平方，生态护坡计划建设3万余平方，建成穿堤涵管8处，溢流坝4座，共13000个砌体；形成了水面1000亩，拦蓄水量达到40余万立方米；设置安全保护警示标牌40余处，架设隔离铁丝网7000余米；完成700亩浮水植物、挺水植物、潜水植物的栽植。自筹资金建设140米长的海子河大桥，使大汶河、柴汶河、海子河的堤防道路联通。

【砂资源管理】 宁阳县砂资源管理局，负责全县砂资源勘察、开发利用、保护、运销、监督管理和协调，负责为采砂业户办理各种证件，收取各项税费，发放、使用和管理专用票据，负责制定砂资源管理的相关规定和办法，负责对乡镇砂资源管理机构的领导、业务指导和监督、对全县砂资源采运行为的稽查，协调解决各种纠纷。成立大汶河综合开发公司、金砂公司、河砂经营公司，建立投融资平台。通过实施河道工程建设，经营水资源、砂石资源、渔业资源、林木资源等河道资源，建立完善“以采砂业户为主、县乡为辅”的堤防工程建设投入机制，实现“以河建河，以河养河”的良性建设体系。

（张霄寒）

农业综合开发

【概况】 2016年，把实施高标准农田建设示范工程项目作为农业综合开发的重点工作。主要扶持建设经济林种植、发展畜牧养殖、产业化龙头企业扩大生产规模。实施土地治理项目5个，总投资1768万元，其中中央财政资金1240万元，省财政资金496万元，自筹资金32万元，建设高标准农田1.7万亩，东疏镇、伏山镇、泗店镇3个高标准农田建设项目顺利通过省、市验收。

【产业化经营项目建设】 宁阳县不老枣业有限公司300吨不老枣科技示范基地改建项目，总投资140万元；宁阳县鸿翔畜禽养殖专业合作社年出栏15万只肉鸡养殖基地扩建项目，总投资100万元；宁阳县富民大枣专业合作社150吨宁阳大枣基地改建项目，总投资100万元；宁阳县山水乐林果种植专业合作社300吨核桃基地扩建项目，总投资100万元；宁阳县志远林果种植专业合作社300吨核桃基地扩建项目，总投资100万元。5个项目总投资540万元，其中财政资金252万元。在泰安市项目验收中，获得全市第一。在代表泰安市迎接省项目验收和绩效考核时，取得全省第二名。

【现代农业项目区建设】 葛石镇5000亩高标准农田建设项目，位于葛石镇西北部，南到宁磁中路，西邻堽城镇，北到马山，东至杏山村，涉及宝泉村等5个行政村，项目总投资588万元，其中申请中央财政资金420万元、省财政资金168万元。东庄镇3000亩高标准农田建设项目，位于东庄镇东北部，涉及解家庄村等7个行政村，项目总投资406万元，其中申请中央财政资金290万元、省财政资金116万元。八仙桥街道办事处大屯粮食种植专业合作社1200亩高标准农田建设项目，项目总投资144万元，其中申请中央财政资金90万元、省财政资金36万元，合作社自筹18万元。源健农作物种植专业合作社1000亩高标准农田建设项目，项目区位于伏山镇曹家庄，项目总投资112万元，其中申请中央财政资金70万元、省财政资金28万元，合作社自筹资金14万元。农业综合开发4000亩专项扶贫项目，项目涉及堽城镇伏家庙村，蒋集镇八大村，磁窑镇西贤村、华丰镇满家村，开发区颜家庄村等共25个贫困行政村，项目总投资518万元，其中中央财政资金370万元、省财政资金148万元。

（张　翔）

农村经营管理

【概况】 宁阳县农村经营管理办公室为正科级事业单位，下设人秘科、农村财务管理科、农民负担监督管理科、农业承包合同管理科、农民专业合作科5个科室。2016年，有编制人员21人，其中在职机关干部17人。主要职责是全县农村财务管理、农民负担监督管理、农村土地承包管理和农民专业合作社建设。

【“三资”监管】 2016年3月，开展“三资”管理专项整治，全县14个乡镇(街道、开发区)562个行政村中重点抽查64个村三年来的村级账目、合同，查看记账凭证2560本、45030余张，翻阅原始单据47万余张，排查“三资”管理中存在的突出问题。①配合县委组织部，开展了全县民主理财专项调研。②与县司法局联合开展对全县农村集体经济合同“法律体检”活动。共审查合同2400余份，出具司法建议128份。③规范收费项目，明确收费范围，规范“一事一议”筹资筹劳收费项目，查出侵害群众利益不正之风和腐败问

宁阳县人民政府办公室文件

宁政办发〔2016〕37号

宁阳县人民政府办公室
关于印发宁阳县农村集体经济组织“三资”管理办法的通知

各乡镇人民政府（街道办事处）、宁阳经济开发区管委会，县政府有关部门，有关企事业单位，市以上驻宁有关单位：

《宁阳县农村集体经济组织“三资”管理办法》已经县政府同意，现印发给你们，请认真贯彻执行。

宁阳县人民政府办公室
2016年6月24日

—1—

颁布宁阳县农村集体三资管理办法

题专项整治问题线索43件、3大类问题。其中农民负担问题21件，土地问题19件，农村“三资”问题3件；下派整改督导单48份，收到整改报告14份。6月，全县实行农村集体“三资”委托代理服务制度，完善报账制度、会签审批制度和备用金管理等制度，进一步明确管理主体、界定管理范围、细化管理内容、监督财务公开、严格审计监督、建立健全责任追究机制。依法依规管理农村集体“三资”。“一事一议”筹资筹劳的监督管理，全县筹资筹劳批复8个村，筹资54600元，筹劳24980个。

【农村集体产权制度改革】 2016年7月，建立城乡统一的农村综合产权交易中心，实现县乡二级联动，有5个乡镇进行产权交易，交易信息平台共登记出让信息24宗，完成交易14宗，实现交易额641万元，提高了交易透明度和处置效益。推进农村集体产权制度改革，以点带面，全县有150个村实施产权制度改革，其中完成清产核资的村86个，已完成股权量化62个村，完成成员界定62个村，已全面完成工作的村50个。

【农村土地承包经营权确权】 完善农村土地承包经营权确权登记颁证后续工作。至2016年，全县已完成确权颁证的村549个，完成确权户数174703户，确权面积802254.86亩，顺利通过省市验收，确权档案数字化扫描工作已完成过半。稳妥做好土地流转，年内，全县新增土地流转面积5.6万亩，流转总面积达47万亩，占全县家庭承包耕地面积的55.29%，高于全市18个百分点，全省22个百分点。

【新型农业经营主体】 2016年，新发展农民合作社193个，总数达到1137个，其中县级示范社92个，市级34个，省级7个，国家级6个；新发展家庭农场60家，达到377家。开展农民合作社扶贫带动和家庭农场示范场结对帮扶贫困户工程，全县80%以上的建档立卡，扶贫重点村建立了农民合作社，每个省级示范社带动3个贫困户；全县36家示范家庭农场开展结对帮扶83户，涉及贫困人口314人，其中产业带动9户，吸纳就业73户，资产收益1户，带动贫困户增收共计44万余元。12月。宁阳县友邦粮食种植服务专业合作联合社荣获“国家级农民合作社示范社”称号。

（杨长营　杜永芹）

工业和信息产业

综　述

【概况】 2016年，县经信局加大政策、人才、效能环境对工业的支持力度，形成以矿山资源、装备机械制造、化工、轻纺、建材及食品加工为主导的传统产业和以新材料、新能源等为主导的新兴产业，同时形成钢球特色产业集群。东部以宁阳经济开发区为中心，重点发展矿用机械、汽配、新型建材、精细化工、轻纺、机械制造等产业。逐步形成以同创为核心的汽配产业集群，以力博、塔高为核心的矿用机械产业集群，以华阳集团、圣奥化工为核心的生物化工产业集群，以明珠材料为核心的新型装饰材料产业集群。西部以环城科技产业园为核心，努力打造以海斯摩尔为核心的新材料产业集群，以华兴集团、天源服饰、天和纸业、金彩山酒业为核心的轻纺产业集群和以海戈工贸为核心的机车制造产业集群。全县规模工业企业达到319家，工业增加值同比增长8.1%；规模以上工业企业实现主营业务收入同比增长5.3%，利润同比增长3.1%，利税同比增长3.2%。年内，宁阳县经信局被山东省人力社会保障厅、省经信委授予“经济和信息化工作先进集体”。

【经济运行】 传统产业提档升级。通过制定实施产业转型行动计划，建材、纺织、化工等传统制造企业正逐渐摆脱过去高耗能、低产值的发展模式。建材行业稳定水泥熟料生产，鲁珠集团致力建设节能环保型企业，先后建设保温建材、干混砂浆、鲁源石料技改、环保脱硝等项目，形成由原材料到水泥产成品的完善的产业链条，产品结构实现优化升级，实现了传统建材向新型建材的快速转型；纺织行业应用信息化技术，以华兴智能纺为代表的智能制造逐步发展；化工行业通过科学谋划，实施技术改造项目，推动企业提质增效、转型升级，投资26.8亿元的明升达化工退城入园和投资15.2亿元的恒信焦化退城进园项目都在加快推进。

新兴产业初具规模。新兴产业占制造业总体的比重逐年提升，高端装备制造、新能源、新材料等新兴产业的发展已经初具规模，企业采取招商引进和自主研发相结合的方式，持续加大技改投入力度，努力提高技术装备水平，企业产业链条不断延伸，产品升级换代步伐加快。新合源公司以品牌提升和产品质量为核心，大力加强科技创新，降本增效、管理模式规范化，全年实现营业收入5.96亿元，同比增长25.19%，利润收入5710万元，同比增长19.62%。双赢新材料项目设立研发孵化中心，开工建设新时代纳米纤维滤膜及新型医疗器械项目，项目投产后可实现年销售收入10亿元。

项目建设稳步推进。对重点项目进行责任包保，落实调度督导、现场办公、跟踪问效，实行“盯靠帮”服务，及时解决困难和问题，保障项目建设无障碍、快节奏推进，确保了项目快建设、早投产、快见效。2016年，全县在建投资1000万元以上工业项目达到147个，年内累计完成投资260亿元，年推动工业新增销售收入330亿元，利税79亿元；其中在建技改项目80项，年内累计完成投资149亿元。海斯摩尔医卫用新材料及制品产业化等19个项目列入全省、全市重点项目计划。天源优衣库品牌服装项目部分投入生产，年可实现加工成品3000多万件，产值20亿元。金彩山新上酒文化产业园项目建成四条国内先进的全自动包装生产流水线，同时把酒文化与地方传统文化相结合，建设酒文化展示中心、地下窖藏酒库、酒礼文化活动中心等文化产业延伸项目，实施积极的品牌战略和稳健的产品营销政策，今年销售额比上年同期增长7%。宝胜电缆建设了高压超高压电缆、架空绝缘电缆及钢芯铝绞线等项目，成立售后服务公司，积极拓展市场，产品产销两旺，企业主营业务收入、利润、实缴税金分别同比增长23%、30%、260%。

【企业管理】 ①推进企业管理人才队伍建设。2016年，实施“每季一课”培训计划，邀请知名专家就“互联网+时代工业企业转型升级”“互联网舆情和应对”“品牌盈利模式”举办专题讲座3次，培训企业中高层管理人员3000多人次；组织27名企业家分别参加山东省中青年干部培训班、上海交通大学资本运营总裁研修班、浙江大学企业经营管理者研修班；组织34名企业负责人赴深圳华为公司培训，提高了企业家驾驭市场经济的能力和企业管理的水平。②定期举行行业内对标活动，组织企业到各行业的标杆企业进行现场考察学习。6月，组织20多名企业负责人到超威公司学习韩国“新范式管理”经验。8月31日，经信、煤炭部门参与，华宁、海力、金阳、亨达等重点煤炭企业矿长组成的观摩学习小组，赴华丰煤矿开展煤炭企业学习管理经验。③做好现代企业改制。县经信局与县金融办、企业所属乡镇（园区）密切配合，对全县387家规模以上工业企业进行全面的摸排调查，了解企业改制现状，对改制完成的和未完成的分别归类建档，共确认纳入改制范围工业企业239家；实施分类指导、梯次推进，统筹协调推进企业改制。全年，完成改制企业49家。

【技术创新】 2016年，突出抓好技术创新体系建设，实施技术创新项目，发展高新技术产业。华兴集团纺纱智能化管理系统的研究及应用等11项技术创新项目列入山东省技术创新项目计划；海斯摩尔、宝胜电缆2家企业成功申报泰安市创新型企业。开展“一企一技术”创新工程和“专精特新”培育工程，引导中小微企业加大研发力度，细分领域和专业市场，提高生产效率，提升产品质量。全县新增省级“一企一技术”研发中心和创新企业5家，总数达26家；新增市级12家，总数达72家；新增市级以上“专精特新”企业45家，总数达215家。年内，全县列入高新技术统计范围内的企业数量增加到52家，实现高新技术产业产值317.28亿元，同比增长12.77%，高于全市3.45个百分点，位列全市第一；占规模以上工业比重23.66%，比重比年初增加3.01个百分点，位列全市第三。

【节能降耗】 2016年，节能降耗以列入国家节能低碳行动计划“万家企业”为重点，以年耗能5000吨标准煤以上企业为补充，全力推动重点节能项目建设，华阳热电锅炉烟气深度脱硝改造工程和金明热电烟气综合治理项目均已竣工投入运行；晋升煤粉公司年产100万吨高效煤粉一期项目和辰信煤粉制备中心一期项目顺利建成，宁阳县成为全市重要的高效煤粉加工制备基地；引导企业加大节能技术研发力度，力博重工大功率、长距离沿线可控制动下运带式输送机项目被省政府评为山东省节能奖重大节能成果。对138个固定资产投资项目进行节能评估审查。培育节能环保产业，宁阳经济开发区通过省经信委审查验收，成功创建“山东省节能环保产业基地”。华丰煤矿“煤-电-建”多元化循环发展模式和鲁珠集团资源能源综合利用模式被省经信委确定为循环经济发展典型模式案例在全省进行推广。

【信息化建设】 2016年，为提升企业智能制造水平，全县企业推广塔高智能车间、华兴智能工厂等经验，推进企业引进、研发设计数字化、制造装备智能化、生产过程自动化和经营管理网络化，提高工业装备的信息技术含量，提升重点行业装备数控化率。实施智能制造生产模式，开展生产装备高端替代低端、数控替代机械、成套替代单台、智能替代人工、开放替代封闭等“五个替代”活动，通过改进生产工艺流程，加强制造过程控制，培育智能制造生产模式，提升企业发展质量和效益。塔高公司、晟泰公司智能车间、华兴纺织集团智能工厂、嘉意钣金设备制造“工业4.0”等企业率先走出智能化制造的路子。

引导工业企业适应新常态，开展“互联网+”助企活动。从组织层面、战略层面、商业模式等领域进行探索创新，重点在“5个方面求突破”：①互联网+战略上求突破，精准定位企业发展，重新构筑产业链。②互联网+组织上求突破，调整企业组织结构，在现代企业管理中充分发挥网络平台作用。③互联网+营销上求突破，通过网络营销拓宽新路径、开辟新市场。④互联网+科技上求突破，利用科技平台，在创新发展中提质增效。⑤互联网+资本上求突破，探索“新三板”上市等方式，化解融资难问题。

2016年，加强信息基础设施建设，全力推进“智慧宁阳”建设。利用信息通信技术以及互联网平台，推进互联网与传统行业深度融合。保障“互联网+通信畅通工程”建设，利用信息化手段服务农村扶贫开发，申报泗店镇为2016年度“信息化扶贫示范试点镇”。11月4日，召开全县“美丽乡村”信息化建设启动大会，全面落实“美丽乡村”战略部署，统筹城乡一体化发展，建设社会主义新农村，推进“互联网+”在农村的应用。年内，“美丽乡村”信息化应用用户近7000户。

【中小微企业管理】 2016年，宁阳县中小企业局着力强化创新驱动、改革撬动、产业联动、质量推动、品牌带动、外向拉动，逐步形成初创企业的引导机制，培育企业的育成机制，成长企业的创新机制，升级企业的扶持机制，全县中小企业健康稳步发展。获得“市级文明建设先进单位”称号。

【中小微企业发展】 2016年，全县有中小微企业3.1万家，有从业人员16.6万人，资本总额300亿元，比上年分别增长27%、23%和38%。私营企业达4861户，同比增长32%；个体工商户22655家，同比增长30%。从行业分布上看，工业仍居主导地位，占企业总户数的29%；其次农林牧渔业占总户数的21%；批发业、零售业占总户数的16%；住宿业、餐饮业占总户数的11%；建筑业、房地产开发业、租赁和商业服务业、物业管理占总户数的8%；信息传输业、软件和信息技术服务业占总户数的8%；其余的邮政业、仓储业、交通运输业占总户数的7%。

【企业培植　全民创业】 2016年，实施“全民创业”工程、扶优递进工程和“双大”工程，注重企业递次培育，实现大中小微企业协调健康发展。全县年增创业摊点4000个，兴办创业实体500多家，年均260户个体工商户升为微型企业，年均230户微型企业升为小型企业，年均20家小型企业升为中型企业，年均2家中型升为大型企业。全县拥有市级以上“一企一技术”研发中心72个，市级以上专精特新企业215家，授权专利2017个，20多家民营企业获得省级自主创新奖、知名品牌奖和科技进步奖等。

【服务民营经济】 2016年，实施“全民创业”计划，引导鼓励各类创业者进入工业、农业、现代服务业。搭建创业载体，依托现有城乡闲置楼宇、厂房、商场、仓库等设施规划建设7个创业基地。年内，全县拥有4个省级小企业创辅基地，5个市级小企业创辅基地，入驻企业360家，从业人员1.2万人。

实施创业培训工程，规划建设宁阳县中小企业公共服务中心，吸收12家中介机构入驻中心，主要开展创业辅导、人才培训、融资服务、技术创新、专利申报、政策扶持、信用征集等各种特色化服务。与省内外30多家知名培训机构建立合作关系，为企业提供各类创业创新培训6期，培训人才1200人次。年内，中心已受理各类专利63件，会计代理18家，立信企业33家，输送技术人才380人。建立健全对中小微企业主要领域的统计分析指标体系，及时掌握企业运行动态，对运行数据加强监控、预警、分析，并研究对策加以引导和指导，实现工作立体式、常态化。

【企业创新转型】 2016年，不断推动企业创新转型，促进企业增效升级。实施“四升”计划，分类制定推进措施，集中各类资金进行引导帮扶。全县298户个体户升为微型企业，376户微型企业升为小型企业，8家小型企业达到规模企业进度要求。全力开展“一企一技术”创新工程和“专精特新”培育工程，引导中小微企业在加大研发力度的基础上，进一步细分领域和专业市场，提高生产效率，提升产品质量。年内，全县新增省级“一企一技术”研发中心和创新企业5家，总数达26家；新增市级12家，总数达72家；新增市级以上“专精特新”企业45家。

【发展环境】 2016年，先后制定出台《促进中小企业发展的实施意见》《扶持小微企业发展的实施意见》《全县民营经济和中小微企业工作意见》和《关于鼓励支持全民创业加快民营经济发展的意见》。先后编写《中小微企业政策法规汇编》和《中小微企业政策百问百答》，让政策阳光普照民营经济。建立宁阳县中小企业公共服务中心，重点开展融资担保、事务代理、会计代理、人力资源等综合服务。

（任军伟）

化工工业

【概况】 2016年，宁阳县拥有规模以上化工企业26家，骨干企业有华阳集团、明升达化工、迪尔化工、圣奥化工、华鸿化工等，主要生产农药、农药中间体、无机化工产品、化学肥料、精细化工产品、化工原料、橡胶助剂等产品，包含煤化工（合成氨—硝酸—硝基苯（苯胺）—RT培司）和盐化工（离子膜烧碱—氯气—氯乙酸—精细化工产品系列和氯气—光气—氯甲酸酯系列）两个循环产业链，规模及综合效益在全县规模工业企业中占有重要地位。

【山东华阳科技股份有限公司】 2016年，山东华阳集团以化学农药、化工为主导，集科工贸于一体的国有大型企业集团，占地面积1300余亩，有员工1850人。公司有农药、化工、热电、化工机械、印刷包装、复合肥料六大产业200多个品种。其中，农药是核心产业，拥有杀虫剂、杀菌剂、除草剂、种衣剂4大系列，制造能力居国内同行业前列；拥有国家星火计划项目2项，国家重点新产品6项，国家火炬计划项目10项。公司拥有省级企业重点实验室、省级化学农药工程技术研究中心、省级企业技术开发中心、国家博士后科研工作站，是中国农药工业协会副理事长单位、国家级重点高新技术企业、山东省百强重点企业集团。“华阳农药”在国内外享有较高的知名度和美誉度，是中国驰名商标，拥有1个中国名牌、4个山东名牌、2个山东省著名商标；建立了覆盖全国28个省、市、自治区的产品推广、销售网络；同时，充分利用自营进出口权，向欧美、东南亚等30多个国家和地区进行产品输出。

2016年，农药产品实现销售收入5.62亿元，其中二甲戊乐灵系列产品实现销售收入1.48亿元，同比增加4492万元，增幅43.49%；克百威实现销售收入8480万元，同比增加3294万元，增幅63.52%。公司全年对外贸易实现出口交货值2.2亿元人民币，实现自营出口创汇2017万美元，涕灭威产品打入美国市场，全年出口涕灭威原药82.5吨，出口创汇175.31万美元。全年采购金额可达600万美元。在仓储管理方面，累计入库155个产品，612个规格，计20836.51吨，出库产品26336.97吨；入库原料35133.63吨，出库原料35715.58吨；入库包装物1627.58万元，出库包装物1582.81万元；入库辅材2344.31万元，出库辅材2327.2万元。

【山东恒信集团焦化有限公司】 山

东恒信集团焦化有限公司是由山东恒信集团投资兴建的煤化工企业。位于宁阳县环城科技产业园内，注册资金 1.28 亿元，总投资 5.6 亿元，占地 230 亩。2016 年，有员工 560 人，其中专业技术人员 120 人。全年生产冶金焦炭 60 万吨、煤焦油 3.2 万吨、粗苯 8000 吨、硫铵 8000 吨，主要销往江苏沙钢、江西萍钢等大宗客户，实现主营业务收入 8.927 亿元，利润 1078 万元，实缴税金 906 万元。公司曾被授予山东省“民营企业 100 强”、守合同·重信用企业、银行业最佳信贷客户、诚信企业、管理创新优秀企业、安全文化建设示范企业、危险废物规范化管理达标企业、职业卫生‘四个一’工程先进单位、节能自愿协议先进单位”等称号；并荣获泰安市“文明单位、纳税企业大户、管理创新十佳企业、安全生产先进单位”；宁阳县“明星工业企业、环保工作先进单位、节能工作先进单位”等 30 多项荣誉。

【山东华鸿化工有限公司】 2016 年，公司有员工 118 人。公司主要产品有染料、医药、农药、橡胶助剂、食品添加剂等，年产硝基苯 10 万吨、苯胺 1.5 万吨、邻甲苯胺 1.5 万吨、环己胺 4000 吨。硝基苯市场占有率为 70%，占全国商品量第一。华鸿化工环境保护，顺利通过清洁生产审核，通过 ISO9001 质量管理体系认证及 ISO14001 环境管理体系认证，OHSAS18001 职业健康安全管理体系认证。全年共销售硝基苯 9.6 万吨，实现主营业务收入 2.22 亿元，实现利润 941 万元，实缴税金 957 万元。

（任军伟）

煤炭工业

【概况】 宁阳县煤炭工业管理局下设办公室、安全科、行管科、机电科、经运科、职教科等 6 个科室，县煤矿安全执法大队、县煤矿安全调度指挥中心 2 个二级事业单位。2016 年，局机关有 13 人，县煤矿安全执法大队 14 人，县煤矿安全调度指挥中心 7 人。宁阳境内共有三块煤田，即新汶煤田华丰矿区、宁阳煤田、宁汶煤田。三块煤田内共有地方煤矿 4 处、驻宁煤矿 2 处。地方煤矿 4 处分别为山东华宁矿业集团有限公司保安煤矿、山东华宁矿业集团有限公司鑫安煤矿、山东金阳矿业集团有限公司金阳煤矿、海力财富集团有限公司石桥煤矿。驻宁煤矿 2 处，分别为山东亨达煤业有限公司(隶属菏泽市)、华丰煤矿(隶属新汶矿业集团有限公司)。全年，5 处煤矿累计生产原煤 168 万吨，实现销售收入 7.2 亿元，利税 1.7 亿元。

【煤炭生产管理】 2016 年，健全各煤矿以总工程师为首的技术队伍，完善专家论证矿井重大问题、资料会审等规章制度。对全县煤矿开拓部署、煤炭资源储量变化等情况进行全面审查，为解决煤矿企业存在的实际问题，多次组织专家召开论证会、评审会，审查矿井重大技术问题。开展顶板管理、一通三防、职业卫生等专项检查，共计 30 矿次，查出问题 131 条，提出建议 32 条。对煤矿总工程师工作进行了季度考核，共计查出问题 53 条。探索复杂地质条件下的机械化采掘，在华宁集团鑫安煤矿成功推行综掘工艺，实现机械化开采。贯彻落实煤炭行

华宁集团安全生产知识竞赛

业去产能要求，利用经济、技术、安全等有效手段，严格控制新增产能，坚决淘汰落后产能，有序退出过剩产能，按照新确定的产能组织生产。

【煤矿安全监督】 2016年，坚持以安全生产为重点，强化安全监管职责，健全责任体系，与各煤矿企业签订安全生产目标责任书，将责任层层分解到企业，每季度开展矿长考核、“双基”和安全质量标准化建设达标验收。制定出台《宁阳县2016年煤矿技术管理工作意见》《关于进一步加强全县煤矿应急管理工作的意见》，形成安全目标无缝隙覆盖责任体系。煤矿每周、集团每半月进行一次隐患排查活动，县煤炭局每月调度一次，专人负责对整改情况进行督促、检查，隐患治理过程严格落实“六落实”措施，消除事故苗头。全年共排查各类隐患134项，对B级隐患进行了挂牌督办，完成销号，确保隐患整改率100%。深入开展煤矿安全生产隐患“大排查、快整治、严执法”集中行动，成立专项行动检查组，每月对全县煤矿采取“四不两直”方式进行全覆盖检查。全年共执法检查55矿次，查出各类问题575条，提出建议49条，问题整改率100%。组织开展节假日、打非治违、雨季三防、冬季四防、顶板管理、机电提运等专项检查，与日常检查有机互补，规范安全生产秩序，杜绝“三超”现象。强化煤矿安全调度中心作用，局调度中心与全县煤矿联网，统一指挥，实时监控，全县调度中心坚持24小时值班值守，增强了快速应急反应能力。对安全培训工作每季度检查一次，共培训安全管理人员139人，班组长158人，特岗人员638人。全年共检查22矿次。

【山东华宁矿业集团有限公司】 山东华宁矿业集团有限公司是一家以煤采掘为主，集电缆、纸业包装、小额贷款、房地产开发等为一体的现代化企业集团。2016年，该集团拥有保安煤矿、鑫安煤矿、宝胜（山东）电缆公司、华宁包装印务公司、华信小额贷款公司、华宁置业有限公司、华宁物业有限公司、华宁物流有限公司等独立经营单位。共有职工3578人，各类专业技术人员1580余人，建有院士工作站、博士后科研工作站和省级技术中心，为全国煤炭100强企业。该集团按照“践行科学发展，抓好三大任务，坚持六个第一，打造双百（百年百亿）华宁，构建和谐企业”发展思路，紧紧围绕“创新创业、转型升级”发展主题，突出抓好老矿革新挖潜、新矿扩能增产、非煤产业发展壮大三大战略任务，坚定不移地推进双增、双节、双创，全力做好“转、调、创”文章，全年实现原煤产量88.24万吨，实缴税金7657万元。年内，被县委县政府授予“财力贡献功勋企业”。

华宁集团办公楼外景

【海力财富集团有限公司】 2016年，海力集团围绕“以矿业为基础、汽配业为主导、新兴产业为未来”的总体发展思路，规整产业格局，强化项目建设，扩大招商引资，形成集团多元化产业格局。公司拥有石桥煤矿和贵州省麒麟煤矿，控股山东同创汽车散热装置股份有限公司、华鸿汽车制动部件有限公司、中美合资的国美联航空部件维修有限公司、华裕汽

海力集团汽配科技园

车配件有限公司、海力史必驰自动控制技术有限公司、汇通机械进出口有限公司、海力汽配科技园创业服务有限公司、海力华益实验检测公司、海力华成空调有限公司、海力速恒物流有限公司、北京海力同创汽车散热装置有限责任公司、芜湖海力同创汽车散热装置有限责任公司、诸城海力同创汽车散热装置有限责任公司、鄂尔多斯海力同创汽车散热装置有限责任公司、柳州海力同创汽车散热装置有限责任公司、陕西同创华亨汽车散热装置有限公司等子孙公司。海力集团围绕汽配产业链群逐步建设形成以国家级博士后科研工作站、山东省院士工作站、山东省企业技术中心、山东省工程技术研究中心、山东省新型散热装置工程实验室、泰安市产业技术联盟等“六位一体”的立体式、多角度、高层次的科技创新平台。其建设海力华益实验检测中心通过国家实验室CANS认证和CMA认证，被评为山东省中小企业公共服务示范平台。年内，海力集团实现销售收入约39.87亿元，利税2.82亿元，利润2.01亿元。其中，煤炭产业实现销售收入0.77亿元，利税-900万元，利润-1700万元；非煤产业实现销售收入39.09亿元，利税2.92亿元，利润2.19亿元。

【山东金阳矿业集团有限公司】 该公司下设金阳煤矿、宏达置业有限公司、安泰经贸有限公司、金阳新型建材有限公司、金明热电有限责任公司、金阳小额贷款有限公司6个子公司，拥有员工1428人。注册资本7580万元，资产总额10.2亿元，60万吨选煤厂1座。集团产业涉及煤炭生产、房地产开发、热电联产、金融信贷、新型建材等多个领域，初步构建起多元化、循环经济发展模式。集团大力实施人才兴企战略，全面推进科技创新，改造传统产业，培育新兴产业，着力提升企业竞争能力、持续发展能力。一是投资2000万元，完成新型建材自动化生产线改造，生产规模达到8000万块标砖，年可实现销售收入3000万元，利税200万元。二是金阳御景花园一、二期工程共976套楼房全部销售完毕，三期工程楼房正在建设中。三是投资5000万元的60万吨洗煤厂项目已投产，可实现销售收入4.6亿元，利税1.2亿元。四是整合金明热电公司后，实施生产设备技术改造，投资6000万元，规划“汽改水”工程方案。五是出资4500万元，联合其他股东发起设立金阳小额贷款公司。集团先后获得“国家级安全质量标准化一级矿井”“全国煤炭质量管理先进单位”“国家级守合同重信用企业”“山东省安全文化建设示范企业”“山东省安全生产先进单位”“山东省安全生产‘双基’建设先进单位”“山东省文明单位”“山东省守合同重信用企业”“山东省富民兴鲁劳动奖状”“山东省依靠职工办企业先进单位”等荣誉称号。

【新汶矿业集团华丰煤矿】 2016年，该矿以安全保稳定，以创新挖潜能，以改革激活力，以作为求突破，保持了稳中有进的发展态势。坚定改革突围，作为新矿集团公司劳动用工改革试点单位，签订内部退养、自主创业及协商解除劳动合同协议共计1325人。积极推进机构和人事改革，基层机构由21个减至16个，机关科室由17个减至5个，科室人员由329人减至70人，减幅78.7%；科区级管理人员由247人减至100人，减幅59.5%，年节约管理成本330万元。2016年，企业实现收入5.31亿元，账面利润3.23万元，实现同比减亏6256.23万元，实现扭亏为盈。

【山东亨达煤业有限公司】 该公司隶属于山东省菏泽市，系驻宁阳县重点企业之一。公司总资产7.41亿元，员工660人。主要经营煤炭开采、经营等。2016年，投入7000万元，完成地面棚户区改造工程；投入9000万元，完成安全避险六大系统的改造升级，推广现代化综采、提升运输等先进生产工艺，通过省级矿井35万吨/年生产能力核能验收。公司连续实现安全生产无事故近19年。全年生产原煤29.2万吨，完成销售额1.06亿元，实现利税3373万元。人均年收入4万元。煤矿为省级安全质量标准化建设一级矿井、煤矿安全与职业卫生评估A级矿井、安全生产“双基”建设先进单位、煤矿瓦斯综合治理工作体系建设达标矿井。

亨达煤业现代化洗煤厂

（刘　雷）

轻纺工业

【概况】 全县拥有轻纺类规模企业96家，骨干企业有华兴纺织集团、金彩山酒业，包含纺织类、酿酒类两个主要产业类别。

【山东华兴纺织集团有限公司】 2016年，集团公司集海洋生物新材料，各种棉纺、混纺纱线，各式功能性纺织品，生物医卫纺织品，航天航空及过滤防护等产业用纺织品的研发设计、加工生产、内外贸销售于一体，坚持走产学研合作道路，拥有自主知识产权的高性能纯壳聚糖纤维，从纤维的研发、纺制到下游纺纱—织造—染色—纺织品—渠道—终端—直到消费者的全产业链流程，拥有全技术创新体系，经中国工程院院士专家组考察认定，在产业化工程化方面的技术达到国际领先水平，开创了中国生物纤维的先河，填补了国际抑菌织物应用材料的空白。全年生产各类民族用白棉布、条花布等近100个品种，年产各类棉纱、线4万多吨，白棉布、条花布1500万米，民族服装160万件，完成纱线混合产量32356

吨，比 2015 年增加 723 吨，增幅为 2.29%。实现营业收入 19.2 亿元，同比增长 0.99%；BZJC40sK、紧密 50/50R/JC40sK、紧密 JC50SK 三个品种的销量、销售额均列各种产品前三甲。

【宁阳金彩山酒业有限公司】 山东金彩山酒业有限公司，是由县属国有独资企业改制而成的股份制有限公司。2016 年，有员工 600 余人，其中国家白酒评委 1 人、省级白酒评委 5 人、各类专业技术人员 156 人，总资产 3.5 亿元，具备 2 万吨优质白酒、3000 吨保健酒、100 吨硫酸软骨素生产能力。公司拥有山东金彩山文化科技有限公司、山东力源药业有限责任公司、泰安泰山人家酒业有限公司、宁阳金彩山酒类销售有限公司等七家子公司、三家分公司。产品有六大系列，近 200 个花色品种，注册有“彩山、金彩山、泰山人家、三十二酒坊和恭王府”等商标，彩山特曲系列酒荣获省优质产品，“彩山”牌商标为省著名商标。年内，完成项目投资 1 亿元。产品品种高、中、低结构比例发展为 5.51%:84.98%:9.51%，产品结构更加合理。实现主营业务收入 1.56 亿元，实现利润 298 万元，实缴税金 1456 万元。

公司曾被授予省消费者满意单位、省诚信企业、省白酒综合实力三十强、省低度浓香型著名企业、省级守合同重信用企业、省 AAA 级标准化良好行为企业、中国白酒百强企业、中国质量 500 强。通过了质量管理、环境管理、职业健康安全管理、食品安全四大体系认证。彩山特曲酒被评为山东省白酒质量鉴评优级产品。2016 年，公司荣获宁阳县“文明单位、文化带动工程先进单位”等荣誉称号。

（任军伟）

酒文化产业园生产区项目

食品加工业

【概况】 宁阳县食品加工产业主要涉及蔬菜加工、粮食加工、肉制品加工等多个领域。2016 年，拥有规模以上工业企业 31 家，形成了以弘兴玉米、紫阳食品为龙头，鲁粮面粉、华东面粉厂等骨干企业蓬勃发展的良好局面。粮食加工类企业以弘兴玉米开发公司、鲁粮面粉、金麦香面粉等企业为核心，主要生产面粉、淀粉、挂面、方便面等产品。其中弘兴玉米开发公司采用湿法生产工艺主要生产玉米淀粉 12 万吨、变性淀粉 5 万吨、低聚异麦芽糖 3 万吨、动物饲料 30 万吨，以及蛋白粉、纤维、玉米胚芽等附产品，是山东省农业产业化重点龙头企。蔬菜加工类企业以紫阳食品等企业为核心，主要生产各类有机速冻蔬菜。紫阳食品公司主要产品包括有机速冻西兰花，有机速冻菠菜，有机速冻毛豆等，年可产各种有机速冻蔬菜 4000 吨，产品 95%出口，占全国出口速冻蔬菜的 17%左右，在行业中处于领先地位。

【泰安鲁粮面粉有限公司】 泰安鲁粮面粉有限公司系山东省农业产业化龙头企业。公司占地面积 100 亩，总投资 1.86 亿元，拥有意大利圣加蒂公司生产的日处理小麦 500 吨等级粉生产线一条和日加工 80 吨的面条生产线、熟食品生产线各 2 条及其他配套设施。

2016年，公司本着“围绕市场建基地，引进标准管基地，集中连片、规模发展”的原则，选择伏山、鹤山、东述、泗店、乡饮、葛石、堽城等八个乡镇建设小麦生产基地，发展优质小麦生产基地23万亩，带动农户4.3万户。形成了“公司+基地+农户”的运行模式，对基地小麦实行优质优价收购，使农民增加收入600万元。同时，公司还在加工、运输、销售过程中，安置农村劳动力2000人。加工小1.5亿公斤，面条和各类熟食3000万公斤，实现销售收入2086亿元，利税690万元。公司所生产的“晶阳”牌系列面粉及食品以色泽正、口感好、品种全、包装精良一次性通过省市级检测检验。企业通过了ISO9001:2008国际标准质量体系认证，生产的“晶阳”牌系列面粉，被山东省粮食行业协会授予“放心面”称号；“晶阳”牌被认定为“山东省著名商标”，公司被中国粮食行业协会评为“全国放心粮油示范加工企业”创造了“晶阳”的良好企业形象和产品信誉。

【泰安弘兴玉米开发有限公司】 公司位于泗店工业园区西首，占地4.2万平方米，建筑面积1.3万多平方米，拥有资产1亿多元，职工150余人。2016年，公司有玉米淀粉生产线2条，生产线全部采用国内先进设备，工艺技术在山东省淀粉行业处于领先地位。与泗店镇联合发起成立了“宁阳县富农玉米种植专业合作社”，直接带动当地50余户农民常年收购玉米，100多户搞产品运输。公司还通过合作社与当地2万多农户签订玉米订单收购合同，较好地解决了农民的玉米销售问题。全年生产玉米淀粉6万吨及蛋白粉、纤维、玉米胚芽等附产品，年销售额1.5亿元。生产的“绿环”牌玉米淀粉通过ISO9001:2000国际质量管理体系认证和QS食品质量安全认证。为山东省农业产业化重点龙头企业。

（任军伟）

机械电子业

【概况】 2016年，全县机械电子共有规模以上工业企业20家，主要包括矿用机械、汽车配件、农用机械、输变电设备四个产业类别。以塔高、力博科技等企业为骨干，围绕矿用液压支架、采煤机、带式输送机、矿机配件等产品形成了一定的生产能力。其中力博重工是国家级高新技术企业，拥有国内最大的带式输送机生产基地，建有山东省企业技术中心、山东省带式输送机电工程技术研究中心，公司主导产品有液体粘性软起动装置、自冷盘式制动装置、液压自动拉紧装置。技术达到国内领先、国际先进水平，主导产品的销售额占全国同类产品销售收入市场份额的50%以上。

汽车配件类企业已形成以同创公司为龙头，以新合源、泰龙集团、晟泰公司、振挺活塞等企业为骨干的产业集群，拥有31家规模企业。产品具有专业化、系列化、多样化等特点，已形成以散热器、汽车操控钢索、玻璃升降器、汽车升降器开关、中冷器、高频焊接制管、汽车空调、制动部件、传动轴、汽车干式离合器、汽车轮毂、滤清器、活塞等为主导的产业化体系。产品主要包括3大类：一是小型整车及车身部件。二是零部件加工产品，主要包括散热器、高频焊管、活塞、汽车操纵钢索、玻璃升降器、传动轴等。三是橡塑产品，主要是轮胎、皮革制品。输变电产业共有规模以上工业企业7家，以宝胜（山东）电缆有限公司为龙头，产品涵盖低压电力电缆、高压、超高压电缆、系列矿用电缆等。

【山东塔高矿业机械装备制造有限公司】 山东塔高矿业机械装备制造有限公司是与波兰合作投资，专业制造大型矿用机械装备的企业。2016年，主要生产矿用综采液压支护设备、大型长臂电牵引采煤机、电液控制阀、工程油缸、数显检测仪器。受整体经济形势影响及公司重组后的制度、流程转变，液压支架累计平均吨单价比去年同期降低13%。全年实现销售收入7亿元，实现利润1505.38万元，实缴税金1015.51万元，与上年同期相比收入降幅13%、利润增幅50%、税金增幅

山能塔高智能焊接系统

8.83%。曾获得“全国机械行业重质量十大知名品牌”“中国质量过硬知名品牌”“中国优质名牌产品”等荣誉。

【山东同创汽车散热器装置有限公司】 山东同创汽车散热装置股份有限公司为中国汽车零部件散热器行业龙头企业。2016年,主要开发制造车用散热器、中冷器、冷凝器、蒸发器、暖风散热器、车用空调、机油散热器、特种散热器等八大系列产品,年生产能力300万台套。同创散热器居全国同行业第三位,产品主要与国内的一汽、二汽、吉利、奇瑞、北汽福田、中国重汽、江淮汽车、陕重汽、沈阳金杯、长城汽车、上海比亚迪等汽车生产企业配套生产,并远销美国的GDI、SILLA、PAC公司,加拿大的东星公司,日本的KOYO等公司。公司成功在全国中小企业股份转让系统(新三板)挂牌。全年,企业实现销售收入2.6亿元,实现利润254万元,实缴税金859万元。

【山东振挺精工活塞有限公司】 山东振挺精工活塞有限公司,位于宁阳县环城工业园内,占地6万平方米,建筑面积8.5万平方米。2016年,有员工2800人,其中专业技术人员60人(高级职称3人,中级职称21人,初级职称27人)。主要生产摩托车活塞、活塞销、连杆、缸体等9大系列上千个型号的系列产品,有活塞加工生产线91条,具备年产活塞、活塞销、卡簧7000万套的配套生产能力,是江北最大的活塞生产企业。产品出口美国、日本、意大利,是宗申、力帆、钱江摩托等企业集团活塞指定供应商,95%以上产品供主机配套和出口销售。内部全面实现计算机网络管理,全年,实现主营业务收入3.32亿元,实缴税金2757.59万元,为地方贡献财力576.07万元。

(任军伟)

造纸业

【概况】 2016年,全县纸业以天和纸业为龙头,金阳纸箱厂、福尔纸箱厂等企业为骨干。主要从事纸制品加工、印刷制浆、造纸化工等业务,产品包括生活用纸、包装纸及新闻用纸等产品。

【山东天和纸业有限公司】 山东天和纸业有限公司原为宁阳镇镇

天和纸业车间外景

办集体企业，后改制为民营企业，注册资本814.03万元，是集造纸、化工、治污为一体的国家中型企业。2016年，公司拥有5万吨废纸制浆生产线1条，造纸生产线7条，总资产3亿元，员工920人。主要生产废纸浆、静电复印纸、双胶纸、有光纸等产品。产品通过ISO9001质量体系认证和ISO14001环境体系认证，公司拥有自营进出口权，以国内外商品浆为主要原材料，产品出口美国、韩国等十几个国家和地区。年内，实现浆纸产能17.77万吨，实现收入6.74亿元，实现利税3500万元，其中实现税收2100万元，比上年同期增长110%。

（高　伟）

建材产业

【概况】 2016年，全县建材产业共有各类生产企业280多家，从业人员近万人，完成总产值70多亿元，利润5亿多元。规模以上企业20家，从业人员6322人。水泥和水泥制品企业4家，完成产值32亿元，利润3亿元。砖瓦生产企业15家，完成产值1.8亿元，利润1000多万元。石料开采及加工企业46家，完成产值26亿元，利润2亿元。河沙及非金属矿产品企业50多家，完成产值12亿元，利润8000万元。新型建材生产企业16家，完成产值8.1亿元，利润6000万元。

【山东鲁珠集团】 山东鲁珠集团是集水泥、发电、商砼、物流、自保温墙体材料、干混沙浆、矿山开采、房地产开发、新型金属材料、精密机械制造于一体的现代化企业集团。年内，集团致力发展循环经济，建设节能环保企业，按照“做好传统产业，夯实发展基础；做优产业链条，夯实发展后劲；做精高新技术产业，打造百年企业集团”的总体目标，不断推进企业转型升级，加快构建水泥产业链条、新型金属材料、国际尖端机械制造3个支柱产业。全年实现销售收入12亿元，利润1.1亿元，利税1.3亿元。集团通过了质量、环境、职业健康安全、能源管理体系认证和省环保厅清洁生产验收。先后荣获山东省文明单位、山东省消费者满意单位、山东省守合同重信用企业、山东省文明诚信企业、山东省循环经济示范企业、山东省厂务公开民主管理先进企业、山东省职代会优秀星企业、泰安市“泰山先锋”基层党组织、泰安市纳税增幅大户、泰安市花园式单位、泰安市国地税双A级纳税人等荣誉称号。

【泰山中联水泥有限公司】 泰山中联水泥有限公司是中国建材在香港H股上市成员企业和中国联合水泥集团有限公司核心企业之一，主要从事水泥及熟料的生产销售。公司建有2500吨/天级和5000吨/天级新型干法水泥熟料生产线各一条，并建有国内首个获得联合国注册的水泥余热发电CDM项目，拥有5个全资子公司和1个矿山公司，共有11台水泥磨，年生产水泥300万吨，熟料300万吨。2016年，宁阳县境内公司实现销售收入4.1亿元，利润2400万元，实缴税金1945.42万元，安置就业624人。

（高　伟）

泰山水泥厂区全景

钢球产业

【概况】 宁阳县钢球产业主要集中在堽城镇、东疏镇、伏山镇等9个乡镇(街道)和产业园区。2016年，钢球产业坚持抓规划、培龙头、树品牌、建协会、强保障。全县钢球企业发展到365家，吸纳劳动力4万余人。年产量达到60万吨,实现销售收入160亿元,利润12亿元。钢球生产装备已达4000台(套),产品级别从G1000级发展到G5级，产品规格从78毫米发展到0.3毫米，产品种类拥有碳钢球、轴承钢球、不锈钢球、金球、银球、铜球、锌球、铝球、碟球、塑料球、电镀球、卫星球等30多个系列,涌现出“泰狮”“海湾”“金龙”“海狮”“海鸥”等十几个支撑品牌。产品主要销往上海、天津、广东、浙江等二十多个省市，出口到美国、巴西、日本、欧洲等国家和地区,年出口钢球30多万吨,占成品球的50%以上。随着钢球产业的发展,钢球产业规模、产品质量和知名度不断提高，新上的新峰钢球检验检测项目、钢球产业服务中心建设项目、金隆昌恒温车间建设项目、昊威金属拔丝项目、中瑞扩规等项目，壮大了产业发展规模和发展后劲。全县11家钢球企业建立研发中心,其中博大、新东金隆昌分别被认定为省级“一企一技术”研发中心和创新企业,新东工贸、崛起钢珠、新辉工贸、中瑞钢球、宏德利工贸被认定为市级“一企一技术”研发中心和创新企业。宁阳县滚动轴承碳钢球标准成功在省标准化处立项,填补山东省空白,宁阳县钢球行业协会被国家工商总局商标局认定为集体商标。宁阳钢球产业已列入山东省“省级产业集群”和“泰安市十大特色产业集群”,被国家命名为“中国钢球之乡”。

【山东金隆昌钢球制造有限公司】 该公司占地60亩,总投资1.06亿元，建设高档钢架结构厂房2万平方米，办公楼及附属设施5000平方米,新上钢球精研设备100台(套),辅助设备218台(套),安置就业200人。2016年,公司定购的研磨机、抛光机、选球机等生产设备,均为国内外顶端设备。其产品全部为G10—G100轴承钢球和不锈钢球,主要用于汽车轴承、高档电器轴承，产品处于国内领先地位。项目建设方金龙钢珠有限公司为自主进出口企业，其产品销售定位于国际高端市场，主要出口德国、美国、日本、韩国等10多个国家和地区，产品出口率达100%。年内实现销售收入2.6亿元,利税2600万元。

【泰安京中瑞棣精密钢球有限公司】 由意大利RGP国际有限公司与宁阳林粒钢球有限公司共同出资兴建。公司占地面积2万平方米,注册资本60万欧元,现有员工200余人,其中专业技术人员60名。2016年,公司已发展成为集科研、生产、销售为一体的多元化、综合性实业公司,主要生产经营各种型号碳钢球、轴承钢球、不锈钢钢球和轴承滚子等。现有生产设备350余台（套），生产钢球的规格从0.5毫米到25.4毫米，精度从G10到G3000。公司配备了先进的检测设备，技术及设备均达到国内先进水平。产品用于航天、五金、机器、电器、化学、军工等多个领域。综合年产量达6000吨以上，年内实现销售收入1.6亿元,利税1800万元。

（高　伟）

橡胶塑料产业

【概况】 2016年，全县橡胶和塑料制品企业36家，吸纳劳动力2600余人。实现销售收入6.8亿元,实现利润5800万元。全县橡胶产品主要以各种规格轻卡车轮胎、农用车轮胎、摩托车轮胎、沙滩车轮胎、电动车轮胎为主,可生产15种规格30个系列的产品，年产量1000万套。塑料制品主要有PVC-U实壁、中空螺旋管、双壁波纹管,PP-R、PVC-C冷热供水管材、PVC-C埋地式高低压电力电缆护套管、PVC-M抗冲改性供水管材、汽车散热器塑料螺帽、塑料手柄、塑料连接件等注塑级塑料制品为主，年产量达5万吨。橡塑产业涌现出“正喜”“汉正”“速风”“岱岳”等知名品牌。产品主要销往河南、河北、重庆等 20 多个省市，并出口到韩国、西亚、非洲和澳大利亚等国家和地区，与宗申、嘉陵、钱江、大阳、轻骑等国内知名厂家建立了长期合作关系。

【山东正方轮胎有限公司】 公司占地 112 亩，有厂房及辅助设施 4.9 万平方米，拥有固定资产 6000 多万元，内外胎设备 590 台，员工 460 人。年内，成立市级技术中心，高薪聘请专业技术人员 32 人，具有较强研发能力。设备自动化程度较高，150 台硫化设备全部采用冷硬铸铁柱塞，胎面压出使用冷喂料复合压出仪。公司投资 2000 万元，对原有密炼车间进行技术改造，新上密炼生产设备 60 台套。该公司“正喜”牌系列轮胎被国家工商行政管理总局认定为中国驰名商标。已通过 ISO9001:2000 质量体系认证和国家“CCC”认证。主要生产轻卡车轮胎、农用车轮胎、摩托车轮胎、沙滩车轮胎、电动车轮胎等 8 种规格 22 个系列的产品，主要销往河南、河北、重庆等 12 个省市。全年实现销售收入 1.2 亿元，利税 1000 万元。公司被泰安市工会评为“AAA”级劳动关系和谐企业。

【山东汉正橡胶工业有限公司】 该公司位于宁阳县凤凰工业园，注册资本 500 万元，是山东省轮胎行业的重点骨干企业，中国橡胶协会会员理事单位，是集摩托车轮胎、电动车轮胎、农用车轮胎的研发、制造、销售为一体的大型橡胶企业。具有年产 260 万套摩托车外胎、电动车外胎的生产能力。其产品内在质量、使用性能等技术指标，一直处于同行业前列。2016 年，公司通过“3C”国家强制性产品认证、ISO9001:2008 质量管理体系认证。公司已成为山东省工业企业管理经验推广单位，山东省“一企一技术”企业。公司生产的“汉正”“速风”“岱岳”品牌的电动车、摩托车、农用车系列轮胎被评为中国著名品牌。销售网点已遍布北京、上海、天津、河北、河南、重庆、广东、广西、山东、湖北、湖南、江苏等全国 20 多个省、市，并出口到韩国、西亚、非洲和澳大利亚等国家和地区。全年，实现销售收入 1.3 亿元，利润 1200 万元。利税 1400 万元。

（高　伟）

信息产业

【概况】 2016 年，县经济和信息化局联合三家通信运营商、设计单位共同编制《宁阳县 2016—2020 年移动通信网络基础设施建设规划》，规划建设通信站点 418 个，年内已建成 145 个，共享解决率达到 98%以上。涵盖全县各乡镇、风景区、经济开发区等网络弱覆盖区域。有效节省资源，减少重复建设，提高行业投资效率。全县信息产业有山东联通宁阳分公司、山东电信宁阳分公司、山东移动宁阳分公司、山东广电宁阳分公司等 11 家。

（任军伟）

【山东联通宁阳分公司】 该公司是国有大型企业在宁阳设置的分支机构。公司继承了原网通公司的固话、宽带、数据传输业务。2016 年，主要经营范围包括：GSM 移动通信业务、WCDMA 移动通信业务、固网通信业务（包括固定电话、宽带）、数据传输、多媒体、增值业务等，是宁阳通信市场上的全业务服务提供商，宁阳联通公司推进固定网络和移动网络的宽带化建设，2016 年，城域网拥有出口带宽 40G，所有接入层和 OLT 均采用千兆光纤直连。先后投资 4000 万元实施“光纤入户”工程，宽带网全面覆盖乡镇和行政村，实现户户通光纤，网络升级提速不提价。分公司全面实施“服务三承诺”，为用户提供免费提速、货真价实和 480 优质服务。拥有“沃 4G”“智慧沃家”等著名客户品牌。企业先后被授予“省级文明单位”“省消费者满意单位”荣誉称号。

（朱　伟）

【中国移动通信集团山东有限公司宁阳分公司】 2016 年，该公司有在职员工 103 人，公司党支部有在职党员 14 名，离退休党员 6 名。公司主要经营移动话音、数据、宽带、专线、多媒体业务和信息化服务。公司下设 9 个乡镇经营部，3 个城区营业网点，全县 836 家代理商及加盟店，涵盖城区乡镇及村庄，拥有手机用户 39 万户，有线宽带用户 5 万户。移动宁阳分公司作为基础电信运营商，和政府各部门合作的政府发文系统、天网系统、电力远程抄表数字化采集，司法监管、卫生教育的有线无线接入等都在不同行业中着重要作用，已建成一个覆盖范围广、通信质量高、业务品种丰富、服务水平一流的移动通信网络，网络人口覆盖率达到99.9%，地理覆盖率达到99.6%，区县、村镇及公共场所、高速公路、国道、省道全线以及铁路沿线区域实现100%覆盖。

【山东广电网络有限公司宁阳分公司】 2016年，该公司设有9个营业厅。主要推进数字电视、广电宽带等业务同步发展，增值业务主要有高清畅享馆、全家福、超值包、互动点播等节目和电影院线“首映厅”以及新媒体APP，年内完成下载3755个，双向网改开通双向8575户，光缆线路进行迁改410多公里。年内有12个社区建成智慧社区。被泰安市工商局授“重合同守信用”单位，被县委授予对上争取工作先进单位，被县政府授予县群众利益服务热线办理工作先进单位”等荣誉称号。

（刘景立）

【中国电信集团公司山东省泰安宁阳分公司】 2016年，公司主要经营国内国际各类固定电信网络，经营基于固定电信网络语音、数据、图像、多媒体通信、信息服务、通信信息业务相关系统集成、通信设备销售等产品。年内，宽带新增3848户，累计净增215户。移动新增14311户，累计净增4237户，其中校园用户907户。移动出账用户27198户。

（李　波）

商贸 旅游

综　述

【概况】　2016年，县财贸办公室作为财贸系统牵头单位，协调服务于全县财政、工商、税务、金融、烟草、石油、医药等27个部门(单位)，负责牵头财贸系统的机关建设、文明创建、党建、宣传、老干部、计划生育、信访稳定、社会治安综合治理、医疗、养老、档案管理。加强对商业、粮食、供销、物资及其所属企业的领导、监督、管理和服务。财贸系统共有基层党组织88个，其中党委9个、党组2个、党总支2个、党支部75个，75个党支部的党员组织关系集中排查工作已全部完成。财贸部门全年有16家单位获得文明单位荣誉称号，其中省级文明单位(机关)6家，市级文明单位3家，县级文明单位7家。

【安全生产监管】　2016年，财贸系统安全生产监管，涉及人员密集场所、民爆、烟花爆竹、石油、石化等重点领域。年内，制定下发《财贸系统集中开展安全生产事故隐患排查治理专项行动实施方案》《财贸系统2016年“安全生产月”活动方案》等文件。加大隐患排查力度，努力消除各类安全隐患，重点对民爆器材、涉液氨企业、加油加气站点、人员密集场所等重点部位进行排查。严格巡查制度，一月一次安全检查，一季度一次综合治理，随时发布消防安全检查通报，以警示业户和相关部门，重要节假日组织拉网式综合检查，确保掌握安全动态，及时发现消防安全隐患，全年共综合检查4次，出动检查、复查人员70余人次，排查整治隐患280余处。下达整改通知书16份，拆除违章建筑300平方米，制止违规搭建5起。

【廉政和思想建设】　2016年，财贸系统制订《2016年党风廉政和反腐败工作实施意见》《2016年惩防体系建设工作实施方案》等文件，坚持“谁主管、谁负责”，明确责任范围，签订党风廉政建设责任书，把党风廉政建设责任制落到实处。年内，财贸系统各单位共组织“两学一做”学习教育集中学习184次，领导干部讲党课55次，领导干部去基层调研指导168次，组织党课宣讲39次，进行专题调研105次。共查摆出问题81个，已解决问题78个。各党委共下派指导员24人，覆盖党支部34个。财贸系统组织党员志愿服务队14个，党员志愿者人数247人，正常参加活动的党员志愿者176人，志愿服务活动次数17次，服务人群达1332人，为群众解决问题43个。同时，在商业企业开展了巾帼建功文明示范岗、文明标兵、服务明星活动。

【破产企业职工权益保障】　2016年，财贸系统继续坚持以“双置换”为主的整体改革思路。本着“积极、稳妥、彻底”的原则，因企制宜、一企一策，最大限度盘活存量资产，最大限度保障职工权益。财贸系统各企业主管部门坚持把破产企业职工权益保障作为工作重点抓实抓好，确保了企业和社会的稳定。改革改制后的财贸流通企业，无包袱、机制活、人员精，发展的势头越来越好，进入快速健康的发展时期。

（杨国庆）

对外经济贸易

【概况】 2016年，县商务局坚定不移实施“开放兴县”战略，抢抓国家“一带一路”、双向开放、“互联网+”等政策机遇，主动适应开放型经济新体制和供给侧改革要求，树立新理念，谋划新举措，以开放促发展，以创新为动力，膨胀总量、提高质量、优化结构，全县对外经济贸易工作实现新升级。年内，县商务局荣获全县“经济社会发展先进单位三等奖、对上争取先进单位、安全生产先进单位”，县外派劳务服务中心获山东省“对外承包劳务行业先进单位”等荣誉称号。

【对外贸易】 全县有进出口获权企业累计达185家，外贸进出口实绩企业累计达61家，新增中矿采煤机制造、乾泰精密机械、强宁工贸、绿森纸业等28家企业获得进出口经营资格。外贸商品结构不断优化。纺织服装、食品添加剂、机械及设备、化工、钢球、汽车零部件、活塞产品出口额分别增长235%、246%、21.9%、5.6%、16.2%、8.6%、6.7%。对出口意愿企业实行“一对一”帮扶，华迪机械设备、广洋化工、燕园农林科技、大京钢球等29家企业实现外贸业绩同比增长36%。进口商品以机电设备及零部件、五金工具为主，占全县进口总值93.7%。全年实现外贸进出口总值11.60亿元，同比增长12%，增幅列全市第二位，其中出口10.93亿元、进口6696万元。进出口总额、出口额分别是2015年的1.12倍、1.13倍。全县出口市场拓展至110余个国家和地区。

【利用外资】 2016年，全县外资企业累计达57家，全年新增合同外资1亿美元，实际到账外资6725万美元，同比增长11%。实际到位外资额是2015年的1.11倍。①加大项目策划包装力度，与世界知名策划机构普华永道合作，策划包装项目3个，数量居全市首位。组织友邦肥业、弘兴玉米、利卡合同能源三家企业参加“中国发展高层论坛聚焦山东项目对接会”，与世界500强美国邦吉公司和美国卡特彼勒公司进行项目对接。先后与马来西亚启顺集团、韩国草堂大学、香港富民实业公司、台湾志升集团等企业和机构实现精准对接，建立招商网络，取得良好效果。②外资来源地拓展至17个国家和地区，来自香港、台湾的投资呈上升趋势，全年新批香港投资项目3个，累计合同外资3390万美元，占全县的33.9%；新批台湾投资项目2个，累计合同外资2400万美元，占全县的24%。引进香港的实际到账外资3023万美元，占全县的45%；引进台湾的实际到帐外资2961万美元，占全县的44%。③大项目拉动。新批合同外资过400万美元以上项目6个，累计合同外资6390万美元，占全县的63.9%。实际到账外资过400万美元的大项目7个，累计实际到账外资6724万美元，占全县的99.9%。④引进技术项目。以技术出资设立项目5个，占新批项目的83.3%；合同外资4190万美元，占全县的41.9%；实际到账外资4739万美元，占全县的70.4%。

【电子商务】 2016年，入驻电商企业近70家。新建电商产业园2处（以凌云集团迪联物流园为载体的泰山电子商务产业园、以宁阳县汽车站为载体的宁阳县交运电商产业园）。全年实现电子商务交易额88.65亿元，网络零售交易额29.8亿元。

打造电商特色小镇，东疏镇春晖电子商务创业园已入驻企业20余家，结合地方生产防护产品、农副特产、花卉苗木、石材等开展电商。搭建“县级运营中心+乡(村)服务站”运营体系。引进培植电商平台，全年相继引进乐村淘、苏宁易购、京东商城、云农场、买卖惠、每天惠、天天优品、琳哒电商(培训平台)、阿里巴巴、山东移动美丽乡村等14家综合电商平台。培植义乌购、凌云购、爱尚家、拍立送、货郎鼓、山东乡里乡亲、东疏镇网上交易平台等9家本土电商平台，实施电商进农村工程，推动“一镇一业、

一村一品”建设,“货郎鼓”乡村电商平台开发镇服务中心”13 个、“货郎鼓村级服务站”30 个;乐村淘已完成镇级体验中心 6 家、村级体验店的铺设 158 家,镇级电商服务中心 14 家,村级服务站 332 家,电商从业人员 3.4 万人。全县开展各类电商人才专项培训、企业培训、农户培训等 1300 余人,举办电商高峰论坛,琳哒电商被命名为县电商扶贫培训中心,在乡镇开展电商精准扶贫巡回公益培训。利用“互联网+农特产品+扶贫”营销模式,帮助贫困山区、贫困户通过电商销售农特产品。

【商贸流通】 2016 年,全县新建和续建商贸流通项目 12 个,总投资 30 亿元,其中亿丰时代广场项目二期、百世现代服务业综合体、金阳冷储物流服务等项目纳入今年全市重点商贸流通项目,累计总投资 7.3 亿元,已完成投资 1.5 亿元。实施“互联网+便利店”模式。凌云、万达、华联等商贸企业发展乡村直营连锁网络化经营模式,“爱尚家”“每天惠”借助 O2O 模式设立连锁便利店,覆盖全县 156 个社区、服务群众 10 万人。健全全县商贸企业、农贸市场监测网络,通过国家商务信息网、商务预报网站发布信息 220 条,全县 20 户企业进入商务部信息监测系统,样本企业数据及时报送率达 100%。实施家政服务示范工程,培育特色品牌企业,“金彩山”“不老枣”两家老字号企业纳入全省溯源信息系统。规范商贸流通市场秩序,推动商贸流通业健康稳步发展,全县社会消费品零售总额增长 12%。

(薛海涛)

商　业

【概况】 2016 年,商业总公司做大做强龙头骨干企业,强力拓展经营业务。依托万达百货有限公司品牌效应和强有力的区位优势,扶持扩建万达中心购物广场,成功引进多禾馅饼、华莱士等新型餐饮品牌。拓展农村市场,不断增强市场竞争力,全县共建立便民超市 150 余个,乡镇覆盖率达 100%,商品配送率达 25%以上,基本实现新农村建在哪里,便民连锁超市就发展在哪里,激活了农村商贸,刺激了消费,方便了群众,提升了群众的生活质量和水

凌云集团迪联物流

平。同浙江客商签约合作，投资3000万元，引进“乐每家”购物中心，打造集购物、餐饮、休闲娱乐于一体的综合性购物中心。招商引资作为经济工作的重中之重来抓，帮助下属企业富源商贸有限公司同国家食糖储备库同商务部华商储备商品管理中心签订了428万元的食糖储备协议、协助万达百货有限公司利用闲置商业铺面，引进570万元泰福服装城。全年招商引资700万元。

【宁阳万达百货有限公司】 2016年，万达中心商场，营业面积近1万平方米，员工300余名。该公司在东部新区投资1亿元，建成高17层商住一体的金阳大厦，4—17层为住宅用房140户，1—3层建筑面积1.02万平方米。公司作为被政府主管部门首批认定的国家级“万村千乡市场工程”承办企业，在全县开办连锁“农家店”150余处。万达中心购物广场，成功引进多禾馅饼、华莱士等新型餐饮品牌，国际、国内知名品牌摆进万达商场，有效满足了人民群众不同的需求，提升了万达商场的形象，形成“一站式”购物体系。安置120人就业，年销售过亿元，实现经济收入1200万元，利税11万元。企业先后被评为山东省“物价计量信得过单位”，泰安市“重合同守信用单位、十佳商店、无假冒商品商店、第八届消费者满意单位”等荣誉称号。

【宁阳富源商贸有限公司】 该公司为改制的民营企业，2016年，有职工410人，主要从事本单位营业性用房租赁费的收缴和物业管理。投资200万元，引进国家“691”食糖储备库，对糖库进行技改扩容建设，将糖库储备进一步扩大。全年公司同商务部华商储备商品管理中心签订了428万余元的食糖储备协议，存储量已达10万吨，全年实现利润400万元。

万达商场

【宁阳兴源五金有限公司】 该企业为改制的民营企业。2016年，有职工79人。公司抢抓县城兴隆街东延扩展项目建设的机遇，启动兴源五金沿街商业网点开发，项目总投资5000万元，分两期实施，一期投资1500万元，总建设面积1.2万平方米，为两栋六层建筑，其中沿街门头6套，总户数90户。共安置拆迁户36户；二期投资3500万元，启动兴源五金沿街商业网点开发，正在进行二期项目开发建设，项目建成后，将为振兴宁阳商贸流通起到强力推动作用。

（尹晓晓）

供销合作社

【概况】 2016年，宁阳县供销社系统有企业22家，其中县直公司10家、基层社12家。在册职工2373人，其中县直公司1242人，基层社1131人。共有离退休职工1668人(离休13人)。县社机关共有工作人员23人，在编在岗工作人员12人。全系统有乡镇规模超市8处，各类经营网点520处。县

全国总社发展改革部领导到宁阳调研农村电商发展情况

供销社综合改革工作顺利通过省供销社综合改革考核验收。年内，完成商品销售总额 22.46 亿元，占任务的 102%；实现利润 192 万元，占任务的 101%，上缴税金 280 万元，占任务的 101%。宁阳县被确定为全省供销社综合改革重点联系县、全省供销社电子商务试点县。

【农村流通现代化】 2016 年，县供销社创新体制机制，推进现代流通服务体系建设。①搭建工业品流通服务体系。依托华联商贸公司和供销超市配送公司，建成日用品配送中心 2 处，拓展名优特产品代理涵盖 2000 多个品类，改造新建乡镇规模超市 8 家，村级服务站 520 个，建成城乡综合服务区 10 个。新规划建设乡镇综合商务区共 5 处，东疏供销商务区建设面积 1 万平方米，4000 平方米超市已投入运营，伏山、蒋集、乡饮、鹤山供销超市正在规划实施。②探索农村电子商务。宁阳供销现代农村电子商务公司被省供销社确定为全国总社股权投资的试点企业，获得股权投资 400 万元。搭建起“供销 e 家”宁阳网上商城，畅通农产品上行和工业品下行，宁阳特产、海天调味系列、玉蝉酒水、烟花爆竹、烟农农资等 300 多个单品已上线销售，12 个基层供销社、乡镇供销超市完成入驻，县域 B2B、B2C 业务上线运营，在县内规划建设 200 平方米，供销 e 家旗舰店 1 处，重点开展县内优质农产品展销和省供销社惠采平台优质廉价商品线下销售；规划建设供销 e 家服务店 20 处、村级供销 e 站 100 处，实现全县供销一张网，破解农村电商最后一公里难题。③构建农产品经营服务体系。规范组建农机、核桃、种植等专业联合社 4 家，累计领办创办和参与农民专业社 235 个。成立宁阳康源农产品经营服务公司，结合特色农产品种植，分别组建成立南驿生姜、烟农大枣、金源薄皮核桃专业社，发展标准化种植基地 28 处，注册商标 6 个。南驿生姜专业社与重庆九九红食品、康师傅方便面等公司签订订单合同，生姜远销北京、四川、重庆等地市。

【基层组织体系建设】 2016 年，按照改造自我、服务三农的要求，加快基层供销社分类改造，推进基层供销社体制机制改革创新，建立新型农村合作经济组织体系。坚持民主办社、开放办社，组

东疏镇滩头村农业服务中心

建县级农民合作社联合社 1 个；规划组建镇级农民专业合作社联合社 12 个，实现涉农乡镇全覆盖。吸引各类农民专业合作社及其他农村合作经济组织加入，形成全县上下畅通、联结紧密、运作高效、充满活力的合作经济组织体系。东疏、华丰 2 家供销社被评为全国标杆社示范社。基层供销社及乡镇农民联合社实施“新型农民社员素质提升工程”，以培养职业化农民和提高农民生活质量为目标，对接农业、农机、科技等部门，与中国农科院、山东农业大学、泰安农科院建立联系合作关系，形成多层次教育培训体系，培训新型农民 2.8 万人次，培育种植大户、家庭农场、农民专业社、农业龙头企业等新型农业经营主体 38 个。

【招商引资和项目建设】 2016 年，招商引资、对上争取两项合计完成 1590.7 万元，占任务的 103.3%。其中招商引资 816.7 万元，占任务的 116.7%。城关供销社利用蓝天商场有利位置，引进葆春堂大药房，客商投资 380 万元；华丰供销社利用大华超市，引进福建莆田客商经营黄金珠宝项目，客商投资 269 万元；东疏供销社利用乡饮乡驻地闲置场所开办锦迈隆连锁超市，引进济宁客商联合经营，外商投资 167.7 万元。规划实施了宁阳县土地托管试点项目，列入供销合作总社新型农业社会化服务体系试点，获得全国总社、国家农发办专项资金扶持 420 万元；规划建设为农服务中心 3 处，争取省财政流通服务专项资金 150 万元、省财政综合开发资金 100 万元。

【宁阳供销农机服务专业合作联合社】 由县供销社牵头，联合东疏、鹤山、堽城等 3 个基层社，宁阳县兴泰农机服务专业社等 9 个专业社和 74 个农机户、种植大户成立。有社员 122 人，注册资金 1000 万元。2016 年，被定为泰安市级专业社示范社。

联合社建有大型农机库房 1 处，拥有五征 1104 型拖拉机 7 台，东方红 1204 型大马力拖拉机 2 台，东方红 1304 型拖拉机 1 台，神钢挖掘机 1 台，1000 型拖拉机 3 台，自走式玉米联合收获机、小麦联合收割机等大型谷物收割机 12 台，50—80 马力的拖拉机 8 台，自走式喷杆喷雾机 4 台；拥有小麦免耕施肥播种机、玉米多层施肥精播机、深松整地联合作业机、翻转犁、旋耕犁等配套作业农机具 27 部。2016 年，与 9 个乡镇(街道)的 64 个村（社区）、11 个专业社、51 个种植大户(家庭农场)形成合作关系，联合社自营承接深松项目 7800 亩，新上玉米籽粒收项目，玉米籽粒收面积突破 1000 亩，实现服务收入 300 万元。

【宁阳县百家兴农机服务专业合作社】 东疏供销社利用供销社职工回村创业的机遇，联合 20 户农民入股，创办了百家兴农机服务专业合作社。整合东疏镇农机手和农民 520 户，实施现代农业服务规模化，为 1100 余户农户提供大田作物托管服务。2016 年，专业社有大型小麦收割机、玉米收获机、精播机等 16 台套，整合调度农机 70 余台套，固定资产达到 200 万元，为本服务辖区作业面积达到 3.5 万亩，耕、种、收达到 1.6 万亩，真正实现了一条龙系列服务，实现服务收入 200 万元，助农增收 80 万元。

【宁阳县泗望生姜专业合作社】 泗望生姜专业合作社由南驿供销社与 13 户姜农共同发起成立。为推进生姜集约化种植、规模化经营，专业社成立了宁阳县泗望生姜交易中心。2016 年。专业社有入社社员 273 人，入社土地 1000 亩，经营设施面积 1000 平方米，洗姜生产线 1 条，恒温仓库 240 平方米。以泗望为中心带动周边东贤、周家庄、魏家庄、青后等十几个村庄生姜示范种植 4000 亩。

专业社采用“专业社＋公司＋基地＋农户”的运营模式，依托供销社系统农资龙头企业泰安烟农供销农资公司，对社员实行种植、施肥、生产管理、技术指导等服务，推行配方施肥、节约用水、精细用药与生物防治相结合等措施防治病虫害，及时收购加工生姜产品，带动周边农民规模化、标准化、科学化种植，扩大周边生姜生产规模，提高产品附加值，实现社员利益最大化。与四川久久红集团签订长期订单合同，实施订单销售。2016年，实现销售收入2100万元，入社社员实现亩均收入1.3万元，亩均纯增收入5000元。

为扩大生产经营规模，专业社新增投资120万元，新建综合服务设施1100平方米，其中：冷藏设施200平方米，清洗加工车间300平方米，精选包装车间400平方米，交易展厅、农民培训中心200平方米，农药残留检测设备、信息化系统各1套。预计项目建成后，年加工能力达到2000万公斤，入社社员达到500户，基地面积4000亩，专业社年可实现销售收入5000万元。

（李建民　宁瑶瑶）

物资供应

【概况】　2016年，物资集团总公司坚持"转方式、调结构，抓管理、促提速，巩固基础、转型升级"的工作方针，逐步完善一定规模且有企业特色的市场流通体系，依托凌云集团人流、物流集散地的优势，扶持扩建、新建现代化商场和连锁超市、专卖店等商品流通网点达50余个，吸纳劳动力就业约150余人。以凌云集团为骨干的物流配送、电子商务已辐射到周边5个县市区200余公里，初步完成线上电商、线下实体、物流配送为支撑的新零售模式转型升级。年内，建成线上电商爱尚家拍立送社区1小时急速达项目，覆盖宁阳县城，并走出宁阳入驻济南长清大学城，实现销售收入3000万元，发展线上会员10万个。四通物贸公司在泰安市投资4000余万元，建筑面积4000余平方米的保利商务宾馆新天街店顺利开业运营，年增加销售额100余万元，安置就业10余人。凌云商社集团与天天快递等三家物流公司合作项目落户迪联物流园，引招商项目700万元。

凌云集团凌云大厦

【泰安凌云商社集团】　泰安凌云商社集团集商品零售、物流配送、电子商务、家电批发、汽车贸易、宾馆服务、农场种植、美容美发于一体，构建形成多元化经营综合型企业集团。2016年，旗下拥有泰安凌云经贸有限公司、山东凌云物流有限公司、山东爱尚家电子商务有限公司、泰安凌云汽车发展有限公司、泰安海尔泽坤有限公司、山东泰山凌云电子商务有限公司等全资或控股企业。集团总经营面积42900平方米，总资产近4亿元，拥有供应商客户1500多家，员工1600余人。年内，实现销售收入6.8亿元，同比增长5%。

【四通物贸有限公司】　宁阳四通物贸有限公司由宁阳县金属化轻总公司改制而成，主要经营民用爆炸物品，担负着全县煤矿、非煤矿山一次性爆破等爆炸物品的储存、配送、爆破、清退"一体化"服务。2016年，实现销售收入2167万元，同比增长15.7%；实现利税77.2万元，同比增长10%。先后被山东省工商局评为"重合同守信用企业"，省国防科工办"民用爆炸物品行业安全生产工作先进单位"，商务部"商贸流通业典型统计调查企业"，泰安"诚信兴商示范企业、劳动保障诚信示范单位"，被宁阳县委县政府评为"商贸流通工作先进企业、安全生产先进单位"。

（史继清）

粮食经营

【概况】 宁阳县粮食局为县发展和改革局直属机构（正科级），内设办公室、政工科、监督检查科（挂调控管理科牌子）、储备粮管理科（挂产业发展科牌子）、财务科等5个科室；辖宁阳县粮食流通管理监督检查大队、宁阳县粮食市场审查准入中心2个股级全额事业单位、4个直属国有企业（宁阳县裕兴粮食储备库、山东华振饲料集团有限公司、泰安鲁粮面粉有限公司、宁阳县粮油供应公司）。2016年，宁阳县粮食局被县委、县政府授予“对上争取先进单位、安全生产先进单位”。

【地储粮管理】 宁阳县地方储备粮，是以小麦为主要储备实物，由宁阳县裕兴粮食储备库对其实施具体的储备任务。按照省、市《地方储备粮管理办法》规定，落实“一符、三专、四落实”标准；开展“四无粮仓”建设。应用机械通风、环流熏蒸、粮情检测“三项新技术”，全面提升科学储粮管理水平。

2016年，按照《泰安市地方储备粮管理办法》和《宁阳县地方储备油管理办法》规定，县粮食局对县级储备小麦、植物油（花生油）实施“同数量、同品种、同质量”对冲方式轮库，据此，县粮食局、县财政局、县农发行联合行文下达地方储备粮轮库计划通知，根据储备小麦的储存年限、仓内实际质量情况，确定轮库的具体仓点、数量、时间。5月底结束轮库出库，出库小麦销售款由县农发行监督按时足额存入在县农发行专项账户。6月，县粮食局指导监督泰安鲁粮面粉有限公司及时组织轮库储备油收购入库，按照“同数量、同品种、同质量”的要求，及时完成轮库补库。全年储备小麦1000吨，县级储备总量达到9000吨。

裕兴粮食储备库外景

【粮食市场调控监管】 2016年，粮食流通管理按照山东省粮食局新修订的《山东省粮食收购资格许可办法》，由县粮食流通管理监督检查大队对进入流通环节的轮库小麦、玉米进行跟踪监控，全部按规定进行加工生产，未出现回流国库现象。

加强粮食收购市场管理，维护夏粮收购秩序，保护种粮农民利益，县粮食局组织县粮食流通管理监督检查大队对县境内从事夏粮收购活动的中央企业、省（市）属企业、县属国有企业、民营企业等，巡回开展夏粮收购专项监督检查，把粮食收购“五要五不准”粮食收购守则落到实处，重点检查是否持证收购，收购价格、质量标准是否公开，是否有损害售粮农户利益的问题。对1家未办理粮食收购资格的收购业户下达《整改通知书》，经整改验收合格，县粮食市场审查准入中心按规程补办了“粮食收购许可证”。8月，县粮食局组织局监督检查科和县粮食流通管理监督检查大队对县内从事政策性粮食收购活动的粮食经营企业、加工转化企业，进行《粮食流通管理条例》落实情况专项整治检查，通过现场检查，未发现违规违纪现象。9月，夏粮收购3家委托收购库点共托市收购小麦20万吨，全面完成夏粮收购任务。10月，对秋粮收购专项巡回检查。县粮食流通管理监督检查大队对36家粮食收购单位进行检查，没发现同题。11月，建立覆盖全县各乡镇的固定应急价格监测点14个、应急供应网点14个，设立价格监测联络户65家。全年，新办"粮食收购许可证"21个，延续4个，变更5个，总数达到69家。

（毛兴国）

油品供应

【输油气管线】 2016年，全县有冀宁线、鲁皖管道、鲁宁线、宣宁线、港枣线、平泰线6条长输油气管线，共计144公里。其中，原油管线1条(鲁宁线)，成品油管线2条(鲁皖线、港枣线)，天然气管线3条(冀宁线、宣宁线、平泰线)，途经10个乡镇(街道)，92个村庄。通过加强对县域输油气管线的保护，实现全县油品的及时、有效供应。

2016年1月26日，实施中石化鲁宁管道宁阳段改线工程。全长约28.5公里，途经伏山镇、堽城镇、葛石镇、乡饮乡四个乡镇，共涉及28个行政村，涉及农户1000余户。解决较大补偿纠纷12起，协调较大穿越施工6处，其中定向钻穿越3处，召开联合推进会7次，现场协调矛盾问题160余次，有力促进了改线顺利推进，工程于11月10日完工，12月7日验收完毕，已全线贯通，彻底消除了城区5处重大隐患、3处较大隐患、11处一般隐患。

【经营网点建设】 2016年，宁阳县共有加油站58家，其中，中石化26家，中石油9家，民营加油站23家，正常经营55家，整顿改造1家，申请迁建1家，变更法人和企业名称1家。全年共销售汽柴油60483.28吨，其中汽油26807.62吨，柴油33648.65吨，成品油销售收入40501.1万元。

（任军伟）

烟草专卖

【概况】 宁阳县烟草专卖局下设综合办公室、财务科、卷烟营销科、专卖监督管理科、法制科、内部专卖管理监督派驻组6个科室部门，城区、葛石、磁窑3个管理服务站和1个专卖稽查大队和6个稽查中队，有从业人员96人。主要负责文庙街道办事处、八仙桥街道办事处、磁窑镇、泗店镇、葛石镇、伏山镇、堽城镇、华丰镇、东疏镇、蒋集镇、东庄镇、鹤山镇、乡饮乡共13个街道办事处（乡镇）的专卖管理、卷烟销售。2016年，辖区共有卷烟零售客户2799户。全年共销售卷烟21654箱，单箱值22537元，销售额4.84亿元，实现毛利1.187亿元。

【专卖市场管理】 2016年，由县综治委牵头，公安、交通、市场监督管理局、邮政等部门与烟草部门密切配合，对全县卷烟市场进行联合检查整治。通过三个季度的联合行动，共出动检查人员2528人次，出动751车次。全县共查获涉烟违法案333起，查获违法卷烟530.95万支，涉烟案值155.28万元，共拘留12人，提请逮捕1人，判刑2人，破获国家标准非法经营网络案件1起，破获市局二级标准非法经营网络案件1起，破获市局三级标准非法经营网络案件2起。

【卷烟市场营销】 2016年，调整考核办法，调动客户经理、市场经理的积极性。做好市场预测，将计划分解到站到线到品牌，多方位实时调度，确保销量指标不欠账。利

宁阳县烟草专卖局"3·15"消费者权益日宣传活动

用中烟协议积分户政策及促销政策，引导客户订购。抓好婚庆市场用烟，开展农村风俗市场用烟活动。以泰山、南京、黄鹤楼等品牌为重点，通过扫码中奖、新商盟订货平台、细支盒皮回收兑奖、微信公众平台“幸运大转盘”等活动，挖掘细支烟品牌潜力。对 1—10 档的户从品牌宽度、订货成功率、户均量三个方面进行重点提升，分类分阶段做好中小户提升。制定最差线路客户调整实施方案，对连续两月销量未完成任务且排后三名的线路或当月全市所有营销线路销量任务指标完成进度排名后十名的线路采取拿户并线措施，体现多劳多得的原则。强抓电子结算，一是将电子结算工作纳入绩效考核并制定奖罚制度实行日通报日兑现；二是对取消一次的客户下一次拜访中跟进关注，提醒客户及时存款；三是对取消两次或两次以上的客户，经理要与对应市管员一起分析梳理，重点跟进落实。对排名在后五名的线路进行重点关注，单独约谈客户经理，对线路、辖区客户下降原因进行重点分析，对较差线路进行跟班作业帮扶。组织客户经理学习卷烟规范经营“六条禁令”，严守规范经营。

（颜明明）

盐 务

【概况】 县盐务局受县政府委托负责本行政区域内的盐行业管理，盐政执法和食盐专营的行政管理。宁阳盐业分公司作为泰安盐业公司的分支机构依法从事本行政区域内的盐资源开发、利用和盐产品生产、加工、储运、批发经营业务。局与公司合署办公，设有综合办公室、综合考核部、仓储业务部、财务部 4 个内部科室，3 个盐政稽查中队和 3 个客户部，共有员工 94 人，其中在职在岗人员 36 人，内退人员 27 人，退休职工 31 人。2016 年，共购进各类盐 3902.01 吨，其中食盐购进 3317.01 吨，小包装购进 2940.01 吨。全年销售食盐 2721.62 吨，完成年计划 91.02%。其中小包装食盐销售 2258.10 吨，完成年计划的 100.36%。实现销售净收入 1128.38 万元，同比减少 82.06 万元，占预算的 95.55%。实现利润 125.72 万元，同比增加 48.45 万元，完成计划的 114.34%。全年共查处盐业违法案件 264 起，查获私盐 6.3 吨，罚没款 5.03 万元。县盐务局为县级精神文明单位，仓储业务部、第一稽查中队荣获 2016 年度泰安市盐业系统先进集体荣誉称号。

【经营网点建设】 ①食盐零售网点：全县 11 个乡镇、两个办事处共有经营零售网点 2443 个，其中八仙桥街道办事处 143 个、文庙办事处 198 个，泗店镇 126 个、乡饮乡 124 个、东疏镇 180 个、伏山镇 205 个，鹤山乡 178 个，罡城镇 246 个，磁窑镇 270 个，华丰镇 269 个，东庄镇 165 个，蒋集镇 159 个，葛石镇 180 个。②食品加工用户管理网络：全县共计 366 个网点。其中八仙桥街道办事处、文庙办事处共计 92 个，泗店镇 16 个、乡饮乡 11 个、东疏镇 15 个、伏山镇 27 个，鹤山乡 13 个，罡城镇 26 个，磁窑镇 28 个，华丰镇 37 个，东庄镇 54 个，蒋集镇 29 个，葛石镇 18 个。③餐饮用户网络：全县共计 719 个。其中八仙桥街道办事处、文庙办事处共计 436 个，泗店镇 22 个、乡饮乡 9 个、东疏镇 24 个、伏山镇 34 个，鹤山乡 20 个，罡城镇 23 个，磁窑镇 40 个，华丰镇 31 个，东庄镇 29 个，蒋集镇 18 个，葛石镇 33 个。④持有 QS 认证的饲料加工用户网络：全县共计 9 个。其中八仙桥街道办事处、文庙办事处共计 4 个，磁窑镇 2 个，华丰镇 1 个，东庄镇 1 个，蒋集镇 1 个。⑤小工业盐供应用户网络：全县共计 34 个。其中八仙桥街道办事处、文庙办事处共计 14 个，磁窑镇 8 个，华丰镇 10 个，东庄镇 1 个，蒋集镇 1 个。⑥养殖业、畜牧、渔业用盐网络：全县共计 8 个。其中八仙桥街道办事处、文庙办事处共计 4 个，磁窑镇 1 个，华丰镇 1 个，蒋集镇 2 个。

（谷国红）

旅　游

【概况】 2016 年，全县旅游工作坚持全域统筹、多业融合、绿色发展，以旅游项目建设为重点，以乡村旅游发展为主线，做活“旅游+”文章，不断创优旅游发展环境，抓好旅游市场主体培育、旅游商品开发、节庆活动、宣传促销、市场整治和旅游扶贫，全县共有国家 AAA 旅游景区 2 处，国家 AA 级旅游景点 4 处，省级旅游强乡镇 4 个，省级旅游特色村 16 个，省级农业旅游示范点 10 个，省级工业旅游示范点 3 个，省级乡村旅游示范点 2 个，省级好客人家农家乐 24 家，省级开心农场 5 个，省级精品采摘园 2 个，省级星级餐馆 3 个。

【旅游项目建设】 2016 年，创新旅游发展业态，推进旅游项目建设，全县重点旅游项目 5 个，国家 AAA 级文化旅游景区 1 个，国家 AA 级旅游景区 2 个。

复圣公园建设 复圣公园(国家 AAA 级文化旅游景区）投资 1.69 亿元，对上争取旅游发展扶持资金 65 万元，并将该项目争取为泰安市旅游系统唯一一个旅游产业泰山英才创新工程，2016 年投入运营，参与各种文化旅游活动 5 次，投资 304.8 万元，景区新上银座佳悦酒店和精品城市民宿——复圣默拙客栈。

泰安新世纪景观饰品项目 2016 年，引导发展工业旅游，公司投资 3600 万元，创建山东世来客艺术酒店 1 家。投资 1800 万元，建山东纪景园生态养生餐饮项目 1 处。该项目已初步形成北承接泰山、南承接曲阜集工业旅游、生态餐饮、文化主题酒店住宿的旅游目的地。

圣地农庄生态农业旅游休闲观光园项目 总投资 5.1 亿元，占地135.2 公顷，主要建设温室种苗培育区、四季蔬菜栽培区、有机蔬菜示范区、果蔬采摘体验区、生态水系种养区和展示长廊“五区一廊”六大版块，五个区域由 6 公里的观光长廊环形连缀，廊内悬挂盆景蔬菜，两侧栽植藤蔓瓜果，使庄园形成从水下、地面到空中的多层次立体格局。2016 年，成功创建为国家 AA 级旅游景区。

东疏园林

东疏园林项目建设 总投资4.8亿元，占地2.5万亩，以胡茂为中心的“十八黄茂”乡村旅游片区，不断加大基础设施建设，新上游客服务中心，硬化景区道路，科学规划设立旅游标识、导识，开展丰富多彩的乡村旅游活动，十一黄金周游客达1万多人次，2016年成功运营，并成功创建为国家AA级旅游景区。

宁阳县泗店镇文化服务中心项目 投资1000万元，占地面积为19.5亩，规划建设三层文化服务中心1座，建筑面积2068.5平方米；文化服务中心设有非物质文化展厅、会议室、办公室、图书阅览室、培训室、书画室、游艺室、大型会议室、电子阅览室、办公室等。建蟋蟀文化主题景观广场1处。广场利用斗蟋雕塑、蟋乡记忆、文化长廊等充分展现宁阳蟋蟀民俗文化特色，同时具有观赏性、休闲型。

【旅游线路与景点】 依托全县旅游资源，以乡村旅游发展为主线，编制精品旅游线路。设计了神童山好运枣园一日游、神童山春季赏花游、山水田园一日游、城区一日游等旅游线路，利用泰安市宁阳县旅游局公众微信号及时发布、全面介绍宁阳旅游新产品、新线路。主要景点有：

泰安宁阳神童山休闲旅游区 位于葛石镇，总面积14.1平方公里，为省级森林公园，国家AAA级旅游景区，全国休闲农业与乡村旅游示范点。神童山峻、险、清、奇，主峰海拔548.1米，26座山峰各具形态，山巅幽谷的124块奇石神斧天工，形神毕肖；山上佳林蓊郁，秀木珍卉，水拱泉缀；沿山古文化遗址，民间传说众多，构成自然与人文和谐交融的靓丽风景线。神童山历史悠久，人杰地灵，至圣先师荣启期、建安七子刘桢、孔融、书法神童陈晓彦、武术神童张文斌等历代名人辈出，神童峰、仙梨石、晾字台、刘桢书画院、刘桢墓、后梁石刻、天下第一藤、好运枣园等历史名迹遍布，“十里梨花长廊，百世神童流芳，千年紫藤常青，万亩枣林飘香”构成神童山独特的旅游品牌。

文庙 位于宁阳县城中，坐北朝南，占地面积3777平方米。为纪念伟大的思想家、教育家、儒家学说的创始人孔子而建造，是泰安市唯一的一处尊孔、祭孔庙宇，具有很高的历史、艺术价值。为国家AA级旅游景区，省级文物保护单位、省级历史优秀建筑、市级文明单位、县级爱国主义教育基地。文庙内主要有大成殿、大成门、泮池泮桥、棂星门、乡贤祠、名宦祠、中院东西两庑和前院东西两廊等12座单体古建筑等。文庙两庑展厅内已经成功举办了《全县文物普查成果展》《全市文物精品图片展》《非物质文化遗产展演》《科学发展、共建和谐书画展》《庆五一书画展》《庆六一·儿童书画展》《庆七一书画展》《迎新春书画展》等展览，吸引了众多游客欣赏参观。博物馆成功举办了文庙讲堂春卷、夏卷、秋卷、冬卷活动。

宁阳三农文化博览馆景区 位于蒋集镇，总占地78亩，为国家AA级旅游景区。展馆设计以中华农耕文化及宁阳三农的悠久文化为底蕴，以历史的发展顺序，将“农业生产方式的发展”和“农民生活方式的转变”作为两条展陈的主线，主要陈列展示三农的过

宁阳三农文化博览馆

去、现在和未来。整个展馆的布展面积约860平方米，由序厅、古近代部分、现代部分、新三农部分、未来部分五大部分和体验长廊、游戏互动、签名留言三个区间构成。展馆内含有多处场景还原、实物展示、多媒体演示、3D影院播放未来三农，以及青少年感兴趣的科普游戏和体验长廊，是集知识性、科学性、趣味性和互动性为一体的全方位、多功能、现代化展馆。

东疏园林　位于东疏镇西南部，占地面积2.5万亩，重点栽植白蜡、栾树、国槐、樱花、北美海棠、碧桃、山茱萸、丝棉木、五角枫、朴树、银杏等大规格绿化苗木，间作鸢尾、夜合梅、金娃娃萱草、芍药、玉簪花等地被花卉。根据苗木的品种和规格，将园林划分成若干区域，集中连片栽植，横成行、纵成列，间距统一，笔直挺拔的苗木郁郁葱葱，一望无际，令人心旷神怡。

圣地农庄　位于宁阳文庙街道办事处，占地1028亩，分为温室种苗培育区、四季蔬菜栽培区、有机蔬菜示范区、果蔬采摘体验区、生态水系种养区和连缀5个区域的环形展示长廊"五区一廊"六大版块。是集优质种苗人工光培育、微灌喷灌、配方施肥、立体种植、生物防治、数字化智能监控、物联网等先进技术于一体的现代农业示范园。

宁阳县复圣文化旅游区　位于县城东部，占地606亩，为国家AAA级旅游景区，建成了以慧明楼为中心环形布局，以环湖路为纽带串联衔接的景区结构，东区为敬，建有复圣广场、童趣园、藏乐湾、敬贤林、居敬亭、孔颜乐处广场等展现儒家处事精神的人文景观；西区为尊，规划有融昭园、奉尊亭、君子泽等休闲区域。公园核心商业街区.尊和坊是综合性功能区域，实现了公园休闲旅游、时尚购物、美食餐饮、国学学习等功能，满足了市民多元化的需求，景区自然生态景观与产业经济模块融合打造经济文化领域新格局。公园共栽培各类植物216种近2万余株，规划建设了10万平方米水域面积和3万平方米湿地面积并种植有各类水生植物，四季各色的公园景色吸引着游园者流连忘返。

彩山　位于山东省宁阳蒋集东部，海拔高度361米，面积2.2万亩，各种天然野生林木达150种以上，生态环境优美，森林覆盖率达98%以上。山上天然景点众多，神龙泉、扳倒井、福寿石、仙人屋、圣人洞、一剑天、五音石等景点景色独特，让人流连忘返，是休闲旅游的理想去处。

凤仙山　为宁阳、泗水界山，主峰海拔608米，为宁阳县境最高点，花岗片麻岩山体。山势绵延数十里，松柏葱郁，榆槐满山，果树飘香，景点众多，主要有穆寨顶、跑马岭、朝阳洞、刮山崛等。

蟠龙山　地处中国版图的黄淮分水岭地带，位于葛石镇、宁阳县国有杏山林场、堽城镇和蒋集镇组成部分境内，公园内地貌具有山区、丘陵、平原、湖洼兼有的特点。森林覆盖率83.33%。山体植物分布呈现出明显的带状，森林景观特色明显，景象美观。山体的上部分布有以侧柏、黑松为主的针叶林带；山体的中下部分布有以刺槐、黄连木、杨树为主的落叶阔叶林带；山体的下部到山前平原土壤肥沃，主要分布着枣、杏、梨、核桃、桃树、苹果、柿等经济林

蟠龙山风光

种植带；在著名景点观音庵、蟠龙玉洞周边分布着以大桩紫藤、黄连木、小叶朴等植物形成的特色景观林。蟠龙山的水源汉马河沿线生态优美，水库众多，溪流、瀑布、泉水、塘坝景观，构成了宁阳蟠龙山区域独特的“水生态”。

陨石群　位于堽城镇落星村，当地人又称“落星山”，为世界上罕见的最大石铁陨石堆。据落星村老人世代传说，远古时天空一团火落下来而成此陨石群，该村因此而得名“落星村”。经初步鉴定为石铁陨石。如此规模的陨石群在国内乃至世界上都是十分罕见的，具有极高的科学研究价值，也成为极为难得的旅游资源。

【节庆活动】 2016 年，成功举办了山东宁阳梨花节、中华宁阳大枣文化节、中华宁阳蟋蟀文化节，节庆活动精彩纷呈。3 月 26 日至 4 月 4 日，第十九届山东宁阳梨花节在神童山世外梨园景区举办。节庆活动有梨花点赞、踏青赏花、“神童山”马拉松比赛、乡村民俗游、环保公益体验、梨园车展等。9 月 14 日至 10 月 7 日，中华宁阳大枣文化节在葛石镇举办，节庆内容有“走进自然、品味枣香”采摘体验、地方特产展销、摄影比赛、农家乐体验、小记者采风、“好运枣园”微信点赞、“车之梦”2016 秋季车展、企业家座谈会等活动。8 月至 10 月中旬，中华宁阳蟋蟀文化节在泗店镇举办，其间主要活动有中华蟋蟀友谊大赛、蟋蟀文化采风和展览、精品蟋蟀拍卖、蟋蟀文化研讨、美在农家体验游等。三大节庆活真正实现了旅游富民，收到了良好经济效益和社会效益。

（张靖靖）

经济开发 园区建设

宁阳经济开发区

【概况】 宁阳经济开发区现辖13个行政村，总人口3万余人，规划控制面积80平方公里，核心区面积20平方公里，建成区面积15平方公里。2016年，开发区紧紧围绕“建设中京新城、加快二次创业”的总目标，坚持“创新创造、合作共赢”这条主线，突出项目建设、基础完善、社区开发三大重点，坚定不移做大做强实体经济，着力打造以人为本、生态环保、功能配套、产城融合的现代化工业新城，主要经济指标持续中高速增长，产业发展逐步迈上中高端水平，走出一条创新引领、产城融合发展的转型升级之路。规模以上工业企业达到78家，实现主营业务收入210.12亿元、利润总额10.57亿元、利税总额14.33亿元、民营经济税收1.46亿元、固定资产投资58.70亿元。年内，被县委、县政府表彰为2016年度“经济社会发展先进单位一等奖、招商引资工作先进单位、重点项目建设先进单位、财税工作先进单位、经济发展先进单位”；被省发改委批准为省生物高技术产业基地，省经信委批准为省新型工业化示范基地、节能环保产业基地。

【产业发展】 2016年，围绕产业链延伸、价值链拓展做文章、谋突破，通过鼓励技术创新、搭建创业平台、推进资本运作，最大限度整合各种资源要素。宝胜、塔高、超威、圣奥、力博、新合源等一批骨干企业迅速成长，已形成生物高技术、装备制造、汽车零部件、新能源、新材料、现代物流等几大产业集群。省级以上高新技术企业6家，院士工作站1个，博士后工作站2个，省级工程技术研究中心9个、市级6个。委托中国石油化工规划院编制完成生物化工产业规划和发展规划，为生物化工园区发挥优势、优化布局、长远发展打下基础。

【重点项目建设】 年内开工建设晋煤明升达洁净煤气化、中京高科双创产业园、宝胜超高压电缆立式交联生产线、新时代纳米纤维滤膜及新型医用耗材、元信功能性高档羊绒面料、宝泰能源轻烃精制等12个重点项目；新签约引进仕全兴新材料、宝胜辐照电缆、达沃斯环保设备、轩德医药中间体等6个项目；建成投产宝胜超高压电缆、宏盾消防、双赢新材料、碧蓝生物益生素等9个项目。

【基础设施建设】 2016年，坚持先急后缓、循序渐进、市场化运作的路子，高标准编制开发区战略规划、核心区控制性详规等。年内启动建设彩山大道、凤凰山大道中段、堡头大街东段、九年一贯制中京实验学校，以及重要道路、节点绿化、亮化、美化等景观提升等重点工程，消防站、人民医院、彩山大道等公共设施先后投入运行。累计完成120公里路网、90公里配套管网、商务中心、华磁供水、污水处理厂等设施，项目承载

望山居社区

能力、公共服务水平和新城整体形象大幅提升。

【社区开发】 2016年，通过政府引导、市场主导、社会参与，推进宅基地置换、新农村建设，加快农民就地向市民、产业工人转化，打造幸福和谐新家园。年内，重点开发建设望山居二期、彩山苑二期等新型社区8万平方米，加快大旺、枕河、周庄3个村整村搬迁改造。累计完成望山居、彩山苑、山能小区、亿德嘉园等社区开发50余万平方米，搬迁安置群众4000余人，腾空土地1000余亩。

【闲置资产运作】 2016年，充分利用山东省"一圈一带"战略支持园区建设的各项政策扶持措施，策划包装园区整体城镇化基础设施项目，争取省财政厅与农发行政策性贷款支持。先后盘活原生产力促进中心闲置资产、科润太阳能项目涉诉160亩土地，新上双赢新材料、中京双创产业园项目。进一步做实恒信投资公司，做大做强恒基置业公司、恒昇资产运营公司、恒顺物业管理公司、恒通水务公司，通过政策引导和市场化运作，整合注入管网、土地、房产等有效资产资源，拓展发展空间和创收渠道，吸引社会资本参与园区道路、管网基础设施建设。

【体制机制】 2016年，实行"党政联席会议决策、职能部门执行、纪工委监督"的管理运行机制，推行责任包保制度，一个项目、一家企业、一个村居、一个领导、一套班子、一包到底。设立发展服务中心，开设工商、国地税、银行、投资服务、规划建设、人力资源、民生事业等窗口，为投资项目和基层群众提供一站式服务、代理代办服务。

【中京高科双创产业园】 2016年，重点围绕开发区新能源新材料、现代物流、高端装备制造、汽车零部件生产、生物化工五大支柱产业，推进科技研发、成果转化、人才培训、信息化服务，打造公园式生产研发基地、精品化产业孵化园区、中小企业创业平台。总体规划面积600亩，其中一期启动230亩，建筑面积16.2万平方米。年内山东达沃斯环保工程有限公司、山东轩德医药科技有限公司、中京生物科技有限公司3家企业入驻，苏州双祺自动化设备有限公司等5家企业已经签约。

【山东达沃斯环保工程有限公司】 主要从事环保设备研制和环保工程设计施工，是全省规模最大、全国行业5强环保设备生产企业，省环境保护产业协会理事单位。投资5.2亿元，新上节能环保设备项目，可年产锅炉脱硫除尘一体化设备、污水处理设备、噪声处理设备800余台套，产品属国家环保节能重点产品、山东省环境保护认证产品。年内厂房主体竣工，面积2.2万平方米，6000平方米研发楼完成装修。项目达产后，年可实现销售收入8亿元、税收6000万元，安置就业300多人。

【宝胜电缆产业园麦拉菲尔超高压电缆】 宝胜（山东）电缆有限公司在低、中、高压电缆达到设计产能的基础上，积极向产品附加值更高的超高压电缆进军。项目总投资4亿元，引进芬兰麦拉菲尔110−750千伏立式交联生产线，采用国际上先进的三层塑料共挤技术，配备中

宝胜电缆生产车间对景

压去气室、谐振试验系统、雷电冲击电压等成套检测、试验设备，保证产品质量稳定、性能可靠。项目年内建成投产，首批产品为110千伏、220千太电缆。该项目达产后，可生产240平方毫米-3000平方毫米等多种型号的超高压电缆，年增销售收入8亿元。所有电缆项目全部建成达产后，将实现年销售收入30亿元、税收2亿元以上。

【**新时代纳米纤维滤膜及新型医疗器械项目**】 该项目由泰安新时代医疗器械有限公司投资建设，生产纳米纤维滤膜及新型医疗器械。分两期建设。其中，一期投资1.5亿元，新建GMP万级、十万级生产车间，以及动力车间、灭菌车间、甲类医疗器械仓库、循环水池等设施，总建筑面积2万平方米。引进的捷克爱尔马科公司纳米蜘蛛静电纺丝机，是目前纳米纤维工业化生产的最佳工艺，填补了国内纳米纤维静电纺丝产业化空白，目前国内只此一台，年可生产1000万平方米。生产的纳米纤维滤膜孔隙结构连贯、透气性能好、过滤精度高，能有效去除空气中的纳米级颗粒物，在个体防护领域用于制造抗菌口罩、防护服、手术包等医卫用品，在工业过滤领域用于空气过滤、洁净室净化、煤烟及汽车尾气处理等。二期投资2亿元，总建筑面积2.5万平方米，新建骨科修复材料、整形填充材料、血液净化、医用仪器及器械等四个GMP洁净生产车间及丙类医疗器械仓库，生产技术含量和利润更高的三类医疗器械项目。项目全部投产后，可实现年产值6亿元、税收6000万元。

【**晋煤明升达洁净煤气化项目**】 晋煤明升达洁净煤气化项目由山东晋煤明升达有限公司投资建设，总投资约33亿元，项目对优化产业结构、膨胀产业集群、带动省级生物高技术产业基地转型升级，具有举足轻重作用。项目引进国内先进的洁净煤气化、等温变换、低温甲醇洗、低温液氮洗、低压氨合成、二氧化碳气提法尿素等技术，采用美国通用GE气化装置、具有国内自主知识产权的变换反应器、氨合成塔等核心设备，建设安全、环保、高效化工装置，年可生产1.5亿立方米氢气、5000万方一氧化碳、3000万立方米氮气、10万吨液氨，达到年产40万吨合成氨、60万吨尿素能力。新上三台300吨/小时煤粉锅炉装置，为大型设备提供蒸汽驱动，并作为开发区的供热中心，承接周边企业和民用供热工程，可年供优质蒸汽400万吨。项目建成后，主导产品生产成本下降30%以上，锅炉烟气排放达到国家和省超低排放要求，废水排放达到城镇排放水质A级标准。项目采取BOT、EPC等模式，引进多家专业施工企业建设，2016年6月动工，项目正在进行土建工程和办公设施施工。项目达产后，年可实现销售收入50亿元、税收4亿元。

（刘　键）

招商引资

【**概况**】 2016年，深入实施主题招商活动，加大对招商引资工作目标责任制、指挥部推进、重点项目包保、定期督导调度、现场评议

2016 年登山节投洽会宁阳县项目集中签约现场

等制度的执行力度，加大调度频率，确保项目早落地、快建设，尽快产生效益。对各单位主要负责人外出招商引资情况进行一周一汇总，一月一通报；对领导外出招商工作计划和加强招商引资工作计划实行提报制度；对各单位招商引资任务完成情况，实行一月一调度，一季一排名、半年一考评、年底总考核，确保招商引资工作提质增效和年度目标任务的超额完成。年内，全县签约投资过亿元项目 42 个，其中投资 10 亿元以上项目 8 个、5 亿元~10 亿元项目 5 个，在建投资 3000 万元以上项目达到 131 个，其中投资 10 亿元以上项目 10 个，5 亿元~10 亿元项目 8 个。

【招商引资活动】 ①坚持“招大引强”，切实提高招商质量效益。加大对国内外 500 强央企国企的盯靠力度，全力招引大项目、好项目。晋煤明升达洁净煤气化、医疗用生物质新材料及制品产业化、环保产业园、银座广场等一批大项目正在加速建设，功能性高档羊绒面料等一批好项目顺利竣工投产。②全力以赴外出招商。2016 年，各级各单位主要负责同志外出招商 800 余人次，分赴北京、上海、广州、深圳、南京、苏州等 70 多个城市，对接项目信息 400 多条。县经合局共收集洽谈各类项目 11 个。其中落地项目 1 个，即由无锡宏瑞生物医药科技有限公司投资的脂溶性维 C 原料及系列产品项目。③实施精准突破，扩展招商引资渠道。创新招商方式，立足宁阳传统优势产业，瞄准国内上市企业大力实施“精准招商”，“一对一”制定对接工作方案，组织招商工作小组分批上门对接，寻求合资合作。年内，“精准招商”工作小组已走访上市企业 50 家，与新和成股份公司、北京汇泽博远机器人投资公司（新松机器人）、复星医药等一批知名上市企业进行深入对接，建立经常性联系机制，达成一批重要合作意向。光气产业园、风光渔光互补光伏发电、智能机器人制造等项目负责人均已来宁阳实地考察对接，精准招商取得明显成效。④创新方式，凸显企业招商载体作用。2016 年，以服务企业转型升级为主阵地，以招商引资任务单位为主体，以企业为招商载体，组织开展各类招商活动。全县规模企业和个体大户摸底调查，走访调研企业 402 家，对接收集项目信息 111 条，梳理闲置厂房 15.5 万平方米，闲置土地 70 处，约计 2000 亩，整理宁阳籍在外创业人员信息 1000 多条，帮助企业解决困难问题 57 条。⑤广伸触角，及时掌握招商引资信息。聘请宁阳籍在外有一定身份的朋友、老乡以及骨干企业负责人为招商顾问；聘请企业驻外业务员为招商代表；信息对接和资源共享，促进人才、项目、资金一体化引进；与科研院所、各地商会等机构建立联系，建立战略伙伴关系，形成多层次、全方位、立体式的招商引资信息网络。

【招商平台建设】 2016 年，发挥宁阳经济开发区和环城科技产业园两大园区招商引资主战场作用，打造招商引资平台载体。围绕宁阳经济开发区和环城科技产业园的整体规划、发展定位和产业优势，以产业布局为纲，不断丰富招商平台内涵，拓展招商发展空间，增强园区聚集力和吸附力，推动战略性新兴产业膨胀式发展、集合式增长。加大对入园项目的考核力度和税收比例分成，引导乡镇（街道）、单位引进项目落户园区。通过项目入驻，完善园区产业配套、拉长产业链条，打造项目聚集效应，提高招商项目的签约率、落户率、进资率和开工率。2 月 23 日，全县重点项目集中开工仪式分别在环城科技产业园酒文化产业园文化展示区项目和宁阳经济开发区晋煤明升达洁净煤气化项目现场举行。参加集中开工仪式的项目 30 个，概算投资额 123.2 亿元，其中投资 10 亿元以上项目 3 个，5 亿元~10 亿元项目 5 个；农业项目 2 个，工业项目 16 个，三产服务业项目 4 个，民生基础设施项目 8 个。年内，功能性高档羊绒面料、麦拉菲尔超高压电缆立式交联生产线等落户园区，已开工生产，医疗用生物质新材料及制品产业化、环保设备、新型土工合成工程材料等项目土建工程已开工建设。

【重点招商项目】 2016 年，引进晋煤明升达洁净煤气化、医疗用生物质新材料及制品产业化、天源扩规优衣库、泰安元信年产 600 万米功能性高档羊绒面料、环保产业园等一批大项目、好项目。

晋煤明升达洁净煤气化项目 晋煤明升达洁净煤气化项目是化工企业退城入园暨产业升级项目，由山东晋煤明升达有限公司投资建设，总投资约 33 亿元，总占地面积 700 亩。项目引进国内先进的洁净煤气化、等温变换、低温甲醇洗、低温液氮洗、低压氨合成、二氧化碳气提法等技术，采用美国通用 GE 气化装置、具有国内自主知识产权的变换反应器、氨合成塔等先进核心设备，建设安全、环保、高效化工装置，年可生产 1.5 亿立方米氢气、5000 万立方米一氧化碳、3000 万立方米氮气、10 万吨液氨、40 万吨合成氨、60 万吨尿素。新上三台 300 吨/小时煤粉锅炉装置，为大型设备提供蒸汽驱动，并作为开发区的供热中心，承接周边企业和民用供热工程，可年供优质蒸汽 400 万吨。通过运用先进工艺及装备，主导产品生产成本下降 30%以上，锅炉烟气排放达到国家和省超低排放要求，废水排放达到城镇排放水质 A 级标准。项目采取 BOT、EPC 等模式，引进中化三建等多家专业施工企业建设，6 月，动工土建工程和办公设施施工。项目达产后，公司年可实现销售收入 50 亿元、税收 4 亿元。

医疗用生物质新材料及制品产业化项目 医疗用生物质新材料及制品产业化项目由中国恒卫能源科技装备集团（香港）有限公司与山东华兴纺织集团有限公司共同投资建设，项目总投资 16.39 亿元，规划占地 150 亩，建筑面积 10.1 万平方米。该项目是以海斯摩尔生物科技有限公司自主研发的核心材料为主体，与其他生物质材料相结合生产具有医疗特性的高端功能性医疗卫生产品。是海斯摩尔产业化延伸项目，是传统一次性护理产品升级具体体现，引进国内外顶级装备，以“新材料+智能制造+互联网+大健康产业”为引领创造新的商业模式，产品涉及五大领域，其中包括女性护理产品、婴儿护理产品、老年护理产品、医疗美容、口罩和医用辅料。

该项目具有国际领先水平的高科技为基础，以工业自动化、信息化、网络化和智能化相融合，实现从原料供应端到生产线、包装线、入库和出库全流程控制，实现无人值守，用工实现 100 人以内，生产环境分别达到国际医疗 GMP 万级和 10 万级标准要求，产品通过 FDA 认证达到国际标准，产品品质和世界同类产品同款同价，生产全程采用生物新材料，无废水、废气、废渣产生，全程绿色环保、安全节能。项目投产后，可实现年产医用卫生护理巾 50 亿片、成人失禁用品 10 亿片、婴儿纸尿裤 10 亿片、医用壳聚糖抗菌床垫 500 万套，医用壳聚糖医用敷料 1200 万片、医用壳聚糖人工皮肤和医用壳聚糖疝气补片各 600 万片，年可实现销售收入 165 亿元，利税 50 亿元。

天源扩规优衣库项目 天源扩规优衣库项目由山东天源服装股份有限公司与日本迅销集团合作建设，计划总投资 5 亿元，总建筑面积 5.5 万平方米，建设 6 栋厂房，新上各类服装加工生产流水线，主要从事“优衣库”品牌服装的研发、设计和生产。项目竣工投产后，通过和日本“优衣库”品牌服装合作可以实现加工成品3000多万套，年产值20亿元，利税5000万元，提供5000个就业岗位。项目达产后，整个服装产业园可实现年产各类世界品牌服装1.5亿件的生产能力，实现产值100亿元，出口创汇5亿美元，利税10亿元，安置就业2.5万人，成为中国最大的梭织服装生产基地。

泰安元信年产600万米功能性高档羊绒面料项目 泰安元信羊绒制品有限公司主要从事功能性高档羊绒面料的研发与生产。公司抓新上了年产600万米功能性高档羊绒面料项目。项目计划总投资7.6亿元，占地200亩，总建筑面积10.2万平方米。计划分两期建设：一期投资4.9亿元，主要建设标准厂房5.2万平方米，办公楼、产品展示中心等附属设施1.2万平方米，新上国际先进的高档羊绒面料生产线8条；二期投资2.7亿元，建设标准厂房3.8万平方米，再上高档羊绒面料生产线4条；同时建设羊绒面料原材料物流中心，新上梳绒机160台套，加工并储存压缩羊毛、羊绒2万吨，年物流交易额12亿元。公司依托先进设备和专门技术，研发新产品，引领新潮流。自主研发新型功能面料——高档人造动物裘皮，可替代原生动物裘皮，填补了省内空白。采用独特纺纱工艺，研制出具有超强蓬松及回弹力的新型“空气纱”面料。该面料质轻面滑，悬垂性更好，保暖性更强，受到海内外服装企业青睐，近期将投放市场。公司与鄂尔多斯、韩国纽米、日本龙和大津等海内外服装企业达成长期供货协议，生产的针织双面羊绒面料约占国内市场份额30%。项目全部建成达产后，公司将具备2万吨原材料和羊绒面料的加工运销能力，成为北承新疆、内蒙古、河北原料产地，南接长三角、珠三角等加工地区的集散枢纽，年可实现销售收入15亿元、税收3000万元，安置就业550人。

泰安元信羊绒制品有限公司车间

环保产业园项目 随着城乡环卫一体化的推进，提高垃圾处理能力，避免垃圾掩埋造成二次污染，通过政府与社会资本合作(PPP)模式引进了盛运垃圾焚烧发电项目。该项目总投资10亿元，占地140亩，由深圳核二院设计，安徽盛运环保(集团)股份有限公司承建，总建筑面积2.2万平方米，主要建设垃圾焚烧车间、污水处理车间、污泥处理车间、飞灰固化车间、综合楼等。设计日处理生活垃圾1800吨，年处理量约38万吨。其中，一期工程投资6亿元，采用2台250吨炉排炉焚烧工艺和半干法净化处理烟气等先进工艺，配置1台9兆瓦发电机组，设计日处理能力600吨，年处理量18万吨；焚烧后的炉渣可用于制造砖块，实现综合利用，变废为宝。二期工程投资4亿元，主要进行项目扩建。项目建成后，一期年发电量为6000万千瓦时，可节约标准煤1.5万吨，向电网供电5000万千瓦时，实现税收600万元。

（胡海波）

宁阳环城科技产业园

【概况】 2016年，环城科技产业园以打造服务型园区为目标，以提高经济发展质量和效益为中心，以发展“纺织服装、机械制造、造纸及深加工、三产服务”四大产业集群为根本，以“全员抓招商、全员抓项目、全程手续代办、全面服务企业”工作机制为抓手。坚持走“区域经济特色化，特色经济产业化，产业经济集群化”的路子。各项工作均取得历史性突破。全年规模以上工业企业完成主营业务收入 98.12 亿元，利税 9.3 亿元。地方级财政收入完成 4503 万元，其中国税 1810 万元，地税 2693 万元。外贸型企业对外出口总额达到 4000 万美元。年内，被宁阳县委、县政府表彰为“经济社会发展先进单位、招商引资先进单位、重点项目建设先进单位、财税工作先进单位、经济发展先进单位、安全生产工作先进单位”。

2016 年 2 月 23 日，宁阳环城科技产业园招商引资暨重点项目集中开工仪式

【招商引资】 2016 年，产业园始终把招商引资工作放在重中之首的地位不动摇，在“走出去、请进来”上狠下功夫，盯紧意向项目，跟进洽谈项目，抓牢签约项目，外招内扩持续发展，依托以商招商、产业招商、专业招商、园区招商、节会招商，不断拓展招商思路，构建招商网络，创新招商方式，努力提高招商实效，提高招商引资的命中率。发扬“咬定青山不放松”的精神，对有价值信息安排专人盯紧靠牢，全程跟踪洽谈，随时了解项目动向，探讨具体细节，站在投资者角度考虑问题、解答疑惑，力促项目早签约落地。全年，产业园在谈项目共计 36 个，达成投资意向项目 14 个，签约项目 5 个。投资 6.75 亿元的年产 3000 万件“优衣库”品牌制衣项目、投资 5.6 亿元的功能性高档羊绒面料项目、投资 5.4 亿元的惠合新型材料项目、投资 1.2 亿元的智能表/热能表项目、投资 1.08 亿元的华鼎服装加工等一批大项目、好项目相继签约建设。

【项目建设】 2016 年，产业园严格按照“一切工作项目化，项目工作具体化，具体工作责任化”的要求，树立“产业园就是一个大工地，产业园就是项目建设指挥部”的理念，完善考核办法和责任追究机制。针对重点项目建设工作，坚持并严格实行“一个项目、一个包保班子成员、一个责任部门、一个专职工作人员、一个倒排工期表、一抓到底”的包保责任体系，科学制定倒排工期表，确定各个重点项目每周详细的推进计划，并分解下达到包保班子成员和项目责任部门，确保产业园在项目建设上实现大突破。全年举办重点项目集中开工活动 1 次，重点建设项目 9 个，分别为：投资 12 亿元的宁阳汽车综合市场项目、投资 6.75 亿元的年产 3000 万套“优衣库”品牌服装项目、投资 5.6 亿元的功能性高档羊绒面料生产项目、投资 5.2 亿元的酒文化产业园项目、投资 5.4 亿元的惠合新型材料项目、投资 1.2 亿元智能水表/热能表项目、投资 1.2 亿元的 3500 万件/年环保纸制品项目、投资 1.08 亿元的华鼎服装加工项目、投资 1.06 亿元的大地印刷年产 2 万吨高档生活纸制品项目。

【盘活闲置低效资产】 为抓好盘活闲置低效土地资产工作，产业园立足土地现状，挖潜土地资源，按照“以用为先、盘活为要、依法依规、分类处置、集约使用”的总体思路，强化土地“二次利用”观念，积极盘活闲置低效土地资产，

"向空中要土地,向空中要效益",倡导复式厂房,调整产业结构,推动企业转型升级。鼓励有实力的企业改建或扩建厂房车间、新上技改设备、转型升级,提高企业的建筑密度投资强度,增加亩产税收比例。2016年,清理闲置低效资产并安置的新项目分别为:宁阳县大地印刷有限公司年产2万吨高档生活纸制品项目、惠合新材料项目、华鼎服装加工项目。

【重点企业】 2016年,环城科技产业园有各类企业120余家,主要产业及项目为:

纺织业:海斯摩尔、泰安元信羊绒等。服装鞋类加工业:山东天源服装、泰安胜芳制衣、泰安浩宇服饰、华鼎服饰、桂氏鞋业、宁星鞋业、康宁服装等。机械及钢球加工业:山虎仪表、电力工业园、华通钢结构、中兴工贸、海狮钢球、泰鹏钢球、宏得利及中小钢球园等。食品加工业:众旺食品、鑫乐食品、金阳食品等。造纸业:绿森纸业、大地印刷、金太阳印务等。轻加工业:惠尔制革、山东晟安特种防护用品、伽佰利玩具等。三产服务业:烟农供销、凌云汽车城、丽车源、汽车综合市场等。煤焦化及玻璃制品业:山东恒信焦化、金明热电、希尔康玻璃制品等。以上企业全部位于县城,集中在县城的西部和南部及东部,用地面积约4000亩,产业工人约2万人。

【酒文化产业园项目】 该项目总投资5.2亿元,占地164亩,总建筑面积8万多平方米,2016年,开工建设,工程分两期,一期工程为生产厂区,投资3亿元,建筑面积5万平方米,其中地下工程4000平方米,引进国内先进的智能控制设备,建设自动化包装中心、古法酿酒中心、质量检验中心和1号地下窖藏酒库,使传统工艺与现代科学酿造技术相结合,提高了精确配料、清洁生产水平。二期工程为酒文化展示区,投资2.2亿元,建筑面积31022平方米,主要建设内容包括:传统白酒产业文化展示中心(三十二酒坊博物馆,地下窖藏展区)、科研中心办公楼、酒礼文化活动中心、销售中心等。该项目将成为集科研、博览、文化旅游、交易、收藏、品鉴于一体的鲁中地区知名的中国酒文化交流中心。

【宁阳汽车综合市场项目】 该项目总投资12亿元,规划占地约600亩,总建筑面积23万平方米,主要建设国际品牌4S店及汽车直营服务区、二手车交易服务区、配件美容服务区、维修保养服务区"四大功能片区"和用于车品展销、交流洽谈等大型商务活动的综合服务中心即汽车生活馆,同时建设占地160余亩的大型汽车文化广场和文化步行街,是以车为媒、传播文化、引导消费的现代新兴经济体。2016年,开工建设,项目全部建成后,可容纳汽车4S店11家、直营旗舰店3家、汽配保养等相关服务业企业50多家,预期年交易额15亿元,安置就业2000余人。

【华鼎服装生产项目】 该项目由华鼎集团下属华鼎(杭州)纺织科技有限公司、浙江创越时装有限公司共同出资组建。华鼎集团,全称华鼎集团控股有限公司,是中国大型纵向整合的成衣制造商、出口商及零售商,拥有"菲妮迪"等5个自主服装品牌、1个家纺品牌,近300家专卖店营销网络。项目租用产业园标准厂房及配套附属设施约5000平方米,主要生产加工各类时装,新上生产设备500台(套).全部达产后年生产各类服装200万件,实现产值8000万元,利税850万元,安置就业1000余人,具有良好的经济效益和社会效益。

【惠合新型材料项目】 该项目由新疆额敏绿翔农业制造有限公司、新疆生产建设兵团第三师叶河阳光有限公司和山东惠尔制革集团有限公司共同合作投资,占地60亩,规划建筑面积4万平方米,总投资5.4亿元。安装6条无纺布自动生产线,主要进行无纺布生产、销售、研发等,销售市场主要是国内外大型汽车制造厂及与汽车生产和配套的皮革生产厂家。项目分两期建设,一期投资2.4亿元,10月份已进入试生产,年可生产无纺布4000万平方米,产值1.6亿元,实现利税3200万元。二期投资3亿元,计划2017年上半年完成设备定购、厂房建设，下半年完成设备安装。项目全部达产后，年生产无纺布 1.2 亿平方米，产值 4.8 亿元，实现利税 9600 万元，解决就业 120 人。

【山东天源服装股份有限公司】 山东天源服装股份有限公司 2016 年，有职工 4000 余人，主要从事“阿迪达斯”、H&M、NEXT、“优衣库”等 15 个世界品牌服装的创新、研发与生产。全年实现销售收入 5.2 亿元，出口创汇 3600 万美元。公司与世界知名品牌服装“优衣库”结为战略合作伙伴，产品进入“优衣库”销售渠道，企业由原来的来料加工转变为直接对外贸易。公司全年投资 5.75 亿元，新建了 7#—11# 厂房 5 栋，总建筑面积 3.5 万平方米，引进悬挂式流水线、全自动裁剪机、数字缝纫机、圆头锁眼机等先进设备 3000 余台（套）。年内，7# 厂房已经建成投产，其余 4 栋正在施工。建成投产后，公司将达到年产成品服装 3000 万件能力，可实现年产值 20 亿元、税收 5000 余万元，安排职工 5000 人。

（王 琳）

钢球工业园

【概况】 钢球工业园位于堽城镇南部，距宁阳县城 5 公里。2016 年。园区下设办公室、规划建设部、社会事务部、市场拓展部 4 个部室。该园区是以钢球产业为特色，兼有蓄电池、轮胎、机械制造、玻璃制品等产业的综合性创业园区。年底，共有各类企业 122 家，带动就业人员 1.4 万人。钢球产品销往十几个省市并出口美国、日本、欧洲等国家和地区，成品球出口达到 50%以上。园区先后入围“泰安市十大产业集群”“山东省产业集群”“中国钢球之乡”。被批准为首批市级小企业创业辅导基地。

【基础设施建设】 园区规划面积 5.7 平方公里，至 2016 年，建成区 3 平方公里，在建区 2.7 平方公里。年内，完成投资 1.8 亿元，建设中瑞路、泰隆路、正方路等 8 条道路，形成“五横三纵”道路框架。电力、通讯、供水、污水处理、住宿生活等配套设施完善。

【社会化服务】 2016 年，推进创业园区社会化服务，以堽球企业管理咨询有限公司为依托，设立创业服务中心，为入驻企业提供政策咨询、开业指导、创业培训、金融支持、网络推广等服务，代办工商、税务登记、银行开户、海关备案、进出口许可备案等相关手续。设立大学生创业孵化基地，占地面积 15 亩，建筑面积 1 万平方米，可容纳 70 个创业项目同时入驻，为大学生创业提供创业孵化、创业实训、入住园区等“一条龙”服务。年内，有 10 余家企业落户堽城创业园区，创业成功率达到 90%以上。在着力做大做强钢球产业的基础上，努力营造尊重企业家、尊重创业者的良好氛围，组织部分优秀企业家赴北大培训学习，为企业的科学发展和长远发展奠定坚实的智力基础。钢球产业集群列为全县五大特色产业之首，在土地、资金、优惠政策、人力资源等方面给予强力支持。

【项目建设】 2016 年，抓住创建市级创业示范园区的重要机遇，制定创业园区建设的鼓励与扶持政策，引导产业聚集。对上争取取得历史性突破，争取资金达到2.89亿元，大大助推园区建设项目。投资1.6亿元的安道利佳智能电梯项目、投资1.2亿元的年产50万吨辰信矿业煤粉项目、投资1.2亿元的超威悦达塑壳项目等顺利投产运营，投资1.26亿元的泰安中齐建材新型环保建材项目和投资1.2亿元的年产5000吨精密钢球项目基本建设完成。

【宁阳县华通工贸有限公司】 该公司注册资本480万元，占地面积1万平方米，建筑面积4200平方米。2016年，有固定资产1160万元，高、中级专业技术人员40名，国内较先进的钢球生产线10组，设备60多台（套），技术力量雄厚，产品开发能力强，拥有自营进出口权的钢球生产专业厂家。主要生产G10－G2000，φ0.45mm—φ50mm等40多种规格的碳钢、高碳钢、轴承钢、不锈钢球，产品广泛使用于家用电器、轴承、汽车、轮船、飞机、家具、化妆品、医疗器械、人体医疗等行业。产品除销往上海、江苏、浙江、台湾等20多个国内省市外，还远销欧美、日韩、巴西、印度、泰国等国家和地区。年内，投资4000万元，新上2000吨/年高端钢球生产项目，新建高标准厂房1万平方米，购置光球机、磨球机、精研机等设备150台（套），安置60人就业，年产2000吨高端钢球，新增销售收入1亿元，利润总额529.65万元，税金313.86万元。

【宁阳县强宁玻璃制品有限公司】 该公司注册资本380万元，占地面积3.5万平方米，建筑面积2900平方米。2016年，拥有资产4000万元。有固定资产2600万元，员工158人，工会会员126人。拥有国内较先进的制瓶生产线10组，设备45台（套）。主要产品为农药瓶，分八大系列33个品种，年产农药瓶2500万只。公司产品质量稳定可靠，销售价格适中，公司注册的商标“强宁”，得到客户的认可肯定。公司农药制瓶系列产品被泰安市质量技术监督局评定为质量免检产品。全年，公司总投资600万元，新上先进生产线2条，对设备进行改进，产品废料实现再回收利用，大大降低了企业的成本。年生产白酒瓶1500万只，新增销售收入900万元，利税200万元。产品销往河南、河北、济南、德州等省市。公司先后荣获宁阳“光彩之星”“文明诚信单位”“固定资产投资先进单位”等荣誉称号。

【山东超威电源有限公司】 山东超威电源有限公司由浙江超威集团投资兴建。浙江超威集团是科技部命名的国家高新技术企业，拥有多项自主知识产权。浙江超威把宁阳作为总部以外唯一战略投资地，至2016年，投资总额已达10亿元，具备1800万只/每年电动助力车电池和100万只/每年新能源电动汽车动力电池生产能力，内部设有5个分厂，19条生产线，产品六大系列100多个品种，采用的内化成生产技术是国家推广的绿色环保工艺，可节水90%、节电60%、省工80%，排放废水、废气仅为外化成工艺的十分之一。由于设计合理、工艺先进，产品寿命为其他同类产品的1.5倍，具备充电快、放电均匀、不用维护等特点；该项目是国内少数几家采用无镉内化成生产工艺的企业。累计投资4800万元，引进国际一流的环保技术和设备，建设国内最先进的环保基础设施，实现工业废水零排放，获国家专项资金扶持。全年实现销售收入20亿元，纳税过亿元，安置就业3300人，劳动力增收1.17亿元。

（孙公正）

华丰工业园

【概况】 园区规划面积9平方公里，已建成5平方公里。是泰安市规划的“泰安－磁窑－华丰高端产业隆起带”的重要节点。园区初步形成了煤炭、建筑建材、机械加工、汽车配件、纺织、电线电缆、食品饮料等7大产业为主导的产业聚集区。年底，入园区企业达到55家，其中39家由本地农民创办，其中规模企业37家，全年，规模工业企业实现主营业务收入86亿元，35家创业企业提供就业岗位2780个，吸引当地农民进厂务工，增加收入1.2亿元。园区曾被省中小企业办、省住建厅命名为“省级民营经济示范区”，被泰安市中小企业办命名为第二批市级小企业创业辅导基地，被省经信委等六部门命名为第一批省级循环经济示范园区，被省中小企业局认定为省级小企业创业辅导基地、省级汽配产业特色乡镇。

【园区建设】 2016年，园区基础设施不断完善，天然气管网已全面开通，电力配备35千伏、220千伏的降压站，形成4纵3横的道路网络，达到“六通一平”的标准，建设完成泰龙公园、社区卫生服务站、农贸市场、警务室等完善的基础配套设施，完全保障园区企业和居民的生产生活需要。园区内有省级高新技术企业5家，先后开发新产品56余项，获专利12件，5家企业分别获“国家重点新产品证书”和“山东省中小企业产学研合作创新奖”“山东省文明诚信百佳合资企业”等。其中利税过千万的有泰山中联水泥、泰龙软轴软管、晟泰汽车零部件、乾泰精密机械、万通电缆、新东电气等企业。年内。重点启动山东沃特森新能源科技有限公司的盘活重组，沃特森公司重新上马建设、生产。推进鑫安酒业与汇源果汁公司合作，采取兼并重组方式盘活重生。充分利用园区优势，抓好润滑油灌装生产线、新型机械加工、PTFE纺织材料、定制家具等在谈项目，争取项目早落地、早投产、早见效。

【中联水泥磨辊压机系统项目】 该项目由泰山中联水泥有限公司与北京凯盛建材工程有限公司合作投资建设。2016年，总投资2.9亿元，项目主要建设内容是新上Φ1500×1000mm辊压机半终粉磨系统和选粉系统，新建Φ19×28m水泥钢板储库两座（总库容20000吨）、Φ6×21m水泥散装库两座（总库容600吨）、Φ11×17m矿渣微粉库一座(库容2000吨)、辊压机厂房(5层29米)与磨机组成双闭路半终粉磨系统的水泥生产线。年底，两座Φ19×28m水泥钢板储库、两座Φ6×21m水泥散装库、一座Φ11×17m矿渣微粉库、辊压机厂房(5层29米)及相关土建、焊接安装及所有设备已全部建设安装完成，高效选粉机双闭路联合挤压半终粉磨系统。项目主要特点：①节能降耗。项目建成后，水泥粉磨电耗将由目前的42千瓦时/吨降低到27千瓦时/吨以下，降低率35.7%，年节电1500万千瓦时/吨以上，按每千瓦时/吨0.6—0.7元计算，每吨可节电10.5元，年可节约电费1050万元。②自动化程度高。磨辊压机设备技术含量高，性能稳定，生产流程全部由智能系统控制，配有可调式进料装置、两套传动装置、检测装置、集成块液压系统、润滑系统、电气控制系统等，制造精度高，处理能力大，对产品质量可控性强，性能稳定可靠。③产能和效益高。通过辊压机入料，可降低入磨物料粒度和提高粉磨效率，缩小入磨物料粒度在5毫米以下，产品颗粒度更均匀、粒组成更加合理，可使水泥磨产量由50吨/小时，提高到135吨/小时。项目建成后，本条生产线年产P.O42.5水泥可由原来30万吨增长为100万吨，年新增销售收入1.89亿元，增加税收1800万元，总部水泥总产能达到200万吨，熟料232.5万吨，实现利税2.1亿元。

【泰安晟泰公司200万/年套导轨生产线项目】 泰安晟泰汽车零部件有限公司是泰安泰龙软轴软管厂与台湾凯袖工业公司合资组建的专业化汽车玻璃升降器生产企业，是国家火炬计划企业，国家级高新技术企业。2016年，该公司瞄准当今国际先进水平，总投资1.6亿元，新上200万/年套导轨生产线项目。该项目占地38亩，一期投资9000万元，新建配电室1处，新打深水井1眼，购置国际一流的导轨辊压生产流水线6条，购置电泳生产流水线1条，购置冲压机、焊接机、铆接设备等专用设备30余台套。二期投资7000万元，规划建设3000平方米的科研楼1栋，国家认证的实验室1处，同时优化相关配套附属设施。该项目完全达产后，不仅能够满足自身需要，还可对外提供电泳服务。项目特点：①工艺先进，竞争力强。该导轨辊压生产线为国际一流生产线，设备设施优良，生产工艺先进，产品品质高，具有很强的市场竞争力，可供应上汽通用五菱、长安集团、中国重汽、陕西重汽、浙江青年等汽车厂。②高效率，低成本。重新规划建设零部件检验库、原材料仓库、生产车间、成品库、试验室等功能模块，优化从原材料入厂到成品出厂的流程，提高生产效率，降低生产成本。③结构优化，效益增加。该项目建成后，能有效地促进晟泰公司产品结构升级，延伸产业链条，扩大市场份额，实现较好的经济和社会效益。可实现新增产值3500万元，新增利税500万元，新增就业160人。

【泰安华泰新型环保建材项目】 该项目总投资8000万元，占地70亩，2016年5月，开始投资建设。主要是利用原废弃砖厂，新建规模144.35m×6.8m×2.2m隧道窑生产线1条，脱硫塔1座，购置国内先进的控温自动化设备1套，自动码坯机、双级无筛底粉碎机、锤式破碎机、滚筒筛、双轴搅拌机、自动切条机等设备设施10台（套），年设计产能24cm×12cm×5.3cm规格标准的新型环保实心砖1.1亿块，产品主要供应泰安、济宁、临沂、河北廊坊等省内外周边建筑市场。项目特点：①节能减排，变废为宝。该项目符合环评标准，生产原料全部采用煤炭废料——煤矸石，按照每生产一块新型环保实心砖需2.5千克煤矸石计算，年可消化煤矸石27.5万吨，不仅消化了矿山废料，还节约了土地；烧制过程中主要依靠砖体自燃供能，对发展循环经济、周边环境保护和促进经济发展具有积极作用。②工艺先进，质量稳定。生产线采用国内先进的大断面隧道窑一次码烧工艺，将煤矸石送至原料房，经粉碎、筛选加工成合格物料，搅拌加水陈化，制成砖坯后送至隧道窑烘干、预热、焙烧、出窑成砖；烧制全程由高温摄像头监控，对预热、烧成、冷却带分区采用电脑控制温度，极大地提高了成品合格率，成品砖具有吸水性低、耐压、抗折、耐酸、耐碱性等优点。③机械操作，效益明显。整个新型环保建材过程工艺流畅，原料选择、处理、成型、干燥、焙烧五个环节全部机械化操作，有摆渡车107辆，每车可装砖9504块，每天可生产成品砖30万块。预计年产值可达3000万元，新增就业120余人，辐射拉动相关产业。

（曹秋玲）

城乡建设综述

【概况】 2016年，县住建局下属事业单位12家(县城市资产经营有限公司、县房地产管理局、县园林绿化环境卫生局、县公用事业管理局、县建筑工程管理局、县城市建设综合开发公司、县规划建筑设计院、县城镇房屋拆迁办公室、县市政建设工程公司、县住建局会计核算中心、县城建档案馆、县房产交易中心)，企业9家(县建筑安装工程总公司、宁阳大成建筑安装工程有限公司、山东鼎元建设集团有限公司、宁阳县方龙金属制造有限公司、宁阳县华龙水业有限公司、宁阳城市污水处理厂、宁阳县金阳工程招标有限公司、宁阳县建筑工程质量检测站、宁阳县鲁信建设监理有限公司)，共有在职职工3000余人。全县住房和城乡建设系统以推进新型城镇化为主线，以改革创新为动力，牢固树立创新、协调、绿色、开放、共享五大发展理念，履职尽责、锐意改革、攻坚克难、扎实工作，突出城乡基础设施建设，抓好民生保障，促进建筑房地产业发展。年内，县住建局被评为泰安档案宣传工作先进单位，山东省市城建档案优秀单位；被县委、县政府授予经济社会发展先进单位三等奖、招商引资工作先进单位、对上争取工作先进单位。

【行政审批服务】 全年共受理办结审批业务747件，其中定额备案48件，安全报监48件，工程质量监督手续申报48件，墙体节能审查48件，施工许可92件，房地产经营权证16件，城区公用基础设施配套建设审批36件，建设工程绿化规划审批30件，建设工程绿化竣工验收20件，城建档案备案34件，规费征收、代收327件。全年共征收代收各类费用21639万元，其中征收综合配套费9023万元，专项配套费7396万元，劳务工资保证金2328万元。

【重点城建工程建设】 2016年，确定路网、道路提升改造、绿化、街头绿地、民生、前期谋划六大类、30个具体项目，财政投资项目约3.3亿元。金阳大街东延、清风路南延、经四路北段、经四路南段等新建道路，由中铁二十四局承建，12月进场施工，兴隆街东延、欣街东延项目主路面和辅道罩油已全面完工。洸河生态工程累计开挖土方86万立方米，绿化面积68万平方米，整平道路19公里，营造水面1100亩，栽植乔、灌木6万株，县城西部片区生态环境提升明显。设计日处理能力1050吨的垃圾焚烧发电项目，一期工程已完成整体工程的75%。中水回用工程已铺设19公里中水回用管网，完成工程量的80%以上。

【村镇建设】 2016年，城乡建设继续坚持一体化发展，全县累计完成村镇建设投资19.63亿元。实施农村无害化卫生厕所改造，累计完成农村改厕11396户，完成率110.64%，其中建档立卡贫困户

2016 年建成的蟋都公园

297 户。农村危房改造，全年实施农村危房改造 603 户，新开工 300 户。以铁路沿线环境综合治理为切入点，推进城乡环境容貌整治，年底，累计完成铁路沿线问题治理 63 个，城乡人居环境大幅改观。新型城镇化建设取得重大成效，宁阳县列入全省 15 个Ⅰ型城市试点范围，磁窑镇进入全省 30 个重点示范镇范围。

【城建档案】 ①档案馆库建设。购置扫描机及高拍仪和声像编辑机各 1 台，用于城建档案扫描、保存和编辑。②“两书一证”(责任书、预验收意见书、合格证)制度落实。与建设单位签订《山东省建设工程档案移交责任书》25 份，签署《山东省建设工程档案预验收意见书》16 份，发放“山东省建设工程档案合格证”16 份。③档案管理。履行各项安全管理制度，严格落实档案库房日常温湿管理等防护措施，做好档案保护。④城建档案服务体系建设。全年接待来馆利用查阅档案 50 人次、150 卷次，为全县各建设单位及时提供档案查阅服务。⑤全年共整理城建档案 2000 余盒。⑥声像档案跟踪拍照 4500 张，整理录像 60 段。跟踪拍摄盛世亿德嘉园、华恒御园、御景家园、富通太阳城一期二期、名士豪庭、中达尚城、洸河水岸小区、兴隆小区、泰和帝欧园等单位，做到每个工程从工程原貌到施工各阶段和竣工验收拍摄完整。⑦业务指导培训。对全县建设、施工、监理单位进行专业知识培训，经过严格考试、考核，颁发“城建档案管理员岗位证书”50 个。

【房屋征收】 2016 年，拆除非住宅征收房屋 1000 平方米，中南铁路完成搬迁 278 户，54.4 万平方米。年初编制完成《宁阳县建筑物拆除监管方案》，修订完善《房屋拆除工程安全生产管理应急预案》。制定并完善了宁阳县国有土地上的房屋征收程序。全年接待群众来访 23 件、54 人，办理上级转办信访事项 2 件。

【城中村改造】 2016 年，房地产业完成投资 12.36 亿元，其中商品房新开工面积 46.24 万平方米，竣工面积 30.48 万平方米。城中村开发改造累计完成拆迁 5360 户，腾空土地 2580 亩。首批启动的 13 个城中村(居)，其中泥家村、杜家

城中村改造项目：中海名士豪庭住宅区

村、花石桥、吴家村等4个村(居)已经完成改造任务,邢庄社区、南关社区、廖桥村、关王村等8个村(居)完成改造任务80%以上。

(柳方骞　孙　强　宁尚敏)

城乡规划

【概况】 2016年年末，县规划局有正式编制干部职工11人，其中，具有大专以上学历人员10人。年内,对城镇总体规划、专业规划、详细规划及城市设计进行修订、论证和报批;加强城镇规划区内建设用地、选址定点和各类建设工程的规划审批管理，核发《建设项目选址意见书》“建设用地规划许可证”“建设工程规划许可证”“乡村建设工程规划许可证”“建设工程竣工规划核实合格证”。按照“示范带动、有序推进”原则,推进示范社区规划建设。

【规划编制】 2016年，聘请名家高标准编制县区域发展战略规划、城乡统筹规划、多规合一规划,对县城总体规划进行修编,完成东部新区控制性详细规划、洸河生态保护和综合利用规划、文庙历史文化街区规划、中京新城控制性详细规划以及水系等各个专项规划。各乡镇也对乡镇总体规划进行修编，逐步形成完整的规划体系,做到空间合理布局,产业协调,功能定位准确。编制完成复圣公园、妇幼保健院等修建性详细规划，东部新区控制性详细规划,指导8个村(居)进行规划修编,供热、污水、给水、公共交通、燃气等专项规划获县政府批复实施。依托乡镇驻地和开发区,按照“1+X”模式,规划建设城镇社区,修订完善农村社区布局规划。

【山东省“多规合一”试点县】 山东省人民政府批复同意宁阳县对总体规划进行修改，宁阳成为全省首批四个“多规合一”试点县市之一。2016年,该规划由山东省城乡规划设计研究院进行编制,重点对现有多项规划，特别是土地利用总体规划、城乡建设规划空间差异进行比对、融合,统筹布局生产、生活、生态，合理划定“三生”空间,科学划定生态控制线、基本农田控制线、城市增长边界控制线和产业区块控制线等控制线体系,优化城乡空间布局,有效配置土地资源，促进土地节约集约利用,提高政府行政效能,最终形成“一套目标体系、一本规划成果、一套项目库、一个信息平台、一个协调机制”的“五个一”工作体系。该规划腾挪建设用地6.96平方公里。年内,“多规合一”规划编制完成,按有关程序已报批，并顺利通过山东省组织的专家评审。

洸河生态保护综合利用规划图

【规划管理】 2016年，严格规划审批程序,坚持“内部会审—专家论证—集体决策”的规划审批机制，确保规划的科学性和可操作性。完善城乡规划委员会审查制度，召开三次统筹城乡建设规划委员会,集中审议洸河学校、八仙桥街道临邑小学东校区、金桥小学及初中、山东天源服装有限公司厂区、山东金彩山文化产业园二期等20多个项目规划设计方案。全年共核发“一书三证”(建设项目选址意见书、建设用地规划许可证、建设工程规划许可证、乡村建设规划许可证)53件,规划条件20余件。

【规划监察】 2016年，加强规划实施日常监管，坚持部门联合办公制度，推行部门联动、协作配合、跟踪监督体系，强化项目放、验线等关键环节的管理，与行政执法局、国土局联合放线，规划验收，及时纠正违反规划建设行为。进一步加强批后监管力度。规划、国土、建设、执法等有关部门共同参与城市建设项目的施工放线、验线及竣工验收。开展联合专项治理，加强违章建筑的查处力度，整治违法违规抢建、乱建、滥建行为，对严重违反城乡规划的违法建筑，下达“两停一拆”的通知，坚决依法拆除。

（张桂学）

2016年建成的含秀园公园

城市环境

【城市管理】 2016年，在华阳大街、七贤路、金阳大街、海力大道新建路边侧护栏和中央隔离栏。共计34.5公里。配合县督察局蓝天工程办公室做好环境容貌综合整治，协调各有关单位整理收集考核资料，共计110项。对城区内的主要道路及护栏每天进行日常巡查，碰歪、损坏的路沿石，透水砖检查井等发现后及时下达整治任务督办单，共计下达整治任务督办单16次，工程建设函告单35次。

【环境卫生管理】 2016年，强化道路扬尘治理，县城区主干道全面推行道路深度保洁，采取机械化清扫和洒水降尘相结合的作业模式，新增清扫保洁面积7万平方米，机械清扫率达到35%，道路洒水率达到45%，每天冲洗除尘形成常态化，城区主要道路无明显尘土堆积。加强城区工地管理，整修围挡1.25万米，对城市建筑渣土进行专项治理，新普查裸露土地9块，计10.12万平方米，通过道路绿化覆盖防尘等措施对裸露土地进行治理。新建生活垃圾中转站4座，全年共清运生活垃圾12万吨，无害化处理率达到100%。新建并投入使用公共厕所5座，其中金阳御景公厕获“光大杯”文化公厕奖项。

清扫车作业

【园林绿化】 2016年，县城城市园林绿化累计投资1850万元，建成城市绿道9.6千米。新增绿地面积4.9公顷，建成滨水公园（水系）1处，包括蟋都花园、含秀园、弘盛街头绿地等3处园林绿地公园。

完成民生路、欣街路“银杏一条街”和兴隆街中段“红枫街”等特色道路的绿化建设。绿化养护管理,抗旱保苗出动水车6500台次;病虫害防止喷洒药物超过200万平方米;绿化修建实现一街一特色。城区绿地率达到37.95%,绿化覆盖率达到44.23%,人均公共绿地面积达到15.92平方米。

(刘晓琛　刘秀峰)

【污水处理】 2016年,加大运营的监管力度,确保污水处理厂的正常运行,全年处理污水1396万吨,污水集中处理率达98.17%,处理处置污泥2500吨(含水率80%),均实现无害化处置。对污水处理厂进、出水水质实行周报制,建立完善的运营监管考核体系。实施目标管理,全面落实节能减排责任制度。严格落实节能减排“一票否决制”和行政首长负责制、行政责任追究制度,确保污水处理厂正常运行、达标排放,出水水质均控制在指标范围之内。完善城区污水管网设施,提高污水收集率。东部新区新建道路11.6公里,新建污水管网12公里,新增雨水管网24公里。年底,城区污水主管网达到85.6公里,雨水管网99公里,雨污合流管网10公里,排水管网密度7.16公里/平方公里,城市污水收集率达到97%以上。实施中水回用工程,与安徽中环水务公司合作中水综合利用项目,完成污水处理厂至垃圾焚烧发电厂23公里管网建设。

市政公用事业管理

【燃气供应】 2016年,全县共有管道天然气经营企业4家,分别是宁阳港华燃气公司、宁阳鸿奥燃气公司、宁阳金鸿天然气公司和丰华燃气公司;液化石油气经营企业3家,分别是兴隆液化气站、堽城液化气站和腾达液化气站。全年天然气供气量达0.25亿立方米。“气化宁阳”工程共建成高压燃气管线3条、管网长度79.2公里,其中泰单线高压燃气管道由鸿奥燃气公司投资建设,途经7个乡镇(街道),境内长度50.2公里;肥城至宁阳燃气管道,境内长13公里,由港华公司投资建设,主要供应县城居民及商业用户用气;中石化宣宁线从曲阜分输站经宁阳县城的高压燃气管道,长16公里,由鸿奥燃气公司投资建设。全县共发展天然气工、商业用户38户、居民用户2万余户,建成使用CNG加气站4处,分别是港华、鸿奥、金鸿及中石化加油加气站。

【城市供水】 2016年,县城区共有DN75以上供水管道216公里。全年城区供水量达630万立方米,售水量504万立方米,水质综合合格率达100%。供水管理逐步走上规范化,华龙水业公司投资4800万元,城市供水调度中心项目完成主体建设。完成县城区供水管网节水升级改造工程。

【城市供热】 2016年,整合城区供热资源,建成集中供热首站2处,完善供热设施,改造县城区原有18公里蒸汽管网,铺设循环水供暖管道105公里,新建热力站90座。金明热电公司和通源热力公司供热系统继续实施环保升级改造,排放达到国家环保标准。城区入网供热面积376万平方米,供热方式主要采用热电联产,服务人口近8万人。城区共铺设一级管网68公里,二级管网85公里,供热设施运行正常。

建筑业

【概况】 2016年,全县建筑业完成总产值30.5亿元,实交税金9303万元,外出施工总产值1.8亿元。收缴建筑企业养老保障金

获得“泰山杯”奖的工程项目

1510 万元，拨付及补贴企业养老保障金 1147 万元。收缴新型墙材专项基金 794 万元，返还新型墙体材料专项基金 234 万元。受理投诉拖欠农民工工资案件 115 起，涉及农民工人数 963 人，金额 3417 万元。全县有 1 项工程获得“泰山杯”奖、8 项工程获得“市优良工程”、12 项工程获得“市优质结构工程”、2 项工程获得“省安全文明标准化优良工地”、6 项工程获得“市级安全文明工地”、1 项工程获得“市级建筑施工安全文明小区”。

【勘察设计管理】 2016 年，不断加强建设工程勘察设计市场监管力度，进一步强化建设工程勘察设计质量管理，开展建筑节能监督检查，督促建筑节能标准的实施。对于建设单位上报需要经过审查的施工图，全部移交到泰安施工图审查中心，全年共完成施工图审查 66 项。

【招投标及造价管理】 2016 年，全县招标工程有 21 个国有资金项目和 16 个民营资金项目。国有资金投资额达到 4.55 亿元，节约国有资金 2104.9 万元。应该公开招标项目 37 个，实际公开招标项目 37 个，公开招标率 100%。做好工程造价专业人员的管理，全县持有工程造价专业人员业务水平等级证书的人员 239 名，考核通过率达 100%。严格按照《山东省工程造价管理办法》及相关规定，对工程预算控制价严格审查，完成工程控制价备案 25 项、施工合同价备案 22 项。对未依法进行招投标的建设工程进行了行政处罚，罚款金额 35.24 万元。

【建筑工程质量监督】 全年共办理监督注册手续 111 项，建筑面积 96.31 万平方米，竣工工程 39 项，竣工面积 22.54 万平方米，备案工程 41 项，面积 45.01 万平方米。新建工程均签订“法定代表人授权书”和“工程质量终身责任承诺书”。实行监理、施工资料随验收同步上报，确保资料的真实性和有效性。对检测单位加强管理，实行桩基检测数据联网，实行监控有效地保证了地基基础质量安全。

【建筑工程安全监督】 2016 年，签订施工企业“安全生产目标责任书”38 家，健全安全生产目标责任体系。督促企业安全管理人员和特种作业人员教育培训换证，培训“三类人员”267 人、“特种作业人员”383 人，确保人员持证上岗。全年共办理安全监督备案 41 项。工程质量治理，开展大排查、快整治、严执法集中行动、打非治违专项行动、起重机械专项整治、安全生产大检查等大型活动 6 次，检查在建工程项目 294 项，单体工程 105 个，建筑面积 49.65 万平方米，下达安全隐患整改通知书 303 份，停工通知书 114 份，发现安全隐患 1819 条，督促整改安全隐患 1276 条，对安全防护不到位且存在严重安全隐患的 2 家企业进行行政处罚，罚款金额 7 万元。

【建筑市场管理】 2016 年，研究制订《防范处置工程违法发（转、分）包等行为目标责任书》，全年累计签订目标责任书 52 份，有效杜绝转包、违法分包等违法行为的发生。严格按照《中华人民共和国建筑法》《建设工程质量管理条例》《建筑工程施工许可管理办法》等相关法律、法规严厉查处项目建设违规行为。开展建筑市场综合大检查，下达停工通知书 62 份，现场取证送达文书 248 次，对 5 家单位进行行政处罚，罚款金额 27.25 万元。

【建筑工程扬尘整治】 2016 年，研究制订《宁阳县城区整治施工现场秩序工作实施方案》《县建管局重污染天气应急预案》，明确建设单位总责，参与工程建设的施工单位、运输单位制订扬尘污染防治方案，并落实扬尘污染防治措施；监理单位将扬尘污染防治纳入工程监理范围，负责监督建设、施工单位现场扬尘整治工作。结合施工现场的特点，从施工现场标示牌、围挡、清洗设备、物料垃圾运输、裸露地面、监控设备等方面制定 11 条整治标准，将整治标准下发到每一个参建单位，累计下发整治标准 131 份，为落实施工现场秩序提供依据和标准。对县城区在建项目进行巡查，全年累计查出问题 300 余条，下达扬尘整治停工通知书 3 份，整改通知书 52 份。

【墙体革新与建筑节能】 全年新型墙体节能产品备案 41 家，其中外墙保温材料 15 家，门窗产品 9 家，节能墙体材料 9 家，热计量表 2 家，太阳能产品 6 家。申报绿色施工项目 4 项。验收建筑节能小区 8 个，面积 29.5 万平方米。共征收 28 个工程新型墙体材料专项基金 794 万元，申请返还新型墙体材料专项基金 234.9 万元。对全县 23 家新型墙体及建筑节能产品生产加工企业进行全面检查，下达企业整改通知书 12 份。

【养老保障金管理】 全年收缴建筑企业养老保障金 1625 万元，拨付和补贴建筑企业养老保障金 1147 万元，对上争取省补养老保障金 113 万元，争取市补养老保障金 64 万元，争取县补养老保障金 378.5 万元，建筑企业养老保障金的足额收缴和拨付，为全县建筑业的健康稳定发展提供有力的支撑。

【宁阳大成建筑安装工程有限公司】 该公司为建筑安装施工总承包二级企业，公司注册资本 6224.97 万元，资产总额 25.56 亿元。公司主要从事房屋建筑总承包、房地产开发、预制构件生产、装饰装修、水电暖安装、机械施工、起重机械拆装以及建筑材料供应等业务。2016 年，有职工 1460 人，各类专业技术人员 312 名，其中高级职称 12 人、中级职称人员 120 人，持证一级建造师 12 人，二级建造师 32 人，其他持证人员 320 人，持证上岗率 100%。公司拥有独到的管理手段和施工方法，已承接过 100 余项工程项目。年内，企业实现总产值 23150 万元，年创利税 325 万元。年内，公司获省安全文明工地 1 项，市安全文明工地 2 项，市优质结构 2 项，市优良工程 1 项。宁阳县第一人民医院门诊病房综合楼工程、山东永成房地产开发有限公司住宅楼获山东省建设工程质量“泰山杯”奖。

【山东鼎元建设集团有限公司】 公司注册资金 5000 万元，各类工程技术和经济管理人员 350 余人，公司主要从事房屋建筑工程的施工，同时具有房地产开发、建筑节能外墙外保温等多项开发与施工资质。2016 年，公司相继开工了宁阳经济开发区棚户区改造彩山苑社区二期工程 30#、31# 等住宅楼 12 幢，名士豪庭 15# 住宅楼。全年完成总产值 6352 万元，实现利税 651 万元，上缴税金 216 万元。公司施工的工程项目获得多项省级建筑施工安全文明优良工地和泰安市“十佳安全文明工地”等安全方面的奖项，多项工程获得泰安市优良工程和优质结构质量奖。

【宁阳县建筑安装工程总公司】 该公司是集建筑、安装、装饰装修、钢结构工程、消防设施工程设计与施工、吊装运输、预制构件制作、起重机械设备拆装、广告制作等业务为一体的综合性建筑施工二级企业，下辖安装公司、装饰公司、直属分公司、磁窑分公司、伏山分公司、机械化施工分公司、广告分公司、租赁公司、卓越建材等九个独立核算单位，有职工 825 人。2016 年，承接鱼台县市级土地整理项目工程、新泰市滨湖新区水库除险加固及河道整治工程、泰安市泮河及泰山水系综合治理工程、宁阳县特殊教育中心康复综合楼工程、南关社区城中村改造项目 8#、9# 楼、蒋集镇大槐小学教学楼工程、宁阳县兴隆街西延道路建设工程、宁阳县实验高级中学教学楼工程。累计施工工程 11 项，竣工工程 6 项，施工面积 7.12 万平方米，竣工面积 3.34 万平方米。全年实现总产值 6706 万元，实现利税收入 1200 万元，上缴税收 289 万元。2016 年，公司投资 100 余万元，新上自保温砌块生产线 1 条。年内，被山东省建筑安装协会评为先进单位，被市住建局评为工程质量管理先进单位，被泰安市住建局、建管局授予“十佳企业、建筑业先进企业、安全生产先进单位”等称号。

房地产管理

【概况】 宁阳县房地产管理工作由县房管局实施，县房管局为正科级全额事业单位，下设办公室、财务科、住房保障科、物业监管科、房产产籍科、法规信息科、房产市场监管科、房产产权科、房产交易科，宁阳县房产交易中心 10 个科室。2016 年，有干部职工 47 人，紧紧围绕保障性住房、房产交易、物业管理三大重点，提高房产管理工作信息化、规范化、制度化管理水平，加强个人住房信息系统和住房保障体系建设，加大住房保障力度、推动供给侧结构改革，强化房地产市场监管监测，优化房地产发展环境，全县房地产市场保持了持续稳定发展的良好态势。年内，县房管局被县委、县政府评为“对上争取先进单位、政务服务工作先进单位”。

【住房保障】 2016 年，实施“目标考核、问责检查”和月调度制度，督导全县圆满完成省市下达的住房保障任务。年内，全县开工建设保障性安居工程项目 1 个、1460 套，基本建成 2386 套，基本建成任务完成率 108.5%。至年底，全县累计开工建设各类保障性安居工程 7969 套，累计发放租赁补贴 530 户。建立规范细致的保障房使用和巡查档案，加大对保障房违规违纪住户的清查力度，查处保障房违规出租、私下转让等行为。

【棚户区及老旧小区改造】 2016 年，围绕棚户区改造项目，争取上级资金。年内，争取棚改专项资金 2881 万元，配套基础设施建设资金 2050 万元，开工建设棚户区改造项目 1460 户，完成省下达目标任务。三里沟作为 2016 年为民要办的十二件实事之一，项目总投入约 1500 万元，其中财政负担约 918 万元，其余水、电、气、暖等专业经营设施改造由专业经营单位负担。

【物业管理】 2016 年，审核企业资质 13 家，办理企业资质延续手续 11 家，新申请 2 家，初审 1 家申报二级资质企业，受理外地驻泰企业备案 2 家。监督开展前期物业管理招标活动 5 次，签订 10 个项目的物业管理用房和经营性用房规划建设协议。全县交存专项维修资金 1269 万元、物业质量保修金 251 万元，审核 1 个项目 1 笔维修资金支用申请、支出资金 5.3 万元。按照属地管理的原则，落实物业网格化管理。两个办事处物业管理机构、人员全面到位。按照县政府《关于全面加强社区网格化管理的实施意见》和县政府办公室《关于落实街道办事处实地管理职能的实施办法》，明确职责、任务、目标，各项工作有序推进。

【房地产市场监管】 2016 年，共批准预售新建商品房 2592 套，房产预测面积 26.42 万平方米。推进房屋买卖合同在线签订和备案，严格执行《山东省城市房地产交易管理条例》，运用房屋买卖合同在线签订和备案系统的当事人主体资格、房源真实性和他项权利的查核功能，进行购房资格审核和房源核验，做好房屋买卖合同在线签订和备案。全年共签约新建商品房 2999 套，二手房 397 套。搭建房屋交易与产权管理信息平台，构建个人住房系统。认真履行房屋交易资金监管职责，及时准确掌握每个项目的监管账户资金情况，保障资金安全，确保预售资金用于商品住房项目建设，保护购房人合法权益。全年监管房屋交易资金 7.84 亿元。全面落实房

2016 年保障性住房公开摇号分配现场

地产中介机构备案制度和中介人员实名服务制度，加强经纪人协理登记及信用管理，依法严肃查处违规售房、返本销售、售后包租、非法首付贷和过桥贷、非法监管和挪用资金等行为。全县登记备案的房地产经纪机构22家，经纪机构从业人员114人。

（安卫东　王晓波）

城市管理综合执法

【概况】 宁阳县城市管理行政执法局（简称城管执法局）为县政府事业单位，内设办公室、法制科、规划监察科、宣传教育科、执法督查科5个职能科室，下设综合业务服务中心、执法一、二大队3个二级单位。2016年，有工作人员120人，有执法车辆12辆，对9个不具备独立行政执法主体资格的建制镇执法所实行双重管理。行使市容环境卫生管理、城市规划管理、城市绿化管理、市政管理、环境保护管理、工商行政管理、公安交通管理、公用事业中燃气管理等8个方面法律、法规、规章规定的全部或部分行政处罚权；负责城区户外广告的设置审批、监管、招标、拍卖等管理。

【执法队伍建设】 2016年，制定符合城管执法工作实际的实施方案和党员活动日配档表，进一步明确责任、细化目标。集中学习28次，讲党课5次，调研指导10次，组织专题研讨5次，查摆问题4次。深化“活力细胞”工程，注册成立“宁阳县城市管理行政执法局志愿服务队”1支，将全局的党员干部全部纳入其中，全年开展志愿服务22次，涉及8类67项。组织收看《榜样》等教育电视片，开展争做合格共产党员，争当敬业奉献先锋等活动。制定《廉政谈话实施办法（暂行）》，落实“三重一大”事项报告备案制度，明确日常执收执罚、一般案件处理、临时财务支出等方面的报告流程，报送“三重一大”事项27件。健全执法人员准入机制，组织执法人员登录省行政执法监督管理平台进行培训，并利用集中讲学、个人自学、模拟考试等方式，深化学习效果，通过考试，取得省政府认证的行政执法资格。梳理完善内部规章制度，细化岗位目标责任制考核和日常工作考勤规定，对业务工作进行督导，形成督查日志38份，发现问题40余项，现场督促解决20余项。

【城区环境容貌综合整治】 2016年，深入城区21条街道、3300余家沿街商户，利用发放明白纸、宣传车、发布通告等方式，让市民群众和经营业户了解整治要求。对金阳大街等12条街道进行治理，规范店外经营、占道经营3200余家，清理流动摊点2900余处，清除门窗、墙壁贴字1150处，拆除不符合城市容貌标准的乱搭乱建棚厦90余个，清理乱扯乱挂条幅390余条，拆除破旧、损毁和不符合标准的广告牌匾120余个，取缔移动灯箱、宣传展牌180余块。对120余家多次劝导仍不改正、造成恶劣影响的经营业户采取证据保存措施，对15起违反规定的给予罚款处罚。规范治理文庙片区老商业区内街道4条，严格查处占道经营、店外经营、乱搭乱建等违章违规行为，清理流动摊点230个、查处店外经营20处、治理噪声污染10起、清除移动灯箱11个、拆除遮阳棚8个。结合省卫星遥感

城区环境容貌综合整治动员大会

督察疑似图像数据，共排查建成区违法建设 90 处，面积 31 万平方米；非建成区违法建设 385 处，面积 136 万平方米，查处违法建设 127 处，面积 3 万平方米；拆除 26 处，面积 8036 平方米；办结建设工程规划许可前期审查 30 件，建设工程规划竣工核实验收审查 7 件，审核处罚违法建设工程 8 处。配合三里沟小区改造，动员拆除炭池、砖混小屋等建筑 246 处，面积 1007 平方米。实现城区立面"整齐、美观、协调"，营造出整洁、温馨、和谐、文明的城市环境。

【提升服务平台】 2016 年，确保市民上下班及接送学生时道路畅通安全。对噪声扰民"零容忍"，执法人员发现一起严查一起，群众举报一起处理一起，暂扣宣传车 2 辆，高音喇叭、音响 10 余个。联合交通、住建、交巡等部门，设置渣土填埋厂 1 处，对城区所有施工工地和运输企业进行摸底排查，检查施工工地 37 处，查处道路遗撒行为 38 起，清理占道晒粮 178 处。建立健全审批服务承诺制，提升服务效能，实现管理标准化。办理审批 543 件，其中规划许可 29 件，竣工验收 7 件，户外广告 243 件，临时户外广告 172 件，工程建设施工回复函 29 件，占用城市绿地审批 63 件。深入实地多方走访听取意见，切实解决群众关切的问题，建立信访举报台账，对 660 余份来电来访，均第一时间受理、第一时间办结、第一时间反馈。解读惠民政策，答复 22 个网页留言、1 个电话咨询。

【服务经济建设】 2016 年，城管执法局会同文庙街道引进大众汽车项目，招商引资 400 万元。为了方便群众和弱势群体经营需要，在杏岗路南段设置 1 处早市。在建设路南段、文庙东路中段设置 2 处夜市，就近疏导摊点进入指定区域经营。按照"位于市民居住集中区域，合理确定辐射范围，摊点容纳量多、人车通行方便、内部分区合理"的思路，在文庙街道连桥社区、杜家村、北关社区选址了 3 处便民农贸市场，已经协调相关审批手续，预计建成后能够容纳 500 余个摊点。

（陶东宁）

环境保护

【概况】 宁阳县环境保护局(以下简称县环保局)内设办公室、监督管理科(挂污染控制科牌子)、科技监测科、法制宣传科、环境安全应急管理科、污染源监控中心 6 个职能科室，1 个副科级派出机构（磁窑分局)，3 个副科级事业单位(宁阳县环境监察大队、宁阳县污染物排放总量控制办公室、宁阳县环境保护监测站)。2016 年，以生态县建设为目标，以污染减排为主线，以水、大气污染源达标排放为重点，全县空气质量持续改善，二氧化硫、二氧化氮、PM_{10} 和 $PM_{2.5}$ 浓度值较上年同期分别改善 8.3%、4.4%、14.3%和 14%。年内，县环保局获山东省"环保公安联勤联动先进集体"，在泰安市环保局举办 2016 年度环境监测暨环境监察应急演练活动中获"集体二等奖"；宁阳县"服务经济建设先进单位、四星级党组织"等荣誉称号。

【环境执法监管】 2016 年，强化环境监管，实行现场检查与在线监控相结合，日常监管与专项行动相结合，发现问题企业，抓住不放，一抓到底，直至整改到位，确保企业稳定达标排放。深入开展"整治违法排污企业，保障群众健康"环保专项行动和零点行动，加大治污设施运行情况检查力度，加密检查频次，严厉打击偷排、漏排及违法倾倒等行为。与公安、供电等部门联动，对县边界地区、城乡接合部、偏远乡村和主要河流沿线巡查，重拳打击涉嫌环境污染刑事案件。全年共查处各类环境违法企业 20 家次，罚款 43.7 万元；移送公安部门环境污染行政、刑事案件 13 起。加强河流断面水质监控，确保涉水企业稳定达标排放。加大枯水期雨天等恶劣天气下及元旦、春节等重大节假日和日常双休日夜间对排污企业突击检查的频次，督促企业各项环保制度的落实。

【环境监测】 2016 年，以污染源监测为重点，以地表水和饮用水常规监测为基础，配合建设项目环评与环保设施竣工验收，做好

2016年7月29日，全县大气水污染防治推进会议召开

环境污染应急监测，强化环境监测管理，提高监测质量。全年共报出监测数据63940个。其中城区大气环境中二氧化硫、二氧化氮、可吸入颗粒物、PM2.5、大气降水、硫酸盐化速率、降尘7个项目39270个数据；区域环境噪声和城区功能区噪声7613个数据；地下水、地表水分别取得54个、721个监测数据；根据年度监测计划按时取得工业污染源废气、废水监测数据分别为620个、770个；对宁阳沟、洸府河、海子河实施不间断严密监控，共监测300批次，取得监测数据5872个。2座环境空气自动空气监测站已经达标验收，实现全县环境空气在线监控，与泰安市监控平台连接，实现数据上传。做好土壤环境质量监测，对全县8个乡镇22个土壤环境质量监测点位进行布设，对55个土壤风险点位进行信息核查，并进行取样。

【环境宣传】 联合县教育局，在全县开展“水课堂”科普活动。有13所学校52个班级报名参加，接受“生命之水”环保科普知识课堂学习的小学生2600人，使学生们对“生命之水”有更深的认识，带动每个家庭、影响整个社会合理科学饮水、节约用水、保护水资源。累计发表环境信息35条。其中在中国环境报发表环境信息2条、《绿色发展与研究》3条、泰安环境报8条、市环境信息18条。开展齐鲁小卫士评选活动。在全县7所小学开展环保小卫士、齐鲁环保小卫士评选，全年上报市级环保小卫士30名，省级齐鲁小卫士7名。

【生态文明建设】 围绕“城市更靓、乡村更美”目标，高点规划、统筹建设、一体管理，城乡一体化步伐加快。东部新区、西部洸河生态区、中部老城区“三大片区”开发建设全面铺开，开展生态乡镇、生态村创建活动，加快生态宁阳建设。共收集档案100多套，撰写生态县创建工作总结、技术报告等材料10多万字。2016年，建成国家级生态乡镇2个（文庙、八仙桥）；省级生态乡镇11个（华丰镇、磁窑镇、葛石镇、伏山镇、东庄镇、堽城镇、东疏镇、泗店镇、蒋集镇、鹤山镇、乡饮乡）；全省生态文明乡村建设先进村11个、市级生态村314个。

环境日宣传

【建设项目管理】 县环保局严格执行《环境影响评价法》、“环境影响评价制度”和建设项目“三同时”制度，把好项目准入关口，从源头上控制和管好新增污染源。把主要污染物总量控制作为新改扩建项目环评审批的前置条件，对不符合环保政策和产业政策的建设项目不予审批。全面开展建设项目环评和“三同时”制度执行情况专项检查，及时纠正建设项目审批过程中未经环评就开工建设的错误做法。2016 年，共审批建设项目 158 个，为 8 家企业发放排污许可证，转移危险废物 2000 余吨，重大项目办理环保竣工验收手续 20 个。环境影响评价制度”和建设项目“三同时”制度执行率达 100%。

【环保服务】 2016 年，提出“服务受理零推诿、服务方式零距离、服务事项零积压、服务质量零差错”的工作目标，将所有环保审批事项向行政服务中心集中，做到一个窗口办理、一条龙服务，对全县重点项目建立“绿色通道”，简化办事手续、缩短审批时限。为推进简政放权，提升环评有效性，实施国家环保部《建设项目环境影响登记表备案管理办法》，将对环境影响很小，需办理环境影响登记表的项目由审批制改为备案制，为建设单位办理相关手续提供便利。

【乡村环境治理】 2016 年，委托山东省煤田地质规划勘察研究院专家，结合宁阳实际，编写《宁阳县十三五农村环境综合整治实施方案》。按照相对集中、连片推进，将省定贫困村、南水北调沿线及重要饮用水源地汇水区范围内村庄作为重点的原则，最终确定“十三五”期间全县 113 个建制村的环境综合整治。

（李　阳）

交通 邮政 电力

交通运输

【概况】 2016年，县交通运输局辖正科级事业单位3个、副科级事业单位3个、股级单位12个、企业3家，局机关设7个职能科室。局党委下设1个党总支，17个党支部，全系统共有党员563名。全县交通运输系统在职职工810人。年末，全县公路里程2505.8公里，公路密度每百平方公里222.7公里。按行政等级划分，国道3条、100.37公里，省道2条、39.85公里，县道18条、270公里，乡道247.06公里，村道1848.52公里；按技术等级划分，高速公路1条、16.08公里，一级公路63.57公里，二级公路139.6公里，三级公路260.34公里，四级公路2026.21公里。年末，县交通运输局分别被泰安市交通运输局、县政府表彰为“安全生产先进单位”。

2016年宁阳县各级公路通车里程统计表

表16　　单位：公里

类别＼等级	高速	一级	二级	三级	四级	合计
国道	16.08	55.33	28.96	—	—	100.37
省道	—	8.24	15.26	16.35	—	39.85
县道	—	—	83.23	132.20	54.57	270
乡道	—	—	2.37	27.75	216.94	247.06
村道	—	—	9.78	84.04	1754.7	1848.52
合计	16.08	63.57	139.6	260.34	2026.21	2505.8

【依法行政】 2016年，加强法治交通建设，依法梳理交通行政权力清单，规范权力运行流程。加强交通行政执法队伍建设，统一执法服装、执法标识。强化执法监督检查和评议考核，提高交通依法行政能力。开展交通普法宣传教育活动，举办执法骨干培训班2期，培训执法骨干180人。规范行政审批服务，县政务服务中心交通窗口办理审批事项194件，事项办结率、群众满意率均达100%。开展客运市场、客运出租市场专项整治，完善投诉举报快速反应机制，办理行政复议应诉案件，规范道路水路运输市场秩序。开展运输企业质量信誉考核和营运驾驶员诚信考核，增强运输业户守法经营意识。

【客货运输】 年末，全县有道路

交通执法检查

旅客运输经营业户 2 家、道路货物运输业户数 765 家，客运营运线路 48 条，年平均日发 246 班次。全县客运车辆保有量 166 辆，货物营运车 1556 辆，中型以上载货汽车比例达 72%。全县集约化客运线路 4 条，集约化客车比例达 25.3%。年内，全县公路运输完成班线客运量 395.81 万人、旅客周转量 16637.2 万人公里，分别提升 67%、下降 5%；货运量 486.93 万吨、货物周转量 4336.77 万吨公里，分别增长 45%、57%；城区公交客运量 132.4 万人次，下降 18.2%。出租客运量 135.3 万人。

【运输行业管理】 ①客运管理。2016 年，优化旅客运输组织结构和经营结构，推动道路客运集约化、规模化经营，全县集约化线路 4 条、客车 166 部，集约化客车比例达 25.3%。健全营运客车市场退出机制，推广应用清洁能源客车，鼓励和引导企业发展高档节能环保型客车，清退到期营运客车 24 部，更新客车 1 部。全县清洁能源客车发展到 33 部，占客车总数的 19.9%。规范客运包车管理，应用“山东省包车客运管理信息系统”。开展道路旅客运输安全生产专项整治活动，加强道路客运市场秩序监管，严查未经许可擅自从事道路旅客运输经营、客运车辆超员超载、站外揽客、不按站点停靠等违法违规行为。②客运出租车管理。年内，开展出租市场综合整治活动，打击出租汽车违法违规运营行为，累计检查车辆 300 余辆次，查处违规出租车 160 辆。加大违规出租车投诉处理力度，查处各类网络、电话投诉违规出租车 68 辆次。③货运管理。推进传统货运向现代物流转型，引导物流企业加快功能整合，促进道路货运服务向现代物流产业链上下游延伸。加快运力结构调整，鼓励发展厢式、冷藏、罐式、集装箱等运输专用货车车型。对超期货运业户及车辆信息进行清理。复查已许可道路危险货物运输企业许可资质，吊销企业经营许可 111 家。开展货运企业质量信誉考核，评定 AAA 级优秀企业 1 家。发展甩挂运输等先进运输组织方式，全县甩挂运输车辆发展到 302 辆。强化重要时段、重要节假日期间货运保障及危险货物运输安全监管，储备应急运力，做好应急保障。

货运稽查

【公共交通管理】 2016年，落实县政府《关于优先发展城市公共交通的意见》,加快公交车辆增新扩容,优化公交线网布局,推进公交线路向居民小区、旅游景区、学校及县城周边乡镇延伸，提升公交服务承载能力。全年城区新增公交车90辆，新开通公交线路2条,优化调整公交线路2条。推进城乡客运公交化改造,伏山、葛石等乡镇通达公交线路,线路夏季、秋季运行时间延时至晚6:30,春秋、冬季延时至晚5:30点,满足城区居民夜间出行需求。

【机动车维修行业管理】 2016年,规范维修经营许可,严把市场准入关口。年末,全县有各类汽车维修业户40家，其中一类2家、二类9家、三类29家,检测企业1家。开展维修检测企业质量信誉考核,评定AAA级汽车维修企业2家,AA级汽车维修企业29家,A级汽车维修企业7家,B级汽车维修企业3家。开展机动车维修市场“打非治违”活动,处罚处理违规经营企业11家。组织机动车维修企业开展安全生产标准化达标活动,5家企业通过达标考核。组织维修技术人员从业资格培训考试，发放从业资格证书20个。加强车辆二级维护上线监管和车辆技术等级评定检测管理，完成营运车辆技术等级评定1525辆、二级维护备案2490辆次。落实《道路运输车辆燃料消耗量检测和监督管理办法》,新许可车辆油耗达标车型核查合格车辆1525辆。年末,全县清洁能源、新能源汽车保有量216辆，占全县营运车辆的18%。

【机动车驾驶员培训管理】 2016年，加强机动车驾驶员培训管理，全面应用计时培训管理系统。建立教练员“黑名单”制度，对违规教练员实行系统禁用。贯彻落实《机动车驾驶员培训机构资格条件》《机动车驾驶员培训教练车技术要求》国家标准,全县达标驾校6所。组织开展驾培市场专项整治,查扣违规培训教练车11辆，取缔非法招生培训点7处。开展驾校质量信誉考核,评定AA级驾校2所。加强道路运输驾驶员从业资格管理，应用人脸识别系统，实施IC卡计时培训,实行无纸化考试。对道路运输驾驶员实施诚信考核和继续教育,全年考核、培训道路运输驾驶员4835人。

【车辆超限治理】 2016年，落实《山东省治理超限和超载运输办法》,健全治超工作目标责任制和追究制，落实县政府治超工作主体责任。开展公路治理车辆超限执法专项整顿活动，加强执法队伍建设,规范执法行为,全年未出现违法违纪案件、公路“三乱”问题和省级以上投诉案件。加强货运源头管理，建立货运企业及从业人员信息系统和信誉档案,加强信誉质量考核。开展“打非治违”专项整治行动,加大国省道和重点县乡道路、高速公路主要出入口等重点部位流动检查力度，保持路面执法高压态势。全县累计出动行政执法人员10725人次,执法车辆2145辆次;检查客、货运输车辆13590辆次，查处违章车辆1674辆次。其中,查处超限超载运输车辆618辆次，卸货2543吨，查处脱落扬撒车辆549辆次,违规运营客车128辆次,干线公路车辆超限超载率控制在2%以下。

【平安交通建设】 2016年，健全安全管理长效机制,建立责任、管理、考核体系,界定管理责任,量化岗位指标,实行网格化管理。加强源头监管，落实安全生产管理责任,加强从业人员教育培训,夯实安全生产基层基础。严格执行道路运输市场准入条件，落实“两客一危”车辆(旅游包车、三类以上班线客车和运输危险化学品的道路运输车辆）强制检测和限时禁行等规定，道路运输安全监管由事后追责向事前预防转变。加强公路安保工程建设管理,补充完善警示标志。加强重点领域和重点环节行业监管，实施安全生产大检查和隐患排查整改。组织安全督查组、检查组8个,进行综合排查10次,采取“四不两直”(不发通知、不打招呼、不听汇报、不陪同接待，直奔基层、直插现场)方式,检查运输企业18家次,查处安全隐患98项，整改率

100%。强化安全生产宣传教育，举办安全管理培训班1期，培训干部职工146名。加强应急预案体系建设，组织开展道路运输应急拉练、公路防汛抢险等应急演练活动。年末，全系统各项安全指标均低于市交通运输局和县政府下达的预控指标。

（李璐璐）

公路建设

【概况】 宁阳县公路局下设局办公室、政工科、财审科、安全科技科、行政科、工会、政策法规科、养护处、路政大队、山东东岳公路工程有限公司10科室单位，有干部职工461人。2016年，管养境内国道1条、省道3条，共计130.134公里。其中，国道1条即G104线15.694公里，省道3条，分别是S104线济微公路、S333线蒙馆公路和S801线泰曲公路，计114.44公里。全年一级公路养护里程69.637公里，二级公路44.152公里，三级公路16.345公里。年内县公路局被县委、县政府表彰为“服务经济建设先进单位”，分别被县人大、县政协“人大代表建议办理先进单位”和“政协委员提案办理先进单位”。

【干线公路养护】 ①道路日常保洁。济微线、蒙馆线70余公里的一级路路段实现了机械化清扫，全年共清扫路面9036万平方米，清理漏撒6849平方米，清除垃圾杂物601立方米，确保了道路安全、整洁、畅通。②路面小修保养。维修道口桩280根、轮廓标120根、护栏690米，对部分安全事故频发路口增设爆闪灯3个。对济微线、蒙馆线部分路段1000余平方米的路面沉陷、坑槽进行铣刨处理，消除行车安全隐患。年末，全县干线公路优良等率达到98.3%。③路域环境综合整治，投资500余万元对蒙馆路、济微路部分路段进行绿化改造提升，栽植雪松、蜀桧1.7万株，紫叶李、海棠、樱花等其他各类苗木20万余株，粉刷蒙馆路西段两侧路树41.2公里，增设、维修和粉刷蒙馆线西段示警桩、道口桩218根，全县干线公路优良等率达到98.3%。

【路政管理】 ①干线公路养护管理。2016年，加大路政巡查力度。全年共实施巡查15万公里，处理路政事案54件，清理非公路标志100余块，依法办理涉路行政许可37件。②农村公路路政管理。严格路政许可审批，全年办理涉路工程、非公路标志许可5件。依法维护路产路权，完成路政巡查里程2万多公里，查处路政事案5起，收取路赔费5900万元。开展路域环境综合整治，累计清除非公路标志标牌220块，清理乱搭乱建21处、经营摊点140处。

【农村公路建设】 2016年，投资300万元，购置混凝土搅拌车、单钢轮压路机等施工设备。用于农村公路生命防护工程、县道黄沙公路、彩山大道、凤凰山大道建设和省道泰肥一级路三合同段以及中部山区森林防火通道工程等建设项目。投资1400万元，完成泰肥一级路大修三合同段；投资5100万元，完成县道黄沙公路主体工程；投资6340万元，黄家庵至沙埠公路中段13.6公里二级

干线公路检测

交通执法检查

路改造工程建成通车；投资2410余万元，完成农村公路生命防护工程；投资额1020万元，完成彩山大道、凤凰山大道路面铺筑11公里；投资1025万元，完成中部山区森林防火通道工程89公里；投资1500万元，完成贫困村道路建设18公里。全年累计投资1.1亿元，所完成的工程施工质量均达到优良等级。

【农村公路养护】 2016年，完善农村公路管理养护体系，落实管理养护主体责任，完善管养机构和人员。加强日常养护，强化农村公路路域环境整治，重点整治违章占道等侵犯路产路权行为。组建乡村道路日常养护队伍，加强养护管理，改善路容路貌，全县农村公路列养率达100%，综合优良路率达75%，重点县乡公路优良路率保持在85%以上。

【公路安全生命防护工程】 根据国家、省、市部署，组织实施公路安全生命防护工程，按照“动态排查、消除存量、不添增量”方针，建立约谈、考核、督导工作机制，落实县政府主体责任，完善公路安全防护设施。全县县、乡公路排查出隐患里程463公里。年内，组织实施农村公路完成安全隐患整治273公里，完成投资8100万元。

（杜　伟）

铁　路

【概况】 京沪铁路在县境东部通过，磁（窑）莱（莱芜东）铁路始自境内磁窑，两路在磁窑相汇。瓦日铁路宁阳境内长52.92公里，该项目设计行车速度为120公里/小时，2017年7月10日全线贯通。专运线路境内有7条，共长12.713公里，其中华丰火车站通往华丰煤矿的运煤专用线长0.89公里；华丰货场专用线长0.753公里；磁窑货场专用线长1.758公里；磁窑石油专用线长0.351公里；磁窑华阳集团专用线长0.351公里；磁窑国家粮食储备库专用线长2公里。

【火车站】 磁窑火车站是京沪线上的三等中间站，车站中心位置为K475+502m处；北端与大汶口站相连，站界点为K456+211m处；南接南驿站，站界点为K458+

新建的乡村公路

346m 处；东与磁莱线接轨，衔接华丰站，站界点为 K0+568m 处；月过站火车 9600 列，日均 320 列；按技术作业为中间站兼磁莱支线编组站，按业务性质为客、货运站。华丰火车站、南驿火车站属三等以下火车站，快车不进站停留。瓦日铁路定位煤炭运输通道，兼顾少量客运。设宁阳东站，位于宁阳县经济开发区内，东与京沪铁路交会。货运能力每年 2 亿吨，客运能力 15 对/日。

工作人员为便民站超市配送货物

邮　政

【概况】 中国邮政集团公司山东省宁阳县分公司属于全民所有制经营邮政业务的公用性企业，下设 2 个职能部室、4 个专业局和 18 处邮电支局。2016 年，公司有邮政干部职工 234 人，固定资产 1410 万元。宁阳邮政网点全部建成营业电子化和省级标准化支局，主要开办有信函、包裹、汇兑、集邮、报刊发行、报刊零售、邮政储蓄、特快专递、邮政广告、电子商务、中邮物流分销、代理保险以及各类代办、代发等业务。

【邮政服务】 2016 年，完善内部管理，提升员工素质。抓好邮政网点的硬件建设，提升服务能力，十七个网点增加 CRS 自助设备，便民服务站安装 POS 设备；开展服务质量提升年活动，落实基层管理、营业、投递各项制度，促进服务质量不断提高；投递新增部分邮运、投递车辆，提升投递能力，优化网路建设，继续缩短邮件报刊运递时限，用互联网思维构建统一的邮政综合服务平台，通过整合渠道资源，实现“一个平台、一个品牌、一站服务”；通过整合客户资源，实现“一个客户，一个账号，全网共享”，打造“政府满意、企业盈利、百姓便利”的多方共赢的邮政综合服务平台。

报刊发行人员现场为客户进行咨询销售服务

【报刊收订】 2016 年，报刊收订紧紧围绕“更新一点、再快一点”的核心理念，全年任意时间均可进行报刊收订，并进行高效、精准投递，通过积极与小区、单位收发室联系张贴收订通知和散发收订目录等，做到家喻户晓、人人皆知。为政府市场、校园市场提供报刊收订优惠套餐，为普通用邮客户进行上门收订，上门投递，迅速、准确的按收订时与订户约定的方式投交报刊。及时办理用户的报刊改、退、续定业务和改址手续，整理、保管好办刊投递清单等投递档案资料方便用户查询，保证让客户“订得放心，收的舒心，看的开心”。

【物流快递】 邮政物流快递针对不同用邮人群提供多种不同的物流快递服务，推出多种寄递产品，同城达业务率先推出实现承诺服务——限时未达，原银奉还，让更多的用户享受到兼具时效保障和安全可靠的高品质物流快递服务。

（许振萱）

电 力

【概况】 2016 年，国网宁阳县供电公司有职能部室 11 个、业务支撑和实施机构 2 个，全民职工 729 人。担负着 2 个街道、11 个乡镇的供电任务，服务人口 82 万人，供电面积 1125 平方公里，服务客户 24 万户。宁阳县域内共有变电站 28 座，变电容量 186.99 万千伏安，其中 220 千伏变电站 3 座、110 千伏变电站 11 座、35 千伏变电站 14 座。架空线路 110 千伏 22 条、231.52 公里；35 千伏 25 条、174.21 公里；电缆线路 110 千伏 11 条、2.37 公里；35 千伏 17 条、2.70 公里。至年底，实现连续安全生产 7379 天。年内，公司荣获山东省“安全生产工作先进单位、‘安康杯’竞赛优胜企业”，调控运行班被评为“全国青年安全生产示范岗”。

【安全生产】 2016 年。深化“四位一体”安全管理实践，完成 209 项春秋检任务及 10 座变电站精益化检修，7 条线路标准化建设，危急、严重缺陷消除率 100%。以安全生产大会战为契机，开展“生产性”服务，深入企业协助查改隐患 840 处，帮助 23 家大客户制定解决方案 16 份。最高用电负荷、日供电量分别达 327 兆瓦、645 万千瓦时，均创历史新高。7 月 28 日，圆满完成宁阳县处置电网大面积停电事件政企联合应急演练，强化应急管理。高效处置了“7·14”大风雷暴、“11·24”强暴雪自然灾害。

【电网发展】 “十三五”电网规划纳入地方“多规合一”进程。上海庙—山东±800 千伏特高压工程山东段，在宁阳实现首基浇筑。县域电网实现投资 3.16 亿元，竣工投产兴隆 110 千伏变电站，建成 35 千伏及以上线路 47.53 公里，新增变电容量 23 万千伏安。2016 年 1 月 23 日，彩山 220 千伏变电站送电成功。新建改造 10 千伏线路 213.81 公里、低压线路 564.47 公里，消除重过载配变 115 台，户均容量达到 1.57 千伏安。4 项工程获得泰安市优质工程，2 项工程获得“山东省配农网百佳工程”，10 千伏王楼线获国家电网公司“配农网百佳工程”。

【优质服务】 深入贯彻客户导向型“大服务”机制，44 项工作内容、100 项工作措施全面落地。推广电子化服务渠道，电力微信、电子积分商城绑定户数分别达到 53787 户、11113 户，服务客户质量显著提升。实施采集提升集中攻坚行动，日均采集成功率达到 99.99%，自动化抄表核算比例保持 100%。实施业扩报装“一站式”服务，对

中心村电网改造

电力工人带电作业

接全县23个重点项目，倾力服务地方经济发展，全年高压业扩报装184户，新增容量4.48万千伏安，送电时长同比缩短6.5个工作日。高效完成京台高速宁阳快充站建设，顺利通过省公司验收。加强营业厅规范化建设，音视频覆盖率100%。坚持“能带不停”，开展带电作业240次，同比提升57.53%，增供电量334万千瓦时。实行第三方满意度调查，286名村委成员参与测评，公司连续16年保持全县政风行风评议公共服务类第一名。

【企业文化建设】 2016年，扎实开展“三我”主题实践活动，3个党支部荣获县“先进基层党组织”，1人获“国家电网公司优秀共产党员”。推进电企共建，开展“守纪律、讲规矩、知敬畏、明底线”活动，组织100名重点岗位人员、50名光明员工接受警示教育，廉洁承诺书签定率100%。强化队伍建设，3人入选国家电网公司后备人才，人才当量密度达到1.0176。畅通民主管理渠道，聘任10名总经理联络员。加强职工关爱，成立老年大学，实现家属区物业管理社会化，员工幸福指数全面提升。

（武　凯）

财政 税务

财 政

【概况】 年末，县级、乡镇（街道）两级财政机构16个。其中，县级财政机构1个，乡镇（街道）财政机构13个、县经济开发区财政机构1个、环城科技产业园1个。在职职工169人，其中具有高级技术职称的7人、中级技术职称的63人。全县有会计人员约5000人。按现行财政体制，当年公共财政预算收入12.71亿元，加上返还收入、一般性转移支付收入、专项转移支付、地方政府债券转贷收入、上年结余资金、调入预算稳定调节基金和调入资金，收入合计45.86亿元。全县公共财政预算支出35.16亿元，增长5.15%，加上解支出、地方政府债券置换还本支出，支出合计45.67亿元，收支相抵后，全县公共财政预算收支结余1938万元。年内，县财政局顺利通过"全省文明单位"复评检查，荣获全省"财政系统先进集体、财政新闻宣传工作优秀单位、财政信息工作优秀单位"，泰安市"老干部工作先进集体、社会保险先进集体、会计管理创新工作先进单位"，被县委、县政府表彰为"经济社会发展先进单位、信访工作先进单位、扶贫开发工作先进单位、政务服务工作先进单位、政务网站建设工作先进单位、政务信息工作先进单位"。

【财政收入】 2016年5月1日起，全面实施营改增，营业税、营改增增值税由原来的100%地方级、增值税中央与地方75:25分成，统一变为中央与地方五五分成，按照财政部要求，把上年的收入换算成可比口径。2016年，全县公共财政预算收入完成12.71亿元，可比增长5%。其中，税收收入完成9.25亿元，营改增增值税完成8974万元，同口径增长29.38%；非税收入完成3.46亿元，增长30.03%。

2016年度宁阳县一般公共预算收入统计表

表17　　　　单位：万元

预算科目	决算数	预算科目	决算数
一、税收收入	92469	车船税	1319
增值税	22883	耕地占用税	2306
营业税	31796	契税	3953
企业所得税	5403	烟叶税	
企业所得税退税		其他税收收入	

续表 17

预算科目	决算数	预算科目	决算数
个人所得税	1582	二、非税收入	34610
资源税	4770	专项收入	8164
城市维护建设税	4668	行政事业性收费收入	7413
房产税	2059	罚没收入	5167
印花税	906	国有资本经营收入	
城镇土地使用税	5230	国有资源(资产)有偿使用收入	10775
土地增值税	5594	其他收入	3091
本年收入合计	127079		

【财政支出】 年内，全县一般公共预算支出 35.16 亿元，增长 5.15%，完成预算的 101.47%。主要支出完成情况是：农林水事务支出 30935 万元，完成预算的 112.27%；社会保障和就业支出 42015 万元，完成预算的 110.12%；医疗卫生支出 43918 万元，完成预算的 100.18%；教育支出 82280 万元，完成预算的 106.97%；科学技术支出 2666 万元，完成预算的 102.03%；文化体育与传媒支出 3606 万元，完成预算的 115.28%；住房保障支出 8078 万元，完成预算的 100.17%；节能环保支出 8276 万元，完成预算的 100.99%；交通运输支出 16200 万元，完成预算的 119.36%；城乡社区支出 21699 万元，完成预算的 102.64%；一般公共服务支出 14060 万元，完成预算的 106.59%。

2016 年度宁阳县一般公共预算支出统计表

表 18　　　　单位：万元

预算科目	决算数	预算科目	决算数
一、一般公共服务支出	19097	十四、资源勘探信息等支出	10527
二、外交支出		十五、商业服务业等支出	6816
三、国防支出	146	十六、金融支出	35
四、公共安全支出	11656	十七、援助其他地区支出	380
五、教育支出	85477	十八、国土海洋气象等支出	8689
六、科学技术支出	2666	十九、住房保障支出	8078
七、文化体育与传媒支出	3916	二十、粮油物资储备支出	1036
八、社会保障和就业支出	44540	二十一、预备费	
九、医疗卫生与计划生育支出	49957	二十二、其他支出	1739
十、节能环保支出	8276	二十三、债务付息支出	4013
十一、城乡社区支出	31083	二十四、债务发行费用支出	
十二、农林水支出	37284	本年支出合计	351611
十三、交通运输支出	16200		

【民生保障】 2016年，全县用于民生事业的支出24.85亿元，占公共支出的70.67%。各项民生事业得到有效保障，民转公教师纳入机关养老保险参保范围，保障民办转公办教师合法权益；居民基本养老保险基础养老金由每人每月85元提高至100元，全年累计发放基础养老金14042万元，惠及老年人12.86万人；基本公共卫生服务财政补助标准由每人每年40元提高至45元，全年共拨付资金3737万元，有效保障了基本公共卫生服务工作的顺利开展。

【财源建设】 2016年3月，设立政府引导基金管理办公室，7月，筹资1亿元，设立山东智基实业有限公司，通过股权投资、股权并购和购买银行债权等方式，解决企业融资困难，支持实体经济发展。注资1000万元参股天和包装（占股权的38.46%），并成功带动泰安银行贷款3000万元；并购弘兴玉米70%的股权，帮助公司申报国家级农业产业化产业融合项目，申请国家专项建设基金1.2亿元；出资300万元购买农行宁阳支行1.7亿元逾期债权，增加智基公司债权资产。另外，还通过股权投资、并购等方式，扶持海斯摩尔、华兴纺织、泰信幕墙等企业创新发展，有效推动县域实体经济转型升级。

【财税改革】 2016年，推进县级现代预算制度试点改革，实行全口径预算管理，将国有资本收益按19%的比例上缴一般公共预算，推行零基预算，对其他一般性专项资金打破基数，分清轻重缓急和实际需求有保有压，有增有减。推进政府和社会资本合作（PPP）模式，建立较为完备的PPP项目库，储备项目17个，规划投资额149.65万元，涵盖水利、环保、市政、交通、能源等领域。引汶工程、工矿棚户区改造、文庙历史文化街区项目先后入选财政部PPP示范项目，郭树清省长、孙伟副省长、王随莲副省长分别到宁阳县调研PPP模式并给予高度评价。创新投融资机制，用好信贷资金，先后争取到化解教育大班额融资8亿元，工矿棚户区项目融资3亿元，农村公路改造项目融资3.7亿元，引汶工程项目融资1亿元，有效缓解财政收支矛盾。

【财政管理】 国库直接支付率达到98%，新发公务卡526张，累计突破3500张；政府采购完成9.1亿元，节约资金1.08亿元，节支率达10.6%；财政投资评审送审值8.25亿元，审定值7.81亿元，节约资金4407万元；清理回收财政暂付款8310万元；开展财政收入专项审计、会计信息质量专项检查、非税收入专项检查等专项整治，提升财经纪律意识，增强服务经济和社会发展的能力。

（苏兴华）

住房公积金管理

【概况】 2016年，全县新开单位24家，新增归集人数752人，住房公积金年归集额2.7亿元，全县住房公积金累计归集11.1亿元，完成年度目标计划118%，同比增长34%。归集余额为5.7亿元，为干部职工购房贷款提供资金保障。年内，被泰安市住房公积金管理中心授予“住房公积金管理工作优秀单位、住房公积金信息宣传先进单位”。

【住房公积金贷款发放】 2016年，全县共向827户发放贷款2.61亿元，同比增长152%，完成年度目标计划436%，平均向每户家庭放贷31.6万元。年底，全县累计向5734户家庭发放贷款8.91亿元，贷款余额为5.85亿元。政策调整后，宁阳县住房公积金管理部，把握住房公积金使用情况以及资金流动状况，在防范资金风险的前提下开展公积金按揭贷款模式。全年发放按揭贷款417户，金额1.3亿元。全县累计个贷率为102%，逾期率为0.08‰。全县住房公积金资金安全完整。

【住房公积金提取和使用】 2016年，全县实现住房公积金增值收益1200万元。收益率远远超过国家住建部1%的要求。至12月底，全县住房公积金累计资金使用率101%。全县提取2.81亿元，同比增长 246%，累计提取达到 5 亿元。

（续鹏飞）

国家税务

【概况】 2016 年，辖区内共有纳税人 9929 户，其中企业 2813 户(一般纳税人 1332 户)，个体工商户 7116 户。全县完成税收收入 6.56 亿元，占年度计划的 102.7%，增长 7.3%，其中，中央级收入累计完成 3.77 亿元，县级以下地方级收入累计完成 2.79 亿元，占县政府年度预算 111.43%，增长 21.2%。其中第二产业税收完成 4.5 亿元，税收比重 69%，第三产业税收完成 2.06 亿元，税收比重 31%。县国税局被泰安市委、市政府授予“2011—2016 全市普法依法治理工作先进集体”，被县委、县政府表彰为 2016 年度“服务经济建设先进单位、经济社会发展先进单位、对上争取工作先进单位”。

【依法行政】 ①落实税收优惠。全县累计落实出口免抵退税、“营改增”结构性减税以及鼓励高新技术企业发展、扶持小微企业发展、促进节能环保资源综合利用等各项税收优惠政策 3.5 亿元。②法治国税建设。做好普法宣传，依法治理，被市政府法制办确定为全市依法行政信息直报点。落实税收执法权力清单制度，建立实施税收法制员和法律顾问制度。③规范税收执法。加强督查内审、巡视、监察等部门协调配合，发现纠正 3 个方面 15 类问题。④查处涉税案件。落实税收“黑名单”公开和联合惩戒，创新实施分析前置式选案，全县检查纳税人 71 户，入库税款 1673 万元。

【税收征管】 ①税收征管改革。做强业务科、做专基层局、做实办税厅，推进政策管理集约化、风险管理统筹化、办税服务厅实体化，基层分局取消税收管理员绑定管户模式，基本形成分类和分事相结合的专业化管理模式。落实税收征管规范，推行“三证合一”登记改革和委托代开发票系统。②风险分析应对。加大第三方信息应用，统筹部署开展省、市局专项评估，全年开展风险评估 249 户次，入库税款 2467 元，开展“重点税源分析”专项活动，17 个专项工作组评估检查纳税人 71 户，实现活动成果 1673 万元，有效减缓税收下滑态势。③各税种管理。完成增值税发票系统升级，开展“营改增”政策效应分析，入库增值税 4.40 亿元，其中“营改增”1.34 亿元，同比增长 38.97%。加强所得税预缴和汇总纳税企业管理，入库企业所得税 1.09 亿元。落实《出口退(免)税管理工作规范》，实施各环节预警监控。深化大企业全流程税收风险管理，联合地税局与大企业签订税收遵从合作协议。④金税三期优化版成功上线。8 月下旬，全面启动金税三期换版，配套成立综合组、业务组、技术组、保障组及 6 个业务工作小组，精心做好换版筹备、换版实施、双轨运行、单轨运行等各个阶段分步骤完成。10 月 8 日系统成功上线。

【纳税服务】 ①推进“便民办税春风行动”。落实纳税服务规范，坚持第一责任人负责制，建立健全领导带班制度、首问负责制度、一次性告知制度、延时服务和预约服务制度，各业务科室负责人

2016 年 6 月 17 日，宁阳县国税局举办营改增纳税人培训班

轮流值班，办税厅任何窗口人员接待每一位纳税人，做到咨询有回复、时限有保证、登记有记录、责任有追究。对纳税人提供的手续、资料不全并能够当场补正的，现场辅导补正；对手续、资料不全且不能够当场补正的，制发《一次性告知单》，避免往返办理；向纳税人告知办税服务方式，开展延时服务和预约服务，在方便纳税人办税的同时，减轻办税厅的工作压力。②积极拓展多元化办税方式，推进网上办税为主、自助办税为辅、第三方代办相补充、办税服务厅兜底的“四位一体”多元化办税服务模式，打通网上办税渠道，分流前台业务，有效解决服务资源供给不足、办税效率低等问题，完善功能设施，强化培训引导，严格监督考核。同时，优化升级网上预申请和免填单软件，为纳税人提供12种业务的免填单服务。规范办税服务厅窗口、区域、内外标识等设置，统一岗位职责和业务办理流程。年底，纳税人到厅办税次数户均减少15%，平均等候时间缩短20%，平均办理时间缩短26%。③扎实开展提高纳税人满意度和便民办税春风行动，走访纳税人，各科室、各分局负责人带头到重点企业走访，帮助400余户纳税人解决110个实际问题。同时，深化国地税联合办税，拓展思路，借助地方政府、银行、邮政以及相关企业等社会资源，解决办税等候时间长、业务办理时间长等“堵点”“痛点”“难点”问题。④加快推行同城通办，细化方案，统筹协调，公开同城通办服务事项，便于纳税人自主选择通办业务，避免纳税人过度集中，实行科学分流、便利办税，提升纳税服务水平。

【推进国税、地税合作办税】 深化国税、地税征管体制改革方案，联合地税局筹划建设自助办税厅，购置安装设备11台，纳税人可以24小时全天候自行进行发票的领用、增值税专用发票的代开，平均用时不到2分钟，办税效率大大提高，极大减轻纳税人的办税负担和成本，还可以减轻发票窗口60%以上的工作量，达到“双减负”作用。同时，联合开展普通发票衔接、联合组织税控机改造、联合开展委托代征等，共同推进社会化办税，加快互相委托代征进程等，实现地区税收治理能力全面升级，常态化合作局面全面升级，合作办税综合认可度全面升级。

【年度税收分析】 ①税收降幅逐季收窄。从收入规模看，全局累计完成税收收入6.56亿元，较上年同期增长7.27%，增收4446万元。②税种结构进一步优化。分税种看，增值税累计完成4.403亿元，较上年同期下降3.60%，减收1642万元；消费税累计完成7409万元，同比增长1603.22%，增收6974万元；企业所得税累计完成1.09亿元，下降0.04%，减收4万元；车辆购置税累计完成3240万元，同比下降21.38%，减收881万元。③税收产业结构有所改善。新营改增之前的19个重点行业中11个行业及金融业企业所得税减收，减收面达63.16%。煤炭、化工、建材业3个传统主导行业累计实现税收1.68亿元，较同期下降16.81%，减收3386万元。电气器材行业、造纸业、纺织行业、商业、酒和通用设备制造业等税收比重提高，主要税源由煤炭行业转变为商业和装备制造业。④地方级收入贡献进一步加大。县级以下地方级收入累计完成2.79亿元，同比增长21.23%，增收4884万元。

（何秋梅）

地方税务

【概况】 2016年，全县组织入库各项收入7.67亿元。分级次看，中央级收入完成5008万元，同比增收544万元，增长12%；地方级收入完成7.17亿元，同比减收2.22亿元，下降23%。税收收入完成7.09亿元，其中，地方级税收收入完成6.59亿元。非税收入完成5794万元。另外，代征工会经费收入258万元，残保金160万元。年内，县地税局被宁阳县委、县政府授予“服务经济建设先进单位、平安宁阳建设先进单位”称号，被泰安市地税局表彰为“地税系统营改增工作先进单位、税收宣传先进单位、十佳党支部”。

2016年3月21日，县地税局与县国税局联合召开"营改增"工作推进会，制定全县"营改增"工作实施方案。

【征收管理】 2016年，确保"营改增"顺利过渡，召开"营改增"推进会、"营改增"前营业税清理清查动员会，做好纳税人宣传、政策解读、数据移交、发票缴销等。对"金三"换版各分局采取现场验证演练，运用搭建的双轨真实业务场景，确保各单位熟练掌握优化版各项操作。通过采取多项措施，确保金税三期优化版上线运转。与国税局合作共同制定国税代开发票环节征收地方税费工作办法，健全督查考核制度，就代开发票环节征收地方税费工作加以明确规范。

【税收执法】 2016年，制定税收事项请示清单管理制度，实行书面请示、书面答复，确保业务请示事项发起规范、回应有序。制定《宁阳县地方税务机关负责人行政诉讼出庭应诉和旁听庭审暂行办法》《宁阳县地方税务机关预防和化解纠纷管办法》。全局推广安装"执法360"软件，高标准建设税务约谈室，为各单位统一购置发放执法记录仪，提升信息化管税治税水平。做好税收优惠政策的备案指导，联合税务师事务所对涉及优惠的企业所报资料严格审核，确保政策执行到位。符合优惠条件的16户次企业享受所得税优惠，购进专用设备、节能节水、安全生产等抵免所得税的有7户，优惠金额180余万元。残疾人工资加计扣除备案7户涉及金额528万元。技术开发费加计扣除2户涉及金额480万元。

【纳税服务】 2016年，结合总局便民办税春风行动，深入落实《全国税务机关纳税服务规范》，确保每名办税人员全面掌握和熟悉操作各项业务流程。加强办税服务厅建设，规范办税服务厅设置，优化办税流程。深化国地税合作，联合开展宁阳县成品油行业税收专项检查，与国税局、银监办事处召开银税互动联席会，与全县11家金融业代表，联合签署合作协议。通过税银互动平台，全县金融机构累计为企业发放贷款9429万元，企业受益35户。举行宁阳县公安局派驻国税局、地税局联络机制办公室揭牌仪式，开启宁阳县国地税合作、"公安+税务"深度合作新格局。

【信息化建设】 2016年，县局机房进行标准化升级改造，并通过省、市局技术方案申报审核和验收。加强内外部网络管理，消除各类网络安全隐患。围绕"金税三期"系统软件的全面应用，做好各类应用软件运行及推广。办公区和家属区更换安装高清摄像头，对办公楼电路进行改造，亮化楼梯，提高工作环境安全性和美观度。

【干部队伍建设】 组织48名干部职工到鲁东大学培训7天，组织53名干部职工赴江西省井冈山培训基地红色教育培训6天，参加省、市局各类业务培训20余次，有效提升干部职工的业务水平和素质。年内，有1人进入国家税务总局所得税司人才库，13人进入省局骨干人才库，取得注册会计师、注册税务师和律师资格证共计11人。

（寿丛丛）

金融 保险

金融综述

【概况】 宁阳县金融工作办公室（以下简称县金融办）内设综合科、银行科、证券与资本市场科和保险与担保科4个职能科室。2016年，有在职干部职工9人。县金融办配合县人行、银监等部门服务全县金融机构，监督管理县域地方金融组织，指导县内企业挂牌上市，防范和处置地方金融风险。年内，被县委、县政府授予“服务经济建设先进单位、对上争取工作先进单位、扶贫开发工作先进单位”，并荣获泰安市“文明单位”称号。

【金融体系建设】 2016年，引进金融机构7家，全县金融机构总数达到42家。3月，华夏保险落户宁阳。7月，莱商银行泰安宁阳支行正式入驻。年内，齐鲁银行选址完成。全县银行业金融机构11家，保险业金融机构24家，证券业金融机构1家，金融服务体系逐步完善。泰安银行宁阳支行在华丰、东疏、堽城3个乡镇分别设立小微支行。宁阳县信通小额贷款有限公司、宁阳县华信小额贷款有限公司、宁阳县金阳小额贷款有限公司3家，累计发放贷款415笔，累计贷款30145万元，贷款余额3.2066亿元。金通民间资本管理有限公司顺利通过省、市金融监管局业务许可和高管备案登记。4月，县政府与泰安市基金担保公司签订战略合作协议，出资1亿元参与公司增资扩股，并设立宁阳分公司，填补县内融资担保空白。7月，推动宁阳不老枣旅游专业合作社开展信用互助试点业务。年底，全县地方性金融组织共有小贷公司3家，民资公司1家，新型农村合作金融试点1家，为县内中小微企业、个体工商户及“三农”客户提供更多的金融支持。

【金融改革创新】 2016年3月，召开全县政银企保担联席会议，分析金融形势，交流经营发展理念。县政府与泰安市农业银行签订5年投放贷款不低于20亿元的战略合作协议。4月，制定《宁阳县银行业等四类金融机构（组织）支持和服务地方经济发展考核办法》，建立县域金融机构（组织）考核体系。推进金融扶贫工作，制定《宁阳县小额贷款保证保险试点工作实施方案》，全年协调宁阳农商行、邮储银行宁阳支行、泰安银行宁阳支行3家承贷行发放扶贫小额信贷2688.5万元，贷款规模居全市首位，其中“富民农户贷”144.4万元，“富民生产贷”2544.1万元。在县内主流媒体上开设《金融天地》《金融周刊》，全年播（刊）出45期，推介金融机构的产品和服务，提升公众的金融知识水平。

【金融环境治理】 2016年，县金融办加大化解企业资金链风险力度，协调银行对暂时资金周转困难企业不抽贷、不压贷，全县无一家企业因资金链问题关停。5月，开始防范和处置非法集资，全县有关部门开展非法集资风险专项排查、对农民专业合作社进行风险排查、排查清理涉嫌非法集资广告资讯等专项行动，全面掌握和防范化解非法集资风险，保护人民群众合法权益，维护地区经济金融秩序稳定。

【服务实体经济】 2016年，出台印发《关于加快推进规模企业规范化公司制改制及上市挂牌工作的实施意见》，建立宁阳县规模企业规范化公司制改制工作联席会议制度。建立企业进入资本市场的分层次平台和中介机构库，实行“一企一议”服务机制。教育培训、分类指导，推动企业上市挂牌，年内，全县有1家企业间接上市，2家企业在“新三板”挂牌，5家企业在上海股权交易中心挂牌，3家企业与券商签订挂牌服务协议。引导多家企业利用公司债券、融资租赁实现直接融资9.4亿元，企业融资渠道不断拓宽。县金融办召开银行信贷协调会议、实地座谈企业，明确专人调度银行贷款审批进度及到位情况。完成对上争取、招商引资任务，县金融办安排专人对接财政、发改、经合等县直有关部门，全年到位对上争取资金752万元，完成年初计划的100.3%，到位招商引资资金1200万元。

（吴宇菲）

银行业

【概况】 2016年，以保增长、防风险、促改革、提质效为主线，应对复杂严峻的经济金融形势，加强监管能力建设，促进银行业整体实现健康平稳运行。年末，全县银行业金融机构各项存款余额230.51亿元，增幅17.18%；各项贷款余额101.31亿元，降幅0.58%；不良贷款余额2.36亿元，增幅1.72%；不良贷款率2.43%，比年初增加0.04个百分点。全年辖区银行业总体风险保持可控，未发生系统性、区域性的重大风险，保持了健康持续发展势头。

【支持地方经济发展】 2016年，督导辖区银行机构坚决贯彻“保增长、保稳定、保民生”的宏观政策，以贷款新规的贯彻落实为抓手，着力增强服务大局、服务地方经济的能力。在保持信贷相对均衡持续投放的基础上，将结构调整作为发展方式转变的重要突破口，推动银行业加强行业研究和“名单制”管理能力，推进信贷结构优化。年内，辖区贷款主要投向批发零售业、制造业、采矿业及个人贷款等主导产业，同时，着力强化信贷服务薄弱环节，强化农商行和村镇银行属地职责，加强对“三农”的支持力度；按照分局印发的《泰安市银行业2015年小微企业金融服务工作指导意见》的要求，加大小微企业金融服务力度，与国税局、地税局建立“银税互动“联席会议机制，开展“小微企业金融服务宣传月”活动。至年末，宁阳农商行和宁阳沪农商村镇银行两法人机构小微企业贷款余额17.12亿元，较年初增长2.19%，完成年度“三个不低于”目标，促进了全县经济“转方式、调结构”发展。

【风险防控】 2016年，持续监测辖区银行机构信用风险状况，加大不良贷款处置力度。强化案防“一把手责任制”，开展“深化案防执行年活动”，贯彻落实《关于进一步加强辖区银行业从业人员管理的通知》，部署银行业机构排查和管控员工从事民间借贷、以贷牟利、充当资金中介等违规行为。督导各银行机构贯彻落实国家宏观调控政策和上级监管要求，加强房地产信贷管控，推进“政府融资平台贷款”、“贷款新规”监管工作的贯彻落实。做好舆情监测和信访维稳，强化声誉风险管理。

【监管改革】 2016 年，引领各银行业加快改革发展步伐。推动银行机构向县域和乡镇延伸新设网点，显现支小支农惠农效果。莱商银行宁阳支行于 7 月份顺利开业；泰安银行堽城支行、华丰支行、东疏支行相继开业。逐步构建起多层次、多类型、多样化的银行服务体系。

【提升监管能力】 2016 年，坚持严抓敢管，转变监管方式，增强工作的针对性、深入性和有效性，初步确立分类监管、激励相容的导向，因行施策，对症下药，着力提升监管工作的针对性、前瞻性和有效性；创造和谐有序监管氛围，牢固树立寓监管于服务之中的理念，加强与银行业机构的沟通，通过会议、调研等形式及时传导监管思路，共同探讨运行形势和工作措施，增强机构执行监管要求的自觉性，形成相互配合、相互信赖的良性工作局面；全面指导辖区银行业服务实体经济和风险防控工作，树立严明高效的监管形象。

（宁方留）

中国人民银行宁阳县支行

【概况】 2016 年，中国人民银行宁阳县中心支行（以下简称人行宁阳县支行）努力推动宁阳县金融发展与改革，金融运行总体平稳。年末，各项存款总额 230.51 亿元，较年初增长 17.18%，各项贷款总额为 101.32 亿元，较年初下降 0.58%。年内，该行被人民银行总行工会授予“标杆职工之家”荣誉称号，并连续 16 年保持“省级文明单位”。

2016 年宁阳县银行业金融机构存贷款额统计表

表 19　　单位：亿元

单位名称	本外币存款余额	人民币单位存款	人民币个人存款	本外币贷款余额	人民币短期贷款	人民币中长期贷款
农业发展银行宁阳县支行	3.0006	3.0006	0	4.2369	1.1169	3.1200
工商银行宁阳支行	18.6244	4.8867	13.6829	11.7759	6.4216	5.3521
农业银行宁阳支行	35.5843	10.1613	25.1139	11.9531	4.8028	7.1206
中国银行宁阳支行	17.3830	8.1178	8.1185	6.0029	3.8812	2.1217
建设银行宁阳支行	11.3257	5.8517	5.4594	7.0700	2.4346	4.6354
泰安银行宁阳支行	8.9030	4.0562	4.8468	3.3887	3.0486	0.3401
宁阳农村商业银行	86.7688	7.3232	79.4456	49.2187	21.6376	14.7376
邮政储蓄银行宁阳县支行	45.3161	5.4258	39.8930	3.8947	0.8081	3.0866
宁阳沪农商村镇银行	2.1338	0.5626	1.5712	1.5107	1.3319	0.1788
济宁银行泰安宁阳支行	1.0972	0.9284	0.1688	1.4783	1.4413	0.0370
莱商银行泰安宁阳支行	1.0754	0.8011	0.2743	0.748	0.7603	0.0245

【金融运行】 2016年,共办理各类业务130819笔,涉及金额135.83亿元,其中财政收入29.21亿元、财政支出69.34亿元、退付4.78亿元、更正2.01亿元,实现了国库资金安全高效运行。年底,中小企业数据库采集信息小微企业条数3098条,应收账款成交额为8.53亿元,提前超额完成上级行下达的任务。对辖区67家外商投资企业存量权益进行登记,为全县涉外经济的发展提供大力支持。

【金融调控】 2016年,转发《关于做好山东省企业重点技术改造导向计划项目金融服务工作相关文件的通知》,制定并印发《关于认真贯彻稳健货币政策改进金融服务支持全县推进结构性改革和经济转型升级的意见》等文件。引导督促各金融机构充分发挥金融杠杆作用,优化信贷结构,支持全县加快结构性改革,督促引导金融机构做好精准扶贫,辖内金融机构累计向贫困户发放贷款3079.91万元,向各类扶贫生产经营主体发放贷款4142万元。加大对小微企业、工业转型升级、农业现代化建设等领域的信贷投放力度。采矿业、制造业、电力热力行业贷款占贷款总额的比重分别较同期下降0.35、4.45、0.63个百分点,信息传输和信息技术服务业、水利公共设施管理业占贷款总额的比重分别较同期上升0.29、1.01个百分点。依据《中华人民共和国中国人民银行法》《中国商业银行法》等法律法规对莱商银行泰安宁阳支行开业申请项目逐一进行核验,经验收,同意开业。

【金融生态】 2016年,充分利用"3·15"国际消费者权益日、"金融知识普及月"宣传,针对农村金融消费者风险意识薄弱等问题,深入农户广泛宣传小额贷款、反假币、手机银行等新型金融知识,提醒农户坚决拒绝高利贷、抵制非法集资。此外,在各银行机构乡镇营业网点电子屏上,滚动播放金融消费权益保护专题教育片《金融知识在身边》。大量增加印制相关金融宣传资料的数量,包括《宁阳县金融消费权益保护知识宣传手册》《个人金融信息保护指南》等相关宣传手册、折页,通过各种渠道免费提供给各会员单位和普通消费者阅读使用,扩大金融消费权益保护知识普及宣传的受众面。农村维权联络点建设,每个乡镇设立一个维权联络点,全县共设置13个农村联络点。全年累计受理金融消费投诉10件,咨询求助136件,咨询求助回复率为100%,投诉类案件办结率为100%。

【金融管理】 2016年,建立联合执法机制,实现执法资源充分利用和合理配置。对辖内6家银行业机构实施8次执法检查,实现机构和专业的全覆盖,执法效率较以往大幅提高。召开全县金融管理工作暨货币政策、外汇管理政策通报会,对综合管理A类单位和金融消保先进单位进行表彰。通过实施"三约一评",完善约谈机制,拓展约见谈话范围,将货币信贷、金融统计、支付结算、反洗钱等人民银行履职范围内的事项一并纳入约见谈话内容,充分发挥约谈在金融管理中作用,确保金融政策规定有效执行。落实金融重大事项报告制度,对法人金融机构存款保险风险进行评

估，做好法人机构存款保险评级，保障存款保险差额费率的准确实施。提高防险化险水平。组织辖内法人金融机构，根据《演练流程》有序开展“金融机构突发事件应急预案演练”，达到预期效果。向县域法人金融机构进行反洗钱派驻监管，通过派驻监管业务辅导，对中泰证券宁阳营业部、人保财险宁阳支公司等机构的反洗钱监管走访，督导法人机构对原有制度进行修订、新增部分条款。年底，各金融机构共清收各类公职人员不良贷款580万元。

农发行工作人员在粮食收购现场

【金融服务】 2016年，制定印发《宁阳县金融助推脱贫攻坚实施意见》《宁阳县小额扶贫信贷实施办法》等文件，联合县扶贫办等部门共同开展金融精准扶贫融资需求对接活动，有效满足各类主体的扶贫融资需求。多次召开金融支持PPP项目调度会，4月26日，宁阳农行成功为宁阳县月牙河水库增容工程和桑安口水库工程两个PPP项目发放贷款1亿元。设立外汇专用服务窗口，依法高效履行行政审批职能。有效提升外汇服务审批质效，经常项下、资本项下每笔业务平均办理时间由20分钟、40分钟分别缩至10分钟、15分钟。

（颜世路）

【中国农业发展银行宁阳县支行】 2016年，农发行宁阳县支行秉承“至诚服务、有效发展、以人为本、构建和谐”的核心理念，立足当地实际，在确保粮棉收购资金供应的同时，进一步拓展支农范围，调整信贷结构，重点加大对特色农业、农业基础设施建设、农村生态环境建设等方面的信贷投入力度，助力宁阳新农村建设。年内，新发放中长期项目贷款2个，合计金额2.8亿元。分别是山东东岳公路工程有限公司承贷宁阳县农村公路改造项目贷款2亿元、宁阳县城市建设综合开发公司承贷宁阳县洸河水利项目贷款8000万元。年末，贷款余额4.2亿元，增加2.3亿元。年内，有3人被泰安市分行评为“双十佳岗位能手”。

2016年，县农发行注重信贷风险防控，做好评级授信和贷款调查，严格贷款准入。扎实开展调查评估、评级授信、资格认定、核押核保等，强化贷款审查审议，重点加大对客户行业风险、市场风险、财务风险及关联风险等方面的审查力度；设计启用流动资金贷款等四类独立审查报告单；强化合同文本审查和管理，加大依法管贷力度。加强贷后管理。严格账户的开立与管理，认真落实新的信贷资金支付办法，加强对重点客户的分析，扎实开展信贷业务检查。加强防风险信息体系建设，充分发挥CM2006系统、人行征信和风险预警等系统在防范风险中的积极作用。坚持“边规范、边发展”的思路，加强与地方党政、银监办沟通，及时报告农发行贷款开办情况和面临的主要问题，争取工作主动，确保信贷资金安全。规范信贷档案基础管理。累计举办各类培训班12期，培训员工220余人（次）；进一步提高员工队伍素质。

（孔玉燕）

【中国农业银行宁阳县支行】 2016年，中国农业银行宁阳县支行有综合营业网点8个，其中城区网点5个，磁窑、华丰、茅庄各1

县农行与宁阳县政府签署战略合作协议

个。便利店1个,业务部室5个,年底,各项存款余额35.58亿元,较年初增加4.32亿元,增量、存量市场份额居工、农、中、建行四家大型商业银行第一位,实现拨备后利润4500万元。被省行授予"先进集体、文明单位"称号,被市行授予"先进集体、四好班子"称号,支行党委被全国农行评为"优秀基层党组织"。继续保持"市级文明单位"称号。被宁阳县委、县政府评为"服务经济建设先进单位"。

贷款业务 2016年,围绕全县重点项目、支柱产业、骨干企业融资需求,加快贷款有效投放,年内,累计向10家客户发放贷款4.4亿元,同时重点支持全县PPP项目建设,向县重点水利项目投放贷款1亿元,并在全县"大班额"贷款中获得4.7亿元授信。加大中小企业扶持力度,大力营销"多户联保贷款""简式快速贷款"等特色产品,小企业贷款及其他用信增加0.8亿元。成立个人贷款中心,以个人住房贷款、农户小额贷款为突破口,加大个人贷款营销力度。个人贷款余额较年初增加1.88亿元,其中个人住房贷款增加1亿元。年末,全行各项贷款余额11.95亿元,较年初增加1亿元,增幅10%。

中间业务 2016年,在提供金融服务和支持经济发展方面,始终以高效、积极、扎实、负责的理念,融入当地经济社会发展中。突出中间业务战略地位,全年实现投资银行业务收入1984万元。推广网上银行、转账电话、短信通等服务渠道,实现银行卡收入367万元;电子银行手续费收入290万元;开展代理保险营销竞赛,实现代理保险手续费收入329万元;开展投资理财业务交易,通过贵金属交易等实现收入140万元。加大基金、本外币理财产品、第三方存管等产品营销力度,实现理财产品与负债业务联动发展。

(刘保宁)

【中国银行股份有限公司宁阳支行】 2016年,中国银行股份有限公司宁阳支行内设综合管理部、业务发展部、支行营业部3个部门,下辖磁窑支行、华丰支行两家经营性支行,全行共设有13个服务窗口,布放自助银行8处,在全县共设立6个助农取款点,填补现代化金融服务在农村的空白。努力提升服务质效,建成智能化

网点1个，优化了服务流程。年底，人民币各项存款余额16.25亿元，其中：人民币公司存款余额8.1亿元，人民币储蓄存款余额8.13亿元。人民币贷款余额6亿元，其中：人民币公司贷款余额3.77亿元，人民币个人贷款余额2.23亿元。该行营业部被中央金融工委、中国银行总行授予“青年文明号”；党支部被省行授予先进基层党组织，被评为总行级“模范职工之家”；继续保持“市级文明单位”和人民银行“综合评价A级单位”。

（张　聪）

【中国工商银行宁阳支行】 中国工商银行宁阳支行在全县设置各类营业网点4个、离行式自助银行8个。2016年，不断加强渠道建设与优质服务。先后投产智能化网点4家。开展“服务五零”创建活动，以实现“客户沟通零距离、服务效率零长队、服务质量零投诉、服务设施零故障、服务规范零违章”为目标，进一步提升网点服务品质和服务能力。年内，县支行党支部荣获山东省分行“基层先进党组织”荣誉称号。

年末，人民币全部存款余额18.70亿元，增加2.32亿元，增长14.16%。人民币各项贷款余额11.78亿，其中：公司贷款（含票据贴现）增加0.38亿元，增长5.68%。实现中间业务收入1345万元，全年新增个人资产2.5亿元，新增私人银行客户5户，销售私人银行理财产品2.3亿元，销售理财产品5.8亿元，营销基金0.6亿、保险4117万元，个金业务在泰安市各县市区综合排名第二名。实现拨备前利润0.3916亿元；实缴税金398万元。

（姜秀华）

【中国建设银行宁阳县支行】 中国建设银行宁阳县支行（以下简称县建行）下设办公室、公司业务部、个人金融部（含个人贷款中心）三个部室以及营业室和西关分理处两个营业网点。2016年，年一般性存款11.33亿元，贷款余额7.07亿元，利润总额1977万元。支行营业室荣膺省行“突出贡献网点”称号，在泰安市分行旺季营销活动中，县建行以优异的成绩获旺季营销活动一等奖。全支行先后获泰安分行“先进集体、先进基层工会组织、先进基层党组织、四好班子”，被宁阳县政府授予“文明诚信金融单位、青年文明号、服务经济建设先进金融单位、招商引资先进单位”“先进基层工会组织、消防工作先进单位”等荣誉称号。

（王现民）

【宁阳县农村商业银行】 2016年，宁阳县农村商业银行（以下简称县农商银行）信贷投放稳中有升，坚持“支农支小”方向，重点做好“家庭银行”商业模式的推广和“微时贷”业务的营销，累计发放“幸福家庭贷”贷款2517万元。年末，全行总资产113亿元，增长8.75%；存款余额86.77亿元，增长10.89%；贷款余额49.22亿元，下降0.47%；实现经营利润2.08亿元，增长2.17%；实现净利润9089万元，增长5.25%；上缴税金5750万元；不良贷款率2.61%，控制在目标范围之内；资本充足率14.39%，拨备覆盖率163.88%；主要监管指标全面达标。年内，县农商银行顺利通过“省级文明单位”

县农商行工作人员查看贷款户养殖情况

复审，荣获山东省联社“先进基层党组织、农村商业银行信息工作先进集体”，泰安市“最美纳税人提名奖和金融机构综合评价A级单位”等称号。

资金营运和中间业务 全年发行理财产品59期、11.65亿元，同业存单16期、30.5亿元，办理大额存单业务6191万元；率先在银行间债券市场开立理财专户，开启理财业务“去通道化”时代；同时，在泰安市率先独立开办外汇业务，累计发生国际业务结算量57.23万美元。

压控不良贷款 深入开展“依法打击骗贷行为”“未执结案件集中执行”等活动，加大不良贷款处置力度，净化信用环境。年内共开展集中行动6次，强制拘留11人，新立案107笔、1.68亿元，公布失信人147人。

管理机制转型 推进流程银行建设，年内上线运行财务预算管理等6个系统，固化运作程序，改革考核办法，实行全员考核，增加贡献度和进步度考核指标，促进考核更加科学、合理，全员营销意识和能力持续增强。做强做大货币市场业务，实现利润最大化。通过债券投资回购、同业存放、票据贴现等业务，提高资金收益水平。2016年实现净收益2.59亿元，同比增加4100万元，增幅19.06%。

风险防控 组织开展各类审计检查48次，下发风险提示53条；全面加强安全管理工作，突出做好押运队伍建设和案件防控工作，实现全年安全运行；加大责任追究力度，年内，共处理各类违规违纪人员260人次，其中解除劳动合同1人、留用察看1人、警告6人。

（裴学迪）

【中国邮政储蓄银行宁阳县支行】

中国邮政储蓄银行宁阳县支行内设综合管理部和综合业务部，下辖县支行营业部、金阳支行和磁窑东支行3个一类营业网点、11个二类网点、6个邮政代理网点，网点遍布城乡。2016年，坚持普惠金融理念，依托遍布城乡的网络优势，坚持服务三农、服务中小企业、服务社区的市场定位，与其他商业银行形成良好互补。年内，被宁阳县委、县政府表彰为“2016年度服务经济建设先进单位”。

规范化服务 2016年，宁阳邮储银行先后制订《基层网点管理办法》《前台服务标准》等一系列制度，以客户为中心，以市场为导向，加大产品创新力度。年底，已拥有存款、贷款、结算、信用卡、电话银行、网上银行、手机银行、代理保险、理财业务等十几类产品，代理通信费、电费、保险费、代发工资，基金、理财产品、国债、个人电子汇款、个人消费贷款等极具市场竞争力的业务产品，为客户打造了全方位的理财网络。

普惠金融 2016年，宁阳邮储银行自觉承担 “普之城乡，惠之于民”的社会责任，走出一条服务三农、服务中小企业、服务社区的特色发展之路。年内，开办的经营类贷款业务全部针对中小企业、个体工商户、普通农户等，消费类贷款业务面向全部居民，真切地做到大众金融、消费金融、普惠金融。在信贷业务发展过程中，宁阳邮储银行开展银政合作，坚定执行国家政策，顺利地实现信贷资金精准投放。为支持下岗职工、高校毕业生、返乡农民工、农村妇女等弱势群体创业而开办的

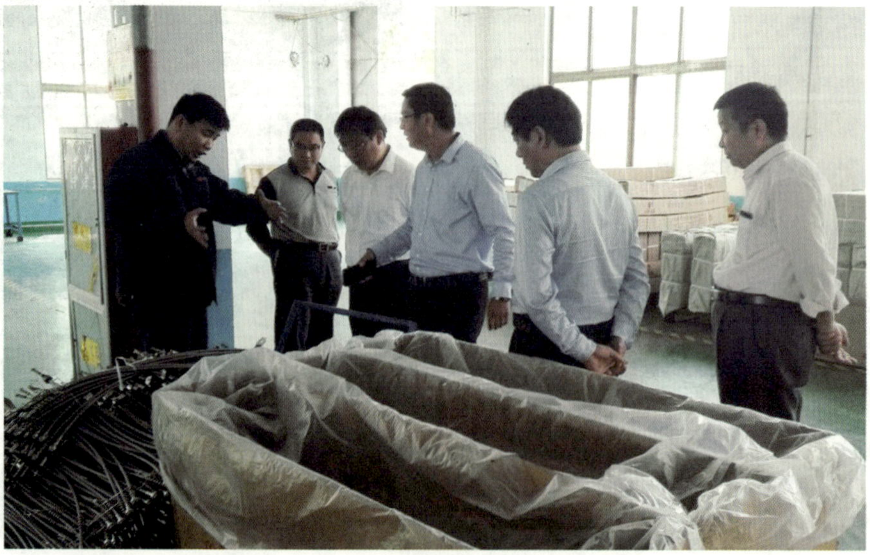

县邮政银行客户经理走访泰龙软轴软管厂

再就业小额担保贷款，累计发放6300余万元；为支持新型农业经营主体发展而开办的融资增信业务，累计发放近4000万元；与县畜牧局合作开办的畜牧贴息贷款，累计发放1000万元，惠及养殖户40余户。小额担保贷款和联保贷款作为宁阳邮储银行最基础的贷款产品，累计发放6265笔、4.03亿元，借款人遍及县内各个行政村。商务贷款适用于个体工商户等，接受房产、土地等抵押，累计放款1.07亿元。满足城乡居民各种消费需求的购房贷款、购车贷款、综合消费贷款、信用消费贷款等，累计发放2.12亿元。

（李志刚）

【宁阳沪农商村镇银行】 宁阳沪农商村镇银行是经中国银行业监督管理委员会批准成立的股份制商业银行，由上海农商银行发起并控股。2016年，以打造一家具有核心竞争力和创新力的村镇银行为目标，秉承“股东为重、客户为上、员工为本、高效便捷、稳健发展”的经营理念，坚持“扎根本土、服务城乡、富有特色、优质高效”的经营特点，发挥贴近市场、决策链短、机制灵活的优势，因地制宜制定信贷政策、创新金融产品，为广大农民、社区居民、中小企业和个体工商户提供存款、贷款、结算、理财、代理、咨询等多种金融服务。2016年年底，该行各项存款余额2.13亿元，其中单位存款0.56亿元，存量占比26.29%;储蓄存款1.57亿元，存量占比73.71%。各项贷款余额1.51亿元，其中对公贷款1.11亿元，户均贷款余额245.84万元；个人贷款4044.02万元，户均贷款余额22.47万元；全部贷款户均余额67.14万元。企业网银累计开户345户，全年交易笔数33058笔，交易金额为1.79亿元。个人网银累计开户4420户，交易金额为1.78亿元，银行卡累计开卡19743张。

（王浩臣）

保险业

【综述】 2016年年底，全县保险机构发展到24家，其中，财险11家，寿险13家。实现保费收入7.18亿元，较上年增长22.69%，其中，财险、寿险保费收入分别为1.32亿元、5.86亿元，分别较上年增长2.08%、28.54%。政策性农业保险试点工作持续推进，承保机构发展到3家，种植业承保面积达到97万亩，其中，小麦51.65万亩、玉米42.92万亩、花生2.43万亩；养殖业政策性农业保险为10471头能繁母猪、38388头育肥猪、3949头奶牛提供风险保障，为全县农业生产、农民增收起到了保驾护航作用。

（吴宇菲）

【中国人寿保险股份有限公司宁阳县支公司】 2016年，中国人寿保险股份有限公司宁阳县支公司内设经理室、综合部、团体业务部、银行保险部、个险销售部、健康管理部、客户服务部7个部室。有干部员工56人，营销从业人员916人。全年公司业务总收入1.79亿元，共处理理赔案件3100件，赔付金额1070万元。向地方税务局交纳营业税306万元。年内，获宁阳县“服务经济发展先进单位、金融系统A级单位”，泰安市“银龄安康工程一等奖”。

2016年，中国人寿宁阳县支公司开展“大病医疗、农村小额、银龄安康、女性安康、学生平安、精准脱贫”等利民惠民保险服务，为全县308名位妇女，49685名学生和5.5万名60岁以上老人提供保险保障。年内，公司狠抓网点服务建设，在全县11个乡镇设立保险服务网点。全年寿险赔付275件，赔付金额582万元；意外险赔付38件，赔付金额134.3万元；健康险赔付2700件，赔付金额353万元。

（邵　远）

【中国人民财产保险股份有限公司宁阳支公司】 2016年，中国人民财产保险股份有限公司宁阳支公司内设经理室、综合部、业务部、客服部、三农保险部等19个部门，有员工64人（含营销人员）。公司主营险种包括机动车辆保险、政策性农业保险、企业和家庭财产保险、出口信用保险、产品质量保险、各类责任险等创新型保险。全年累计实现保费收入5342万元，较同期增长15.24%。市场份额始终稳定在45%以上，主要业务车险占全部业务的80%以上。

支付各类赔款3096万元，综合赔付率55.12%，上缴各类税金999万元，同比上升21.24%，在全县所有纳税企业中排名14位。

2016年，公司扩大民生类保险服务，完善社会多层次保障体系。推进医疗责任保险，参与承办全县大病保险；开展养老机构责任险，提升社会整体养老服务质量；开办扶贫人员意外险和残疾人团体意外险；全方位开展校园类责任险。

2016年，开办小麦、玉米、能繁母猪、育肥猪、奶牛5个政策性险种，为全县种养殖户提供超过8亿元风险保障。全年公司承保小麦51.65万亩，保费774.7万元，承担风险1.94亿元；玉米42.92万亩，保费643.7万元，承担风险1.61亿元。承保能繁母猪10569头，保费63.41万元，承担风险1015万元，承保育肥猪40249头，保费120.75万元，承担风险2000万元。承保商业险奶牛1801头，保费54.03万元，承担风险1077万元；承保商业险肉牛180头，保费50400元，承担风险72万元；承保商业险羊4611只，保费11.5万元，承担风险230万元。年内，全县小麦受灾24013亩，共支付赔款370万元，惠及农户9940户；玉米受灾达75184亩，支付赔款683万元，惠及农户45126户。能繁母猪案件处理975件，支付赔款74.1万元；育肥猪案件1944件，支付赔款213万元；商业险奶牛处理案件106件，支付赔款42万元；商业性肉牛处理案件12件，支付赔款1.8万元。

2016年，落实保险扶贫、精准扶贫，公司对符合规定的省级贫困户减免一半政策性保险费；推广普及一批实惠、实用的保险品种，如"人保助贷险""支农支小"贷款保险，引领保险扶贫新模式；全年公司提供资金10万元，在全县选出100名贫困户作为人保农村协保员，每人发放1000元劳务费。

（孔　凯）

【新华保险泰安市宁阳支公司】 2016年，新华保险泰安市宁阳支公司设有个险部、续期部、银代部、团体部、客服部5个部门，其中个险渠道19个营业部，106个营业组，有内外勤人员1000人。全年累计期交保费突破3200万元，提供健康医疗理财等服务10000名客户，42%的理赔1小时简易结案，56%的理赔时效不超过3天，2%的复杂疑难理赔确保不超过30天。公司荣获"2016年度山东分公司卓越团体""2016年度荣耀新华盛典保费贡献先锋营业区和人力发展先锋营业区""宁阳县服务经济建设先进单位"等荣誉称号。

【中华联合财产保险股份有限公司泰安市宁阳支公司】 2016年，主要经营企业财产保险、家庭财产保险、种植业保险、养殖业保险、个人意外伤害保险、团体意外伤害保险等业务。全年保费收入500万元，实现税费60万元，其中车险保费290万元，国家政策性保险保费118.47万元，综合赔付率约90%。

2016年7月开始承保奶牛保险，至9月结束，共涉及10个乡镇，21个养殖场，承保奶牛3949头，实现保费118.47万元。从2015年度7月承保至2016年底出险400余件赔案，赔付金额约200万元。

【安华农业保险股份有限公司泰安市宁阳支公司】 2016年，安华农业保险股份有限公司泰安市宁阳支公司有在编人员7人，业务人员12人。开办政策性花生保险，参保6个乡镇办事处的417个行政村，75362个种植户，总面积2.44万亩，共收取农户自筹保费7.81万元，总保费为39.17万元。全年实现保费收入345万元，上缴税金35万元。

【中国太平洋财产保险股份有限公司宁阳支公司】 2016年，中国太平洋财产保险股份有限公司宁阳支公司内设设经理室、个险业务部、团险业务部、银保业务部、客服室、营业室6个科室，辖华丰、磁窑、蒋集、东疏、伏山等营销中心。先后推出"财富U保"等面向小微企业的险种，以及环境污染责任险、食品安全责任险、医疗事故责任险、安全生产责任险、社区卫士等险种，全年共实现保费收入826万元，剔除大病医疗保险较上年增长11.9%，各项税款155万元。车险保费收入760万元，占总保费收入的92%，非车险保费收入66万元，占总保费收入的8%，综合赔付率65%。

科技 教育

科 技

【概况】 2016年，全县新认定国家高新技术企业3家，市级科技型中小企业22家。全年，全县规模以上工业企业实现高新技术产业产值317.28亿元，同比增长12.77%，占规模以上工业总产值的比重23.66%，比上年增3.01个百分点；新增市以上科技创新平台20家，其中国家级星创天地1家，省级科技企业孵化器1家；入选科技部“创新人才推进计划-科技创新创业人才”1人、省泰山产业领军人才1人；获得市以上科技奖励8项，其中市技术发明奖一等奖1项，市科技进步奖二等奖3项；全县发明专利申请量130件，同比增长56.6%，授权8件，有效发明专利达到49件；科技扶贫在全市率先实现科技指导员全覆盖，并在全省科技扶贫经验交流会上作典型发言。2016年，县科技局被评为全县“经济社会发展先进单位一等奖、扶贫开发工作先进单位”。

【科学计划项目】 2016年，全县获市以上科技计划项目立项23项，其中国际科技合作计划1项，省重点研发计划1项，市科技发展计划8项，市科技合作计划1项，西部隆起带人才支撑计划2项；入选国家科技创新人才计划1人，省泰山产业领军人才1人；有省科技精准扶贫示范样板5个，市农业科技特派员科技项目3个。

【科技成果】 全年评出县科技进步奖70项，获得市以上科技奖励8项，其中市技术发明奖一等奖1项，市科技进步奖二等奖3项。

2016年宁阳县获市以上科技成果奖项一览表

表20

序号	完成单位	项目名称
	泰安市技术发明奖一等奖(1项)	
1	山东宁联机械制造有限公司	一种可回收秸秆杂物的自走式谷物联合收割机
	泰安市科学技术进步奖 二等奖(3项)	
1	山东华坤地质工程有限公司	深埋特厚煤层成孔卸压防冲关键技术
2	泰安市泰山现代农业科技有限公司	防控植物线虫病阿维菌素颗粒剂新工艺研究与开发应用
3	山东新合源热传输科技有限公司	汽车散热器用沙漏型薄壁精密高频焊合金铝管生产技术及产业化
	泰安市科学技术进步奖三等奖(3项)	

续表 20

序号	完成单位	项目名称
1	山东同创汽车散热装置股份有限公司	双流体集成管带式车用散热器的研制及应用
2	山东鲁珠集团有限公司	混凝土搅拌站沉淀废弃物用于水泥熟料生产的技术
3	泰安巴夫巴夫农业科技有限公司	两步两态法复合菌发酵饲料生产技术及应用
泰安市专利奖三等奖(1 项)		
1	山东海友新材料科技有限公司	一种高纯硅微粉动态浸洗反应釜

【高新技术产业】 2016 年，宁阳县加快发展科技型中小企业，夯实高新技术产业发展根基，共申请认定市科技型中小企业 22 家，累计达到 90 家，一批发展潜力强、成长性好、技术含量高的科技型中小企业成为推动全县转方式、调结构的重要力量。全县新认定高新技术企业 3 家，规模以上工业企业实现高新技术产业产值 317.28 亿元，同比增长 12.77%，占规模以上工业总产值的比重 23.66%，比上年增 3.01 个百分点。

【科技合作与交流】 2016 年，围绕全县先进制造、新材料、新能源、化工等产业，与国内一流大专院校、科研院所加强合作，组织全县科技型企业开展校企对接和校企合作共建等活动，先后与中科院、省科院、华中科技大学等建立了长期稳定的合作关系。组织华阳、华鸿、同创、新合源等 20 多家企业参加了在泰安市举办的"第三届泰安校(院)地科技合作对接交流会暨泰山技术创新与转化联盟成立大会"。促成与省科学院签订战略合作协议，中科院大连物化所徐杰研究员、山东农业大学李培强教授与华阳集团，中科院广州能源所与双赢公司，省科学院生物所刘可春、楚杰研究员与巴夫巴夫公司签订科技合作暨人才引进协议。

国家"千人计划""泰山学者"海外特聘专家张炳荣教授考察山东同创汽车散热装置股份有限公司及山东新合源热传输科技有限公司

【知识产权管理】 2016 年，实施知识产权战略，引导企业开发具有自主知识产权的技术和产品，利用专利战略开拓市场、占领市场，提高市场竞争力，知识产权在县域经济竞争中的作用更加突出，知识产权人才培育实现制度化、常态化。先后在宁阳县东、西部举办培训班，培训 240 余人次；联合济南信达事务所有限公司成立宁阳县知识产权服务中心，在鲁珠集团开展企业专题专利知识培训，培训企业职工 80 余人。开展全县专利执法检查、专利标识商品登记活动，对凌云集团、华联商厦、万达集团、新时代商厦及其所属单位进行专利专项执法检查，维护专利权人和广大消费者的利益。年内，全县共申请发明专利 130 件，同比增长 56.6%，授权 8 件，有效发明专利达到 49 件。

【科技人才】 2016年，海斯摩尔生物科技有限公司董事长胡广敏入选科技部“创新人才推进计划——科技创新创业人才”，孙宾被评为省泰山产业领军人才。按照《关于实施产业人才聚集工程引进培养创新创业人才的意见》和《关于印发〈宁阳县“双创”人才团队培育计划实施细则(试行)〉的通知》要求，组织“双创”人才团队的申报，全年人才团队申报19个。

【科技精准扶贫】 2016年，全县91个贫困村，村村有科技指导员，其中市派科技指导员14名，县派68名，真正实现科技指导员的全覆盖。省派科技扶贫人才、市林科院王迎、王新花在东疏镇潘茂村、伏山镇苏楼村进行科技扶贫，成为全省科技精准扶贫的典型。东疏镇潘茂村作为先进代表在全省科技精准扶贫经验交流会上作典型发言。

【防震减灾】 2016年，编制《宁阳县防震减灾第十三个五年规划》，修订《宁阳县地震应急预案》，全县防震减灾综合能力显著增强。完成全县防震减灾“三网一员”体系建设；境内“国家地震烈度速报与预警工程项目”选址基本站1个，一般站8个；地震监测中心和台站的日常运行正常，加强对地震宏观观测点的管理；做好节假日期间的震情保障和“12322”防震减灾热线值守。全年共审批一般建设工程项目8项，地震安评项目3项；地震安全示范工程创建有省级1所、市级2所、县级6所，创建地震科普示范学校市级2个，县级地震安全示范社区5个；创建地震安全示范企业市级2家、县级4家。完善应急救援体系建设，5月12日，与县应急、教育、卫生和消防部门联合在县第三小学举行地震应急疏散和救援综合模拟演练；与县武装部联合组建“宁阳县第二支地震灾害紧急救援队”。

（丁成防）

气象工作

【概况】 2016年，宁阳县气象局围绕创先争优活动，把气象服务和防灾减灾工作作为重点，加大公共气象服务创新力度，清理规范2项气象行政审批中介服务事项，气象行政审批清单纳入政府行政审批目录并向社会公布，气象行政审批事项逐步实现网上办理。年内，县气象局获山东省气象部门“四级预算单位计财管理先进集体”、泰安市“推进气象现代化建设工作先进县”等荣誉称号。

【气象服务】 2016年，加强为农服务体系建设，建立防灾减灾机构，配备专业人员。开展气象科普宣传，利用“3·23”世界气象日、防灾减灾日、安全生产宣传月等开展气象科普知识、防雷知识和法律法规宣传，提高全社会防灾减灾意识。13个乡镇(街道)均成立气象信息服务站，配有气象协理员，村村有气象信息员，对气象协理员培训，给每位气象协管员、信息员配发《气象信息员工作日志》“宁阳县气象防灾减灾明白卡”和“宁阳县气象灾害防御明白卡”“气象知识手册”《气象信息收发登记簿》。加强预报服务。根据农时、天气情况制作服务专报和重要天气报等服务材料，在宁阳电台、电视台及时预报。在乡镇、煤矿、化工企业、学校、村庄安装120块电子显示屏，对手机短信用户进行扩充，农民合作社、种养大户都免费发送，遇有重大灾害天气，电信运营商实行全网免费发布。全年启动(变更)各类气象灾害应急响应8次，向公众发送各类气象服务短信近40万人次，发布重要天气预报58期，发布预警信号41期，制作节日及专题预报19期。

【气象业务】 2016年，气象业务主要开展有电视天气预报、防雷检测、“12121”电话声讯服务、手机短信平台。5月，新建降水天气现象自动观测设备，完成堽城、磁窑和东庄3个区域站的升级改造，全县12个区域站全部升级改造为数据更精确性能更可靠的新型自动站，加密建设两套土壤水分观测站。10月9日，完成大监站备份设备升级工作，实现“一主一备”两套自动观测设备均为新型站的运行模式，国家级自动站、区域站和土壤水分站均运行稳定，资料传输及时准确。

2016 年 4 月 16 日,气象局工作人员进行人工增雨作业

【人工影响天气】 2016 年，认真贯彻落实省市县人工影响天气工作会议精神，根据本县特点，把“安全作业,服务经济,抗灾增效”作为工作的指导思想,严格管理,精心组织,按照作业公告、申请空域、持证上岗、操作规范的作业流程，实现了安全作业。针对春季严峻旱情,4 月 16 日和 5 月 14 日，抓住有利天气时机，成功开展人工增雨作业,均取得明显的作业效果,有效缓解了旱情,充分发挥了气象防灾减灾作用,改善了生态环境、降低了火险等级,收到了较好的经济效益和社会效益。

【气候灾情】 2016 年 6 月 14 日 21 时至 15 日 21 时，宁阳县出现雷雨大风天气过程，导致部分乡镇出现房屋受损、作物倒伏等灾情,造成直接经济损失 360 万元。7 月 19 日傍晚至 20 日上午 9 点全县遭受暴雨袭击,历时 10 多小时,平均降水量 85.8 毫米,导致部分乡镇农作物受灾,据初步统计,全县受灾人口 11277 人,受灾面积 890.4 公顷,成灾面积 357.7 公顷,房屋倒塌 1 户 3 间，造成直接经济损失 198 万元。

（朱睿军）

教　育

【概况】 宁阳县教育局下属宁阳县教育科学研究中心（科级事业单位)、宁阳县考试中心(副科级事业单位),并与县政府教育督导室合署办公。内设办公室、政策研究室、计财科、基教科、人事科、干部档案信息管理中心、宣传科、职成教科、学前教育科、条装办、勤俭办、图书代办站、网络中心、体卫艺办、计生办、安监办、工委、团委、党建办、纪监室、师训科、学生资助中心、行政审批科等 23 个科室单位，局机关工作人员共 114 人。

2016 年,全县共有幼儿园 97 所,其中公办幼儿园 96 所,在园幼儿 22681 人;公办普通中小学 102 所，其中完全小学 70 所、教学点 13 所,初中 15 所,普通高中 4 所，全县中、小学在校生 79527 人;特殊教育学校 1 所,在校生 61 人;中等职业学校 1 所,在校生 4557 人；乡镇成教中心 13 所;民办学校 4 所;师资培训中心 1 所。

宁阳县基本形成“全面均衡”教育发展特色。幼儿活动创新蜚声全国,幼儿足球队载誉京城,被列为山东省学前教育改革发展试验区;义务教育更加公平,小学、初中校际综合差异系数分别缩小到 0.418、0.314，被列为省级教育信息化区域试点县；普通高中教学质量连年攀升，宁阳一中自主招生位居全国中学第 55 名;职业教育学生参加全国职业院校技能大赛,实现泰安市金牌“零”的突破,获 1 金 1 银 1 铜,并承办山东省创建“国家级农村职业教育和成人教育示范县”现场推进会;特殊教育“康教结合”实验全省领先，办学经验被全国特殊教育会议推介。教育“大均衡”格局基本形成，宁阳县教育发展经验在省政府《决策参阅》《中国教育报》等媒体进行推介。

【教育综合改革】 2016 年，根据省、市关于基础教育综合改革的部署要求,宁阳县确定“一体化推进、项目化实施”的改革路径。县委、县政府出台《关于进一步深化改革全面提升教育教学质量的实施意见》(宁发〔2016〕24号),对全县教育发展提出总体要求。印发《宁阳县基础教育综合改革任务清单》,制订《宁阳县基础教育综合改革工作督查考核办法》(宁政办发〔2016〕10号),实行调研和考核相结合的考核办法,将考核结果纳入各部门教育综合督导评估和经济社会发展综合考核。是年,基础教育综合改革实现了多点突破。深化课程教学改革,全面推进德育综合改革,制定中小学德育一体化实施方案;积极构建多元化课程体系,制定全县义务教育学校自主选课日指导意见;实施“课堂改革年”,推进以“深度学习”为特征的课堂教学改革。改革招生考试制度,以乡镇和城区为主体分别开展学区制建设,实行“划片招生、免试入学”,城区学校推行“阳光编班”。改革教育评价制度,构建“底线管理+特色发展”的评价机制;强化质量过程监控,修订中小学教育质量评价和教学工作视导方案。加强师德考核,严格落实“师德一票否决”。建立学生课业负担监测、学生综合素质评价、群众满意度调查等相关制度,不断优化教育发展生态。构建现代学校治理体系,制定《宁阳县加强现代学校制度建设实施方案》,加快“一章程和五项制度”建设,全面推开现代学校制度。统筹县域义务教育学校教师管理和流动,实行“公开招聘、公开选调、公开调剂”,落实省、市乡村教师支持计划,完善向农村中小学倾斜的教师管理机制。

年内,围绕宁阳教育“改革、建设、提质”核心任务,推进“解决城镇普通中小学大班额问题”工作,全年“解决大班额”续建项目6个,新增开工建设项目3个,新增开工面积38676平方米,新增土地82.5亩,完成投资21865.04万元,竣工项目6个,竣工面积69743平方米,新增学位4145个;多渠道解决师资配备问题,招聘教师302人,公开选调86人,调剂35人,安排大学生顶岗实习196人。推进“全面改薄”工作,新开工建设项目45个,竣工28个,竣工面积11.5万平方米,完成投资1.59亿元。推进现代学校制度建设,全县学校基本完成“一章程和五项制度”建设;推进中小学德育综合改革,打造传统文化、“圣邻书院”公益大讲堂、青少年成长指导中心三大平台,13所学校成为“中华希贤传统文化教育试验基地”学校;推进“课堂改革年”活动,以“深度学习”为特征的“翻转课堂”改革取得重大成果,11月承办全国第三届“翻转课堂”大会;推进教师培养和管理改革,采取“理论学习+实践考察+论文撰写+交流提高”的培养模式,实施人才培养“三百工程”,有40位领衔人入选主持泰安市名师工作室。

【校园安全管理】 2016年,加强学校安全管理,坚持“安全第一、预防为主、综合治理”的工作方针,先后编印《宁阳县校车安全管理细则》《宁阳县学校出入车辆管理细则》和《宁阳县教育系统安全工作“一岗双责”实施细则》,明确各安全管理人员的责任,推进安全工作网格化管理进程。印发《关于建立宁阳县学校安全风险预判及管控措施清单管理台账的通知》,把安全关口前移,强化学校对潜在安全风险的预判分析,及早制订管控措施,及时消除安全隐患。到2016年年底,教育系统共有标准警务室107所,保安人员359人,安保器械1572个,视频监控147套,监控探头1656个,入侵报警系统80套,“110联动”报警系统13套,消防栓668个,灭火器3559个。共成立校园安保组织132个,安保机构成员1100余人。

【教师队伍建设】 2016年,落实《宁阳县乡村教师支持计划(2016—2020年)实施方案》,提高乡村学校教师编制配备标准,招聘教师重点向农村学校倾斜。推动中小学教师“县管校聘”管理改革,实施学校核编定岗,引导教师有序流动,推动实现校长教师交流轮岗制度化,开展校长职级制调研,健全完善中小学教师考核和教师职称评聘机制,加强中小学教师队伍建设,提高教师队伍整体素质。

2016年,组织中小学、幼儿园、中职教师全员远程研修5900人次,市级专业技术人员公共科目和县级专业科目网络培训8000人次，组织新任职教师培训。做好中小学校长(园长)培训和名师名校长高端研修项目等高素质教师队伍建设系列工程。组织第十一期小学校长任职资格培训、第一期幼儿园园长提高培训班114人次，泰安市第十四期初中校长提高培训班14人次，山东省校长发展学校第六期“优秀校长发展研修班”10人次，北京师范大学教育培训中心举办的“泰安市中小学校长和管理干部高级研修班”12人次，浙江大学·山东省宁阳县百名教学名师工作室领衔名师综合素养力提升研修班100人次，燕大菁华全国骨干班主任培训黄山研修班100人次，全省普通中小学校长(园长)培训1人次。7名骨干校长、副校长赴上海、深圳挂职培训，3名骨干校长教师赴台研修考察传统文化教育。深入推进“三百工程”(百名骨干班主任培养工程、百名教学名师工作室建设工程、百名优秀青年后备干部培养工程)建设，组织3期“三百工程”人选专项培训。

2016年11月20日全国第三届翻转课堂大会在宁阳县召开

创新教师队伍管理机制，中小学教职工岗位实行“总量控制，动态调整”。2016年，全县中小学核定教职工编制5908人。在“核编、定岗、竞聘、考核、转岗”基础上，从乡镇学校公开选调86人，县直学校公开调剂18人，乡镇公开调配17人。选派4名援疆教师赴新源县支教，县内义务教育学校校长交流7人。作为西部隆起带受援县，接受23名省教育厅选派的教师到乡镇义务教育学校支教。作为省财政困难县，接收大学师范生顶岗实习支教196人。改进教师职称评聘办法，依据《宁阳县教师职称评聘工作指导意见》，全年，全县中小学、幼儿园高级岗位增加522个，中级岗位增加495个。年内认定幼儿园、小学、初级中学、高级中学和中等职业学校教师资格311人。为新任职教师和职业中专、特教中心606名教师进行首次注册。

“中国梦·校园情”2016山东省中小学生校园艺术节文艺汇演

【教育教学】 **基础教育** 推进中小学课程改革，贯彻落实《山东省素质教育工作实施方案》，尝试推行中小学“选课走班”教学，设计自主选课学习日，完善中小学校课程体系建设。12月，宁阳四中在2016全国“学校自主变革”高峰论坛暨高中课程重构与教学创新研讨会上作题为“基于核心素养的高中语文课程重构与教学创新”的专题发言。开展“课堂改革年”活动，出台《宁阳县教育局关于推进中小学课堂教学改革的指导意见(宁教字〔2016〕11号)》，明确“改进学习方式和教学方式，提升学生核心素养和教师专业素养”的总体目标，提出“以学为主、以练为主”的基本原则，明确提出课堂教学改革要突出“深度自学、深度讨论、深度展示、深度训练”的主要特征，指导全县中小学校扎实推行课堂教学改革活动。11月，承办在宁阳第二实验中学召开的全国第三届翻转课堂大会。推进德育综合改革，按照《山东省中小学德育课程一体化实施指导纲要》，构建“德育课程、学科课程、传统文化课程、实践活动课程”四位一体的中小学德育实施体系。11月，宁阳复圣中学的德育课程一体化实施经验在全国中小学德育综合改革成果展示与交流会议上作推介。完善课题研究管理和成果转化，2016年，全县共申报各级各类课题160项，结题70项，其中省级课题结题19项，市级课题结题51项。在省市教育科研优秀成果评选中，有4项成果获奖。在“2016年山东素质教育论坛”上，宁阳四中、宁阳西关幼儿园、宁阳复圣中学、宁阳乡饮中心学校、宁阳第二实验中学五处学校(幼儿园)分别在课堂教学、学前教育、德育改革、学校管理、教育信息化五个分论坛上作经验介绍。

职业教育 2016年，县职业教育工作从加强内部管理入手，突出做好职业教育招生、技能大赛工作，各项工作得到较大发展。完成中职招生工作，全县中等职业教育共招收初中应届毕业生1438人，连续五年职业教育招生比例位居全市第一。技能大赛取得历史性突破，获2016年全国职业院校技能大赛金、银、铜各一枚奖牌，其中“装配钳工技术”项目取得2016年中职学校全国技能大赛首金，实现泰安市国赛金牌“零”突破；在山东省职业院校技能大赛中，获两枚金牌一枚铜牌。9月，承办泰安市2016年职业院校技能大赛开幕式及主赛场26个赛事赛项；11月，承办山东省职业院校技能大赛“机械装配技术”赛项比赛。加强教学管理，提升学生技能水平。严格执行国家和省、市专业教学指导方案，加强文化基础教育，文化课合格率在80%以上。重视学生技能培养，指导学生进行职业规划，定位专业人才培养目标，学生中级工职业技能证书合格率85%以上，所有学生均获得初级工职业技能证书。顺利推进省示范学校建设。5月，县职业中专被省教育厅确定为首批山东省示范性中等职业学校建设工程立项学校。学校开设的13个专业中，电子电器应用与维修、计算机应用2个专业确定为省级品牌专业；机电技术应用、数控技术应用、电子与信息技术、现代农艺、学前教育、会计等8个专业确定为市级品牌专业。

特殊教育 宁阳县特殊教育依托特教中心，深入开展教学研究，扎实推进康教结合育人模式，全面提高教育教学质量。对适龄残障儿童实行“零拒绝”，接受自闭症、脑瘫儿童到特教中心就读或康复，对重度残疾儿童开展送

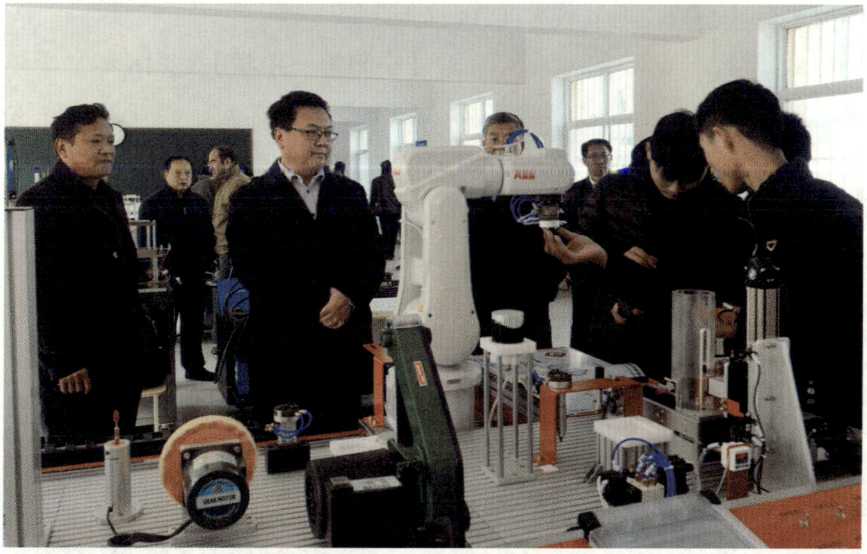

2016年山东省国家级农村职业教育和成人教育示范县创建工作现场推进会在县职教中心召开

教上门服务。以“启聪培智”提高残障儿童少年的知识水平，立足各类残疾儿童实际，进行适性教育，听障教育以班级授课制为主，培智教育以集体授课和个别指导、康复教育相结合。在严格落实国家课程的基础上，开发出适合不同类型学生的单元主题、学科综合、社会适应、康复训练四大系列课程。积极开发学生潜能，强化职业和艺体训练。依托残疾人职业培训基地开设丝网花制作、串珠、烹饪、家政服务、洗车、擦皮鞋、计算机应用等课程，学生制作的丝网花作品精美、大方，培智学生的家政服务、洗车等训练效果明显。认真开展体育艺术活动，4 名学生参加 10 月份省残疾人青年运动会，获 1 枚铜牌，3 个第五名的好成绩。为提升特殊教育研究成果，强化科研引领。是年，特教中心承担的“十二五”国家课题、省规划课题和市重点课题都顺利结题，开发完成《单元主题活动》《走进社会》《文明礼仪》等 14 册校本教材。

成人教育 2016 年，成人教育工作围绕创建“国家级农村职业教育和成人教育示范县”，重点强化基础设施建设、培训服务、典型创建等工作。全年各乡镇（街道）成教中心共投入 350 余万元进行校园的改建、修缮，教学设施、设备的添置和学校文化建设。完善村级教学点(站)建设，全县村级教学点建设覆盖率达 100%，涌现出八仙桥街道杨庄社区、鹤山镇皋山社区、文庙街道圣地农庄等先进教学点，满足农村各类群体的培训需求。加强农民工职业技能提升培训工作。充分发挥宁阳县师资力量、实习设备优势，结合农民工需求，从务工实用知识与技能、农民工维权法律知识、电焊工、计算机操作工、电子商务、维修电工、家政服务员、服装制作、十字绣制作工、广告创意设计、实用技术推广等工种进行培训。全年培训 7800 人次，超额完成年度任务。11 月 10 日，承办山东省“国家级农村职业教育和成人教育示范县”创建工作现场推进会议，并实地参观鹤山镇社区教育中心、县职业中专等现场。年内，鹤山镇、蒋集镇被评为全国社区教育示范街道(乡镇)，鹤山镇被评为第二批全国农村优秀学习型乡镇，乡饮乡被评为第三批全国农村优秀学习型乡镇，蒋集镇社区教育中心被评为第三批全国农村优秀学习型部门。

【宁阳第一中学】 2016 年，学校固定资产过亿元。共有教学班 80 个，在校学生 4749 人；专任教师 357 人，其中特级教师 3 人、高级教师 106 人、中级教师 178 人；泰山功勋教师 3 人，“泰山名师”13 人，国家优秀教师 2 人，省优秀教师 5 人，市优秀教师 26 人，县级优秀教师 86 人；教师学历达标率为 100%。

该校坚持“尊重为先，育人为本”的办学理念，秉承“真诚”校训，弘扬“向善、向上、向新、求美、求优、求真”的文化精神，实施“让每一个生命绽放光彩”的育人工程，先后培养出两名省理科状元，7 名市文理科第一名，30 多名学子走进北大、清华。学校大力推进探究释疑教学模式，实施了“说讲测评思”教研制度、“每周一大备”“每日一小备”集体备课制度、“日查周评月反馈”常规检查制度，加强学生“三自能力”(自我管理、自我教育、自主发展)培养，10 多项研究成果被省内外学校使用或借鉴。被授予“空军飞行员优秀生源学校”“中国大学生篮球联赛(CUBA)人才培训基地”。

先后被评为全国模范职工之家、全国教育科研先进单位、全国消防安全教育示范学校、全国数学联赛先进单位、省规范化学校、省电化教育示范学校、省体育传统项目学校、省花园式单位、省教学示范学校、省校本教研先进单位、省依法治校先进单位、省民主管理先进单位，连年被评为市教书育人先进单位。

【宁阳第二中学】 位于磁窑镇车站街南首，学校占地 170 亩，建筑面积 60152 平方米，校园绿化面积 51248 平方米。2016 年，固定资产 6016.9 万元；共有教学班 35 个，在校生 2234 人；教职工 236 人，其中专任教师 231 人，高级教师 60 人，中级教师 104 人。

该校以“学生快乐、教师乐业、家长满意、社会公认”为办学目标，秉承“人本、民主”的办学思想，秉持“让教职工幸福成功、让学生快乐成长”的办学理念，大力推进现代学校制度建设，不断完善“文化、艺体、春考”三位一体、共同提高的发展模式，高考实现质和量的全面突破，文化课一本上线21人，比2015年增加16人；二本上线74人，增加55人；艺体生双过线302人，增加105人；春季高考本科上线57人。

先后获全国优秀实验学校、全国科研先进学校，泰安市花园式单位、泰安市档案工作先进单位、宁阳县教学质量优胜学校、宁阳县艺体教学优胜学校、宁阳县四星级基层党组织、宁阳县五星级基层工会等称号，连续20年保持泰安市文明单位称号。年内，涌现出泰山名师2人，泰山教坛英才、泰山教学新星4人，泰安市教学管理先进个人5人，市县模范班主任4人，宁阳县教育工作先进个人2人，宁阳县学科管理先进个人6人，宁阳县教学工作先进个人26人。

【宁阳第四中学】 位于县城杏岗路678号，占地131335平方米，建筑面积71028.9平方米，绿化面积74458平方米，2016年，有固定资产1.09亿元；教学班69个，在校生4169人；教职工327人，其中专任教师288人，高级教师73人，中级教师126人；研究生26人，学历达标100%；泰山功勋教师1人，泰山名师4人。

2016年，高考本科上线679人，其中文化科一本上线144人，二本上线510人。该校强力推行语文整体阅读、教学案一体化两项改革，举办市“语文阅读改革现场会”，学校在2016年全国“学校自主变革”论坛暨高中课程重构与教学创新研讨会和“2016年山东素质教育论坛”上介绍经验。

先后获新浪山东2016年度最具网民口碑高级中学、市先进学校、市读书教育活动先进学校。

【宁阳复圣中学】 位于宁阳县城东部新区宁阳大道东首，2016年2月，由“宁阳实验高级中学”更名为“宁阳复圣中学”。占地面积210亩，建筑面积8.8万平方米，绿化面积6.6万平方米，总资产1.1亿元。共有教学班77个，在校生4367人；教职工348人，其中专任教师297人，高级教师62人、中级教师119人；省级优秀教师1人，市、县级优秀教师62人；泰山名校长1人，泰山名师4人，泰山教坛英才6人，泰山教学新星9人；市、县级教学能手、学科带头人以及教学先进个人197人；专任教师学历达标率100%。

以“让学生全面发展、让文明源远流长”为办学宗旨，建树“复礼行大道、圣功育真人”的学校精神，凸显“艺术润心、文化铸魂”的办学特色，努力实现“创特色名校卓立齐鲁、育栋梁之材惠泽九州”的愿景。一年来，办学条件更加优越，新建综合楼33180平方米、学生公寓楼5237平方米，建造校内微观园林1.3万平方米；办学内涵实现重要提升，实施“德育一体化”工程，成立82个“微善社”，开启以“一章程五制度”为特点现代学校制度试点，继续推进“七年一贯制”学制探索，学校管理效能不断提高。

学校先后获省级文明单位、2016年度最具办学特色高级中学、山东省中小学安全文化建设重点研究基地、山东省德耀齐鲁道德示范基地、中华希贤教育试验学校；泰安市课程与教学先进单位；宁阳县教学质量优胜学校、宁阳县高中艺体教学优胜学校、宁阳县平安和谐校园创建先进单位、宁阳县办学水平先进单位。

【宁阳县职业中等专业学校】 该校是集职业教育、成人教育为一体的国家级重点中等职业学校，位于宁阳县文庙街道杏岗路598号，占地560亩，建筑面积12.6万平方米。2016年，有固定资产6490万元。共有教学班70个，在校生4468人，教职工364人，其中高级教师98人，中级教师151人；泰山名师2人，省优秀教师1人，市优秀教师8人，县优秀教师27人；专任教师学历达标率100%；具有技师、高级工技能资格证书的“双师型”教师比例达91%。

学校坚持“以立德树人为根本，以服务发展为宗旨，以促进就业为导向”的办学方针，坚持“厚德做人、严谨做事、精技立业、实业报国”的办学理念和“培养一名学生、致富一个家庭、带动一方经济”的办学宗旨，主动融入县域经济社会发展，深化教学改革，推进产教融合，促进县域传统产业提升和战略性新兴产业培植。培养专业技术人才5.3万余人。2016年，全国职业院校技能大赛“装配钳工技术”“单片机控制装置安装与调试”“通用机电设备安装与维护”分获金、银、铜牌。

学校获首批国家中等职业教育改革发展示范学校、全国教育系统先进集体、全国成人教育先进学校；山东省职业教育先进集体、山东省职业教育“就业十大明星学校”、山东省中等职业学校德育工作先进集体；连续两年被泰安市授予“参加全国技能大赛突出贡献单位”“参加全省技能大赛突出贡献单位”。

【宁阳实验中学】 该校位于宁阳县城欣街618号，学校占地面积59940平方米，校舍建筑面积28728平方米。2016年，学校固定资产2459.1万元。有教学班64个，在校学生4098人，专任教师270人，其中正高级教师1人，高级教师58人，中级教师81人；有省骨干教师8名，省优秀教师2名；泰山名师1名，泰山教坛英才5名，泰山教坛新星9名；市级教学能手26名，市级优秀班主任9名，市县级骨干教师27名；教师学历达标率为100%。

学校确立“创特色、树品牌、办名校”的办学目标，“做人第一，完整做人”的办学理念，“明责，尽责”的学校精神，“立责而行，创新而进”的校风，“博爱润心，精艺启真”的教风，“养正于行，进学于勤”的学风，“博学明礼，学有所长”的培养目标，将学校打造成“立德立人的成长乐园，启真润智的智慧学园”。

先后荣获山东省科普示范学校；泰安市“五化五星”服务型党组织创建四星级党组织、泰安市课程与教学工作先进单位；宁阳县教学质量优胜学校、教学质量先进单位、教书育人先进单位、教育宣传工作先进单位。并成为山东省科技创新教育实践基地和中华希贤教育试验基地。

【宁阳英才学校】 位于宁阳县城建设路602号，占地面积2.6万平方米，建筑面积33518平方米。2016年，学校固定资产3083万元。有教学班23个，在校生1284人；专任教师135人，其中高级教师31人，中级教师63人；涌现出山东省优秀教师1人，泰山名师2人，泰山教坛英才1人，教师学历达标率为100%。

围绕“培养具有健全人格的现代公民”的办学目标和“质量立校”的发展理念，坚持以社会主义核心价值观为指引，以“养习立德”为目的，以“五有五会”为核心，聚焦主题教育活动，构建“教育+体验”德育途径，开展“学校统一”与“年级自主”相结合的系列活动，做到计划系统、规划具体，组织有力，落实有效，使教育融入活动中，让学生在活动中体验、感悟、成长。

2016年，获县直教育系统先进基层党组织，县中小学生田径运动会团体总分第一名，县中学生健身操比赛团体总分第一名，县田径选拔赛团体总分第一名，县长跑比赛团体总分第一名。

【宁阳第二实验中学】 位于宁阳县西街路909号，占地面积58347平方米，总建筑面积32192.88平方米。2016年，有固定资产约5449.4万元，教学班29个，在校学生1921人；教职工121人，其中高级教师5人，中级教师101人；泰山名师1人；专任教师学历达标率100%。

以打造传统文化特色学校和教育信息化品牌学校为办学目标，秉持“以仁为本，勇于担当”的学校精神，围绕“进德修业，臻于至善”的育人理念，致力于全体师生实现“高境界做人、高水平学习、高品质生活”，培养“仁、智、勇”的现代中国人。

以教育信息化建设为突破口，全面推动学校发展，信息化教育的典型经验在全省乃至全国产生广泛影响。先后在山东省校长教育信息化领导力论坛、全国第六届学习与发展大会、全国智慧教育推进会、泰安市慕课联盟校长论坛等会议上做了典型发言，在中央教育电视台、《中国教育报》《未来教育家》杂志上进行了报道或刊载。11 月，承办全国第三届翻转课堂大会，进一步扩大宁阳教育的知名度。学校合唱团和话剧团获得山东省合唱戏剧比赛第一名、第三名，泰安市“唱国歌”“唱校歌”比赛二连冠。

【宁阳县实验小学】 位于宁阳县城建设路 909 号，占地 25782 平方米，总建筑面积为 9726 平方米(其中包括东校土地 9065.30 平方米，建筑面积 975 平方米)。2016 年，学校固定资产 2538 万元，教学班 32 个，在校学生 1702 人，教职工 167 人，其中高级教师 12 人，中级教师 107 人；全国优秀少先队辅导员 1 人，省特级教师 3 人，省十佳少先队辅导员 1 名，省教学能手 3 人，泰山功勋教师、泰山名师 5 人，市专业技术拔尖人才、市学科带头人、市教学能手 79 人；专任教师学历达标率 100%。

学校秉承“尊重生命成长，奠基幸福人生”的办学宗旨，恪守“在快乐中成长，在幸福中绽放”的教育理念，全面推进学校内涵发展，形成“仰圣尚仁爱，望岳敢争先”的办学品位。

2016 年该校被评为山东省学校安全文化建设示范学校、泰安市课程与教学先进单位、上海真爱梦想公益基金会梦想课程示范校、宁阳县三星级基层党组织；《井冈山下种南瓜》《山童》两个节目被评为 2016 年泰安市十佳童心向党节目，合唱《山童》在山东省校园艺术节中获泰安市第二名、山东省二等奖。

【宁阳县第一小学】 位于宁阳县城欣街路 222 号，占地 12175 平方米，建筑面积 7442 平方米。2016 年，学校固定资产 441.3 万元。有教学班 27 个，在校生 1780 人；专任教师 107 人，其中特级教师 1 人，高级教师 2 人，中级教师 41 人；省优秀教师 1 人，齐鲁名师培养人选 1 人；泰山功勋校长 1 人，泰山功勋教师 1 人，泰山名师 3 人；教师学历达标率 100%。

该校确立“童心母爱，教书育人”的核心教育理念，“爱”的校训，形成“让校园充满爱”的校风，“静心教书，潜心育人”的教风，“好好学习，天天向上”的学风。学校深入推进课程和课堂改革，推进德育课程一体化实施，塑造“学生喜欢、教师幸福、家长满意、社会尊重”的学校形象。

2016 年，该校被评为山东省健康示范学校、山东省卫生先进单位、山东省地震科普示范学校；泰安市“五化五星”服务型党组织创建四星级党组织、泰安市课程与教学工作先进单位、泰安市教师校本培训示范学校、2011—2015 年全市普法依法治理工作先进集体；宁阳县办学水平先进单位、宁阳县教学质量优胜学校、县直教育系统先进基层党组织。

【宁阳县第二小学】 位于华丰镇新矿集团华丰煤矿新丰街 1 号，学校占地面积 28861 平方米，建筑面积 6924 平方米。2016 年，有固定资产 437.8 万元。有教学班 18 个，在校学生 856 名；专任教师 62 名，其中高级教师 4 人，一级教师 42 人；现有泰山教坛英才 1 人，泰山教学新星 2 人；市级优秀教师 2 人，县级优秀教师 20 人，县学科带头人、教学能手 7 人；专任教师学历达标率 100%。

学校围绕“实·梦”核心文化理念，秉承“以人为本，精细管理，创新发展”的治校理念，以“用行动点亮梦想”为校训，践行“一笔一划写好字，一言一行做好人”的德育理念，形成“书香点燃智慧·生活涵养身心”的办学特色。以尝试教育理论为指导，围绕先学后教，以学定教的思路，确立了“三环六步”课堂教学改革模式。学校教育教学质量稳步提高，家长满意度越来越好。

学校荣获泰安市青少年“传承中华文化·共筑精神家园”读书教育活动先进学校，宁阳县青少年“传承中华文化·共筑精神家园”读书教育活动思想道德建设十佳学校，宁阳县文明单位，宁阳县教学质量优胜单位，宁阳县德育品牌学校，“华宁嘉禾杯”全县中小学师生征文大赛优秀组织奖，全国青少年学生法治知识网络大赛优秀组织奖。

【宁阳县第三小学】 位于县城东部，仰圣路东，宁阳大道北，占地 52 亩，总建筑面积 2.3 万平方米。

2016年，学校有固定资产8918万元。有教学班20个，在校生1050人；专任教师59人，其中高级教师1人，中级教师16人；泰山名师1人，泰山教坛英才1人，泰山教学新星4人，宁阳名师2人；市县级教学能手、学科带头人23人；教师学历达标率为100%。

学校确立“让师生过一种幸福完整的教育生活”的办学目标，以“童蒙雅正，奠基未来”为核心，构建“静雅教育”的文化理念体系，以“静以修身，雅以正行”为校训，把“知新行远，和而不同”作为精神追求，使学校站在发展前沿，植根教书育人，形成优秀办学品质；使学生走好人生成长第一步，培养习惯和兴趣，为聪慧发展打牢坚实根基；使教师具备宽阔视野、渊博知识、执着信念，形成个性风格。

2016年该校顺利通过了泰安市规范化学校、泰安市语言文字示范校验收，先后获得全国校园安全教育工作先进单位、泰安市课程与教学工作先进单位、泰安市中小学心理健康教育特色学校、泰安市地震科普示范学校、泰安市优秀交通安全示范校、宁阳县2015—2016学年度教学质量优胜学校、宁阳县第四届德育品牌学校、宁阳县防震减灾知识竞赛优秀组织奖、宁阳县“大手拉小手·环保迎新年”活动优秀组织奖、“中海·名士豪庭杯”鼓号操大赛银号奖、全县青少年“传承中华文化，共建精神家园”读书教育活动思想道德建设十佳学校、平安和谐校园创建工作先进单位、宁阳县2016年度办学水平先进单位。

【宁阳县特殊教育中心】 位于宁阳县城华阳大街198号，占地20亩，建筑面积6818平方米。2016年，有固定资产779万元。教学班12个，学生144人；教职工51人，其中高级教师7人，中级教师17人；现有市教学能手3人，宁阳名师2人，泰安教坛英才1人，泰山教学新星1人；专任教师学历达标率100%。

以“办人民满意的特殊教育学校”为办学目标，扎实推进“康教结合”育人模式，全面提高教育教学质量。做好残疾儿童康复救助工作，与泰山疗养院合作，为14名0~6岁残障学生免费治疗192人次；做好送教上门工作，为13名重度残疾儿童实施上门服务，保障了重度残疾儿童受教育的权力；做好教育教学成果提升工作，申报国家级课题1项，顺利完成1项国家子课题、2项省市级课题的结题工作；做好办学条件改善工作，年内，学校规划康复综合楼建设项目建筑面积2867平方米，于11月开工。12月，在全省开展的“德育课例”展评活动中，1名教师获省一等奖，3名教师获市一等奖；10月，有4名学生参加省残疾人青年运动会，获得1枚铜牌。学校办学经验在山东省特殊教育工作推进会上交流。

2016年，学校被评为县年度办学水平先进单位、平安和谐校园创建工作先进单位，泰安市教师文明礼仪大赛初中组第一名。

（陈　会　张连锋）

文化 体育 档案

文化事业

【概况】 2016年，全县文化广电新闻出版，以打造独具特色的文化生态为主要工作任务，着力强化八种理念，构建八大体系，即：强化文化是根理念，构建传统文化保护传承体系；强化文化精品理念，构建文化工作标杆带动体系；强化文化创新理念，构建文化工作促进体系；强化文化产业提质增效理念，构建现代文化产业发展体系；强化人才发展理念，构建文化人才储备保障体系；强化文化市场规范管理理念，构建现代文化市场体系；强化文化投入理念，构建文化工作保障体系。全县开展各类演出400余场次，各类书画展、征文、演讲、讲座等活动100余场，送戏下乡400场；打造、创树四级惠民舞台、广场快乐放歌一小时、“一村一人一艺”百姓擂台赛、“文庙百姓讲堂”“名著周末”等独具宁阳特色的文化创新品牌并受到上级主管部门的充分肯定。先后获“全国文庙保护先进单位、全民阅读活动示范县”，山东省“公共文化服务体系建设示范项目、非遗十大亮点、农家书屋工作先进集体、公共电子阅览室建设与服务示范县、扫黄打非工作先进集体、古籍保护先进单位”等荣誉称号。

【文化服务设施建设】 2016年，投入89万元，加强基层综合性文化服务中心建设，建立健全相关制度，确保三馆免费开放无障碍、零门槛开放；抓好文化基础设施升级和免费开放，加大对基层文化产品和服务的供给，推动公共文化服务标准化、均等化建设。争取省级贫困村拉杆音响50个；农村文化大院标准化提升和农家书屋出版物更新各40个村；通过“成立一个机构、制定一个文件、细化一个标准、召开一个会议、建立一个台账、开展一次交流、制作一套标牌”等方式、方法，统筹、灵活推进基层综合性文化中心建设。先后成立宁阳木偶曲艺剧团、文化艺术创作研究室、宁阳县美术馆、宁阳县老年文化大学。全年，县文化馆参观人数达18万人次。

【文化培训】 2016年，邀请市、县专家对非遗保护、音乐、戏曲、舞蹈等专业知识进行培训，举办第三届东岳文学艺术、泰安市广场舞培训班各一次。全年组织举办各类培训班10余次，全县各乡镇(街道)文化站长、非遗传承人、文化推销员骨干共计2000余人参加培训，基本实现文化人才每年轮训一遍的目标。免费辅导业余文艺骨干，调动文化人才的积极性，发挥其示范作用，营造一人带多人、多人带全村的文化活动氛围。选送歌手参加泰安市第十三届歌手大赛，取得一等奖、二等奖各1名。

【娱乐活动】 2016年，为提高城乡群众文化生活水平，挖掘民间群众才艺，传承优秀文化艺术，成功举办四级惠民大舞台“一村一人一艺”百姓擂台赛， 14个乡镇

2016 年 1 月 22 日，文化下乡活动在蒋集镇展开

(街道、开发区)4000 余名文艺骨干参与，受益群众达 50 多万人次，真正体现了"全民参与、文化惠民"。9 月，成功举办"新华杯"中华宁阳蟋蟀文化节、"农村商业银行杯"形象礼仪大使选拔赛。12 月，举行"华宁·嘉禾之星"校园歌手大赛，历经海选、复赛、决赛，加海选的选手达 40 余人，现场观众 2000 余人，评出学生、教师一、二、三等奖各 1 名。为打造宁阳县群众文化名片，多次在金阳广场举办"快乐放歌一小时"主题活动演出。"宁阳县木偶曲艺剧团"开展文化下乡活动，演出遍布全县 11 个乡镇、1 个开发区、2 个街道，累计完成送戏下乡 295 场。

【文化市场监管】 2016 年，开展文化经营单位普查登记，建立完善综合执法办公系统，制定规章制度，规范网上办理程序，增强对案件流程的控制和办案质量的监督。同时，开展农村演出市场专项检查，坚决杜绝草台班子进入宁阳。与举办"三会"的乡镇、单位、演出团体签订责任书，对举办物资交流会的乡镇加强日常监管。期间，文化市场综合执法大队共出动检查人员 90 人次，检查演出团体 5 个(豫剧团 3 个、戏团 2 个)，采取全场跟踪监督，确保演出剧目安全文明。围绕网吧、电影、图书、音像等领域开展"扫黄打非"和文化市场综合执法检查，严密封堵和查缴非法出版物，大力扫除淫秽色情、凶杀暴力、封建迷信等文化垃圾，全年共出动检查 400 人次，检查网吧 200 家，歌舞娱乐场所 48 家，图书音像 110 家，印刷类企业 120 家，受理政府便民服务举报案件 4 起，查实 4 起，行政处罚 19 家，没收违规图书、报刊、音像制品 200 余册(盘)。

【文物保护】 2016 年，以加强文物保护工作为重点，优化文物保护环境，确保全县文物保护工作可持续发展。注重城乡建设规划中保护文物。组织人员对辖区内县级以上文保范围及建设控制地带，绘制图纸，埋置四至界桩，树立文物保护标志。先后对工程项目建设用地范围进行实地调查和勘探。先后编制完成了《大汶口遗址汶河南岸滨河区域文物展示方案》《宁阳颜子庙修缮设计方案》《宁阳文庙保护方案》《山东宁阳禹王庙修缮工程设计方案》《宁阳灵山寺修缮设计方案》《大运河枢纽元代堽城坝(闸)遗址修缮保护工程设计方案》《神童山摩崖石刻及寨墙保护设计方案》等十余处全国、省、市重点文物保护单位的保护规划。严格按照《中华人民共和国文物保护法》"修旧如旧"的原则，争取资金，先后抢救修复了文庙、禹王庙、颜子庙、灵山寺、西台里清真寺、黄氏祠堂、泗店许家桥、王氏祠堂、闫氏祠堂等一批县级以上文物古建筑。全县文物遗址、遗迹 416 处。已公布的县级以上文物保护单位 66 处，其中国家级 2 处，省级 14 处，市级 17 处，县级 33 处。

文物维修工程，2016 年，投资 757 万元，对禹王庙进行修缮。投资 30 万元，对文庙大成殿、大成门、东西庑更换了红松门窗，大成殿、大成门、东西庑、乡贤祠、名宦祠、东西廊、棂星门等古建筑的廊柱、檐柱、金柱、中柱、山柱、角柱等木建筑构件进行维修。争取国家补助专项经费 159 万元，宁阳颜子庙和颜林消防工程正在施工建设。争取 20 万元资金，修复明代石桥——泗店镇许家桥桥面石板、新安装狮头望柱 58 根，锻造铁扣 242个，两栏间用铁链链接。

可移动文物普查，全县共登录国有可移动文物 14245 件/套，其中新发现可移动文物 13759 件/套（含 41 件标本化石），成果卓著。2016 年 12 月，宁阳县被山东省文物局授予“山东省第一次全国可移动文物普查先进集体”。

【图书阅览】 2016 年，宁阳县图书馆以“推动全民读书，打造书香宁阳”为工作目标，更新图书馆藏，增订报刊、杂志，改善借阅环境，图书馆现有馆舍面积 600 余平方米，持证读者 2500 余人，馆藏图书 7.1 万册，全年新增图书 4000 余册，报刊 100 余种，每周开放时间达到 48 个小时，做到节假日正常值班。全民阅读推广刊物《宁阳读书人》已经创刊 5 周年，至 2016 年 11 月，累计发行 21 期，每期印数 2000 余册，免费寄赠国内各大图书馆以及县内各企事业单位和宁阳读书人协会会员。投资 5 万元，更新图书借阅系统，读者还可以通过手机、电脑实现网上续借和查询。“名著周末”讲堂被评为“山东省首届全民阅读推广活动示范品牌”，宁阳县被评为“山东省首届全民阅读推广活动示范县”， 宁阳县图书馆被泰安市社科联指定为“泰安市社科教育普及基地”。

【名著周末讲堂】 “名著周末”是“宁阳阅读”文化创新品牌的升华和深化，定期在每个月的第二个周六上午举行，邀请省内外知名作家或学者讲解文学名著。2016 年举办 11 期，每期听众达 300 余人。同时，宁阳电视台开辟了时长 45 分钟的“名著周末”专题节目，每周日晚间 8:30 定期播放，全年举办 12 期，深受听众欢迎。“名著周末讲堂”把全民领进高端文学殿堂，激励核心文学创作人群学习借鉴知名专家教授的独特创作和思维方式，提升创作水平。

【宁阳县交互式、全媒体全民阅读公共服务平台启用】 2016 年 12 月 16 日，宁阳县交互式、全媒体全民阅读公共服务平台启用仪式隆重举行。该平台进一步创新全民阅读方式，鼓励和引导广大读者在互联网语境下充分利用现代信息技术和智能终端，参与全民阅读，打造书香宁阳。平台的启用，实现县图书馆及其新建网站、新华书店、《宁阳读书人》纸质内刊、手机微信平台、固定云屏借阅机终端等全媒体的交互式、全方位融合，将读书、看报、购书、借阅、点播收听有声读物和在线观看视频等各类不同形式的阅读融为一体，呈现在手机智能终端，实现“24 小时无障碍无边界立体式的阅、购、视、听”，完成阅读与现代生活方式、文化传播方式的无缝对接。

【电影放映】 2016 年，宁阳县电影公司放映农村公益电影共计 6720 场，全县 562 个行政村覆盖率达到 100%。同时，开展“送电影进福利机构”放映活动，放映 458 场、脱贫电影放映 90 场。

（姜 维）

2016 年 12 月 16 日，宁阳县交互式、全媒体全民阅读公共服务平台启用仪式隆重举行

文艺创作

【概况】 2016 年，为打造全县“文艺创作年”，举办全县文艺工作者创作座谈会，成立文化艺术创作研究室。以文化馆为主体，组织作家协会会员、读书人协会会员、各类社会文学团体会员开展交流活动 11 次。“四个一”工程(即一台戏曲、一套丛书、一组歌曲、一组微电影)拉开帷幕。搭建书画艺术交流的平台，举办书画笔会 3 期。《枣花》报与泰安报业传媒合作，专注于文学创作，达到强强联合。一部小说荣获山东省委宣传部、山东省作家协会联合举办的“中国梦”长篇文学作品征文活动一等奖。

【文学创作】 2016 年，先后编辑出版宁阳第一套系列丛书《宁阳作家文学大系》和保护传承非物质文化遗产专业书籍《天下第一虫—宁阳斗蟋》。国家艺术基金申报项目《泰山石乐》已和市有关科室和单位初步对接。长篇小说《人子，人》获第三届泰安市东岳文学艺术小说类二等奖；诗集《屋檐上，站着我的童年》获文学作品集三等奖；歌曲《美丽宁阳》获音乐类三等奖；面塑《烟花时节》获民间工艺类三等奖。一台戏曲《鲁义姑》，一组歌曲《枣花》《美丽宁阳》已完成创作。反映宁阳风土人情、民俗以及民间文化的系列丛书《宁阳记忆》正在组稿编辑。动漫剧本《蟋王东征》列入山东省电影剧本孵化计划的 6 个立项项目之一。

【书法美术】 2016 年，为弘扬传统文化，促进全县文艺事业的发展，搭建书画艺术交流的平台，邀请国家级书画家、教授讲课，现场示范指导。全年举办书画笔会 3 期，选送多幅作品参加泰安市“喜迎登山节庆祝中华人民共和国成立 67 周年暨红军长征胜利 80 周年美术书法作品展”并获奖。

【民间文艺】 2016 年，按照《泰安市非物质文化遗产申报评定实施细则》，对县级非物质文化遗产名录中具备条件的非物质文化遗产申报项目进行筛选、论证、评审。有 18 个非遗项目被评为泰安市第六批市级非遗名录，6 个项目的非遗传承人被评为第三批泰安市市级非物质文化遗产代表性传承人。宁阳县第 11 个非遗宣传日，组织非遗传承人进校园，进行非遗教育宣传活动。选送 2 个项目参加全国非物质文化遗产博览会，选送 6 个项目参加市非遗宣传日活动。

（姜　维）

2016 年 2 月 17 日，召开宁阳县文艺工作者座谈会

图书发行

【概况】 山东新华书店集团有限公司宁阳分公司（以下简称县新华书店）下辖一个中心门店，6 个行政科室，9 个教材发行部门。2016 年，实现销售码洋 4326 万元，较上年同期增长 15%。新建宁阳县政务服务中心“新新书吧”、复圣公园社区书店“复圣书屋”、复圣中学校园图书馆、宁阳第十二中学校园图书馆。年内，县新华书店荣获山东省“文明单位”，山东出版集团“省级先进集体、最美书店”，泰安市总工会“工人先锋号”等荣誉称号。

县新华书店中心门店北厅全景

【图书销售】 2016年，共计发行各类图书360万册，实现销售码洋4326万元。其中，发行中小学教材340万册，码洋3812万元，发行一般书13万册，码洋320万元。征订发行青少年爱国主义读书活动用书、国防教育读书活动用书共计码洋110万元。配合宁阳县文化广电新闻出版局完成文化扶贫基础建设和图书配送任务，共计配送基础设施和图书39万元；农家书屋出版物补充更新出版物采购项目45万元。全力做好中共十八届五中、六中全会学习文件、习近平总书记系列讲话学习读本等重点图书发行工作，设立专架，上门征订，送书到单位，为广大读者提供一站式服务。

【经营管理】 2016年，按照集团"强化一种思维、实现四个转化、狠抓五个关键点"的战略部署，推动实体书店转型升级，探索"互联网+"、多元化、体验化经营新模式。搭建宁阳新华书店微信公众号"微书城""新华阅购"购书平台、"智慧书城"等网络发行渠道，实现线上线下齐头发展。对中心门店进行改造，增添百新文具馆、百芬爽健康饮品、DIY儿童手工坊多元业态以及多种顾客体验设施，以满足广大读者的需要。

【文化活动】 2016年1月，参加科技、文化、卫生、法律四下乡活动；3月，邀请《山东高考作文状元卷》主编桑哲教授到宁阳一中、四中举办《语文素养与应试》公益讲座各1场；4月，邀请著名儿童作家庞婕蕾为宁阳第一小学、宁阳实验小学"阅读点亮人生"公益讲座各1场，并在中心门店开展签售交流活动；组织开展第二十三届新华书店杯"传承中华文化 共建精神家园"演讲比赛；联合第一小学、实验小学、西关小学举办"世界读书日"系列公益活动；5月，联合光明日报社在金阳广场举办"宁阳读书节"大型图书展销活动；6月，举办"欢乐过六一·绘本送不停"活动；7月，组织人员为宁阳县公安消防大队送去慰问品；8月，为开学在即的中小学生开展重点工具书系列展销活动；9月，邀请著名儿童作家伍美珍在宁阳实验小学、宁阳第二小学举办阅读公益讲座走进校园活动；10月，举办"新华书店杯"国防教育征文演讲比赛，并联合县妇联开展贯穿全年的"母子共阅读·书香溢万家"读书征文活动。

（刘 浩）

广播电视

【概况】 2016年，县广播电视台有正式在编工作人员77人，其中大专以上文化程度25人，高级职称2人、中级职称23人、初级职称39人、高级工7人。共设置电视频道四套：宁阳一套（NYTV－1）、宁阳二套（NYTV－2）、宁阳综艺和宁阳图文频道；广播频率一套，FM95.5兆赫。建有电视发射塔2座，发射功率分别为1000瓦和300瓦，日播出电视节目16小时，电视人口覆盖率100%；广播发射频率为1000瓦，全天播出广播节目18小时，广播人口覆盖率100%。年内，获全省电视新闻宣传先进集体一等奖。

【服务发展】 2016年，继续办好新闻、专题等电视节目，相继开辟《重点项目聚焦》《十二件实事追踪》《提升服务效能 推进跨越赶超》《最美宁阳人》等专栏，全领域、多方位展示宁阳经济、社会等方面取得的丰硕成果，营造全县上下齐心协力创优发展环境、推进跨越赶超的浓厚舆论氛围。努力宣传推介宁阳创新工作、亮点特色，突出新成就、展示新风貌，宣传新典型、树立新形象。全年对市台供稿 170 余件，其中《泰安新闻》头条 9 件；对省台电视新闻供稿 20 余件，其中《山东新闻联播》10 件；齐鲁网用稿 130 件。年内，先后举办“中小学生征文大赛”“炫舞宁阳”广场舞大赛、国学经典诵读电视大赛，主办春秋季车展、家居建材博览会，开展“暖心”志愿公益行动，通过打造新平台，推广宁阳广电品牌。

【互利双赢】 2016 年，创收部室认真分析市场，调整经营思路，创新经营模式，广开创收新渠道。广告一部与济宁银行、莱商银行、凌云集团、河砂局、复圣公园等单位达成合作意向；广告二部与县一院合作开设《健康新生活》栏目，与齐鲁房产联合推出《宁阳房产报道》房产版，与外地客商合作推出了电视购物节目，增加创收力度。专题部先后与房管局、金融办、组织部电教中心合作新开办《物业聚焦》《金融天地》《宁阳先锋》专题栏目，实现互利双赢。

【广播电视节目】 2016 年，创新广播电视节目、栏目形式，提升播出效果。电视节目《民生聚光灯》倾力打造的《记忆　传承》栏目，记忆乡愁，传播文化，不忘初心，继续前行；《今日宁阳》节目开办的《物业聚焦》《金融天地》《宁阳先锋》以及广告栏目《健康新生活》《宁阳房产报道》等生活服务类节目，增强了宣传效果，强化了媒体与受众之间的亲和力。广播电台开设的《健康之声》《音乐活力秀》《曲苑大舞台》《评书剧场》《缘分天空》《人口与计生》等文化娱乐、农业科技、生活百科广播节目，形成集新闻、专题、文化娱乐、短信互动为一体的格局，实现了设置时尚化、栏目个性化、节目精品化。

（胡登建）

节目制作

体　育

【概况】 宁阳县体育局为正科级参照公务员管理的事业单位，内设办公室、群众体育科、竞赛训练科、老年体协办公室 4 个科室。2016 年，贯彻落实《全民健身条例》,试行《全民健身计划》,构建完善的公共体育服务体系。获宁阳县“科学发展先进单位三等奖”,泰安市“群众体育工作贡献奖、体育彩票工作突出贡献奖、全民健身活动先进单位、中学生田径联赛突出贡献奖”,山东省“第六届全民健身运动会先进单位”。

【全民健身】 2016 年 3 月，举办以“健康山东动起来,强身健体奔小康”为主题的宁阳县第六届全民健身运动会,共有 2.9 万余人次参加,参赛人数创历史之最。全年举办篮球、足球、羽毛球、乒乓球、中国象棋、围棋、马拉松等 69 项县级体育赛事活动;县乡统筹,上下联动,各乡镇(街道)举办乡镇机关运动会、“农家乐”趣味比赛、农民运动会、乡镇广场舞大赛等接地气的比赛项目;组织开展各级各类群众体育赛事活动 198 项次,6.5 万余人次参与;泰安市第六届全民健身运动会各项赛事，派出 9 支队伍 229 人参加。举办广场舞三级社会体育指导员培训班 4 期,培训学员 526 名;开展老年人、青少年体质监测,对 1200 人进行抽样调查。

【主要活动】 3 月 19 日，宁阳县三级社会体育指导员培训班在县广场舞协会会议室举行。来自全县 13 个乡镇(街道)共计 600 余人参加培训,共分四期。培训班由县广场舞协会专职人员授课，学习广场舞基本理论和排舞。

4 月 2 日上午,由宁阳县体育局主办，宁阳县长跑协会承办的 2016“泰安银行杯”首届越野马拉松比赛在风景秀丽的神童山景区鸣枪。来自全县及曲阜、兖州、新泰等周边县市的 310 多名马拉松爱好者分别参加 10 公里、21 公里的越野跑。比赛按照“以花为媒、以山为介、梨花为友”的思路,将马拉松越野跑列为梨花节的一项重要活动。宁阳跑团的朱海、王秀丽分别以 1 小时 13 分、1 小时 38 分的好成绩分获男女组 21 公里冠军。

4 月 23 日，宁阳县第六届全民健身运动会由县政府主办,县体育局牵头承办,设置了学校组、职工组、县直组、乡镇组、老年组、俱乐部协会组六个组别，共计 40 个大项 100 多小项比赛,从 4 月开始,持续到 10 月结束,全县直接参与人数达到 2.8 万人。

5 月 28—29 日,“中国体育彩票”山东省第八届“百千万”三大赛乒乓球宁阳赛区初赛在双鱼乒乓球俱乐部举行。比赛共有全县企事业单位、学校、驻宁阳县各单位的 18 支代表队参加,经过激烈角逐,县供电公司、县教育局分获男女团体第一名，县供电公司男运动员李东和县教育局女运动员李晓分获男女个人单打第一名。

5 月 21 日,“中国体育彩票”山东省第八届“百千万”三大赛中国象棋宁阳赛区初赛在复圣公园宁阳县少儿棋院举行。比赛共有全县企事业单位、学校、驻宁各单位的 12 支代表队参加,经过激烈角逐,县建公司、华龙水业、农业局分获前三名。

9 月 10 日上午，在县金阳广场举办 2016 年“炫舞宁阳”广场舞总决赛,来自各企事业单位、乡镇街道开发区的 58 支队伍参赛。比赛经过了初赛、复赛、决赛三个阶段,举行了 9 场比赛,共计 1500 多人次参加。

10 月 9 日,宁阳县庆祝“重阳节”中老年人健身成果展演活动在金阳广场举行。来自县老年体协各工委、各站点的12个中老年健身队伍参加了展演。500多名老年朋友进行了健身球操、秧歌、花棍、抖空竹、体育舞蹈等健身创新节目表演，展示了中老年朋友健康乐观的精神风貌。

【竞技体育】 2016年，承办泰安市中学生田径联赛，全市各县市区、市直学校的42支代表队803名运动员参赛；全县范围的体育苗子选拔，选出体育苗子50名，进入到两个训练基地进行暑期集中训练26人，输送到市体校14人；开展中小学生普及游泳运动试点，对全县6所学校320名中小学生培训游泳技能；实施体育器材进校园扶持，向县英才学校、第二实验中学、实验小学、乡饮中心小学四所学校发放体育器材及用品价值10万元。

【体育产业化】 2016年，高标准编制《宁阳县"十三五"公共体育设施建设规划》《宁阳县公共体育设施布局规划》。全年投入451万元，改善群众健身条件和环境。落实精准扶贫，为12个省级贫困村更换超出安全使用年限的健身器材；建设泗店镇滨河家园新型农村社区健身工程1处；实施"健身广场千村扶贫"，为26个省级贫困村进行广场建设补贴并配备体育器材；开展"农村文体小广场建设提升工程"，围绕硬化、绿化、亮化、美化、增加健身器材五个方面进行扩建提升健身广场行政村13个；实施"全县体育器材维护更新工程"对超出安全使用年限、影响使用安全的体育器材50个行政村，进行维护更新。县政府出台《关于加快发展体育产业促进体育消费的实施意见》，进一步明确到2025年体育产业发展的总体要求、目标任务、政策措施、组织实施等内容。全年新发展体育健身俱乐部、协会22家，全县各类体育社团组织达到33家。各类社会团体积极举办单项体育精品赛事，吸引全县及周边市县健身爱好者参加。

宁阳一中承办泰安市中小学生田径联赛

【体育彩票销售】 2016年，体育彩票销量实现新突破，按照"广布点、带队伍、重培训、强品牌、保安全"的工作思路，全年销售总额9812万元，同比增长28.6%，再创历史新高，获"山东省体育彩票工作突出贡献奖"。

（李方月）

档案管理

【概况】 2016年，县档案局与档案馆合署办公，内设办公室、指导科、管理科和编研科4个科室。县档案馆集中管理、接收、征集、整理、保管、提供利用和开发本县范围内的有关档案资料，有馆藏档案14.5万卷，书籍资料2万余册，其中有《四库全书》、古籍《宁阳县志》、革命历史档案等若干珍贵书籍资料。年内，县档案局被山东省档案局表彰为"档案宣传工作先进单位"，被泰安市档案局表彰为"档案工作先进单位"。

【档案馆藏】 2016年年底，县档案馆馆藏档案211个全宗、20个门类、14.5万卷（件、册）；保存资料122种，1.53万册。馆藏档案起止时间为1697—2016年。其中，1945年至1949年的革命历史档案共2个全宗、50卷，主要记载的是县委关于土改、支前、对敌斗争和建立地方政权等方面的文件资料。保存资料中，有古版书籍1440册，新版《四库全书》1套1500册，古籍《宁阳县志》，政治、经济、法律、文化、工具书等各种图书约1.1万册，期刊约2.1万册，各类报纸约4300册，还有照片和缩微胶片档案共保存2.2万张，录音带、录像带、磁带和幻灯片等声像档案共997盘，电子光盘档案共363张，各种实物档案约计260件。

【档案信息化建设】 2016年，以网络建设为基础、以档案信息资源建设为核心、以加强电子文件管理为重点，逐步实现重要档案资源数字化，档案采取先数字化再进馆的方式增加数据库数量，完成本单位档案的数据著录和电子文件的管理。依托县委、县政府铺设的政务网专线这一平台，实行专机录入和查询利用。年内，新增计算机专业人才1人；投资10万元，购置档案数字化设备（服务器1台，微机2台，扫描仪1台，数码照相机1个，打印机1台，数字化备份设备1个）。数字档案馆建立目录数据库、全文数据库、人名专题数据库。有除文书以外的专门档案的数据信息。馆藏纸质档案和现行文件数字化225万页，占总数31.3%，新增18333页。档案全文级27万条，人名原文级67万条，案卷级机读目录数量80252条，占总数百分比100%，文件级机读目录数量148.3万条，占总数百分比100%，新增数量3733条。

【档案工作标准化】 2016年，档案局有10人参加并通过行政执法资格考试。9月，县档案局印发《关于认真做好2016年度档案工作科学化管理测评的通知》，在全县范围内广泛开展档案工作科学化管理测评。对各单位的各门类档案规范整理、集中管理、信息化、档案硬件设施配备等工作进行指导，并组织测评组，对申报测评的单位进行测评。全县共建有基层档案室697个，其中，县直机关、企事业单位、教育卫生系统共有档案室121个，乡镇（街道）档案室13个，行政村档案室563个；室藏档案27.21万卷（件），其中县直机关、企事业单位、教育卫生室藏档案17.8万卷（件），乡镇（街道）室藏档案6.31万卷（件），行政村室藏档案3.1万卷（件）。全县档案室总面积3.55万平方米。年底，全县有山东省档案工作科学化管理示范单位1个，先进单位24个，合格单位19个，先进村74个，合格村65个。

【档案编研和利用】 2016年，县档案局共编写印发《宁阳县大事记》12期；完成《宁阳县档案志》的初稿编写；运用档案理论，结合对馆藏古籍《宁阳县志》的整理实践，撰写的《对档案馆古籍〈宁阳县志〉整理工作的几点体会》一文在《山东档案》发表。做好档案的查询、调阅和复印工作；为各村各镇各部门撰写村志、镇志及部门志提供档案查询复印；为来馆个人查询知青、待业、招工、调动、退休等档案提供利用。全年共提供服务2100余人次，查阅档案1.21万卷（件），打（复）印6800多页。

档案数字化处理

【档案教育培训】 2016年，县档案局举办文件材料集中整理培训班7期，继续教育培训班1期，集中授课辅导，对全县各乡镇（街道）、乡镇民营企业、行政村、乡镇中小学校、卫生院、县直机关、企事业单位的350余名专兼职档案人员进行档案业务培训，为100多个行政村及30余个县直企事业单位档案整理进行现场指导。

（王爱华 刘 伟）

医疗卫生 计划生育

医疗卫生

【概况】 年内，全县总诊疗41.67万人次，出院10.19万人次；5岁以下儿童死亡率和孕产妇死亡率分别降至2.73‰、0/10万。全县有综合医院2个，中医医院1个，疾病预防控制机构2个，卫生监督机构1个，妇幼保健机构1个；乡镇卫生院11个，街道社区卫生服务中心2个，村卫生所495个、城市社区卫生服务站22个，厂企卫生所26处，民营医院1所。全县拥有病床3113张，全系统干部职工3989人（正式在编2078人），其中卫生计生专业技术人员3330人。聘用乡村医生1163人。宁阳县创建为“国家级妇幼健康优质服务示范县”，顺利通过全国基层中医药先进单位复审。县卫生计生局荣获省级“文明机关”，被县委、县政府表彰为“科学发展综合考核先进单位三等奖”。

（崔树民）

【基本公共卫生服务】 年内，继续开展免费为城乡居民提供包括建立居民健康档案等12类49项服务，完成国家、省规定的指标任务。落实年度基本公共卫生服务资金，人均基本公共卫生服务补助经费45元。城乡居民电子健康档案累计建档67.54万人，电子健康档案建档率81%。管理65岁及以上老年人7.05万人，健康管理率65%。将6.70万名高血压病患者、2.40万名糖尿病患者、7.94万名孕产妇、4.89万名0~6岁儿童、2.69万名重性精神疾病患者纳入规范化管理。全县适龄儿童基础免疫接种覆盖率99%。开展家庭医生式服务，全县签约家庭17.3万户，签约人口60.7万人，签约率73.6%。为1395名60岁以上乡村医生落实生活补助。东庄镇卫生院创建为全国群众满意的乡镇卫生院。1月迎接泰安市2015年度基本公共卫生服务考核，并取得全市第一名的优异成绩，4月，宁阳县在全市卫生计生工作会议上作了《点线面集聚，县乡村互联，合力推进基本公共卫生服务提质增效升级》典型发言。5月，代表泰安市迎接了全省基本公共卫生的服务考核，泰安市取得全省考核第一名的优异成绩。

（杨兴岭）

【基层卫生】 ①强化基础设施建设。全县新建、改建村卫生所22个。②专项培训。对从事基本公共卫生服务项目和妇幼项目的工作人员分别进行培训。③乡村医生再注册。对全县1162名再注册乡村医生全部进行核实认证，并录入档案管理系统。做好老年乡村医生生活补助发放，到龄老年乡村医生补助按月及时进行发放。④技能竞赛。9月，在泰安市卫计委举办的基层卫生岗位练兵和技能竞赛中，堽城镇中心卫生院鹿宁、泗店镇卫生院邵丽平分获“农村全科医疗”和“社区护理”个人一等奖，并授予“振兴泰安劳动奖章”荣誉称号。堽城镇中心卫生院鹿宁获“全国基层卫生岗位技术比武一等奖”，被国家卫生计生委、全国总工会授予“全国基层卫生岗位技术标兵”称号。

（崔树民）

【公立医院改革】 贯彻省委办公厅、省政府办公厅《关于进一步深化医药卫生体制改革的实施意见的通知》，统筹抓好公立医院改革，全县3家县属公立医疗机构纳入改革范围。①签订公立医院综合改革目标责任书。1月，与三家医院签订了县级公立医院综合改革目标管理责任书，调整制定县级公立医院综合改革目标，把患者满意度、职工满意度、药品和高值医用耗材集中采购与使用、控制医药费用、医疗服务质量等指标纳入目标管理体系。②对公立医院综合改革效果进行效果评价。4月，按照公立医院综合改革效果评价考核要求，组织三家县级医院填报县级公立医院综合改革效果评价县级情况调查表，对工作推进、制度建设、改革成效等改革效果评价指标进行自评，在89个县市区中排名第47。③调查摸底公立医院长期借款纳入地方政府存量债务情况。年内，对三家公立医院长期借款账面情况、实有情况、纳入地方政府存量债务情况以及债务化解落实情况等进行了摸底调查，并填报公立医院长期借款纳入地方政府存量债务情况调查表上报市卫生计生委。并对公立医院综合改革目标管理进行考核，试点医院的门急诊人次、门急诊次均费用、出院人数、平均住院天数、住院率、住院患者次均费用等情况分析监测，完成县级公立医院综合改革评估报告。

（金　鹌　黄士凯）

【卫生法制与监督】 **卫生执法** 2016年，履行卫生部门的法定职责，开展“七五”普法，强化干部学法和培训宣传，确保卫生法律法规正确实施。开展对《中华人民共和国职业病防治法》《放射性同位素与射线装置安全和防护条例》《山东省禁止非医学需要鉴定胎儿性别和选择性终止妊娠的规定》贯彻实施情况进行监督检查。结合监督提升年活动。按照市卫计委相关要求，将卫生监督提升年活动作为2016年卫生监督工作的总载体，加大执法力度，严格规范医疗服务市场和公共场所卫生秩序，保障群众的健康权益。对全县1341家被监督检查单位进行拉网式检查，监督覆盖率99.36%。检查中发现的问题，进行书面反馈下达监督文书1401份。严厉打击违法违规行为。全年共查处案件14件，其中简易程序3件，一般程序11件；警告7件，罚款8户次，罚款金额2.4万元。对投诉举报内容均进行细致的调查了解做出处理，对涉嫌违法的当即立案，进入处罚程序，对于处理结果，均向举报人进行了反馈。全年处理投诉举报9起，移送法院强制执行打击非法行医案件1起。

卫生职业监督 ①放射监督。开展以放射诊疗为重点的专项监督检查，检查放射诊疗机构16家，持证率100%；检查放射诊疗工作人员127人，全部取得“放射诊疗工作证”，持证率100%。②公共场所卫生监督和“四小”场所督导巡查。监督检查和巡查各类公共场所3万家次。共受理卫生许可50件，发放卫生许可证40个，复核审验10件，公共场所从业人员健康查体7484人，对住宿业和美容美发业进行了量化分级管理，量化分级实施率100%。③生活饮用水卫生监督监测。强化供水管理制度和清洗消毒设施措施，加强农村生活饮用水监督检查，提高供水单位持证率。完成宁阳县华龙水业有限公司8份水源水、72份末梢水的采样监测。将35个农村饮用水、3个学校自备水、6份市政供水的82个水样、2542个检测数据，40个省水质监测点的40个水样、800个检测数据及其他相关调查统计数据录入。④健康监督。对41个单位7788余名接害职工进行了职业健康检查，其中职工在岗职业健康检查6329人，职工岗前职业健康检查1374人。⑤传染病专项监督检查。全年共监督监测各级各类医疗机构360余家，书写监督检查文书230余份，提出整改意见480余条次。对全县各级各类医疗机构消毒隔离措施落实情况；医疗废物的收集、储存、运输和处置情况；消毒剂、消毒器械和卫生用品的索证验证情况进行监督检查，保障了人民群众身体健康。

（赵保国）

县疾控中心工作人员在建筑工地进行健康知识宣传

【基本药物制度】 国家基本药物制度全面实施。全县13家政府办基层医疗卫生机构和517所实行一体化管理的村卫生室及社区卫生服务站全部配备使用基本药物并实行零差率销售，制度覆盖率100%。全县基层医疗卫生机构签订基本药物订单7159.09万元，基本药物配送到位率、三日到货率分别为99.99%、97.19%。在泰安市范围内实行“统一遴选用药品种、统一确定配送关系、统一优化供应链条、统一评判企业服务、统一结算药品货款、统一实行备案管理”的“六统一”集中配送模式，促进临床用药及时、安全、有效。

（金　鹈）

【中医药发展】 2016年，实施中医药服务能力提升工程“十三五”行动计划，开展社区卫生服务中心和乡镇卫生院中医馆、国医堂建设项目，争取扶持资金112.5万元，年底，中医馆、国医堂建设达标率达到85%。实施中医“治未病”健康工程，应用中医药技术规范开展中医药预防保健服务。组织相关西医医师参加全省第二期“西学中”第一学年考试，组织300名乡村医生参加山东省中医药基本知识暨适宜技术培训班。推广中医适宜技术，乡镇卫生院、社区卫生服务中心提供中药、针刺、艾灸、刮痧、拔罐、推拿、敷贴、熏洗、穴位注射、热熨等10项以上中医适宜技术，村卫生所和社区卫生服务站至少能够开展4项中医适宜技术。2名中医医师荣获山东基层名中医荣誉称号。

（张绍学）

县中医院中药房

【健康服务业发展】 2016年，结合宁阳县健康服务业发展状况，立足实际，探索“前医后养”“合作共建”“家庭签约”“智慧养老”四项服务模式，有效破解老年人健康养老及托管服务难题。年内，为70566名65岁及以上老年人建立健康档案，规范健康管理61944人，老年人期望寿命和幸福指数逐渐提高。《宁阳县创新“医养结合”服务模式　破解老年人健康养老及托管服务难题》申报为全市2016年度科学发展综合考核创新项目。

（崔树民）

【业务技术培训】 2016年，全面提高医疗质量管理水平，举办“医疗纠纷与医患关系”“心血管疾病的最新治疗技术”“药物性肝损伤的诊治进展”“院内血糖的控制”“脑血管疾病诊治”“护理管理”“全县药品质量管理”等8个培训班，参训人数1158人，组织34名乡镇卫生院业务技术骨干到县级医院免费进修。充分发挥资源共享优势互补，进一步提高大型设备的利用率。全年共转作CT 6131人次，胃镜186人，艾滋病检测5879例，供应血液126单位，氧气2715筒。

（刘志江）

【健康扶贫】 2016年，组织各医疗单位的52个家庭医生服务团队140余人，对全县已经建档立卡的7198名国家标准贫困人口和13039名省标准贫困人口逐户、逐人登记、调查、核实，对4372名贫困患者全部落实“八个一”工程，对3228名患者开展分类救治，患37种疾病的1935名患者中全部落实救治任务，为贫困患者家庭脱贫提供了健康保障。

（崔树民）

预防保健

【概况】 年内，报告法定传染病16种，其中乙类11种，丙类5种，发病总数4129例，总发病率497.92/10万，比上年总发病率下降5.28%；其中乙类传染病1193例，发病率为143.86/10万；比上年下降12.86%；丙类传染病2936例，报告发病率354.06/10万，比上年下降1.81%；手足口病发病1200例，同比下降12.02%。

【重点传染病防控】 ①落实以霍乱为重点的肠道传染病防治措施，建立肠道传染病门诊和霍乱监测、报告制度，使肠道传染病得到有效控制。②规范手足口病防控和救治，开展24小时疫情上网浏览，发现手足口病疫情，及时进行调查处置，对发生疫情的学校及托幼机构及时采取停班闭园措施，邀请市疾控中心的专家给予指导，有效控制疫情蔓延。③布氏杆菌病“流调”。妥善处置疫情，对密切接触者采集血清，送市疾控中心检测。④修订完善《宁阳县人感染H7N9禽流感疫情防控应急预案》，为人感染H7N9禽流感疫情处置提供可靠的技术保障。⑤狂犬病暴露处置门诊复核验收，进行犬咬伤情况监测，全年共处置犬咬伤人员3047人次。⑥加强培训，提高传染病防治水平。举办以流感、腹泻病、手足口等重点传染病防控知识培训班，针对部分国家出现的寨卡病毒病疫情，2—4月，举办专题防治技术培训班，使全县广大医务人员对近期国际、国内寨卡病毒病的发病概况、诊疗技术和防控知识进一步增强，规范各医疗机构诊治流程，提高对寨卡病毒病病例的监测、诊治和调查处置能力。对基层防保、医务人员进行培训，乡镇防疫人员全年业务培训4次，对学校、托幼机构的专兼职校医进行定期培训，使其熟练掌握《中华人民共和国传染病防治法》要求和相关业务知识。

【结核病防治】 2016年，全县共报告疑似肺结核患者345例，报告率100%；重报97例，转诊128例，转诊率100%；追踪112例，追踪率

2016年5月7日博爱周宣传活动

100%；总体到位率 99.6%。初诊病人 2299 人，初诊率 2.98‰；完成涂阳病人 104 例，其中新发涂阳病人完成 94 例，涂阴病人完成 188 例；涂阳病人密切接触者筛查 25 人，筛查率达到 100%，初诊查痰率 92.95%，拍片率 100%，系统管理率 98.98%；新涂阳肺结核治愈率 94.70%(保持在 85%以上)。

防治结核病宣传培训，对县直、乡镇、乡村防痨医师进行培训，完成全县各医疗卫生单位常规督导 10 次。组织“3·24”世界防治结核病日宣传咨询义诊活动，共悬挂条幅 50 余条，制作展板 100 余块，义诊群众 1000 余人，发放宣传单 2 万余份。开展“百千万志愿者结核病防治知识传播活动”，招募志愿者 100 名，县城志愿者在西街举办“夜市”结核病防治宣传活动，动员志愿者利用微信、微博等传播媒体，进一步普及结核病防治知识。

【免疫规划管理】 2016 年，通过强化培训、督导检查等措施完成年度入托入学儿童预防接种证查验、疫苗补种以及职业中专新生麻疹疫苗补充免疫。对全县 16 处预防接种门诊、11 处产科接种室和 212 名预防接种工作人员进行了资质认证，下发预防接种门诊(产科接种室)资质证书和预防接种上岗证，进一步规范预防接种服务行为。顺利完成脊灰疫苗免疫策略转换任务，对疾控机构、各预防接种单位进行督导检查，未发现非法购进、使用疫苗的现象。5 月，按照国家统一部署，对辖区内各预防接种门诊原使用的三价脊灰减毒疫苗全部停用、封存、上交，做到了一支不剩一支不留。并将脊灰疫苗接种程序进行了调整转换。及时调度全县疫苗接种率，实行一月一通报。全县 8 苗 17 剂次单苗接种率均达到 95%以上。完成“十二五”国家重大科技乙肝示范区项目建设。

【慢性非传染性疾病综合防治】 ①减盐宣传。联合县教育局、食药监局、妇联等部门开展学校“减盐我做主”健康教育“五个一”实践、餐饮单位“四个一”减盐干预以及食品商场超市“比比食品盐含量”“减盐知识进万家”减盐宣传活动，取得较好的宣传效果。②慢性病监测。对慢性病监测定期督导检查，确保监测数据和质量。年内。完成 3 个乡镇 10 个行政村“省级死亡漏报调查项目”。③碘缺乏病防治。组织实施碘缺乏病防治项目，在全县开展大众健康教育，选择 3 个乡镇进行重点人群健康教育及效果评价，对 91 个村进行碘盐监测，完成地方性氟中毒健康教育和高氟村水样采集监测及改水工程运行情况调查。④消除疟疾病。完成消除疟疾县级考核评估，编写完成《宁阳县消除疟疾自评报告》，5 月底，完成全县消除疟疾县级考核评估。

【妇幼保健】 加强妇幼保健机构建设，4 月，县妇幼保健院完成搬迁，设置孕产保健部、儿童保健部、妇女保健部、计划生育技术服务部 4 部。建立重大公共卫生妇幼项目长效机制。推进农村孕产妇住院分娩补助项目，扩大农村妇女“两癌”(宫颈癌、乳腺癌)检查项目。

【艾滋病防治】 以重大公共卫生艾滋病监测项目实施为总抓手，

县妇幼保健院志愿者在新街路为过往群众义诊及宣传保健知识

依托监测和检测网络，全面落实疫情监测、高危行为干预、自愿咨询检测、免费抗病毒治疗和HIV感染者病人随访管理等各项防控措施，艾防工作取得成效。

（张丽华）

【精神疾病管理】 按照《重性精神疾病管理治疗工作规范》的要求，突出三项制度落实（排查制度、随访制度、档案管理制度），不断规范精神卫生防治体系建设，进行常态化和制度化管理，确保重性精神疾病管理工作顺利开展。共排查重性精神病人3247例，纳入网络系统管理2638人。报告患病率达到4.04‰，管理率达到81.24%。

【疫情应急处置】 2016年，在做好麻疹疫情控制的同时，做好人感染H7N9禽流感、“埃博拉出血热”和“中东呼吸综合征”的防控工作。针对不同时期传染病的流行情况，组织重点传染病防控综合应急演练，通过演练明显提高了重点传染病的应急处置能力和水平，健全和完善应急处置的组织指挥体系和综合协调能力。对各医疗卫生单位相关医护人员进行防治知识培训；做好卫生应急物资贮备。开展卫生应急知识进乡村、进社区、进企业、进学校、进家庭、进机关、进景区、进军营、进广场、进媒体等“十进”活动，全面普及了预防、避险、自救、互救等应急知识，增强广大群众应急能力。

（张丽华）

医政管理

【概况】 2016年，规范医疗机构行政审批管理。优化诊区设施布局、推进预约诊疗服务，持续改进质量，保障医疗安全。为宁阳博爱医院办理执业验收及登记。实施“进一步改善医疗服务行动计划”，制订并落实《宁阳县医疗机构“三升一增”活动实施方案》，合理调配诊疗资源、改善住院服务流程、持续改进护理服务、规范诊疗行为、控制医药费用不合理增长、注重人文关怀等措施，不断改善群众看病就医感受。加强内涵建设，提高医疗服务质量，促进医院标准化建设。启动乡镇卫生院标准化建设和推进“群众满意的乡镇卫生院”创建，制订《宁阳县乡镇卫生院标准化建设与规范管理实施方案》，完善临床与公共卫生专业标准体系和操作规范，践行PDCA管理法则，逐步实现乡镇卫生院管理与服务的规范化、精细化、常态化，促进医疗水平和服务质量不断提升。

（金　鹤）

【惠民医疗服务】 2016年，卫生系统组织开展“服务百姓健康行动”大型义诊活动周活动，免费义诊和健康咨询。到鹤山镇雷庄村、华丰镇西村进行“结对帮扶”活动，走访慰问46户困难群众家庭。创新开展“党员心系群众志愿服务”“党性三问”“送党课下基层”“夏季送清凉”等主题实践活动，新成立3支“心系群众健康服务队”，组织党员志愿者，利用“党员活动日”，局机关党员在金阳广场开展“服务发展年”大型义诊、宣传咨询活动；发放应急救护、《健康宁阳》读本、中医药、无偿献血、健康教育、计划生育政策、优生优育、孕期保健等各类宣传材料19780份，为群众测血压、测血糖500多人次，开展健康知识咨询1600多人次，进行应急救护现场演练与培训60多人次。

（崔树民）

【医疗联合体建设】 2016年，实施医疗联合体建设工程，以集团化协作为载体平台，进一步完善资源共享、优势互补、互助互利的运行机制，健全分级诊疗、逐级转诊制度，构建以县级医院为枢纽、县乡联合、乡村一体的医疗服务“联合体”。全年通过县乡村三级远程诊疗系统完成县乡机构对村级会诊97例次，县级医院对乡镇卫生院会诊35例次，实现慢病康复指导163例次，开展了冬春季节小儿感冒的预防与治疗、心肌梗塞的抢救与治疗、小儿春季传染病的预防、糖尿病知识讲座、高血压知识讲座等视频业务知识培训。密切纵横向业务技术协作，深化三级医疗服务网建设，进一步充实、完善专家坐诊、巡诊、业务指导和季度督查制度。全年坐诊742人次，接诊病人8324人次；组织感染管理方面专家对乡镇卫生院、社区卫生服务中心的手术室、治疗室、供应室及口腔科感染管理方面的业务进行指导；组织医技方面的专家对乡镇卫生院放射、检验、心电、药事管理及麻醉药品管理进行指导；组织有关专家对 91 个农村卫生所进行业务指导。加强了急诊抢救工作。集团结合 2015 年专家应急会诊工作情况的基础上，根据 2016 年集团工作需要，重新聘任了 35 名学科齐全、医德医风好，业务水平高的专业技术人员，组成 2016 年度医疗急救应急处理专家组，保证了急危重症患者得到及时救助，全年专家组应急会诊 77 人次；协作手术 538 台；双向转诊 7659 人次，其中：乡镇卫生院上转诊至县级医院 6346 人次，县级医院下转 1313 人次。

【宁阳县第一人民医院】 该院为北京大学人民医院区域医疗服务共同体、山东省立医院集团宁阳医院、山东省肿瘤医院及山东大学附属生殖医院技术协作单位，是全县规模最大的二甲综合医院。医院开放床位 1000 张，设有 37 个临床专业科室，19 个医技科室；有在职职工 1207 人，高级专业技术人员 83 人，中级 332 人，其中硕士研究生 50 人，博士研究生 1 人。先后引进解放军 88 医院心胸外科主任张志勇教授、重症医学科主任张宇飞博士，济医附院普外科副主任医师苏公典教授，为人才培养和学科发展注入强大动力。

医院诊疗设备先进，学科优势明显。拥有德国西门子 64 排 128 层螺旋 CT、数字胃肠、美国 GE1.5T 磁共振、锐科双板 DR、美国 GE 直线加速器等一大批高精尖医疗设备。骨外科、小儿科、神经内科、泌尿外科、中医正骨科系市级重点特色学科；泌尿外科系省立医院泌尿微创中心宁阳分中心；血管介入科为北大首钢医学院血管医学中心宁阳分中心。“急诊急救、重症医学、肿瘤治疗、显微微创、血管介入、医学影像、医学检验、病理诊断、血液透析”等九大全县医学中心建设初具规模，“无痛诊疗、微创手术、介入治疗”三大医学前沿性技术，在院内得到广泛应用，辐射带动县域重大疾病诊治能力实现新突破。

宁阳县第一人民医院外景

【宁阳县中医院】 该医院占地面积 14.3 亩，建筑面积 2 万平方米，编制床位 195 张。现有在职职工 420 人，其中卫生专技人员 298 人，正高级职称 3 人、副高级职称 15 人。医院共设置职能部门 11 个，临床科室 10 个，医技科室 5 个，开设特色专科专病门诊 8 个，设有 8 个独立病区。医院拥有德国西门子 16 排全身螺旋 CT、美国贝克曼 AU680 全自动生化分析仪、德国西门子 800 毫安数字胃肠机、德国西门子 X700 彩超、美国 GEV730 四维彩超、日立 EUB5500 型专家版彩超、奥林巴斯电子胃肠镜、脑电图仪、麻醉机、呼吸机、中央监护仪等基本设备及中医治未病健康工程系统、脑循环治疗仪、超短波治疗仪、磁振热治疗仪、智能恒温蜡疗系统、悬吊训练系统中医特色诊疗设备 300 余台件。为二级甲等中医院，是全县中医医疗护理、教学、科研、预防保健、康复服务和基层中医适宜技术培训指导中心。2016 年，门诊量 83217 万人次，住院人次 3362 人次，业务收入 4000 余万元。

医院不断加强中医专病专科建设，其中针灸推拿科被国家中医药管理局确定为“农村医疗机构针灸理疗康复特色专科”，肛肠科、脑病科被省中医药管理局确定为省级重点专科，周围血管病科、骨伤科被市中医药管理局确定为市级重点专科，肿瘤科被确定为泰安市第四批中医药重点专科建设单位。

【宁阳县人民医院】 宁阳县人民医院位于宁阳经济开发区，2016年11月27日，新建宁阳县人民医院正式启用。

占地106亩，总建筑面积87676.1平方米。医院覆盖一区四镇，面积达430平方公里，人口31万人。为一所集医疗、教学、科研、预防保健于一体的二级甲等综合医院，有职工466人，形成了心脑血管病、妇产科、儿科、肿瘤科、康复科等专业的技术优势；大型设备有飞利浦1.5T磁共振、西门子16层CT、西门子数字胃肠机、飞利浦DR拍片机、美国史赛克腹腔镜、德国西门子彩超等；配备高标准影像中心、高标准手术室、独立产房、独立功能的传染性疾病科等。全年门诊接诊111453人次，住院14710人次。

（陶明星）

【宁阳县疾病预防控制中心】 宁阳县疾病预防控制中心（宁阳县卫生检测检验中心）与宁阳县卫生监督局实行一个机构两块牌子的管理体制，承担全县的疾病预防控制、卫生检测检验、健康教育和卫生监督综合执法等职能。中心为全民事业单位。办公场所占地6600平方米，建筑面积6200平方米。2016年，拥有各类专业技术人员100人；内设防疫、免疫规划、慢病防制、艾滋病防制、健康教育、健康查体、卫生检验、预防接种门诊等疾控科室以及公共卫生、职业卫生、学校卫生、医疗机构监督管理等卫生监督科室，另独立设置皮肤病防治所和麻风病村各1处。中心实验室通过省质监局资质认定和食品检验机构资质认定，设有理化、微生物检验实验区和艾滋病筛查实验室，配备各类先进仪器设备472台件。全年总收入1967.24万元。

防控中心不断加强三级防控网络建设，扩大监测范围，疾病预防控制体系日趋完善；积极进行

手足口、人(禽)流感、艾滋病等重点传染病防控，严格落实国家扩大免疫规划，规划内疫苗接种率均达到国家标准；依法推进卫生监督，公共场所卫生、职业健康监护、学校卫生、病媒生物防制、医疗机构监督，成功创建和保持全国慢病综合防控示范县。

【宁阳县妇幼保健院】 该院为山东省首批二级甲等妇幼保健院、泰安市“母婴平安医院”、世界卫生组织和联合国儿童基金会命名的“爱婴医院”。承担着全县 82.2 万人口中占三分之二的妇女、儿童的医疗保健任务，是一家集妇女和儿童保健、医疗、预防、康复、科研、基层妇幼卫生指导于一体的综合医疗保健机构。2016 年，有干部职工 205 人，开放床位 100 张，设有行政职能科室 19 个，医疗保健科室 16 个。拥有美国 GEV730 彩超、德国狼牌宫腔镜、腹腔镜、芬兰乳腺钼靶机、日本富士 X 线影像处理系统、远红外线新生儿辐射抢救台等先进精良的诊疗大型设备。

2016 年 4 月，新院荣耀启用，以服务强素质，以素质树品牌，强化特色专科建设，拓宽妇幼服务领域，建立巩固孕产保健部、儿童保健部、妇女保健部三大中心，全年门诊 37691 人次；住院 2903 人次，手术 873 人次，全年未发生医疗事故和生产事故。孕产妇系统化管理率为 85.73%，儿童系统化管理率为 85.62%，新生儿疾病筛查率达到 100%，听筛率 100%，住院分娩率 100%，高危妊娠管理率达 100%，孕产妇死亡率为 0，5 岁以下儿童死亡率为 2.73‰，婚检率 1.66%，产前筛查率 88.97%。业务收入实现 1700.98 万元，该单位先后荣获“全国巾帼文明岗”“全国妇幼健康服务先进集体”等荣誉称号。

【宁阳县结核病防治所】 宁阳县结核病防治所为独立的结核病防治专业机构，属全额事业单位，占地面积 1654 平方米，建筑面积 963 平方米。2016 年，固定资产总值 282.1 万元，其中设备总值 248.8 万元。共有人员 29 人，其中在编 19 人，单位设办公室、财务科、督导科、门诊部 4 个职能科室，门诊部下设结核门诊、化验室、放射科、药房、护办、医保报销、收款挂号 7 个业务科室。年内完成初诊病人2422人,涂阳病人112例,涂阴病人224例。新涂阳肺结核治愈率94.70%。10月,对全县新入校生进行了健康筛查,共筛查新入校生1.6万余人。全年业务收入304.4万元,支出281.5万元。

【宁阳县计划生育服务站】 该服务站是集宣传教育、技术服务、信息咨询、人员培训、药具发放五位一体的计划生育技术服务机构。设置女性科、男性科、生殖保健中心、优生优育门诊、不孕不育专家门诊、特检科、检验科、综合门诊、产业开发中心、避孕药具管理科、宣传教育科、咨询室和消毒供应室、手术室等功能科室和财务科和办公室等科室。2016年,有工作人员38人,其中专业技术人员33名,大专以上医学专业学历25人,占技术人员的66%。拥有高级职称8名,中级职称16名,初级职称9名,全部进行专业注册认证,做到了持证上岗。围绕"环境优美、技术优良、服务优质、管理科学、群众满意"的要求,精心打造"服务国策、追求卓越"的计生精神,开拓创新谋发展,科学管理强内涵,搭建了以技术服务为重点的计划生育优质服务平台,购置了美国GE三维彩超、汕头彩超、日本"光电"三导心电图仪、全自动生化分析仪、彩色精子检测仪、电子阴道镜、酶标仪、洗板机、全自动尿液分析仪等科技含量较高的设备,以及麻醉机、人工呼吸机等先进手术设备和高档高压消毒灭菌器等设备。强化数字化服务站建设,配备了2台服务器,24台计算机终端,建立了集育龄妇女信息查询、技术服务、宣传、培训、药具、财务等管理于一体的数字化管理网络,实现管理网络化、办公自动化、服务规范化,推进全县计划生育事业发展。先后获山东省"优秀计划生育服务站、人口和计划生育科技工作先进集体",泰安市"市级文明单位、政风行风建设示范窗口单位、青年文明号",宁阳县"绩效考核先进单位、巾帼文明岗"等荣誉称号。

【宁阳县泗店镇卫生院】 宁阳县泗店镇卫生院为宁阳精神专科医院,占地31亩,总建筑面积1万平方米,固定资产约1900万元。2016年,设有内科、外科、中医科、精神科、医技科、药剂科、防保站、妇幼保健科、医务科、护理部、政工科、信息科、财务科、办公室等14个职能科室。在编职工96人,其中专业技术人员94人,高级职称2人,中级职称51人。在全镇36个行政村中,设置2个社区卫生服务站和27个村卫生所,共聘用乡医56人。拥有四维彩超、DR数字胃肠一体机、全自动生化分析仪、眼动治疗仪、心理量表工作站、体外冲击波、中医体质辨识仪、艾灸治疗仪等先进医疗设备30余台件。门诊人次63337人,收住院病人2320人,开展手术140例。全年业务收入约2488万元,同比增长276万元,增长率13%。

该院坚持"大专科、小综合"的发展思路,以精神专科建设为重点,着力打造特色专科的优质服务医院品牌。精神专科设3个病区,面积3300平方米,床位150张,专业技术人员50余人。建有2000平方米的精神病人户外活动场所,开辟3000多平方米的农疗场所。创办了宁阳县精神残疾人托养服务中心,建有工疗、娱疗、体疗、书疗、音疗、农疗中心,设有音乐治疗室、工疗创收室、阅览室、书法室、生活技能训练室、娱乐大厅、电教室等,年均托养精神残疾人70余人,居家托养200余人。年门诊量约2万人次,日平均住院患者120余人次。

【鹤山镇中心卫生院】 鹤山镇中心卫生院是泰安市唯一的痔瘘专科医院,设有内、外、妇、痔瘘专科、中医科、口腔科、五官科、急诊科、麻醉科、医学检验科、医学影像科、公共卫生科、妇幼保健科、预防接种门诊、儿童洗浴中心等服务科室。集医疗、预防、健康教育、计划生育为一体的综合性一级甲等医院。2016年,有干部职工110人,其副高级专业技术人员1人,中级专业技术人员23人,专科以上学历的64人,开放床位59张。新上全自动生化分析仪、心电图自动分析机、飞利浦彩色多普勒超声彩超机、日本产800毫安放射机、CR放射诊断仪、碳-14呼

吸检测仪、妇产科电子阴道镜、微波治疗仪和乳腺透视仪等大中型医疗检查设备几十台件，门诊设有导诊台，方便就诊；病房温馨、舒适。全年，门诊75336人次，住院2033人次；全院实现总收入1735万元，其中，院内业务收入930万元，同比增长11%，院外一体化收入445万元。

【南驿卫生院】 南驿卫生院为宁阳周围血管病专科医院，是一所集医疗和预防保健为一体的综合卫生院，占地面积1.6万平方米，总建筑面积6872平方米。2016年，有职工90人，其中专业技术人员87人，副高级职称2人，中级职称32人。设有周围血管病科、内科、外科、妇产科、儿科、手术麻醉科、中医科、理疗科、口腔科、五官科、皮肤科、痔瘘科等12个临床科室。年内，更新购置全自动五分类血球计数仪、血流变、血沉仪、空气压力波、更换全自动生化分析仪。卫生院现有：美国GE彩超、法国ABX-60血球分析仪、DS-3C微量元素分析仪、尿液分析仪、全自动麻醉机、DR、彩色电视胃镜、核氖激光治疗仪、微波治疗仪、多功能牙科综合治疗椅等大型仪器设备30余台件。拥有双摇四轮多功能病床70张。全年门诊人次49145人，住院人次2521人，全年院内业务收入958万元，一体化收入280万元。该院先后被评为山东省“规范化接种门诊”，泰安市“一级甲等医院、定点接生单位、爱婴医院、精神文明医院”。

【东庄镇卫生院】 2016年，东庄镇卫生院以“单位有特色，学科有位置，服务有品牌”为目标，持续改进医疗质量与服务水准。拥有2名高级、22名中级的专业技术队伍；开放床位70张，设12个临床科室、10个医技科室，辖33个卫生所和1个服务站；配备有CT、DR、数字胃肠机、四维彩超，全自动生化分析仪、眼科超声乳化仪等大中型医疗设备60余台件，较好地保障了辖区群众的健康需求。

以打造眼科重点专科和品牌为依托，定期开展贫困白内障患者免费复明活动，为100余名家庭贫困的白内障患者提供免费手术。针对部分眼病患者无人照看的问题，创新开展“流动护士站”服务模式，让护理服务到床头。与解放军401医院联合设立“惠民服务站”，为辖区内群众提供质优价廉的CT检查、彩超血管检查和心电图检查及远程会诊等辅助检查项目。创新实施“特殊人群到炕头，种地农民到田头，经营商家到门头，医疗服务到心头”的“四到”工作法。卫生院先后荣获山东省“卫生工作先进单位”、泰安市“基层卫生工作先进集体、传染病防制先进集体”、宁阳县“卫生院提质发展先进单位、平安建设先进单位、新农合医疗工作先进单位、卫生工作先进单位”等荣誉，2016年12月，被国家卫生计生委确认为“2015—2016群众满意乡镇卫生院”。

爱国卫生

【概况】 宁阳县爱国卫生运动委员会办公室是宁阳县爱国卫生运动委员会的办事机构，内设秘书科、督查科、健康教育科3个科室，有工作人员7名。2016年，以优化生存和发展环境、提高全民健康水平为目标，卫生创建、病媒生物防制、健康教育等工作都取得良好成效。

【卫生创建】 2016年，在全县开展省级卫生先进创建活动，巩固省级卫生县城复审成果，改善广大群众的生产生活环境，提高各单位和各村居(社区)环境卫生水平，实施卫生创建“精品工程”，培养创建省级卫生先进。严格把握创建标准，层层把关筛选，确保卫生先进单位“树得住、叫得响、过得硬”。组织人员对申报单位现场指导、听汇报、查资料，严格对照卫生先进标准查缺补漏、整改提升。经过共同努力，县第三小学、复圣中学成功创建为省级卫生先进单位，文庙街道、八仙桥街道成功创建为省级卫生乡镇（街道)，文庙街道杜家村、八仙桥街道庙东村、八仙桥街道围子村成功创建为省级卫生村。

【健康教育】 2016年，制定下发了《关于开展第28个爱国卫生月活动的通知》，广泛动员全社会积极参与爱国卫生、健康教育等活动，倡导科学、健康、文明新风尚。活动期间，组织县住建局、县食药监局、县城管执法局、县第一人民医院、县疾控中心等单位在金阳广场联合开展了第28个爱国卫生月宣传、义诊活动。向群众发放了《讲卫生 树新风 共建美好家园倡议书》、食品药品和饮用水安全知识、城区环境容貌综合整治明白纸、健康查体知识、《健康宁阳读本》、慢性病和传染病防控知识等宣传资料。活动现场义诊、咨询300余人次，发放宣传资料1100余份。活动的开展提高了群众文明素养。

【病媒生物防制】 2016年，媒生物防制坚持“环境综合整治为主，药物消杀为辅”的原则，以灭鼠、灭蟑、灭蚊、灭蝇为重点，集中开展消杀除害活动，春冬季集中灭鼠，将病媒生物防制工作重点转移到蚊蝇消杀上。3月针对蚊蝇消杀工作对城区进行调研，5月11日，召开蚊蝇消杀工作启动暨培训会议，安排部署全县蚊蝇消杀工作，采取以会代训的形式，对各乡镇街道和县直各有关部门单位爱卫办主任或专兼职人员进行培训。并向重点行业、重点单位、重点场所发放一批蚊蝇消杀药品，保障蚊蝇消杀工作有效推进。同时，严格落实各项长效措施，硬化路面，清除垃圾死角，消除滋生地和栖息场所，有效降低病媒生物传染病的发病率。

红十字会事业

【概况】 2016年，宁阳县红十字会以打造“博爱宁阳”红十字品牌为突破点，突出抓重点、干实事、见成效，全面推进“三救三献”等工作落实，充分发挥政府人道领域的助手作用，开展“爱在阳光下——共圆贫困患者健康梦”救助行动，慰问救助关爱弱势人群，做好遗体捐献登记咨询宣传解释，利用5·8红十字纪念日、5·12地震纪念日，开展丰富多彩的主题宣传活动。组织红十字团体会员单位开展慈善捐款活动，共募集资金29.365万元。组织53名志愿者无偿献血2.8万毫升。

【爱在阳光下——共圆贫困患者健康梦救助行动】 2016年1月，

爱国卫生月宣传活动

红十字会办公室对县内困难家庭情况进行筛查，研究确定救助194名贫困患者，每人发放1000元救助款，同时，还走访慰问其他贫困家庭78户，共募集发放资金20.66万元。到“贫困村走访慰问，与群众面对面交流，了解他们的所思、所想，为特困群众分别送去过冬煤、面粉、食用油、大米等生活必需品和“爱心棉衣”等衣物，受到上级部门和社会各界的好评。

【关爱弱势人群】 在“世界防治麻风病日”期间，走访慰问麻风病休养员，送去救助款和部分慰问品，以实际行动关爱弱势群体。为2名白血病患儿申请中国红十字基金会小天使救助基金。

【红十字主题宣传】 2016年，利用“5·8”红十字纪念日、“5·12”地震纪念日，开展丰富多彩的主题宣传活动。设立红十字宣传站，制作主题展板8块，宣传红十字知识、抗震救灾知识。印制主题宣传单，发放急救知识、防治防疫宣传单1100余份。开展义诊活动2次，为126名群众诊治疾病、为330余名群众进行健康查体。

【“读书慧”活动】 2016年1月，由中国红十字基金会主办的“读书慧·公益基金”项目捐赠启动仪式在东庄镇钟庄完小举行。向学校捐赠图书1300多册和一批学习用品。丰富学生们的学习生活，增加知识，扩展视野。县红十字会争取中国红十字基金会又为宁阳县第二小学增加一个红十字书库，价值4万余元。

【捐献工作】 年内，为6位爱心人士上门咨询宣传，其中，工商银行一名退休职工已初步达成捐赠意向；角膜捐献登记1例，成功捐献1例。2016年10月，为伏山镇角膜自愿捐献者李女士登记。10月14日晚，家属填写完角膜自愿捐献申请登记表后，在县红十字会工作人员的见证下，经过手术，省红十字会眼库的医务人员成功完成了眼角膜的摘取和储存，李女士成功捐献出了自己的眼角膜。山东省红十字会眼库信息称，李女士捐献的眼角膜已让2名失明者重见光明。

大力宣传无偿献血和预防艾滋病知识。根据“献血法”的规定，世界献血者日，在县人民会堂小广场设立宣传咨询站，印发献血知识宣传单1.4万余份，组织53名志愿者无偿献血2.8万毫升。同时，重视世界艾滋病日宣传活动，在促进解决关爱艾滋病病人问题上发挥应有的作用。

【红十字基金会援建项目】 2016年10月，红十字基金会援建项目督导组，对援建的宁阳县鹤山镇中心卫生院皋山社区的“博爱卫生服务站”项目进行督导评估。督导组详细查阅了项目援建财务账目和相关凭证，检查援建资金的管理、拨付和使用，援助项目执行情况，对皋山社区博爱卫生服务站的建设给予了较高评价。皋山社区博爱卫生服务站是鹤山镇中心卫生院依托皋山社区服务中心办公楼一层办公用房改建而成，现业务用房达到350平方米，服务周围社区居民达1.1万余人。在保障社区居民就诊治疗和公共卫生服务项目的同时也承担着红十字会健康传播平台的作用。

（刘　剑）

人口和计划生育

【概况】 年内，全县出生人口1.2万人，出生率14.5‰，自然增长率9.2‰，合法生育率99.1%，出生人口性别比109.6(女为100)。实施全面两孩政策，建立健全孕产期保健、住院分娩、出生医学证明签发、婚姻登记、义务教育等信息共享机制，初步形成计划生育动态监测、决策支持和公共服务一体的信息化应用体系。全县独生子女父母奖励费落实率100%，发放奖励扶助和特别扶助金571.3万元。

【“两非”行为综合治理】 2016年，完善经常性工作机制，规范和经常性防止“两非”(非医学需要的胎儿性别鉴定、非医学需要的人工终止妊娠)行为的发生。严厉打击“两非”行为，突出跨区域案件、公立医院案件和影响重大案件的查处。年内，全县查处涉及“两非”案件7件，其中查处伪造证明终止妊娠行政拘留1例，罚款

2016 年 3 月 5 日，在蒋集镇举办妇女保健知识培训班

500 元，查处涉药案件 6 例，罚款 2700 元。

（陈　鹏）

【城市社区和流动人口服务管理】 2016 年。开展"六进家三到位"（国情国策宣传进家、技术服务预约进家、健康查体通知进家、关爱关怀帮助进家、便民维权服务进家、意见建议征求进家、流动人口建档到位、信息反馈接受到位、落实均等化服务到位）活动，推进流动人口基本公共卫生计生服务均等化。加强区域协作，与省内外 72 个县（市、区）签订《双向协作协议书》，形成信息互通、服务互补、管理互动、责任共担工作格局。全县流动人口计生建档率、发证率、查验率、信息联系率均达到 95%以上。

（孙明娥）

【依法行政】 2016 年，强化干部学法和培训宣传。以"12·4"国家宪法日暨全国法制宣传日为重点，重点加大《山东省人口与计划生育条例》（2016 版）等新修订法律法规的普法力度，依法、稳妥实施"全面两孩"政策。举办卫生计生法制干部业务培训班，组织乡镇计划生育干部和村"两委"干部开展计划生育政策知识、依法行政知识培训。规范执法行为，强化执法监督，增强依法查处违法生育行为的有效性。结合全省开展计划生育收费"三规范一公开"（规范计划生育收费项目的主体、标准、程序，实行收费公开制度）专项行动，规范社会抚养费征收，加大违法生育处理处罚力度，规范执法程序，加大与法院的配合力度，提高非诉案件执行到位率，群众对计生工作的综合满意度保持在 96%以上。

（赵保国）

【计生协会工作】 ①加强基层组织建设。4 月，全县召开村级协会换届工作现场会。14 个乡镇（街道、宁阳经济开发区）配备专职副会长或秘书长 21 人，在流动人口聚集地建立流动人口计生协会 506 个，建会率 92%。全县有 135 个企业单位建立了协会组织。②落实计划生育"双向约定"。指导基层完善村规民约，修订计划生育"双向约定"。③完善群众自治工作机制。开展计划生育"三自"（自治、自主、自觉）模式示范村（居）创建活动，建立起以点带面、分类指导、动态管理、争先创优、全面推进的工作机制。实行"三自"模式的示范村（居）186 个，占总村数的 33%。④流动人口建协会。宁阳县流出人口建协会 506 个，流动人口协会小组 2037 个，会员 72428 名。为流动人口更好地开展"三生"服务，信息反馈交流服务和维权服务。此项工作得到省计生协会的肯定和认可并在全省市县计生协会长培训班上作了典型发言。

（李　波）

人力资源和社会保障

【概况】 县人力资源和社会保障局是县政府主管全县就业再就业、社会保险、人事人才、劳动关系调整的行政部门。2016年,局机关设有办公室、规划综合科、专业技术人员管理科、工资福利科、公务员管理科、就业促进科、事业单位人事管理科、职业能力建设科、医疗工伤保险科、养老失业保险科、财务基金监督科、大学生创业指导中心等12个内设科室,局属有劳动就业办公室(一级)、人才交流服务中心(一级)、劳动人事争议仲裁院(一级)、社会劳动保险处(二级)、医疗保险处(二级)、劳动保障执法监察大队(二级)、机关事业单位社会保险处(二级)、农村养老保险处(二级)、军队转业干部工作办公室(二级)、新型农村合作医疗管理办公室(二级)、职业技能鉴定中心、社会保险费征缴中心、干部档案信息管理中心等13个事业单位。有干部职工169人,其中在职134人、离退休35人。

2016年,县人力资源和社会保障局坚持"以人为本,保障和改善民生"的工作宗旨,被山东省人力资源和社会保障厅表彰为"人社系统宣传工作先进单位",被泰安市委、市政府表彰为"老干部工作先进单位",被县委、县政府评为"经济社会发展先进单位二等奖、信访工作先进单位、对上争取先进单位"。

【劳动合同和工资宏观管理】 2016年,在全县开展劳动合同规范建设年活动,对全县企业进行拉网排查,督促全县各类用人单位补签劳动合同1300人份、纠正劳动合同违规违法条款27条,劳动合同签订率保持98.5%以上。实行劳务派遣企业行政许可制度,对劳务派遣机构进行监督检查,重新规范许可劳务派遣机构1家。调整全县最低工资标准,最低工资标准由1300元调整为1390元,小时最低工资标准由13元调整为13.9元。发布全县企业工资指导线,2016年全县企业工资指导线以全市企业在岗职工平均工资47198元为基数,工资增长基准线为8%,上线(预警线)为13%,下线为3%。公布劳动力市场工资指导价位,形成258个职位(工种)的工资指导价位。

【劳动人事争议调解仲裁】 2016年,以基层调解工作机制建设和仲裁院规范化、标准化建设为重点,加强仲裁机构实体化和基层调解组织建设,完善全县劳动人事争议调解组织体系。着力抓好预防、调解和仲裁三个环节,妥善处理好各类劳动人事争议,按照公正公平、重调精裁、及时合法的原则,共处理劳动争议案件85件,结案85件,结案率100%。

【劳动监察】 2016年,加大劳动监察执法力度,维护企业和职工双方的合法权益。对群众举报的各类案件,依法处理,对群体性欠薪事件,启动多部门联合执法预案。全年受理查处案件6件,结案6件;与多部门联合执法检查用人单位68户，涉及农民工7310人，为982名农民工补发拖欠工资1376万元；日常巡查用人单位279户，专项检查138户，涉及职工20981人，督促并责令用人单位补签劳动合同152份。

创业就业

【概况】 2016年，实施就业精细化服务，推动就业服务向基层下沉，向逐村逐户延伸，向实名制管理过渡，全县就业局势保持稳定，群众满意度不断提升。全年新增就业8052人，城镇登记失业率2.3%，低于3.5%的控制目标。发放小额担保贷款5825万元，为各类创业人员提供了有力支持。

举办宁阳县2016年春风行动现场求职招聘洽谈会

【推动创业带动就业】 2016年，加强创业孵化园区和创业型街道、社区等创业服务载体建设，引导园区规范化管理和服务，找准功能定位、落实扶持政策、规范基础管理、营造创业扶持氛围，形成创新创业的新局面。全面启动创建创业型乡镇、社区活动，指导各乡镇、社区加强创业政策宣传、落实创业项目、加大政策扶持等，东关、连桥、杨庄等6个社区已被评为“省级创业型社区”，蒋集镇、堽城镇和文庙街道北关社区、蒋集镇宝意社区被认定为市级创业型乡镇（街道）、社区。举办“泰山创客训练营——走进宁阳”大学生创业专题培训班及普惠制创业培训班，组织回宁阳报到的应届毕业生参加自主创业培训，培训学员410人次。大学生创业人员70余名。争取省级财政专项资金支持，发放大学生创业项目补贴和培训补贴31万元。获益的29名创业大学生，其中6人开办了实体企业，23人为个体经营的服务类项目，带动就业285人。泰安狂风渔具有限公司创办人薛强，2016年3月被省人社厅评为第三届“山东大学生十大创业之星”。

创业培训

【就业直通车服务活动】 2016年，把“就业服务直通车”直接开到乡村、社区、集市和群众家门口，为老百姓送岗位、送政策、送技能、送服务，提供培训信息120条，提供就业岗位8200个。实施“360度就业精细化服务”，对就业对象、就业过程、就业手段、服务内容360度无缝覆盖。开展“再就业援助月”“春风行动”“民营企业招聘周”等系列就业服务专项活动，发挥县人力资源市场的平台作用，每月定期召开求职用工洽谈会，为企业和求职者搭建桥梁。利用好县乡就业信息一体化发布系统，为求职者提供有效的就业信息。建立培训机构认定机制，通过政府采购的形式对定点培训机构进行公开招标，确定就业培训定点机构14家。推行“企业订单、劳动者选单、培训机构列单、政府买单”的“四单式”培训模式，全年共培训各类人员6163人，其中创业培训1047人。

【大中专毕业生就业】 2016年，登记接收毕业生1789人，其中，省内院校毕业生1416人，省外院校毕业生373人，实名登记率100%，就业率100%，就业服务率100%。组织16名高校毕业生到基层就业，实施“三支一扶”计划。完善毕业生就业见习服务管理，28家高校毕业生就业见习基地提供就业见习岗位1200个，组织见习人员520名。争取省级财政专项资金支持，帮助见习基地9家、见习人员152名，申报见习补贴38万元。

社会保障

【概况】 2016年，为实现社会保险事业可持续发展，拓宽基金渠道，全县各项社会保险扩面6434人次，收缴各项保险费17.83亿元，比上年增长14%。全县参加城镇职工养老保险9.45万人，收缴保险费8.26亿元；参加医疗保险9.39万人，收缴保险费2.28亿元；参加失业保险6.79万人，收缴保险费3417.8万元；参加工伤保险10.18万人，收缴保险费4184.5万元；参加生育保险7.85万人，收缴保险费833.3万元；参加居民养老保险47.68万人，收缴保险费2.09亿元；参加居民医疗保险64.72万人，收缴保险费3.68亿元。全县发放各项社会保险待遇17.22亿元，增长20%。其中为2.4万名机关企事业单位离退休人员发放养老金8.2亿元，企业离退休人员养老金社会化发放率保持100%。全年审批企业职工退休2099人，其中正常退休1576人，特岗退休425人，病退(职)98人；支付职工医疗保险费2.48亿元；支付居民医疗保险费3.79亿元；支付失业保险金2837万元；支付工伤保险费4180万元；支付生育保险费1170万元；为12.9万名城乡居民发放养老金1.6亿元。

【养老保险】 2016年，全县申报机关事业参保单位205家，参保人数1.63万人，人均缴费基数4723.16元，增幅17.1%；参保立户企业70家，新参保职工2623人。人均缴费基数2958元，增幅12.77%。对历史遗留问题，解决符合条件应保未保的群体纳入社会保险，补缴人数1541人。同步调整机关事业单位、企业退休人员待遇。9月，为全县1.48万名企业退休人员、7000余名机关事业退休人提高退休待遇，其中企业退休人员待遇实现十二连涨。调整后企业人均月增资183元，机关事业人均月增资248元。居民养老保险基础养老金由月人均85元提高到100元。居民养老保险参保总人数达到32万人，其中发放养老金人数12.9万人。全县有9个乡镇(街道)的46个村开展了被征地农民社会保障工作，落实被征地资金3907万元，切实保障了被征地农民的生活水平。

【失业保险】 2016年，为确保失业保险征缴到位，严格执行“一票征缴”，确保基金应收尽收。全年征缴失业保险金1351万元，累计为1209人发放失业保险金680.10万元，医疗补助金182.63万元。全县105家企业发放稳岗补贴520.38万元，切实发挥了失业保险基金保生活、促就业和防失业的功能。

【医疗保险】 2016年，实施职工、居民医疗保险总额控费制度，完善医保总额付费控制办法，加强医保医用耗材管理，推行单病种结算办法。强化定点医疗机构、定点药店监管，组织开展定点医院稽查活动，对查出的违规行为，实行严格处罚。年底，全县城镇参加医疗保险的职工达到9.39万人，收缴职工医疗保险费1.07亿元，报销医疗费9579万元。全县居民医保参保人数达到64.72万人，基本实现了应保尽保、应收尽收。居民医保基金征缴3.66亿元，各级政府财政补助提高到每人每年

窗口工作人员为参保职工办理医疗费用报销手续

420 元。居民医保基金支出 3.31 亿元，受益 223 万人次。

【工伤保险】 2016 年 1 月 1 日起，将全县各级机关和参照公务员法管理的事业单位 53 个、工作人员 2555 人纳入工伤保险制度实施范围。11 月起，对一级至四级工伤职工伤残津贴、生活护理费和工亡职工供养亲属抚恤金标准待遇进行了调整提高。至 12 月，全县城镇职工参加工伤保险的 510 个单位，职工 103106 人，工伤保险基金征缴额为 1953 万元，支付工伤保险待遇 2219 万元。

【生育保险】 生育保险费按照用人单位工资总额或参保人员缴费工资 0.5%比例筹建。符合生育保险政策规定的女工生育，可享受生育医疗费和生育津贴。2016 年按照市局文件要求提高了 2016 年 1 月 22 日以后生育职工的生育保险待遇。截至 2016 年 12 月底，全县参加生育保险 80997 人，生育保险基金征缴额为 823 万元，报销生育医疗费 964 万元。

【社保基金监管】 2016 年，成立社保基金监督机构，配备 2 名专职基金监督工作人员。建立健全社保基金监督制度，实施专项监督检查、基金监督案件办理和社会保险基金预算执行的基金监督考核体系。实现"三个转变"：由对基金筹集、使用、管理过程的事后监管方式向事前、事中监管方式转变；由落后的人工计算分析监管方式向先进的信息化监管方式转变；由现场监督为主的方式向非现场监督与现场监督相结合的方式转变。以基本医疗保险审计和社会保险基金预决算专项检查为重点，规范经办机构基金管理。实行居民养老保险待遇领取资格认证，发现问题严厉查处。

人事人才

【公务员管理】 2016 年，全县机关考录公务员 46 人。全县机关工作人员参加考核 2019 人次，确定优秀等次 302 人，称职等次 1668 人，不称职等次 3 人、未定等次 46 人次。全县累计受到省政府表彰的先进集体 1 个、先进个人 2 名；受市政府表彰的先进集体 3 个、先进个人 36 名；受县政府表彰的先进集体 56 个、先进个人 267 名。根据《中华人民共和国公务员法》《事业单位工作人员处分暂行规定》，惩戒干部 49 人次，开除 1 人。全县共组织公务员培训 125 人次，其中，初任培训 36 人，任职培训 89 人。

【事业单位人事管理】 2016 年，事业单位计划公开招聘设置 428 个岗位，经过笔试、面试、体检、考核，体检，选岗，录用 397 人。其中，综合类岗位 62 个，教育类岗位 302 个，卫生类岗位 33 个。与招聘人员全部签订事业单位聘用合同、事业单位工作人员聘用登记表和最低服务年限协议书。全县机关工勤和事业单位工作人员参加考核 14918 人次，确定优秀等次 2237 人，称职等次 12243 人，不合格等次 23 人，未定等次 405 人。

严肃职称考试的考风考纪，营造"公平"考试环境。完善资格审查制度，严格审核各类人事考试报名材料，严格掌握政策标准和尺度，年内，共审核各类考试2150人次。

【机关事业单位工资福利与离退休】 根据国办发〔2016〕62号文件要求。完成全县机关事业单位工作人员基本工资标准和增加机关事业单位离休人员离休费，调整机关在职人员2416人，其中公务员2295人、机关工勤121人；机关事业离休152人；事业人员14900人，人均增资300元。规范公务员收入分配秩序，强化对各单位机关津贴补贴执行情况的监督管理。做好日常工资福利审批，审批全县机关事业单位工作人员工资变动17316人次，其中机关2295人次、事业14900人次、机关工勤121人次；审批按2015年度考核结果正常晋升工资1.7万人，其中机关晋升级别工资和级别工资档次2100人、事业单位晋升薪级工资1.49万人。做好离休人员管理服务，办理全县机关事业单位退休审批手续507人，其中机关79人、事业单位428人。

调整落实企业军转干部生活待遇，退休企业军转干部基本养老金补助水平由2846元/月调整为3156元/月，在岗企业军转干部工资补助水平由4027元/月调整为4320元/月，全年申请拨付企业军转干部解困资金267万元。

【高技能人才队伍建设】 2016年，全县引进外国专家（海外人才）累计57人次。美国托莱多大学终身教授、泰山学者海外特聘专家张洪延博士，依托山东文捷智能动力有限公司开展新能源油电混合动力项目研究，申报发明专利10项、实用新型专利10项，年度内获批实用新型专利6项。6月、12月，组织企业两次参加“外国专家泰安行”洽谈会，有5家单位与专家签订聘用意向书。2016年10月，海斯摩尔有限公司被省人社厅批准为山东省博士后科研创新实践基地。

专业技术资格评审，经过个人申报、单位审核、主管部门推荐，向省市相关的高中级评审委员会推荐高级职称申报材料151份，中级职称申报材料260份。同时，做好初级职称评审工作，农业、工程、档案等系列初级评审，全县有98人取得初级专业技术资格。专业技术人员继续教育参加培训8844人。培养高技能人才1507人，其中新技师240人，高级工1135人。有2人被评为齐鲁首席技师，3人被评为泰安市首席技师，2人被评为泰安市技术能手，10人被评选宁阳县技术能手。举办第十二届全县技能人才职业技能大赛，工种有12个，553人参赛。产生一等奖17名、二等奖38名、三等奖60名。参加泰安市技能大赛，取得一等奖7名、二等奖16名、三等奖29名。“新技师”培训工程分别为企业培训白酒酿造工技师60人、化学检验工技师50人和铝制品制作工技师50人，每人享受1000元市财政培训补贴。至年底，全县批准市级技师工作站8家，省级技师工作站1家。

（张庆明）

民政事务

【概况】 2016年，宁阳县民政局内设业务科室12个，下属管理单位7个。负责全县城乡低保、五保供养、救灾救济、慈善、社会捐助、三峡移民、福利彩票、福利机构管理、基层民主政治建设、双拥、优抚安置、民间组织、区划地名、婚姻登记、殡葬管理、收养登记等各项社会保障和社会管理。年内，宁阳县被山东省委、省政府、省军区表彰为双拥模范县；县民政局被表彰为爱国拥军模范单位；宁阳烈士陵园被省政府、泰安市政府命名为国防教育基地；宁阳县慈善协会获得泰安市优秀慈善组织奖。

【社会救助】 临时救助 按照《宁阳县城乡困难居民临时救助暂行办法》，切实为急难群众提供保障，帮助其渡过难关。全县共救助急难群众905户，发放救助资金167.5万元。

五保供养 集中供养标准增加到每人每年5700元，分散供养标准增加到每人每年4700元。2016年，共发放五保供养资金1398.6万元。

慈善救助 全年共接收县乡捐赠200余万元。联合县扶贫办开展大学生救助工作，共救助150

名大学新生，发放救助资金 18.6 万元。

城乡医疗救助 全年共资助困难群众参保 22814 人,参保资金 320 万元，救助城乡困难群众 493 人,发放救助资金 170 万元。

流浪乞讨救助 积极开展接头救助，确保流浪在外人员得到及时救助，全年共救助流浪乞讨人员 64 人次,其中医治流浪乞讨人员 33 人次,帮助回家 28 人次。

【备灾救灾】 2016 年，修订完善《宁阳县自然灾害救助应急预案》及《宁阳县自然灾害救助资金发放工作规程》，救灾能力不断提高。全年共发放救灾资金 290 余万元，有效保障了受灾群众的基本生活。

【城乡低保】 2016 年，农村低保标准由人均 3200 元/年提高到 3450 元/年,城市低保标准提高到 470 元/月，农村低保补助水平达到 175 元/月，城镇低保补助水平达到 304.9 元/月。全年,共发放农村低保金 3794.9 万元、城镇低保金 472.6 万元。

【社会福利】 2016 年,完善孤儿、困境儿童、城市“三无”救助制度。强化孤儿、困境家庭儿童和城镇“三无”人员的基本生活费申报和发放工作程序,实行动态管理,做到及时保障与清退。福利机构和社会散居孤儿、城镇散居“三无”人员月补助标准分别提高到 1200 元、720 元、705 元，全年共发放孤儿生活费 111.24 万元；困境儿童救助资金 22.92 万元;城市三无人员生活费 16.22 万元。推进养老服务体系建设，全县在已建成民生园老年公寓基础上，又完成乡镇养老服务中心、社区日间照料中心等养老服务机构 27 个,建成农村幸福院 92 所,养老服务床位达到 6000 张，社会养老服务体系建设取得初步成效。

民政局工作人员实地了解民政资金发放情况

【婚姻、收养登记】 2016 年,所办理的婚姻登记全部证件齐全、程序合法,登记合格率达到 100%。共受理收养登记 3 件。

【殡葬服务】 2016 年，严格执行“四公开一自愿”制度,规范服务和收费标准，一切消费由群众自主自愿选择。殡葬惠民政策落到实处，全县免除困难群众基本殡葬服务费 751 人次，费用 46.4 万余元。

【地名区划】 2016 年，分别与曲阜、汶上、肥城协商,制定联检方案，下发创建平安和谐边界的通知,按时完成边界联检任务。制定并下发《宁阳县第二次全国地名普查补充普查材料的通知》,完成地名审核条数 5010 条，录入地名数据库数据 5010 条，完成图库关联条数 4500 条。

【社区和基层政权建设】 **基层民主政治建设** 坚持“五统一”原则，严格坚持按村民自治示范标准指导村里的民主管理,落实“阳光村务”入户工程,全县有 95%的村达到村务公开示范村标准。深化社区服务管理创新，努力推进网格化管理。全县共划分网格 1594 个，配备网格管理员 1596 名,网格协管员 3080 名,网格监督员 1594 名，实现网格化服务管理全覆盖。

城乡社区建设 开展社区减负增效专项行动，规范城市社区居委会依法履行职责事项清单 27 项；城市社区居委会依法协助开展社会管理和公共服务项目清单 24 项。推行四社联动机制，在文庙、八仙桥两个街道 6 个城市社区先行进行试点。

【社会组织管理服务】 2016 年，取消行业协会商会、科技类、公益慈善类、城乡社区类等四类社会组织业务主管单位的前置审批，对符合条件的给予直接登记，全年累计登记各类社会组织 150 家。坚持把年检作为加强社会组织管理的有效手段，做好社会组织年检，在年检过程中，严格把关，做到合格一个通过一个，对暂时无法达到要求的社会组织，出具整改通知书，规定时间，限期整改。加强社会组织党建管理，开展以"建组织、建场所、建平台、建制度，规范党的活动"为主要内容的"四建一规范"活动，指导社会组织开展党的工作。充分发挥社会组织服务职能，最大限度发挥社会组织参加社会管理服务、促进社会发展的作用。

【双拥工作】 2016 年，及时足额发放伤残军人、老复员军人、"三属"、带病回乡退伍军人、参战人员、参试人员、60 岁以上退伍老兵、烈士子女等优抚对象抚恤金和定期生活补助款 5500 余万元。为立功受奖军人送喜报 4 轮 144 人次，发放慰问金 9.1 万元。为优抚对象缴纳参保资金 134.9 万元，

组织开展全县烈士公祭活动

实施优抚对象住房救助 60 人次、20 万元。开展驻宁阳部队官兵困难救助 14 人次，发放救助金 1.4 万元。兑现随军家属未就业生活补贴 4 人次、2.82 万元。开展节日走访慰问，春节期间走访驻宁阳部队单位 7 家，驻泰安部队 3 家，送慰问金 10.5 万元。"八一"期间，为驻泰安部队送去慰问金 9 万元，为驻宁部队送慰问金 7 万元。

【优抚工作】 2016 年，提高优抚对象抚恤和生活补助标准，印发《关于调整部分优抚对象等人员抚恤和生活补助标准的通知》，实行社会化发放抚恤定补金。为 700 名义务兵发放家庭优待金 978.9 万元。

【烈士褒扬】 清明期间，接待社会祭奠悼念 100 余场次、2000 余人；9 月 30 日举行公祭活动，全县参加活动达 600 余人。

【退役士兵安置】 2016 年，组织有培训意愿的退役士兵参加技能培训，为自主就业和自谋职业的退役士兵发放一次性经济补助金，符合条件的退役士兵安置工作规范有序。全面落实军休干部各项待遇，全年共发放军休干部离退休费、药费 190 余万元。

（付明龙）

残疾人联合会

【概况】 2016 年，县残疾人联合会(以下简称县残联)按照有关政策规定，为贫困残疾人建档立卡，统计困难残疾人生活补贴发放人员 4270 人、重度残疾人护理补贴发放人员 8672 人，为参加居民医疗保险的 3920 名二级以上重度残疾人每人补贴 140 元，为参加居民养老保险的 4146 名二级以上重度残疾人每人补贴 100 元，为 265 名达到 55 周岁的重度残疾人办理提前领取居民养老保险金手续。

实施“阳光家园计划”，按照每人每年2250元标准，为重度残疾人提供集中托养服务60人、居家托养60人。

【残疾人救助】 2016年，开展残疾人精准康复服务，抢救性康复救助0~6岁残疾儿童75名，医疗救助精神残疾人90名，免费实施白内障手术189例、人工耳蜗植入手术4例，适配助听器55例，发放轮椅、腋拐、助行器、尼龙坐便洗浴椅等辅具1060余件。面对一些重度肢体残疾人，自身无能力购买高档辅具的现状，年初，投入30万元采购电动轮椅、多功能护理床、防褥疮气床垫等高档辅具。

【康复站规范化建设】 2016年，推进乡镇残疾人康复指导站、社区(村)康复站规范化建设，为20家康复机构统一挂牌；投资36万元，扶持9家康复机构增强设备，提升康复服务能力。在9处社区(村)建设残疾人体育康复基地，通过争取上级扶持和县福彩资金，投入25万余元配备康复训练器材。投资3万余元，创建残疾人文化活动室1处，悬挂残疾人创作的字画、自强不息先进典型，配备笔墨纸砚等文化品，购置历史、文学、养生、技术等各类图书1000余册，面向全县残疾人和残疾人工作者开放，丰富残疾人的精神文化生活。

【残疾人就业创业】 2016年，县残联联合就业办、商务局举办宁阳县残疾人就业创业电子商务培训班，以建档立卡贫困残疾人为主要对象，培训学员54人，并以此为基础开展残疾人电商就业创业扶贫“传、帮、带”活动，对从事电商的10名建档立卡贫困残疾人，给予每人1台电脑的奖励扶持。推进残疾人就业扶贫基地建设，创建省级、市级优秀基地各1处，依托各基地开展实用技术培训550余人次。全年，残保金征收160.15万元，完成市下达征收任务的107%。

【残疾人信息动态更新】 2016年8月，对全县13804名残疾人的信息动态更新上报。全县共调查社区565个，填写表格并录入信息13083人、查无此人的16人、已搬迁的77人、空挂户的38人、外出的18人、死亡的572人。同时，以动态更新的数据为依托，撰写《关于宁阳县残疾人就业问题的调研报告》，为做好精准康复、扶贫工作奠定坚实基础。

【助残日活动】 年内，隆重举行第二十六个“全国助残日”庆祝暨辅具发放活动，现场免费发放轮椅、拐杖等辅助器具200余件，募捐资金和物资总计42.2万元。为10户肢体残疾人实施家庭无障碍设施改造。为73名肢体残疾人发放机动车燃油补贴。组织残疾人运动员参加全省残疾人田径、游泳、乒乓球锦标赛，其中朱小琳获三级跳远铜牌。组织28名残疾人参加全市残疾人运动员选拔（为每人发放往返车票及餐费补助50元），其中15人被确定为重点培养对象。

【“零距离”服务】 2016年，行程1000多公里，对全县13个乡镇(街道)实行上门办证，特别是偏远区域、行动不便的特殊人群，全年共服务残疾人768人次。6月，对于新办理残疾证的人员，均由快递公司免费邮寄到家，并以明白纸的形式告知惠残政策、办理流程和咨询电话，真正打通了服务群众“最后一公里”，实现“零距离”服务。为准确评残定级，保障广大残疾人的合法权益，批准宁阳县中心医院、宁阳县精神卫生中心为宁阳县残疾等级医学鉴定定点机构，郭桂凤等12人为鉴定专家，并出台针对鉴定专家的管理规定，要求他们严格对照标准和要求，公平、公正地办理残疾人证，坚决杜绝“面子证”“人情证”。

（赵先秦）

民族宗教事务

【概况】 2016年，全县共有少数民族25个，回族人口最多，8300多人，分布在8个乡镇(街道)和县直机关、企事业单位，有4个纯回族村，11个回汉杂居村。其他24个少数民族人员数量较少，分散杂居，共600余人。县域内现有佛教、道教、伊斯兰教、天主教、基督教五种宗教。有伊斯兰教协会、基督教三自爱国运动委员会和佛教协会3个宗教团体。政府批准开放的宗教活动场所27处，其中清真寺8坊，基督教16处（活动点100个），佛教1处，天主教2处，宗教教职人员总计31名（传道员14名）。

【民族帮扶】 2016年，做好少数民族帮扶，加强基础设施建设，不断改善少数民族群众的生产、生活条件。年底，全县少数民族村的主要道路硬化全部完成，村民用电全部解决，户户通上自来水（5个村安装了净水设备）。年内，完成堽城镇西台村小型水源工程项目、西台村养殖场项目、鹤山镇西罗山村小型农田水利建设项目、伏山镇太平村文化大院项目。发放农村穆斯林农户牛羊肉价格补贴2000户，共计60万元。帮扶磁窑镇回汉杂居的南驿村投资40万元，修筑水泥道路1000米。支持民品生产企业，山东华兴纺织集团有限公司成为全国少数民族特需商品定点生产企业。全年，企业获得国家少数民族资金专项贴息630万元，累计获得贴息资金3600万元。

【清真食品市场监管】 2016年，加强对清真食品市场监管，规范清真食品生产销售，依托县工商局依法查处磁窑利佳食品厂假冒清真肉松一宗，涉及案值12余万元；查处鹤山盛佳烽食品厂外包车间冒用山东省伊协监制鸭产品和包装箱1宗，涉及案值近10万元；规范县城清真食品经营业户依规生产经营清真食品，发放清真食品准营证10个；推进清真屠宰场选址建设，尽快实现牛羊肉屠宰集中化、规模化、生态化。

【宗教事务管理】 2016年，开展以“规范”为主题的和谐宗教活动场所创建活动，依法管理宗教事务。与开展“宗教政策法规宣传月”活动相结合，在宗教活动场所内积极宣传宗教自由政策、贯彻落实宗教法律法规。通过开展宗教政策法规知识答题、宗教政策法规知识巡展、主题征文等活动，突出“规范”主题，提升教风建设水平。5月29日在县城锦绣宾馆召开宁阳县伊斯兰教协会第三届二次委员会议。发动伊斯兰教协会成员及各清真寺管会成员，各寺阿訇、海里凡等各界群众参与编撰《泰安市伊斯兰教协会教志》。11月，在县城速8酒店召开伊斯兰教协会工作暨“沃尔兹”演讲会议。全体伊协委员，各清真寺管会成员，各寺阿訇、海里凡，群众代表，县城城区部分清真餐饮业户、部分清真屠宰业户出席会议。会议中对县城沿街屠宰进行了讨论，认为所有穆斯林商户应该依法依规经营，文明经商，各业户表示，将自觉带头遵守有关法律规定，为县城人民提供优质的服务和安全放心的清真食品。

（张　豪）

老龄工作

【概况】 2016年，宁阳县老龄工作紧紧围绕“六个老有”的总体目标，落实“党政主导，社会参与、全民关怀”的老龄工作方针，努力为老年人办好事、办实事，全县老龄事业得到了较快发展。

【养老保障】 2016年，抓好高龄老人生活补贴发放，90岁以上高龄老人每人每月生活补贴发放30元，百岁以上老年人由省、市、县财政给予长寿补贴每人每月300元。全县有220个行政村根据各自的经济状况实行了形式多样、标准不一的养老补贴制，占全县行政村总数的45%。年终一次性发放生活补助资金和物资的75个，占行政村的13%。推动实施“银龄安康工程”，全县投保金额740万元，对出现意外伤害的老年人理赔金额达到520万元。为300名符合优待条件的老年人办理“优待证”。

【老年人权益保障】 2016年，深入宣传老年法，维护老年人的合法权益. 建立老年人来信来访制度，完善老年维权工作网络和法律援助体系，县司法局设立老年法律援助中心和老年人法律服务咨询台，各乡镇均成立老年法律援助站，及时协调和解决侵害老年人合法权益的行为和案件。对特困老年人从资金、物资方面进行结对帮扶，免费为贫困老年人实施白内障复明手术，对65岁以上老年人进行免费查体，无偿的为老年人提供法律援助。督促落实离休老年人的门诊医药费，免缴参加新型农村合作医疗五保老人、低保老人的参合费用。与县交通局、公交公司协调，解决老年人出行凭老年人优待证县内免费乘坐公交车。

【老年基础设施建设】 2016年，建设乡镇（街道）老年文化活动站14个，社区、村级老年活动室270个，县、乡、村兴建群众经常化文化娱乐活动场所220个，经常参加文体活动的老年人近2万人。有计划、有步骤地发展农村老年活动场所，为老年人“老有所乐”创造条件。全县有10个村建起标准较高、设施齐全的老年文体活动综合活动场所或健身公园。

【养老服务业】 2016年，推动以居家养老服务、养老机构、老年医疗保健为重点的养老服务业快速发展，全县有9所乡镇敬老院进行扩建改造，其中有4所申报省级财政补助资金770万元，开工建设老年公寓5所，争取省级财政补助资金830.4万元，完成建设农村幸福院62所。

乡镇（街道）

文庙街道

【概况】 文庙街道地处宁阳县城区，街道因辖区内建有1300余年的文庙而得名。2016年，全街道区域总面积27平方公里，耕地面积1.9万亩。辖城市社区4个、农村社区2个、行政村10个。年末常住人口10.3万人。全年实现生产总值65亿元，比上年增长18.7%。其中，全社会固定资产投资完成18亿元，公共财政预算收入1.044亿元，公共财政预算支出1.083亿元。社会消费品零售总额19.08亿元，进出口总额1800万美元。

粮食播种面积23546亩，粮食总产13099.755吨，蔬菜总产17247.072吨，肉、蛋、奶总产17937.017吨。全街道拥有农业机械总动力12.5万千瓦。规模以上工业企业16家，实现主营业务收入58.98亿元，实现利润9.13亿元，实现利税11.59亿元。街道基础设施建设完成投资1.65亿元。A级旅游景区1家，全年接待旅游人数3万人次，全年实现旅游总收入400万元。

全街道有普通初中、小学8所，在校生9645人。幼儿园3所，在园幼儿1453人。有村(社区)卫生室(服务中心)15个。各类卫生机构有床位2215个，卫生技术人员31人。有农村文化大院16个。广播、电视人口综合覆盖率都达到100%，村文体小广场16个。城镇居民人均可支配收入21783元。农村居民人均纯收入13722元。居民基本养老保险参保人数9886人，城镇居民医疗保险人数21447人。城镇最低生活保障人数5人，农村最低生活保障人数509人。

年内，文庙街道荣获山东省“文明单位、卫生乡镇、优秀活动日先进单位”，泰安市“十佳乡镇(街道)工会、财政系统先进集体、国防建设十佳单位、退休干部工作先进集体、工业样本先进集体、1%人口抽样调查先进集体、先进乡镇(街道)职工服务中心(站)”，宁阳县“经济社会发展先进单位、招商引资先进单位、重点项目建设先进单位、财税经济先进单位、经济发展先进单位、城镇建设先进单位、对外开放工作先进单位、生态文明乡镇建设先进单位”等荣誉称号。

2016年建成的东部水系绿地公园

2016 年文庙街道基本情况一览表

表 21

面积(平方公里)	27	入住敬老院人数(人)		16
耕地面积(公顷)	19000	敬老院数(所)		在建一所
村(居)民委员会(个)	16	农产品总产	粮食(吨)	59716
人口(万人)	10.3		棉花(吨)	-
地方财政收入(万元)	10442.5		油料(吨)	844
第一、二、三产业比例构成	15：30：55		肉类(吨)	5924
工业总产值(亿元)	56 亿		牛奶(吨)	8271
农业总产值(万元)	28471	教育	小学校(所)	3
农业机械总动力(万千瓦)	12.5		小学在校生(人)	1330
农村用电量(万千瓦小时)	403.02		小学毕业生(人)	234
居民人均纯收入(元)	21783		小学专任教师(人)	158
居民人均生活支出	13235	卫生	村级卫生室（所）	15
享受最低生活保障人数(人)	737		乡村医生(人)	31

【城中村开发改造】 2016 年，街道始终把城市建设作为各项工作的重中之首，不断强化措施，狠抓落实，着力推进工作进程。街道共拆迁院落 2248 处，拆迁面积 82 万平方米，建设面积 46 万平方米。共伐树木 5.6 万株，拆除建筑物 2.8 万平方米，迁坟 2540 个，征地 510 亩。城市管理，以推进网格化管理为抓手，不断完善工作机制，创新工作方法，强化工作落实，持续推进城市管理工作精细化、规范化。严控违法建筑，始终对违法建设保持“零容忍”的高压态势，全年共拆除违法建设 5 处。加强环境容貌综合整治，对 16 个村居的主干道和背街小巷进行了专项清理，新增地上垃圾桶 56 个。加大城区打场晒粮及秸秆禁烧整治力度，持续完善各小区物业服务。

【项目建设】 2016 年，街道一直把项目建设作为推动经济发展的第一引擎，坚持“一切工作项目化、项目工作具体化、具体工作责任化”，项目建设成果丰硕。全年街道外贸进出口额达 1800 万美元，外资直接到账额 1200 万美元，策划项目 11 个，新培植市级“一企一技术”研发中心 1 个，新发展专精特新、服务业特色、科技创新企业 2 家，私营中小微企业 132 家，新注册进出口备案企业 2 家，新增个体户 662 户。招商引资，以“服务企业转型升级、扩大经济合作”主题招商活动为依托，不断加大招商引资工作力度，拓宽招商引资领域。年内，新建项目有银座商城项目、碧海蓝天电子产品生产线项目、兴隆街东延路网建设工程项目、莱商银行项目 4 个。

【城郊农业】 2016 年，围绕加快绿色、生态、高效的城郊农业发展，因地制宜，创新思路，积极探索，全力做大苗木花卉、大棚蔬菜、畜牧养殖三大产业，努力打造农业经济新亮点。①土地承包经营权确权颁证。按照要求对 11 个村进行了土地承包经营权确权登记颁证，确权农户 2899 户，确权面积 12383.7 亩，并顺利通过了省、市对该项工作的验收。②优化农业结构。全年新增蔬菜、苗木花卉面积 900 亩，造林面积 4600 亩，绿色通道建设新增长度 300 米，新增奶牛、肉牛共 700 头，有 2 家养殖场申报并获得了无公害认证，至此全街道拥有无公害认证产品的公司已达到 8 家。③农村“三资”管理。制定并下发了《文庙街道村居集体经济组织“三资”管理办法》，聘请会计师事务所对 16 个村居逐村进行审计，对清查出的问题情况逐村进行了通报，并限时进行整改。不定期开展对棚户区改造、惠农、扶贫、新农合、新农保等各项专项资金使用情况的监督检查，杜绝了挤占、挪用、套取及虚报冒领专项资金等违纪违法行为的发生。④农业发展服务。做好农业项目材料申报和实施工作，为张庄村申领农业资金 23 万元；按要求落实补贴政策，全年完成全街道 1539 户种粮农民涉农一卡通电子信息录入工作，申报粮食直补面积 7294.34 亩，发放补贴款 91.18 万元，完成配方肥 57.89 吨；基层农技推广挑选了 5 个村作为示范村，每村挑选了 1 名农民技术员、10 户科技示范户，并结合当地实际及时进行了集中培训，提高了农业生产水平；加强森林有害生物防治，林业有害生物防治面积达到森林覆盖面积的 98% 以上。

【民生事业】 2016 年，街道确定了 8 件为民要办的实事。其中，教育园区项目建设工作已圆满完成，9 月投入使用。育才路项目、兴隆街东延建设项目已基本达到通车条件。落实“六小工程”，举办了“幸福文庙·和谐共建”文化惠民大巡演活动 32 场，文成园社区被授予“省级文明社区”荣誉称号，杜家村被县文明委评为“美丽村庄”，北关社区、石桥村、张庄村被评为“文明乡村示范村”，董世英一家进入全省第一届“最美家庭”评选并获奖。精准扶贫共建档立卡贫困户 265 户、575 人，年内有 117 户、254 人实现脱贫。

2016 年，投资 600 万元完善了文庙中心小学、中心幼儿园教育设施，积极改善教师待遇条件，拿出 6 万元奖励街道教育工作先进单位和个人，将学校、幼儿园班主任费及非公办幼儿教师补充工资提高到 300 元；着力提高教师素质，解决教师培训费 34 万元，投入 8 万余元落实教师绩效考核方案；做好教育补助工作，2016 年共发放辖区内大学生助学金 21 万元，贫困生救助金 1.4 万元。完成北关社区卫生服务中心建设，进一步完善了石桥村、南满村、张庄村、杜家村便民设施。

【社会保障】 2016 年，共发放救助款 15 万元，为 19 户突发重大变故的特困家庭申请了临时救助。强化残疾人社会保障和服务，共为 148 名重度残疾人发放生活补贴 11.53 万元。开展低保清理清查，全街道共有农村低保 252 户、496 人。完善五保供养管理服务，有五保人数 76 人，及时发放五保供养资金，达到了应保尽保的目标。落实双拥优抚政策，全年共发放退役士兵自主择业金 60.75 万元、义务兵家庭优待金 41.75 万元、新入伍士兵慰问金 3.6 万元，保障了他们的合法权益。

2016 年 8 月 18 日，文庙小学搬迁，县政府副县长刘桂敏在现场调研

【平安建设】 2016年，党政领导干部共开展接(约)访活动26次，化解信访问题37件，化解率为86%。开展安全生产大检查活动，共发现隐患90余条，下达隐患限期整改通知书32份，消除了安全隐患；加强食品安全管理工作，推广“票档一体化”，切实保障食品药品安全；成立防汛抢险应急分队，完善了汛期24小时值班制度，备足备齐了各类防汛物资，保障了辖区安全度汛。

【基层组织规范化建设年】 2016年，确定为“基层组织规范化建设年”，强化管党治党工作力度，党建基础不断巩固。①推进“两学一做”学习教育活动。成立学习教育协调小组，召开专题学习会、研讨会，对各单位工作开展进行了具体指导。聘请党校著名讲师为党建指导员，利用每月15日的“党员活动日”，到各村居轮流上党课；精心打造了“文庙先锋”微信交流群等学习平台；归纳整理并下发“两学一做”学习教育题库，以支部为单位开展测试，保证党员学习质量和效果。实施“党员活动日”观摩制度，学习教育抓严抓细。通过活动，查摆出党员问题1830个，党组织问题83个，党组织和党员分别整改问题67个和1450个。②做好党员教育管理。制定街道2016年干部教育培训计划，组织村居集体企业和街道直属企业负责人8批200余人次赴北京大学进行学习交流；对街道所有党员档案进行了拉网式的整理，全部党员档案信息实行了电子化管理、编号保管，对在职的村居党组织书记、“五职”干部、其他非“五职”“两委”干部、网格员及党务工作者进行建档，做到了规范管理。全年共发展党员20人，其中女性党员7人、35岁以下12人、大专及以上7人。举办庆祝建党95周年暨“我身边的优秀党员”颁奖典礼，对党的建设先进单位和先进个人进行表彰。③基层党组织换届，对未按期换届的24个基层党组织进行了换届、将国土所、畜牧兽医站2个支部并入街道机关支部开展组织生活。完善街道“大工委”、社区“大党委”联席会议制度，创新“1+4”组织体系(完善“大党委”领导下的党支部、党小组、居委会和网格员四级体系，夯实运行基础)和“1+X”共建制度(一名社区党委成员联系多个驻地单位，协调驻地单位共同参与社区建设)；组建志愿者服务队，引导1592名党员8小时外在社区服务；倾力打造“书香北关”等党建品牌，党组织服务能力显著提升。

（宁肖艳）

八仙桥街道

【概况】 相传，宁阳城西沟河纵横，水泊密布，交通很不方便，八仙为百姓下凡建桥，桥石栏墙上刻有“八仙”图，便将这座桥起名八仙桥。2010年9月16日，成立街道办事处，遂定名八仙桥街道。2016年，区域总面积23.12平方公里，辖2个社区、22个行政村，总人口4.2万人，其中农业人口2.1万人。街道围绕“全覆盖、常态化、重创新、有实效”的工作目标，强化责任落实，坚持问题导向，突出精准指导，扎实推进“两学一做”开展。深化实施“四维联动”工作机制，不断健全完善决策、执行、监督、考评等环节的各项规章制度。全年，街道共完成主营业务收入136.31亿元，增长22%；完成招商引资13.1亿元，增长21%；利用外资910万美元；固定资产投资24.1亿元；税收5349.98万元，增长22%，实现地方财政收入4772.02万元；农民人均纯收入达到14609元，增长12.5%。年内，先后获第六次全国人口普查省级先进集体、山东省“苗木花卉百强镇、六五普法中期先进集体、优秀调解委员会”，泰安市“无邪教街道、泰安市引进国外智力成果示范推广基地、四德工程建设先进集体、文明村镇、党委理论中心组学习先进单位、农经系统先进集体、就业工作先进集体、统计工作先进街道、花园式单位”，宁阳县“科学发展观考核一等奖”等荣誉称号。

2016 年八仙桥街道基本情况一览表

表 22

面积(平方公里)	24.7	农产品总产	粮食(吨)	16427.26
耕地面积(公顷)	1507.4		棉花(吨)	-
村(居)民委员会(个)	24		油料(吨)	12
人口(万人)	4.2		肉类(吨)	2025
地方财政收入(万元)	5546.06		牛奶(吨)	10893
第一、二、三产业比例构成	8.3∶45.1∶46.6	教育	小学校(所)	2
农业机械总动力(万千瓦)	5.6386		小学在校生(人)	2300
农村用电量(万千瓦小时)	3453		小学毕业生(人)	273
居民人均纯收入(元)	23229		小学专任教师(人)	141
享受最低生活保障人数(人)	426	卫生	乡镇卫生院床位 (张)	20
敬老院数(所)	1		乡镇卫生院专业技术人员 (人)	66
入住敬老院人数(人)	76		村级卫生室 (所)	20
福利企业(家)	6		乡村医生(人)	36

【工业发展】 2016 年,贯彻县委“招商引资重中之首”理念,优化招商引资环境,加大招商引资力度,初步形成了造纸、新材料、新医药、轻型机车、纺织、钢球等六大产业。全街道规模以上工业企业总量达到 20 家, 利税过 500 万元的企业有山东天和纸业有限公司、宁阳康宁房地产开发有限公司、宁阳县大成建筑安装工程有限公司、宁阳县城市建设综合开发公司等企业。年内,先后引进并开工建设了华兴集团生物新材料智能纺项目、医疗用生物质新材料及制品产业化项目、年产 20000 吨艺卡纸技改项目等多个过亿元的大项目、好项目。全年规模工业企业主营业务收入 94.6 亿元, 规模工业利税 14.3 亿元。

【特色农业】 2016 年, 全面推进了苗木花卉和有机蔬菜两大主导产业。①苗木花卉。全街道苗木花卉种植面积 1.2 万亩,先后建起了中美合资克里斯威廉彩色苗木花卉基地、沙岭山水苗木花卉繁育基地、路临樱花基地、万竹观光园等基地, 燕园农林科技有限公司与美国 JLPN 公司合资建设的克里斯威廉彩苗孵化工厂项目,年可实现销售收入 8000 万元、利润 2400 多万元。街道成功申报省级

特色农业种植

苗木花卉农业科技园区，金阳山水苗木公司获得省现代农业项目扶持，燕园农业成为泰安市引进国外智力成果示范推广基地以及省农业科技发展资金扶持企业，并荣获“全国十佳苗圃”、全省林木种苗先进单位、市级农业产业化重点龙头企业等多项荣誉称号。②有机蔬菜。全街道有机蔬菜面积3000亩，发展设施大棚120个，主要有大庙西有机蔬菜基地、王临的食用玫瑰、食用菌、红庙生姜等项目。③合作组织、家庭农场、龙头企业。全街道农民专业合作社共有31个，协会5个，家庭农场10个，规模以上龙头企业14家，主要有燕园（泰安）农林科技有限公司、泰安金阳山水园林绿化有限公司、泰安大视界园林绿化有限公司等。

【三产服务业】 2016年，全街道个体工商户达1760余户，从业人员达3870余人。辖区内综合商贸城2个，大型购物中心3处，花卉交易市场1个，物流企业4家，各类居民便利店、连锁超市、住宿餐饮、休闲娱乐、物流快递等商业网点700多家。

【民生事业】 2016年，①围绕推进教育优质均衡发展，重点推进西关小学标准化改造、瑞和家园配套幼儿园、街道中心小学和中心幼儿园建设。②围绕推进街道医疗服务水平，先后完成街道民生苑建设，高标准建设了社区卫生服务中心，并成功创建国家示范社区卫生服务中心。③围绕老有所养、老有所乐，对敬老院进行改造提升，投资200万元，建起三层老年公寓楼1栋，并先后在沙岭村、围子村、花石桥、杨庄村、路临村、杨集村、川寺村、王临村等建设了农村幸福院，促进老年人公益事业的发展。④围绕社会安全稳定，建设了社区矫正中心，各村居在资金紧张情况下，在居住小区和主要路口安装监控设备，使街道天网工程达到全覆盖，为社会治安筑起无形的网络防线；针对两劳帮教和社区矫正，推出“12346”社区矫正管理模式，创新“五化”机制，带动了全县社区矫正工作规范、平衡发展，司法所荣获全国优秀司法所荣誉称号。⑤围绕社会保障，不断探索社会保障机制，落实最低生活保障家庭357户649人，救助重度残疾人86人，农村“五保”人员集中供养率继续保持80%，实现城乡居民基本医疗保险、城乡居民基本养老保险、工伤保险全覆盖；⑥围绕丰富群众精神文化生活，建设文体小广场24处，积极开展群众性精神文明创建活动。

社区卫生服务人员为居民上门查体

【基层组织建设】 2016年，街道党工委下辖党总支5个，党支部41个，其中农村党支部24个；党员1290人，其中农村党员885人。街道围绕“全覆盖、常态化、重创新、有实效”的工作目标，扎实推进“两学一做”开展。深化实施了“四维联动”工作机制，不断健全完善决策、执行、监督、考评等环节的各项规章制度，强化部门和干部管理，实行以“日常管理保激情、季度自评增干劲、半年展示看进度、年终述评查实效”为主要内容的“四位一体”绩效考核管理制度。村级基层组织建设，实行农村干部管理“四定两评三保障”激励保障机制、村级班子“分餐培养递进提升”工程、开展“三下”惠民集中月活动;村级民主管理“一述一查一评一改”制度等典型经验做法先后被《大众日报》《泰安党建》《泰安日报》、中国共产党新闻网等多家媒体刊物报道;创新打造了“老徐热线工作室”,接听群众来电来访。创新实施定点式、上门式、按需式、全程式“四式”服务模式,设立便民服务站25个,配置人员108人;开展“先锋社区”创建,构建“街道党工委+社区党支部+小区党小组+党员”的四级联动机制,打造了党员先锋站、民情服务站、暖心互助站、社区之家“三站一家”,赢得了群众好评。

（王华龙）

泗店镇

【概况】 泗店镇因政府驻地泗店村而得名,位于县境西南部,距宁阳县城6公里,镇境北靠文庙街道和八仙桥街道,东邻乡饮,西连东疏镇南与济宁市兖州区接壤,2016年,全镇区域总面积56.06平方公里。辖行36个行政村(自然村63个),有1.09万户,4.3万人,人口自然增长率为4.7‰。全镇实现生产总值19.21亿元,比上年增长106.9%,其中,第一产业增加产值2.61亿元,第二产业增加值8.36亿元,第三产业增加值8.24亿元。全社会固定资产投资完成12.97亿元,公共财政预算收入2487.3万元,公共财政预算支出3340.01万元,社会消费品零售总额7.13亿元。年内,泗店镇荣获宁阳县“经济社会发展先进单位(二等奖)、现代农业发展先进单位、对外开放工作先进单位”等荣誉称号。

2016年泗店镇基本情况一览表

表23

面积(平方公里)	56.06	农产品总产	粮食(吨)	59716
耕地面积(公顷)	3832		棉花(吨)	0
村(居)民委员会(个)	36		油料(吨)	844
人口(万人)	4.3		肉类(吨)	5924
地方财政收入(万元)	2487.3		牛奶(吨)	8271
第一、二、三产业比例构成	13.6∶43.5∶42.9	教育	普通初中学校(所)	1
工业总产值(万元)	83600		普通初中在校生(人)	1340
农业总产值(万元)	26100		普通初中毕业生数(人)	365
农业机械总动力(万千瓦)	1.8		普通初中专任教师(人)	90
农村用电量(万千瓦小时)	1218		小学校(所)	5
居民人均纯收入(元)	20613		小学在校生(人)	1139
居民人均生活支出	16579		小学毕业生(人)	336
享受最低生活保障人数(人)	959		小学专任教师(人)	168
敬老院数(所)	1	卫生	乡镇卫生院床位(张)	90
入住敬老院人数(人)	62		乡镇卫生院专业技术人员(人)	45
福利企业(家)	1		村级卫生室(所)	29
福利企业残疾员工数(人)	2		乡村医生(人)	45

【农村经济】 2016年，泗店镇稳步提升粮食产量，调结构，激改革、抓龙头、育特色，推进农业特色化、产业化、规模化进程，全年实现粮食播种面积10.22万亩，粮食总产59716吨，油料总产844吨，蔬菜总产92026吨。肉、蛋、奶总产16991吨，全年新增造林面积8000亩，林木绿化率达到26.7%，全年拥有农业机械总动力1.8万千瓦。新上龙头项目4个，其中，弘兴玉米为主体、占地2000亩的玉米深加工产业园已全面形成，辐射带动能力日益增强；特色农业品牌称号日渐响亮，“许家桥大白菜、宁阳桥白、宁阳蟋蟀”被认定为国家地理标志，“宁阳桥白”被农业部列入全国“名特优新”农产品目录，“桥白”牌山药通过国家无公害品牌认证，并被认定为无公害农产品。大力推进土地规模集约经营，圆满完成各村土地承包经营权确权登记颁证；集中流转土地9800亩；农业合作组织增至54家、家庭农场增至34家，徐行村成立了全县第一家村级集体经济股份合作社。着力改善农业基础设施，实施北部6000亩高标准农田建设，东部1.8万亩旱区治理和3000亩罗河风沙片治理工程，变“靠天吃饭”为“旱涝保收”，年均增收700余万元。

【工业项目】 2016年，泗店镇发挥“客商库、信息库、项目库、智囊库”作用，大力开展“链条式、专场式、小分队”招商，项目的数量、个头、效益有新的提升，相继引进建设项目7个，续建项目5个，过亿元项目6个；全年，招商引资到位资金实现15.23亿元，外资外贸工作圆满完成县下达任务。“扶强培优”工程深入实施，全镇新增注册企业数量20家，规模以上工业企业达到15家，形成了“金属制品、粮食加工、机械制造、玻璃制品、造纸原料、燃气供应、复合材料”七大主导产业，工业支撑能力明显增强，全年实现工业增加值58.98亿元，比上年提升3.5%，实现主营业务收入58.83亿元，实现利润5.87亿元，实现利税6.98亿元，资质三级及以上建筑企业2家，实现建筑业增加值1.35亿元，比上年增长5.3%，实现利税3580万元。现代物流、电子商务、金融保险等新兴业态蓬勃发展，成为镇域经济发展新的增长点。

【镇村建设】 2016年，泗店镇紧紧围绕“南部新城”建设目标，深入实施“基础设施改善、城乡管理提升，生态环境创优”三大主题建设，统筹推进城乡一体、镇村联动，承载能力大幅提升，对外形象明显改善。镇村建设全面提速，完成16条道路建设，全长14公里。建设了县城与泗店结合部游园工程、宁阳洸河生态景观工程；滨河佳苑社区二期3幢居民楼已基本竣工、幼儿园达到入园条件。镇村管理构筑一体化管理网络，组建36支村级保洁员队伍，配齐配全环卫管理设施设备，严格落实属地管理、责任包保、实时监控等制度；铁腕整治容貌环境，围绕“五化”目标，大力开展卫生保洁、拆违拆临、经营秩序整顿、亮点打造“四大活动”，切实扮靓镇村形象。生态创建成效初显，实施“蓝天”工程，推进村庄绿化、美化和绿色通道建设，切实做好增绿透绿文章。着力降污减排，引导驻地企业开展技术革新，使用节能产品；严把项目建设，推广节能建筑，秸秆综合利用和秸秆禁烧工作实现历史性突破，建立了长效机制，环境质量显著提升。

【社会事业】 2016年，坚持经济增长与民生改善并重，大力发展各项社会事业，在谋发展中为民办实事、谋福祉。全镇基础设施建设完成投资800万元，村镇建设投资300万元，A级及以上旅游景区1家，全年接待旅游人数10余万人，实现旅游收入1.2亿元。认真抓好养老、医疗、失业等保险征缴工作，参保率始终位居全县前列。认真落实各级就业创业扶持政策，切实保障群众劳动就业。大力实施幸福教育工程，先后实施镇中心小学教学楼、许桥幼儿园教学楼、滨河幼儿园、十一中塑胶操场等10余个建设项目，中小学全部实现楼房化，教学设施进一步更新改善，教育教学水平显著提高。推进镇卫生院、中心卫生所改造、医改措施落实、医术医德建设等，就医环境、医疗服务水平进一步优化。深入实施“文化惠民”和

“六个一”工程，农家书屋、文体小广场实现全覆盖；建设了功能齐全、设施一流的“泗店镇文化服务中心”“中国宁阳蟋蟀文化博物馆”；深入开展“美丽乡村”“四德”榜、“优美庭院”等文明创建活动，全镇讲文明、树新风、倡和谐的氛围更加浓厚。切实加强社会管理。

【精准扶贫】 2016年，泗店镇推进精准扶贫开发，建档立卡贫困户380户，807人，采取入股分红、企业带动等措施，救助贫困户4.16万元，为村集体增收1.84万元；完成“富民生产贷”815万元，带动贫困户稳定增收15万元；兴办好美佳制帽等企业，吸纳贫困户就业脱贫。完善社会保障。加大对困难群众和弱势群体救助力度，落实低保户575户、五保供养174人，最低生活保障实现应保尽保，保障标准调整提高。

【蟋蟀文化产业】 2016年，以蟋蟀资源为特色的文化旅游业快速发展，全镇蟋蟀从业人员2.5万人，每季人均纯收入8000元，全镇直接蟋蟀交易增收2亿元。全镇蟋蟀用品专卖店共20多家，其中大型批发店8家，经营捕捉、喂养、储存、计量等200多种蟋蟀相关用品和纪念品。产品占据所有蟋蟀市场，包括外地市场。具有珍藏价值的蟋蟀老罐、红木斗闸、过笼等有40多种。成功举办“蟋蟀文化节”，吸引10余万人次到镇旅游观光、蟋蟀交易、餐饮住宿。全年有48家国内外媒体报道宁阳蟋蟀文化。“宁阳蟋蟀”日渐成为创品牌、惠民生、促发展的特色引擎。

（许振川）

东疏镇

【概况】 东疏史称“两疏故里”。“两疏”指西汉宣帝太子太傅疏广及其太子少傅疏受，历史上被称为“宁邑二疏”。东疏镇位于宁阳县西南部，驻地东疏前村，东距宁阳县城8公里。镇域地理坐标为北纬35°42'~35°48'，东经116°36'~116°44'。东临八仙桥街道办事处，南连泗店镇和兖州区小孟乡，西与汶上县接壤，北接鹤山乡和伏山镇。全镇区域总面积84平方公里，耕地面积9.7万亩。辖49个行政村（社区）。年末常住人口6.2万人，人口自然增长率3.16‰。全年实现生产总值31.5亿元。全社会固定资产投资完成14.82亿元，公共财政预算收入7329万元，公共财政预算支出7329万元。社会消费品零售总额11.62亿元。

粮食播种面积119155亩，粮食总产70948.42吨，棉花总产5吨，油料总产2970.13吨，蔬菜总产97726.42吨，肉、蛋、奶总产32638.5吨。全年新增造林面积5000亩，林木绿化率36%。全镇拥有农业机械总动力7.6万千瓦。规模以上工业企业25家，实现主营业务收入10.51亿元，实现利税12.90亿元。资质三级及以上建筑企业1家，实现建筑业增加值7910万元。

乡镇基础设施建设完成投资5000万元，村镇建设完成投资5000万元。A级及以上旅游景区1家，全年接待旅游人数10万人次，实现旅游总收入6000万元。

全乡镇有普通初中1所，在校生1772人。小学5所，在校生1645人。幼儿园7所，在园幼儿1063人。有卫生院1个，村（社区）卫生室（服务中心）42个。各类卫生机构有床位90张，卫生技术人员174人。取得重要科技成果1项，获得县级及以上科学技术奖1项。有农村文化大院49个。广播、电视人口综合覆盖率分别达到98%和100%，村文体小广场56个。

城镇居民人均可支配收入23550元。农村居民人均纯收入13815元。居民基本养老保险参保人数26757人，新型农村合作医疗参合人数51201人。城镇最低生活保障人数1人，农村最低生活保障人数1774人。

年内，东疏镇获宁阳县“科学发展先进单位一等奖、现代化农业发展先进单位、生态文明乡村建设先进单位、计划生育工作先进单位、平安宁阳建设先进单位、信访工作先进单位、教育工作先进单位、招商引资工作先进单位、经济社会发展先进单位、财政工作先进单位”，泰安市“四德工程建设先进单位、体育工作先进单位”，山东省“特色产业镇、苗木百强乡镇、苗木花卉十佳乡镇”等荣誉称号。

2016 年东疏镇基本情况一览表

表 24

面积(平方公里)	84.4	农产品总产	粮食(吨)	70948.42
耕地面积(公顷)	6408.4		棉花(吨)	5
村(居)民委员会(个)	49		油料(吨)	2970.13
人口(万人)	6.2		肉类(吨)	6443.3
地方财政收入(万元)	7329		牛奶(吨)	26463.6
第一、二、三产业比例构成	13.4∶43.2∶43.3	教育	普通初中学校(所)	1
工业总产值(万元)	103.1		普通初中在校生(人)	1772
农业总产值(万元)	10.86		普通初中毕业生数(人)	498
农业机械总动力(万千瓦)	7.6		普通初中专任教师(人)	160
农村用电量(万千瓦小时)	2960		小学校(所)	5
居民人均纯收入(元)	18042		小学在校生(人)	1725
居民人均生活支出	7819.3		小学毕业生(人)	325
享受最低生活保障人数(人)	1775 人		小学专任教师(人)	249
入住敬老院人数(人)	123	卫生	乡镇卫生院床位（张）	90
敬老院数(所)	1		乡镇卫生院专业技术人员（人）	89
社会福利企业数(家)	1		村级卫生室（所）	42
福利企业残疾员工数(人)	9		乡村医生(人)	85

【镇域经济】 2016 年，牢牢把握发展第一要务，坚持转方式，调结构，创优势，促进经济转型升级。强力推进招商引资和项目建设，先后落地过亿元项目 15 个。镇内形成石材、劳保两大园区、“南林北菜”两大农业特色、乡村旅游乘势而上，东疏园林、“十八黄茂”品牌达成社会共识。全镇三次产业比例分别为 13.5:43.2:43.3。镇域经济形成以工业为主导，特色农业“接二连三”，服务业竞相发展

山东金茂机械有限公司车间一角

东疏溢源奶业养殖场

的新格局。工业经济转型升级，挖掘资源开发、机械制造、劳保用品等传统产业创新优势，打造发展新高地。全年规模工业企业主营业务收入、利税分别达到99.8亿元、12.9亿元。规模工业企业达到25家，销售收入突破亿元，利税过百万元的企业分别达到21家、25家。现代农业特色鲜明，粮食生产实现“十四连增”，农田水利建设取得历史性突破，完成土地整理6.7万亩，占耕地总面积的81.7%。将产业链、价值链等现代产业组织方式引入农业，实现传统农业向现代农业转型升级，着力提高土地产出，为市场提供放心农产品。累计流转土地27503亩。苗木花卉、蔬菜规模分别达到4.5万亩，1.5万亩。畜牧养殖产业蓬勃发展，存栏奶牛1.3万头、生猪3.2万头、家禽70万只。规模以上农产品加工企业、农民专业合作社、家庭农场分别达到12家、93个、39家。承办了山东省畜禽屠宰管理工作现场会，服务业不断发展壮大。现代商贸流通体系完善，鲁粮粮食现代物流园，东方园林生态旅游等新兴生态快速发展，驻地核心商贸区已具雏形，全年社会消费品零售总额达11.62亿元，同比增长14%。

【镇村建设】 2016年，完善《东疏镇总体规划(2013—2030)》和《东疏镇石材园区规划》《东疏镇乡村旅游规划》等专项规划。加快提升小城镇建设水平，先后建成疏新社区、疏祥小区、疏瑞社区等驻地聚合区。年内建成居民楼64幢，建筑面积达30万平方米，吸纳1万余人入住。累计投资5000余万元，先后建设“两疏广场”，改造升级“黄吴路”，新修东方园林路，实施蒙馆路沿线及西疏大街景观提升工程，新建污水处理站2个，修建农村道路90千米，铺设排污管道10千米，建成天然气管网，实施农村旱厕改造和危房改造。自来水普及率达到100%，有线电视覆盖率达到100%。投资400万元，完善生活垃圾“户分类、村收集、镇运输、县处理”运行模式，城乡环境显著改善。

深化乡村文明行动，培育省级文明家园1个，市级文明村3个，县级文明村16个，东疏镇获得省级文明村镇。

【社会事业】 2016年，民生支出

后张庄村乡间小路

镇中心小学教学楼

占财政总支出的45.2%，比上年增长26%。完善社会保障体系，居民社会养老保险、医疗保险覆盖率达到100%，有11500人按时领取养老补助金，企业退休人员养老金实现社会化发放，严格落实城乡低保、五保供养、残疾人补贴标准和医疗救助政策，公共卫生服务均等化水平显著提高，“健康关爱工程”惠及全镇4050户11505人，为5230人次减免住院费用227万余元。

提高公共服务水平，计划生育工作获全县一等奖；改善办学条件，投资2200余万元，建成第二小学，市级规范化学校比率达到100%。同时设立东疏学子“励志奖学金”，全年颁发奖学金24万元，“教育强镇”取得显著成效；投资2600万元，建设敬老院和老年公寓，公共文化服务体系日臻完善，安装各类健身器材800余件。建成文化长廊800米、全民阅读、全民健身活动广泛开展。

【精准扶贫】 2016年，推进精准扶贫，帮助群众解决困难，送政策、送温暖，增加收入。实施各类产业扶贫项目7个，实现脱贫758户，贫困人口1603人，升级贫困村顺利脱贫2个。坚持以创业带就业，实现就业再就业1495人，农村劳动力转移就业8250人。各村便民服务点代办点还结合生产生活、低保救助、计划生育等，由村干部为群众代办服务。镇便民服务中心整合17个涉农部门入驻，一站式办理各项惠民业务，在胡茂、花园等村，建立党员代表服务站，宣传政策，调解矛盾，实施困难救助等服务，成为党员联系群众、服务群众的“直通道”。

【养老服务中心】 2016年，东疏镇投资2600万元，开工建设老年服务中心，占地20亩，总面积11828.2平方米，建成四层敬老院楼1幢，建筑面积6542.6平方米；四层老年公寓竣工，建筑面积3493.6平方米；三层综合服务楼建设基本完工，建筑面积1792平方米；其余道路及绿化面积为6000平方米，该老年服务中心可供养老人近590人。年内，敬老院楼已入住“五保”老人123人。

老年服务中心坚持“住有宜居、病有良医、娱有新乐”的理念，按“布局合理、设计先进、功能齐全”的总体要求，具备起居室、卫生间、洗浴室、餐厅、医务室、活动室、

阅览室等生活设施，还针对老年人特点，设计了专用电梯、无障碍扶梯、防滑地板及必要安全防护设施。该服务中心以强化服务，提升管理水平为根本，精心选派人员外出参加老年人服务技能培训，不断提高服务质量，为老年人提供日常生活照料、节日生活、医疗服务和心理疏导等方面的优质服务。

（朱修海）

鹤山镇

【概况】 鹤山镇位于宁阳县西北部，境内中部有一座形似飞鹤的山名曰鹤山，鹤山镇因此得名。东部为冲积平原，西部为山地丘陵，北部有大汶河穿流而过，山水相连，景色宜人。2016 年，全镇区域总面积 99 平方公里，耕地面积 8.8 万亩。辖 45 个行政村和 1 个农村社区。年末常住人口 5.67 万人。人口自然增长率 7.9‰。全社会固定资产投资完成 9.73 亿元，公共财政预算收入 2357.57 万元，公共财政预算支出 2149.55 万元。社会消费品零售总额 10.17 亿元。年末城乡居民储蓄存款余额 8.19 亿元。

粮食播种面积 151654 亩，粮食总产 70518.79 吨，棉花总产 71.58 吨，油料总产 2037.84 吨，蔬菜总产 53635.43 吨，水果总产 610 吨，肉、蛋、奶总产 11012.96 吨。全年新增造林面积 4250 亩，林木绿化率 15.5%。

全镇有普通初中 1 所，在校生 1669 人。小学 6 所，在校生 1907 人。幼儿园 8 所，在园幼儿 1410 人。有卫生院 1 个，村（社区）卫生室（服务中心）42 个。各类卫生机构有床位 59 张，卫生技术人员 156 人。有农村文化大院 46 个。广播、电视人口综合覆盖率分别达到 100%和 90%，村文体小广场 46 个。

2016 年鹤山镇基本情况一览表

表 25

面积（平方公里）	99	农产品总产	粮食（吨）	70518.79
耕地面积（公顷）	5866.7		棉花（吨）	71.58
村（居）民委员会（个）	46		油料（吨）	2037.84
人口（万人）	5.67		肉类（吨）	9295.19
地方财政收入（万元）	2357.57		牛奶（吨）	–
第一、二、三产业比例构成	20 : 56 : 24	教育	普通初中学校（所）	1
工业总产值（万元）	517705		普通初中在校生（人）	1669
农业总产值（万元）	75835		普通初中毕业生数（人）	417
农业机械总动力（万千瓦）	11		普通初中专任教师（人）	145
农村用电量（万千瓦小时）	5325.32		小学校（所）	6
居民人均纯收入（元）	13266		小学在校生（人）	1907
居民人均生活支出	8015		小学毕业生（人）	397
享受最低生活保障人数（人）	1617		小学专任教师（人）	208
敬老院数（所）	1	卫生	乡镇卫生院床位（张）	59
入住敬老院人数（人）	35		乡镇卫生院专业技术人员（人）	156
社会福利企业数（家）	–		村级卫生室（所）	42
福利企业残疾员工数（人）	–		乡村医生（人）	82

城镇居民人均可支配收入19057元。农村居民人均纯收入13266元。居民基本养老保险参保人数16122人，新型农村合作医疗参合人数44235人。城镇最低生活保障人数8人，农村最低生活保障人数1609人。

2016年，鹤山镇先后获全国"社区教育示范乡镇、农村优秀学习型组织"，泰安市"统计工作先进乡镇"，宁阳县"经济社会发展先进单位、教育工作先进单位、人口和计划生育工作一等奖、安全生产先进单位"等荣誉称号。

后鹤山村设施农业大棚

【工业经济】 2016年，鹤山镇立足纺织、服装加工产业劳动力资源丰富的优势，与南方企业联合建设劳动密集型项目园区，宏润纺织、小钱纱线2家企业已入驻宏润纺织工业园并投入生产；泰安金麦香面粉二期项目，投资6000万元，新建1.6万立方米、容量8700吨的粮仓1处，公司仓储能力达1.7万吨，生产规模和市场不断扩大。东山前日烘干300吨粮食烘干项目已投产运营，粮食烘干能力大大提升。全力打造服装之乡，成立鹤山镇服装协会，全镇缝纫机总量达3100多台，各类服装加工点30余个，"服装之乡"建设初具规模。加快发展"货郎鼓"电商项目，设立20万元电商发展扶持基金，山东乡里乡亲农村电商有限公司、宁阳深科电子商务有限公司、鹤山物流公司等电商平台站点不断涌现。加强电商技能培训，累计培训电商创业者100余人。年底，规模以上工业企业16家，资质三级及以上建筑企业1家，实现主营业务收入48.37亿元，实现利润4.71亿元，实现利税6.01亿元。同时，引导农民工返乡创业，鹤山镇被泰安市人力资源和社会保障局评定为市级农民工返乡创业示范园。

泰安宏邦制衣有限公司车间

【农业发展】 全年，新增结构调整面积4000亩，流转土地面积达3.2万亩。完成了1.1万亩小农水重点县建设项目和2.7万亩高标准基本农田建设项目，总投资2300万元，完成水泥硬化一级生产路5条，4700米；钻井9眼，埋设直径315毫米PVC主管道5000米，支管道2.2万米。2万亩薄皮核桃扩建项目已在穗山、猪山、皋山、牟山等建成，发展经济林8000亩；后鹤山、大庄养殖场标准化改造、粪污处理项目已完工；新建温氏、六合等养殖大棚15个，新建标准化养

皋山社区全景

猪大棚3个；完成8000亩土地深松项目；实施荒山绿化工程项目，在鹤山、猪山栽植黑松、侧柏、青檀等9万余株。

【社区化建设】 2016年，全镇七大社区新建居民楼20栋，入住400户，鹤山、罗山、王卞、泗皋、皋山五个社区服务中心运转良好，刘楼社区服务中心已建成使用。同时，坚持统筹全局、化零为整的原则，采取"拆建并举、以拆促建"的推进思路，严格把握时间节点，竭力破解工作难题，全力以赴加快新农村建设。

【文化事业】 ①开展"文明之物"活动。深入开展"文明之约"系列活动，累计评选表彰"富美乐"幸福之家1000户，发行《九皋有约》报纸12期，影响力持续扩大。创造性地建设了中国农民工馆、鹤山教育博物馆等文化事物。②推树典型人物。广泛开展"学习信义兄弟，打造信义鹤山""身边好人我推荐"等评选活动，推树先进典型。10月，颜子教育促进会会长、春城叠苑项目负责人孙牧业荣登"中国好人榜"。12月，"信义兄弟"家庭荣获第一届全国文明家庭称号，并在人民大会堂受到习近平总书记的亲切接见。③培育新型农民。依托社区教育中心，举办新农村课堂，先后开办"鹤山创业吧"10期，开设新农村大讲堂百余次，培训创业青年8000人次。启动鹤山镇"村学工程"，成立了11个学习小组，免费定期发放《农村大众》等报纸到各村致富能手、经济能人、私营业主手中，不断提高群众的科学文化素质和创业致富能力。举办了第五届农村社区节，开展丰富多彩的登山、赛龙舟、T台秀、厨哥厨嫂赛、象棋赛等体育活动，丰富了群众的文化生活。④推进旅游文化设施建设。利用颜子庙和颜林被列为第七批全国重点文物保护单位的有利时机，对上争取资金418万元，实施了颜子庙和颜林修缮工程。配备完善了书写乾坤广场道路、路灯、健身器材等基础设施，极大方便了群众生活。⑤发展慈善事业。以打造"慈善之乡"为目标，广泛开展志

赵庄老年"管事团"文娱活动

愿服务、慈善救助活动。目前，全镇已建立7个社区志愿服务基地，注册志愿者3000余名，组建了45支志愿者队伍，参加志愿服务活动1万余人次。策划开展翻箱倒柜捐寒衣等各种慈善救助活动，“慈善积分榜”累计积分达1000多万分，受益群众近万人。

【民生工程】 ①扎实开展精准扶贫工作。将扶贫开发工作列入党委政府重要议事日程，落实包保责任，建立帮扶脱贫台账，明确帮扶责任人、帮扶措施、年度目标等内容和指标，及时跟踪扶贫效果。采取产业扶贫资金入股的方式，完成了1个省级贫困村和1个市级贫困村的摘帽工作，455户贫困户实现脱贫。②加快学网建设。坚持教育是最大的民生、教育是最大的项目、教育是最大的未来的理念，依托颜子教育发展促进会，收到各类捐款157.57万元，为全镇中小学生聘请英语外教。开展“听课议教”活动，班子成员每月进课堂听课一次，倾听学生和老师诉求，为教育办实事、解难题。评选了第二届“鹤山镇优秀人民教师”，表彰“鹤山优秀人民教师”1人、“鹤山优秀人民教师提名奖”2人，发放奖金5万元。开展“金榜题名”活动，精准扶贫为全镇贫困家庭学子发放助学金17万元。③完善水网建设。完成投资541万元，完成琵琶山引水工程；投资6400万元，完成了桑安口水库建设。④大搞路网建设。小辛村至中小路、汪泉屯村至鹤洸路、史庄村至鹤洸路、九皋香河东岸道路、东罗村至辛周路建设已全部完成，共硬化道路12条。⑤推进医网建设。成立鹤山镇新型农村合作医疗监督委员会，对定点医疗机构报销情况进行监督管理，积极为群众搞好服务，城乡居民医疗保险参保率达到了100%。采取“社区服务中心+村卫生服务站”模式，方便社区群众就医，皋山社区、罗山社区、王卞社区、泗皋社区、刘楼社区卫生服务站已投入运营，小辛卫生所、侯庄卫生所改建完成，新建刘楼村、崔河村、徐平村卫生所。⑥打造充足“电网”。实施农村电气化改造提升工程，保证了全镇群众的用电安全和用电质量。社区电力设施配套建设，立足长远，配备大功率变压器，增强了社区电力的承载能力。

（张　强）

伏山镇

【概况】 伏山镇因镇政府驻地伏山而得名。位于县境北部，距宁阳县城9公里。镇境东连堽城镇，西接鹤山镇，北隔大汶河与肥城市相望，南与文庙街道、八仙桥街道、东疏镇为邻。全镇区域总面积84.3平方公里，耕地面积7.7万亩。辖9个社区、59个行政村。年末常住人口5.6万人。人口自然增长率9.39‰。全年实现生产总值比上年增长7.42%。全社会固定资产投资完成15.23亿元，公共财政预算收入7973.43万元，公共财政预算支出7973.43万元。社会消费品零售总额12.82亿元，进出口总额1800万美元。年末金融机构各项存款余额14.5亿元，其中城乡居民储蓄存款余额7.80亿元。乡镇基础设施建设完成投资1.20亿元，村镇建设完成投资3.38亿万元。

粮食播种面积11.56万亩，粮食总产6.67万吨，棉花总产16.15吨，油料总产1110.28吨，蔬菜总产23.89万吨，水果总产177.35吨，肉、蛋、奶总产2.66万吨。全年新增造林面积1.5万亩，林木绿化率85%。全镇拥有农业机械总动力11.2万千瓦。规模以上工业企业30家，实现增加值比上年增长−10.9%，实现主营业务收入127.01亿元，实现利润11.69亿元，实现利税14.06亿元。

全镇有普通初中1所，在校生2346人。小学7所，在校生2267人。幼儿园8所，在园幼儿1688人。有卫生院1所，村(社区)卫生室(服务中心)49个。各类卫生机构有床位90张，卫生技术人员93人。取得重要科技成果5项，获得县级及以上科学技术奖3项。有农村文化大院59个。广播、电视人口综合覆盖率分别达到100%和90%，村文体小广场59个。城镇居民人均可支配收入3.56万元。农村居民人均纯收入1.47万元。居民基本养老保险参保人数2.97万人，新型农村合作医疗参合人数5.56万人。农村最低生活保障人数1798人。

2016年，伏山镇先后获泰安市“生态文明乡村建设工作先进乡镇、工程管护先进单位、安全生产工作先进单位、普法依法治理工作先进集体”，宁阳县“经济社会发展先进单位、招商引资先进单位、重点项目建设先进单位、经济发展先进单位、现代农业发展先进单位、城镇建设先进单位、生态文明乡村建设先进单位、全县政务信息工作先进单位”等荣誉称号。

2016年伏山镇基本情况一览表

表26

面积(平方公里)	8430	农产品总产	粮食(吨)	66656.58
耕地面积(公顷)	5133		棉花(吨)	16.15
村(居)民委员会(个)	59		油料(吨)	1110.28
人口(万人)	6.76		肉类(吨)	8913
地方财政收入(万元)	1399.79		牛奶(吨)	11041
第一、二、三产业比例构成	20:54:26	教育	普通初中学校(所)	1
工业总产值(万元)	-		普通初中在校生(人)	2346
农业总产值(万元)	-		普通初中毕业生数(人)	522
农业机械总动力(万千瓦)	11.2		普通初中专任教师(人)	131
农村用电量(万千瓦小时)	138462		小学校(所)	7
居民人均纯收入(元)	15208		小学在校生(人)	2267
居民人均生活支出	12004		小学毕业生(人)	558
享受最低生活保障人数(人)	1798		小学专任教师(人)	209
敬老院数(所)	1	卫生	乡镇卫生院床位(张)	90
入住敬老院人数(人)	211		乡镇卫生院专业技术人员(人)	93
社会福利企业数(家)	-		村级卫生室(所)	49
福利企业残疾员工数(人)	-		乡村医生(人)	104

【工业转型】 2016年，推动建材、钢球、煤炭传统产业技改扩规，提高科技含量、附加值。推进“新型建材、热传输新材料、精密机械、环保设备、精密钢球、新能源”主导产业，扩张发展实力，工业规模持续膨胀。工业规模企业发展到28家，省级企业技术中心1家，市级企业技术中心4家，市级工程技术研究中心2家。坚持不懈引项目，凝聚合力建项目，重点推进拜尔20兆瓦农业光伏、新合源精密铝材、禹王景区续建等在建项目，玄武岩纤维、机制砂等在谈项目。招商引资到位资金5.2亿元，新上过亿元项目2个。

【现代农业发展】 2016年，按照“西部蔬菜、东部苗木、北部农业观光”规划布局，发展“蔬菜种植、苗木花卉、观光农业”产业，调整农业结构，全年新土地流转5000亩，新增蔬菜面积4500亩，省级标准化示范场3家，市级标准化示范场12家，省级无公害养殖场13家。完成绿色通道8500米、农田林网5万株、连片造林350亩、荒山造林270亩。扎实开展农业普查工作，完成土地确权登记颁证工作。

【生态文明建设】 2016年，重点推进镇驻地绿化和节点景观改造、废弃矿山复绿、道路村村通户户通、天然气入户、电力改造、农村环境整治提升等项目工程，推进公共服务向社区、向村庄延伸。深入推进乡村文明行动和美丽乡村建设，实施容貌整治、环境集中连片整治、“五化”提升工程，全县乡村文明行动暨城乡环卫一体化考核，伏山镇走在全县前列。完成西部以马庙为中心、北部以前后石为中心的文明片区建设，刘庄村被省住房和城乡建设厅授予山东省第三批“美丽宜居村庄”荣誉称号。高标准农村无害化卫生厕所改造完成750户，达到县下达任务的159%。

宁阳二十四中办公楼

【民生事业】 2016年，建成启用了伏山镇中心小学综合楼，规划建设二十四中综合楼，建造高标准的录播室、多功能室。二十四中、中心小学、苏楼明德小学、陈行小学完成学校厕所、操场及围墙等基础设施改造项目，伏山卫生院医技楼改扩建、院内公共设施改造、建成高标准妇科诊区和数字化预防接种门诊，购进自动蜡疗机、臭氧治疗机等设备，改善了群众就医环境。加强乡村医生队伍建设，提升公共卫生服务水平。计划生育落实一对夫妻可生育两个孩子政策。推进弱势群众救助工程，加强低保动态管理，确保应保尽保。落实五保供养资金101.8万元，保障265人。申请发放城乡医疗救助款19万余元，救助困难群众49人。发放临时救助资金11万余元，救助61人。发放重点优抚对象门诊补助费11万元。扎实做好救济救灾工作，发放救灾资金20万元，救助受灾户388户。完成创业和再就业培训400余人，农村劳动力转移培训676人，农民工技能培训600人，实现县外转移1832人，县内转移1386人。

【精准扶贫】 2016年，推进扶贫攻坚工程，帮扶贫困村、贫困户，发展增收产业项目，配套水电路设施，完善住房、医疗、教育等保障，实施省市级贫困村精准扶贫3个，159户，362名贫困群众实现脱贫，占全镇贫困人口总数的41%。争取省级“千村扶贫健身工程”项目，完善文化广场、健身器材、音响等设施，开展多种文化活动，丰富群众精神生活。

【便民服务】 2016年，镇便民服务大厅增设金融、税务窗口，完善大厅无线上网、业务窗口排号机系统、残疾人备用轮椅等基础设施，周办件量平均1500余件。组建了“农村综合产权交易中心”，进入“两个中心”交易的事项达32件。探索信访问题化解新机制，开展食品药品安全大检查、法制宣传教育，社会更加稳定和谐。

【实施乡村连片整治项目，建设美丽乡村】 伏山镇财政投资1546.48万元，以奖代补用于村级一事一议公益事业建设，“乡村连片治理”项目，其中工程费用1476.48万元，其他费用70万元。该项目于2016年4月开工，10月底竣工，规划范围刘家庄村、堽城坝村、后石梁村、前石梁村、李家户村、王庄村、邵庄村、张庄8个村，共计人口7201人，耕地面积7504亩。铺设沥青路面和水泥路面4.79万平方米。人行道铺装7730平方米，在公园、广场处安装景观灯。安装无杆路灯204盏，有杆LED路灯58盏，景观灯32盏，村内空闲地带升级改造1.37万平方米，安装绿化带围栏3120米，配备移动垃圾桶175个，修砌排水沟渠

伏山镇王庄村整洁卫生的街道

(管道)1.34万米,清理整修河道、干渠、坑塘等2101立方米,粉刷防水涂料2.04万平方米,设计进村主街道政策宣传墙、生态文化墙、社会公德墙、乡风文明墙版面设计,突出大汶河、禹王庙、开元寺、汶河堽城坝等历史文化特色,喷涂2040平方米,新建文化广场面积1.1万平方米,配备文体活动设施11套,铺设大理石板、花砖、绿化、石凳、古亭、长廊等配套设施,安装电子监控设备8套。

【山东新合源热传输科技有限公司精密复合铝材冲压加工项目竣工】 山东新合源热传输科技有限公司是国内第一家量产精密高频焊中冷器管的国家级高新技术企业。通过股权并购,成为上市公司常铝股份(股票代码002160)的全资子公司。2016年,该公司通过股市融资5.8亿元,新上了精密复合铝材冲压加工项目,按照欧洲著名汽车零部件厂商法雷奥公司设计标准规划建设,引进自动化数控加工中心、高速电火花加工机床和各类冲床、铣床、钻床、链式烘干炉等高端生产设备150多台套,配以全自动数控机械手,专注于生产冲压焊接成型零件、结构成型件、支撑件等高精度铝制冲压件,年生产能力达1万吨。该项目于2016年3月份开工建设,2016年10月份建成投产。项目达产后,公司年新增销售收入2亿元,新增税收2500万元。

【刘庄村荣获省“美丽宜居村庄”荣誉称号】 刘庄村位于伏山镇东北部,背靠大汶河,风景秀丽,村庄临近省级重点文物保护单位、省历史优秀建筑禹王庙。全村总人口309户,1186人,村劳动力438人,村耕地面积1175亩,农民人均纯收入1.12万元。村内有1条水系,土地流转面积680亩,发展蔬菜育种、有机蔬菜种植、苗木花卉栽培三大产业。村内道路硬化面积2.2万平方米,道路两侧实现乔灌结合高标准绿化,道路两侧安装路灯36盏,粉刷主要街道两侧建筑1.6万平方米,建设116个户用沼气池,争取省财政投资240万元,建设日产大型沼气池1个,90%农户完成改厕、改灶、改圈。投置垃圾箱35个、垃圾中转箱2个,建立4人的环卫队伍。投资100万元,建成占地30亩文体广场,建设篮球场、门球场、图书室、电子阅览室、老年活动中心,修订完善村规民约,定期开展“十星级文明户”“好媳妇”“好婆婆”“十好党员”“文明信用户”评选活动。村集体投资300万元,建设600平方米村办公大楼,建设幼儿园1所,改造村卫生所,村民参加合作医疗率达到100%,参加新型农村社会养老保险率达到100%,五保户供养率100%,村民对经济社会发展和村级事务管理满意率达95%。2016年4月,刘庄村被山东省住房和城乡建设厅评为第三批省级“美丽宜居村庄”。

【王桥、宁留青家庭被评为山东省第一届文明家庭】 2016年,伏山镇王桥、宁留青家庭被山东省精神文明建设委员会评为第一届文明家庭,参加第一届山东省文明家庭表彰大会,并与省委书记姜异康,省委副书记、省长郭树清合影留念。省委常委、宣传部部长孙守刚、省委常委、秘书长于晓明,副省长季缃绮、省政府秘书长王华参加会见。

王桥,1976年出生,1995年,

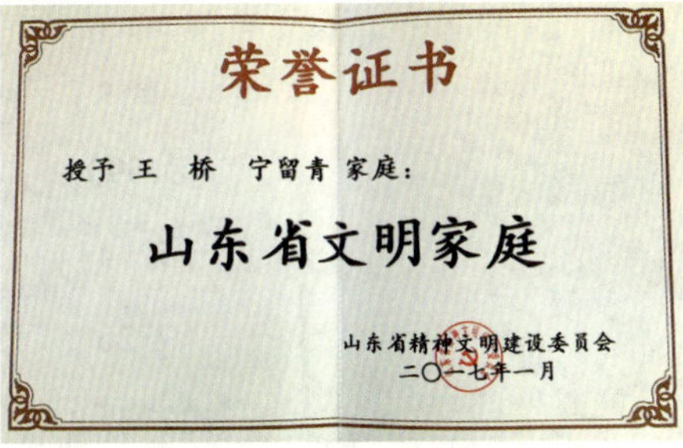

王桥、宁留青全国文明家庭照片

跟父亲一样，不满20岁的王桥应征入伍，在云南省某边防站点守卫祖国。退伍后进入伏山镇工作，始终保持着“干一行、爱一行”的精神，得到了领导和同事的好评。2003年，父亲王孟友突患疾病半身不遂，王桥夫妻俩将父母从乡下接来，妻子宁留青全身心地到病榻前侍奉。2012年，王桥的大哥突发脑梗塞，造成全身瘫痪。为让侄子王帅安心当兵，王桥夫妻俩又承担起照顾大哥一家的重任，筹借医疗费，帮着洗衣做饭，并主动出钱为侄子定亲成家。2016年，王桥的父亲、大哥病情得到控制，生活基本自理，侄子成家立业，一家人相濡以沫，和和睦睦。

（李同刚）

堽城镇

【概况】 堽城镇历史悠久，古称刚邑（刚县），因堽城里而得名。是鲁西南历史文化古镇。世界最大的石铁陨石堆、刚邑古城、刘邻墓等众多的自然历史遗迹散落在境内。煤炭、河砂、钾长石、大理石等矿产资源丰富，储量大，品质优，易开采。2016年，全镇区域总面积118平方公里，耕地面积95081亩。辖管理区7个，村党支部61个、行政村62个，年末常住人口78262人。

2016年，突出项目建设、统筹城乡发展和生态文明建设三大重点，按照“一二三”的总体工作思路，以“打造工业经济强镇”为目标，坚定不移谋发展，干事创业聚民心，攻坚克难，真抓实干，全镇经济社会各项事业实现迅猛发展，镇域综合实力大幅提升。全镇完成固定资产投资16亿元，同比增长9%；实现地方财政收入7468万元，同比增长96.4%；完成规模企业销售收入145亿元，同比增长19%；招商引资到位资金5.68亿元，同比增长57.8%；完成全口径税收1.68亿元，是2015年的2.56倍；地方级税收6967万元，同比增长83.2%；对上争取资金2.89亿元；实现农民人均纯收入14342元，同比增长8.4%，社会消费品零售总额12.72亿元，进出口总额534万美元。

粮食播种面积15.27万亩，粮食总产84590吨，棉花总产52.4吨，油料总产9326吨，蔬菜总产7188吨，水果总产50吨，水产品总产10吨，肉、蛋、奶总产16070.2吨。全年新增造林面积2000亩。规模以上工业企业40家，比上年增长3.1%，实现主营业务收入141.1亿元，实现利润15.7亿元，实现利税21.3亿元。资质三级及以上建筑企业1家。

全镇有普通初中1所，在校生1740人。小学9所，在校生2366人。幼儿园10所，在园幼儿1712人。有卫生院1家，村（社区）卫生所（服务中心）58个，各类卫生机构有床位160张，卫生技术人员211人（其中镇卫生院技术人员110人），省规范卫生所33处，市规范卫生所25处，乡村医生101人。新建农村文化服务中心45个。广播电视综合覆盖率达到89%，村文体小广场61个。

居民人均可支配收入18796元。农村居民人均纯收入12917元。居民基本养老保险参保人数3.58万人，新型农村合作医疗参合人数6.6万人。城镇最低生活保障人数10人，农村最低生活保障人数1862人。

年内，堽城镇荣获宁阳县“经济社会发展一等奖、招商引资工作先进单位、重点项目建设先进单位、财税工作先进单位、现代农业发展先进单位、城镇建设先进单位、生态文明乡村建设先进单位”，泰安市“文明村镇、民族团结进步模范集体、‘四德’工程建设先进单位”等荣誉称号。

2016 年堽城镇基本情况一览表

表 27

面积(平方公里)	118.30	农产品总产	粮食(吨)	84590
耕地面积(公顷)	6338.7		棉花(吨)	52.4
村(居)民委员会(个)	62		油料(吨)	9326
人口(万人)	7.8262		肉类(吨)	12273.49
地方财政收入(万元)	4843		牛奶(吨)	110
第一、二、三产业比例构成	-	教育	普通初中学校(所)	1
工业总产值(万元)	1442000		普通初中在校生(人)	1740
农业总产值(万元)	-		普通初中毕业生数(人)	477
农业机械总动力(万千瓦)	8.9218		普通初中专任教师(人)	114
农村用电量(万千瓦小时)	1577403		小学校(所)	9
居民人均纯收入(元)	13917		小学在校生(人)	2366
居民人均生活支出	11050		小学毕业生(人)	386
享受最低生活保障人数(人)	1862		小学专任教师(人)	280
敬老院数(所)	1	卫生	乡镇卫生院床位(张)	160
入住敬老院人数(人)	50		乡镇卫生院专业技术人员(人)	110
社会福利企业数(家)	-		村级卫生室(所)	58
福利企业残疾员工数(人)	-		乡村医生(人)	101

【基层基础建设年活动】 2016年，堽城镇以“基层基础建设年”为抓手，围绕“五好”(培养一批好书记、锻炼一帮好队伍、制定一套好制度、建立一套好机制、营造一种好氛围)目标，着力夯实基层基础。深化落实工作决策推进体系、督导考核体系、责任追究体系等三个体系建设，先后制订和健全完善20多项机关工作制度，成立“四风”督查办公室，监督检查重点工作及制度的全面落实。①加强基层组织建设。先后调整村级班子9个，调整村干部15名。按照“一职一配”要求，加大后备干部培养力度，集聚发展后劲。严格落实“三会一课”“党员活动日”“四议两公开”等制度，进一步规范了村级工作程序。筹集资金120万元，改善了22个村办公场所条件，提升了村组织形象。抓好基层党组织换届，整顿软弱涣散党组织。撤销党支部3个；除农村党支部外的1个下属企业党委、10个党总支、46个党支部全部顺利完成换届，巩固了党的执政根基。②推进“双百”行动。以深化“双百”行动为契机，促使机关干部进村入户，走访收集群众需要解决的问题1058个，盯紧靠实，全部落实到位，群众满意度进一步提升。③规范“三资”管理。围绕钱、账、章管理、合同签订、人员素质培训等重点环节，出台《三资管理规定》，启用带编号的村委会新公章，强化过程监督，夯实各层面岗位责任，扭转了“三资”监管被动局面。④抓实社会稳定。深入开展苗头排查，坚持班子成员坐班、信访工作人员值班的制度，做好信访件交办，严格遵循“一岗双责”“属地管理”，及时化解了各类问题和矛盾，信访量大幅下降。⑤改进机关作风。落实各项工作制度，严格执行中央八项规定，充分发挥督查办公室的职能和作用，强化督导检查，完善考核结果应用，机关作风明显改善。

总投资 5.86 亿元的山东超威电源有限公司

【招商引资和项目建设】 2016 年，堽城镇围绕“打造工业经济强镇”的奋斗目标，准确把握发展的阶段性特征，采取有效的措施，制定全覆盖、无缝隙的包保制度，成立了三大重点工程建设指挥部，由班子成员具体包保工业项目，对项目的落地、开工、推进进行全方位的包保负责，细化责任，倒排工期，纳入考核，完成规模企业销售收入 145 亿元。招商引资和项目建设取得历史性的突破。全镇招商引资到位资金 5.68 亿元，实现六大工业项目同时开工(投资 1.6 亿元的安道利佳智能电梯项目、投资 1.2 亿元的年产 50 万吨辰信矿业煤粉项目、投资 1.2 亿元的超威悦达塑壳项目等顺利投产运营，投资 1.26 亿元的泰安中齐建材新型环保建材项目和投资 1.2 亿元的年产 5000 吨精密钢球项目)基本建设完成。着力做大做强钢球产业，努力营造尊重企业家、尊重创业者的良好氛围，组织部分优秀企业家赴北大培训学习，为企业的科学发展和长远发展奠定坚实的智力基础。同时，切实抓好安全生产，全年实现“零事故”，维护了全镇和谐稳定的良好局面。

【现代农业】 2016 年，按照“两带三区”农业发展规划，围绕“栽树、养殖、上项目”三大工作重点，全年流转土地 1 万亩，建设一批种植基地，建成大小养殖场 60 多个，成功运作了山东丰唐生态农业、山东续超有限公司大蒜种植等多个农业龙头项目，成立济南胜鑫园林工程有限公司、辛安苗木花卉种植专业合作社、兴中农机合作社，农业基础设施进一步完善，现代农业实现新的发展。一是栽树。在南部经济林区流转土地 2000 亩建成茂公山圆丰核桃基地和 500 亩的月牙河苹果基地；引进济南胜鑫园林有限公司流转土地 3000 亩建成苗木繁育基地，引导辛安村全村土地全流转建成占地 1600 亩的彩叶苗木花卉基地，两个基地的建成带动了全镇苗木花卉产业的发展。二是养殖。充分发挥农业龙头企业的示范带动作用，推广温氏集团一体化“四统一保”和“龙头带基地”养殖发展模式，养殖产业取得了新发展。尤其是 9 个省市级贫困村，都确立了养殖产业扶贫的模式，建立了扶贫养殖小区，取得了很好的成效，使贫困户实现了

农业产业化种植基地

分红。新发展温氏养鸡大棚 42 个，其他各类养殖棚(场)24 个，温氏 10 万头种猪场项目达成意向并选址，5 个养殖场也已达成意向正在选址。三是上项目。引导辰信矿业集团流转土地 2000 亩成立山东丰唐生态农业科技有限公司，建成集蔬菜种植、采摘、观光、育种、科研于一体的现代生态农业观光园；引进山东续超蔬菜冷藏加工有限公司等企业一期流转土地 600 亩新建金乡大蒜种植基地；沿汶各村新流转土地 5000 多亩发展蔬菜种植，其中商庄流转近 300 亩连片种植山药等有机蔬菜。基础设施建设方面，12 公里的南部山区防火通道建设完毕，这不仅是一条环山路，更是一条扶贫大道、旅游观光大道、致富大道、联心大道；投资 1100 万元的“小农水重点县”月牙河水库引水上山项目已完工，新增灌溉面积 8000 亩，受益群众 1 万多人，同时，集旅游、观赏、采摘、水上乐园于一体的月牙河水库生态观光园项目正在逐步推进，王家河水库除险加固项目、8 个村小型农田水利和 4 个村安全饮用水项目、1.3 万亩的土地深松项目、“井井通”等一大批对上争取项目，极大改善了群众的生产生活条件。

【镇村建设】 ①倡树经营乡镇的理念。以盘活城镇规划区内的低效闲置可利用的土地等资产为目标，与辰信集团共同发起成立了山东辰罡置业开发公司和泰安广筑建筑安装有限公司，做足做活经营小城镇的文章，滚动发展，有效破解了小城镇建设中遇到的资金短缺和政策瓶颈等问题，同时走出了对外合作的新路子。②高标准完善城镇规划。按照“两新五区”总体规划，聘请了同济大学专家对镇驻地控制性规划及启动片区详细性规划进行了编制，适时启动片区建设。明确“三级管理”的网格化管理体制，保持查处违法建设的高压态势，稳步推进“新城镇、新社区”建设。③推进镇村基础设施建设。对镇驻地、茅庄驻地沿街实施了“景观提升”工程，总投资 310 余万元，完成蒙馆路堽城段绿化提升工程，全长 20 公里；新修道路 17 公里；7 个村硬化了村间连接线，实现村间道路全硬化；完成南部山区防火通道的硬化 12 公里。④改观镇村容貌。采取市场化运作的路子，对驻地卫生保洁、绿化带管理等实施对外发包，政府加大督导、监管力度，极大改善驻地容貌环境。探索农村环境容貌长效机制，建立“村收集、镇运输”工作机制，做好城乡垃圾一体化运输处理。通过加强对两个驻地集中整治，依法拆除违章房屋墙体广告 41 处，面积约 400 平方米；制止、规范各类庆典、产品宣传活动 26 起；清理各类门头小广告、条幅 200 余条。

【民生社会事业】 2016 年，把民生事业作为提高群众幸福指数的重要抓手，持续改善社会各项事业，使群众得到越来越多的实惠。①扶贫攻坚工作势头良好。全年，9 个省市级贫困村共申请扶贫项目资金 126 万元，插花村贫困户扶持资金 17.4 万元，争取政策性优惠贷款 300 万元，共实施扶贫项目 8 个，4 个省市级贫困村脱贫摘帽，18 个村、271 户、458 人完成脱贫。②社会保障工作取得新进展。城乡居民医疗保险参保计划人数 6 万人，实际完成 6.2 万人，居民医保、低保、五保、社会救助水平不断

提升。③教育卫生事业不断发展。开展“建名校、培名师、育名生”活动，提出“以实绩论英雄”的管理理念，实行全员聘任制，努力改变教育现状；加大投入改善教育基础设施，筹建1所集九年一贯制义务教育和学前教育为一体的高标准、规范化综合学校，前期工作均已完成。加强医疗卫生工作，为群众提供了整体性、连续性的医疗服务。④推进各项惠民工程。依托多个民间艺术团完成村级演出任务32场，完成农村每村每月一场电影共744场，完善村级文化服务中心50处，建成完善小广场8处，村级文化广场实现全覆盖。

【党风廉政建设】 2016年，将主体责任摆在突出位置，把从严治党纳入全镇经济社会发展的总盘子，着力构建齐抓共管的浓厚氛围。通过开展多种形式的廉政教育，使党员干部牢固树立立党为公、执政为民的意识观念，使廉政教育真正做到入情入理，入脑入心。以责任制统揽从严治党工作全局，明确领导班子和领导干部的主体责任，严格落实“一岗双责”，把党风廉政建设目标任务按班子成员、站所负责人、村党支部书记三个层次进行细化、量化，层层签订目标责任书，同经济工作一起部署、一起检查、一起考核、一起落实。注重考核结果运用，加强对目标运行情况的督查和考评，营造了党风廉政建设“抓领导、领导抓、一级抓一级，一级对一级负责”的浓厚氛围。严格执行中央“八项规定”和纠正“四风”要求，改善机关工作作风，出台并执行了19项《堽城镇机关工作制度》，健全完善监督检查体系，严格考勤、卫生、会议等日常工作考核，严厉查处慵、懒、散和损害政府形象等问题，机关作风有了明显的改观和提升。开展侵害群众利益不正之风和腐败问题专项整治活动，按照“托底子、卸包袱、立规矩”的指导思想，分别对粮食补贴及保险、危房改造、三资管理、低保、“五保”、救济救灾、计划生育七个方面的惠农政策落实情况进行彻底摸排，对有问题的干部群众进行严肃查办，全镇风清气正、政通人和的局面进一步凸显。

（孙公正）

蒋集镇

【概况】 蒋集镇因驻地蒋集村而得名，位于宁阳县城东部，北依大汶河，东接磁窑镇，南邻葛石镇、西接堽城镇。2016年，全镇区域总面积65平方公里，辖行政村32个，耕地面积4.8万亩，总人口4万人，人口自然增长率9.39‰。全年实现地区生产总值21.6亿元、固定资产投资15.5亿元、地方财政收入1979万元，农村居民人均可支配收入14163元。

2016年，农作物播种面积0.7万公顷，粮食产量3.3万吨，油料产量7656吨，生姜产量15253吨，蔬菜瓜类产量4.2万吨，肉类总产8076吨，禽蛋产量2066吨，羊存栏2.1万只。全年实现工业产值37.6亿元，主营业务收入34.8亿元，利润总额1.4亿元，利税总额2.9亿元，民营经济税收3678万元。

全镇有初级中学1所、小学6所、幼儿园4所，成教中心1处，省级规范化学校（幼儿园）2所，市级规范化学校（幼儿园）5所。教职工330人，全镇教师学历达标率100%，毕业生合格率100%，适龄儿童入学率100%。17个村的村卫生所达到省级规范化标准，集中供养五保老人123人，低保户525户，838人。全镇7家企业五险参保360人，工伤参保102人。

年内，蒋集镇先后获“省级文明镇”，“泰安市‘五个好’乡镇党委、经济发展先进乡镇、泰山先锋基层党组织”，宁阳县“红旗乡镇、先进基层党组织、招商引资先进乡镇”等荣誉称号。

2016 年蒋集镇基本情况一览表

表 28

面积(平方公里)	65	农产品总产	粮食(吨)	35000
耕地面积(公顷)	3200		棉花(吨)	-
村(居)民委员会(个)	32		油料(吨)	31000
人口(万人)	4		肉类(吨)	7000
地方财政收入(万元)	1979		牛奶(吨)	-
第一、二、三产业比例构成	13.8∶43.7∶43.5	教育	普通初中学校(所)	1
工业总产值(万元)	37.5		普通初中在校生(人)	1256
农业总产值(万元)	56174		普通初中毕业生数(人)	304
农业机械总动力(万千瓦)	5.2		普通初中专任教师(人)	100
农村用电量(万千瓦小时)	2201		小学校(所)	6
居民人均纯收入(元)	14163		小学在校生(人)	1532
居民人均生活支出	13983		小学毕业生(人)	262
享受最低生活保障人数(人)	838		小学专任教师(人)	104
敬老院数(所)	1	卫生	乡镇卫生院床位(张)	40
入住敬老院人数(人)	123		乡镇卫生院专业技术人员(人)	68
社会福利企业数(家)	-		村级卫生室(所)	27
福利企业残疾员工数(人)	-		乡村医生(人)	47

【工业转型】 2016 年，蒋集镇把招商引资与项目建设作为转方式、调结构的核心抓手，以调结构、抓转型、促升级为重点，更加注重项目建设的质量和效益，走工业强镇富民的发展道路。抓住项目“对财税的贡献、对社会就业的贡献、对农民增收的贡献”三个标准，主攻战略型、科技型、高效型项目。按照“引增量、扩总量、提质量、促转型”思路，突出以企招商主要手段，放大现有产业优势，不断完善延伸产业链条。一批个头大、效益好、科技含量高的大项目、好项目落户蒋集。全镇先后引进泰安利卡合同能源、悦美客食品、温氏畜牧、泰山惠农生物科技、正和生物育种等一批个头大、效益好、科技含量高、税收贡献大的项目。加快工业企业扩规转型步伐。突出“以园区带项目，以项目促园区”的思路，依托优势产业上项目，打造“特色产业园区”，带动工业企业转型升级。重点围绕中小微企业在科技创新、人才培

友邦肥业外景

训、技术改造、节能降耗等领域，策划包装项目，争取扶持资金。全镇有省级企业技术中心2家，市级企业技术中心2家，市级工程技术研究中心1家。全镇规模企业达到18家。

一批骨干企业成长壮大，纳税过百万元企业达到3家，规模服务业企业达到14家，纳入全县重点管理项目增加到12家，逐步从农业单一型向工农业复合型为主导的综合性产业转变。全年实现工业产值37.6亿元，主营业务收入34.8亿元，利润总额1.4亿元，利税总额2.9亿元，民营经济税收3678万元。

【现代农业】 2016年，以现代农业示范区为平台，以增加农民收入为目标，用工业理念抓农业，带动发展有机蔬菜、畜禽养殖、苗木花卉、经济林等主导产业，结构调整进一步优化，发展经济林近1万亩、苗木花卉2000亩、有机蔬菜3000亩、养殖小区20个、生态养鸡棚260个。架设三农高压线，改造升级添福线，完成栗楼变电站增容，为示范区发展奠定了坚实的电力基础。完成投资800万元的万亩油料生产示范基地项目、投资897万元的高标准良田建设项目、投资300万元的引水上岭工程、投资640万元的基本农田改造项目、投资1800万元的千亿斤粮食项目，南部山区及北部平原的农业生产条件大大改善。培育和扶持一批农业开发公司、合作组织、家庭农场，推进土地确权和流转，全镇流转土地1.6万亩，种植蔬菜1万亩。项目聚集优势明显，形成以温氏畜牧为龙头的畜禽养殖、以悦美客为龙头的食品加工、以泰山惠农为龙头的食用菌生产等特色产业。建温氏养鸡大棚128个、温氏养猪大棚7个。共有农业龙头企业8家，其中市级农业龙头企业4家。

【美丽乡村】 2016年，按照服务型城镇的功能定位，融入中京新城抓规划建设。聘请南京大学城市规划研究院重新规划编修，完成全镇的总体规划、详规和控规。向阳小区7幢居民楼已入住，污水管网、道路硬化等配套设施逐步完成。严格落实县委“两停一拆”政策，拆除违章建筑5处。宝意、龙泉、财源三个社区建设稳步推进，新增旧村拆迁土地60亩。村庄容貌的重点已由“突击整治”转为“常态保洁”。组建镇驻地环卫队、路域环境监督员、村庄保洁员、道路养护员“四支队伍”170人，配备了65个垃圾中转箱、671个垃圾筒，建立“户分类—村收集—镇运输—县处理”清运体系。实行定时保洁与动态保洁相结合，与经营商户签订《镇驻地商户文明经营责任书》。拆除道路两侧有碍观瞻的破旧违法建筑。招聘农村公路养护管理员3人，专人专段管理，加强绿色通道管护。实施以蒋集村农村环境集中连片整治，建设4个污水处理站、2个垃圾站、驻地污水处理及垃圾处理项目，抓好秸秆禁烧及综合利用，建设整洁、清新、美丽家园。

【生态文明建设】 2016年，以“乡村文明行动”为抓手，生态环境不断改善。深入推进绿色通道建设，完善农田林网1万亩，完成荒山造林1000亩。开展乡村文明行动，定标准、建机制、严奖惩，投资150万元，用于环境容貌整治，建立“一支队伍，配备一批设施，固定

蒋集镇大胡村主街道

一个场所、完善一套制度”的“五个一”机制，配备机械和垃圾处理设施；完善包保、村申报、镇验收、考核奖惩、责任追究等制度，环境容貌综合整治工作达到常态化、长效化。市场化运作镇驻地和现代农业示范区的保洁效果明显。配套推进容貌整治，安装路灯400盏、硬化道路50公里，栽植绿化苗木15万株。创新城镇执法管理机制，净化、绿化、美化、亮化、硬化、秩序化等“六化”水平全面提升。

蒋集镇正大艺术团节目表演

【社会民生事业】 2016年，投资2000万元，建设中心小学综合楼、明德小学综合楼、添福幼儿园保教楼、大槐幼儿园综合楼、八中塑胶操场、栗楼小学综合楼等工程，操场、篮球场等硬件设施进行配套改造；整合民政、团委、妇联、教育、计生、社会团体慈善资源，开展“双联双扶”“结穷亲”“为寒门学子送学费”“金秋助学”“慈善救助”活动，帮扶弱势群体。完善合作医疗制度，新农合实现全覆盖，实行“先诊疗后付费”服务模式，投资200万元对卫生院门诊楼和病房楼进行改造，投资310万新建门诊大楼。投资80万元完成宝意社区卫生中心建设，投资10万元新建宁庄卫生所，28个村级卫生所达到规范化标准，群众就医环境大大改善。投资260万元，完成安全饮水供水站建设，埋设主管道2.1万米，解决了18个村2.6万人口的安全饮水问题。投资100万元，建设便民服务大厅1处。严格落实优抚保障政策，投资600万元，建设养老服务中心，创建“十星级敬老院”。为全镇806人办理最低生活保障，城乡居民养老保险、医疗保险参保率均达到95%以上，完成贫困人口建档立卡实名管理工作，采取社会保障兜底、公共岗位向贫困户倾斜、产业扶贫资金入股、“大户托管”、与龙头项目“合作共赢”等多种扶贫模式精准施策，扶贫工作取得阶段性胜利。

【文化生活】 2016年，开展“一村一场戏”等群众性文艺活动，丰富群众文化生活。组织“四级惠民大舞台”群众性文艺演出，建设“幸福e家园”网络社区，提升了社会文明程度。全镇有“正大艺术团”“方刚梆子剧团”“汶河春艺术团”3个文艺团体。正大艺术团承接了30场送戏下乡演出，成立25支舞蹈队，文化站组织3个艺术团义务演出20场，参加各类文化艺术培训10次。建设村级农家书屋15个，文化大院5个，文化小广场30个、覆盖率达到96%以上，20个村配备小音响，建成机关图书室，形成“综合文化站、文化广场、文化大院”三级共建局面。完成有线电视安装、移线11500户，入户率达70%。实施乡村文明行动、“六小工程”，32个村全部建成善行义举“四德”榜、道德公示墙。

【社会治理】 2016年，践行“三六久”群众工作法，构建党建、政法、综治、信访、群团“五位一体”的社会管理格局。实现“天网工程”全覆盖，加强调解队伍建设，建立人民调解委员会，形成“平安建设”大格局。加强思想道德建设和社会法治教育，开展矛盾纠纷排查和社会治安行动，一月一排查一上报、一会诊一化解，群众安全得到进一步保障。关注育龄人群健康，扎实搞好计划生育工作。狠抓安全不放松，加强对企业职工的安全教育，保持良好安全生产形势。深入推进“食品药品放心工程”，加强食品药品安全监管，保障群众身体健康。

（张　明）

磁窑镇

【概况】 位于宁阳县城东北，距宁阳县城38公里. 是大汶口文化最早发掘地(堡头遗址)，因古“瓷窑”而得名。南毗连鲁都曲阜，北傍汶河，西与葛石镇、蒋集镇接壤，东和华丰镇相邻。区位优越，交通便利。京沪铁路、京沪高铁、中南铁路、京台高速、104国道、蒙馆路贯穿境内，素有“岱下古镇，神州通衢”的美誉。2016年，辖区总面积146平方公里。全区耕地面积82110公顷，辖79个行政村， 101个自然村，全镇有2.7万户，总人口9.37万人，其中农业人口7.8万人，人口密度为每平方公里约727人，性别比为105。固定资产投资完成12.94亿元，公共财政预算收入2.53亿元，公共财政预算支出2.53亿元。村居民人均可支配收入可达到2.17万元。社会消费品零售总额12.93亿元。

粮食播种面积136.66万亩，粮食总产70.52万吨，棉花总产265.9吨，油料总产6.9万吨，蔬菜总产11.76万吨，肉、蛋、奶总产3.48万吨。全年新增造林面积3000亩，林木绿化率39.2%。全镇拥有农业机械总动力85548万千瓦。农村用电1878万千瓦。

全镇有普通初中2所，在校生3600人。小学8所，小学在校生4380人。幼儿园9所，在园幼儿1890人。有卫生院2个，村(社区)卫生室(服务中心)71个。各类卫生机构有床位595张，卫生技术人员470人，有农村文化大院2个。广播、电视人口综合覆盖率达到37%。村文体小广场6个。城镇居民人均可支配收入2.17万元。居民基本养老保险参保人数3.48万人，新型农村合作医疗参合人数7.06万人。城镇最低生活保障人数32人，农村最低生活保障人数1887人。

2016年，磁窑镇先后获宁阳县“财税工作先进单位、经济发展先进单位、教育工作发展先进单位、经济社会发展先进单位三等奖”等荣誉称号。成功进入全省三十个重点示范镇行列。

2016年磁窑镇基本情况一览表

表29

面积(平方公里)	146	农产品总产	粮食(吨)	705162.6
耕地面积(公顷)	82110		棉花(吨)	265.9
村(居)民委员会(个)	79		油料(吨)	69226.8
人口(万人)	9.37		肉类(吨)	3610
地方财政收入(万元)	2620		牛奶(吨)	21600
第一、二、三产业比例构成	-	教育	普通初中学校(所)	2
工业总产值(万元)	-		普通初中在校生(人)	3600
农业总产值(万元)	-		普通初中毕业生数(人)	840
农业机械总动力(万千瓦)	85548		普通初中专任教师(人)	180
农村用电量(万千瓦小时)	1878		小学校(所)	8
居民人均纯收入(元)	21779		小学在校生(人)	4380
居民人均生活支出	12864		小学毕业生(人)	890
享受最低生活保障人数(人)	1887		小学专任教师(人)	270
敬老院数(所)	1	卫生	乡镇卫生院床位（张）	95
入住敬老院人数(人)	340		乡镇卫生院专业技术人员（人）	86
福利企业(家)	-		村级卫生室（所）	71
福利企业残疾员工数(人)	-		乡村医生(人)	153

前泗望村生姜种植基地

【经济发展】 ①招商引资和项目建设成效明显。全年引进投资1000万元以上项目7个，其中，投资过亿元项目3个,30万只蛋鸡养殖、大润发时代购物广场、君联商场等项目相继建成投入运营，"中京小镇"景观聚集项目正加紧建设，分布式地面电站项目进展顺利，形成了经济发展新的支撑力量。全年，全镇规模以上工业企业达到17家，实现工业增加值7.2亿元，比上年增长6%。②农业生产条件进一步改善，粮食产量稳中有增。农业产业结构调整步伐加快，新增生姜、林果、设施蔬菜、苗木花卉种植面积6400亩，累计新增种植面积2.49万亩；发展培植畜禽养殖专业户28家、新型经营主体14个，新发展龙头企业13家、养殖专业户1855户、合作组织41家、家庭农场6家，发展温氏养殖大棚38个、特色农业种植1.5万亩，"彩山"牌生姜再次被评为"全县特色农产品"。③三产服务业繁荣发展。传统商贸批发零售、金融保险、现代物流、电子商务等服务业经营业户分别增加139家、5家、6家、1300余家，服务业完成投资占全社会固定资产投资的比重达到38.8%。三产服务业户数达到5730家，从业人员增至3万人。

【城乡建设】 2016年，突出抓好城镇建设，中京街西段、海子河大桥、海子河湿地公园建设等重点工程，国家庄西磁棚户区异地安置项目扎实推进，累计铺设供排水、污水、天然气等各类配套管网6.8公里，镇驻地基础设施和公共服务设施进一步完善。提升镇区基础设施配套和公共服务水平，新建镇区道路4条，完成4条道路改造提升，建设了海子河大桥，铺设配套管网25.3公里。开工建设新型农村社区3个，启动国家庄、西磁棚户区异地安置项目，抓好圣海明都、丽都花园等商住小区建设，建成住宅楼47幢。全面改善农村生产生活条件，实施土地置换和增减挂钩项目8个，完成水利建设项目73个、铺设暗管8.9万米，实施电网改造村43个，修复生产道路19万米；硬化村庄道路26条，修复、安装路灯1920盏，建成联村供水工程2个。构筑"覆盖镇村、上下联动"的一体化管理网络。组建村级保洁队79支，设置垃圾桶1300个，设置地埋式垃圾箱91个，建设垃圾池280个、垃圾中转站16处、垃圾压缩站1处，将保洁员工资补贴和垃圾运输补贴列入镇财政开支范畴，对生活垃圾实行村收集、镇运输、县处理，实现城乡垃圾处理一体化；开展环境容貌综合整治，先后修砌排水沟渠4万余米，粉刷墙面10万余平方米，清理树木3万余株、乱搭乱建700余处，拆除违章建筑46处，清运"三堆"4.8万余吨，切实扮靓镇村形象。

【生态文明乡村建设】 2016年。以创建"国家级生态乡镇"为目标，全面推进生态磁窑建设，做好透绿增绿、治水亲水、降污减排文章。完成海子河综合治理一期工程和海子河湿地公园建设；加快镇村绿化美化，栽植绿化苗木6万余株，建设绿色通道44公里，农田林网3000亩、防护林700亩，绿化荒山5300亩；新硬化农村道路17.8公里；着力抓好城乡环境

农村文艺演出排练

容貌和铁路沿线环境综合整治，加强“两违”建设治理，精心抓好节能减排、秸秆禁烧、污染防治等工作，绿色低碳小城镇建设进程明显加快，镇村环境、水体质量实现新改善。实施“文化惠民”和“六个一”工程，抓好村级文艺演出队伍建设，开展送戏下乡、送电影下乡、“一村一人一艺”等活动；新增数字化电视用户6000多户、宽带用户5000余户，免费为300户贫困群众安装了数字化电视，建设文体小广场6处、文化大院2处，送电影下乡800余场次，较好地满足了群众精神文化生活需求；开展“最美村庄”“四德”榜“优美庭院”等文明创建，有3个村荣获市级文明村誉称号，1个村被评为全县生态文明乡村建设先进村，2人被评为“最美宁阳人”，2人获全县“最美宁阳人”提名奖，全镇讲文明、树新风、倡和谐的氛围更加浓厚。

【民生保障】 2016年，强力推进精准扶贫，抓好扶贫开发，实施基础设施扶贫项目15个，扶贫资金226.2万元，5个贫困村和1329名贫困人口基本实现脱贫。高度重视教育事业发展，新建幼教楼1幢、塑胶操场2处，装修教学楼1幢，硬化校园路面2000余平方米，改造运动场2处，购置教学设备8000余件套，有效改善教育教学设施、条件。加大对困难群众和弱势群体的救助力度，建设镇残疾人托养中心，落实低保户1224户、五保供养389人，“五保”人员全部得到妥善供养。统筹抓好劳动就业和社会保障，新增各类就业2670人，培训技能人才2000余人，参加城乡居民养老保险参保人数3.48万人，受益老人1.59万人。加快发展卫生事业，完成4户中心卫生所建设，城乡居民医疗保险参保人员达到7.06万人，报销受益20余万人次。

【体制改革】 2016年，落实试点镇改革部署要求，按照“5+3”机构设置模式，优化调整镇机关机构设置，为3个事业单位配齐配强班子成员；成立镇综合执法办公室，整合镇域执法力量，以块为主、联动执法，全面提升执法管理水平；加强与县直各部门的对接联系，扎实推进事权下放，扩权强镇步伐全面加快。高标准建成启用了镇便民服务中心，建立健全村级公章集中管理、服务限时办结、群众意见收集办理等制度，为群众办理业务2.9万件；抓好村级便民服务示范点建设，便民服务体系更加完善、功能充分发挥。

稳妥推进财税体制改革，“营改增”和“两税”清理成效明显；建立县镇财税分层、返还制度。社会保障改革，新农合与城镇医保实现并轨，失地农民保险试点工作顺利实施，民生保障水平进一步提升。农村改革，顺利完成土地承包经营权确权登记颁证，推进“三大合作”，培育新型经营主体，集中连片流转土地1.5万亩，全镇农村专业合作组织达到93家，农业产业化进程明显加快。

【泰山新世纪景观饰品项目】 该项目是山东泰山新世纪环境艺术有限公司在宁阳磁窑投资兴建的新型工业、旅游、文化创意产业综合体项目。2016年，开工建设，投资2.3亿元，占地80亩，总建筑面积4.3万平方米，包括艺术制品车间、铸造车间、泥塑车间、综合研发楼和产品展示中心五大功能

泰山新世纪环境艺术有限公司外景

区域,年内已完成工程建设。项目以景观系列工程、装饰系列工程、艺术品制作、行业品牌代理、实业项目运作为发展方向，集雕塑艺术制品、工艺美术品、园林古建饰品、建筑装饰品、旅游纪念品的设计、研发、加工、销售于一体,并融合发展工业旅游、文化艺术交流、国内九大美院教学实习基地等定向多元的新型业态模式，着力打造鲁中地区环境艺术产业第一品牌。项目建成后,预计年可实现销售收入 1.8 亿元，利税 500 万元，吸纳各类人才 200 余人。

【大润发时代购物广场】 大润发时代生活购物广场位于磁窑镇文化路 9 号,2016 年 8 月竣工营业.总建筑面积 500 平方米，有职工 190 人,是磁窑镇最大的集餐饮,休闲娱乐,综合生活超市于一体的综合性生活购物中心。商场主要经营:金银首饰、西式快餐、生活副食、日用洗化、家居百货、精品鞋服、品牌针织、文体用品、活鲜水产、生肉熟食、蔬菜水果、散称食品、粮食干货等。大润发时代生活购物广场秉承“以最高的商品质量、最好的商品服务和最低的商品价格服务于广大消费者”的经营理念,“顾客的满意是我们最基本的工作”的服务意识。已获得广大消费者的高度赞同和认可。

（宋思金）

华丰镇

【概况】 华丰镇位于宁阳县东部,北依柴汶河,南依凤仙山、石门山,与泗水县、曲阜市隔山之阴阳，东邻东庄乡，西与磁窑镇接壤。位置在北纬 35°46′~35°57′之间,东经 117°05′~117°11′。境内地形主要是丘陵。以中部的磁莱铁路为界，南部有呈东西走向的两列山脉。全镇丘陵山地占耕地面积的 70%,平原地块占 30%。境内最高点为错山镜，海拔 562 米,最低点为高村，海拔 99 米。华丰镇属暖温带大陆性季风气候，受季风影响,四季分明。

2016 年,辖区总面积 118.8 平方公里,耕地面积 82600 亩。辖 59 个行政村,30714 户，总人口 89457 人。全社会固定资产投资完成 16 亿元，公共财政预算收入 9592.58 万元，公共财政预算支出 2137.08 万元。招商引资到位资金 6.8 亿元、社会消费品零售总额 18.92 亿元。

粮食播种面积 10.27 万亩,粮食总产 51705 吨，棉花总产 32 吨,油料总产 1206.6 吨,蔬菜总产 174897 吨，水果总产 2575 吨,水产品总产 32 吨,肉、蛋、奶总产 16053 吨。全年新增造林面积 6693 亩。全镇拥有农业机械总动力 8.3 万千瓦。规模以上工业企业 23 家，其中资质三级及以上建筑企业 2 家，实现增实现主营业务收入 99.62 亿元，实现税收 6790 万元。

全镇有普通初中 1 所,在校生 2128 人。小学 8 所，在校生 2269 人。幼儿园 10 所，在园幼儿 1839 人。有卫生院 2 个,村(社区)卫生室(服务中心)48 个。各类卫生机构有床位 410 张,卫生技术人员 94 人。取得重要科技成果 1 项,获得县级及以上科学技术奖 1 项。有农村文化大院 44 个。广播、电视人口综合覆盖率分别达到 41%和 41%,村文体小广场 67 个。

城镇居民人均可支配收入

21991元。农村居民人均纯收入14541元。居民基本养老保险参保人数30543人,新型农村合作医疗参合人数59235人。城镇最低生活保障人数4人，农村最低生活保障人数1115人。

年内,华丰镇荣获山东省“安全生产先进单位、生态循环农业示范点”,泰安市“老干部工作先进集体、治安综合治理工作先进乡镇、农业产业化先进乡镇、畜牧工作先进乡镇、创业型乡镇、桑蚕生产先进乡镇、生态文明乡镇”,宁阳县“信访工作先进单位”等荣誉称号。

2016年华丰镇基本情况一览表

表30

面积(平方公里)	108	农产品总产	粮食(吨)	51705
耕地面积(公顷)	5506		棉花(吨)	32
村(居)民委员会(个)	59		油料(吨)	1206.6
人口(万人)	8.9457		肉类(吨)	8696
地方财政收入(万元)	1422		牛奶(吨)	5399
第一、二、三产业比例构成	–	教育	普通初中学校(所)	1
工业总产值(万元)	996278.1		普通初中在校生(人)	2128
农业总产值(万元)	–		普通初中毕业生数(人)	487
农业机械总动力(万千瓦)	9.8756		普通初中专任教师(人)	142
农村用电量(万千瓦小时)	2425		小学校(所)	8
居民人均纯收入(元)	18266		小学在校生(人)	2269
居民人均生活支出	13250		小学毕业生(人)	433
享受最低生活保障人数(人)	1119		小学专任教师(人)	223
敬老院数(所)	1	卫生	乡镇卫生院床位（张）	145
入住敬老院人数(人)	298		乡镇卫生院专业技术人员（人）	94
福利企业(家)	1		村级卫生室（所）	48
福利企业残疾员工数(人)	13		乡村医生(人)	109

【工业经济】 2016年，引进美国独资泰山立福食品、和樱种鸭孵化选育中心、正能生物科技、志同物流、中英合资种鸭养殖、华裕高热能源等多个过亿元的大项目、好项目。晟泰公司汽车玻璃升降器自动化生产线项目、泰龙厂汽车电子油门生产线项目、华泰生产技术改造项目、和樱种鸭选育孵化中心二期等一批项目均已建成并投产。其中,和樱种鸭选育孵化中心二期安装了国内最先进的全自动大型巷道式孵化器144台,出雏机36台,年可孵化优质鸭苗8000万只,成为全国最大的单场孵化基地。转型升级步伐加快，全年技改总投资5.5亿元,新上技改项目7个,其中新开工建设项目1个、续建项目2个、技改项目4个。面对经济下行的压力,泰山中联水泥、泰龙厂、晟泰公司、泰山立福食品等规模企业不断强化内部管理，开拓市场,保持了健康发展的良好态势。其中,泰山立福食品有限公司实现出口创汇额3000万美元，外贸出口位居全县前列、泰安市十强,成为国内同行业的样板企业。

【农业产业化发展】 按照“北菜、南果、适度发展养殖业”的农业产业发展思路，狠抓农业结构调整。2016 年，新发展设施蔬菜大棚 5000 亩，总数达到 12000 亩；新增造林 25771 亩，其中发展经济林 10120 亩，荒山造林 8940 亩，其它造林 6711 亩；绿色通道建设 64.4 公里；新建规模化养殖场 83 处。强化农业龙头带动，先后引进和樱种鸭孵化选育中心、美国独资泰山立福食品、正能生物科技、华鑫奶牛等多个农业龙头项目，产业带动成效明显。强化合作组织引领，新发展合作社 102 个，其中省市县级示范合作社 20 个。实施完成了投资 760 万元的 2.4 万亩高标准农田综合整治项目，提高了农业综合生产能力。

【城乡建设】 聘请省城乡规划设计院，高起点规划完成了《华丰镇总体规划(2014—2030 年)》修编工作。投资 2000 万元实施“气化华丰”工程，成为县城外第一个开通天然气的乡镇；投资 1000 余万元完成了镇驻地道路、园区污水处理设施和管网、城区供水中心及主管道的建设；投资 1600 余万元实施农村环境连片整治工程；投资 980 余万元实施了蒙馆公路华丰段景观大道等驻地、园区绿化提升工程。新建居民楼 47 栋，顺利完成小河西整村压煤搬迁，新建成华阳鑫居、河西花园、高庄社区、高村社区等新型社区。投资 60 余万元对镇驻地、园区绿化补植 8000 余平方米；乡环境容貌综合整治，投资 1443 万元，完成 13 个村庄、1728 户的改厕任务；投资 964 万元，配齐配全环卫基础设施，为村级保洁员配发三轮车 140 余辆；年垃圾运送量达到 9700 余吨，形成“村收集、镇运输、县处理”的垃圾处理模式，为群众创造了整洁宜居的生活环境。

【民生事业】 ①纵深推进脱贫攻坚。实现 5 个省市级贫困村摘帽脱贫，425 户、679 人脱贫退出；镇财政拿出专项资金 18 万元，走访慰问困难党员群众 340 户。②教育事业稳步发展。投资 4200 余万元推进全镇学校标准化建设，先后建成二十五中综合实验楼、塑胶田径运动场、学生餐厅公寓楼和镇中心小学幼教楼等基础设施，改善了办学条件。③卫生事业不断完善，投资 1400 万元建成镇卫生院综合门诊楼；为 65 岁以上老年人免费查体 5716 人次、35~64 岁重点人群免费筛查 26285 人次、中小学生健康体检 5326 人次。④社会保障不断强化，投资 1200 万元建成养老服务中心；资助困难学生 1426 名，发放救助金 107.2 万元。⑤计划生育落实二孩政策，全镇合法生育率 100%，长效节育措施落实率 89.6%。⑥道路设施。投资 3780 万元完成农网改造总里程 210 公里，投资 220 万元建设农村道路 13 公里，投资 450 余万元完善农田水利基础设施。⑦规范低保、五保供养、医疗救助、救灾救济等各项社会救助管理。⑧开展乡村文明行动，文化生活不断丰富，建设村级小广场 52 处、发展民间艺术团 7 个；歇息铺村与省农业厅纳入全省第七批城乡文明牵手共建单位，省直机关城乡文明牵手共建现场会在华丰镇举办。

【党风廉政建设】 2016 年，实施“一体两翼三抓三促”工作法，完善《村党组织书记重大事项报告制度》等十余项制度，进一步健全党建工作长效机制。采取“三抓三树”工作法，对村班子分类施治，实现 5 个软弱涣散村党支部晋位升级；实行“四抓四强四提升”工作法，全力以赴抓党建促脱贫，其中第一书记争取项目 30 多个、资金 300 余万元；扎实推进“两学一做”学习教育，深刻查摆整改问题 102 条；深化“双百”行动，机关干部走访重点群众 6000 余户，解决困难 260 余件。成立履行党风廉政建设主体责任办公室，扎实开展侵害群众利益不正之风和腐败问题专项整治活动，约谈 415 人次，排查整改问题线索 67 条；加大案件查办力度，严厉查处各类违规违纪行为，保持反腐倡廉高压态势。

【生态循环农业示范项目】 2016 年，省农业厅立足“农业”优势，在华丰镇建立生态循环农业示范项目，总投资 324.1 万元，其中省财政资金 280 万元，自筹资金 44.1 万元，涉及华丰镇歇息铺村和湖村 2 个村，1500 亩林果基地。

项目实施主体是歇息铺村的“宁阳县聚福园核桃种植专业合作社”和湖村的“宁阳县华丰镇瑞增种植专业合作社”。其中，歇息铺村的核桃基地包括农业节水示范、化肥农药减量增效示范、农业废弃物资源化利用、农业功能拓展示范四项建设内容，总投资177.94万元，其中省财政资金170.94万元，合作社自筹资金7万元；湖村苹果基地包括农业节水示范、化肥农药减量增效示范、农业废弃物资源化利用三项建设内容，总投资146.16万元，其中省财政资金109.06万元，合作社自筹资金37.1万元。项目建成后，将大大提升经济效益、社会效益、生态效益等多方效益，为绿色、生态、高效农业发展创造良好环境。

【湖村蔬菜、果品产业】 该村791户，2756人，耕地面积2053亩。村“两委”干部7人，党员69人。按照“村北平原地以冬暖式大棚为主、村东山坡地以经济林为主”的农业发展规划，制订设施蔬菜调整规划建设方案，村“两委”协助农户搞好土地置换和土地流转，为规划区解决通水、通电、通路；积极与农信社对接，帮助建棚户通过“三户联保”的方式协调贷款，解决了部分户的资金难题。2016年，该村现有设施蔬菜500余亩，其中冬暖式蔬菜大棚350余亩，大小拱棚150余亩，露地蔬菜200余亩。

确定在村东山坡发展苹果种植。成立了瑞增种植专业合作社，采取群众以土地入股（土地不入股的进行流转）、大户资金入股的合作方式流转1000亩土地，与栖霞市秀斌果品专业合作社合作，采用“密植”栽培模式，引进栖霞优良红富士品种“秀斌红富士一号”，2016年，栽植树苗4万余棵。见效后，在保证群众每亩土地800元收益的情况下进行分红，合作社每年按纯收入的10%上交村集体，达产后村集体每年可增加收入80万元。

（曹秋玲）

东庄镇

【概况】 位于宁阳县东南部，大汶河南岸，南依凤仙山，北靠柴汶河，交通便捷，资源丰富。2016年，全镇区域总面积98.9平方公里，耕地面积84972亩。辖45个行政村（社区）。年末常住人口6.2万人。人口自然增长率6.99‰。全年实现生产总值109.亿元，比上年增长6.8%。其中，第一产业增加值2.2955亿元，第三产业增加值985万元。全社会固定资产投资完成11.50亿元，公共财政预算收入3900万元，公共财政预算支出3380.9万元。社会消费品零售总额11.35亿元，进出口总额300万美元。年末金融机构各项存款余额8.92亿元，其中城乡居民储蓄存款余额8.81亿元。

粮食播种面积7.69万亩，粮食总产37935.2吨，棉花总产55.314吨，油料总产15019吨，蔬菜总产31564.05吨，水果总产511.34吨，水产品总产60万吨，肉、蛋、奶总产16443.4吨。全年新增造林面积11876亩，林木绿化率48.6%。全镇拥有农业机械总动力4.32万千瓦。规模以上工业企业31家，实现增加值15.67亿元，比上年增长2.9%，实现主营业务收入97.96亿元，实现利润8.82亿元，实现利税11.61亿元。资质三级及以上建筑企业1家，实现建筑业增加值3800万元，比上年增长8.6%，实现利税1939.1万元。

乡镇基础设施建设完成投资5940万元，村镇建设完成投资5940万元。A级及以上旅游景区2家，全年接待旅游人数12万人次，实现旅游总收入420万元。

全镇有普通初中1所，在校生1467人。小学6所，在校生2295人。幼儿园7所，在园幼儿1377人。有卫生院1所，村（社区）卫生室（服务中心）34个。各类卫生机构有床位20张，卫生技术人员56人。有农村文化大院45个。广播、电视人口综合覆盖率分别达到100%和100%，村文体小广场43个。

城镇居民人均可支配收入17984元。农村居民人均纯收入12906元。居民基本养老保险参保人数27916人，新型农村合作医疗参合人数48053人。城镇最低生活保障人数6人，农村最低生活保障人数791人。

2016年，东庄镇获宁阳县“经济社会发展先进单位三等奖”，泰安市“治安保障工作先进乡镇、档案工作先进集体”，山东省“旅游强乡镇、档案工作科学化管理先进单位”，“东庄红”红色文化爱国主义教育基地被泰安市委宣传部授予“爱国主义教育基地”。

2016年东庄镇基本情况一览表

表31

面积(平方公里)	98.9	农产品总产	粮食(吨)	37935.2
耕地面积(公顷)	5750		棉花(吨)	55.314
村(居)民委员会(个)	45		油料(吨)	15018.99
人口(万人)	6.2		肉类(吨)	11424.99
地方财政收入(万元)	3709.02		牛奶(吨)	2812.6
第一、二、三产业比例构成	–	教育	普通初中学校(所)	1
工业总产值(万元)	1090000		普通初中在校生(人)	1467
农业总产值(万元)	39634		普通初中毕业生数(人)	262
农业机械总动力(万千瓦)	43216		普通初中专任教师(人)	76
农村用电量(万千瓦小时)	2211		小学校(所)	6
居民人均纯收入(元)	17984		小学在校生(人)	2295
居民人均生活支出	12730		小学毕业生(人)	527
享受最低生活保障人数(人)	791		小学专任教师(人)	211
敬老院数(所)	1	卫生	乡镇卫生院床位(张)	20
入住敬老院人数(人)	72		乡镇卫生院专业技术人员(人)	56
福利企业(家)	–		村级卫生室(所)	34
福利企业残疾员工数(人)	–		乡村医生(人)	128

【项目建设】 2016年，全镇招商引资、重点项目建设呈现逆势发展的势头。新引进开工项目4个，续建项目9个。①全力以赴抓招商。通过对接，全年共签约项目6个，分别是投资2.8亿元的通风除尘设备加工项目、投资1.4亿元的汇森建材项目、投资2.6亿元的种猪扩繁场项目、投资1.2亿元的服装加工项目、投资1.6亿元的新型建材加工项目、投资5600万元的配方肥加工及三农技术服务中心项目，并有4个项目实现开工建设，其中新型建材项目、通风除尘设备加工项目一期、种猪扩繁场项目一期均已投产。在谈较成熟项目3个，分别是投资5.58亿元的玉女湖生态旅游开发项目、医药中间体项目、投资4600万元的外贸服装项目。②凝心聚力抓项目。通风除尘设备加工项目完成了12000平方米的加工车间及四周道路硬化、临时办公室的建设，油压机、钻床、刨床、数控车床、钼丝机等50余台套生产设备已到位并进行安装，剩余设备陆续到位。汇森建材项目完成6000平方米的车间建设完成，办公楼装修及原1号、2号生产车间的改造升级；5条挤塑生产线、10条覆膜生产线、3D打印机、雕刻机、混料生产线等生产设备安装调试完成并投入生产。种猪扩繁场项目完成隔离舍、配种怀孕舍、分娩舍、保育舍等设施建设及办公区、生活区建设；引进母猪2000头。服装加工项目完成选址，场地整理工作及一期工程

2000平方米的生产车间主体建设。新型建材项目扩规正积极对接，有意落户开发区。③民营经济抓发展。搞活民营经济。实施企业“递进”培养工程，大力扶持民营企业，足额完成年度培养计划。实施全民创业工程，通过加强人才引进、搭建创业服务平台、整合优势资源等方式，激励大众创业，服务万众创新，纵深推进全民创业。搭建银企对接会等交流平台，为鲁健粮油、欣鸣塑业、腾飞机电、智森建材等企业提供资金支持。新发展私营企业20家、农业专业合作社18家，个体工商户154家。完成规上企业主营业务收入87.1亿元、利税11.2亿元。④实施闲置资产盘活。加大闲置资产清理力度，提高企业发展效益。清理盘活集体资产原东庄酒厂，建设“东庄红”红色文化爱国主义教育基地暨民俗文化馆；盘活小煤窑等闲置资产，建设宁阳神华经贸有限公司，全年为镇财政贡献租金税收20余万元。⑤提振信心抓外贸。在谈外资项目1个；签订外贸出口合同800余万美元，完成外贸出口200万美元以上；积极督促智森建材、中岳化工正与国外客商洽谈合作。

【农业发展集约化】 ①坚定不移走经济林发展之路。2016年，突出以苹果、核桃等为主的干鲜果产业发展，不断推进农业向规模化、集约化、品牌化方向发展。年底，累计发展经济林4.66万亩，以苹果为主的特色产业已初步形成。加大农田水利项目建设，累计投资7000万元，用于农业基础设施建设，不断改善基本农田灌溉条件。加大南部山区综合整治，投资2000万元，打通了南部山区全长28公里的环山路，已完成拓宽改造，惠及13个村，为干鲜果输送、干鲜果基地发展建设奠定了坚实的基础。②探索“支部+合作社+农户”“公司+农户”等多种形式的农业经营模式。发展“一村一品”，培育凤仙山林果专业合作社、志远林果合作社、泰宁林果专业合作社等龙头合作社，带领群众增收致富。同时，稳步提升农业机械化水平，加强玉米联合收割机、花生收获机等新机具的推广和管理。③实行规模化发展，提升产业化水平。引进和培植农业龙头企业，带动农户连片发展，规模经营，先后引进了和康源饲料、鲁健粮油加工项目、博丰牧业、牧康养殖等农业龙头企业，提升了农业产业化水平，拓宽了农民增收渠道。扩大特色养殖规模优势，抓好畜牧养殖业的发展，引导扩大肉鸡和生猪养殖场规模化建设，新建规模饲养场136个，其中，肉鸡肉鸭大棚110个，养猪场10个，肉羊场8个，肉牛场8个。④农业基础设施建设完善。加快小农水建设项目步伐，完善集中供水管网建设，新建小型泵站16座，新建维修机电井22眼，新建维修大口井17眼，新建拦水坝6座，新建和改造埋设供水管道6.7万米，修复水毁堤防1000米，发展节水灌溉8000亩，发展微灌滴灌3000亩，提升了全镇水利灌溉条件。南鄙东等4个村3000亩高标准农田建设工程项目正在建设中；老庄子等6个村的农田水利建设项目正在建设中；中韩等8个村“强村固基”小农水建设项目已完工；全镇13座水库维修养护工程全部完成。⑤落实各项惠农政策，促进农业发展，农民增收。全面落实小麦直补、良种补贴、测土配方施肥、“一喷三防”等惠农政策；完成农业政策性保险；加大农民培训力度；认证了凤仙山苹

农业基础设施建设的塘坝

建设完成的农村新型社区

果和鲁健粮油生产的高筋粉为无公害、绿色食品。

【镇村建设城镇化】 2016 年，加快新型城镇化建设，牢固树立生态文明理念，坚持高点规划、科学布局，聘请资质单位编制《东庄镇新农村建设五年总体规划》《东庄镇社区布点规划》。按照“两区四片”发展规划，集中力量，高标准、严要求推进社区居民楼建设。北部以镇驻地为中心，将东庄社区和南故城社区打造为一个 3 万人规模的驻地中心大社区；南部以凤仙山为中心，在原崔解驻地规划建设 1 万~2 万人规模的社区。全力打造的样板社区——南故城社区被评为“山东省生态文明乡村建设先进社区”。进一步完善镇驻地功能，累计投资 3000 余万元，先后实施集中供水、垃圾压缩站、生活污水处理站、商住楼景观改造、路网延伸及绿化工程、植物园改造等城建工程，品位不断提升。以创建生态文明乡镇、文明村庄为目标，以城乡环卫一体化为抓手，按照“五化”要求，建立农村环境卫生保洁长效机制。累计投资 2000 余万元，配全环卫设施，建立保洁队伍，实行“村收集、镇运输、县处理”的垃圾处理运行模式，建立容貌整治长效机制，镇村面貌不断改观。在全镇范围内广泛开展“优美村庄”“美丽庭院”“卫生家庭”“卫生标兵”等乡村文明评创活动，在全镇推树了南故城、王家庄、石门、南陈、路家庄等 6 个最美村庄，实现典型带动，不断推进生态文明建设科学化、常态化、长效化。为完善路网建设，累计投资 3000 余万元，新建公路 60 多公里，改造提升 20.5 公里，逐渐形成了镇驻地“五纵五横”、镇域“三横四纵”的交通网络。

【民生事业社会化】 2016 年，东庄镇从关系群众切身利益的民生事业入手，扎扎实实为民办好事、办实事。①加大教育投入。成立东庄红教育促进会，助力教育事业快发展、大发展。全年累计投资 3000 万元改善办学条件，先后完成韩庄完小幼教楼、崔解明德小学教学楼及餐厅、九中教学楼及塑胶操场等的建设。投资 400 余万元的中心小学综合楼建设已完成主体建设；钟庄幼教楼、宁阳九中学生宿舍楼正在建设；投资 800 余万元，为各中小学高标准配备配全多媒体、实验设备及各类教学设施，全镇 85%的中小学

校已跨入省市级规范化学校行列。②医疗卫生条件不断改善，业务技术水平全面提升。村(社区)卫生室(服务中心)34个。各类卫生机构有床位20张，卫生技术人员56人，投资150万元引进德国西门子四维彩超正式应用于临床；投资70万元，购置数字胃肠X光机，开展透视、摄片及胃肠造影检查。③推进精神文明建设活动进展，实施“六个一”工程。全镇实现文体小广场全覆盖，丰富了群众文化生活，提升了乡村文明程度。④社会管理服务水平不断提升。落实城乡低保、扶贫、救灾救助等政策，做好农村“五保”供养、“三资”管理以及新型农村养老保险等。关爱老年人生活状况，先后完成南故城社区综合服务中心及葛家庄、陈美等村的老年人日间照料中心建设。⑤实施“大综治、大巡防”，推进“天网”工程，探索社会管理创新的途径，扎实做好社会治安综合治理、信访稳定、计划生育和食品药品监督管理、安全生产等，社会持续和谐稳定。规范便民服务场所基础设施建设，优化便民服务的运行模式。设立“马上就办”办公室，对来镇办理业务、反映情况、询问问题等事项的群众，全程跟踪服务，确保第一时间办结群众待办事项，为群众提供优质服务。⑥精准扶贫稳步推进。全镇45个村的精准识别动态管理信息核查及各村贫困户完成建档立卡，9个省市贫困村的项目建设已验收，全镇6个省市级贫困村成功摘帽，791人实现脱贫。

徒步凤仙山

【旅游产业化】 2016年，东庄镇确立全镇旅游发展的总体目标和年度工作任务。成立旅游工作指挥部，统筹发展旅游产业，建立泰安市东庄红文化旅游发展有限公司，并结合“十三五”规划，聘请专家高起点、高标准规划旅游项目总体规划蓝图。依托镇域内优美、宜居的自然环境，环山路、环湖路及配套设施的完善，充分挖掘革命老区红色资源优势，凸显“一山一水一故城”的旅游主题，大力实施凤仙山旅游综合开发，打造具有东庄特色的农业休闲生态旅游格局。初步规划设计三条廊道、四条观光带，即郕城古风景观廊道、凤仙山观光廊道、玉女湖景观廊道和凤仙山生态旅游观光带、皮匠山生态旅游观光带、玉女湖休闲观光带、情侣山生态旅游观光带，积极发展农家乐及农产品采摘、渔业养殖、垂钓等各种室外休闲项目，打造东庄古文化一条街和环凤仙山玉女湖旅游观光带。同时，依据旅游项目总体规划研究制定相关发展策略，规划设计朝柴路、环山路沿线旅游景区线路、景点、标识及指示牌，并邀请《泰安日报》《泰山晚报》等媒体记者对老庄子山、岱云庙、玉皇堂庙、栲栳埠山等景点进行大篇幅宣传报道；与县文联对接联谊活动，组织县作家协会、摄影协会等团体到东庄镇凤仙山开展各类采风活动，相关作品陆续在各类媒体整版刊发，影响巨大。协调相关部门合力推进东庄旅游事业实现大发展、快发展。通过县旅游局协调对接，把王家庄村和凤仙山景点设定为乡村生活体验基地；成立“东庄红”红色文化爱国主义教育基地，该基地已被市委宣传部命名为市级爱国主义教育基地；成立全县首家镇级博物馆——宁阳县东庄民俗博物馆。参加宁阳县“复圣杯”旅游商品创新设计大赛并获优秀组织奖和三项商品优秀奖。申报县级非物质文化遗产保护名录3项，市级非物质文化遗产保护名录4项。年内，东庄镇被评为山东省“旅游强乡镇”，王家庄村农业休闲旅游观光区被山东省旅游发展委员会评为省农业旅游示范点，东庄村被评为山东省旅游特色村。

（许振鹏）

葛石镇

【概况】 葛石镇位于神童山脚下，宁阳县境中部，镇境东连磁窑镇、曲阜市，南靠乡饮乡，西接文庙街道办事处和堽城镇。全镇区域总面积132.25平方公里，耕地面积98927亩。辖27个行政村(社区)。年末常住人口5.12万人。人口自然增长率10.09‰。全社会固定资产投资完成13亿元，公共财政预算收入8931.78万元，公共财政预算支出8931.78万元。社会消费品零售总额12.07亿元。

粮食播种面积18479亩，粮食总产64300.49吨，棉花总产7.96吨，油料总产8195.66吨，蔬菜总56516.18吨，水果总产35624.12吨，肉、蛋、奶总产13788.01吨。全年新增造林面积2600亩，林木绿化率34%。全镇拥有农业机械总动力9.5万千瓦。规模以上工业企业23家，实现主营业务收入55.58亿元，实现利润2.26亿元，实现利税8.19亿元。资质三级及以上建筑企业3家，实现建筑业总产值8557.9万元，比上年增长-3.48%。

全镇基础设施建设完成投资1.1亿元，村镇建设完成投资1.1亿元。A级及以上旅游景区1家，全年接待旅游人数103万人次，实现旅游总收入7200万元。

全镇有普通初中1所，在校生1298人。小学6所，在校生1895人。幼儿园8所，在园幼儿1413人。有卫生院1所，村(社区)卫生室(服务中心)45个。各类卫生机构有床位100张，卫生技术人员113人。有农村文化大院27个。广播、电视人口综合覆盖率分别达到100%和100%，村文体小广场26个。

城镇居民人均可支配收20003元。农村居民人均纯收入1417元。居民基本养老保险参保人数23755人，新型农村合作医疗参合人数52652人。城镇最低生活保障人数3人，农村最低生活保障人数1330人。

2016年，葛石镇获宁阳县“信访工作先进单位、政务服务工作先进中心、人口和计划生育工作一等奖”，泰安市“关心国防建设十佳单位”，被评为创建“全国义务教育发展基本均衡县”突出贡献单位。

镇驻地新貌

2016 年葛石镇基本情况一览表

表 32

面积(平方公里)	132.25	农产品总产	粮食(吨)	64300.49
耕地面积(公顷)	6595.13		棉花(吨)	7.96
村(居)民委员会(个)	27		油料(吨)	8195.66
人口(万人)	6.83		肉类(吨)	8618.32
地方财政收入(万元)	8931.78		牛奶(吨)	2085.6
第一、二、三产业比例构成	–	教育	普通初中学校(所)	1
工业总产值(万元)	534963.7		普通初中在校生(人)	1298
农业总产值(万元)	11980		普通初中毕业生数(人)	355
农业机械总动力(万千瓦)	9.5		普通初中专任教师(人)	94
农村用电量(万千瓦小时)	3600		小学校(所)	6
居民人均纯收入(元)	20003		小学在校生(人)	1895
居民人均生活支出	–		小学毕业生(人)	308
享受最低生活保障人数(人)	1333		小学专任教师(人)	219
敬老院数(所)	1	卫生	乡镇卫生院床位（张）	100
入住敬老院人数(人)	56		乡镇卫生院专业技术人员（人）	113
福利企业(家)	–		村级卫生室（所）	45
福利企业残疾员工数(人)	–		乡村医生(人)	121

【工业企业】 2016 年，做大做强优势产业，形成煤炭化工、机械制造、建筑建材、橡胶轮胎等产业，镇凤凰工业园集聚规模以上企业 14 家，带动发展中小企业 30 余家。新增中小微企业 15 家、个体工商户 520 户，新增省“一企一技术”研发中心 1 个，共培植 30 家中小企业。完成工业研发投入 4580 万元，实现高新技术产业产值 9.52 亿元。全镇共引进各类项目 18 个，其中过亿元项目 12 个。镇政府先后与中华社会文化发展基金会和中国国学院签订了战略合作协议；华普锅炉、水上乐园、年产 60 万吨水洗煤等项目相继建成投产，逐步产生良好效益；年产 6 万吨原子簇阳离子助剂、光伏发电等新建项目快速推进，中城银信“三技一体”、温氏养殖一体化、中京龙凤山开发、龙喜诚扩建养殖、民俗博物馆、清华园康复中心等项目进展顺利。

【现代农业】 2016 年，加大土地流转、产业结构调整力度，新增土地流转面积 2 万亩。新建设绿色通道 20 公里，完成高标准农田林网 2.5 万亩、造林面积 1.8 万亩、森林抚育 6000 亩。黑石枣园、东云枣园被评为省级标准化示范园，成功举办宁阳大枣产业发展研讨和全国北方果树

千亩茶园

桃小食心虫防治技术示范现场会，新增大枣、核桃、黄梨等林果面积7000亩，其中宁庄、张崖、鹿崖、北杨优质苹果基地已建成1500亩；涧西、曹寨、马山新发展核桃3000亩，北韦石榴、周庄大枣、富洼葡萄、山前苹果、刘庄张崖黄梨等果树面积达到2000亩。完成投资1125万元的千亿斤粮食和投资1400万元的高效节水灌溉试点县项目，极大提升15个村农业基础设施建设水平。强化水利设施建设，全镇除险加固水库23座，完成蟠龙山小流域等水利项目治理工程。

好运枣园游人如织

【精准扶贫】 2016年，扎实开展贫困户精准识别"建档立卡"回头看活动，确定全镇建档立卡人口774户1416人；重点发展山羊养殖、蜜蜂养殖、杭白菊种植等扶贫产业项目，省级贫困村宝泉村、柳沟村以及市级贫困村陈家店村已脱贫摘帽，脱贫705户，1113人。

【旅游品牌开发】 2016年，做好资源、资金、智慧结合文章，重点打造林果生态特色、利用林果助推旅游。依托全镇生态旅游整体规划，突出抓好了神童山风景区、龙马寨景区和蟠龙山景区等旅游项目建设。中京龙凤山开发已完成项目策划，正积极整体推进。神童山游客服务中心基本建成，神童山省级地质公园成功验收开园，蟠龙山国家森林公园近期已验收批复。强力推进环山路扩建改造工程，森林防火通道总长31.19公里，途经3个社区、13个村，涉及山林面积1万余亩、耕地面积1.6万亩，开挖土方47万余方，13个村已全面完成路基整修。成功举办第十八届山东宁阳梨花节和中华宁阳大枣文化节，彰显休闲观光和乡村旅游特色品牌。

【社区建设】 2016年，实施新城镇、新社区"两新"工程，镇村建设总体规划和发展详规进一步完善，由南京大学城市规划设计院编制的全镇总体规划通过专家论证。社区建设初具规模，已建成居民楼107幢。镇驻地基础配套设施快速推进，便民服务中心已完成主体工程，正进行内部装饰，镇敬老院进入招投标程序，即将开工建设。开展乡村文明行动，实施"四德"工程，完善村级"文明一条街"，建成一批文体小广场。深化环境容貌整治活动，推进美丽乡村建设，投资1663万元，"一事一议"财政奖补"乡村连片治理"项目，实施硬化、绿化、净化、亮化、美化，新农村面貌焕然一新。

【社会保障事业】 2016年，切实为群众办实事52件。完善农村交通道路网化体系，完成宁磁中路改造升级工程和黄沙路拓宽工程，新建道路19.7公里。加大教育投入，二十一中综合楼、皋山完小幼教楼项目建设快速推进，中心幼儿园新校区建成投入使用，中小学办学条件大幅改善。新建文化大院9处，农家书屋26家，文化广场10处。加强中医药和康复理疗等特色专科建设，扩大医疗保险报销范围，镇卫生院康复理疗病房楼建成投入使用。生育率为99.7%、人口出生率为5.3‰、自然增长率为3.4‰。平安建设深入推进，社会治安综合治理和信访稳定全面加强，安全生产责任制全面落实，重点行业、重点领域的安全专项整治和隐患排查整改全面强化，全镇群众安全感、幸福满意度明显提升。 （刘荣菊）

乡饮乡

【概况】 乡饮乡因多次举行古代鲁国最盛行的西周礼制“乡饮酒礼”而得名乡饮。乡饮历史文化,与孔孟文化一脉相承,“乡饮酒礼”盛行于乡饮。乡境西北部与文庙街道办事处、西部与泗店镇、北部与葛石镇、东部与曲阜市姚村镇、南部与兖州市谷村镇接壤，是宁阳县、曲阜市、兖州市三县、市交界处。

2016 年，全乡区域总面积 68 平方公里,耕地面积 7 万亩。辖 15 个行政村。年末常住人口 3.3 万人。人口自然增长率 9.32‰。全年实现生产总值 62.99 亿元，比上年增长 2.364 亿元。其中,第一产业增加值 1719 万元,第二产业增加值 2.37 亿元,第三产业增加值 1750 万元。全社会固定资产投资完成 9.20 亿元，公共财政预算收入 5507.31 万元，公共财政预算支出 5507.31 万元。社会消费品零售总额 3.98 亿元,进出口总额 283 万美元。年末金融机构各项存款余额 4.1 亿元，其中城乡居民储蓄存款余额 3.9 亿元。

粮食播种面积 13.8 万亩,粮食总产 6.5 万吨，棉花总产 13 吨,油料总产 93 吨，蔬菜总产 8324 吨，水果总产 444 吨,肉、蛋、奶总产 11089.64 吨。全年新增造林面积 1000 亩,林木绿化率 38.7%。全市拥有农业机械总动力 3.99 万千瓦。规模以上工业企业 22 家,比上年增长-9.8%，实现主营业务收入 36.91 亿元,实现利润 3.04 亿元,实现利税 3.85 亿元。乡镇基础设施建设完成投资 800 万元,村镇建设完成投资 1000 万元。

全乡有普通初中 1 所，在校生 930 人。小学 3 所,在校生 1241 人。幼儿园 4 所,在园幼儿 909 人。有卫生院 1 所,村(社区)卫生室(服务中心)28 个。各类卫生机构有床位 60 张,卫生技术人员 121 人。有农村文化大院 15 个。广播、电视人口综合覆盖率分别达到 100%和 100%,村文体小广场 22 个。

城镇居民人均可支配收入 29756 元。农村居民人均纯收入 13664 元。居民基本养老保险参保人数 1.9 万人,新型农村合作医疗参合人数 2.9 万人。城镇最低生活保障人数 12 人，农村最低生活保障人数 1331 人。

2016 年乡饮乡基本情况一览表

表 33

面积(平方公里)	68	农产品总产	粮食(吨)	6500
耕地面积(公顷)	4667		棉花(吨)	13
村(居)民委员会(个)	15		油料(吨)	93
人口(万人)	3.3		肉类(吨)	4248
地方财政收入(万元)	1449.39		牛奶(吨)	2485
第一、二、三产业比例构成	-	教育	普通初中学校(所)	1
工业总产值(万元)	507000		普通初中在校生(人)	930
农业总产值(万元)	103000		普通初中毕业生数(人)	236
农业机械总动力(万千瓦)	3.99		普通初中专任教师(人)	73
农村用电量(万千瓦小时)	2850		小学校(所)	3
居民人均纯收入(元)	18842		小学在校生(人)	1241
居民人均生活支出	15298		小学毕业生(人)	214
享受最低生活保障人数(人)	331		小学专任教师(人)	111
敬老院数(所)	1	卫生	乡镇卫生院床位（张）	6500
入住敬老院人数(人)	35		乡镇卫生院专业技术人员（人）	13
福利企业(家)	-		村级卫生室（所）	93
福利企业残疾员工数(人)	-		乡村医生(人)	4248

【工业经济】 2016年，全乡共策划包装过亿元项目5个（现代农业循环经济示范园项目、圣乡农产品交易中心项目、年产10万套中温太阳能集热器产业化项目、年产5000吨锂离子电池正极材料项目、高速、高效节能罗茨鼓风机生产项目），过10亿元1个（汽车活塞系列配件生产线项目）。县重点管理新建项目2个，一是山东卓泰油脂科技有限公司投资建设年回收利用10万吨废矿物油再生基础油及配套生产5万吨高品质润滑油项目。项目计划总投资3.6亿元，占地100亩。二是山东碧蓝生物科技有限公司3万吨益生素项目。公司先后建设了技术研发中心和生物饲料、生物兽药、水质调节剂等现代化生产车间4.6万平方米，投资1.5亿元，新上3万吨益生素项目，建筑面积7000平方米，新上现代化生产设备133台（套）。

【农业发展】 2016年，新植农田林网1.8万米，栽植绿色通道3公里。发展绿色、无公害、有机蔬菜1300亩，设施蔬菜450亩，新发展丰产林961亩，苗木花卉530亩。沙河庄村河道和南赵庄村坑塘开发项目，总投资65.25万元，实现新增耕地51.3亩。申报宁家庄坑塘占补平衡项目，申报面积约7.5亩。八官庄村包装上报土地整理项目，总投资19.74万元。申报实施汉马河村塑料颗粒加工和南赵庄村预制场等2个工矿废弃地复垦利用项目，项目总投资29.64万元。落实深松作业面积4000亩，深翻面积57500亩，补贴资金16万元。全年新建规模养殖场6家，宁阳县永森奶牛养殖场和普恩家庭农场通过省级示范场验收，宁阳县奥力牧业有限公司通过市级示范场验收，正邦养殖、奥力牧业、永森奶牛、富东养殖、方河生猪5个场通过无公害验收。发展合作社25家，家庭农场1家。

田园风光

【精准扶贫】 全乡共有省级贫困村3个，市级贫困村1个，一般贫困村10个。通过开展信息核查“回头看”，重新整理信息，全乡扶贫对象动态管理确定出贫困户990户1656人。通过对上争取，崇化村投入70万元建成3.2千米村内道路硬化工程，常屯村投入40万元建成2千米村内道路硬化工程，解决了群众出行难问题。投入30万元修建崇化村、常屯村、蛮营村、八官村4个村的村级文化广场，解决了村里群众文化健身问题，投入40万元实施人畜饮水工程项目，解决群众的饮水难题。把4个贫困村纳入农电网改造，进一步提高了4个村的耕地灌溉质量。建立“合作社+农业龙头企业+贫困户”的利益联结机制，确保扶贫资金的安全使用。积极开展金融扶贫，拓宽增收途径，建立银行+企业+贫困户扶贫模式，意向发放贷款150万元，贫困户每人增加400余元收入。2016年，全面完成脱贫计划，全乡脱贫465户，754人。

【社会民生事业】 2016年，继续加大教育投入，全力打造优质教育品牌。乡中心学校建设塑胶运动场1.3万平方米，完成校园网改造升级工程；韦周小学新建1020平方米的综合楼已投入使用；乡中心幼儿园扩建幼儿活动场地1200平方米，新建食堂200平方米，完成幼教楼外墙装饰，添置各类中小型玩具1000多件；乡

传统文化教育墙

饮中心学校被中华希贤教育基金会命名为“中国希贤教育基地”，乡饮中心幼儿园、韦周幼儿园荣获“宁阳县学前教育先进单位”。对低保户重新进行排查摸底，对已脱贫或死亡的111户，128人进行了核销，新申请98户，116人，做到应保尽保。新增就业再就业40人，农村劳动力转移就业812人。辖区内65岁以上老年人健康查体和成年人健康查体并建立健康档案。乡卫生院二、三、四季度取得全县公共卫生考核第一名的好成绩。疾病防控工作扎实开展，基础免疫疫苗接种率95%以上，辖区内无重大传染病流行。全乡出生人口性别比为107.9，长效节育措施落实率达到94.63%。开展关爱老人慰问活动，乡财政拿出6000元，对敬老院老人和部分贫困高龄老人、百岁老人进行走访慰问，为4120名老年人办理银龄安康意外保险。督促指导贫困村文体小广场建设，为崇化村申请专项资金3.5万元，蛮营村3万元，常屯村新建设小广场1处，面积700平方米，申请资金4万元。开展送戏下乡活动，县木偶剧团为各村送去演出10场次，极大地丰富了群众文化生活。开展村级文化服务中心建设，首批70%的建设任务顺利完成。推树典型，叫响“以文化人，礼仪乡饮”推介品牌，刘学文见义勇为事迹入围中国好人榜。

（杜健健）

人 物

县级领导人

刘学保 男，汉族，1962 年 6 月出生，山东汶上人。1984 年 7 月参加工作。1987 年 12 月加入中国共产党，省委党校研究生学历，文学学士。

1980 年 9 月至 1984 年 7 月，山东师范大学中文系专业学习；1984 年 7 月至 1989 年 8 月，泰安教育学院教师（1987 年 7 月至 1989 年 2 月，山东师范大学文艺学专业硕士研究生课程班学习）；1989 年 8 月至 1992 年 9 月，泰安市教育局科员；1992 年 9 月至 1997 年 2 月，泰安市教委办公室副主任；1997 年 2 月至 1997 年 4 月，泰安市教委办公室主任科员；1997 年 4 月至 1998 年 7 月，泰安市委办公室主任科员；1998 年 7 月至 2000 年 1 月，泰安市委政研室政治文教科科长；2000 年 1 月至 2001 年 11 月，东平县委常委、组织部部长；2001 年 11 月至 2003 年 1 月，东平县委副书记、组织部部长；2003 年 1 月至 2006 年 12 月，肥城市委副书记、市纪委书记（2000 年 9 月至 2003 年 6 月省委党校在职干部研究生班经济管理专业学习）；2006 年 12 月至 2007 年 1 月，肥城市委副书记；2007 年 1 月至 2007 年 3 月，泰安市安全生产监督管理局（安全生产委员会办公室）党组书记；2007 年 3 月至 2009 年 3 月，泰安市安全生产监督管理局（安全生产委员会办公室）局长（主任）、党组书记；2009 年 3 月至 2012 年 12 月，新泰市委副书记、市长；2012 年 12 月起，宁阳县委书记，县委党校校长。

陈　波 男，汉族，1973 年 11 月出生，山东东平人。1993 年 5 月加入中国共产党，1993 年 7 月参加工作。省委党校研究生学历，公共管理硕士。

1991 年 9 月至 1993 年 7 月，泰安师范专科学校政治专业学生；1993 年 7 月至 1996 年 4 月，泰安市医药管理局亚太制药厂筹建处秘书；1996 年 4 月至 1997 年 7 月，泰安市医药管理局科员；1997 年 7 月至 1999 年 11 月，泰安市委办公室科员；1999 年 1 月至 2002 年 6 月，泰安市委办公室副主任科员（1998 年 9 月至 2000 年 12 月，中共山东省委党校业余本科班经济管理专业学习）；2002 年 6 月至 2003 年 5 月，泰安市委办公室副科长；2003 年 5 月至 2003 年 7 月，泰安市委办公室副科长、主任科员（2000 年 9 月至 2003 年 7 月，中国政法大学法学专业函授本科学习，获法学学士学位）；2003 年 7 月至 2006 年 12 月，泰安市委督查室副主任（正科级）；2006 年 12 月至 2008 年 12 月，泰安市委督查室主任（副县级）（2004 年 9 月至 2007 年 6 月，山东省委党校在职干部研究生班经济管理专业学习；2005 年 3 月至 2008 年 6 月，北京科技大学公共管理硕士专业学位学习）；2008 年 12 月至 2010 年 1 月，泰安市委办公室副主任、督查室主任；2010 年 1 月至 2012 年 2 月，泰安市委办公室副主任；2012 年 2 月至

2015年6月，泰安市委副秘书长；2015年6月至2015年7月，宁阳县委副书记；2015年7月至2016年12月，宁阳县委副书记、统战部部长；2016年12月至2017年1月，宁阳县委副书记，县人民政府党组书记、副县长、代理县长；2017年1月起，宁阳县委副书记，县人民政府党组书记、县长。

王国强 男，汉族，1965年2月出生，宁阳泗店人。1981年12月参加工作。1984年12月加入中国共产党，省委党校大学学历。

1981年12月至1986年1月，宁阳县农行城南营业所干部；1986年1月至1988年8月，宁阳县宁阳镇团委干事（1986年9月至1988年7月，泰安市委党校大专班经济管理专业学员）；1988年8月至1990年7月，宁阳县宁阳镇工交财贸办公室副主任；1990年7月至1991年4月，宁阳县宁阳镇党委秘书；1991年4月至1992年12月，宁阳县宁阳镇党委委员、党委秘书；1992年12月至1997年3月，宁阳县宁阳镇党委副书记；1997年3月至1998年4月，宁阳县堽城镇党委副书记、副镇长；1998年4月至1999年1月，宁阳县堽城镇党委副书记、镇长兼政协主任；1999年1月至2001年2月，宁阳县堽城镇党委书记、人大主席；2001年2月至2001年12月，宁阳县堽城镇党委书记；2001年12月至2003年11月，宁阳县堽城镇党委书记、人大主席（2000年9月至2002年12月，山东省委党校干部业余本科班经济管理专业学员；2001年9月至2002年1月，泰安市委党校第十二期中青年干部培训班学习）；2003年11月至2005年3月，宁阳县政府县长助理，磁窑镇党委书记（副县级），磁窑经济技术开发区管委党委书记、主任；2005年3月至2006年10月，宁阳县政府县长助理，磁窑镇党委书记（副县级），磁窑经济技术开发区管委党委书记、副主任；2006年10月至2007年4月，宁阳县政府县长助理，磁窑镇党委书记（副县级）、人大主席，磁窑经济技术开发区管委党委书记、副主任；2007年4月至2009年9月，宁阳县政府县长助理，磁窑镇党委书记（副县级）、人大主席；2009年9月至2009年10月，宁阳县政府副县长、磁窑镇人大主席；2009年10月至2011年12月，宁阳县政府副县长、党组成员；2011年12月至2017年1月，宁阳县委常委，县委办公室主任；2017年1月起，宁阳县委副书记。

孟庆刚 男，汉族，1975年1月出生，山东东平人。1996年7月参加工作。1998年5月加入中国共产党，省委党校研究生学历。

1994年9月至1996年7月，泰安师范专科学校政史系历史专业学生；1996年7月至1998年12月，东平县东平镇党政办秘书、团委干事（1998年5月至1998年12月，团市委组宣部挂职部长助理）；1998年12月至2000年6月，东平县东平镇党政办公室副主任、团委副书记（1997年9月至2000年1月，山东省委党校业余本科班经济管理专业学习）；2000年6月至2003年4月，共青团东平县委副书记、党组成员；2003年4月至2004年3月，共青团东平县委书记、党组书记；2004年3月至2006年10月，东平县大羊乡党委副书记、乡长；2006年10月至2007年11月，东平县沙河站镇党委副书记、镇长；2007年11月至2011年11月，东平县老湖镇党委书记、人大主席（2005年9月至2008年6月，山东省委党校在职干部研究生班经济管理专业学习；2011年2月至2011年7月，市委党校第二十二期中青年干部培训班学习）；2011年11月至12月，肥城市委常委；2011年12月至2016年12月，肥城市委常委、宣传部部长；2016年12月起，宁阳县委常委，县纪委书记。

张培峰 男，汉族，1973年11月出生，山东肥城人。1995年6月加入中国共产党，1995年8月参加工作。大学学历，法学学士。

1991年9月至1995年8月，厦门大学法律系法学专业学生；1995年8月至2000年7月，泰安市劳动和社会保障局科员（1998年7月经中华人民共和国司法部律师资格审查委员会审核批准，特授予律师资格）；2000年7月至2001年9月，泰安市离退休职工活动中心办公室副主任；2001年9月至2003年11月，泰安市劳动和社会保障局劳动争议处理科副科长；2003年11月至2007年11月，泰安市劳动和社会保障局劳动工资科科长；2007年11月至2007年12月，泰安市劳动和社会保障局党委委员、劳动工资科科长；2007年12月至2008年12月，泰安市劳动和社会保障局党委委员、办公室（政工科）主任（科长）；2008年12月至2009年1月，泰安市劳动和社会保障局副局长、党委委员、办公室（政工科）主任（科长）；2009年1月至2010年1月，泰安市劳动和社会保障局副局长、党委委员；2010年1月至2011年4月，泰安市司法局副局长、党委委员（2011年1月至2011年4月，挂职任东平县人民政府副县长）；2011年4月至2011年6月，宁阳县人民政府副县长；2011年6月至2013年12月，宁阳县人民政府党组成员、副县长；2013年12月起，宁阳县委常委，县人民政府党组成员、副县长。

沙玉华 男，汉族，1974年4月出生，辽宁普兰店人。1990年12月参加工作。1993年5月加入中国共产党，大学学历。

1990年12月至1994年3月，第67集团军某师炮兵团122榴炮二营营部指挥排战士；1994年3月至1994年9月，第67集团军某师炮兵团130火箭炮连指挥排代排长；1994年9月至1994年12月，济南陆军学院学员；1994年12月至1997年6月，第67集团军某师炮兵团122榴炮二营营部指挥排排长；1997年6月至1998年2月，第67集团军某师炮兵团政治处干部股副连职干事；1998年2月至2000年6月，肥城市人武部政工科副连职干事；2000年6月至2003年6月，泰安军分区政治部宣保科正连职干事；2003年6月至2006年6月，泰安军分区政治部副营职干事；2006年6月至2009年6月，泰安军分区政治部正营职干事；2009年6月至2015年2月，泰安军分区政治部副团职干事；2015年2月至2015年6月，宁阳县人民武装部政委；2015年6月起，宁阳县委常委，县人民武装部政委。

赵相鑫 男，汉族，1979年3月出生，山东东平人。2003年8月参加工作。2004年5月加入中国共产党，省委党校研究生学历，理学学士。

1999年9月至2003年7月，聊城大学物理学专业学习；2003年7月至2003年8月待分配；2003年8月至2004年2月，泰安市岱岳区道朗镇党委组织干事；2004年2月至2004年12月，泰安市岱岳区夏张镇政府镇长助理；2004年12月至2006年9月，泰安市总工会组织部科员；2006年9月至2009年1月，泰安市总工会组织部（宣传教育部）副部长（2007年6月至2008年10月，挂职任泰安市泰山区财源街道党工委副书记、办事处副主任）；2009年1月至2009年12月，泰安市总工会组织部（宣传教育部）副部长（主持工作）；2009年12月至2014年2月，泰安市总工会组织部（宣传教育部）部长（2012年2月至2012年7月，泰安市委党校第二十三期中青年干部培训班学习；2010年9月至2013年6月，山东省委党校在职干部研究生班经济管理专业学习）；2014年2月至2016年3月，泰安市总工会副调研员、组织部（宣传教育部）部长；2016年3月起，泰安市总工会副调研员，宁阳县委常委，县政府党组成员、副县长（挂职）。

刘　明 男，汉族，1967年10月出生，宁阳乡饮人。1988年7月加入中国共产党，1988年9月参加工作。省委党校研究生学历。

1986年9月至1988年7月，山东广播电视大学普通师资班汉语言文学专业学生；1988年7月至1988年9月，待分配；1988年9月至1990年9月，宁阳十九中教师；1990年9月至1991年1月，宁阳县葛石镇党委组织干事；1991年1月至1993年1月，宁阳县葛石镇党委组织干事兼电教管理员；1993年1月至1993年12月，宁阳县葛石镇党委组织干事兼电教管理员、纪委委员；1993年12月至1994年9月，宁阳县委组织部干事；1994年9月至1998年2月，宁阳县委组织部干部科副科长（1994年9月至1997年7月，山东工业大学业余本科班企业管理专业学习）；1998年2月至1999年1月，宁阳县泗店镇党委副书记兼工会主任；1999年1月至1999年9月，宁阳县东疏镇党委副书记；1999年9月至2003年11月，宁阳县东疏镇党委副书记、镇长；2003年11月至2006年9月，宁阳县泗店镇党委书记；2006年9月至2009年9月，宁阳县伏山镇党委书记、人大主席（2004年9月至2007年6月，山东省委党校在职干部研究生班经济管理专业学员；2007年3月至2007年7月，泰安市委党校第十八期中青年干部培训班学习）；2009年9月至2010年5月，宁阳县磁窑镇党委书记（副县级）；2010年5月至2011年11月，宁阳县磁窑镇党委书记（副县级）、人大主席；2011年11月至2012年1月，宁阳县人民政府党组成员、提名宁阳县人民政府副县长候选人；2012年1月至2016年12月，宁阳县人民政府党组成员、副县长；2016年12月至2017年1月，宁阳县人民政府党组副书记、副县长；2017年1月起，宁阳县委常委，县人民政府党组副书记、副县长。

崔　媛　女，汉族，1974年2月出生，宁阳鹤山人。1995年7月参加工作。1997年7月加入中国共产党，省委党校研究生学历。

1993年9月至1995年7月，泰安师范专科学校物理系应用电子技术专业学生；1995年7月至1999年1月，宁阳十二中教师、政教主任（1995年10月至1997年8月，挂职宁阳县鹤山乡计生办副主任）；1999年1月至2001年2月，宁阳县茅庄镇党委委员（1997年8月至1999年12月，中央党校函授学院业余本科班政法专业学习）；2001年2月至2001年7月，宁阳县乡饮乡党委副书记；2001年7月至2003年11月，宁阳县委宣传部副部长，县文明办主任；2003年11月至2007年11月，宁阳县东疏镇党委副书记、镇长（2006年5月至2006年8月，浙江省嘉兴市南湖区东栅街道办事处挂职；2004年9月至2007年6月，山东省委党校在职干部研究生班经济管理专业学习）；2007年11月至2009年10月，宁阳县伏山镇党委副书记、镇长；2009年10月至2011年11月，宁阳县伏山镇党委书记、镇长；2011年11月至2012年1月，宁阳县人民政府党组成员，提名为宁阳县人民政府副县长候选人；2012年1月至2016年12月，宁阳县人民政府党组成员、副县长；2016年12月至2017年1月，宁阳县委宣传部部长，县人民政府副县长；2017年1月起，宁阳县委常委，县委宣传部部长。

董　骞　男，汉族，1968年11月出生，宁阳伏山人。1992年7月参加工作。1994年12月加入中国共产党，大学学历，农业推广硕士。

1988年9月至1992年7月，山东农业大学土壤农业化学系土壤与植物营养专业学生；1992年7月至1993年12月，宁阳县石集镇团委干事；1993年12月至1995年4月，宁阳县石集镇团委副书记；1995年4月至1997年9月，宁阳县石集镇团委书记；1997年9月至1999年1月，宁阳县石集镇党委组织干事、团委书记；1999年1月至2001年2月，宁阳县石集镇党委委员；2001年2月至2003年11月，宁阳县泗店镇党委副书记；2003年11月至2005年3月，宁阳县东庄乡党委副书记、乡长（2004年3月至2004年7月，浙江省温岭市箬横镇挂职）；2005年3月至2010年8月，宁阳县东庄乡党委书记（2006年3月至2008年6月，山东农业大学农业推广硕士专业学习；2008年2月至2008年6月，泰安市委党校第十九期中青年干部培训班学习）；2010年8月至2011年2月，宁阳县东庄镇党委书记；2011年2月至2011年3月，宁阳县华丰镇党委书记；2011年3月至2013年12月，宁阳县华丰镇党委书记、人大主席；2013年12月至2014年1月，宁阳县人民政府副县长、党组成员，华丰镇人大主席；2014年1月至2016年12月，宁阳县人民政府党组成员、副县长；2016年12月至2017年1月，宁阳县委政法委书记，县人民政府副县长；2017年1月起，宁阳县委常委，县委政法委书记。

张　涛　男，汉族，1968年12月出生，宁阳葛石人。1991年7月参加工作。1994年12月加入中国共产党，大学学历，农业推广硕士。

1987年9月至1991年7月，山东农业大学农牧业经济管理专业学生；1991年7月至1995年5月，宁阳县农业局经管办科长；1995年5月至1995年10月，宁阳县委研究室干事；1995年10月至1997年3月，宁阳县委办公室行政科副科长；1997年3月至1999年4月，宁阳县委办公室行政科科长；1999年4月至2001年2月，宁阳县委研究室副主任；2001年2月至2003年11月，宁阳县蒋集镇党委副书记、镇长；2003年11月至2006年9月，宁阳县蒋集镇党委书记（2005年9月至2006年1月，泰安市委党校第十六期中青年干部培训班学员）；2006年9月至2009年10月，宁阳县东疏镇党委书记、人大主席（2007年12月，获山东农业大学农业推广硕士专业学位）；2009年10月至2010年9月，宁阳县宁阳镇党委书记、人大主席；2010年9月至2010年12月，宁阳县文庙街道党工委书记、人大工作室主任；2010年12月至2011年1月，山东宁阳工业园区（经济开发区）党工委书记（副县级）；2011年1月至2011年11月，宁阳县政府党组成员、山东宁阳工业园区（经济开发区）党工委书记（副县级）；2011年11月至2014年1月，宁阳县政府党组成员、山东宁阳工业园区（经济开发区）党工委书记（副县级）、山东宁阳环城科技产业园党工委书记；2014年1月至2014年3月，宁阳县政府党组成员、山东宁阳工业园区（经济开发区）党工委书记（副县级）、山东宁阳环城科技产业园党工委书记、管理委员会主任；2014年3月至2016年12月，宁阳县政府党组成员，山东宁阳经济开发区党工委书记（副县级），山东宁阳环城科技产业园党工委书记、管理委员会主任；2016年12月至2017年1月，宁阳县政府党组成员，山东宁阳环城科技产业园党工委书记、管理委员会主任；2017年1月起，宁阳县委常委，县委办公室主任。

王广浩　男，汉族，1978年8月出生，山东肥城人。1999年11月参加工作。2003年12月加入中国共产党，省委党校研究生学历。

1997年9月至1999年7月，泰安师范专科学校英语专业学生；1999年7月至1999年11月，待分配；1999年11月至2005年10月，泰安市外事翻译中心助理翻译（2000年9月至2002年12月，中央党校业余本科班法律专业学习）；2005年10月至2008年12月，泰安市政府外事（侨务）办公室人事秘书科副科长；2008年12月至2016年12月，泰安市政府外事侨务办公室人事秘书科科长（2011年9月至2014年6月，山东省委党校在职干部研究生班经济管理专业学习）；2016年12月起，宁阳县委常委，县委统战部部长。

周鹏飞　男，汉族，1971年4月出生，山东新泰人。1992年5月加入中国共产党，1992年7月参加工作。省委党校研究生学历，农业推广硕士。

1990年9月至1992年7月，泰安师范专科学校数学系数学专业学生；1992年7月至1994年12月，新泰市岳家庄乡团委干事、党政办文书、主任；1994年12月至2002年5月，新泰市委组织部干部科干事、副科长（1998年9月至2000年12月，省委党校业余本科班经济管理专业学习）；2002年5月至2004年4月，新泰市委组织部干部管理科科长；2004年4月至2006年10月，新泰市委组织部副局级组织员、干部管理科科长；2006年10月至2007年3月，新泰市汶南镇党委副书记、提名镇长人选；2007年3月至2011年11月，新泰市汶南镇党委副书记、镇长（2006年12月，获北京林业大学农业推广硕士学位）；2011年11月至2011年12月，新泰市汶南镇党委书记、提名人大主席人选；2011年12月至2016年12月，新泰市汶南镇党委书记、人大主席（2012年9月至2015年6月，山东省委党校在职干部研究生班经济管理专业学习）；2016年12月起，宁阳县委常委，县委组织部部长，县委老干部党校校长。

柳桂敏 女，汉族，1975年5月出生，宁阳鹤山人。1998年7月参加工作。2013年12月加入中国民主建国会，大学学历，经济学学士。

1994年9月至1998年7月，山东工程学院职教学院会计学专业学生；1998年7月至2002年2月，宁阳县职教中心教师；2002年2月至2004年5月，宁阳县党史史志办秘书科副科长；2004年5月至2005年4月，宁阳县党史史志办秘书科科长；2005年4月至2007年11月，宁阳县蒋集镇副镇长；2007年11月至2010年6月，宁阳县宁阳镇副镇长；2010年6月至2011年11月，宁阳县招商局局长；2011年11月至2012年1月，提名为宁阳县人民政府副县长候选人；2012年1月起，宁阳县人民政府副县长。

李 甡 男，汉族，1973年3月出生，山东淄博人。1992年7月参加工作。1994年12月加入中国共产党，大学学历。

1990年9月至1992年7月，山东省济宁人民警察学校学生；1992年7月至1993年7月，泰安市公安局迎胜派出所见习民警；1993年7月至1996年3月，泰安市公安局迎胜派出所办事员；1996年3月至1996年6月，泰安市公安局泰山区分局政保科办事员；1996年6月至1999年9月，泰安市公安局泰山区分局治安科科员(1993年6月至1997年6月，高等教育自学考试山东大学法律专业学习)；1999年9月至2000年3月，泰安市公安局泰山区分局治安警察大队一中队副中队长；2000年3月至2002年9月，泰安市公安局泰山区分局治安行动队副队长（1997年9月至2000年7月，华东政法学院函授法学专业学习)；2002年9月至2004年5月，泰安市公安局泰山区分局治安警察大队一中队中队长；2004年5月至2008年11月，泰安市公安局治安行动大队副大队长；2008年11月至2010年2月，泰安市公安局治安行动大队长；2010年2月至2012年6月，泰安市公安局治安警察支队副支队长、治安行动大队大队长；2012年6月至2014年11月，东平县人民政府党组成员，副县级干部，县公安局党委书记、局长；2014年11月至2016年12月，东平县人民政府党组成员，县公安局局长（副县级)；2016年12月起，宁阳县人民政府党组成员、副县长，县公安局党委书记、局长。

于师义 男，汉族，1974年12月出生，宁阳堽城人。1996年7月参加工作。1998年10月加入中国共产党，省委党校研究生学历。

1994年9月至1996年7月，泰安师范专科学校中文系文秘专业学生；1996年7月至1999年2月，宁阳县崔解乡党政办办事员、副主任；1999年2月至2000年6月，宁阳县崔解乡党政办主任(1997年9月至2000年1月，山东省委党校业余本科班经济管理专业学员)；2000年6月至2001年2月，宁阳县华丰镇副镇长；2001年2月至2001年12月，宁阳县蒋集镇副镇长；2001年12月至2003年11月，宁阳县堽城镇党委委员；2003年11月至2005年3月，宁阳县磁窑镇党委委员、副镇长；2005年3月至2007年11月，宁阳县宁阳镇党委副书记、镇长；2007年11月至2011年2月，宁阳县乡饮乡党委书记、人大主席(2006年9月至2009年6月，山东省委党校在职干部研究生班经济管理专业学员；2010年3月至2010年7月，泰安市委党校第二十一期中青年干部培训班学习)；2011年2月至2011年3月，宁阳县文庙街道党工委书记、乡饮乡人大主席；2011年3月至2013年12月，宁阳县文庙街道党工委书记、人大工作室主任；2013年12月至2014年1月，宁阳工业园区(宁阳县经济开发区)管委会主任(副县级)，文庙街道党工委书记；2014年1月至2014年4月，宁阳工业园区(宁阳县经济开发区)管委会主任（副县级)；2014年4月至2016年12月，山东宁阳经济开发区管委会主任(副县级)、党工委副书记；2016年12月至2017年1月，宁阳县人民政府党组成员(副县级)；2017年1月起，宁阳县人民政府党组成员、副县长。

许 军 男，汉族，1972年4

月出生，宁阳泗店人。1991年8月参加工作。1995年12月加入中国共产党，省委党校研究生学历。

1988年9月至1991年7月，山东新泰师范普师专业学生；1991年7月至1991年8月，待分配；1991年8月至1994年8月，宁阳县乡饮乡教办少先队辅导员(1992年9月至1994年7月，山东青年干部学院脱产大专班行政管理专业学员)；1994年8月至1995年6月，共青团宁阳县委干事；1995年6月至1996年5月，共青团宁阳县委基层工作部副部长；1996年5月至1998年4月，共青团宁阳县委基层工作部部长；1998年4月至1999年1月，共青团宁阳县委副书记、党组成员(1995年7月至1998年6月，山东干部函授大学业余本科班经济管理专业学员)；1999年1月至2001年2月，宁阳县南驿镇党委副书记；2001年2月至2001年12月，宁阳县磁窑镇党委副书记(2000年12月至2001年4月，浙江省桐庐县横村镇挂职镇长助理)；2001年12月至2003年11月，宁阳县鹤山乡党委副书记（1999年9月至2002年7月，中国政法大学成人教育学院函授本科法学专业学员)；2003年11月至2006年10月，宁阳县鹤山乡党委副书记、乡长；2006年10月至2009年10月，宁阳县堽城镇党委副书记、镇长；2009年10月至2016年12月，宁阳县东疏镇党委书记、人大主席(2008年9月至2011年6月，山东省委党校在职干部研究生班经济管理专业学员；2011年2月至2011年7月，泰安市委党校第二十二期中青年干部培训班学员)；2016年12月至2017年1月，宁阳县人民政府党组成员；2017年1月起，宁阳县人民政府党组成员、副县长。

李伟嵩　男，汉族，1963年6月出生，宁阳八仙桥人。1984年7月参加工作。1993年7月加入中国共产党，省委党校大学学历。

1981年7月至1984年7月，新泰师范学校普师专业学生；1984年7月至1986年7月，宁阳镇临邑联中教师；1986年7月至1991年8月，宁阳镇青川联中教师(1987年9月至1989年7月，泰安教育学院教师专修科中文专业学生)；1991年8月至1993年12月，宁阳县堽城镇城西管理区干部、副主任；1993年12月至1995年2月，宁阳县堽城镇团委书记；1995年2月至1997年4月，宁阳县堽城镇党政办副主任；1997年4月至2000年4月，宁阳县委组织部组织员办公室干事（1996年9月至1998年12月，山东省委党校业余本科班经济管理专业学员)；2000年4月至2003年5月，宁阳县委组织部组织员办公室副主任；2003年5月至2004年7月，宁阳县委组织部电教中心副主任；2004年7月至2007年4月，宁阳县委党员干部现代远程教育中心副主任兼电教中心副主任；2007年4月至2007年12月，宁阳县委组织部副部长；2007年12月至2008年11月，宁阳县委组织部副部长；2008年11月至2012年2月，宁阳县委组织部副部长，县委组织员办公室主任；2012年2月至2014年1月，宁阳县委组织部副部长，县编办主任；2014年1月至2016年12月，宁阳县委组织部常务副部长（正局级)；2016年12月至2017年1月，山东宁阳经济开发区党工委书记（副县级)，县委组织部常务副部长（正局级)；2017年1月起，宁阳县人民政府党组成员，山东宁阳经济开发区党工委书记(副县级)。

李为群　男，汉族，1961年10月出生，山东新泰人。1980年7月参加工作。1984年11月加入中国共产党，大学学历。

1978年10月至1980年7月，济宁供销学校财会专业学生；1980年7月至1984年12月，宁阳县南驿供销社理事会委员、主管会计；1984年12月至1986年2月，宁阳县南驿区公所文书；1986年2月至1987年9月，宁阳县磁窑镇党委秘书；1987年9月至1989年8月，山东农业大学干修科大专班农学专业学员；1989年8月至1989年11月，宁阳县磁窑党委秘书；1989年11月至1991年4月，宁阳县磁窑镇党委秘书、党委委员；1991年4月至1995年4月，宁阳县磁窑镇副镇长；1995年4月至1996年2月，宁阳县委办公室副主任；1996年2月至1997

年5月，宁阳县伏山镇党委副书记、镇长兼政协主任；1997年5月至1998年8月，宁阳县伏山镇党委副书记、镇长（1994年9月至1997年7月，山东工业大学业余本科班企业管理专业学习）；1998年8月至2001年2月，宁阳县伏山镇党委书记；2001年2月至2002年6月，宁阳县水利局党委书记、局长；2002年6月至2003年11月，宁阳县水务局党委书记、局长；2003年11月至2004年7月，宁阳县政府县长助理、水务局党委书记、局长(2003年9月至2004年1月，泰安市委党校第十四期中青年干部培训班学习)；2004年7月至2005年1月，宁阳县委办公室主任；2005年1月至2007年1月，宁阳县委常委、县委办公室主任；2007年1月至2012年1月，宁阳县委常委、政法委书记；2012年1月至2016年12月，政协宁阳县委员会党组书记、主席；2016年12月至2017年1月，宁阳县人大常委会党组书记，政协宁阳县委员会主席；2017年1月起，宁阳县人大常委会党组书记、主任。

靳恩松 男，汉族，1961年1月出生，宁阳东疏人。1982年7月参加工作。1988年10月加入中国共产党，省委党校研究生学历。

1980年9月至1982年7月，泰安师范专科学校中文系汉语言文学专业学生；1982年7月至1986年8月，宁阳一中教师(1984年9月至1987年7月，曲阜师范大学函授本科班中文专业学习)；1986年8月至1990年9月，宁阳县委党校助理讲师；1990年9月至1991年9月，宁阳县委组织部电教中心干事；1991年9月至1993年1月，宁阳县委组织员办公室秘书科副科长；1993年1月至1993年11月，宁阳县委组织部党员电教中心副主任；1993年11月至1994年12月，宁阳县委组织部党员电教中心代理主任；1994年12月至1998年4月，宁阳县委组织部党员电教中心主任；1998年4月至1999年9月，宁阳县委宣传部副部长；1999年9月至2001年2月，宁阳县伏山镇党委副书记、镇长；2001年2月至2003年11月，宁阳县东庄乡党委副书记、乡长；2003年11月至2005年3月，宁阳县东庄乡党委书记；2005年3月至2006年10月，宁阳县交通局党委书记、局长(2006年2月至2006年7月，泰安市委党校第十七期中青年干部培训班学习)；2006年10月至2007年3月，宁阳县政府县长助理，县交通局党委书记、局长；2007年3月至2009年9月，宁阳县政府县长助理，山东宁阳工业园区(宁阳经济开发区)管委会主任(副县级)，县交通局党委书记、局长；2009年9月至2009年10月，宁阳县副县级干部、县长助理，县交通局党委书记、局长；2009年10月至2010年12月，宁阳县副县级干部，县政府党组成员、县长助理，县卫生局党委书记、局长；2010年12月至2011年1月，宁阳县副县级干部，县政府党组成员，县卫生局党委书记、局长；2011年1月至2012年1月，宁阳县副县级干部，县政府党组成员，泰山之阳科技产业城党工委书记（2008年9月至2011年6月，山东省委党校在职干部研究生班经济管理专业学习)；2012年1月至2012年2月，宁阳县人大常委会副主任；2012年2月起，宁阳县人大常委会党组副书记、副主任。

张树法 男，汉族，1963年9月出生，宁阳葛石人。1984年7月参加工作。1986年10月加入中国共产党，省委党校大学学历。

1980年9月至1984年7月，山东建筑材料工业学院非金属矿床开采专业学生；1984年7月至1985年12月，宁阳县建筑公司技术员；1985年12月至1988年6月，宁阳县建筑公司工区副主任、主任；1988年6月至1992年10月，宁阳县建委质量监督站副站长（1987年8月至1990年6月，中共中央党校附设函授学院大专班党政管理专业学习；1989年9月至1992年7月，山东建材工业学院函授大专班城镇建设专业学习)；1992年10月至1994年5月，宁阳县建委质量监督站副站长、建筑公司副经理；1994年5月至1995年4月，宁阳县建委质量监督站站长、建筑公司副经理；1995年4月至1996年10月，宁阳县建筑公司党委书记、经理；1996 年 10 月至 1999 年 4 月，宁阳县建委党委委员、副主任，县建筑安装公司党委书记、经理(1997 年 9 月至 2000 年 1 月，山东省委党校业余本科班建设经济管理专业学习)；1999 年 4 月至 2000 年 7 月，宁阳县建委党委委员、副主任(正局级)，县建筑安装公司党委书记、经理；2000 年 7 月至 2000 年 11 月，宁阳县建委党委委员、副主任，县建筑安装公司党委书记、经理，县城市建设基金管理办公室主任；2000 年 11 月至 2001 年 7 月，宁阳县建委党委委员、副主任，县城市建设基金管理办公室主任；2001 年 7 月至 2002 年 1 月，宁阳县建委党委书记、主任，住房办主任，城建基金管理办主任；2002 年 1 月至 2004 年 7 月，宁阳县建设局党委书记、局长、住房办主任，城建基金管理办主任；2004 年 7 月至 2005 年 3 月，宁阳县建设局党委书记、局长，城建基金管理办主任 (2004 年 9 月至 2005 年 1 月，泰安市委党校第十五期中青年干部培训班学习)；2005 年 3 月至 2007 年 4 月，宁阳县政府党组成员、县政府办公室党组书记、主任；2007 年 4 月至 2010 年 12 月，宁阳县政府县长助理、党组成员，县政府办公室党组书记、主任；2010 年 12 月至 2011 年 1 月，宁阳县政府党组成员，县政府办公室党组书记、主任，宁阳县工业园区(经济开发区)管委会主任(副县级)，泰山之阳科技产业城管委会主任；2011 年 1 月至 2012 年 1 月，宁阳县工业园区(经济开发区)管委会主任(副县级)，泰山之阳科技产业城管委会主任；2012 年 1 月至 2014 年 1 月，宁阳县工业园区(经济开发区)管委会主任(副县级)，泰山之阳科技产业城党工委副书记、管委会常务副主任；2014 年 1 月至 2017 年 1 月，宁阳县人大常委会副主任、党组成员，县委委员；2017 年 1 月起，宁阳县人大常委会党组成员、副主任。

周慎凯 男，汉族，1962 年 4 月出生，江苏沛县人。1979 年 12 月参加工作。1984 年 8 月加入中国共产党，大学学历。

1979 年 12 月至 1984 年 12 月，宁阳县农行东庄营业所会计、副主任、主任；1984 年 12 月至 1991 年 4 月，宁阳县委组织部干事 (1985 年 9 月至 1988 年 6 月，中央党校函授学院大专班政治专业学习)；1991 年 4 月至 1992 年 12 月，宁阳县委组织部电教中心代理主任、主任；1992 年 12 月至 1994 年 12 月，宁阳县审计局副局长、党组成员；1994 年 12 月至 1997 年 3 月，宁阳县审计局副局长、党组成员、纪检组长、行政监察室主任(1994 年 9 月至 1997 年 7 月，山东经济学院业余本科班审计学专业学习)；1997 年 3 月至 1998 年 4 月，宁阳县审计局代理局长、党组书记、纪检组长、行政监察室主任；1998 年 4 月至 2005 年 3 月，宁阳县审计局党组书记、局长、纪检组长、行政监察室主任；2005 年 3 月至 2005 年 6 月，宁阳县委组织部副部长、县委老干部局局长；2005 年 6 月至 2007 年 1 月，宁阳县委组织部副部长、县委老干部局局长、县委老干部党校副校长；2007 年 1 月至 2011 年 1 月，宁阳县财政局党组书记、局长、资产经营公司董事长；2011 年 1 月至 2011 年 11 月，宁阳县委组织部常务副部长(正局级)；2011 年 11 月至 2012 年 1 月，宁阳县委组织部常务副部长，县人大常委会副主任候选人；2012 年 1 月至 2012 年 2 月，宁阳县人大常委会副主任，县委组织部常务副部长；2012 年 2 月起，宁阳县人大常委会党组成员、副主任。

马海荣 女，汉族，1969 年 11 月出生，山东章丘人。1988 年 7 月参加工作。1996 年 9 月加入中国共产党，省委党校研究生学历。

1985 年 9 月至 1988 年 7 月，山东煤矿师范学校普师专业学生；1988 年 7 月至 1993 年 5 月，新汶矿务局协庄煤矿教师(1990 年 9 月至 1993 年 7 月，泰安师范专科学校函授大专班中文专业学习)；1993 年 5 月至 1995 年 10 月，宁阳十八中教师；1995 年 10 月至 1996 年 9 月，宁阳县石集镇妇联副主任 (挂职)；1996 年 9 月至 1997 年 8 月，宁阳县石集镇妇联副主任兼团委副书记 (挂职)；1997 年 8 月至 2000 年 4 月，宁阳县委组织部组织员办公室干事(1998年9月至2000年12月，山东省委党校业余本科班经济管理专业学习)；2000年4月至2003年5月，宁阳县委组织员办公室副主任；2003年5月至2004年7月，宁阳县委组织员办公室副主任、组织科科长；2004年7月至2005年7月，宁阳县委组织部党员电化教育中心主任，组织员办公室副主任、组织科科长；2005年7月至2007年4月，宁阳县委组织部党员电化教育中心主任兼县委组织员办公室主任；2007年4月至2007年11月，宁阳县妇联党组书记、主席；2007年11月至2011年11月，宁阳县蒋集镇党委书记、人大主席（2008年9月至2011年6月，山东省委党校在职干部研究生班经济管理专业学习；2009年2月至2009年7月，泰安市委党校第20期中青年干部培训班学习)；2011年11月至2012年1月，宁阳县人大常委会党组成员，县人大常委会副主任候选人；2012年1月至2013年9月，宁阳县人大常委会党组成员、副主任；2013年9月起，宁阳县人大常委会党组成员、副主任，县总工会党组书记。

侯　涛　男，汉族，1961年2月出生，山东宁阳人。1978年12月参加工作。1986年1月加入中国共产党，大学学历。

1978年12月至1983年9月，宁阳县粮食局会计；1983年9月至1986年7月，菏泽粮食学校职工中专会统专业学生；1986年7月至1986年11月，宁阳县粮食局会计；1986年11月至1991年4月，宁阳县审计局办事员(1988年9月至1990年6月，山东经济学院干部专修科财经专业脱产学习)；1991年4月至1993年12月，宁阳县审计局行政事业审计科副科长；1993年12月至1996年6月，宁阳县审计局行政事业审计科科长（1995年5月至1996年6月，宁阳县化工厂挂职副厂长)；1996年6月至1996年10月，宁阳县粮油集团总公司经理助理；1996年10月至1997年9月，宁阳县粮食局局长助理(1994年9月至1997年7月，山东经济学院业余本科班审计与会计专业学员)；1997年9月至1997年10月，宁阳县粮食局党委委员、副局长；1997年10月至2000年11月，宁阳县粮食局党委委员、副局长，山东华振饲料集团有限公司党委副书记、董事长；2000年11月至2001年7月，宁阳县粮食局党委委员、副局长、主任科员，山东华振饲料集团有限公司党委副书记、董事长；2001年7月至2004年7月，宁阳县财政局党组书记、局长，投资公司总经理，资产经营公司董事长（2003年9月至2004年1月，泰安市委党校第十四期中青年干部培训班学员)；2004年7月至2005年3月，宁阳县财政局党组书记、局长，资产经营公司董事长；2005年3月至2007年1月，宁阳县政府县长助理、县财政局党组书记、局长，资产经营公司董事长；2007年1月至2010年12月，宁阳县政府副县长、党组成员；2010年12月至2011年1月，宁阳县委常委、县政府副县长；2011年1月至2011年12月，宁阳县委常委、宣传部部长；2011年12月至2016年12月，宁阳县委常委、政法委书记；2016年12月至2017年1月，宁阳县委常委，政协宁阳县委员会党组书记；2017年1月起，政协宁阳县委员会党组书记、主席。

尚　勇　男，汉族，1957年11月出生，山东东平人。1975年12月参加工作。1998年11月加入中国国民党革命委员会，中专学历。

1975年12月至1978年3月，宁阳县电影管理站放映员；1978年3月至1980年7月，青岛工艺美术学校草制品专业学生；1980年7月至1981年8月，新泰县草制品厂设计员；1981年8月至1989年7月，宁阳师范教师；1989年7月至1991年8月，宁阳县政协办公室秘书；1991年8月至1992年9月，宁阳县文化局局长助理；1992年9月至1993年2月，宁阳县文化局副局长；1993年2月至1993年11月，宁阳县科协副主席、人大常委会副主任(不驻会)；1993年11月至1998年2月，宁阳县人大常委会副主任(不驻会)、宁阳县老龄委副主任(1992 年 10 月至 1994 年 1 月，挂职宁阳县轻工局艺品总厂副厂长)；1998 年 2 月起，政协宁阳县委员会副主席。

程洪良 男，汉族，1965 年 3 月出生，宁阳伏山人。1989 年 7 月参加工作。1993 年 7 月加入中国共产党，大学学历，工商管理学硕士。

1985 年 9 月至 1989 年 7 月，山东矿业学院采矿工程专业学生；1989 年 7 月至 1995 年 4 月，宁阳县保安煤矿技术员；1995 年 4 月至 1997 年 1 月，宁阳县保安煤矿党委委员、副矿长；1997 年 1 月至 1997 年 10 月，泰安华宁矿业集团有限公司副董事长；1997 年 10 月至 2001 年 3 月，山东华宁矿业集团有限公司党委委员、副董事长；2001 年 3 月至 2001 年 12 月，山东华宁矿业集团有限公司党委副书记、副董事长、总经理；2001 年 12 月至 2005 年 12 月，山东华宁矿业集团党委副书记、董事长、总经理；2005 年 12 月至 2007 年 1 月，山东华宁矿业集团党委书记、董事长、总经理 (2004 年 2 月至 2006 年 7 月，上海交通大学高级管理人员工商管理硕士专业学习；2006 年 2 月至 2006 年 7 月，泰安市委党校第十七期中青年干部培训班学习)；2007 年 1 月至 2016 年 12 月，政协宁阳县委员会党组成员、副主席(不驻会)，山东华宁矿业集团有限公司党委书记、董事长、总经理；2016 年 12 月至 2017 年 1 月，政协宁阳县委员会党组副书记、副主席(不驻会)，山东华宁矿业集团有限公司党委书记、董事长、总经理；2017 年 1 月起，政协宁阳县委员会党组副书记(副县级)，山东华宁矿业集团有限公司党委书记、董事长、总经理。

连桂荣 男，汉族，1962 年 7 月出生，山东泰安岱岳区人。无党派民主人士，1983 年 7 月参加工作。大学学历。

1981 年 7 月至 1983 年 7 月，山东省财政学校财税专业学生；1983 年 7 月至 1984 年 9 月，宁阳县第一招待所职工；1984 年 9 月至 1994 年 1 月，宁阳县财政局预算科办事员 (1991 年 9 月至 1993 年 6 月，泰安市职工中等专科学校秘书写作专业学员)；1994 年 1 月至 1995 年 9 月，宁阳县财政局预算科副科长；1995 年 9 月至 1997 年 5 月，宁阳县财政局预算科科长 (1993 年 7 月至 1996 年 6 月，山东干部函授大学业余本科班经济管理专业学员)；1997 年 5 月至 1998 年 4 月，宁阳县财政局局长助理(1994 年 7 月至 1997 年 7 月，山东财政学院业余本科班会计学专业学员)；1998 年 4 月至 2000 年 11 月，宁阳县财政局副局长；2000 年 11 月至 2007 年 1 月，宁阳县财政局副局长、资产经营公司总经理；2007 年 1 月起，政协宁阳县委员会副主席 (不驻会)，县财政局副局长。

辛艳珍 女，汉族，1969 年 12 月出生，山东泰安泰山区人。无党派民主人士，1992 年 7 月参加工作。省委党校大学学历。

1990 年 9 月至 1992 年 7 月，泰安师范专科学校政治系政治专业学生；1992 年 7 月至 1993 年 8 月，宁阳十七中教师；1993 年 8 月至 1995 年 10 月，宁阳十八中教师；1995 年 10 月至 1996 年 3 月，宁阳县石集镇计生办副主任 (挂职)；1996 年 3 月至 2001 年 2 月，宁阳县石集镇副镇长；2001 年 2 月至 2001 年 12 月，宁阳县葛石镇副镇长；2001 年 12 月至 2004 年 7 月，宁阳县葛石镇副镇长、正镇级干部 (2000 年 9 月至 2002 年 12 月，山东省委党校业余本科班经济管理专业学员)；2004 年 7 月至 2007 年 1 月，宁阳县工商联主任、县总商会会长；2007 年 1 月至 2007 年 4 月，政协宁阳县委员会副主席(不驻会)，县工商联主任、县总商会会长；2007 年 4 月至 2017 年 2 月，政协宁阳县委员会副主席(不驻会)，县工商联(总商会)会长；2017 年 2 月起，政协宁阳县委员会副主席。

韩运来 男，汉族，1962 年 2 月出生，宁阳堽城人。1981 年 8 月参加工作。1985 年 8 月加入中国共产党，大学学历。

1979 年 9 月至 1981 年 7 月，宁阳师范学校普师专业学生；1981 年 7 月至 1981 年 8 月，待分配；1981 年 8 月至 1982 年 7 月，宁阳县堽城联中教师；1982年7月至1989年9月，宁阳县实验小学教师；1989年9月至1991年7月，泰安教育学院脱产大专班教师专修科中文专业学员；1991年7月至1993年4月，宁阳县教育局纪委干事；1993年4月至1993年12月，宁阳县教育局办公室副主任；1993年12月至1994年9月，宁阳县委组织部干事；1994年9月至1995年5月，宁阳县委组织员办公室副主任；1995年5月至1998年4月，宁阳县委组织员办公室主任(1994年9月至1997年7月，山东工业大学业余本科班企业管理专业学员)；1998年4月至1999年4月，宁阳县委组织员办公室主任、党员电教中心代主任；1999年4月至2001年7月，宁阳县委组织部党员电教中心主任、组织员办公室主任；2001年7月至2004年7月，宁阳县委组织部副部长；2004年7月至2007年1月，宁阳县委组织部副部长、县委党员干部现代远程教育中心主任；2007年1月至2009年10月，宁阳县委组织部副部长、县委党员干部现代远程教育中心主任，宁阳县人事局党组书记、局长；2009年10月至2011年2月，宁阳县委组织部常务副部长（正局级)；2011年2月至2015年7月，政协宁阳县委员会党组成员、副主席，县委统战部部长；2015年7月起，政协宁阳县委员会党组成员、副主席。

董先思 男，汉族，1962年2月出生，宁阳伏山人。1982年7月参加工作。1984年5月加入中国共产党，省委党校大学学历。

1980年9月至1982年7月，山东省农业机械化学校农业机械化专业学生；1982年7月至1983年8月，宁阳县堽城区农机管理站技术员；1983年8月至1985年1月，宁阳县堽城区樊营乡副乡长；1985年1月至1985年9月，宁阳县堽城区望峰乡乡长；1985年9月至1985年12月，宁阳县堽城区望峰乡党委副书记、乡长；1985年12月至1986年2月，宁阳县茅庄乡组织干事（副乡级)；1986年2月至1986年9月，宁阳县茅庄乡党委委员、组织干事(副乡级)；1986年9月至1988年7月，泰安市委党校大专班政治专业学员；1988年7月至1991年4月，宁阳县茅庄乡党委组织委员；1991年4月至1992年12月，宁阳县茅庄乡党委委员、纪委书记；1992年12月至1994年4月，宁阳县堽城镇党委副书记；1994年4月至1996年2月，宁阳县堽城镇党委副书记兼工委主任；1996年2月至1998年4月，宁阳县崔解乡党委副书记、乡长兼政协主任(1994年9月至1996年12月，山东省委党校业余本科班经济管理专业学员)；1998年4月至1999年1月，宁阳县崔解乡党委副书记、乡长；1999年1月至2001年2月，宁阳县崔解乡党委书记；2001年2月至2003年11月，宁阳县东庄乡党委书记；2003年11月至2004年7月，宁阳县计划生育局党组书记、局长、计生协会第一副会长；2004年7月至2005年7月，宁阳县计划生育局党组书记、局长；2005年7月至2011年3月，宁阳县人口和计划生育局党组书记、局长；2011年3月至2012年2月，宁阳县卫生局党委书记、局长；2012年2月至2013年12月，宁阳县委组织部常务副部长(正局级)；2013年12月至2014年1月，宁阳县委组织部常务副部长(正局级)，县政协党组成员，提名担任县政协副主席候选人；2014年1月起，政协宁阳县委员会党组成员、副主席。

戴 伟 男，汉族，1974年12月出生，宁阳鹤山人。无党派民主人士，1998年11月参加工作。大学学历，农学学士。

1994年9月至1998年7月，山东农业大学土地管理专业学生；1998年7月至1998年11月，待分配；1998年11月至2001年9月，宁阳县土地局估价所、办公室科员；2001年9月至2008年10月，宁阳县林业局副局长(2002年4月至2003年11月，中国科学院挂职)；2008年10月至2009年11月，宁阳县林业局副局长，东庄乡挂职副乡长；2009年11月至2013年8月，宁阳县林业局副局长；2013年8月至2017年1月，宁阳县林业局局长；2017年1月起，政协宁阳县委员会副主席，县林业局局长。

马如超 男，汉族，1972年7月出生，江苏阜宁人。1991年12月参加工作。1994年4月加入中国共产党，大学学历。

1991年12月至1992年9月，第二炮兵五十四基地工程建设某团三连战士；1992年9月至1994年9月，第54集团军第某师高炮团双37高炮一连战士；1994年9月至1997年7月，郑州高炮学院学员；1997年7月至1998年10月，第67集团军高炮旅四营三连排长；1998年10月至1999年2月，第26集团军高炮旅四营三连排长代理副连长；1999年2月至2000年2月，第26集团军高炮旅四营三连副连长；2000年2月至2000年7月，第26集团军高炮旅四营二连副连长；2000年7月至2003年1月，第26集团军高炮旅四营三连连长；2003年1月至2003年5月，第26集团军高炮旅57高炮一营副营长；2003年5月至2005年2月，第26集团军高炮旅57高炮二营副营长；2005年2月至2008年1月，第26集团军高炮旅57高炮一营营长；2008年1月至2011年3月，第26集团军防空旅副参谋长；2011年3月至2015年2月，第26集团军防空旅副旅长；2015年2月起，宁阳县人民武装部部长。

张　玮 男，汉族，1970年5月出生，河北吴桥人。1990年7月参加工作。1995年10月加入中国共产党，省委党校研究生学历。

1988年9月至1990年7月，烟台大学电子计算机科学系计算机应用专业学生；1990年7月至1993年11月，宁阳县计划委员会科员；1993年11月至1994年5月，宁阳县土地矿产局科员；1994年5月至1998年4月，宁阳县计划委员会计划科科员、压煤搬迁科科长；1998年4月至2000年12月，宁阳县体改委干部(1998年8月至2000年8月，挂职任山东宝瓶公司副经理；1998年9月至2000年12月，山东省委党校业余本科班经济管理专业学员)；2000年12月至2002年1月，宁阳县政府办公室督查科科长；2002年1月至2002年6月，宁阳县政府办公室副主任科员；2002年6月至2003年1月，宁阳县政府办公室副主任科员、信用中心副主任；2003年1月至2005年4月，宁阳县政府办公室副主任科员、信用中心副主任；2005年4月至2006年10月，宁阳县政府办公室党组成员、副主任，信用中心副主任；2006年10月至2009年11月，宁阳县政府办公室党组成员、副主任，信用中心主任；2009年11月至2011年8月，宁阳县委办公室副主任，县政府办公室党组成员、副主任，县政府驻济南办事处主任；2011年8月至2011年11月，宁阳县委办公室副主任，县政府办公室党组成员、副主任，县政府应急管理办公室主任；2011年11月至2011年12月，宁阳县伏山镇党委书记、人大主席；2011年12月至2016年12月，宁阳县伏山镇党委书记、人大主席，县委委员（2012年9月至2015年6月，山东省委党校在职干部研究生班经济管理专业学员)；2016年12月起，宁阳县磁窑镇党委书记(副县级)。

侯妍妍 女，汉族，1976年2月出生，宁阳东庄人。1995年12月加入中国共产党，1996年10月参加工作。省委党校研究生学历。

1994年9月至1996年7月，泰安师范专科学校体育系体育教育专业学生；1996年7月至1996年10月，待分配；1996年10月至1997年9月，宁阳县西疏乡妇联干事（县委组织部选调生)；1997年9月至1997年10月，宁阳县西疏乡党政办公室副主任；1997年10月至1998年4月，宁阳县西疏乡妇联副主席；1998年4月至2001年2月，宁阳县西疏乡党委委员（1996年9月至1998年12月，山东省委党校业余本科班经济管理专业学员)；2001年2月至2001年12月，宁阳县东疏镇党委委员；2001年12月至2004年7月，宁阳县东疏镇副镇长；2004年7月至2007年1月，共青团宁阳县委党组成员、副书记；2007年1月至2009年10月，宁阳县纪委常委（2006年9月至2009年6月，山东省委党校在职研究生班经济管理专业学员)；2009年10月至2010年2月，宁阳县纪委常委、正局级纪检监察员；2010年2月至

2010年12月，宁阳县乡饮乡党委副书记、乡长；2010年12月至2011年11月，宁阳县乡饮乡党委副书记、乡长，县委委员；2011年11月至2016年12月，宁阳县八仙桥街道党工委书记、人大工作室主任，县委委员；2016年12月起，宁阳县磁窑镇党委副书记、镇长(副县级)。

胡胜利　男，汉族，1959年1月出生，山东宁阳人。1976年12月参加工作。1979年8月加入中国共产党，大专学历。

1976年12月至1981年11月，部队服役，历任战士、班长、代排长；1981年11月至1985年3月，宁阳县百货公司文书(1981年12月至1985年3月，借调宁阳县商业局文书)；1985年3月至1986年8月，宁阳县税务局城关分局干部；1986年8月至1988年7月，山东电大(泰安财政干校)大专班财税专业学员；1988年7月至1988年12月，宁阳县税务局城关分局干部；1988年12月至1990年12月，宁阳县委组织部组织员办公室干事；1990年12月至1991年4月，宁阳县委组织部组织员办公室秘书科副科长；1991年4月至1992年2月，宁阳县委组织部办公室副主任；1992年2月至1994年12月，宁阳县伏山镇党委副书记；1994年12月至1996年2月，宁阳县伏山镇党委副书记、镇长兼政协主任；1996年2月至1998年2月，宁阳县宁阳镇党委副书记、镇长兼政协主任；1998年2月至1999年1月，宁阳县宁阳镇党委书记、人大主席；1999年1月至2001年2月，宁阳县宁阳镇党委书记；2001年2月至2002年2月，宁阳县科委党组书记、主任；2002年2月至2005年3月，宁阳县科学技术局党组书记、局长；2005年3月至2005年7月，宁阳县建设局党委书记、局长、城建基金办主任；2005年7月至2006年5月，宁阳县建设局党委书记、局长、城建基金办主任、县城市资产经营有限公司董事长；2006年5月至2007年11月，宁阳县建设局党委书记、局长、县城市资产经营有限公司董事长；2007年11月至2009年10月，宁阳县政府党组成员、县行政服务中心党委书记；2009年10月至2010年2月，宁阳县民政局党组书记、局长；2010年2月至2014年2月，宁阳县人大常委会党组成员、副主任；2014年2月至2014年3月，宁阳县人大常委会党组成员；2014年3月起，宁阳县人大常委会原副主任。

苑继常　男，汉族，1956年7月出生，山东济南人。1974年6月参加工作。1999年5月加入中国国民党革命委员会，中央党校研究生学历。

1974年6月至1976年9月，宁阳县四中代课教师；1976年9月至1978年7月，曲阜师范大学体育专业学习；1978年7月至1981年12月，山东煤矿干部学院教师；1981年12月至1985年12月，宁阳五中教师；1985年12月至1988年5月，宁阳县委党校教师；1988年5月至1992年10月，宁阳县劳动局办事员（1987年9月至1990年6月，中央党校附设函授学院政治专业学员）；1992年10月至1997年5月，宁阳县劳动仲裁办副主任（1993年9月至1996年7月，山东经济学院本科班劳动经济管理专业学习；1995年5月至1996年11月，宁阳县光明造纸厂副厂长(挂职)）；1997年5月至1999年4月，宁阳县工商联副主任、宁阳县总商会副会长、秘书长；1999年4月至2001年3月，宁阳县工商联主任、宁阳县总商会会长、秘书长；2001年3月至2001年12月，宁阳县政协副主席(不驻会)、工商联主任、总商会会长、秘书长；2001年12月至2003年1月，宁阳县政协副主席(不驻会)、工商联主任、总商会会长；2003年1月至2004年7月，宁阳县人大常委会副主任（不驻会），工商联主任、总商会会长；2004年7月至2017年1月，宁阳县人大常委会副主任（2002年3月至2005年1月，中共中央党校研究生院科学社会主义专业学员）；2017年1月至2017年3月，宁阳县人大常委会原副主任。

黄正玉　男，汉族，1966年11月出生，安徽当涂人。1989年7月参加工作。1991年6月加入中国共产党,大学学历,工学学士。

1985 年 9 月至 1989 年 7 月,安徽工学院材料工程系铸造工艺及其设备专业学生;1989 年 7 月至 1992 年 12 月,泰安市郊区乡镇企业局干部 (1990 年 7 月至 1992 年 12 月,泰安市郊区角峪镇包村);1992 年 12 月至 1994 年 12 月,泰安市郊区良庄镇副镇长;1994 年 12 月至 1996 年 1 月,泰安市郊区良庄镇党委副书记、副镇长;1996 年 1 月至 1997 年 12 月,泰安市郊区良庄镇党委副书记、镇长;1997 年12 月至 1999 年 1 月,泰安市郊区经委副主任(正局级);1999 年 1 月至 1999 年 9 月,泰安市郊区省庄镇党委副书记、镇长;1999 年 9 月至 1999 年 11 月,泰安市泰山区政府副区长;1999 年 11 月至 2003 年 1 月,泰安市泰山区政府副区长、党组成员;2003 年 1 月至 2006 年 7 月,泰安市岱岳区委常委、组织部部长;2006 年 7 月至 2009 年 2 月,泰安市岱岳区委常委、区政府副区长;2009 年 2 月至 2012 年 1 月,宁阳县委副书记,县政府党组书记、副县长、代理县长;2012 年 1 月至 2016 年 12 月,宁阳县委副书记,县政府党组书记、县长;2016 年 12 月起,泰安市经信委党委书记。

董　磊　男,汉族,1973 年 11 月出生,山东肥城人。1996 年 7 月参加工作。1997 年 5 月加入中国共产党,大学学历,农业推广硕士。

1989 年 9 月至 1992 年 7 月,肥城师范学校普师专业学生;1992 年 9 月至1996 年 7 月,山东师范大学政法系政治教育专业学生;1996 年 7 月至 1998 年 6 月,肥城市边院镇党委秘书;1998 年 6 月至 1999 年 3 月,肥城市政府研究室科员;1999 年 3 月至 1999 年 11 月,肥城市政府研究室综合科科长;1999 年 11 月至 2001 年 12 月,泰安市委办公室科员;2001 年 12 月至 2003 年 5 月,泰安市委办公室综合科副科长;2003 年 5 月至 2007 年 7 月,泰安市委办公室综合科科长(2001 年 10 月至 2005 年 7 月,在职攻读山东农业大学农业推广硕士学位);2007 年 7 月至 2008 年 12 月,泰安市委办公室副调研员;2008 年 12 月至 2009 年 1 月,宁阳县委常委,市委提名担任宁阳县政府副县长;2009 年 1 月至 2009 年 2 月,宁阳县委常委,县政府党组成员、市委提名担任宁阳县政府副县长;2009 年 2 月至 2010 年 8 月,宁阳县委常委,县政府党组成员、副县长;2010 年 8 月至 2011 年 11 月,宁阳县委常委,县政府党组成员、副县长,县计生协会会长;2011 年 11 月至 2011 年 12 月,宁阳县委常委、组织部部长,县政府党组成员、副县长,县计生协会会长;2011 年 12 月至 2012 年 1 月,宁阳县委常委、县政府副县长、组织部部长,县委老干部党校校长;2012 年 1 月至 2016 年12 月,宁阳县委常委、组织部部长、县委老干部党校校长;2016 年 12 月起,泰安市委副秘书长。

付望舒　女,汉族,1982 年 5 月出生,山东临沂人。2003 年 7 月参加工作。2004 年 12 月加入中国共产党,省委党校研究生学历,公共管理硕士。

1999 年 9 月至 2001 年 7 月,泰安师范专科学校地理旅游系地理教育专业学生;2001 年 7 月至 2003 年 7 月,烟台师范学院地理与资源管理学院地理科学专业学生;2003 年 7 月至 2003 年 12 月,泰安市泰山区政务服务中心科员;2003 年 12 月至 2004 年 10 月,泰安市泰山区政府办公室秘书科科员;2004 年 10 月至 2005 年 12 月,泰安市泰山区信访局科员;2005 年 12 月至 2006 年 10 月,泰安市泰山区信访局办信科科长;2006 年 10 月至 2007 年 11 月,泰安市泰山区岱庙街道党工委宣传委员;2007 年 11 月至 2010 年 1 月,泰安市泰山区岱庙街道党工委委员 (2007 年 9 月至 2009 年 6 月,山东省委党校党政干部研究生班学员;2009 年 6 月,获山东大学公共管理硕士学位);2010 年 1 月至 2011 年 12 月,共青团泰安市委副书记、党组成员;2011 年 12 月至 2016 年 12 月,宁阳县委常委,县委宣传部部长;2016 年 12 月起,泰安市妇联党组副书记。

娄本亮　男,汉族,1969 年 12 月出生,山东新泰人。1993 年 7 月参加工作。1995 年 12 月加入中国共产党，大学学历，教育学学士。

1989 年 9 月至 1993 年 7 月，曲阜师范大学政治系政治教育专业学员；1993 年 7 月至 1996 年 12 月，新泰市龙廷镇任党委秘书、团委书记、计生办副主任兼协会秘书长；1996 年 12 月至 2003 年 8 月，新泰市纪委宣教室科员、副主任；2003 年 8 月至 2005 年 2 月，新泰市纠风办副主任（副科级）；2005 年 2 月至 2007 年 4 月，泰安市纪委副科级纪检监察员；2007 年 4 月至 2008 年 12 月，泰安市纪委宣教室正科级纪检监察员；2008 年 12 月至 2012 年 10 月，泰安市纪委宣教室副主任（2009 年 4 月至 2009 年 12 月，抽调到中央治理“小金库”工作领导小组办公室工作）；2012 年 10 月至 2012 年 11 月，泰安市纪委办公室主任、宣教室副主任；2012 年 11 月至 2014 年 1 月，泰安市纪委办公室主任；2014 年 1 月至 2015 年 6 月，泰安市纪委常委、办公室主任；2015 年 6 月至 2016 年 12 月，宁阳县委常委、纪委书记；2016 年 12 月起，泰安市纪委常委。

徐　鑫　男，汉族，1965 年 4 月出生，山东泰安岱岳区人。1982 年 1 月参加工作。1987 年 6 月加入中国共产党，省委党校研究生学历。

1982 年 1 月至 1985 年 7 月，泰安市郊区谷山林场工作；1985 年 7 月至 1987 年 7 月，山东省林业学校林学专业学生；1987 年 7 月至 1989 年 8 月，泰安市郊区谷山林场干部；1989 年 8 月至 1991 年 3 月，泰安市郊区林业局干部；1991 年 3 月至 1995 年 10 月，泰安市计生委干部（1993 年 4 月至 1995 年 12 月，山东省高等教育自学考试文秘专业学员）；1995 年 10 月至 1999 年 5 月，泰安市计生委人秘科副科长；1999 年 5 月至 2001 年 7 月，泰安市计划生育培训中心主任（1997 年 5 月至 1999 年 6 月，新泰市羊流镇吴家泉村包村；1997 年 8 月至 1999 年 12 月，中央党校函授学院行政管理专业学员）；2001 年 7 月至 2006 年 3 月，泰安市爱卫办副主任、党组成员（2004 年 2 月至 2006 年 3 月，挂职任东平县委副书记）；2006 年 3 月至 2006 年 4 月，宁阳县政府党组成员、提名县政府副县长；2006 年 4 月至 2007 年 1 月，宁阳县政府党组成员、副县长；2007 年 1 月至 2009 年 9 月，宁阳县委常委、纪委书记(2004 年 9 月至 2007 年 6 月，山东省委党校在职干部研究生班经济管理专业学员)；2009 年 9 月至 2009 年 10 月，政协宁阳县委员会主席；2009 年 10 月至 2011 年 11 月，政协宁阳县委员会主席、党组书记；2011 年 11 月至 2011 年 12 月，提名为宁阳县人大常委会主任候选人；2011 年 12 月至 2016 年 12 月，宁阳县人大常委会党组书记、主任；2016 年 12 月起，泰安市人大常委会民侨外旅委员会副主任委员。

鄂宏超　男，满族，1978 年 12 月出生，黑龙江佳木斯人。1999 年 10 月参加工作。2000 年 12 月加入中国共产党，大学学历。

1997 年 9 月至 1999 年 8 月，淄博人民警察学校公安管理专业学生；1999 年 8 月至 1999 年 10 月，待分配；1999 年 10 月至 2001 年 1 月，禹城市人民法院办事员（1998 年 9 月至 2001 年 7 月，中国人民公安大学成人高教大专班公安文秘专业学员）；2001 年 1 月至 2001 年 12 月，德州市公安局刑警支队办事员；2001 年 12 月至 2002 年 10 月，德州市公安局刑警支队科员；2002 年 10 月至 2003 年 3 月，德州市公安局政治部人事处副处长（副科级）；2003 年 3 月至 2006 年 7 月，泰安市公安局政治处人事科副科长（2004 年 3 月至 2006 年 7 月，泰安市公安局泰山分局挂职任副局长）；2006 年 7 月至 2008 年 5 月，泰安市公安局泰山区分局副局长（正科级）；2008 年 5 月至 2009 年 1 月，泰安市公安局泰山区分局党委委员、副局长（正科级）(2008 年 2 月至 2008 年 6 月，泰安市委党校第十九期中青年干部培训班学习）；2009 年 1 月至 2011 年 5 月，宁阳县公安局党委副书记、政委；2011 年 5 月至 2011 年 6 月，宁阳县副县级干部，县公安局党委副书记、政委；2011 年 6 月至 2011 年 8 月，宁阳县副县级干部，县公安局党委书记、局长、政委；2011 年 8 月至 2013 年 8 月，宁阳县政府党组成员，宁阳县副县级干部，县公安局党委书记、局长、政委；2013年8月至2014年11月，宁阳县政府党组成员，宁阳副县级干部、县公安局党委书记、局长；2014年11月至2016年12月，宁阳县政府党组成员，县公安局党委书记、局长（副县级）（2013年3月至2015年7月，中国人民公安大学成人高等教育治安学专业学习）；2016年12月起，肥城市人民政府党组成员、副市长，肥城市公安局党委书记、局长。

马新华 男，汉族，1965年4月出生，宁阳东庄人。1988年7月参加工作。1993年6月加入中国共产党，省委党校研究生学历，工学学士。

1984年9月至1988年7月，山东轻工学院机电系轻工机械设计与制造专业学生；1988年7月至1990年7月，宁阳县自行车配件厂技检科副科长；1990年7月至1990年10月，宁阳县轻工公司办事员；1990年10月至1996年8月，宁阳县人大研究室办事员；1996年8月至1999年4月，宁阳县人大研究室副主任；1999年4月至2003年11月，宁阳县人大研究室主任、办公室副主任；2003年11月至2005年3月，宁阳县葛石镇党委副书记、镇长（2001年9月至2004年6月，山东省委党校在职干部研究生班经济管理专业学员）；2005年3月至2007年11月，宁阳县葛石镇党委书记（2007年3月至2007年7月，泰安市委党校第十八期中青年干部培训班学习）；2007年11月至2010年2月，宁阳县葛石镇党委书记、人大主席；2010年2月至2011年11月，宁阳县堽城镇党委书记、人大主席；2011年11月至2012年1月，宁阳县磁窑镇党委书记（副县级）；2012年1月至2014年1月，宁阳县磁窑镇党委书记（副县级）、泰山之阳科技产业城党工委副书记；2014年1月至2016年12月，宁阳县磁窑镇党委书记（副县级）；2016年12月起，泰安市扶贫办副主任。

（徐金伟）

模范人物

闫新华 男，汉族，1963年8月出生，山东省宁阳县东疏镇人，中共党员，1982年7月毕业于泰安市师专；1987年取得曲阜师范大学本科学历。山东华阳农药化工集团有限公司党委书记、董事长、总经理。曾获得中国标准创新贡献奖、山东省省长质量奖提名奖、泰安市市长质量奖、泰安市劳动模范等荣誉，2016年4月获山东省富民兴鲁劳动奖章。

陈建民 男，汉族，中共党员，1961年1月出生，葛石镇杏山小学教师。从教32年，2013年他被查出食道癌，2015年妻子不幸去世。一系列的变故和不幸，丝毫未能动摇他坚守岗位、教书育人的决心。特别是2013年他罹患癌症后，顽强与病魔困难战斗，手术后毅然决然返回学校上课。靠着一股子对学生负责、让学生成才的韧劲，凭着视工作为生命、生命不息、工作不止的拼劲，一如既往坚守在教学一线，在教书育人舞台上展现了“为人师表”的崇高形象。2016年获“齐鲁最美教师”称号。

孔令国 男，汉族，1965年10月出生，宁阳县乡饮乡人，中共党员，县人大常委，中学历史高级教师。宁阳一中校长、党总支副书记。参加工作三十多年来，先后担任宁阳四中副校长、金桥学校校长，宁阳五中校长，宁阳二中校长、党总支书记，曾获山东省优秀教育工作者、泰安市劳动模范、泰山功勋校长、泰山名校长、泰安市优秀教师、县第五届十大杰出青年、首届宁阳名校长、县优秀共产党员等荣誉。2016年5月，被评为山东省第二届齐鲁名校长建设工程人选。

李　方 女，汉族，1974年1月出生，宁阳县磁窑镇人，中共党员，大学学历，宁阳实验幼儿园副园长，县第十四次党代会代表。曾被聘为山东省幼儿园远程研修课程专家，泰安市幼教兼职教研员，县兼职督学，担任泰安市名师工作室领衔名师。2016年4月，被山东省教育厅确定为山东省第三期齐鲁名师建设工程人选。

刘秋梅 女，汉族，1975年9

月出生，宁阳县鹤山镇人，中共党员，大学学历，任教语文和综合实践活动学科，兼任宁阳县第一小学党建办主任。曾被评为国家级骨干教师、山东省教育科学研究院访问学者、山东省教师教育专家库人选、山东省教师研修省级指导专家、山东省教学能手、泰山功勋教师、泰山名师、泰安市优秀教师、泰安市首届小学兼职教研员、泰安市学科带头人、泰安市教学工作先进个人、县第七批专业技术拔尖人才、县第九届十大杰出青年、县第十三次党代会代表等。2016 年 4 月，被山东省教育厅评为山东省第三期齐鲁名师建设工程人选。

县委重要文件选目

1.《中共宁阳县委　宁阳县人民政府关于在全县开展“服务发展年”活动的意见》(宁发〔2016〕4 号)

2.《中共宁阳县委　宁阳县人民政府关于深化供销合作社综合改革的实施意见》(宁发〔2016〕9 号)

3.《中共宁阳县委　宁阳县人民政府关于贯彻落实中央、省、市扶贫开发工作部署坚决打赢脱贫攻坚战的实施意见》(宁发〔2016〕17 号)

4.《中共宁阳县委关于印发〈中国共产党宁阳县委员会工作规则〉的通知》(宁发〔2016〕22 号)

5.《中共宁阳县委　宁阳县人民政府关于进一步深化改革全面提升教育教学质量的实施意见》(宁发〔2016〕24 号)

6.《中共宁阳县委　宁阳县人民政府关于 2016 年度经济社会发展综合考核工作的意见》(宁发〔2016〕27 号)

7.《中共宁阳县委　宁阳县人民政府转发〈县委宣传部、县司法局关于在公民中开展法制宣传教育的第七个五年规划(2016—2020 年)〉的通知》(宁发〔2016〕29 号)

8.《县委办公室　县政府办公室关于印发〈2016 年全县招商引资和对上争取工作任务分配方案〉的通知》(宁办发〔2016〕1 号)

9.《县委办公室　县政府办公室关于公布 2016 年为民要办的 12 件实事的通知》(宁办发〔2016〕2 号)

10.《县委办公室　县政府办公室印发〈关于加强人民政协协商民主建设的实施意见〉的通知》(宁办发〔2016〕6 号)

11.《县委办公室　县政府办公室关于印发〈宁阳县“双创”人才团队培育计划实施细则(试行)〉的通知》(宁办发〔2016〕8 号)

12.《县委办公室　县政府办公室关于印发〈宁阳县产业功勋人才评选表彰办法(试行)〉的通知》(宁办发〔2016〕9 号)

13.《县委办公室　县政府办公室关于印发〈宁阳县城区环境容貌综合整治实施方案〉的通知》(宁办发〔2016〕11 号)

14.《县委办公室　县政府办公室关于印发〈宁阳县 2016 年网络问政视频直播节目实施方案〉的通知》(宁办发〔2016〕13 号)

15.《县委办公室　县政府办公室关于印发〈2016 年全县经济社会发展工作目标〉的通知》(宁办发〔2016〕14 号)

16.《县委办公室印发〈关于进一步强化乡镇党委和村党组织抓基层党建主体责任的十项制度〉的通

知》(宁办发〔2016〕16 号)

17.《县委办公室印发〈关于在全县党员中开展“学党章党规、学系列讲话，做合格党员”学习教育实施方案〉的通知》(宁办发〔2016〕18 号)

18.《县委办公室　县政府办公室印发〈关于建设城乡学校发展命运共同体的实施意见〉的通知》(宁办发〔2016〕20 号)

19.《县委办公室　县政府办公室印发〈关于在全县深入开展农村改厕工作的实施意见〉的通知》(宁办发〔2016〕21 号)

20.《县委办公室　县政府办公室关于进一步规范农村危房改造工作程序的通知》(宁办发〔2016〕22 号)

21.《县委办公室关于印发〈乡镇(街道)纪工委书记、副书记提名考察办法(试行)〉〈县纪委派驻纪检组长、副组长提名考察办法(试行)〉的通知》(宁办发〔2016〕27 号)

22.《县委办公室　县政府办公室关于印发〈宁阳县党政机关公务用车制度改革实施方案〉的通知》(宁办发〔2016〕28 号)

23.《县委办公室　县政府办公室关于印发〈宁阳县开展全县铁路沿线环境综合治理工作实施方案〉的通知》(宁办发〔2016〕29 号)

24.《县委办公室　县政府办公室转发〈关于在行政执法检查督查中加强协作配合的意见〉的通知》(宁办发〔2016〕30 号)

25.《县委办公室　县政府办公室印发〈关于加强城乡社区协商的实施意见〉的通知》(宁办发〔2016〕31 号)

26.《县委办公室　县政府办公室印发〈关于深入推进农村社区建设的实施意见〉的通知》(宁办发〔2016〕32 号)

27.《县委办公室　县政府办公室印发〈关于进一步深化医药卫生体制改革的实施意见〉的通知》(宁办发〔2016〕34 号)

28.《县委办公室　县政府办公室印发〈关于全面推进公共法律服务体系建设的实施意见〉的通知》(宁办发〔2016〕37 号)

29.《县委办公室关于县级领导联系包保软弱涣散村党组织抓好整顿转化工作的通知》(宁办发〔2016〕38 号)

30.《县委办公室　县政府办公室印发〈关于加快构建现代公共文化服务体系的实施意见〉的通知》(宁办发〔2016〕39 号)

31.《县委办公室　县政府办公室印发〈关于减轻社区负担增强社区居民委员会自治功能和服务效能的意见〉的通知》(宁办发〔2016〕42 号)

32.《县委办公室　县政府办公室关于印发〈宁阳县贫困退出实施方案〉的通知》(宁办发〔2016〕44 号)

33.《县委办公室　县政府办公室印发〈关于省委巡视组巡视“回头看”边巡边改反馈意见整改落实分工方案〉的通知》(宁办发〔2016〕47 号)

34.《县委办公室　县政府办公室关于印发〈宁阳县脱贫攻坚督查巡查工作办法〉的通知》(宁办发〔2016〕48 号)

宁阳县人大常委会工作报告

——2017 年 1 月 21 日在宁阳县第十八届人民代表大会第一次会议

县人大常委会副主任靳恩松

各位代表：

我受县十七届人大常委会委托，向大会作工作报告，请审议。

过去五年的工作

过去的五年，是我县经济平稳较快发展、城乡面貌深刻变化、社会事业全面进步的五年，也是我县人大工作与时俱进、创新发展、全面提升的五年。五年来，在县委的坚强领导下，县人大常委会深入贯彻党的十八大及十八届三中、四中、五中、六中全会和习近平总书记系列重要讲话精神，认真落实县委"实干就是水平，落实就是能力"要求，紧紧围绕全县工作大局，真抓实干，创新实践，勇于担当，积极作为，依法履行宪法和法律赋予的各项职权，为建设富裕文明和谐幸福新宁阳作出了积极贡献。五年来，共召开常委会会议 37 次，审议议题 128 项，开展视察、调研、执法检查 165 项，召开主任会议听取专题汇报 26 项，圆满完成了各项工作任务。

一、牢固树立政治意识，紧扣中心抓落实，认真贯彻县委决策部署

五年来，常委会始终坚持依靠和服从县委的领导，紧紧围绕全县工作大局，努力推动县委决策部署的贯彻落实，人大工作与县委中心工作同频共振，与人民群众愿望同心合拍，促进了全县经济社会的健康平稳快速发展。

尽职尽责，积极作为服务大局。围绕县委中心工作，部署安排年度工作任务，强化措施，开展了一系列审议、视察、执法检查和工作调研活动。五年来，多次围绕招商引资、大项目建设、城乡建设、优化经济发展环境、民生事业发展、普法依法治理等工作开展视察、调研，全面融入到了经济社会建设之中。各位主任认真落实县委招商引资及其他各项任务，积极参与引进和包保项目，联系乡镇、村、企事业单位等工作，深入基层一线，督促落实进度，协调解决问题，推动相关工作顺利实施。机关干部主动参与，尽心尽力配合各位主任做好工作，同时还为"第一书记"任职村协调解决基础设施建设、产业结构调整、环境卫生改善等方面的具体问题，所联系帮扶的贫困村、贫困户都发生了明显变化。对于县委交办的其他各项工作，常委会高度重视，狠抓落实，均取得了良好效果。

及时准确，依法决定重大事项。健全《县人大常委会讨论决定重大事项暂行办法》，明确事项范围，严格审议程序，及时准确决定，切实把县委的主张通过法定程序变为全县人民的意志。县十七届人大五次会议审查批准了宁阳县"十三五"规划，确定五年的发展目标，为全县抢抓机遇、跨越发展描绘了宏伟蓝图。密切关注全县经济运行态势，每年都审议县政府财政预决算、国民经济和社会发展计划执行情况和审计工作情况的汇报，作出决议决定，对存在的问题研究剖析，提出对策建议，要求紧扣目标找差距，找准问题定措施，抓重点、攻难点，填缺项、补短板，积极推动全县经济社会发展。支持县政府加大投融资力度，围绕全县重点项目建设、民生事业发展投融资的提请事项，及时专题研究、审议决定，保证工作顺利开展。

把握原则，严格规范人事任免。人事任免权是宪法和法律赋予人大及其常委会的重要职权。常委会始终坚持党管干部原则和人大依法任免的有机统一，依照法定程序任免国家机关工作人员。五年来，共任免干部 313 人，其中任职 229 人，免职 84 人。工作中，不断规范完善人事任免程序和方法，认真审议人事任免案，搞好任前调查、任中审议和任后监督，实行任前法律考试和供职报告，落实宪法宣誓制度，增强了被任命干部的服务意识和法治观念。

二、牢固树立大局意识，聚焦重点促发展，全力推动经济社会建设

监督权是宪法和法律赋予国家权力机关的重要职权。五年来，常委会围绕县委纵深推进项目建设、统筹城乡建设、生态文明建设“三大重点”，不断加大监督工作力度，把依法监督与支持发展有机结合起来，注重监督的全局性和整体性，创新监督形式，突出监督实效，促进了全县经济社会健康发展。

坚持发展为先，支持重点项目建设。五年来，常委会通过开展审议视察调研等工作，加大对全县重点项目建设的监督支持力度，提出意见建议，推动工作开展。一是突出支持招商引资工作。多次对全县利用外资、项目引进等情况进行审议视察，建议准确把握上级政策取向和动态，找准自身定位和特点，精准对接优质产业，增强工作的针对性和实效性。二是突出支持大项目建设。多次对经济运行、大项目建设、经济和信息化、安全生产等工作进行审议，对海丝摩尔、亿丰时代广场、超威新能源、力博科技园、山能重装工业园等项目进行视察，推动大项目快投产、早见效。三是大力支持民营经济发展。专题审议全县民营经济发展情况，推动建立完善现代企业管理模式，提升企业整体素质。组织代表对优化企业发展环境、中小微企业发展情况进行调研，推动中小微企业转型升级、做大做强。

坚持共享发展，推动城乡统筹建设。城乡统筹发展有利于让全县人民共享改革发展成果。一是重点关注“三农”工作。关注“三农”政策的贯彻落实，对水利基础设施、农业综合开发、农业机械、农业产业化、畜牧业发展等工作进行审议，对发展现代农业、农业结构调整、龙头项目建设、土地承包经营权确权等工作进行专题调研，推动农村稳定、农业增效、农民增收。二是突出支持城镇建设。对城镇规划建设、城市管理、城中村改造、新型社区建设、生态文明示范村建设等工作进展专项调研，推动高标准城镇规划，完善城镇功能，促进产城融合、产业聚集。三是密切关注民生改善。对社会保险、医疗保险、城乡低保、公路建设、药品管理、食品卫生、教育均衡发展、人口与计划生育、新型农村合作医疗、养老服务体系建设等工作进行视察调研，促进各项社会事业的健康发展。紧紧抓住城乡饮用水安全这一重大民生问题连续发力，持续多年跟踪监督，推动水源地保护和供水工程建设。

坚持绿色发展，推进生态文明建设。绿色是永续发展的必要条件和人民对美好生活追求的重要体现。常委会坚持问题导向，对“绿色生态宁阳”、荒山造林、林木管护等工作进行审议，推动建立长效机制，巩固造林绿化成果。为保护“蓝天碧水”，对秸秆禁烧、大气治理、污水处理、洸河综合整治等工作进行专题调研，促进城乡绿化建设水平不断提升，生态环境不断改善。

三、牢固树立法治意识，维护公平促正义，着力加快依法治县进程

常委会以推进社会主义民主法治建设、维护社会公平正义为己任，注重发挥人大、“一府两院”在法治宁阳建设中的职能作用，在全社会大力弘扬宪法精神、践行法治理念，凝聚法治共识，着力促进“一府两院”依法行政、公正司法。

坚持崇尚法治，保障宪法法律实施。五年来，常委会对预算法、电力法、气象法、邮政法、物价法、土地管理法、道路交通安全法、传染病防治法、老年人权益保护法、科技进步法、食品安全法等法律的贯彻实施情况进行执法检查。监督支持“一府两院”认真落实“六五”普法规划，就普法工作进行了专项检查，推进工作向更深更广的层次展开，为“七五”普法全面展开奠定良好基础。同时配合上级人大对多部法律法规开展了执法检查和立法调研相关工作，为推动法律法规在我县的贯彻实施起到了积极作用。

坚持司法为民，力促社会公平正义。为“让人民群众在每一起司法案件中感受到公平正义”，常委会每年听取审议县法院、县检察院工作情况汇报，作出审议意见，督促“两院”充分履行职能，规范执法行为，保障司法公正。对县法院民事审判、刑事审判、积

案化解和县检察院民刑检察等工作进行调研；对县公安局、县司法局、“两院”司法规范化建设进行视察，推动司法规范化建设。组织代表旁听法院庭审、参加检察院开放日等活动，充分发挥代表在人大司法监督工作中的积极作用。按照《省人大常委会关于省市县三级人大联动对司法工作开展监督的实施意见》，常委会审议了县法院行政审判工作情况报告，对监督过程中发现的问题及时研究汇总，提出针对性较强的审议意见，并逐级上报，为省市人大常委会开展工作提供参考。

坚持维护和谐，切实做好信访工作。进一步修订和完善了常委会主任、副主任接访和来信阅批等各项信访工作制度，统一工作规程，规范办理要求，加强催办督办，严格接待纪律，强化协调运作，使人大信访工作开展得有条不紊，卓有成效。五年来，共接待群众来访830人次，受理群众来信460件，全部进行了及时转办，并对部分重大信访案件进行了跟踪督办，有效促进了群众一批“急、难、愁、盼”合理诉求问题的解决。工作中，对受理的来信来访热情接待，积极办理，做到了件件有答复，事事有回音，达到了信访当事人的满意。对上级人大和县委交办的重点疑难案件，常委会认真研究，明确专人靠上，积极稳妥加以解决，维护了我县的社会稳定。

四、牢固树立服务意识，优化工作增活力，着力发挥代表主体作用

常委会高度重视代表工作，尊重代表主体地位，支持保障代表参政履职，为代表了解民情、反映民意、集中民智提供便利，为凝聚各方智慧和力量，保障依法行使职权创造良好条件，汇聚了促进基层民主政治建设，推动宁阳科学发展、跨越赶超的强大正能量。

搭建平台，保障代表积极履职。坚持把学习培训作为提升代表履职能力的基础性工作，举办、参加省市县人大培训班，交流了代表工作经验。拓宽代表履职渠道，五年来，邀请100余名代表列席常委会会议，200余人次参加常委会组织的调研视察、执法检查，300余人次参加“一府两院”的工作评议、行风评议及有关民生问题的讨论、听证，代表作用得到进一步发挥。开通“宁阳人大网”，开发“宁阳人大”手机客户端，实行手机随时随地登录。建立人大代表QQ群和微信群，开通“宁阳人大”微信公众号，通过网络将人大代表密切联系在一起，拓展了人大代表知情知政渠道。

丰富内容，拓展代表活动空间。认真落实“双联”制度，完善代表工作措施，加强对代表小组活动的指导。按照“四有”标准，推进代表小组规范化建设。对做出突出成绩的先进代表小组和优秀代表评先树优，进行表彰奖励。为加强代表与选民的联系，开展了代表向选民述职活动，把“人民代表人民选、人民代表为人民”的精神落到了实处。五年来共对260名市县人大代表进行述职评议。组织人大代表对生态文明乡村建设、城区学校布局、教育内涵发展、城市水系建设、城乡环卫一体化建设等工作开展视察，丰富了代表活动内容。同时，编印《不负人民重托》系列丛书，在电视台开辟“人大代表风采”栏目，对77名人大代表事迹宣传报道，激励代表模范履职。

认真督办，办好代表议案建议。常委会高度重视代表议案、建议、批评和意见的办理工作，五年来，共办理代表议案6件、建议209件。在办理过程中，采取跟踪督办、专人督办、现场督办、电话催办等方式，督促承办单位认真办理和答复，有力地促进了代表议案、建议办理工作，提高了办理质量和效率。

周密组织，做好换届选举工作。严格按照中央和省市县委的统一要求和法律规定，对人大换届选举工作及时安排部署，明确县乡人大换届选举的指导思想、原则要求。制定换届选举工作意见，依法决定县乡选举委员会，加强巡回检查和具体指导，确保换届选举工作有序进行。目前，乡镇人大换届选举工作已圆满结束。通过换届选举，广大选民的民主意识和法制观念进一步增强，全县66万选民踊跃参加选举活动，选举产生的280名县人大代表政治素质高，议政能力强，在年龄、知识结构、界别构成等方面符合法律规定，为今后做好人大工作奠定了坚实基础。

五、牢固树立看齐意识，与时俱进强素质，着力提高自身履职能力

打铁还需自身硬。常委会主动适应新常态新任务新要求，以不忘初心、继续前进为不竭动力，以转变作风、提高效能为目标要求，不断深化思想建设、作风建设、能力建设和机关建设，坚定理想信念，强化责任担当，常委会的依法履职能力和机关的服务水平都取得了新进展。

强化学习，思想作风不断加强。常委会把加强学习作为提高组成人员和机关工作人员素质的重要途径，制定年度学习计划，认真学习党的十八大及历次全会精神、习近平系列重要讲话精神、法律法规及人大业务知识，促进了政治理论素养和业务水平的提高。在党的群众路线教育实践活动、“三严三实”专题教育和“两学一做”学习教育中，常委会领导班子成员率先垂范，机关同志认真参与，查问题、找不足，明措施、促整改，全体党员干部的政治意识、大局意识、核心意识、看齐意识更加牢固，理想信念更加坚定，责任意识更加强烈，政治素质和工作成效有了显著提升。

健全制度，工作质量逐步提升。常委会把制度建设作为提高履职水平的重要环节，突出有章可依、按章理事，着力加强了制度化建设。五年来，制定完善县人大常委会议事规则、组成人员守则、人事任免办法、联系人大代表办法、审议专项工作报告暂行办法和加强监督工作的意见、加强代表工作的实施意见以及人大机关学习、工作、管理办法等各项制度，用制度规范工作行为，保障了常委会职能的有效发挥。

重视宣传，社会影响持续扩大。人大宣传是人大工作的重要内容。常委会找准切入点、捕捉闪光点、寻求突破点，宣传工作取得了新突破。通过网站、媒体等及时把常委会决议决定、监督工作和视察调研等工作内容和动态向社会公开，接受群众监督。健全完善《人大宣传工作实施意见》，表彰奖励宣传工作先进单位和个人，激发了人大宣传工作的热情和干劲。五年来，共在市级以上报刊发表稿件150件。特别是中共中央转发《中共全国人大常委会党组关于加强县乡人大工作和建设的若干意见》和《人大视窗》创刊之际，《中国人大》《大众日报》分别报道我县人大工作的经验做法，得到上级人大和兄弟县市区的肯定和认可。出版发行的《宁阳人大志》，详细记载了我县人民代表大会制度的建立、完善和发展，对新时期进一步坚持和完善人民代表大会制度，发展社会主义民主政治具有重大意义。

提质增效，服务水平显著提升。人大机关紧紧围绕人大“三会”，认真扎实地搞好各项服务，服务水平和服务质量有了新的提高。撰写调研报告20余篇，为做好各项审议提供丰富的资料，保证了常委会工作的质量和水平。积极推进机关效能建设，加大机关干部培养力度，机关保障和服务水平有了明显提高。进一步加强老干部服务工作，为老干部学习生活提供优质服务，得到了老干部的一致好评。认真落实党风廉政建设责任制，注重加强教育引导和约束防范，保持了人大机关清正廉洁的良好形象。

加强联系，上下沟通更为密切。五年来，县人大常委会认真接受市人大常委会指导，积极配合市人大在我县开展视察、调查和执法检查活动，认真办理市人大批转的信访案件，参与市人大组织的各项活动，加强了与市人大常委会的联系。继续坚持了乡镇（街道）人大主席（主任）例会和列席常委会制度，加强了对乡镇（街道）人大工作的指导，促进了乡镇（街道）人大工作的开展。

在肯定成绩的同时，常委会也清醒地看到，我们的工作离县委要求和人民群众的期望还有较大差距，监督工作的针对性、实效性还不够强；经济发展、社会管理、民生保障中的一些“短板”还没有监督到位；代表履职激励机制和退出机制还不够健全；常委会自身工作能力和整体素质还需要提高等。这些问题，必须引起高度重视，在今后工作中认真加以解决。

五年来的工作体会

五年来，县十七届人大常委会坚持依法履职，奋发作为，全面完成了年度工作任务，积累了宝贵的工作经验，值得将来学习借鉴和丰富完善。

一是必须牢固树立政治意识，始终坚持正确的政治方向。做好人大工作，必须始终坚持党的领导，坚守党的政治纪律、政治规矩，坚决在县委的正确领导下开展各项工作，自觉把党的领导贯穿于人大工作全过程、落实到依法履职各方面。

二是必须牢固树立担当意识，勇于监督、善于履职。直面难题不空谈，强化监督讲实效。做好人大工作，必须坚持问题导向，敢于接触矛盾，善于履行职责，把法律监督、工作监督的效果体现在重点工作、解决复杂矛盾和群众关切上，切实把实现好、维护好、发展好最广大人民根本利益作为人大工作的出发点和落脚点，真正做到民有所呼、我有所应。

三是必须牢固树立全局意识，正确处理人大与“一府两院”的关系。全局一盘棋，共谱和谐曲。做好人大工作，必须从整体和大局出发，按照体制机制要求，监督和支持“一府两院”创造性开展工作，做到监督到位不添乱，支持有原则、有力度。

四是必须牢固树立主体意识，紧紧依靠代表履行职权。人大工作的活力在代表、动力在代表、潜力在代表。做好人大工作，必须始终把加强和改进代表工作作为重点，通过加强代表联络、搭建履职平台、办理议案建议等，着力增强代表履职意识和履职能力，确保代表作用得到充分发挥。

五是必须牢固树立改革创新意识，不断加强人大自身建设。加强人大工作，必须持续加强自身建设，从职责要求出发，改革体制机制，解决突出问题，下大力气做打基础、利长远的事情。以能力素质提升为关键，不断加强对常委会组成人员、人大代表、机关干部的培训教育，提高依法履职的能力水平。以作风建设为重点，着力打造政治坚定、作风过硬、业务精通、廉洁自律的人大工作队伍，为人大事业的发展注入活力、打牢根基。

总之，县十七届人大常委会取得的成绩，是县委正确领导的结果，是县人民政府、县人民法院、县人民检察院协同配合的结果，是各位代表和全县人民关心支持的结果。在此，我代表县十七届人大常委会，向中共宁阳县委，向县人民政府、县人民法院、县人民检察院，向各位代表和全县人民表示衷心的感谢！

今后五年工作建议

各位代表，未来五年，我们将迎来中国共产党成立一百周年，实现第一个百年奋斗目标，进而向第二个百年奋斗目标迈进。即将选举产生的县十八届人大常委会将肩负着光荣而艰巨的使命。建议在今后的工作中要高举中国特色社会主义伟大旗帜，全面贯彻党的十八大和十八届三中、四中、五中、六中全会精神，深入贯彻习近平总书记系列重要讲话精神，牢固树立“四个意识”和“五大发展理念”，认真贯彻落实县十四次党代会精神，坚持党的领导、人民当家作主、依法治国有机统一，依法履行宪法和法律赋予的职权，更加注重推动发展方式转变，更加注重保障和改善民生，更加注重促进社会和谐稳定，不断促进民主法制建设和人大各项工作，为加快建设富裕文明和谐幸福新宁阳，夺取全面建成小康社会决胜阶段胜利作出新的贡献。

一是要坚决贯彻县委部署，落实各项工作任务。要在县委坚强领导下，精准定位，科学谋划，强化措施，扎实推进。要做好开局之年的各项工作，以优异的成绩向党的十九大献礼。要以党的十九大精神为指导，研究确定接下来的目标任务，踏石留印、抓铁有痕，不断开创人大工作新局面，不断取得实实在在的新业绩，不负重托，不辱使命。

二是要全力服务工作大局，依法决定重大事项。认真落实县十四次党代会的各项重大决策部署，明确人大工作的重点，不断推进我县民主法治建设，使常委会工作再上新水平。围绕县委中心工作和民生热点难点问题，依法行使决定重大事项等法定职权，及时作出决议、决定。依法行使人事任免权，为推动经济社会发展提供人才保障。

三是要突出发展第一要务，增强监督工作实效。把监督工作的重点放在推动县委重大决策部署贯彻落实上，精选监督议题，切实加强对招商引资、大项目建设、经济运行等工作的监督，推进供给侧结构性改革；加强对新型社区建设、城乡环境整治等工作的监督，推进城乡统筹建设；加强对城乡低保、医疗教育等工作的监督，推进民生事业持续改善。进一步创新监督手段，深化专题调研、专题询问、跟踪监督等，增强监督实效。

四是要全面加强代表工作，保障代表依法履职。落实“双联”制度，广泛听取意见建议，密切同人民群众的联系。完善代表工作机制，强化服务保障措施，积极支持代表依法履职。搭建履职平台，拓宽代表知情知政、参政议政渠道。完善议案建议办理机制，强化督办工作，回应群众关切。

五是要切实强化自身建设，提升工作能力水平。加强常委会自身建设和机关建设，努力把人大常委会建设成信念坚定、为民服务、勤政务实、敢于担当、清正廉洁的地方国家权力机关。健全完善工作制度，提升人大工作制度化、规范化水平。加强理论研究，为党委决策提供参考依据。加强对乡镇（街道）人大工作的指导，提升人大工作水平。

我们坚信，即将产生的我县第十八届人大常委会，一定能够在县委的坚强领导下，紧紧围绕全县大局，求真务实，努力工作，为推动全县经济社会发展和依法治县作出新的更大贡献。

各位代表，刚刚闭幕的县十四次党代会，向全县人民绘就了新的蓝图，提出了新的奋斗目标。新的目标开启新的希望，新的使命开启新的征程。让我们更加紧密地团结在以习近平同志为核心的党中央周围，高举中国特色社会主义伟大旗帜，以奋发有为的工作激情，紧跟改革发展的时代步伐，不忘初心，继续前进，勇于担当，主动作为，为奋力推进跨越赶超，决战决胜全面小康，建设富裕文明和谐幸福新宁阳而努力奋斗！

政协第八届宁阳县委员会常务委员会工作报告

（2017年1月19日在县政协九届一次会议上）

尚 勇

各位委员、各位同志：

我受政协第八届宁阳县委员会常务委员会的委托，向大会作工作报告，请予审议，并请列席会议的同志提出意见。

一、八届县政协工作回顾

八届县政协任期的五年，是我县发展史上不平凡的五年，是县委、县政府团结带领全县人民同心协力、锐意进取，在科学发展道路上迈出坚实步伐的五年，也是人民政协事业在继承中创新、在服务中发展、在开拓中前进的五年。五年来，在中共宁阳县委的坚强领导下，县政协常委会深入贯彻落实中共十八大，十八届三中、四中、五中、六中全会和习近平总书记系列重要讲话精神，高举中国特色社会主义伟大旗帜，牢牢把握团结和民主两大主题，认真履行政治协商、民主监督、参政议政职能，努力做好“维护核心、服务中心、反映民心、凝聚人心”的各项工作，开创了政协事业新局面，为建设富裕文明和谐幸福新宁阳做出了积极贡献。

（一）加强学习，增进共识，团结奋斗基础更加牢固

县政协常委会坚持把加强学习摆在突出位置，通过举办委员培训班、下发学习资料、订阅政协报刊等形式组织委员深入开展学习，推动委员学习常态化。一是深入开展政治理论学习，夯实思想政治基础。组织委员认真学习中共十八大，十八届三中、四中、五中、六中全会和习近平总书记系列重要讲话精神，学习中央和省市县委的重大决策部署，增强了政治意识、大局意识、核心意识和看齐意识，夯实了团结奋斗的共同思想政治基础。二是认真开展业务知识学习，不断提升履职能力。组织委员认真学习统战政协理论和政协业务知识，学习省市县委政协工作会议精神，学习《关于加强人民政协协商民主建设的实施意见》等，进一步提升了政治把握能力、调查研究能力、联系群众能力和合作共事能力。三是加强专题教育，深入推进党的建设。始终坚持党对政协工作的领导，认真贯彻中央和省市县委关于全面从严治党的部署要求，扎实开展党的群众路线、“三严三实”和“两学一做”等专题教育，以严的精神和实的作风，把历次专题教育的部署要求落实到政协工作的全过程，进一步增强了政协组织的向心力、凝聚力和战斗力。同时，坚持把学习与推动工作相结合，积极探索政协工作的新思路、新途径、新方式，认真总结履职实践中创造的好经验、好做法，并上升到制度层面加以规范，为推动政协工作创新发展奠定了坚实基础。

（二）丰富内容，提高质量，协商民主更加广泛深入

县政协常委会认真贯彻落实县委《关于加强人民政协协商民主建设的实施意见》，充分发挥人民政协协商民主主渠道作用，完善协商制度，丰富协商内容，创新协商机制，努力提高协商成效。一是深入开展整体协商。充分利用政协全委会这一平台，组织委员就全县经济社会发展进行全面协商议政。县委、县政府主要领导参加委员分组讨论，广泛听取意见建议，激发了委员参政议政热情，推进了协商民主向纵深发展。五年来，广大委员共提出可行性、合理化意见建议300余条，为县委、县政府科学决策提供了重要参考。二是精心组织专题协商。紧紧围绕县委中心工作，抓住事关全县发展大局的重大问题和群众关心的热点问题，在深入调研、充分论证的基础上，有针对性地开展专题协商，先后就传统产业转型升级、水利事业发展、城市规划建设、建筑业发展等工作开展专题协商，形成调研报告20余篇，协商成果多次

得到县委主要领导批示，为党委政府重大问题的解决贡献了“政协智慧”。三是认真抓好对口协商。县政协注重发挥专委会的智力优势，先后就食品监督、社会救助体系建设、卫生、环保、教育等30余项工作进行了对口协商，提出许多建设性意见和建议，相关部门积极采纳，协商成果得到了充分利用。四是规范提案办理协商。县委、县政府制定出台《关于进一步加强人民政协提案办理工作的实施意见》，在全市率先把提案办理工作纳入科学发展考核体系，制定《政协提案办理考核办法》，严格进行考核，增强了提案办理工作的刚性约束。坚持把协商贯穿于提案工作的全过程，加强与承办单位的良性互动，实现了委员提、领导督、部门办、社会议、政协评的有机结合。五年来，共立案提案454件，提案办复率和委员满意、基本满意率为100%。

（三）发挥优势，主动作为，助推发展更加有力有为

五年来，县政协常委会始终坚持把推动科学发展作为履行职能的第一要务，立足实际，发挥优势，积极作为，努力助推经济社会科学发展跨越赶超。一是扎实做好联系点工作。县政协领导班子成员认真落实县级领导干部联系点制度，经常深入所联系的乡镇（街道）、村、事业单位、企业和重点项目，调查研究，指导工作，帮助协调解决发展中遇到的困难和问题，促进了联系点工作的更好开展，得到县委的充分肯定。二是鼓励委员一线建功立业。以推进“大众创业、万众创新”为契机，鼓励有条件的委员上项目、办企业，在经济一线发挥示范带动作用。五年来，县政协委员共领办、创办、联办各类民营企业和实体经济60余家。为了推动委员企业发展，创新建立县政协领导联系委员企业制度，对委员企业定期联系走访，帮助解决资金、技术、土地等发展难题，委员企业实现健康发展。三是扎实做好“第一书记”工作。县政协机关下派“第一书记”认真落实精准扶贫有关要求，大力推进村“两委”班子建设，积极争取扶持项目10余个，资金200余万元，加强水、电、路等基础设施建设，改善村民生产生活条件，努力推动贫困户脱贫致富，收到良好效果。四是大力开展招商引资。充分发挥政协联系广泛、渠道畅通的优势，大力开展招商引资。五年来共引进资金5000余万元，为全县经济发展作出了积极贡献。

（四）创新形式，拓宽渠道，民主监督更加规范有序

县政协常委会着眼于提高民主监督实效，不断完善监督形式，拓宽监督渠道，较好地发挥了民主监督作用。一是参会监督及时有效。县委、县政府及部门召开有关会议时，政协委员以主人翁的态度和实事求是的精神，发表意见，提出建议。县政协先后召开委员座谈会、各界人士代表座谈会20余次，广泛征询社会各界意见和建议，并及时梳理归类，转送相关部门。二是评议监督客观有据。组织委员对部门履行职责、落实政策、提升效能、服务发展等情况进行民主评议，针对被评议单位存在的问题和不足，提出意见建议。五年来，被30多个执法及窗口服务部门特聘的60余名政协监督员，以高度的责任感和使命感，共参与监督检查和民主评议110多次，参与价格听证、专项检查、专题视察等活动80余次，为优化全县发展环境发挥了应有作用。三是特邀监督规范有序。县政协应有关部门邀请，积极推荐政协委员担任法院、检察院、教育局等部门的行风监督员，委员们主动了解部门工作，广泛收集群众意见和建议，得到部门的重视和采纳落实，促进了政风行风转变，收到了良好的社会效果。

（五）突出主题，凝心聚力，维护和谐更加富有成效

县政协常委会始终坚持团结和民主两大主题，积极搭建合作共事平台，广泛汇聚社会各界力量，巩固壮大最广泛的爱国统一战线，有力地促进了社会和谐稳定。一是团结联谊不断扩大。利用政协会议和视察、调研、协商活动，加强与各民主党派成员、工商联和无党派人士的团结合作，营造了民主和谐的政治氛围。加强与各地政协的联系与交流，到泗水、沂水、兖州等地考察学习水利、提案、文史等工作先进经验；寿光、昌邑、莘县、淮阳、博兴等外地政协先后

来我县学习考察。加强与全国各地书画界的联谊，先后举办“魅力宁阳”“幸福宁阳”“未来宁阳”书画展，并出版书画集，促进了全县文化事业发展。二是社情民意反映及时。组织委员深入基层、深入群众广泛收集社情民意，五年来，共向市政协报送社情民意信息400余条，其中《关于推进农业转移人口城镇化、市民化的建议》、《城镇化进程中应高度重视自然和历史文化遗产保护工作》等20余条信息被全国政协采用，《人地挂钩机制应防走偏》等50余条信息被省政协采用。报送量和采用量均位居六个县市区第一位，县政协被评为“全市反映社情民意信息工作先进单位”。三是文史工作突出特色。组织开展颜子文化和黄恩彤专题研究，编辑出版《复圣文化——宁阳印迹》和《黄恩彤——宁阳历史文化名人》，为宣传推介宁阳打造了靓丽的“文化名片”。协助省市政协完成了抗战史料、天南地北宁阳人、记忆大汶河、记忆宁阳等文史资料的征集编撰工作，为有关课题研究提供了重要资料。四是宣传工作成效显著。320余篇稿件被市级以上新闻媒体采用，《联合日报》头版头条分别对县委重视加强政协工作和县政协助推经济社会科学发展的经验做法进行了宣传报道。县政协连续5年荣获“全省政协宣传工作先进集体”。

（六）完善制度，提升能力，自身建设更加具有活力

县政协常委会以制度创新为抓手，牢牢把握新时期政协工作的新特点、新要求，着力加强政协自身建设，不断提高政协工作科学化水平，为开创政协工作新局面奠定了坚实基础。一是发挥委员主体作用。制定出台主席会议成员联系常委、委员制度，定期联系走访，听取意见建议，帮助解决问题。在市级以上新闻媒体报道优秀政协委员25名，在县电视台开办《委员风采》栏目，对40余名优秀政协委员的先进事迹进行了集中宣传报道，营造了争先创优的良好氛围。建立委员履职档案，加强委员履职考核，激发了委员的履职热情。二是强化专委会基础作用。根据工作需要，按照与省市政协上下衔接、职能对应的原则，对5个专门委员会名称进行了规范调整，设立了5个专门委员会工作室。加强专委会之间工作联动，组织委员开展学习交流、调研视察等活动，加强与各界别的联系和配合，增强了专委会的工作活力。三是加强基层政协组织建设。在13个乡镇(街道)成立政协委员联络室，明确了人员编制和职责任务等。制定出台《关于加强政协委员联络室工作的意见》和《政协委员联络室工作考核办法(试行)》等制度文件，对乡镇(街道)政协工作进行年度考核，对工作突出的委员联络室进行表彰，调动了乡镇(街道)做好政协工作的积极性和主动性。四是加强政协机关建设。对政协机关制度进行梳理，修订完善制度20余项，新建制度10余项，健全完善了政协工作制度和运行机制。加强政协机关工作人员的思想、作风建设和业务培训，着力提升大局观念和服务意识，增强了政协机关政务性服务能力和统筹协调能力，为政协履行职能提供了重要保障。

各位委员、同志们，八届县政协工作取得的成绩，是中共宁阳县委坚强领导，县人大、县政府大力支持的结果，是县直各部门积极配合、社会各界广泛参与的结果，是县政协各参加单位、全体政协委员和政协工作者共同努力的结果。在此，我代表八届县政协常委会向所有关心、支持县政协工作的领导和同志们，向为县政协工作付出辛勤劳动的全体委员和政协工作者，表示衷心的感谢和崇高的敬意！

回顾五年来的工作，我们也清醒地看到，我县政协工作还存在一些差距和不足，主要是政治协商的成果有待进一步转化；民主监督的途径有待进一步探索；参政议政的质量有待进一步提高；委员队伍建设有待进一步加强等。对这些问题，我们要高度重视、认真研究，并在今后工作中切实加以解决。

二、主要经验体会

回顾五年来的工作，我们深切感受到，过去的五年，是县政协团结奋进，助推宁阳科学发展取得新成果的五年；是真情为民，促进宁阳社会和谐取得新业绩的五年；是开拓进取，政协事业展现新局面的五年。五年来的探索和实践，给予了我们诸多有益的启示。

（一）坚持维护核心、把握方向，是做好政协工作

的根本保证。中国共产党是中国特色社会主义事业的领导核心。五年来,常委会牢固树立核心意识,自觉服从县委领导,坚定不移地维护县委权威、贯彻县委决策,做到与县委在思想上同心同德、目标上同心同向、行动上同心同行,确保党的重大决策部署在政协工作中得到全面贯彻落实。县委把政协工作纳入全县工作大局,政治上加强领导、制度上不断完善、组织上全力保障、环境上持续优化,为政协履行职能提供了有力支持和坚实保障。实践证明,只有坚持中国共产党的领导,人民政协事业才能有可靠的政治保证,才能始终沿着正确的政治方向前进。

(二)坚持围绕中心、服务大局,是做好政协工作的基本原则。推动科学发展是政协履行职能的第一要务。五年来,常委会牢固树立大局意识,自觉将政协工作融入全县工作大局,选准结合点、切入点,突出针对性、实效性,在选择课题上求精、查找问题上求实、协商议政上求专、建言成果上求效,在参与中支持,在支持中服务,在服务中监督,真正把履职成效转化为促进发展的实际成果,有力地推动了全县经济社会科学发展。实践证明,只有自觉围绕中心、服务大局,把心思和精力集中到干事创业上,把智慧和力量凝聚到推动发展上,人民政协才能在履行职能中发挥作用、体现价值。

(三)坚持以人为本、履职为民,是做好政协工作的出发点和落脚点。实现好、维护好最广大人民的根本利益,是人民政协固有属性的体现,也是履行职能的应有之义。五年来,常委会牢固树立民本意识,始终践行党的群众路线,选择人民群众普遍关心的热点、难点问题,解难事、办实事、做好事,使一些涉及群众切身利益的实际问题得到妥善解决,架起了党委政府和群众的连心桥。实践证明,只有坚持以人为本、履职为民,才能在人民群众创造历史的伟大进程中汲取智慧和力量,才能为人民政协事业发展不断注入新的生机和活力。

(四)坚持团结民主、汇聚力量,是做好政协工作的重要保障。维护社会和谐是人民政协的重要职责。五年来,常委会牢固树立团结意识,坚持把团结、民主贯穿于政协工作的全过程,坚持各党派团体、各族各界人士平等相待、民主协商、合作共事的原则,为他们参政议政、发挥作用创造良好环境。协助县委、县政府做好协调关系、理顺情绪、化解矛盾的工作,努力营造全县政通人和、共谋发展的大好局面。实践证明,只有牢牢把握团结、民主两大主题,团结一切可以团结的力量,调动一切积极因素,才能更好地为构建和谐社会服务。

(五)坚持求真务实、开拓创新,是做好政协工作的不竭动力。人民政协事业是中国特色社会主义事业的重要组成部分。五年来,常委会牢固树立创新意识,积极探索履职新思路、新方法、新机制,坚持以思路创新推动工作创新,在实践中不断丰富完善工作思路,做到履职不失职、到位不越位;坚持以机制创新推动工作创新,健全完善政协工作机制,不断激发自身内在活力。实践证明,政协工作只有坚持在继承中发展、在发展中创新、在创新中前进,才能跟上时代步伐,始终保持旺盛的生命力。

三、今后五年工作的建议

今后五年,是全面建成小康社会的决胜时期,也是我县经济社会科学发展跨越赶超的关键时期。县第十四次党代会描绘了未来五年发展的宏伟蓝图,明确了奋斗目标、发展思路和发展措施,也为政协工作指明了方向。建议九届县政协工作的指导思想是:在中共宁阳县委的坚强领导下,高举中国特色社会主义伟大旗帜,以习近平总书记系列重要讲话精神为指导,紧紧围绕县第十四次党代会作出的战略部署,坚持团结和民主两大主题,认真履行政治协商、民主监督、参政议政三大职能,切实发挥协调关系、汇聚力量、建言献策、服务大局四个作用,努力践行创新、协调、绿色、开放、共享五大发展理念,为加快建设富裕文明和谐幸福新宁阳,夺取全面建成小康社会新胜利做出积极贡献。

(一)加强学习,提升素质,着力提高履职能力

加强学习是适应政协工作发展的必然要求,也是推进政协履职能力现代化的基础性工作。要坚持用中国特色社会主义理论体系武装头脑,组织委员

深入学习邓小平理论、“三个代表”重要思想、科学发展观，学习习近平总书记系列重要讲话精神，特别是关于人民政协工作的重要论述，深刻认识政协在社会主义民主政治建设中的地位和作用；深入学习贯彻好县第十四次党代会精神，全面了解我县今后五年发展的战略部署、目标任务和重大举措，努力探索和把握政协工作规律，确保更加富有成效地履行职责。要加强和改进对学习活动的组织领导，不断探索更为有效的学习形式，开展符合委员需求、体现政协特色的学习活动，让委员不断开阔视野，拓宽知识层面，努力做到掌握新知识，运用新方式，研究新情况，解决新问题，切实提高履职能力和水平。

（二）围绕中心，服务大局，着力助推科学发展

坚持围绕中心、服务大局是人民政协的重要工作原则，也是人民政协有所作为的关键所在。要深入贯彻落实县第十四次党代会精神，聚焦发展难点，突出问题导向，找准政协工作与全局工作同频共振的结合点、着力点，积极参政议政，主动建言献策，为经济社会科学发展贡献“政协智慧”。一是要深入调研助推发展。紧紧围绕“生态立县、工业强县、人才兴县”战略的实施和项目建设、统筹城乡建设、生态文明建设“三大重点”，精心选择题目，深入开展调研，为全县中心工作多建睿智之言、多献务实之策。二是要民主协商促进发展。充分发挥人民政协协商民主的主渠道作用，围绕全面建成小康社会中重点难点问题，深入开展专题协商、对口协商、界别协商、提案办理协商，努力为全面建成小康社会提供有分量、有价值的协商成果。三是要发挥优势推动发展。鼓励和引导广大政协委员切实发挥模范带头作用，积极投身经济社会发展一线，努力在各自岗位上干一流工作、创一流业绩。要充分发挥联系广泛、渠道畅通的优势，加强对外联谊交流，大力开展招商引资，汇聚科学发展正能量，不断增强我县发展后劲。

（三）以人为本，履职为民，着力促进社会和谐

保障和改善民生，既是发展的目的和动力，也是政协履职的出发点和落脚点。要牢固树立履职为民理念，情牵人民，心系群众，把促进民生改善作为政治协商的重要议题、民主监督的重要内容、参政议政的重要任务，积极反映和协助解决群众最关心、最直接、最现实的利益问题，围绕医疗、教育、养老、就业、低保等方面的问题深入开展调研视察和协商议政，积极提出意见建议，促进改革发展成果惠及民众。要进一步引导和鼓励广大政协委员深入了解群众意愿、用心体会群众冷暖、认真倾听群众呼声、积极反映群众诉求，及时向党委政府反映信息、建言献策，推进形成和谐社会人人共建、和谐社会人人共享的生动局面。

（四）适应形势，创新机制，着力加强自身建设

加强政协自身建设，是推进政协工作创新发展的重要保证。要按照“懂政协、会协商、善议政”的总体要求，全方位加强政协自身建设，努力推进政协履职能力现代化。要加强政协常委会的思想、能力、作风、制度和廉政建设，创新工作思路、工作理念、工作方式，强化表率意识，充分发挥常委会的领导作用和常委的骨干带头作用。要加强委员队伍建设，强化委员履职意识，完善委员联络制度，创新管理服务方式，加强监督考核，激发委员履职活力，充分发挥委员在本职工作中的带头作用、政协工作中的主体作用、界别群众中的代表作用，让委员在政协大舞台上展现人生精彩。要加强专委会组织建设和履职能力建设，加强与党委、政府对口部门的联系、沟通，推动专委会工作更加活跃、有序、深入地开展。要加强政协委员联络室建设，不断提高服务能力和履职水平。要加强政协机关建设，狠抓思想政治教育，健全完善制度机制，创新工作方式方法，加强干部队伍建设，提升干部队伍形象，不断提高工作水平和服务质量，为政协履行职能提供保障。

各位委员、同志们，蓝图已绘就，奋进正当时。让我们紧密团结在以习近平同志为核心的中共中央周围，在中共宁阳县委的坚强领导下，同心同德，群策群力，开拓进取，扎实履职，为加快推进富裕文明和谐幸福新宁阳建设做出新的更大的贡献！

中共宁阳县委　宁阳县人民政府
关于表彰2016年度经济社会发展先进单位的决定

（2017年2月6日）

2016年，全县各级各部门各单位认真贯彻落实党的十八大、十八届三中、四中、五中、六中全会和习近平总书记系列重要讲话精神，主动适应经济发展新常态，高扬"科学发展、跨越赶超"主旋律，纵深推进项目建设、统筹城乡建设、生态文明建设"三大重点"，拼搏实干，砥砺奋进，全力加快富裕文明和谐幸福新宁阳建设进程，全县经济社会各项事业取得了新发展、新成就，涌现出一批先进单位。

为表彰先进，树立榜样，根据《关于2016年度经济社会发展综合考核工作的意见》（宁发〔2016〕27号）有关规定，决定授予经济社会发展综合考核成绩突出的八仙桥街道等56个单位"经济社会发展先进单位"荣誉称号；授予八仙桥街道等16个单位"招商引资工作先进单位"荣誉称号；授予文庙街道等8个单位"重点项目建设先进单位"荣誉称号；授予文庙街道等8个单位"财税工作先进单位"荣誉称号；授予文庙街道等8个单位"经济发展先进单位"荣誉称号；授予华丰镇等8个单位"现代农业发展先进单位"荣誉称号；授予八仙桥街道等7个单位"城镇建设先进单位"荣誉称号；授予文庙街道等6个单位"对外开放工作先进单位"荣誉称号；授予伏山镇等8个单位"生态文明乡村建设先进单位"荣誉称号；授予县财政局等28个单位"对上争取工作先进单位"荣誉称号；授予山东超威电源有限公司等2家企业"财力贡献功勋企业"荣誉称号；授予山东宁阳农村商业银行股份有限公司等3家企业"财力贡献明星企业"荣誉称号；授予宁阳中海建设集团有限公司等12家企业"财力贡献先进企业"荣誉称号；授予山东天源服装股份有限公司等5家企业"对外贸易先进企业"荣誉称号；授予文庙街道文成园社区等21个村"发展集体经济先进村"荣誉称号；授予文庙街道石桥村等20个村"生态文明乡村建设先进村"荣誉称号；授予文庙街道吴村等20个村"农业结构调整先进村"荣誉称号。

希望受表彰的先进单位，珍惜荣誉，再接再厉，开拓进取，再创佳绩。全县各级各部门各单位都要以先进为榜样，以经济社会发展综合考核为动力，站在新的历史起点，贯彻新理念，提升新境界，凝心聚力，真抓实干，攻坚克难，奋力开创全县率先发展科学发展的新局面！

2016年度经济社会发展先进单位名单

一、经济社会发展先进单位（56个）

1.乡镇（街道）

一等奖：八仙桥街道　文庙街道　堽城镇

二等奖：东疏镇　伏山镇　华丰镇　蒋集镇　泗店镇

三等奖：东庄镇　葛石镇　磁窑镇　鹤山镇　乡饮乡

2.开发区（产业园）

一等奖：宁阳经济开发区

二等奖：环城科技产业园

3.县直部门（41个）

一等奖：县财政局　县畜牧兽医局　县供电公司　县民政局　县科技局　县信访局县　委老干部局　县安监局　县检察院

二等奖：县统计局　县经信局　县水务局　县林业局　县政务办　县人社局　县残联　县督查局　县审计局　县公安局　县法院

三等奖：县国资局　县住建局　县经合局
县商务局　县农业局　县金融办
县发改局　县扶贫办　县科协
县体育局　县卫计局　县委党校
县直机关工委　县编办　团县委
县总工会　县国土资源局　县地税局
县国税局　县食药监局　县司法局

二、招商引资工作先进单位（16个）

八仙桥街道　文庙街道　伏山镇　东疏镇
蒋集镇　堽城镇　环城科技产业园
宁阳经济开发区　县住建局　县财政局
县统筹城乡发展有限公司　县经合局
县国资局　县发改局
山东华兴纺织集团有限公司
山东华宁矿业集团有限公司

三、重点项目建设先进单位（8个）

文庙街道　八仙桥街道　伏山镇　堽城镇
东疏镇　蒋集镇　宁阳经济开发区
环城科技产业园

四、财税工作先进单位（8个）

文庙街道　堽城镇　东疏镇　葛石镇
磁窑镇　八仙桥街道　宁阳经济开发区
环城科技产业园

五、经济发展先进单位（8个）

文庙街道　堽城镇　八仙桥街道　伏山镇
蒋集镇　磁窑镇　宁阳经济开发区
环城科技产业园

六、现代农业发展先进单位（8个）

华丰镇　东疏镇　伏山镇　堽城镇　蒋集镇
东庄镇　泗店镇　八仙桥街道

七、城镇建设先进单位（7个）

八仙桥街道　伏山镇　堽城镇　文庙街道
东疏镇　华丰镇　蒋集镇

八、对外开放工作先进单位（6个）

文庙街道　八仙桥街道　泗店镇
华丰镇　蒋集镇　东疏镇

九、生态文明乡村建设先进单位（8个）

伏山镇　堽城镇　华丰镇　蒋集镇　东疏镇
八仙桥街道　文庙街道　东庄镇

十、对上争取工作先进单位（28个）

县财政局　县人社局
县供电公司　县国土资源局
县发改局　县民政局
县教育局　县水务局
县住建局　县经信局
县畜牧兽医局　县房管局
县农开办　县粮食局
县砂管局　县法院
县移动公司　县林业局
县残联　县公安局
县科协　广电网络宁阳分公司
县国税局　县劳动就业办
县地税局　县金融办
县商务局　县农业局

十一、财力贡献功勋企业（2个）

山东超威电源有限公司
山东华宁矿业集团有限公司

十二、财力贡献明星企业（3个）

山东宁阳农村商业银行股份有限公司
山东金阳矿业集团有限公司
新汶矿业集团有限公司华丰煤矿

十三、财力贡献先进企业（12个）

宁阳中海建设集团有限公司
国网山东宁阳县供电公司
山东亨达煤业有限公司
山东振挺精工活塞有限公司
山东宁阳统筹城乡发展有限公司
海力财富集团有限公司
宁阳县城市建设综合开发公司
泰安圣奥化工有限公司
宁阳中达房地产开发有限公司
泰安金实石业有限公司
宁阳县兴隆房地产开发有限责任公司

山东兴润房地产有限公司宁阳分公司

十四、对外贸易先进企业(5个)

山东天源服装股份有限公司

山东泰山立福食品科技有限公司

山东华阳农药化工集团有限公司

海力财富集团有限公司

山东新合源热传输科技有限公司

十五、发展集体经济先进村(21个)

文庙街道:文成园社区　关王村

八仙桥街道:花石桥村

泗店镇:大孟村

东疏镇:前村　疏里村

鹤山镇:东皋村　大庄村

伏山镇:陈庙村　陈行村

堽城镇:所里村　北落村

蒋集镇:中河村

磁窑镇:东村　西磁村

华丰镇:高庄村　井泉村

东庄镇:东山阴村

葛石镇:夏庄村

乡饮乡:龙堂村

开发区:周庄村

十六、生态文明乡村建设先进村(20个)

文庙街道:石桥村

八仙桥街道:川寺村　青川围子村

泗店镇:海子村

东疏镇:耿庄村　西张庄村

鹤山镇:赵庄村

伏山镇:王庄村　前石梁村

堽城镇:保安村　前茅庄村

蒋集镇:西北村　苏龙村

磁窑镇:彩山村

华丰镇:歇息铺村　韩家岭村

东庄镇:北石崮村

葛石镇:曹家寨村

乡饮乡:南赵村

开发区:后海子村

十七、农业结构调整先进村(20个)

文庙街道:吴村

八仙桥街道:沙岭村

泗店镇:前桥村

东疏镇:孙集村　滩头村

鹤山镇:王卞社区　大辛村

伏山镇:耿平村　桑庄村

堽城镇:陈家店村　桥南村

蒋集镇:东南村

磁窑镇:石屋村

华丰镇:湖村　北高村

东庄镇:南故城村　石门村

葛石镇:宁家庄村

乡饮乡:柳云村

开发区:枕河村

中共宁阳县委
关于命名表彰红旗党支部、优秀干部、优秀基层党组织书记和优秀共产党员的决定

（2017 年 6 月 30 日）

先进典型是引领创新发展的旗帜标兵，是弘扬实干精神的先锋力量。近年来特别是今年以来，全县各级党组织和广大党员干部高举中国特色社会主义伟大旗帜，以邓小平理论、“三个代表”重要思想和科学发展观为指导，认真贯彻党的十八大和十八届三中、四中、五中、六中全会精神，深入学习贯彻习近平总书记系列重要讲话精神和治国理政新理念新思想新战略，唱响“加快发展、跨越赶超”主旋律，坚持“实干就是水平，落实就是能力”信念，坚持“有责任、肯动脑、重实干”标准，在建设富裕文明和谐幸福新宁阳的伟大实践中，涌现出了一批先进典型。在隆重纪念中国共产党建党 96 周年之际，为强化示范引领、树起模范标杆，激励全县各级党组织和广大党员干部进一步凝心聚力、锐意进取、拼搏实干，奋力开创全县经济社会发展新局面，县委决定，授予文庙街道北关社区党委等 100 个基层党组织“红旗党支部”荣誉称号；授予纪复旺等 28 名同志“领导力先锋”荣誉称号，徐宇杰等 100 名同志“责任力先锋”荣誉称号，尚晓燕等 200 名同志“执行力先锋”荣誉称号；授予程海生等 130 名同志“优秀基层党组织书记”荣誉称号；授予王涛等 200 名同志“优秀共产党员”荣誉称号。同时，对受市委表彰的“泰山先锋”红旗党支部予以通报表彰。

这次命名表彰的先进集体和先进个人，是全县农村、城市社区、机关事业单位、国有企业、非公有制经济组织、社会组织等各条战线中的杰出代表。他们的先进事迹和崇高精神，鲜明昭示了我们党的性质和宗旨，继承发扬了党的优良传统和作风，生动彰显了新时期共产党人把理想信念时时处处体现为行动力量的政治品格和先锋形象。县委号召，全县各级党组织和广大党员干部要以受表彰的先进集体和先进个人为榜样，学习他们绝对忠诚的政治品格，始终坚定理想信念；学习他们履职尽责的优良品质，始终秉持务实作风；学习他们攻坚克难的责任担当，始终保持昂扬斗志；学习他们勇立潮头的创新精神，始终敢于争创一流；学习他们朴素真挚的为民情怀，始终践行党的宗旨。县委希望，受到表彰的先进集体和先进个人要倍加珍惜荣誉，谦虚谨慎，戒骄戒躁，更好地发挥战斗堡垒作用、领导核心作用、先锋模范作用和引领带动作用，为全县经济社会科学发展再创佳绩、再立新功。

当前，我县进入全面建成小康社会的决胜阶段，处于实现“十三五”规划目标、加快跨越赶超的关键时期，深化改革、推动发展、维护稳定任务艰巨繁重。各级党组织和广大党员干部要紧密团结在以习近平同志为核心的党中央周围，深入学习贯彻党的十八大和十八届历次全会精神，认真贯彻落实省、市第十一次党代会和县第十四次党代会精神，牢固树立大抓基层、大抓支部的鲜明导向，扎实推进“两学一做”学习教育常态化制度化和过硬党支部建设，切实把思想和行动统一到“贯彻新理念、提升新境界、建设新宁阳”“重效率、勇担当、作表率”上来，在全县形成比学赶超、见贤思齐、只争朝夕、大干快上的浓厚氛围，为建设富裕文明和谐幸福新宁阳作出新的更大的贡献，以优异成绩向党的十九大献礼！

受市委表彰的“泰山先锋”红旗党支部名单

（11 个）

堽城镇保安村党支部
蒋集镇郑家龙泉村党支部
华丰镇南良父村党支部
东庄镇南故城村党支部
文庙街道北关社区党委
宁阳县国税局机关党支部
国网宁阳县供电公司营销部党支部
山东华宁矿业集团有限公司保安煤矿纸箱厂党支部
山东超威电源有限公司党委
山东天和纸业有限公司党支部
宁阳县奉阁志愿团党支部

红旗党支部名单

（100 个）

文庙街道北关社区党委
文庙街道吴村党支部
文庙街道连桥社区党委
八仙桥街道杨庄村党支部
山东天和纸业有限公司党支部
八仙桥街道围子村党支部
泗店镇徐行村党支部
泗店镇柳厂村党支部
县公安局泗店派出所党支部
泗店镇张行村党支部
东疏镇胡茂村党支部
东疏镇寺头村党支部
东疏镇疏里村党支部
东疏镇刘茂村党支部
鹤山镇王卞社区党委
鹤山镇后鹤山村党支部
鹤山镇刘西村党支部
鹤山镇桑庄村党支部
伏山镇陈行村党支部
县第二十四中学党支部
伏山镇卫生院党支部
伏山镇东代村党支部
伏山镇纪刘村党支部
堽城镇保安村党支部
山东超威电源有限公司党委
堽城镇辛安村党支部
堽城镇南村党支部
蒋集镇郑家龙泉村党支部
蒋集镇张营村党支部
蒋集镇肖付村党支部
蒋集镇市场监管所党支部
蒋集镇中何村党支部
磁窑镇东村党支部
磁窑镇茂义村党支部
磁窑镇西磁村党支部
磁窑镇北村党支部
磁窑镇彩山庄村党支部
磁窑镇西刘村党支部
磁窑镇大磨庄村党支部
华丰镇南良父村党支部
华丰镇歇息铺村党支部
华丰镇南王村党支部
华丰镇北高村党支部
县公安局华丰派出所党支部
华丰镇新街村党支部
华丰镇顺义村党支部
华丰镇西营村党支部
东庄镇南故城村党支部
东庄镇王家庄村党支部
东庄镇东山阴村党支部
东庄镇卫生院第四党支部
东庄镇山阴小学党支部
葛石镇曹家寨村党支部
葛石镇宁家庄村党支部

县国税局葛石分局党支部
葛石镇陈家店村党支部
乡饮乡南赵庄村党支部
乡饮乡卫生院党支部
乡饮乡常家屯村党支部
宁阳经济开发区路花村党支部
宁阳经济开发区彩石村党支部
山东华鸿化工有限公司党支部
县国税局机关党支部
县纪律检查委员会机关第二党支部
县人民检察院第二党支部
县畜牧兽医局机关党支部
山东新华书店集团有限公司宁阳分公司党支部
县法院华丰法庭党支部
县司法局机关党支部
县地方税务局机关党支部
县国土资源局机关党支部
县人力资源和社会保障局机关党支部
县老干部活动中心机关党支部
县广播电视台第二党支部
县城市管理行政执法局第一执法大队党支部
八仙桥街道社区卫生服务中心党支部
县第一人民医院第三党支部
县实验小学第三党支部
县特殊教育中心党支部
县第一中学第一党支部
西引汶灌溉管理所党支部
县金砂公司党支部
县中小企业局机关党支部
县粮食局机关党支部
县华联商贸有限公司党支部
县华龙水业有限公司党支部
县大成建筑安装工程有限公司机关党支部
县农商银行南驿支行党支部
金阳矿业集团金阳煤矿井下处室党支部
县交通运输局机关党支部
山东华宁矿业集团有限公司保安煤矿纸箱厂党支部
圣奥化工党支部
金彩山酒业有限公司营销党支部
凌云经贸有限公司党支部
县公安局经济犯罪侦查大队党支部
县交警大队第四党支部
国网宁阳县供电公司营销部党支部
县统筹城乡发展有限公司党支部
山东天源服装股份有限公司党支部
宁阳县奉阁志愿团党支部

领导力先锋、责任力先锋、执行力先锋名单

（328 名）

领导力先锋（28 名）：

纪复旺　县纪委常务副书记、监察局局长
许振湖　县委办公室常务副主任（正局级）
卢慧书　县委办公室副主任，县信访局党组书记、局长
路敦平　县委组织部常务副部长（正局级）
吴继士　县委组织部副部长，县人社局党委书记、局长
田永友　县政府党组成员，县政府办公室党组书记、主任
罗士贞　县发改局党组书记、局长
李建国　县经信局党委书记、局长
刘学平　县教育局党委书记、局长
武启军　县财政局党委书记、局长，县国资局党委书记
吕洪圣　县国土资源局党组书记、局长
柳齐鲁　县住建局党委书记、局长
王联合　县住建局党委委员，县园林环卫局党支部副书记、局长
程晓东　县交通运输局党委委员，县公路局党总支书记、局长
刘远在　县水务局党委书记、局长
靳茂永　县农业局党委书记、局长
张现林　县卫计局党委书记、局长

闫　锐　县行政执法局党组书记、局长
王凤新　县畜牧兽医局党组书记、经理、局长
刘　峰　宁阳经济开发区党工委副书记、管委会副主任(主持工作)
孙启超　县国税局党组书记、局长
张忠伟　县地税局党组书记、局长
吴　勇　中国人民银行宁阳县支行党组书记、行长
姜秀华　中国工商银行宁阳县支行行长
李宗旺　中国农业银行宁阳县支行行长
李申清　山东宁阳农村商业银行党委书记、董事长
宫德锋　县供电公司党委副书记、总经理
宁秀芳　县气象局局长

责任力先锋(100名):

徐宇杰　县纪委正局级纪检监察员
胡金龙　县委研究室副主任
陶安彬　县委远程教育中心副主任
孙延龙　县精神文明办副主任
王　军　县委统战部副部长
薛思荣　县综治办副主任,县委政法委办公室主任
肖　鹏　县委县直机关工委委员、副主任科员
续文国　县信访局党组成员、副局长(正局级)
张成民　县委老干部局副局长
桑玉林　县编办副主任
邵常凤　县委农工办副主任
张学君　县扶贫开发办副主任
何　义　县府办党组成员、副主任(正局级)
薛　强　县财办党组成员、主任科员
王玉泉　县物资总公司党委委员、副经理
许　魁　县重点项目办副主任
于　涛　县政府节能办主任
张晓乾　县教育局党委委员,县教科研中心主任
薛金保　县科技局党组成员、副局长
冯　彬　县公安局党委委员、交巡大队队长
潘教强　县公安局副局级侦察员,拘留所主要负责人
褚春雷　县民政局党组成员、副局长(正局级)
王德宝　县司法局副局长
武　晓　县国有资产监督管理办主任
王东阳　县人社局党委副书记、主任科员
李承东　县国土资源局党组成员、县地租征收和土地储备中心主任
靳　勇　县公用事业管理局党支部委员、副局长
刘　伟　县园林环卫局党支部书记
于　超　县交通运输局党委副书记、主任科员
孟荣华　县水务局党委委员、副局长
杜景平　县农业局党委委员、副局长
胡　鹏　县商务局党组成员、副局长
贾　波　县文广新局副主任科员
郑广东　县卫计局党委委员、副局长
郑　东　县爱卫办副主任
董婷婷　县经济责任审计办主任
李卫东　县环保局总量办主任
赵红娟　县统计局党组成员、副局长
赵　帅　县安监局党组成员、总工程师
周常杰　县食药监局党组成员、副局长
黄东方　主持县市场监管局市场合同科工作(副局级)
吴　波　县政务服务中心管理办党工委委员、副主任
冯　彪　县粮食局党委委员、副局长
刘　振　县法院副局级审判员、民事审判第一庭庭长
张仁刚　县检察院党组成员、政治处主任、正局级检察员
侯继连　县人大办公室副主任(正局级),人大老干部服务中心主任
吕东升　县政协研究室主任
董绍银　县总工会党组成员、副主席
司吉兴　团县委党组成员、副书记
赵　菊　县妇联副主任科员

董　荐　县科协党组成员、副主席
李进锋　县档案局(馆)党组成员、副局(馆)长
郭向前　县残联副主任科员
赵　强　县委党校办公室主任
郭　辉　县督查局副局长
闫　瑾　县林业局副主任科员
殷凡勇　县体育局党组成员、副局长
赵贞胜　县行管局党组成员、副局长
闫海洋　县广播电视台党总支委员、总编辑
孙　勇　县行政执法局党组成员、副局长
刘　丽　县畜牧兽医局总兽医师
任庆杰　县经合局党组成员、副局长
吕晓光　县公路局党总支委员、总工程师
杨　奎　县金融办党组成员、副主任
赵前程　县规划局党组成员、副局长
王　刚　县砂资源管理局党总支委员、副局长
王　军　县供销社党委委员、副经理、副主任
王文杰　县国资局党委委员、副局长
宁尚军　环城科技产业园党工委委员、管委会副主任
杨文健　宁阳经济开发区党工委副书记、管委会副主任、工委主任
胡连彬　文庙街道党工委副书记
马　宁　文庙街道党工委委员、办事处副主任
周茂华　文庙街道党工委委员、武装部长
刘元东　八仙桥街道党工委委员、办事处副主任
薛启伟　八仙桥街道党工委委员、武装部长
柏　建　八仙桥街道党工委委员、纪工委书记
纪　政　泗店镇党委委员、纪委书记、行政监察室主任
苑举奎　泗店镇党委委员、副镇长
王秋丽　东疏镇党委委员、纪委书记、行政监察室主任
赵海燕　东疏镇党委委员
苏再防　东疏镇副镇长
乔国良　鹤山镇党委副书记
刘树见　鹤山镇党委委员、副镇长、武装部长
邵会军　伏山镇人大主席
李　军　伏山镇党委委员、副镇长
孔建兵　堽城镇党委副书记
陈　勇　堽城镇党委委员、副镇长
王凡文　蒋集镇人大主席
彭　伟　蒋集镇党委委员、副镇长
李洪涛　磁窑镇党委委员、副镇长
刘铁军　磁窑镇综合执法办公室主任
孔祥奎　华丰镇党委副书记
朱善国　华丰镇党委委员、副镇长
朱中岩　华丰镇党委委员、纪委书记、行政监察室主任
李方泰　东庄镇党委副书记
张红兵　东庄镇人大主席
缪　昌　葛石镇党委委员、纪委书记、行政监察室主任
张海涛　葛石镇党委委员、副镇长
陈宗南　乡饮乡党委委员、副乡长
宁　波　乡饮乡副乡长

执行力先锋(200名):

尚晓燕　县纪委第一纪检监察室副主任
赵　勇　县纪委组织部副部长
靳荣坤　县委办公室秘书科科长
孙洪斌　县委办公室行政科副科长
赵　静　县委组织部办公室副主任，县委人才办业务科科长
王　敏　县委宣传部理论科科长
柳　莉　县委统战部办公室主任
朱海林　县委政法委执法督查科科长
赵　波　县委县直机关工委组织宣传科科长
张　鹏　县信访复查办受理科副科长
曹　真　县信访局办公室科员(借调)
刘庆斌　县委农工办综合科科长
王庆国　县扶贫开发办社会扶贫和政策调研组组长
王　怡　县府办综合科科长
任崇琪　县政府法制办综合科科长

尹晓晓　县商业总公司政工科科长
刘伟霞　县物资总公司计生主任、工会主席
程　轮　县发改局综合规划科科长
陈　鹏　县重点项目办项目一科科长
朱晓明　县经信局政工科科长
张智勇　县经信局经济运行科科长
程　永　县教育局人事科科长
李　萍　县教育局档案室主任
丁成防　县科技局政策法规科科长
王　昕　县公安局治安大队中队长
程　剑　县公安局刑警大队打黑中队副中队长
徐　华　县公安局交巡大队三中队中队长
刘　峰　县公安局交巡大队法制科指导员
马训铜　县民政局地名办主任
金云磊　县民政局优抚安置科科长
马丽丽　县司法局办公室主任
杨洪进　县司法局矫正安帮科科长
王一兵　县政府投融资管理中心综合科科长
苏兴华　县财政局研究督查室主任
杜冬生　县财政局企业科科长
张庆明　县人社局办公室副主任、调研信息科科长
郭　彪　县人社局医疗工伤保险科副科长
王　萍　县社会劳动保险事业处账户管理科科长
陈　成　县国土资源局土地增减挂钩办主任
胡德伟　县国土资源局文庙国土所所长
张海伦　县住建局城建科科长
孟祥峰　县住建局机关支部委员、政工科科长
于敦平　县住建局村镇科科长
许振防　县房管局交易中心主任、市场监管科科长
汪　涛　县房管局物业监管科科长
张海滨　县园林环卫局党支部委员、副局长
孙　庆　县园林环卫局党支部委员、副局长
梁　吟　县交通运输局党建办主任
孙　立　县交通运输管理处党支部副书记、副主任
戴　峰　县水务局工管科科长
陈淑青　县水务局农水科科长
程冬梅　县水利移民管理局副局长
王祥峰　县农业局农业技术推广站站长
郑广建　县农业局综合化验室主任，种苗科学院办公室主任、现代农业示范园管理办副主任
邱书强　县商务局办公室主任
赵林庆　县文化市场综合执法大队党支部书记、第一副大队长
赵保国　县卫计局政策法规与综合监督科科长
杨兴岭　县卫计局基妇科科长
满　毅　县爱卫办督查科科长
陈海静　县审计局办公室副主任、综合审计科副科长
薛　梅　县环保局总量办副主任
陈　川　县环保监测站科员
邹　静　县统计局办公室主任
胡玉坤　县安监局矿山科科长
高陈琛　县安监局科技培训科科长
宁武军　县食药监局东疏食药监所所长
张国清　县食药监局泗店食药监所所长
李　磊　县市场监管局商标广告管理科科长
高　瀚　县市场监管局稽查二队队长
朱晓光　县市场监管局东庄市场监管所所长
许　红　县政务服务中心管理办综合科科长
朱卫国　县物价局办公室主任
杨兴平　县粮食局储备粮管理科科长
李　晖　县法院执行局执行员
王永军　县法院葛石法庭副庭长
殷兆波　县检察院研究室主任、办公室副主任
丁　强　县检察院公诉科副科长、未检科科长
孙　涛　县人大老干部服务中心副主任
杨　强　县工人文化宫主任、县总工会办公室负责人
杜肖肖　团县委办公室主任
孙先伟　县科协科普部部长、办公室主任

张明倩　县工商联维权服务中心副主任
王爱华　县档案局(馆)编研科科长
赵先秦　县残联组宣部主任
肖云燕　县委党校组织科副科长
陈　甲　县督查局督查二科科长
宁　杰　县老干部活动中心工会主席、秘书科科长
刘海亮　县林业局林业站站长
马洪俊　县林业局财务科科长
高　伟　县中小企业局办公室主任
常韦青　县旅游局办公室主任
李方月　县体育局办公室主任
路　彬　县行管局办公室副主任、节能科科长
刘冠中　县行管局物业管理科副科长
王先锋　县广播电视台时政新闻部主任
张成军　县行政执法局综合执法一大队副大队长
韩立夏　县行政执法局综合执法二大队副大队长
王志川　县畜禽屠宰管理办主任
宁尚锴　县畜牧兽医局畜牧生产科科长
巩　波　县农机局办公室主任
张国旗　县煤矿安全执法大队副队长
胡在利　县经合局调度科科长
吴　峰　山东东岳公路工程有限公司副总经理
侯代明　县公路局养护处副处长
安　宁　县金融办证券与资本市场科科长
张　辉　县劳动就业办就业指导科科长
颜景峰　县党史史志办秘书科科长
徐　勇　县规划局村镇管理科科长
范加旺　县农开办业务科科长
杜永芹　县经管办农业承包合同管理科科长
朱中刚　县富源巷商城管委办公室主任
王海平　宁阳种子市场管委市场科科长
宁　波　县砂资源管理局工程科科长
王长青　县砂资源管理局督查科科长
宁瑶瑶　县供销社业务科科长
许兴光　县国资局组织人事科科长
曹务伦　县综合检验检测中心业务科科长
鹿　飞　环城科技产业园党政办公室副主任
宁方超　县生物高技术产业基地管理中心办公室主任
许　瑞　宁阳经济开发区公共事业局综合科科长
纪来亮　文庙街道党政办主任
丛建红　文庙街道纪工委副书记
张　琪　文庙街道宣传室主任、人大工委办主任、政协委员联络室主任
倪　民　文庙街道城建二办主任
肖　光　文庙街道纪工委委员、督查办主任
施　华　文庙街道农技站站长
李昌敏　文庙街道物业办主任
程　洲　八仙桥街道党政办主任
李　海　八仙桥街道督查办主任
郑腾腾　八仙桥街道组织室主任、远教办主任
王华龙　八仙桥街道宣传室主任
郑广贤　八仙桥街道经贸办主任
毛新星　八仙桥街道城改办主任
王慧霞　八仙桥街道计生办副主任
潘军东　泗店镇机关城建党支部书记、建设办主任、镇村容貌办副主任、文明办主任
陈会芹　泗店镇机关党群党支部书记、扶贫办主任
薛思东　泗店镇机关社会事务党支部书记、信访办主任、政法办副主任
薛兴国　泗店镇经贸党总支书记、经贸联合党支部书记、经贸办主任
李　建　泗店镇纪委委员、组织室主任
戴成猛　泗店镇宣传室主任
刘　建　东疏镇党政办主任、应急办主任、督查办主任
张晓林　东疏镇组织室主任
刘玉照　东疏镇财政所所长
戴文波　东疏镇计生办党支部书记
戴永强　东疏镇计生办主任
李　凯　东疏镇政策研究室主任
李长龙　鹤山镇道路办主任、机关党委书记

徐衍军　鹤山镇水利水机站站长
王庆才　鹤山镇财经办主任、财政所所长、财经党支部书记
刘　虎　鹤山镇经贸办主任、经贸党总支书记、经贸党支部书记
戴洪忠　鹤山镇新农办主任、乡建办主任、新农办党支部书记
石　峰　鹤山镇扶贫办主任
孔令洋　伏山镇民政室主任
赵　新　伏山镇信访办主任
李同刚　伏山镇政策研究室主任、组织室副主任
周振喜　伏山镇镇村建设办主任
赵　兵　伏山镇水利站站长
王　阳　伏山镇党政办副主任
张　泉　堽城镇党政办主任
崔承海　堽城镇组织室主任
王　强　堽城镇民政室主任、便民服务中心主任
王建军　堽城镇林业站站长
房冬梅　堽城镇人社所所长
赵　龙　堽城镇乡建办主任、行政执法所所长
陈振东　蒋集镇信访办主任
杨传新　蒋集镇扶贫办主任、农技站站长
栗甲鹏　蒋集镇建设办主任
于　粮　蒋集镇财政所副所长、零散税收办主任
王新军　蒋集镇经管站站长
宁国庆　蒋集镇镇建办副主任、公路办主任
张建国　磁窑镇磁窑管理区党总支副书记、主任
孟庆辉　磁窑镇村镇建设办主任
戴　鑫　磁窑镇综合执法办副主任
程贯军　磁窑镇纪委委员、信访办主任
程令燕　磁窑镇臧庄管理区党总支副书记、主任
卢宪美　磁窑镇泗旺管理区党总支副书记、副主任
孙庆旺　华丰镇财政所所长
李　涛　华丰镇计生办常务副主任
耿　伟　华丰镇镇村规划建设管理办主任
徐　敏　华丰镇扶贫开发办主任
颜　猛　华丰镇信访办主任
李　勇　华丰镇民政室主任
许兴敏　东庄镇镇建办工作人员
高荣友　东庄镇扶贫办主任
吕爱芹　东庄镇农技站站长
侯宝富　东庄镇计生办主任
郭　凯　东庄镇人大办副主任、组织室组织干事
王秋霞　东庄镇计生办副主任
刘宝龙　葛石镇党政办主任
王　浩　葛石镇组织室主任
赵正波　葛石镇宣传室主任
曹景山　葛石镇财政所所长
陈高平　葛石镇信访办主任、党政办副主任
刘存洋　葛石镇村镇建设办主任、资源管理办主任、综合执法大队大队长
温海清　乡饮乡财政所所长
张迎冬　乡饮乡乡建办主任
田秀文　乡饮乡农办主任、水利站站长
王小勇　乡饮乡武装部副部长、民政室主任
颜秀芳　乡饮乡计生办主任
王继燕　乡饮乡财政所副所长、经管站站长

优秀基层党组织书记名单

（130 名）

程海生　文庙街道南许管理区党总支书记
王　猛　县地方税务局文庙中心税务所党支部书记
李元慧　文庙街道张庄村党支部书记
马祥金　文庙街道老干部党支部书记
姬广强　八仙桥街道滨河社区管理中心党总支书记
田文玉　八仙桥街道经贸党总支书记
刘诗山　八仙桥街道青川寺村党支部书记、村主任
张宝清　康宁房地产开发有限公司党支部书记、总经理

许忠华　泗店镇大孟管理区党总支书记、刘庄村党支部书记
李洪吉　泗店镇沙庄管理区党总支书记
王建设　山东弘兴玉米开发有限公司党支部书记、董事长
薛兴俊　泗店镇泗店村党支部书记、村主任
周　峰　泗店镇卫生党总支书记、卫生院院长
杜汝祥　泗店镇教育办公室党支部书记、教办主任
赵德生　县国土资源局泗店国土所党支部书记、所长
刘焕坤　东疏镇刘茂管理区党总支书记
孟祥刚　东疏镇西疏管理区党总支书记
张耀宏　东疏中学党支部书记、校长
王继成　东疏镇老王庄村党支部书记、村主任
李西景　东疏镇花园村党支部书记、村主任
刘玉宏　东疏镇前张村党支部书记、村主任
吴艳华　东疏镇王家庄村党支部书记、村主任
郑元生　东疏镇郑庄村党支部书记、村主任
孙新春　鹤山镇皋山社区党委书记
杨茂申　鹤山镇刘楼社区党总支书记,孔庙村党支部书记、村主任
王子元　鹤山镇大庄村党支部书记、村主任
于　干　县公安局鹤山派出所党支部书记、所长
黄连富　鹤山镇沈西村党支部书记、村主任
王启柱　鹤山镇王卞社区党委副书记、王卞寨村党支部书记
刘广军　鹤山镇东罗山村党支部书记、村主任
杜晓利　伏山镇伏山社区党总支书记
贾　晖　伏山镇洸河社区党总支书记
赵峰涛　伏山镇代村社区党总支书记
杜　军　伏山镇白马社区党总支书记
朱开兴　伏山镇教育党总支书记、教办主任
施广田　伏山镇施家村党支部书记
商清国　伏山镇前石梁村党支部书记、村主任
陈怀领　伏山镇路楼村党支部书记、村主任
武金龙　县公安局伏山派出所党支部书记、所长
杜永胜　县市场监督管理局伏山所党支部书记、所长
刘　勇　堽城镇樊营管理区党总支书记
韩运政　堽城镇韩店村党支部书记、村主任
刘远超　堽城镇陈店村党支部书记
王　健　堽城镇西台村党支部书记
宁灿玉　堽城镇前望村党支部书记、村主任
宋　磊　堽城镇桥南村党支部书记
胡　峰　蒋集镇蒋集管理区党总支书记
黄启铎　蒋集镇西北村党支部书记
孙加义　蒋集镇王院村党支部书记
刘远铸　蒋集镇西蔡家洼村党支部书记
李方勇　磁窑镇磁窑管理区党总支书记
陈晓亮　磁窑镇南驿管理区党总支书记
苏文龙　磁窑镇臧庄管理区党总支书记
沈月奎　磁窑镇西磁管理区党总支书记
程令忠　磁窑镇泗旺管理区党总支书记
路富员　磁窑镇南王家庄村党支部书记、村主任
李　焕　磁窑镇尹家寨村党支部书记、村主任
王庆存　磁窑镇北王家庄村党支部书记、村主任
张永利　华丰镇灵山社区党委书记
周广胜　华丰镇华丰社区党总支书记
胡玉香　华丰镇爵山社区党总支书记
齐海峰　华丰镇凤仙山社区党总支书记
李长生　华丰镇东村党支部书记
李绍华　华丰镇东营村党支部书记
王　勇　县国税局华丰分局党支部书记、局长
周长强　华丰镇梅村中心小学党支部书记、校长
宁　辉　华丰镇北故城村党支部书记
赵德峰　东庄镇金庄管理区党总支书记、解家庄村党支部书记
钟　雷　东庄镇直界管理区党总支书记
赵建民　东庄镇西谷村党支部书记、村主任
史　梅　东庄镇中心小学党支部书记、校长
李　波　县公安局东庄派出所党支部书记、所长
陈尚刚　东庄镇南陈村党支部书记、村主任
郑　健　东庄镇韩庄管理区主任、南石崮村

党支部书记
徐　林　葛石镇黑石社区党总支书记
陶继金　葛石镇石集社区党总支书记
吴黎杰　葛石镇杏山社区党总支书记
杨　昌　葛石镇北韦村党支部书记
吕太国　县公安局葛石派出所党支部书记、教导员
陈　俊　葛石镇石集完小党支部书记
苑保忠　乡饮乡乡饮管理区党总支书记
张圣峰　县公安局乡饮派出所党支部书记、所长
徐如高　乡饮乡柳云村党支部书记、村主任
许　璐　宁阳经济开发区望山社区党总支书记
朱开东　县委政法委副书记、县委610办主任，党支部书记
沈文峰　县食品药品监管局办公室主任、人教科科长、机关党支部书记
郭新宁　县国税局城区分局党支部书记、局长
王　伟　县督查局副局长、机关党支部书记
秦　伟　县发展和改革局党组成员、县服务业办主任、机关党支部书记
郭　斌　县安监局党组副书记、主任科员，党支部书记
董晓蕾　县经合局机关党支部书记、办公室主任
张　丽　县科技局党组成员、副局长，机关党支部书记
崔树民　县卫计局党委委员、局机关党支部书记，县医疗集团副总经理
张建民　县疾控中心党支部书记、主任
苏维展　县第一人民医院神经内二科主任、第一支部党支部书记
梁守利　县英才学校党支部书记
李　刚　县第二实验中学党支部副书记
杨　峰　县实验中学第五党支部书记、校务办主任
于　勇　县博物馆党支部书记、馆长
赵家庆　县图书馆党支部书记、馆长
吴建军　县农业局机关党支部书记、县种子管理局局长
王晓明　县农广校党支部书记、副校长
张庆凯　县国有杏山林场党支部书记、场长
高广岭　县国有第一苗圃党支部书记
吴永刚　县水土保持办公室副主任、党支部书记
颜红星　县南水北调工程建设管理局党支部书记、副局长
顾忠军　县东岳建材销售中心党支部书记、经理
赵　涛　富源商贸有限公司副经理、机关党支部书记
杜福同　山东华振饲料集团有限公司党委书记、董事长、总经理
张兆海　县鑫源土产杂品有限公司党支部书记、董事长、经理
柳方骞　县住建局机关党支部书记、办公室主任
刘永新　县城市建设综合开发公司党总支书记、经理
张晓丽　县农商银行信合苑支行党支部书记、行长
薛海波　县市场监督管理局党委委员、副主任科员，机关党支部书记
杨　震　县市场监督管理局老干部党支部书记、工会主席
田学军　文成机动车检测中心党支部书记、主任
贾代报　县运输总公司党委书记、经理
王征南　华宁矿业集团党委办公室主任、组织科长、信访办主任、人民调解办主任、政工党支部书记
张代玉　石桥煤矿掘一区党支部书记
王恩惠　山东华阳迪尔化工股份有限公司党支部书记
邵林勇　华阳农药化工集团神农化工党支部书记、神农一厂厂长
孙先军　县经信局机关支部书记、县行业管理办公室副主任
赵久旺　县公安局法制大队大队长、第二党支部书记

蒋大勇　县公安局后勤保障处副主任、科长，后勤党支部书记
周勤伟　县供电公司宁阳供电所党支部书记
王志国　县供电公司磁窑供电所党支部书记
苏　民　县政府投融资管理中心副主任、第一党支部书记
张存厚　县农业综合开发办公室副主任、党支部书记
张明勇　海斯摩尔生物科技有限公司党支部书记、副总经理
谢允启　山东惠尔制革集团有限公司党支部书记

优秀共产党员名单

（200 名）

王　涛　县公安局文庙派出所警长
邵　梅　文庙街道东关社区党委副书记、会计
王瑞秋　文庙街道南关社区居委会副主任
王丽娟　文庙街道巩堂村药管员
魏丽杰　宁阳县圣地农庄农业休闲观光专业合作社副经理
苏媛媛　文庙街道南关小学德育处副主任
许东生　宁阳廖桥建筑安装工程有限公司经理
乔江斌　宁阳关王建筑公司会计
吴　燕　八仙桥街道西关社区远教管理员
张修宪　八仙桥街道徐马高村党员
周芹燕　八仙桥街道路临村药管员
刘　勇　八仙桥街道党政办副主任、扶贫办主任
靳恩龙　八仙桥街道西关小学校长
张怀春　八仙桥街道社区卫生服务中心围子村卫生所乡村医生
李映智　八仙桥街道司法所所长
孙广山　泗店镇海子村“两委”委员
张绍敏　泗店镇南王村党员
曹红丽　泗店镇曹家村党员
范军旗　泗店镇大孟村会计
张云霞　泗店镇后桥村计生主任
李红生　泗店镇扶贫办副主任、农办副主任
商　勇　泗店镇中心小学党支部副书记、校长
王凤兰　宁阳鸿奥燃气有限公司办公室主任
李德关　东疏镇前村党员
赵起刚　东疏镇耿庄村文书
宗凤珍　东疏镇张大伯村药管员
吴仕玉　东疏镇西张庄村党员
路文龙　东疏镇郭村组织委员、治安主任
刘玉贵　东疏镇围子里村治安主任
杜焕明　东疏镇小屯村党员
许丽娜　东疏镇中心卫生院西疏院区副院长
王卫东　县国税局东疏税务所副所长
刘　玉　县汽车站经营宁阳至天津客运专线
张淑玲　鹤山镇王卞社区基地负责人
闫修生　鹤山镇东南村保洁员
周长富　鹤山镇东罗山村党员
刘　华　鹤山镇统计站副站长
张恩田　县第十二中学教师
周西民　鹤山镇中心卫生院副院长、工会主席
孙牧业　宁阳泰诚建筑工程有限公司总经理
王长信　泰安金麦香面粉制品厂总经理
陈宝华　伏山镇后伏山村党支部委员、村主任
苏爱英　伏山镇苏楼村村委委员、会计
吴殿森　伏山镇大吴村党支部委员、会计
王立民　伏山镇朱庄村会计
耿化忠　伏山镇耿家平村党支部委员、村主任
杜绍华　伏山镇小梁王村“两委”委员、会计
张　永　伏山镇中心小学教师
刘太荣　伏山镇西代村卫生所所长
赵常义　县地税局伏山分局党支部副书记
胡　勇　伏山交通运输管理所所长
张士全　宁阳县天丰蔬菜良种经营中心经理
侯爱华　堽城镇南宁村党支部委员
于宏收　堽城镇良村党员
马月芹　堽城镇赵堂村会计
殷永河　堽城镇张店村会计
王元春　堽城镇所里村党支部委员

潘殿秀 堽城镇环卫办主任
孟 伟 县国税局堽城税务分局科员
李 浩 县公安局堽城派出所副所长
李旭光 宁阳县强宁工贸有限公司党支部书记
刘 冲 宁阳县华通工贸有限公司总经理、钢球联合党支部书记
栗致国 蒋集镇大安村会计
张洪琦 蒋集镇大胡村会计
黄新焕 蒋集镇西北村计生主任
刘香菊 蒋集镇杏山村计生主任
王晓利 蒋集镇卫生院党支部委员、副院长
宁国防 山东友邦肥业科技有限公司生产部部长
陈 彬 山东彩山铝业有限公司副总经理
秦祥林 磁窑镇大周村民兵连长、调解主任
魏国华 磁窑镇魏家庄村"两委"委员
赵崇香 磁窑镇西贤村计生主任、药管员
侯明桥 磁窑镇茂义村党支部委员
周春华 磁窑镇小胡村计生主任、药管员
李洪远 磁窑镇孔家村文书
朱宁涛 磁窑镇王府村党员
赵祥勇 磁窑镇高家店村党支部委员
邹延平 磁窑镇西村计生协会会长
张 玉 磁窑镇郭家庄村计生主任
赵玉慧 磁窑镇安子沟村党员
张金广 磁窑镇后李村党支部委员、文书
邵鹏林 县第二十中学教师
高云英 磁窑镇南驿卫生院副院长
卢 涛 华丰镇高庄村党支部副书记、村主任
岳义斌 华丰镇永安寨村会计
郭玉保 华丰镇歇息铺村党员
吴庆臣 华丰镇白土厂村红白理事会会长
王海涛 华丰镇湖村党员
孙荣安 华丰镇埠南村"两委"委员、会计
苗学同 华丰镇进粮村"两委"委员、计生主任
李万安 华丰镇东村监督委员会主任、红白理事会会长
李良元 华丰镇胜天村"两委"委员、会计
宁衍波 县第二十五中学工会副主席
陈玉红 华丰镇中心幼儿园教师
王 军 县地税局华丰分局局长
崔青峰 东庄镇东庄管理区主任、计生主任
陈国云 东庄镇西山阴村"两委"委员、计生主任
陈玉红 东庄镇南鄗南村"两委"委员、会计
张 颖 东庄镇610办公室主任
杜慧玲 东庄镇崔解幼儿园党支部副书记、园长
李 毓 东庄镇教办副主任
崔卫东 东庄镇卫生院妇产科主任
曹 伟 泰安市康博机械制造有限公司董事长
钟晓文 东星建筑安装工程公司党支部书记、经理
王 权 葛石镇沙埠村党支部副书记、村主任
王 斌 葛石镇张家崖村党支部副书记
张海峰 葛石镇夏庄村党支部副书记
张健勇 葛石镇葛石村党支部委员
徐承利 葛石镇官庄村村委委员
彭凤兰 葛石镇经管站副站长
陈建民 葛石镇杏山小学教师
马 燕 葛石镇中心卫生院工会主席
张树军 县市场监管局葛石所科员
徐 亮 宁阳县众联机械有限公司法人代表
张要航 乡饮乡八官村党员
巩现友 乡饮乡乡饮村党员
曹广明 乡饮乡蛮营村党员
张 峰 乡饮乡崇化村党员
杜建建 乡饮乡研究室主任、宣传室主任
高文成 乡饮乡沙河中心小学教导主任
程 玉 宁阳经济开发区周庄村组织委员、计生主任
查才政 宁阳经济开发区执法局党支部书记
邵红英 山东华鸿化工有限公司副总经理
刘 勇 山东新华书店集团有限公司宁阳分公司鹤山门市主任
朱 锋 宁阳一滕医药公司办公室主任
徐承飞 县委接待办接待科科长

单鲁彬　县纪委办公室副主任
王　伟　县人防办综合科科长
刘　霞　县综合检验检测中心党支部组织委员、综合科科长
曹　晶　县爱卫办秘书科科长
朱　波　县行政执法局规划监察科科长
杨广朋　县法院伏山法庭副庭长
李　磊　县统计局服务业科科长、办公室副主任
张冬红　县第一人民医院服务缺陷办公室主任
吴文波　县第二人民医院内一科主任
陶传银　县疾控中心物资供应科科长
张　健　县卫计局政工科副科长
李文文　县第三小学副校长
张西方　县第四中学教师
姚庆社　县职业中等专业学校教师
刘传鹏　县实验中学年级主任
王　宁　县第二实验中学团委书记
徐　波　宁阳英才学校办公室主任
程　倩　县文广新局办公室副主任
路向雨　县农业局政工科科长
黄晓伟　县农业局生产与计划科科长
胡海防　县国有高桥林场党支部委员、办公室主任
闫秀山　县林业局后勤科科员
王　雷　县农村公共供水管理中心办公室副主任
王　磊　县水务局水政科副科长
孟　芹　泰安市泰星塑料实验厂会计
董金香　万达百货商场经理
任有柱　富源商贸有限公司工作人员
王文征　县粮食局办公室主任
宁廷雷　县粮食局监督检查科科长、执法大队大队长
纪　森　宁阳县益群棉麻有限公司职工
吴文文　山东省宁阳县华联商贸有限公司职工
张庆辉　县市政建设工程公司经理助理、机械车队队长
玄绪金　县公用事业管理局公用事业管理科科长
王　玮　宁阳农商银行监保部经理
郭柏松　宁阳农商银行磁窑支行客户经理
任乾胜　山东金阳矿业集团有限公司金阳煤矿机运副总工、机电处长
王启良　宁阳县金明热电有限公司检修车间主任
崔　丽　县市场监管局消费者投诉中心副主任
黄利波　山东东岳公路工程有限公司工程处副处长
刘自国　县运输总公司经理助理、长途客运公司经理
马晓燕　县交通运输局工委副主任、工会主席
程冠林　鑫安矿调度室主任、鑫安机关党支部副书记
张德华　华宁集团宝胜电缆财务部经理
宁廷伟　石桥煤矿掘二区工人
刘磁宁　海力财富集团同创公司部长
赵起佩　保安矿采一区党支部副书记
刘　珂　山东华阳农药化工集团有限公司内贸部业务员
颜世雷　山东晋煤明升达化工有限公司总经理助理
纪复勤　山东宁阳县万丰种业有限公司副总经理
郑夫忠　泰安圣奥化工有限公司生产部副经理
顾相东　山东金彩山酒业有限公司新项目技术员
宁文静　华兴集团一纺车间细纱挡车工
吴　琨　县经信局信访科科员
谷国红　县盐务局综合办公室主任
杨存昌　保利民爆济南销售有限公司宁阳分公司副经理
高焕国　凌云商社集团财务科经理
王　璞　县农机局管理站站长
吴丽敏　县公安局网安大队民警
薛　雷　县公安局法制大队中队长
杨　红　县公安局指挥中心调度室民警
吴亚东　县公安局交警大队五中队中队长
乔田胜　县看守所民警
王观广　县供电公司变电运维班班长

孔德胜　县供电公司调控分中心调控运行班班长
唐　静　县供电公司营销部行政事务综合管理
沈　强　县联通公司社会渠道中心主任
王　勇　县邮政公司副总经理兼工会主席
岳志刚　县邮政公司鹤山邮电支局经理
褚　浩　县政务服务中心环保局窗口工作人员
齐　慧　县政务服务中心林业局窗口负责人
王承义　县政府非税收入管理中心副主任
葛庆瑞　县政府投资评审中心综合科科长
柳绪涛　泰安浩宇服饰有限公司董事长
徐　静　山东天源服装股份有限公司一分厂厂长

索引

A

B

C

D

F

G

H

J

K

L

M

N

P

Q

R

S

T

W

X

Y

Z

《宁阳年鉴(2017)》供稿单位审稿人名单

(按姓氏笔画排序)

于　红　马　宁　马长路　马爱华　王　伟　王　军　王　桥
王士春　王文杰　王玉康　王东阳　牛傲霜　牛德民　尹秀华
孔令民　孔庆磊　卢　强　卢西旺　史　斌　冯　彪　宁方锋
宁鲁勇　司吉兴　吕东升　吕洪亮　朱开军　乔　涛　乔国良
仲兴华　任庆杰　刘　强　刘丽娜　刘恒选　刘淑君　闫　军
闫凤云　闫志强　许　伟　许　魁　许振湖　孙文君　孙召斌
孙维国　纪丽娜　苏卫东　李　龙　李全华　李进峰　李志跃
李前进　杨　奎　杨　森　杨文健　杨东臣　吴　波　吴　校
何　义　沙玉华　张　伟　张　丽　张成民　张传印　张延春
张志辉　陈　光　武　辉　欧阳华　郑　东　郑艳慧　孟　才
赵　猛　赵云涛　赵前程　胡国强　贾政启　徐金瑞　徐家申
高兆东　高营芝　郭　斌　桑胜高　黄现琢　曹　明　曹启忠
崔树民　彭建宏　董　荐　董艳秋　程　晓　程贯与　谢　涛
谢允平　路祥奎　路森森　满晓君　褚衍龙　翟清臣　颜　蕊
薛　强　薛志忠　戴惠东　鞠敏红　魏　亮

《宁阳年鉴(2017)》
供稿单位撰稿人名单

(按姓氏笔画排序)

丁成防	马　彬	马爱华	王　伟	王　佳	王　琳	王华龙
王现民	王晓波	王爱华	王浩臣	毛兴国	尹晓晓	孔　凯
孔玉燕	田　静	田腾飞	史继清	付明龙	宁方振	宁方留
宁肖艳	宁尚军	宁尚敏	宁瑶瑶	朱　伟	朱修海	朱倩倩
朱睿军	乔元波	任庆章	任军伟	刘　刚	刘　军	刘　浩
刘　雷	刘　键	刘　燕	刘　伟	刘卫明	刘永胜	刘庆斌
刘荣菊	刘保宁	刘海洋	刘景立	闫海峰	安卫东	许　明
许延平	许振川	许振萱	许振鹏	孙　强	孙公正	纪　敏
纪志刚	寿丛丛	苏兴华	杜　伟	杜永芹	杜志恒	杜健健
李　阳	李　波	李　磊	李方月	李同刚	李志刚	李建民
李璐璐	杨　帅	杨　强	杨长营	杨国庆	吴宇菲	何秋梅
谷国红	沈爱国	宋思金	张　明	张　珍	张　洁	张　翔
张　强	张　豪	张　聪	张成民	张延春	张庆明	张连锋
张明倩	张桂学	张鸿洁	张靖靖	张霄寒	陈懿品	邵　远
武　凯	周景黎	赵　波	赵　菊	赵　静	赵先秦	胡海波
胡登建	柳　莉	柳　斌	柳方骞	侯中兴	侯胜男	姜　维
姜秀华	徐金伟	高　伟	高　亮	郭　伟	陶东宁	桑文剑
桑胜鹏	曹　真	曹秋玲	续鹏飞	雷明聪	满　毅	裴学迪
樊培前	颜大龙	颜世路	颜明明	薛海涛		